GROSSE ERZÄHLER

des 20. Jahrhunderts

Ausgewählt von
Heinrich Maria Ledig-Rowohlt,
Matthias Wegner,
Michael Naumann und
Nikolaus Hansen

ROWOHLT

Erweiterte Neuauflage September 1998

Quellen- und Urheberrechts-Hinweise s. S. 603ff.

Umschlaggestaltung Beate Becker
Satz aus Stempel-Garamond (PostScript PageOne)
Gesamtherstellung Clausen & Bosse, Leck
Printed in Germany
ISBN 3 498 09153 0

Inhalt

Statt eines Vorworts

Heinrich Maria Ledig-Rowohlt

Thomas Wolfe in Berlin

In Thomas Wolfes nachgelassenem Roman ‹*Es führt kein Weg zurück*› heißt es: «McHarg war eine unbestrittene Größe der amerikanischen Literatur. Im Zenit seines Ruhmes, von Huldigungen umbraust, hatte dieser ruhmreiche Dichter die erste Gelegenheit wahrgenommen, um frei von Eitelkeit, ohne die geringste Spur von Selbstbeweihräucherung, das Erstlingswerk eines ihm unbekannten jungen Kollegen mit uneingeschränktem Lob zu bedenken.»

Dieser «Lloyd McHarg» ist niemand anders als Sinclair Lewis, der im Jahre 1930, bei Entgegennahme des Nobelpreises in Stockholm, mit nachdrücklicher Bewunderung Thomas Wolfes ersten Roman ‹*Schau heimwärts, Engel!*› gerühmt hatte. Er hatte auch seinen deutschen Verleger auf das Werk des jungen Dichters hingewiesen, und Ernst Rowohlt hatte begeistert zugegriffen, als eben ein anderer bedeutender Berliner Verlag es verworfen hatte. Der inzwischen im Exil verstorbene Darmstädter Dichter Hans Schiebelhuth nahm sich des Erstlingsromans mit kongenialem Sprachvermögen an, und der letzte Feuilletonschriftsteller der Berliner *Vossischen Zeitung*, Dr. Monty Jacobs, wagte es, den Roman als Vorabdruck zu bringen. Es war ein literarisches Experiment und wurde ein Erfolg, gleichsam das Schwanenlied der «guten Tante Voss». Da die Buchausgabe von allen ernsthaften deutschen Literaturkritikern in stiller Opposition gegen die geistige «Gleichschaltung» mit Enthusiasmus begrüßt wurde, nahm der Verlag gern die Gelegenheit wahr, den Dichter, der den Winter 1934/35 gleichsam auf der Flucht vor der amerikanischen Veröffentlichung seines neuen Romans ‹*Von Zeit und Strom*› in London verbrachte (wo er zum erstenmal Sinclair Lewis begegnete), nach Berlin einzuladen.

So sollten wir ihn im Frühjahr 1935 persönlich kennenlernen.

Es war ein strahlender, friedlicher Sommer, in dem wir Berlin noch für eine verkehrsreiche Weltstadt hielten. Da Thomas Wolfe überraschend in Hannover ausgestiegen und, wie er mir später geheimnisvoll lächelnd bekannte, einem amourösen Abenteuer nachgegangen war, traf er mit einem Tag Verspätung in Berlin ein; ich hatte die Einladung zum Empfang eines bekannten Auslandsjournalisten in der Amerikanischen Botschaft angenommen, aber im Verlag die Nachricht hinterlassen, Thomas Wolfe möge einfach dorthin nachkommen. Martha Dodd, die Tochter des Botschafters William Dodd, war auf sein Kommen bereits vorbereitet, als die lebhafte Unterhaltung plötzlich durch das Erscheinen eines riesenhaften, verlegenen Mannes unterbrochen wurde, den die zarte, kapriziöse und literaturfreudige Tochter des Hauses als den erwarteten Dichter vorstellte. Dieses Bild ist mir unvergeßlich geblieben: das imponierende, schwarzgelockte Haupt, das alle Gäste überragte; die linkische, beinahe kokett-abwehrende Bescheidenheit des Riesen, der bald den Mittelpunkt der Gesellschaft bildete und immer wieder errötend bemüht war, jedem Freundliches zu sagen und alle Komplimente abzuwehren.

Thomas Wolfe verschenkte seine Freundschaft nicht leicht. Doch bald boten wir beide auf dem Kurfürstendamm zwischen Uhlandstraße und Gedächtniskirche ein komisches Bild: der knabenhafte fröhliche Riese, dem ein witziger Pressefotograf einen Verkehrspolizisten unter den Arm gestellt hatte, und meine schmächtige Gestalt. Ich liebte ihn bald wie einen großen Bruder, und er erwiderte die Zuneigung wohl, nach seinen eigenen Äußerungen. Da er sein *«taxi-driver's German»*, wie er es nannte, nur im Umgang mit einfachen Leuten sprechen wollte, für deren Gesichter und Schicksale er eine unstillbare Neugierde hegte, mußte ich all mein Englisch zusammennehmen, das er später so phonographisch getreu charakterisieren sollte. Wir ahnten noch nicht die gefährliche Uniformität, die sich hinter dem heiter sommerlichen Großstadttreiben Berlins verbarg; er genoß es nach New York wie eine wundervoll erholsame Stille, wurde von Tag zu Tag aufgeschlossener und erzählte eines Nachmittags im Vorgarten der «Alten Klause», wie er in München in eine zünftige Oktoberfestschlägerei verwickelt wurde: wie er, der Hüne, seinen Gegner tot wähnte und, selber aus vielen Wunden blutend, das Polizeikrankenhaus mit einem Gefängnishospital verwechselte. Bewegend, mit grausig übersteigertem Humor schilderte er seine Gewissensqualen und seine seelische Bedrängnis – ungefähr so, wie diese Episode später in dem Abschnitt «Oktoberfest» seines Romans ‹*Geweb und Fels*› erscheint.

Die Gespräche dieses Sommers blieben vorwiegend unpolitisch. Die begeisterte Presse standhafter deutscher Freunde verklärte ihm ganz Berlin. Doch immer wieder sprach er beunruhigt davon, daß er ohne Nachricht aus New York über den Erfolg seines neuen Romans ‹*Von Zeit und Strom*› sei, der im März bei Scribner's erschienen war. Er sehnte sich nach dem großen, befreienden Erfolg. In Brooklyn, 1929, hatte er verstohlen an den Kiosken die Zeitungen mit den ersten Kritiken von ‹*Schau heimwärts, Engel!*› gekauft, hatte beim Überschreiten des Fahrdamms die vorüberfahrenden Autos gezählt (eine gerade oder ungerade Zahl entschied über positive oder negative Kritik), hatte die Zeitungen nicht auf der Straße gelesen, sondern war beklommen nach Hause gegangen, wohl darauf bedacht, auf dem Bürgersteig nicht die Pflasterritzen zu betreten, um alle bösen Geister zu bannen. Komisch und rührend sprach er von seiner Scheu vor der Kritik, und mit der mächtigen Faust, die einem bayerischen Dickschädel fast das Leben gekostet hätte, schlug er wütend auf das Marmortischchen des «Romanischen Cafés», weil Kritiker in den USA behauptet hatten, er schriebe nur das Leben ab oder gar nur sein eigenes Leben.

War ihm jetzt der große Wurf gelungen? «Ich denke, daß die wirkliche Entdeckung Amerikas noch vor uns liegt», sollte es in seinem letzten Buche heißen.

Er, der Steinmetzsohn aus Asheville in Nordkarolina, war vor seinem eigenen Lobgesang auf Amerika nach Europa geflohen und sehnte sich nun in Berlin danach, Amerika zu entdecken und zu erobern.

Die Nacht war seine Zeit, der Norden seine Sehnsucht. Wir stiegen zu meiner kleinen Dachwohnung am Kurfürstendamm hinauf, in eine Art Fuchshöhle aus ausgebauten Trokkenboden-Kammern, in denen er sich grotesk und riesenhaft ausnahm. Er lehnte am Kamin oder zwängte sich auf den kleinen Dachgarten hinaus, genoß das Lichtermeer der Stadt unter dem sternklaren Himmel und schwärmte von New York.

Und als wir später auf der anderen Seite des Kurfürstendamms im Garten des Restaurants «Lauer» saßen, unter den Lindenbäumen, deren Laub im künstlichen Licht wie Schweinfurter Grün wirkte, erzählte er, wie er daheim im Gebirgsstädtchen Asheville nachts die Züge nach Norden fahren hörte, wie es ihn selbst immer nach Norden zog, in das Dunkel der großen Städte, in die nächtige Atmosphäre von Mord und Hurerei. Einmal würde er den Roman eines Nachtexpreß schreiben, würde das Rauschen nachtschwarzer Ströme, das Singen der Schienen im hellhörigen Dunkel schildern, das Tosen der Räder über Brücken und an Häusern vorbei, das vielfache Echo in der wechselnden Landschaft. Und ich hatte den Eindruck, als zögen eben diese Züge über sein großflächiges Gesicht, schattenhaft dahinhuschend. Er rühmte sich, einfacher Leute Kind zu sein, und erzählte von seinen Brüdern und Jugendfreunden, bis ich beinahe bestürzt gewahr wurde, daß fast alle Gestalten seines Buches wirklich lebten: der eine war jetzt Autovertreter im Süden, der andere war Lehrer in einem anderen Ort; sie hatten eine eigene Existenz und lebten gleichzeitig in ihm.

Er sprach, während der Verkehr in der sommerlichen Kurfürstendamm-Nacht allmählich einzuschlafen begann, trank ein Glas Mosel nach dem anderen und erzählte weiter, von seiner Mutter, die eine kleine Pension betrieb (deshalb zog er nur ungern selber in eine Pension), von den Schwierigkeiten des Schriftstellers, wenn er sein eigenes Leben und Erleben zu verdichten trachtet. Wie schockiert waren die Asheviller über seinen ersten Roman, wie entsetzt der herzensgute Lektor bei Scribner's, der an Angina pectoris litt; ihn hatte er in einer großen Erzählung dargestellt, und der arme Mann war zum Gespött der ganzen New Yorker Literatenclique geworden und nahe daran gewesen, sich das Leben zu nehmen ... Und plötzlich fragte er bissig, wie wir, Ernst Rowohlt und ich, uns gegenüber derartigen literarischen Konterfeis verhalten würden. Verlegen erklärte ich, wir würden nie so gekränkt sein wie der Lektor in New York, würden uns eher geehrt fühlen, der dichterischen Wirklichkeit Modell gestanden zu haben. Damals kannte ich noch nicht seine Gewohnheit, nachts die Gespräche des Tages mit bewundernswertem Gedächtnis wort- und klanggetreu festzuhalten, ahnte noch nicht, daß ich zwei Jahre später leicht ein Opfer dieser Gewohnheit hätte werden können. Im übrigen, erklärte ich, wären wir für derartige Porträts wohl nicht interessant genug. Thomas Wolfe lachte.

Wir verließen das Lokal, und er zeigte mir, wie er als Zeitungsjunge, um Zeit zu sparen, die Zeitungen auf große Entfernungen in die Gärten der Abonnenten geworfen und erregt dem Aufklatschen des Papiers nachgelauscht habe. Mit wenigen flinken Griffen hatte er die dicke Sonntagsausgabe des *Berliner Tageblatts* kunstgerecht zu einem kleinen Paket zusammengefaltet, das er zielsicher über die Fahrbahnen des Kurfürstendamms hinweg genau in den kleinen Vorgarten meines Hauses warf. «Klatsch», machte es ganz deutlich in der Stille der Nacht, und er lachte, wie nur Jungen über gelungene Streiche lachen können.

Eine unvergeßliche Nacht ... Wir saßen in einem kleinen Künstlerlokal in der Kleiststraße – Maler, Literaturfreunde (unter ihnen der kürzlich verstorbene Sinclair-Lewis-Übersetzer Franz Fein) und junge Frauen, wie sie in solcher Gesellschaft nie fehlen. Da stand Thomas Wolfe plötzlich vor uns, riesengroß, mit wirrem, schwarzem Schlangenhaar und strahlend. Er begrüßte uns laut, ließ sich in einen Sessel fallen, der unter ihm ächzte, und erklärte uns bescheidenen Biertrinkern mit jovialer, weitausholender Geste: *«Let's all have some wine – I'm rich!»* Er war nicht betrunken. Er hatte endlich den erlösenden Brief aus New York bekommen und war berauscht von dem sensationellen Erfolg seines Romans ‹*Von Zeit und Strom*›. Der große Wurf, um den er so gebangt hatte, war gelungen: die amerikanischen Literaturblätter brachten, groß aufgemacht, ein Loblied mit seinem Bild auf der ersten Seite.

«I'm rich!» sagte er, der mit einem schäbigen Koffer im «Hotel am Zoo» abgestiegen war und immer denselben dunkelbraunen Anzug trug. Er freute sich wie ein Kind, trank genießerisch und wirkte wie befreit. Dieses Ereignis wollten wir feiern und zogen in großer Gesellschaft in die «Taverne», das Stammlokal der Auslandsjournalisten in der Courbièrestraße. Dort saß, ebenfalls in Gesellschaft, Martha Dodd. Wir nahmen am Nebentisch Platz, und ich wunderte mich, warum sie uns nicht zu sich bat. Der freudige Zauber, der uns eben noch beschwingt hatte, war zerstört. Die Erklärung war: Martha Dodd saß mit dem amerikanischen Verleger Donald Klopfer von Random House in New York zusammen, und Klopfer weigerte sich, mit Deutschen an einem Tisch zu sitzen. Ich fühlte mich wie vor den Kopf gestoßen: wie konnte ein Ausländer nicht – genau wie wir – zwischen Deutschen und Nazis unterscheiden! Zum erstenmal widerfuhr es mir, daß ich persönlich mit den Nazis identifiziert wurde und die Kluft zu spüren bekam, die uns damals schon, im Sommer 1935, von der übrigen Welt trennte. Ich wollte Klopfers Argument nicht gelten lassen, ging hinüber zu ihm und stellte mich vor. Wir wechselten einige Worte über unseren gemeinsamen Autor William Faulkner. Es blieb aber ein kurzes, gezwungenes Gespräch, wenn Klopfer sich auch dazu überwand, mir die Hand zu geben. Mißmutig kehrte ich an unseren Tisch zurück. Es wollte keine rechte Stimmung mehr aufkommen.

Als die Gesellschaft am Nebentisch aufbrach, flüsterte

Martha uns heimlich zu, wir sollten noch auf einen Kaffee in die Botschaft nachkommen. Es dauerte eine Weile, bis wir uns von den anderen gelöst hatten und im dämmernden Tag ins Tiergartenviertel zur Amerikanischen Botschaft kamen. In der geräumigen Halle blieben wir wie ertappte Schuljungen stehen: oben auf der breiten Treppe stand, verführerisch wie ein Engel des Zorns, Martha Dodd und hielt ostentativ Wolfes neues Buch ‹*Von Zeit und Strom*› in der Hand; sie machte ihm pathetische Vorwürfe, daß er seine große Begabung durch unmäßiges Trinken zerstöre. Wolfe schnaubte vor Zorn. Er stürmte wütend die Treppe hinauf, entriß ihr den dicken Band, der seinen dichterischen Ruhm besiegelt hatte, riß ihn aus dem Einband, zerfetzte mit seinen Bärenfäusten die tausend Seiten schweren Papiers und warf die kleinen Schnitzel wie einen Konfettiregen zum Fenster hinaus in den stahlblauen Tiergarten-Morgen. Martha Dodd war über diesen Zornesausbruch entsetzt und schrie: «*How can a writer do a thing like that!*»

Wolfe aber schien sie gar nicht zu hören. Hatte er nicht die «nüchternen, bitteren Farben Amerikas» in Worte gebracht wie einst Walt Whitman und den ersehnten Erfolg schwarz auf weiß in der Tasche? Er stürmte mit Riesenschritten durch den großen Raum, wetterte und fluchte und überschüttete die Bedauernswerte, die sich aufschluchzend auf die Couch warf, mit grimmigen Rechtfertigungen. Ich war ratlos: die Spannung ging mir auf die Nerven. Schließlich versuchte ich, die Szene ins Komische zu ziehen, und begann still vor mich hin Purzelbäume zu schlagen, hin und her über den weichen Teppich, vorwärts und rückwärts, bis Wolfe es bemerkte.

Er verstand mich gleich. Er stürmte auf mich zu, umarmte mich in herzlichem Überschwang und hätte mich mit seinen starken Armen fast erdrückt: «*Henry, you're a great sport, you're wonderful!*» Auch Martha lächelte. Die böse Stimmung war verflogen. Friedlich beschwörend setzte Wolfe sich zu ihr. Unvergeßlich ist mir das Bild, wie die beiden später vor dem gleichen Fenster standen, aus dem er eben noch die Schnitzel seines Buches geworfen hatte, hinter ihnen der aufdämmernde Morgenhimmel über den hohen Baumkronen des Tiergartens und die Vögel, die zu singen begannen.

Wir beschlossen, an die Havel hinauszufahren und irgendwo draußen zu frühstücken. Vor der Tür stand der Wagen, und im Vorgarten lagen noch die Schnitzel des wütend zerrissenen Buches. Ich hob eine Handvoll auf und steckte sie zur Erinnerung an diese Nacht in meine Tasche. (Ich besitze sie heute noch.) Zu fünft fuhren wir in den Grunewald hinaus. Die Frische des frühen Sommermorgens tat uns wohl. Als wir am düsteren Grunewaldsee vorbeikamen, auf dessen moordunkler Fläche sich die alten Föhren spiegelten, rauschten in der schattenschweren Morgenstille zwei weiße Schwäne auf, und gleichsam mit ihrem majestätischen Flug entrang sich Wolfes Kehle ein merkwürdig gutturaler Laut, ein tierhafter Jubelruf des Entzückens. Sinnenlust und Freude spielten auf seinem machtvollen Gesicht. Er, der die großen Städte über alles liebte, lebte in einem mythischen Einklang mit der Natur. Im «Schloß Marquardt» standen die bequemen gelben Gartenstühle noch auf den Tischen, und statt der Kellner beherrschten die Putzfrauen die Szene. Trotzdem wies man uns ein Eckchen an. Thomas Wolfe riß in übermütiger Laune eine bunte Decke vom Tisch, hüllte sich mit keckem Schwung nach Indianerart in sie ein und nahm mit dem Ausruf *«I'm Sitting Bull!»* Platz. Wir frühstückten fröhlich lärmend und kehrten todmüde zur Stadt zurück.

Es war noch ein friedlicher Sommer, obwohl Martha Dodd eines Tages empört aus München kam und berichtete, daß man dort auf offener Straße einen Juden geschlagen und daß sie ihn in ihrem Wagen gerettet habe.

Nur gelegentlich streiften wir im Gespräch die undurchsichtige politische Lage und «the Dark Messiah», wie Wolfe später Hitler nennen sollte. Sein politischer Skeptizismus war noch überglänzt von der Freude über seinen literarischen Erfolg, außerdem liebte er Berlin mehr als alle anderen Hauptstädte Europas. Er spürte es, wie ehrlich die Sympathien waren, die seine hünenhafte Gestalt und seine kindliche Unbefangenheit überall weckten, ob er nun mit Taxichauffeuren,

Schaffnern, Verkäuferinnen oder Kellnern zu tun hatte, oder auch mit deutschen Literaten, die ihm mit Ehrfurcht begegneten.

Sobald meine Arbeit im Verlag es erlaubte, holte ich ihn im «Hotel am Zoo» ab, wo ein flinker kleiner Boy seine besondere Zuneigung besaß. Nicht selten traf ich ihn in seinem Hotelzimmer bei der Lektüre des großen Wörterbuchs von Webster an, das er stets auf Reisen mitzuführen pflegte, um im Wortschatz der englischen Sprache zu schwelgen und seine eigene Sprache zu bereichern. Er erzählte mir von seiner Art zu arbeiten: wie er sich dazu zwinge, gewisse Räume in London und in Paris, gewisse Menschen, Gespräche und Situationen aus der Erinnerung zu rekonstruieren, jedes geringe Detail festzuhalten und alles zu notieren; wie ihm oft ein überwältigender Strom sehnsuchtsvoller Erinnerungen die Eigenarten Amerikas verdeutliche, wie anders dort die Lokomotiven pfeifen und die Züge über die Brücken donnern; ja, wie das Bild Amerikas eigentlich erst in der Fremde seiner Seele ganz nahe sei und daß er dieser räumlichen Distanz bedürfe, um der dichterischen Wahrheit seiner Erlebnisse wirklich habhaft zu werden.

Unsere Gespräche damals kannten keine politischen Grenzen; er war damals schon der «Bürger der Menschheit», den er sich kurz vor seinem Tode in einem Briefe nannte. Er war für alle, die in Berlin mit ihm in Berührung kamen, die fleischgewordene freie Welt, nach der wir uns in Hitlers Gefängnis mehr und mehr sehnten. Er spürte es, und diese Resonanz war für ihn die Bestätigung seiner gewaltigen Kraft. Wir streiften wie zwei ungleiche Brüder durch den nächtlichen Berliner Westen. Ich sehe ihn noch bei Änne Menz in der Augsburger Straße mit Wohlgefallen die stattliche Bedienerin hinter der Theke betrachten und mit komischem Zwinkern Messer und Gabel aneinanderreiben, wie Fleischermesser und Wetzstahl: «*She's a fine piece, I'll cut a slice of her.*» Ich sehe ihn nachts mit panischer Brunst die Bäume am Kurfürstendamm umarmen und um ein großes Weib flehen, das seiner Größe angemessen wäre.

Der Norden war seine Sehnsucht. Ich konnte ihn nicht halten, obwohl ich ernstlich daran zweifelte, daß er noch einmal nach Deutschland zurückkommen würde. Nach dem Norden sehnte er sich, nach großen, stattlichen Frauen. So reiste er eines Morgens nach Kopenhagen. Mir war auf dem Bahnhof nicht froh zumute. Ich fühlte, das Wichtigste war zwischen uns ungesagt geblieben, würde vielleicht immer ungesagt bleiben. Ich ging neben ihm her, lief neben ihm her, blieb zurück, winkte und merkte nicht, daß mein Gesicht vom Schmerz des Abschieds verzerrt und naß von Tränen war, merkte es nicht und sollte erst später lesen, daß Thomas Wolfe es wohl gemerkt hatte.

Olympia-Sommer 1936. Unter einem herausfordernden Wald von Hakenkreuzfahnen gab Berlin sich noch einmal den Anschein einer internationalen Weltstadt. Am 3. Juli erreichte uns ein Brief Thomas Wolfes vom 22. Juni aus New York; darin hieß es:

«Ich arbeite tüchtig und habe sehr viel geschafft, aber ich muß gestehen, daß ich manchmal in großer Versuchung bin, auf einen schnellen Dampfer zu steigen, um Euch alle zu besuchen und mir vielleicht auch etwas von den Olympischen Spielen anzusehen. Der Norddeutsche Lloyd hat mir ein paarmal geschrieben und mir den Vorschlag gemacht, mir die Überfahrt teilweise damit zu verdienen, daß ich für die von ihm herausgebrachte Werbezeitschrift einen Artikel schreibe. Und wenn Du und Ernst ein paar Exemplare von meinem letzten Roman verkaufen könntet, so wäre ich vielleicht in der Lage, Euch in die Lokale am Kurfürstendamm oder zu Schlichter einzuladen; aber ‹Weiche von mir, Satanas!› – der Gedanke ist zu verlockend. Im vorigen Jahr habe ich mich ausgetobt, vielleicht ist es besser, wenn ich diesmal an der Arbeit bleibe.»

Inzwischen war auch *‹Von Zeit und Strom›* in der Übertragung von Hans Schiebelhuth erschienen und versprach ein gewaltiger Presseerfolg zu werden (trotz enthusiastischer literarischer Kritiken wurden aber bis zu Beginn des Krieges nur etwa 4000 Exemplare verkauft). Da außerdem von ‹*Schau heimwärts, Engel!*› 8000 bis 9000 Exemplare verkauft waren und für eine Überweisung des fälligen Honorars ohnehin nicht genug Devisen zur Verfügung standen, telegraphierte ich Wolfe noch am selben Tag, zu kommen und sein Geld in Berlin zu verbrauchen.

Drei Wochen später stand er vor uns und erzählte in altem Überschwang, daß mein Telegramm ihn mitten aus der Arbeit gerissen habe. Noch am selben Abend sei er in ungestümer Laune zum Hafen gefahren, und dort erst habe er bemerkt, daß er gar nicht über das notwendige Reisegeld verfügte.

Abends sollte er gleich in die Botschaft kommen, wo zu Ehren des Ozeanfliegers Charles Lindbergh ein feierlicher Empfang stattfand. Er sprang vergnügt im Büro herum, geriet aber plötzlich in tiefste Verzweiflung: er besaß kein sauberes Frackhemd mehr. Ich beruhigte ihn: nichts einfacher als das, wir würden eben eins kaufen. Ich hatte aber nicht bedacht, daß die Berliner Geschäfte von 1936 nicht mehr auf das Potsdamer Gardemaß von 1736 eingestellt waren. Verzweifelt liefen wir kurz vor Ladenschluß durch die Tauentzienstraße. In jedem Geschäft das gleiche Bild: demütig neigte Wolfe sich zu einer netten Verkäuferin hinunter, um seine Kragenweite messen zu lassen; bedauerndes Achselzucken, weil ein Frackhemd dieser Titanengröße nicht vorrätig war. Wolfes Laune wurde immer schlechter. Diese aussichtslose Jagd nach einem passenden Frackhemd mochte ihm alle ärgerlichen Nöte vergegenwärtigen, die er seit Jahren seiner körperlichen Größe verdankte.

Er schimpfte über den traurigen Regentag, der ihn alles Grau in Grau sehen ließ, und wetterte gegen den Provinzialismus Berlins und gegen Hitler – zum Glück in einem Amerikanisch, das weder die neuen Herren der Tauentzienstraße noch die Wände der ehemals jüdischen Geschäftshäuser verstanden.

Endlich landeten wir nahe dem Wittenbergplatz in einem eleganten Laden, wo man Wolfe für einen berühmten Sportler hielt. Wieder die gleiche Demut des grollenden Riesen, wieder ein höfliches Achselzucken der Verkäuferin, bis endlich der Geschäftsführer für die Dringlichkeit unseres Ansinnens das nötige Verständnis aufbrachte und ein normales Frackhemd zu vergewaltigen beschloß. Sofort schlug die Verzweiflung des Riesen, dem die Welt nichts Maßgerechtes zu bieten hatte, in übermütige Fröhlichkeit um. Vor seinen Augen wurde ein Hemd hinten aufgeschnitten, die Ärmel sollten entsprechende Einsätze bekommen, so daß wenigstens die gestärkte Fassade gewahrt blieb, die unmäßigen Maße wurden notiert, und dieses einzigartige Flickschneiderkunstwerk sollte noch rechtzeitig in seinem Hotel abgeliefert werden. In überströmender Dankbarkeit trug er sich in das pompöse Gästebuch ein, das anläßlich der Olympiade täglich im Schaufenster prangte und bisher nur internationale Sportgrößen aufzuweisen hatte. Neben die gesunden Körper trat auf diese Weise stolz ein gesunder Geist: *«With sincere thanks for kind help in urgency. Thomas Wolfe, writer.»*

In übermütiger Laune zogen wir die Tauentzienstraße entlang, und Thomas Wolfe, der hüben und drüben der Homer des modernen Amerikas genannt wurde, sang mit Stentorstimme allerlei frivolen Unsinn, den – wie das «Gemecker» vorher – keiner der erstaunten Passanten verstand.

Im Verlag nutzten wir natürlich die internationalen Tendenzen, die anläßlich der Olympiade der deutschen Presse erlaubt wurden, weidlich für Thomas Wolfe aus, obwohl er keinen Hehl daraus machte, wie er über das völkerversöhnende Gehabe des «Dark Messiah» dachte. Geduldig und bescheiden ließ er manche törichte Frage über sich ergehen. Für den 6. August war ein Interview mit einer großen Tageszeitung verabredet. Die Unterhaltung sollte in Wolfes Hotelzimmer stattfinden. Der Interviewer erschien in Begleitung einer Pressezeichnerin, einer großen stattlichen Blondine, wie sie offensichtlich nach Wolfes Geschmack war. Spürbar abgelenkt beantwortete er die unverbindlichen Fragen des Journalisten, während die Zeichnerin still dabeisaß und sich jeden Zug seines lebhaften Mienenspiels einzuprägen schien. «Berlin?»

lautete eine unvermeidliche Frage. «Wunderbar», erklärte Wolfe obenhin und mit einem wohlgefälligen Blick auf die Blonde: «Gäbe es Deutschland nicht, so müßte es erfunden werden. Es ist ein magisches Land. Ich kenne Hildesheim, Nürnberg und München, die Architektur, die Innerlichkeit, den Glanz der Geschichte und der Kunst. Vor zweihundert Jahren wanderten meine Vorfahren von Süddeutschland nach Amerika aus.» Vielleicht auf der Flucht vor dem Glanz dieser Geschichte ...?

Ich war froh, daß diese Klippe umschifft war, und gab, von Wolfe nur unaufmerksam unterstützt, die Episode vom Münchener Oktoberfest 1928 zum besten, schließlich auch das Erlebnis mit dem Frackhemd. Dem *Dichter* Wolfe glaubte ich mit diesem Interview gedient zu haben und war damals nicht wenig erstaunt, einen schwärmerisch verliebten *Mann* vor mir zu haben, der mich ungestüm nach der stattlichen Blondine ausfragte und von dem weiblichen Zauber ihrer imponierenden Erscheinung entzückt war. Ich hielt das Ganze für eine flüchtige Laune – auch am nächsten Tag noch, als wir im «Café Bristol» saßen und Wolfe bei der Radioübertragung aus dem Olympia-Stadion in helle Begeisterung geriet, wenn die USA eine neue Medaille gewannen.

Ich kaufte die Zeitung, überflog befriedigt das Interview und reichte es Wolfe. Er las es nicht. Getreue seiner Gewohnheit steckte er die Zeitung in die Tasche, um sie im Hotelzimmer zu lesen. Am nächsten Tag war er äußerst verärgert und indigniert: die Zeichnung der Blonden hatte ihn schwer gekränkt. Er fand sich bis zur Unkenntlichkeit verunstaltet. Mit komischem Stolz erklärte er, seiner Mutter Meinung nach sei er der hübscheste der Brüder, und plötzlich, nach einem wütenden Blick in den Spiegel, fragte er mich auf deutsch: «Habe ich ein Sweinsgesicht?» Ich lachte, aber er ließ sich nicht beruhigen. Schließlich behauptete er ganz im Ernst, die blonde Zeichnerin wäre von der Gestapo bestochen. Er hatte inzwischen so viele erschreckende Einzelheiten über das nationalsozialistische Regime erfahren, daß auch er schon unter dem Druck persönlichen Mißtrauens und politischer Verdächtigungen zu leiden begann. Vielleicht um sich abzulenken und die große Blondine zu vergessen, wollte er durchaus nach Potsdam fahren. Ich erklärte, für Potsdam keineswegs ein sachkundiger Führer zu sein. Trotzdem bestand er darauf. Wir holten meine Frau ab, aber obwohl wir uns alle Mühe gaben, Wolfe aufzuheitern, wurde der Ausflug ein arger Mißerfolg. Uneins mit sich selber, haderte er auch mit uns, für nichts schien er ein Auge zu haben, und schließlich fragte er, warum wir ihn eigentlich in diesem nüchternen Pomp der preußischen Könige herumschleiften.

Erst der Abend, das berühmte Potsdamer «Stangenbier» und allerlei Wurstspezialitäten stimmten ihn friedlicher. Aber auch auf dem Rückweg zum Bahnhof blieb er immer wieder minutenlang vor einem Schaufenster oder vor einer spiegelnden Reklamescheibe stehen, um mit komisch vorgerecktem Hals, nachdenklich und verärgert, seinen machtvollen, schönen Kopf mit dem «Sweinsgesicht» zu vergleichen, mit dem die Zeichnerin die Ansicht seiner Mutter Lügen gestraft hatte.

Der «Dark Messiah» überschattete in diesen Tagen alle unsere Gespräche. Wolfe hatte ihn draußen im Stadion, von der Loge der Amerikanischen Botschaft aus, beobachtet. Er wußte durch Martha Dodd über seine Machenschaften und Methoden mehr, als wir Deutschen offiziell erfuhren. Er ahnte noch größeres Unheil und kam zu der bitteren Erkenntnis, daß die Gutwilligen überall von den Mächtigen unterdrückt würden und daß Hitler nur das Böse in der Welt entfesselte.

Bei diesen Gesprächen wurde mir so recht klar, wie sehr wir unter der Unfreiheit litten und wie ohnmächtig der einzelne war. Ich sprach von der Verlockung, mich dem politischen Zwang durch die Flucht ins Ausland zu entziehen, redete aber immer wieder auf Wolfe ein und versuchte, ihn zu einem großen Roman zu ermutigen, mit dem er als Dichter, nicht als politischer Tendenzschriftsteller, an das Gewissen der Menschheit appellieren sollte. Er lächelte: gerade weil er die Menschen über alles liebe, müsse er in einem solchen Roman politisch werden. Ich beschwor in: tagtäglich erlebe er es, wie ermutigend seine Bücher auf die deutschen Leser wirkten. Er dürfe diese Deutschen, die sich auf ihn beriefen, nicht im Stich lassen. Sobald er aber die deutsche Regierung angreife, würden alle seine Bücher in Deutschland verboten werden! Er verstand, was ich damit sagen wollte, daß ich nicht als ein gewinnsüchtiger Verleger so sprach, sondern als ein unverbesserlicher Idealist, der in der deutschen Isolierung den Trost seiner Bücher nicht missen wollte, kurzum: als der «sonderbare Heilige», als der ich später in seiner Darstellung dieses Sommers figurieren sollte.

Er schüttelte den Kopf. «Ein Mann muß schreiben, was er schreiben muß», sollte es später in jener Darstellung heißen. «Ein Mann muß tun, was seine Überzeugung ihm zu tun befiehlt.» Ich wurde traurig und still. Zwischen uns öffnete sich schon die Kluft, die Deutschland von den demokratischen Ländern trennte und über die hinweg wir beide uns noch einmal brüderlich grüßten. Ich dachte an die vielen Freunde, die nicht mehr erreichbar waren.

Ich war in jenen Tagen melancholisch und bedrückt, und obwohl wir uns sogar in der Amerikanischen Botschaft vor den Dienern in acht nehmen mußten, sprach ich dort bei verschlossenen Türen von meinen persönlichen Sorgen, und daß es unter der nationalsozialistischen Gewaltherrschaft immer schwieriger werde, ein unangefochtenes Privatleben zu führen. Wolfe tröstete mich und war zugleich entsetzt. Wie sehr die Tyrannis der Nationalsozialisten uns zur Preisgabe aller individuellen Rechte zwang und das Lebensschiff der Deutschen auf einen einsamen Ozean hinaustrieb, auf dem es kaum noch eine Verständigung miteinander gab, das mochte ihm an meinem Beispiel besonders deutlich geworden sein – ihm und vielen Amerikanern, die kaum ein dreiviertel Jahr später mit allen «hochverräterischen» Details unserer Gespräche bekannt werden sollten.

Eine große Party zu Ehren Wolfes in Rowohlts Privatwohnung in der Rankestraße. Alle literarisch Interessierten waren geladen, die noch zu einer freien Meinung standen, doch schon zeigte es sich deutlich, wie entblättert der Baum unserer Literatur bereits war. Alle wirklich großen Namen der deutschen Dichtung waren emigriert. Dafür war die unselige Zeichnerin zugegen.

Ich fürchtete das Schlimmste; Wolfe aber war mit der stattlichen Blondine bald sehr vertraut, vergessen war sein Zorn über das «Sweinsgesicht». Er kümmerte sich kaum noch um andere Menschen und verließ auch mit ihr zusammen die Gesellschaft. Ich nahm diesen Flirt nicht weiter ernst, und um so erstaunter war ich am nächsten Tag, als Wolfe mir mit komisch-trotzigem Ernst eröffnete, daß er mit der blonden Zeichnerin nach Tirol reisen werde. Ich widersprach nicht. Für den Augenblick jedenfalls schien er unter dem Eindruck einer großen Leidenschaft zu stehen. Wolfe reiste ab und kam Anfang September allein nach Berlin zurück. Er war ärgerlich und enttäuscht. Andeutend gestand er mir, daß er die blonde Reisegefährtin auf einer Alm kurzerhand stehengelassen hatte und abgereist war. Ich stellte keine Fragen, glaubte aber seinen Anspielungen entnehmen zu können, daß ihn alles Ur-Weibliche unwiderstehlich anzog und gleichermaßen wieder abstieß. Er erzählte von bitteren Erfahrungen in New York, von aufdringlichen und ruhmwütigen Frauen, die ihm viel Ärger verursacht und sein Mißtrauen geschärft hätten.

Ich weiß nicht, ob er diese Frau, die er kurze Zeit sehr geliebt hatte, noch einmal gesehen hat; weiß auch nicht, ob etwa politische Gründe hinter dem Zerwürfnis zu suchen waren. Auffällig blieb nur, daß Wolfe von diesem Erlebnis offenbar einen giftigen Stachel zurückbehalten hatte. Er war reizbar und empfindlich; er wollte weg, wollte über Frankreich nach Hause fahren, aber die Heimfahrt wurde durch Devisenschwierigkeiten immer wieder hinausgezögert. Er machte nirgends mehr aus seinem Unwillen über Deutschland und den Nationalsozialismus einen Hehl, und sein Mißtrauen fand neue Nahrung, als Rudolf Großmann ihn für ein Interview im *Querschnitt* porträtieren wollte und mit einem mir unbekannten Mann erschien, der Wolfe zum Besuch eines Arbeitsdienstlagers aufforderte. Wolfe entzog sich der Einladung, und ich riet ihm nachher, alles zu unterlassen, was irgendwie für die nationalsozialistische Propaganda mißbraucht werden könnte.

Die vergiftete Atmosphäre mußte ihm vollends undurchsichtig erscheinen, als wir im «Romanischen Café» einem Literaten begegneten, dem wir den Spitznamen «Fürst der Finsternis» gaben. Er machte über Hemingway die snobistische Bemerkung, er sei nun auch festgefahren und zeige keine Entwicklung mehr, und ließ sich obendrein zu einer taktlosen Apostrophierung von Wolfes braunem Hut hinreißen. Wolfe wurde wild. Ich erzählte ihm Näheres über den Mann, der durchaus kein Nationalsozialist war und bald darauf auswanderte. Aber Wolfe dämmerte allmählich die Tragödie. «Es war die schleichende Paralyse des Mißtrauens, die alle Beziehungen zwischen Menschen und Völkern lahmlegt und verseucht», sollte ich später bei ihm lesen. «Es war eine Vergiftung, gegen die es kein Heilmittel gab und vor der keine Rettung zu finden war.» Ich versuchte ihm diesen latenten Zustand zu erklären, wollte ihm begreiflich machen, wie vorsichtig man selbst unter literarischen Gesinnungsfreunden sein mußte – mit dem Erfolg, daß Wolfe auch uns bald beargwöhnte. Er hielt es für unwahrscheinlich, daß trotz des gewaltigen literarischen Echos so wenig Exemplare seiner Bücher verkauft sein sollten. Zwar wurde offiziell die «schleichende Paralyse des Mißtrauens» zwischen uns beigelegt, unterirdisch aber schwelte sie weiter.

Nachdem Wolfe, teils durch eigene Schuld, teils durch die Langsamkeit der Devisenbehörde, mehrmals sein Schiff versäumt hatte, zechten wir miteinander zum letzten Male in alter Weise, bis Wolfe einer unverständlichen Unruhe nachgab und mit zunehmendem Alkoholgenuß immer stacheliger wurde. Plötzlich stieß ihm wieder das «Sweinsgesicht» auf. Auch die Honorarfrage kam noch einmal zur Sprache, ohne daß es uns gelang, das krause Dickicht kurioser Mißverständnisse zu lichten. Wolfe schützte seine Abreise am frühen Morgen vor, um sich überstürzt zu verabschieden. Ich war ratlos und unglücklich. Ich ging ihm nach und fand ihn in einer Bar in der Gesellschaft eines fragwürdigen Mädchens und eines blödelnden Jünglings. Er war ärgerlich, daß ich ihn aufgespürt hatte: «*Why do you spy on me?*» Doch ich ließ mich nicht abweisen, weil ich fürchtete, er könnte in seiner gereizten Stimmung Unvorsichtigkeiten begehen und den Zug versäumen. Wir tranken noch weiter, und auf der Straße brach er einen Streit vom Zaun, schließlich trennte ich mich von ihm in alkoholischem Zorn. Diesmal hatte ich keine Tränen. Dieser Abschied kam mir ebenso absurd vor wie alles rings um mich. Die schleichende Vergiftung schien auch unsere Freundschaft zerstört zu haben. Ich taumelte todmüde ins Bett und schlief in den hellen Tag hinein. Am Nachmittag fand ich im Büro noch eine Nachricht von ihm: «*Never mind our trouble. Love to both of you. Tom.*»

Es folgte eine freundliche Postkarte aus Paris, dann eine spärliche Korrespondenz; dann blieben viele unserer Briefe unbeantwortet. Im Frühjahr 1937 kam Martha Dodd von einem Aufenthalt in den Staaten nach Berlin zurück. Sie rief mich eines Nachmittags an und bat mich zu sich. Sie erzählte von New York und von Wolfe, um den sie sich Sorgen machte. Ich käme übrigens in dem neuen Roman vor; deswegen habe sie mich so eilig hergebeten. Geschmeichelt, aber etwas bang wehrte ich ab. Sie blieb verteufelt ernst: die Art, wie Wolfe mich und unsere Gespräche verwendet habe, sei für mich persönlich nicht ganz ungefährlich; am besten läse ich es selbst. Damit schob sie mir ein auf dem Tisch liegendes Heft der *New Republic* zu.

Schon auf der Vorderseite stand ein augenfälliger Hinweis auf Thomas Wolfes neuen Roman über «Nazi Germany». Der veröffentlichte Ausschnitt hieß: *I Have a Thing to Tell You.* Ich ahnte nichts Gutes; mit «Ich will dir mal was erzählen» hatte ich alle sogenannten «Greuelnachrichten», alle politischen Exkurse über die Lage eingeleitet. Ich las, und der Schreck überlief mich heiß und kalt. In dieser *short story*, die dann Wort für Wort in sein letztes Buch ‹*Es führt kein Weg zurück*› übernommen wurde, hatte Thomas Wolfe mit phonographischer Genauigkeit alle unsere Gespräche verarbeitet – freilich mit einigen Abweichungen von der Wirklichkeit. So hatte er die beiden Sommeraufenthalte von 1935 und 1936 zusammengezogen und in den Sommer der Olympiade verlegt, so daß die ärgerlichen Mißstimmungen von 1936 durch die heitere und unbefangene Stimmung des Jahres 1935 gedämpft oder gar neutralisiert erschienen. Trotzdem, jeder aufmerksame Beobachter mußte sich die Wirklichkeit bis in alle Einzelheiten rekonstruieren können.

Ich trat hier als sprachkundiger Bibliothekar Franz Heilig auf und sprach «nicht das übliche», an Shakespeare geschulte Englisch der meisten Deutschen, sondern «eine höchst eigenartige und amüsante Mischsprache», aber meine persönlichen Umstände stimmten alle. Die Lektüre benahm mir den Atem und trieb mir die Tränen in die Augen: Thomas Wolfe hatte mich auf seine Feder gespießt, hatte ein unbarmherzig genaues Röntgenbild von mir gegeben, mit allen Verklausulierungen und inneren Widersprüchen, die das taktische Jonglieren jener Jahre mit sich brachte und die er als Amerikaner einfach nicht begreifen konnte. Wenn diese Tatsache ruchbar wurde und ein unfreundlicher Zeitgenosse das Geheimnis von «Franz Heilig» lüftete, dann war mein Schicksal besiegelt. Ich war erschüttert und verwirrt.

Die latente Furcht, in der wir damals lebten, wurde nackte Angst. Auch Martha Dodd hatte ernste Bedenken, da sie wußte, daß die *New Republic* in Goebbels' Propagandaministerium gelesen und «ausgewertet» wurde. Sie riet mir kurzerhand, ich sollte mit ihrer Hilfe Deutschland so schnell wie möglich verlassen.

Ich brauchte Bedenkzeit. Ernst Rowohlt beruhigte mich und versuchte alles zu bagatellisieren, und da er selber auf sein literarisches Porträt neugierig war, schlug er vor, den Text zunächst einmal zu übersetzen. Nach einer unruhigen Nacht, in der ich in meiner kleinen Dachwohnung am Kurfürstendamm viele kostbare Briefe und Andenken vernichtete oder wenigstens vor dem erwarteten Zugriff der Gestapo versteckte, ging ich an die Arbeit und war beim Übersetzen immer wieder erschüttert über die menschliche Größe, die aus jeder Zeile Thomas Wolfes sprach. «Nicht als politischer Tendenzschriftsteller, sondern als Dichter ...» hatte ich ihn vor einem Dreivierteljahr beschworen. Tatsächlich hatte sich hier ein Dichter einer eminent politischen Situation bemächtigt, hatte geschrieben, «was er schreiben mußte», und an das Gewissen der Menschheit appelliert. Wir, die wir mit ihm die beiden Sommer verbracht hatten, waren Ton in seiner Hand gewesen. Er hatte den Ton geformt und mit dem Geist jener objektiven Wahrheit belebt, deren wir in unserer Befangenheit kaum noch fähig waren.

«Alles, was er sah und fand und entdeckte, sickerte langsam tief in ihn hinein», hieß es da von George Webber-Thomas Wolfe. «Durch das goldene Singen des Sommers senkte es sich auf ihn herab, bis er es einatmete und durchfühlte, erlebte und als das erkannte, was es war.» Und die Geschichte unseres gemeinsamen Sommers endete hier mit George Webbers Reise nach Paris und mit der Entdeckung und Verhaftung eines flüchtigen Juden an der Grenzstation.

Ich war nicht gekränkt wie jener Lektor bei Scribner's, obschon ich weit gefährlicher bloßgestellt war als er. Einem erschütternd objektivierten Abbild meiner selbst stand ich hier gegenüber. Ich begriff, was Thomas Wolfe nicht direkt ausgesprochen hatte. Ich begriff jetzt auch, warum er uns nicht mehr schrieb, daß er uns keine Nachricht mehr geben durfte. Ich begriff, wie unmerklich und verhängnisvoll sich unsere Anschauung von der Welt, vom Leben und von uns selbst unter dem nationalsozialistischen Zwang zu ändern und zu verfälschen drohte. Ich dachte, jeder Mensch müßte erkennen, wer «Franz Heilig» war. Ich konnte nicht mehr ruhig schlafen. Jedes Klingeln an der Wohnungstür ließ mich erschreckt zusammenfahren. Ich hatte Angst, und doch blieb ich in Deutschland.

I Have a Thing to Tell You erregte, wie ich später erfuhr, in den USA großes Aufsehen und ging schließlich als wichtiges Kapitel in Wolfes nachgelassenen Roman ‹*Es führt kein Weg zurück*› ein. Zu meinem Glück blieb das Fragment in

Deutschland zunächst unbekannt, bis unter dem Titel *Schau heimwärts, Teufel* Will Vesper in den *Kieler Nachrichten* auf die Veröffentlichung in *New Republic* hinwies. Tatsächlich hielt ich meine letzte Stunde für gekommen, als eines Mittags zwei Beamte der Gestapo im Verlag erschienen. Viele irrsinnige Fluchtversuche jagten mir durch den Kopf, viele Ausreden, intellektuell verzwickte Gegenargumente. Doch es handelte sich «bloß» um die Beschlagnahme des Buches ‹*Die grüne Front*›, das die reaktionäre, deutschnationale Agrarpolitik angegriffen hatte und das verboten worden war. Man wollte wissen, wo sein Autor, Erwin Topf, geblieben sei.

Nach dem Urbild von Franz Heilig zu suchen, war der Gestapo nicht eingefallen. Franz Heilig aber ging oft neben mir her – über Thomas Wolfes frühen Tod hinaus, der mich im September 1938 mehr erschütterte als die Vorgänge in Godesberg und in München, mit denen das Schicksal Deutschlands besiegelt werden sollte.

Auf den Schneefeldern Rußlands fiel mir der ahnungsvolle Schluß von *I Have a Thing to Tell You* ein, den ich auswendig konnte:

«Drum, alter Meister, weiser Faustus, du alter Vater des betagten, vieldurchschwärmten Menschengeistes, du alte Erde, altes deutsches Land mit dem Maß deiner Wahrheit, deines Ruhms, deiner Schönheit und Magie und deines Verderbens; und du, dunkle Helena, die du in unserm Blut glühst, du große geliebte Königin und Zauberin – du dunkles, dunkles Land, du altehrwürdige, geliebte Erde – lebet wohl!»

Große Erzähler des 20. Jahrhunderts

James Baldwin

Der Erbe

Die Sonne machte sich zum Untergehen bereit, und Eric, der das Nahen der Nacht spürte, trat schmutzig und müde den Heimweg durch die Felder an. Der blonde, achtjährige Junge lebte bei seinem Vater, der ein Farmer und der Sohn eines Farmers war, und bei seiner Mutter, die der Vater in einer weit zurückliegenden, unvorstellbaren Nacht erobert hatte und die nun ihre Ketten nicht mehr sprengen konnte. Sie wußte nicht einmal, daß sie in Ketten lag, wie sie auch nicht wußte, daß sie in ständiger Furcht vor der Nacht lebte. Ein Kind lag auf dem Kirchhof; es wäre eine kleine Schwester für Eric geworden und hätte Sophie geheißen; noch lange danach war seine Mutter sehr krank und blaß gewesen. Man sagte, sie würde nie mehr richtig gesund werden, nie mehr so sein wie früher. Dann, vor gar nicht langer Zeit, hatte es im Leib der Mutter zu pochen begonnen; manchmal, wenn Eric auf ihrem Schoß lag, hatte er es hören können. Sein Vater war sehr stolz gewesen. *Ich habe das gemacht*, sagte der Vater, groß, lachend, schrecklich und rot, und Eric wußte, wie das gemacht wurde, er hatte die Pferde beobachtet und die blindwütigen, schrecklichen Bullen. Doch dann war die Mutter wieder krank geworden, und als sie zurückkam, war das Pochen nicht mehr da, nichts war mehr da. Der Vater lachte nur noch selten, und irgend etwas im Gesicht der Mutter schien für immer eingeschlafen zu sein.

Eric lief schneller, denn die Sonne war fast verschwunden, und er fürchtete, die Nacht könnte ihn auf dem Feld überraschen. Und seine Mutter würde schelten. Sie sah es nicht gern, wenn er allein umherstrolchte. Am liebsten hätte sie es ihm verboten und ihn den ganzen Tag in ihrer Nähe behalten, aber sie konnte ihren Willen nicht durchsetzen: Erics Vater freute sich an dem Gedanken, daß sein Sohn neugierig auf die Welt war und kühn genug, sie zu erforschen, mit eigenen Augen, ganz allein.

Den Vater würde er nicht zu Hause antreffen. Der saß jetzt mit seinem Freund Jamie – auch er ein Farmer und der Sohn eines Farmers – im Wirtshaus, das den Namen *The Rafters* führte: Zum Dachstuhl. Die beiden gingen jeden Abend dorthin, um, so sagte der Vater, einen Engländer imitierend, den er im Krieg kennengelernt hatte, *den Dachstuhl auseinanderzunehmen, Sir.* Sie hatten den Dachstuhl schon auseinandergenommen, lange bevor Erich im Leib seiner Mutter strampelte, denn Erics Vater und Jamie waren zusammen aufgewachsen, zusammen im Krieg gewesen und zusammen aus dem Krieg nach Hause gekommen – es sah so aus, als sollten sie niemals, so lange sie lebten, getrennt werden. Tag für Tag arbeiteten sie zusammen auf den Feldern – den Feldern, die Erics Vater gehörten. Jamie hatte seine Farm verkaufen müssen, und Erics Vater hatte sie gekauft.

Jamie besaß einen braun-gelben Hund. Das Tier war fast immer bei ihm; sooft Eric an Jamie dachte, dachte er auch an den Hund. Die beiden waren immer dagewesen, waren immer zusammen gewesen: genau wie in Erics Augen die Mutter und der Vater immer zusammen gewesen waren, genau wie die Erde und die Bäume und der Himmel zusammen waren. Jamie und sein Hund gingen zusammen über die Feldwege, Jamie gemächlich, nach Art des Landvolks, scheinbar ohne etwas zu sehen, den Kopf ein wenig gesenkt, die Füße fest und sicher auf die Erde setzend, ohne jemals zu stolpern. Er schritt aus wie einer, der bis ans Ende der Welt wandern will und weiß, daß der Weg dahin weit ist, der aber auch weiß, daß er am Morgen dort sein wird. Manchmal sprach er mit seinem Hund, den Kopf noch etwas tiefer gesenkt als sonst und zur Seite gewandt, während ein leichtes Lächeln um die Winkel der granitharten Lippen spielte; und der Hund reckte eifrig den Hals, vielleicht sprang er auch an seinem Herrn hoch, der ihn dann freundlich mit einer Hand tätschelte. Meistens aber blieb Jamie stumm. Eine blaue Rauchwolke aus seiner Pfeife umschwebte ihn. Inmitten dieser Wolke zeichnete sich, verschwommen wie ein Schiff an einem nebligen Tag, sein trokkenes, ruhiges Gesicht ab. Er hatte sehr tief liegende Augen, rauchgrau, unnahbar, nachdenklich – Augen, die ständig den Horizont abzusuchen schienen. Es waren Augen, in die noch nie ein Mensch hineingeschaut hatte – niemand außer Eric, ein einziges Mal. Seit Jahren wanderte Jamie abends über die Landwege und Felder, stumm, nachdem er Erics Haus verlassen und seinem Hund gepfiffen hatte. Früher war er verheiratet gewesen, aber die Frau war ihm weggelaufen. Nun lebte er allein in seiner Blockhütte, und Erics Mutter hielt ihm die Sachen in Ordnung, und er aß bei Erics Eltern.

Den Blick in Jamies Augen hatte Eric an Jamies Geburtstag getan. Sie hatten eine kleine Feier veranstaltet. Erics Mutter hatte einen Kuchen gebacken und das Haus mit Blumen geschmückt. Die Tür und die Fenster der großen Küche standen offen, und der Küchentisch wurde nach draußen getragen, auf den Hof. Die Erde war nicht matschig wie im Winter, sondern hart, trocken und hellbraun. Die Blumen, die Erics Mutter so liebte und mit Hingabe pflegte, flammten in ihren schmalen Beeten an der steinernen Hauswand, und die graue Steinmauer am anderen Ende des Hofes war mit grünem Wein berankt. Hinter dieser Mauer lagen die Felder und Scheunen, und weit in der Ferne sah Eric die Kühe fast unbeweglich auf der leuchtend grünen Weide stehen. Es war ein strahlender, heißer, stiller Tag, die Sonne schien sich nicht von der Stelle zu rühren.

Das war, bevor die Mutter fortgebracht werden mußte. Ihr Leib wurde schon dick, sie trug ein blaues Kleid und wirkte – an jenem Tag, auf Eric – so jung, wie er sie nie wieder zu sehen bekam.

Es war noch früh, als sie zu Tisch gerufen wurden, und doch waren Erics Vater und Jamie schon beschwipst. Schulter an Schulter kamen sie laut lachend über die Felder und erzählten einander Geschichten. Erics Mutter war recht kurz angebunden; sicherlich wollte sie damit ihre Mißbilligung ausdrücken, und vielleicht langweilte sie sich auch, weil sie diese Geschichten schon oft gehört hatte. Jedenfalls sagte sie nur: «Alles Gute zum Geburtstag, Jamie», und dann nahmen sie Platz. Als sie zu essen begannen, läuteten im nahen Dorf die Kirchenglocken.

Vielleicht hatte es mit Jamies Geburtstag zu tun, daß Eric von irgend etwas in Jamies Gesicht gefesselt wurde. Jamie war natürlich uralt: vierunddreißig Jahre, noch älter also als Erics Vater, der erst zweiunddreißig war. Eric überlegte, wie einem wohl zumute sein mochte, wenn man so alt war, und plötzlich freute er sich insgeheim, daß er erst acht Jahre alt war. Denn auf einmal hatte Jamie auch das *Aussehen* eines alten Mannes. Das hatte vielleicht dieses neu hinzugekommene Jahr bewirkt, heute, vor ihren Augen – eine Metamorphose, die Eric vor der Aussicht, neun zu werden, zurückschrecken ließ. Die Haut von Jamies Gesicht sah aus, wie sie noch nie ausgesehen hatte: feucht, und sein harter Mund war schlaff; schlaff war überhaupt alles an ihm, die Art, wie er Arme und Schultern hängen ließ, die Art, wie er am Tisch hockte und dabei leicht hin und her schwankte. Das kam nicht vom Trinken. Eric hatte ihn schon viel betrunkener erlebt. Wenn er betrunken war, wurde er steif, als fühle er sich in die Army zurückversetzt. Nein. Er war alt. Es hatte ihn ganz plötzlich überfallen, heute, an seinem Geburtstag. Er saß da, die Haare hingen ihm über die Augen, er aß und trank, er lachte auch manchmal, aber auf eine sehr merkwürdige Art, und er neckte den Hund zu seinen Füßen, so daß das Tier während der ganzen Festtagsmahlzeit verschlafen knurrte und schnappte.

«Hör auf damit!» sagte Erics Vater.

«Womit?» fragte Jamie.

«Diesen stinkenden, nichtsnutzigen Köter zu ärgern. Er soll endlich Ruhe geben.»

«Laß doch das Tier zufrieden», sagte Erics Mutter – sehr müde, in einem Ton, den sie oft hatte, wenn sie mit Eric sprach.

«Sachte, sachte.» Jamie grinste und sah zuerst Erics Vater, dann Erics Mutter an. «Das ist *mein* Hund. Und mit meinem

Eigentum kann ich machen, was ich will; das ist mein gutes Recht.»

«Und der Hund kann dich beißen; das ist *sein* gutes Recht», versetzte Erics Mutter scharf.

«Der Hund beißt mich nicht», erwiderte Jamie. «Er weiß, daß ich ihn erschieße, wenn er's tut.»

«Dein Hund weiß genau, daß du ihn niemals erschießen wirst», sagte Erics Vater. «Weil du dann nämlich ganz allein wärst.»

«Ganz allein», wiederholte Jamie und sah in die Runde. «Ganz allein.» Er senkte den Blick auf den Teller. Erics Vater beobachtete ihn. «In deinem Alter ganz allein zu sein, das ist schlimm», meinte er und fügte lächelnd hinzu: «An deiner Stelle würde ich mal darüber nachdenken.»

Jamie wurde rot. «Ich denke ja darüber nach.»

«Ach was, du träumst nur davon», sagte Erics Vater.

«Verdammt noch mal», rief Jamie und wurde noch roter, «ich hab's doch ehrlich versucht.»

«Na», sagte Erics Vater, «das war nun aber wirklich ein Traum. So was habe ich mir damals jeden Samstagabend in der Stadt an der Straßenecke aufgelesen.»

«Ja, du bestimmt», erwiderte Jamie.

«Ich glaube, so schlimm war sie gar nicht», sagte Erics Mutter ruhig. «*Ich* mochte sie. Ich hab mich gewundert, als sie weglief.»

«Jamie hat sie nicht richtig behandelt», behauptete Erics Vater. Er sah Eric an und sang: *«Jamie, Jamie, Kinderschreck, hat 'ne Frau, und die läuft weg!»* Jetzt sah Jamie auf, blickte in die Augen von Erics Vater. Eric lachte abermals, noch schriller, aus Angst.

Jamie sagte: «Natürlich, du hast gut reden.»

«Ist doch nicht meine Schuld, daß du alt wirst», gab Erics Vater zurück, «daß du niemand hast, der dir abends die Hausschuhe bringt … kein Getrappel von kleinen Füßen …»

«Ach, laß Jamie in Ruhe», sagte Erics Mutter. «Er ist nicht alt. Laß ihn in Ruhe.»

Jamie lachte. Es war ein seltsam hohes, schnalzendes

Lachen, das Eric noch nie gehört hatte; er mochte es nicht, es stieß ihn ab, so sehr, daß er wegsehen wollte, und doch konnte er den Blick nicht abwenden. «Stimmt genau», sagte Jamie. «Ich bin nicht alt. Ich kann noch alles tun, was wir früher getan haben.» Er stützte die Ellbogen auf den Tisch und grinste. «Ich hab dir nie erzählt, was wir früher alles angestellt haben, wie?»

«Nein», antwortete Erics Mutter, «und ich will auch nichts davon hören.»

«Er würde sich gar nicht trauen, dir das zu erzählen», warf Erics Vater ein. «Er weiß genau, was er dann von mir zu erwarten hätte.»

«O ja, natürlich!» Jamie lachte wieder. Er nahm einen Knochen von seinem Teller und gab ihn Eric. «Da», sagte er, «füttere doch mal meinen armen, mißhandelten Hund.»

Eric stand auf und pfiff dem Hund; das Tier kam zu ihm und schnappte nach dem Knochen. Jamie sah lächelnd zu, entkorkte die Whiskyflasche und schenkte sich ein. Eric setzte sich neben den Hund auf die Erde; das grelle Sonnenlicht machte ihn müde.

«Unser kleiner Eric wird groß», hörte er den Vater sagen.

«Ja», antwortete Jamie, «Kinder wachsen schnell heran. Lange wird's nicht mehr dauern.»

«Was wird nicht mehr lange dauern?» fragte der Vater.

«Na, bis er den Schürzen nachläuft wie früher sein Vater», erklärte Jamie. In das Lachen der beiden Männer stimmte die Mutter nicht ein; statt dessen hörte Eric das vertraute, leise, resignierte Seufzen – oder glaubte es zu hören. Den Großen schien es gleich zu sein, ob er an den Tisch zurückkam oder nicht. Er streckte sich lang aus, starrte hinauf in den Himmel, überlegte – überlegte, wie es wohl sein mochte, wenn man alt war – und schlief ein.

Als er aufwachte, lag sein Kopf im Schoß der Mutter, die sich zu ihm gesetzt hatte. Jamie und der Vater saßen noch am Tisch; Eric hörte es nur an ihren Stimmen, denn die Augen hielt er geschlossen. Er mochte weder sprechen noch sich bewegen. Er wollte bleiben, wo er war, behütet von seiner Mutter, während der strahlende Tag dahinging. Dann mußte er an die Geburtstagstorte denken. Hatte Jamie sie schon angeschnitten? Wahrscheinlich nicht. Aus Jamies Stimme, die jetzt noch heiserer klang als vorhin, schloß er, daß die Torte noch nicht angeschnitten war. Nun, ob so oder so – er würde gewiß sein Teil bekommen.

«... hat sich den Bauch vollgeschlagen und schläft in der Sonne wie ein Murmeltier», sagte Jamie gerade, und die beiden Männer lachten. Der Vater war mäßiger im Trinken als Jamie und hatte ihn schon oft vom Wirtshaus heimgetragen, aber jetzt war er auch ein bißchen betrunken.

Eric fühlte die Hand der Mutter auf seinem Haar. Wenn er die Augen ein klein wenig öffnete, konnte er, wie durch einen Schleier, über die geschwungene Hüfte der Mutter hinweg in der Ferne einen grünen Grashang und dahinter den ewigen, reglosen Himmel sehen.

«... sie war ein ganz liederliches Frauenzimmer», sagte Jamie.

«Sie war sehr schön», hörte Eric die Stimme seiner Mutter dicht über ihm.

Sie sprachen wieder von Jamies Frau.

«Schön!» rief Jamie wütend. «Schönheit hält kein Haus in Ordnung. Und Schönheit hält auch kein Bett warm.»

Erics Vater lachte. «Du warst so ... so romantisch damals», sagte er. «Keiner von uns hätte gedacht, daß du Wert auf praktische Dinge legtest. Und sie hat das wohl auch nicht gedacht.»

«Ich habe aber Wert darauf gelegt», widersprach Jamie.

«Ich *weiß* sogar», fuhr Erics Vater fort, «daß sie dachte, du legtest keinen Wert darauf.»

«Woher willst du das wissen?» Jamies Stimme klang erstaunt.

«Weil sie's mir gesagt hat», erwiderte Erics Vater.

«Was soll das heißen?» fragte Jamie. «Was soll das heißen, sie hat's dir gesagt?»

«Genau das. Sie hat's mir gesagt.»

Jamie schwieg.

«Damals», sprach Erics Vater nach einer kurzen Pause weiter, «bist du tagsüber immer allein durch die Wälder gelaufen, und abends hast du mit mir im Wirtshaus gesessen.»

«Ihr zwei habt dauernd zusammengesteckt», bestätigte Erics Mutter.

«Nun ja», sagte Jamie rauh, «wenigstens daran hat sich nichts geändert.»

«Trotzdem ist es jetzt nicht mehr dasselbe», erklärte Erics Vater. «Du weißt doch, ich habe eine Frau und ein Kind – und das zweite ist unterwegs ...»

Die Mutter streichelte Erics Haar noch zärtlicher, und zugleich war ihre Berührung auch eindringlicher. Er wußte, sie dachte an das Kind, das auf dem Kirchhof lag und das seine Schwester geworden wäre.

«Ja», sagte Jamie, «du bist ein gemachter Mann. Du hast alles: eine Frau, ein Kind, ein Haus und dazu noch das Land.»

«Ich habe dir deine Farm nicht gestohlen. War doch nicht meine Schuld, daß du sie aufgeben mußtest. Ich habe dir mehr dafür bezahlt, als du von irgendeinem anderen bekommen hättest.»

«Ich mache dir ja keinen Vorwurf. Ich weiß, wieviel ich dir zu verdanken habe.»

Es folgte ein kurzes Schweigen, das Erics Mutter nur zögernd brach. «Weißt du», sagte sie, «ich verstehe nicht, warum du damals, als du in die Stadt gingst, nicht dort geblieben bist. Hier gab es doch nichts, was dich hielt.»

Eric hörte, wie ein Glas vollgeschenkt wurde. Dann: «Nein. Hier gab es nichts, was mich hielt. Nur all die Dinge, die mir von jeher vertraut waren ... alles ... *alles*, was mir je etwas bedeutet hat.»

«Ein richtiger Mann sollte nicht dasitzen und dem nachtrauern, was aus und vorbei ist, was nie wiederkommt, was nie wieder so sein kann wie früher», sagte Erics Vater ärgerlich. «*Das* meine ich, wenn ich dich einen Träumer nenne – und hättest du nicht so lange geträumt, dann wärst du jetzt vielleicht nicht allein.»

«Na ja –» Jamie sprach sehr sanft, und seine Stimme hatte einen ungewohnt liebevollen Unterton – «ich weiß, du bist der

Riesentöter, der Jäger, der große Liebende – der echte alte Adam, das bist du. Ich weiß, du wirst die Erde beherrschen. Ich weiß, die Welt braucht Männer wie dich.»

«Und damit hast du verdammt recht», sagte Erics Vater nach einer unbehaglichen Pause.

Um Erics Kopf summte eine Biene – vielleicht war es auch eine Schmeißfliege oder eine Wespe. Er hoffte, seine Mutter werde das Insekt wegjagen, aber sie rührte sich nicht. Und dann blickte er wieder durch den Schleier seiner Wimpern auf den Grashang und den Himmel, und er sah, daß die Sonne weitergewandert war und daß es nicht mehr lange dauern konnte, bis sie unterging.

«... schon genau wie du», sagte Jamie.

«So, du findest, mein Sohn ist mir ähnlich?» Eric wußte, daß sein Vater lächelte – fast glaubte er, des Vaters Hände zu spüren.

«Sieht aus wie du, geht wie du, redet wie du», sagte Jamie.

«Und ist dickköpfig wie du», ergänzte Erics Mutter.

Jamie seufzte: «Ja, ja, du hast den dickköpfigsten und selbstsüchtigsten Mann geheiratet, den ich kenne.»

«Ich hatte keine Ahnung, daß du so denkst», sagte der Vater. Er lächelte noch immer.

«Ich hätte dich ja vor ihm gewarnt», fügte Jamie lachend hinzu, «wenn dazu noch Zeit gewesen wäre.»

«So denken alle, die dich kennen», bemerkte die Mutter, und Eric fühlte, wie sich in ihrem Schenkel ein Muskel ganz kurz verkrampfte.

«Ja, *du!*» sagte Erics Vater. Daß du so denkst, weiß ich. Frauen denken das gern, dann kommen sie sich wichtig vor. Aber –» er schlug wieder den spöttischen Ton an, in dem er schon die ganze Zeit zu Jamie gesprochen hatte – «ich wundere mich, daß mein lieber Freund Jamie ...»

Seltsam, wie sehr es ihm widerstrebte, die Augen zu öffnen. Aber die Sonne brannte auf seinen Körper, und er wußte, daß er von seinem Platz aufstehen wollte, bevor die Sonne unterging. Er begriff nicht, wovon sie den ganzen Nachmittag redeten, diese Erwachsenen, die er zeit seines Lebens kannte; solange seine Augen geschlossen waren, konnte er ihr Gespräch von sich fernhalten. Die Hand der Mutter lag auf seinem Kopf, als wollte sie ihn segnen oder beschützen. Und das Summen hatte aufgehört; die Biene, Schmeißfliege oder Wespe war wohl davongeflogen.

«... wenn es diesmal ein Junge wird», sagte der Vater, «dann nennen wir ihn nach dir.»

«Das finde ich rührend», erwiderte Jamie. «Aber ich fürchte, es wird weder mir noch dem Kind was einbringen.»

«Jamie kann heiraten und eigene Kinder haben, sobald er nur will», bemerkte Erics Mutter.

«Nein», sagte der Vater nach einer Weile, «Jamie hat zu lange darüber nachgedacht.»

Und plötzlich lachte er und schlug klatschend auf Jamies Knie, gerade als Eric sich aufsetzte. Jamie fuhr mit einem Fluch hoch, verschüttete seinen Whisky, warf seinen Stuhl um, und der Hund neben Eric erwachte und fing an zu bellen. Für kurze Zeit war der Hof vor Erics staunenden Augen voll von Lärm und Durcheinander.

Der Vater erhob sich langsam und starrte Jamie an. «Was ist denn los mit dir?»

«Was ist denn los mit mir?» äffte Jamie ihn nach. «Was ist denn los mit mir? Zum Teufel, dir kann's doch egal sein, was mit mir los ist. Warum machst du dich den ganzen Tag über mich lustig, he? Was willst du eigentlich? Was willst du?»

«Vor allem will ich, daß du nur so viel trinkst, wie du vertragen kannst», sagte der Vater kalt. Die beiden Männer starrten einander an. Jamies Gesicht war rot und häßlich, und Tränen standen ihm in den Augen. Der Hund sprang noch immer um ihn herum und kläffte wie wild. Jamie bückte sich und schlug ihn mit einer Hand, mit aller Kraft. Das Tier überkugelte sich und lief jaulend davon, um sich im Schatten der fernen grauen Mauer zu verstecken.

Nun starrte Jamie, heftig zitternd, wieder Erics Vater an und strich sich die Haarsträhnen aus den Augen.

«Nimm dich zusammen», befahl Erics Vater. Und zu seiner

Frau gewandt: «Hol ihm Kaffee. Dann geht's ihm gleich besser.»

Jamie stellte sein Glas auf den Tisch und richtete den umgekippten Stuhl auf. Erics Mutter erhob sich und ging in die Küche. Eric blieb auf der Erde sitzen und starrte die beiden Männer an, seinen Vater und seines Vaters besten Freund, die ihm auf einmal so fremd geworden waren. Der Vater, auf dessen Gesicht ein Ausdruck lag, den Eric noch nie bei ihm gesehen hatte: Zärtlichkeit, Besorgnis – oder war es nicht doch der Ausdruck, mit dem er sich manchmal einem Kalb näherte, das er schlachten mußte? –, der Vater blickte auf Jamie, der mit gesenktem Kopf am Tisch hockte. «Du nimmst alles viel zu tragisch», sagte er. «Das hast du schon immer getan. Ich hab mich nur über dich lustig gemacht, weil ich es gut mit dir meine.»

Jamie antwortete nicht. Der Vater sah seinen Sohn an und lächelte.

«Komm», sagte er, «wir beide werden jetzt einen Spaziergang machen.»

Eric ging am Tisch vorbei, aber nicht auf Jamies Seite, und ergriff die Hand seines Vaters.

«Reiß dich zusammen, Jamie», mahnte der Vater. «Wenn ich mit dem Kleinen wiederkomme, schneiden wir die Geburtstagstorte an.»

Eric und sein Vater ließen die graue Mauer hinter sich, wo noch immer der Hund winselte, und wanderten auf die Felder hinaus. Der Vater ging zu schnell, und Eric stolperte auf dem unebenen Boden. Nach einer kleinen Weile verlangsamte der Vater plötzlich den Schritt und sah grinsend auf Eric hinab.

«Entschuldige», sagte er. «Ich glaube, ich hatte von einem Spaziergang gesprochen, und statt dessen rase ich los wie die Feuerwehr.»

«Was ist denn mit Jamie?» fragte Eric.

«Ach ...» Der Vater schaute nach Westen, wo die Sonne, jetzt blaß orangefarben, den Himmel von Messing und Kupfer und Gold widerhallen ließ – was sie, wie ein Zauberkünstler, nur tat, um die vielfältigen Verwandlungsmöglichkeiten zu demonstrieren. «Ach», wiederholte er, «mit Jamie ist gar nichts. Er hat eine Menge getrunken» – er grinste –, «und er hat den ganzen Nachmittag in der Sonne gesessen. Weißt du, sein Haar ist nicht so dicht wie deins» – er fuhr mit der Hand durch Erics Haar –, «und ich glaube, Geburtstage machen ihn nervös. Und mich», fügte er hinzu, «mich machen sie auch nervös.»

«Jamie ist sehr alt, nicht wahr?» fragte Eric.

Der Vater lachte. «Na, so ganz am Rande des Grabes steht er nun doch nicht; er wird schon noch eine Weile bei uns bleiben, der Jamie. He, du Knirps» – er blickte wieder auf Eric hinab –, «dann mußt du mich ja auch für einen alten Mann halten.»

«Ach», entgegnete Eric rasch, «ich weiß doch, daß du nicht so alt bist wie Jamie.»

Wieder lachte der Vater. «Vielen Dank, mein Sohn. Das nenne ich echtes Vertrauen. Ich werde mir Mühe geben, es zu rechtfertigen.»

Eine Zeitlang schritten sie schweigend dahin, dann sagte der Vater, ohne Eric anzusehen, als spräche er mit sich selbst oder zu der Luft: «Nein, Jamie ist nicht sehr alt. Er ist nicht einmal so alt, wie er sein sollte.»

«Wie alt sollte er denn sein?» wollte Eric wissen.

«Nun», erwiderte der Vater, «mindestens so alt, wie er ist.» Als er Erics verdutztes Gesicht sah, brach er von neuem in Lachen aus.

«Ach, weißt du», sagte er schließlich sehr sanft, sehr traurig und legte die Hand auf Erics Kopf, «mach dir jetzt keine Sorgen um Dinge, die du nicht verstehst. Wenn es soweit ist, kommen die Sorgen ganz von selbst – aber soweit ist es noch nicht.»

Nach einiger Zeit erreichten sie den steilen Hang, an dessen Fuß, tief, tief unten, der Bahndamm lag, wo jetzt ein winziger Zug in scheinbar endloser Fahrt durch die Landschaft schnaufte; eine Rauchwolke, gewissermaßen der Inbegriff der Trägheit, quoll aus dem Schornstein der Spielzeuglokomotive. Mißmutig dachte Eric daran, daß er kaum jemals einen Zug sah, wenn er allein hierherkam. Hinter dem Bahndamm war der Fluß, in dem sie im Sommer manchmal badeten. Jetzt wurde der Fluß von der hohen Uferböschung verdeckt, auf der Häuser und große Bäume standen.

«Und hier», erklärte der Vater, «ist dein Land zu Ende.»

«Was?» fragte Eric.

Der Vater hockte sich nieder und legte die Hand auf Erics Schulter. «Du erinnerst dich doch an den Weg, den wir gekommen sind?» Eric nickte. «Nun», sagte der Vater, «das alles ist dein Land.»

Eric blickte sich um, sah den langen Weg zurück, den sie gekommen waren, und spürte, wie sein Vater ihn anschaute.

Mit einem Druck auf die Schulter drehte ihn der Vater herum. Er deutete mit der Hand. «Und da drüben. Das gehört dir.» Er drehte ihn weiter. «Und dort. Das ist auch deins.»

Eric starrte den Vater an. «Bis wohin?» wollte er wissen.

Der Vater erhob sich. «Das zeige ich dir ein andermal», sagte er. «Aber es ist weiter, als du laufen kannst.»

Langsam gingen sie davon, auf die Sonne zu.

«Wann ist es denn meins geworden?» fragte Eric.

«Am Tag deiner Geburt.» Der Vater sah auf ihn hinab und lächelte. «Meinem Vater», fuhr er nach einer Weile fort, «gehörte ein Teil dieses Landes ... Und als er starb, gehörte es mir. Er hatte es für mich bewahrt. Und ich habe das Land, das mir gehörte, bebaut, so gut ich konnte, und habe noch neues dazugekauft. Und jetzt bewahre ich es für dich.»

Er sah den Jungen an, um festzustellen, ob er auch zuhörte. Eric lauschte wie gebannt, blickte mit staunenden Augen auf seinen Vater und dann auf das weite Land ringsum.

«Wenn ich ein ganz alter Mann bin», sagte der Vater, «viel älter als unser alter Jamie, dann wirst du dies alles übernehmen. Und wenn ich sterbe, gehört es dir.» Er blieb stehen; Eric sah zu ihm auf. «Wenn du ein großer Mann bist wie dein Papa, wirst du heiraten und Kinder haben. Und dann wird ihnen alles gehören.»

«Und wenn *die* heiraten?» erkundigte sich Eric.

«Dann gehört wieder alles *ihren* Kindern», erklärte der Vater.

«Für immer?»

«Für immer», bestätigte der Vater.

Sie machten kehrt und traten den Heimweg an.

«Und Jamie», fragte Eric schließlich, «wieviel Land hat denn der?»

«Jamie hat gar kein Land», antwortete der Vater.

«Warum nicht?»

«Er hat sich nicht darum gekümmert, und da hat er es verloren.»

«Jamie hat auch keine Frau mehr, nicht wahr?» vergewisserte sich Eric.

«Nein», antwortete der Vater. «Um die hat er sich auch nicht gekümmert.»

«Und er hat keinen kleinen Jungen», stellte Eric traurig fest.

«Nein», sagte der Vater. Dann, grinsend: «Aber ich habe einen.»

«Warum hat Jamie keinen kleinen Jungen?» fragte Eric.

Der Vater zuckte die Achseln. «Ach, weißt du, Eric, manche Leute haben einen, und manche haben keinen.»

«Und ich?»

«Wie meinst du das?»

«Ich meine, werde ich heiraten und einen kleinen Jungen kriegen?»

Den Vater schien die Frage zu belustigen und auch ein wenig zu verblüffen. Mit einem sonderbar zögernden Lächeln blickte er auf Eric hinab. «Aber natürlich», sagte er dann, «natürlich.» Er streckte die Arme aus. «Komm, steig auf. Du darfst auf meinen Schultern nach Hause reiten.»

So ritt Eric auf seines Vaters Schultern durch die weiten grünen Felder, die ihm gehörten, und hinein in den Hof des Hauses, das den ersten Schrei seiner Kinder hören würde. Erics Mutter und Jamie saßen im silbernen Sonnenschein am Tisch und unterhielten sich. Jamie hatte sein Gesicht gewaschen und sich gekämmt, er wirkte ruhiger, er lächelte.

«Ah», rief Jamie, «der Herr und Meister dieses Hauses! Und auf den Schultern trägt er den Prinzen, den Sohn und Erben!» Er vollführte einen devoten Kratzfuß, verbeugte sich tief, fast bis zur Erde. «Allergnädigste Herren! Seht hier Euren demütigen, geziemend bestraften Diener, der Euer ... Mitgefühl, Eure Liebe und Eure Vergebung erfleht!»

«Na», meinte Erics Vater und stellte seinen Sohn auf den Boden, «ich weiß nicht recht, ob mir dieser Ton besser gefällt.» Er sah Jamie an, runzelte die Stirn und grinste dann. «Kommt, wir wollen die Torte anschneiden.»

Eric stand neben seiner Mutter in der Küche, während sie die Kerzen anzündete – vierunddreißig und in der Mitte eine zum Weiterwachsen, obgleich Jamie doch sicherlich das Wachstumsalter hinter sich hatte –, und er folgte ihr, als sie die Torte hinaustrug in den Hof. Jamie ergriff lächelnd das große, blanke Messer.

«Herzlichen Glückwunsch!» riefen alle – nur Eric nicht –, und die Mutter sagte: «Erst mußt du die Kerzen auspusten, Jamie, dann darfst du die Torte anschneiden.»

«Eigentlich schade. Sie sieht so hübsch aus», meinte Jamie.

«Los doch, sei ein Mann», drängte Erics Vater und schlug ihn kräftig auf den Rücken.

Davon erwachte der Hund, der wieder neben seinem Herrn lag; er ließ ein Knurren hören, und das brachte alle zum Lachen. Jamie lachte am lautesten. Dann blies er die Kerzen aus, alle auf einmal, und Eric sah zu, wie er die Torte anschnitt. Jamie hob den Kopf und schaute Eric an, und das war der Moment – während die blutigrote Sonne die obersten Spitzen der Bäume traf –, da Eric in Jamies Augen blickte. Jamie lächelte das seltsame Lächeln eines alten Mannes, und Eric schob sich näher an seine Mutter heran.

«Das erste Stück ist für Eric», sagte Jamie und reichte es ihm auf der silbernen Klinge.

Das war gegen Ende des Sommers gewesen, vor fast zwei Monaten. Sehr bald nach der Geburtstagsfeier war die Mutter krank geworden und mußte fortgebracht werden. Von da an saß der Vater jeden Abend im Wirtshaus; er und Jamie kamen immer sinnlos betrunken zurück. Solange Erics Mutter fort war, ging Jamie oft gar nicht erst heim, sondern übernachtete im Farmhaus; mehrmals war Eric mitten in der Nacht oder gegen Morgen aufgewacht und hatte unten in dem großen Zimmer Jamies Schritte gehört – auf und ab, auf und ab. Es war eine merkwürdige und furchtbare Zeit, eine Zeit des Wartens, der Stille, des Schweigens. Der Vater ging nur noch selten aufs Feld, raffte sich kaum dazu auf, den Farmarbeitern die nötigsten Anweisungen zu geben – es war unnatürlich, es war beängstigend, ihn den ganzen Tag im Haus herumsitzen zu sehen, und immer war Jamie da, Jamie mit seinem Hund. Dann, eines Tages, erfuhr Eric vom Vater, die Mutter werde nun heimkommen, ihm aber kein Brüderchen oder Schwesterchen mitbringen, diesmal nicht und auch zu keiner anderen Zeit. Der Vater wollte noch mehr sagen, schwieg aber, sah Jamie an, der dabeistand, und ging hinaus. Jamie folgte ihm langsam, die Hände in den Taschen, den Kopf gesenkt. Seit der Geburtstagsfeier war Jamie wortkarger denn je, als bereue er seinen Ausbruch oder als habe er sich darüber erschreckt.

Die Mutter kam zurück. Sie schien älter geworden zu sein – alt; sie schien sich in sich selber verkrochen zu haben, fort von ihnen allen und sogar, in einem Sturm von Liebe und Hilflosigkeit, fort von Eric; am deutlichsten jedoch, und das war merkwürdig, fort von Jamie. Es drückte sich nicht in dem aus, was sie sagte, was sie tat – oder vielleicht drückte es sich in allem aus, was sie sagte und tat. Sie wusch und kochte für Jamie wie zuvor, behandelte ihn als Familienmitglied wie zuvor, nötigte ihm bei Tisch eine zweite Portion auf, lächelte ihm einen Gutenachtgruß zu, wenn er heimging – und doch war es, als fehle etwas in ihrem gewohnten Verhalten. Sie schien alles, was sie tat, aus der Erinnerung zu tun und aus einer großen Entfernung. Und wenn etwas in ihrem gewohnten Verhalten fehlte, so war auch etwas hinzugekommen, eine seltsame, stille Wachsamkeit, als habe sie voller Schrecken eine ganz neue Seite an etwas Altbekanntem entdeckt. Ein- oder zweimal bemerkte Eric beim Abendessen, daß sie die Augen auf Jamie gerichtet hielt, der selbstvergessen kaute. Er konnte ihren Blick nicht deuten, fühlte sich jedoch irgendwie an die Geburtstagsfeier erinnert, an den kurzen Blick, den er damals in Jamies Augen getan hatte. Sie schaute Jamie an, als wundere sie sich, daß sie ihn nicht schon früher angeschaut hatte, oder als entdecke sie zu ihrem Erstaunen, daß sie ihn nie recht gemocht hatte, spüre jedoch zugleich, in all ihrer Müdigkeit und Schwäche, daß das nun eigentlich keine Rolle mehr spielte …

Eric betrat den Hof und sah sie an der Küchentür stehen. Sie hielt Ausschau, die Augen mit der Hand gegen die strahlend untergehende Sonne abgeschirmt.

«Eric!» rief sie gereizt, als sie ihn entdeckte. «Seit einer geschlagenen Stunde suche ich dich! In deinem Alter solltest du wirklich schon ein bißchen Verantwortungsbewußtsein haben. Schämst du dich nicht, mir solche Sorgen zu machen? Du weißt doch genau, daß es mir nicht gutgeht.»

Sie hatte erreicht, daß er sich schuldig fühlte, wenn er auch gleichzeitig vage und verdrossen spürte, daß sie nicht hundertprozentig im Recht war. Sie zog ihn zu sich heran, griff mit einer Hand grob unter sein Kinn und zwang ihn, das Gesicht zu heben.

«Du bist schmutzig», sagte sie. «Lauf an die Pumpe und wasch dich. Aber schnell, damit du gleich essen und zu Bett gehen kannst.»

Sie drehte sich um, ging in die Küche und machte die Tür hinter sich zu. Eric lief zur Pumpe auf der anderen Seite des Hauses.

Neben der Pumpe lagen auf einer Holzkiste ein Stück Seife und ein nasser Lappen. Eric nahm die Seife; er dachte jetzt nicht an seine Mutter, sondern er dachte, schon halb im Schlaf, an den vergangenen Tag und überlegte, wohin er morgen gehen wollte. Er bewegte den Pumpenschwengel auf und ab, und der herausschießende Wasserstrahl näßte seine Socken und Schuhe – die Mutter würde schimpfen, aber er war zu müde, als daß es ihm etwas ausgemacht hätte. Trotzdem trat er automatisch einen Schritt zurück. Er hielt die Seife zwischen den Händen, die Hände unter das Wasser.

An diesem Tag war er weit gelaufen, hierhin und dorthin, und hatte vieles gesehen. Er war zum Bahndamm hinuntergestiegen und an den Schienen entlanggegangen, in der Hoffnung, daß ein Zug vorbeikommen würde. Immer wieder beschloß er, dem Zug noch eine letzte Chance zu geben; als er ihm eine beachtliche Anzahl von letzten Chancen gegeben hatte, verließ er den Bahndamm, kletterte ein bißchen bergauf und wanderte durch die hohen, süß duftenden Wiesen. Er ging über eine Weide, auf der Kühe waren, und sie glotzten ihn mit ihren großen, dummen Augen an und muhten einander Bemerkungen über ihn zu. Ein Mann am unteren Ende der Weide sah ihn und rief ihn an, aber Eric konnte nicht erkennen, ob es einer war, der für seinen Vater arbeitete, und so machte er vorsichtshalber kehrt, kroch unter dem Drahtzaun hindurch und lief davon. Er kam an einen Apfelbaum, und der Boden ringsum war mit Äpfeln übersät. Er überlegte, ob die Äpfel wohl ihm gehörten, ob er sich immer noch auf eigenem Boden befand oder ob er schon darüber hinaus war, aber dann aß er doch einen Apfel und steckte sich mehrere in die Taschen, während er ein braunes Pferd beobachtete, das auf einer Wiese weit unten graste und dabei mit dem Schweif schlug. Eric tat, als sei er sein Vater, und wanderte gemächlich durch die Felder, wie er es bei dem Vater gesehen hatte, blickte heiter umher, zufrieden in der Gewißheit, daß alles, so weit das Auge reichte, sein Eigentum war. Und dann machte er halt und pinkelte, wie er es bei dem Vater gesehen hatte, breitbeinig, wuchtig dastehend, mitten auf dem Feld; und er tat auch, als rauche er dabei und unterhalte sich mit anderen, wie er es bei dem Vater gesehen hatte. Dann, nachdem er den Boden gewässert hatte, marschierte er weiter, und ihm war, als schaue die ganze Welt bewundernd auf ihn, auf Eric.

Morgen wollte er wieder losziehen, irgendwohin. Denn bald kam der Winter, und wenn die Erde mit Schnee bedeckt war, konnte er nicht mehr allein umherstrolchen.

Er hielt die Seife zwischen den Händen, die Hände unter das Wasser; dann hörte er hinter sich einen leisen Pfiff, fühlte eine rauhe Hand auf seinem Kopf, und die Seife glitt ihm aus den Händen, plumpste zwischen seinen Beinen auf die Erde.

Er drehte sich um und stand vor Jamie – Jamie ohne seinen Hund.

«Komm mit, Kleiner», flüsterte Jamie. «Ich will dir was zeigen, drüben in der Scheune.»

«Ach, ist das Kälbchen schon da?» fragte Eric, und in seiner Freude fiel ihm gar nicht auf, daß Jamie flüsterte.

«Dein Papa ist auch drüben», sagte Jamie. Und dann: «Ja. Ja, das Kälbchen kommt gerade.»

Er nahm Erics Hand, und sie gingen über den Hof, an der geschlossenen Küchentür vorbei, an der Steinmauer vorbei und dann über das Feld in die Scheune.

«Aber hier sind die Kühe doch gar nicht!» rief Eric. Plötzlich fuhr er herum und blickte zu Jamie auf, der die Scheunentür schloß und ihn lächelnd betrachtete.

«Stimmt», sagte Jamie, «du hast recht. Hier sind keine Kühe.» Er lehnte sich an die Tür, als habe die Kraft ihn verlassen. Sein Gesicht war naß, er atmete wie einer, der sehr schnell gelaufen ist.

«Komm, wir gehen zu den Kühen», wisperte Eric. Dann wunderte er sich, daß er flüsterte, und ihn befiel eine schreckliche Angst. Er starrte Jamie an, und Jamie ihn.

«Gleich», sagte Jamie und richtete sich auf. Er hatte die Hände in den Taschen; jetzt zog er sie heraus, und Eric starrte die Hände an und wich zurück. Er fragte: «Wo ist mein Papa?»

«Wahrscheinlich im Wirtshaus», antwortete Jamie. «Da will ich mich nachher mit ihm treffen.»

«Ich muß jetzt weg», sagte Eric. «Ich muß Abendbrot essen.» Er wollte zur Tür, aber Jamie rührte sich nicht von der Stelle. «Ich muß weg», wiederholte er, und als Jamie auf ihn zukam, schwoll der harte Kloß des Entsetzens in seinem Magen, in seiner Kehle, schwoll und stieg und explodierte. Eric riß den Mund auf, doch Jamies Finger schlossen sich um seinen Hals und erstickten den Schrei. Er starrte – starrte in Jamies Augen.

«Das hilft dir nichts», sagte Jamie. Und lächelte. Eric kämpfte um Luft, kämpfte unter Schmerzen und Grauen.

Jamie lockerte den Griff, hob eine Hand und streichelte Erics wirres Haar. Langsam, auf unbegreifliche Weise verwandelte sich sein Gesicht. Tränen traten ihm in die Augen und rollten über die Wangen.

Eric stöhnte – vielleicht, weil er Jamies Tränen sah, vielleicht auch, weil seine Kehle so geschwollen war und brannte, weil er keine Luft bekam, weil er sich so entsetzlich fürchtete –, er begann zu schluchzen, wild und unkindlich zu keuchen. «Warum haßt du meinen Vater?»

«Ich liebe deinen Vater», entgegnete Jamie. Aber er hörte nicht auf Eric. Er schien weit fort zu sein – es war, als quäle er sich innerlich unter ungeheurer Anstrengung einen hohen, hohen Berg hinauf. Und Eric kämpfte blind, mit aller Kraft seines Lebenswillens, um zu ihm durchzudringen, ihn aufzuhalten, bevor er den Gipfel erreichte.

«Jamie», wisperte Eric, «du kannst das Land haben. Unser ganzes Land kannst du haben.»

«Ich brauche kein Land», sagte Jamie, aber nicht zu Eric.

«Ich will dein kleiner Junge sein», versprach Eric. «Ich will dein kleiner Junge sein, für immer und immer und immer – und du kannst das Land haben, und du kannst für immer hier leben! Jamie!»

Jamie weinte jetzt nicht mehr. Er beobachtete Eric.

«Morgen machen wir einen Spaziergang», sagte Eric, «dann zeige ich es dir – alles, wirklich und wahrhaftig; wenn du meinen Vater umbringst, kann ich dein kleiner Junge sein, und wir haben alles für uns!»

«Dieses Land», sagte Jamie, «wird keinem gehören.»

«Bitte!» schrie Eric. «Ach bitte! Bitte!»

Er hörte die Mutter in der Küche singen. Bald würde sie herauskommen und nach ihm suchen. Die Hände ließen ihn eine Sekunde lang los. Eric riß den Mund auf, aber schon schlossen sich die Hände wieder um seinen Hals und erstickten den Schrei.

Mama. Mama.

Immer weiter entfernte sich das Singen. Die Augen sahen tief in die seinen, es stand eine Frage in den Augen, die Hände schlossen sich fester. Dann begann der Mund zu lächeln. Noch nie hatte er ein solches Lächeln gesehen. Er stieß und trat um sich.

Mama. Mama. Mama. Mama. Mama.

Irgendwo in der Ferne hörte er die Mutter rufen.

Mama.

Er sah nichts, er wußte, er war in der Scheune, er hörte ein grauenhaftes Keuchen neben sich, er glaubte das Fauchen von Raubtieren zu hören, er dachte an die Sonne, den Bahndamm, die Kühe, die Äpfel und die Erde. Er dachte an morgen – morgen wollte er wieder losziehen, irgendwohin. *Ich nehme dich mit*, wollte er sagen. Er wollte über die Frage sprechen, die Frage, die er in den Augen gesehen hatte – wollte rufen: *Ich sag's Papa, daß du mir weh tust.* Dann überwältigten ihn Grauen und Todesangst und Dunkelheit, und keuchend hauchte er den letzten Atem aus. Er fiel mit dem Gesicht in das Stroh der Scheune, der blonde Kopf nutzlos auf dem gebrochenen Hals.

Nacht legte sich über das Land, und hier und dort schimmerten die Lichter von Häusern wie helle Steine in einem Mosaik. Eine Frauenstimme rief: «Eric! Eric!»

Jamie erreichte sein Blockhaus und öffnete die Tür; er pfiff, und der Hund kam aus dem Dunkel gelaufen, sprang an ihm hoch, und Jamie tätschelte ihn freundlich mit einer Hand. Dann schloß er die Tür und ging den Weg hinab, den Hund neben sich, die Hände in den Taschen. Er blieb einen Augenblick stehen, um seine Pfeife anzuzünden. Vom Wirtshaus tönte Gesang herüber, dann sah er die Lichter; bald wurden Lichter und Stimmen hinter ihm schwächer. Als das Singen verklungen war, begann Jamie das Lied zu pfeifen, das er gehört hatte.

Ulrich Becher

Zwei im Frack

Wir sind zwei Brüder, wir sind aus besserer Familie. Wir haben bessere Zeiten gesehen. Die ist das einzige, was ‹besser› ist bei uns. Alles übrige ist schlecht. Die Zähne, die Laune, die Verdauung, der Schlaf, alles. Manchmal hungern wir sogar.

Wir sind nicht mehr jung. Beide um Vierzig herum. Wir wissen, daß wir einen lächerlichen Eindruck machen. Zwei Brüder, die unverheiratet sind, zwei Brüder, die noch mit Vierzig aneinander hängen wie ein ausgefranstes Hosenbein am andern, erscheinen stets lächerlich.

Wir waren immer zusammen. Wir waren in Büros tätig. Wir wurden krank. Man entließ uns. Wir versuchten es als steppende *Brothers* an einer Schmierenrevue. Die Schmiere ging ein. Da hatten wir nichts mehr. Außer unseren Fracks. Die waren alt, aber gut. Bevor wir zur Revue gingen, ließen wir sie auf modisch umarbeiten. Jetzt sitzen sie uns wie angegossen. Wir machen in ihnen einen vertrauenswürdigen Eindruck. Sogar einen männlichen Eindruck, wenn wir wollen. Aber wir wollen nicht. Wir sind müde.

Es nützt nichts. «Morgen werden wir sie ins Leihhaus tragen», beschließen wir am Montagabend. In der Nacht wälzen wir uns in den Betten. Jeder fühlt vom andern, daß er nicht schlafen kann, sondern überlegt. «Wir werden sie nicht ins Leihhaus tragen», beschließen wir am Dienstag. Nachmittags kramen wir in fast leeren Schubladen. Wir stöbern unsere alten Zylinder auf. (Wir können sie auf der Nase balancieren). Unsere beiden letzten Frackhemden sind an den Manschetten abgestoßen. Aber sie sind sauber und gestärkt. Wir werfen sie auf den Tisch. Es gibt einen hölzernen Klang, als habe man zwei Holzbretter geworfen.

Morgen ist Mittwoch. Da wird uns die Wirtin aus dem Zimmer werfen. Die Koffer – es ist nur Plunder darin – wird sie zurückbehalten. Weil wir seit Monden die Miete schulden.

Am Mittwoch erwachen wir um sechs. Kleiden uns sorgfältig in unsere Fracks, als gingen wir zu einer Soiree. Setzen unsere Zylinder auf. Stecken unsere Zahnbürsten ein. Stauben uns ein letztes Mal gegenseitig ab. Werfen einen letzten Blick in den Spiegel. Steppende Brothers? Elegante Erscheinungen? Lieblinge des Publikums? – Nur ein bißchen zu ältlich und zu unterernährt.

Die Wirtin tritt ein. «Hinaus!» Zur Tür weist ein ärmellos dicker Frauenarm, der allein schon wirkt wie ein junges Schwein. «Hinaus!» Mit einer Geste wie der Erzengel.

Wir gehen schon! Wir gehen schon! Wir henkeln uns ein. Wir tänzeln an ihr vorbei. «Unser Eigentum in den Koffern steht zu Ihrer Verfügung, Madame.» Sie ist wütend. Und erstaunt, wegen der Fracks am frühen Morgen. Am liebsten würde sie sie uns ausziehen. Das macht uns gutgelaunt wie Schuljungen. Wir schlagen kräftig die Türe zu.

Wir gehen auf der Straße. Es ist noch halbdunkel, denn wir stecken im tiefen Herbst. Wir schreiten in den frühen Morgen hinein, Arm in Arm, und singen. Nicht besonders laut. Ein Arbeiter geht vorbei mit einem blauen Eßtöpfchen an der Hand. Er fixiert uns böse. Er hält uns für zwei galante Bummler, die auf dem Heimweg sind nach einer prunkvoll nächtlichen Orgie. Wenn ich zur Arbeit muß, kommen diese reichen Nichtstuer betrunken grölend von ihren kostspieligen Vergnügungen nach Hause! Wenn er wüßte, daß wir nur unsere Zahnbürsten in der Tasche haben.

Wir schreiten singend in den frühen Morgen hinein. Wir wissen nicht, wohin. Keine Ahnung haben wir, wohin. Trotzdem ist uns wohler als diese ganze letzte Zeit. Die Straße ist leer und unbeweglich und steinern. Bis auf zwei Butterbrotpapiere. Die hüpfen planlos auf dem Damm vor dem matten Winde her. Bis auf zwei Butterbrotpapiere und zwei im Frack. Jetzt ist es halbhell.

Vor einer Haustür steht ein Leichenauto. Acht befrackte Leichenträger stehen im Kreise und gähnen und schwatzen. Aus der Haustür tritt ein verweinter Hinterbliebener in langem Mantel und ruft mit näselnder Stimme: «Bitte bemühen Sie sich hinauf, meine Herren!» Der Kreis der Befrackten löst sich auf und strebt der Tür zu. Mit ihnen werden wir hineingespült ins Treppenhaus. Wir steigen die Treppe hinauf. Wir sind in einer fremden Wohnung. Wir fallen nicht auf. Die Leichenträger nehmen keine Notiz von uns. Sie halten uns für Hinterbliebene. Die Hinterbliebenen halten uns für Leichenträger. Wir haben unsere Fracks vorne zugeknöpft und die Revers hochgeschlagen, damit man nicht die unpassende weiße Weste und die weiße Krawatte sieht. So sind wir nun ganz in Schwarz, würdig, uns in einem Trauerhaus aufzuhalten.

Anscheinend ist die Familie noch nicht zum Aufbruch bereit. Wir stehen müßig auf dicken Teppichen herum. Die Leichenträger stehen wieder im Kreise und gähnen und schwatzen. Wir haben noch nichts gegessen heute. Wir gehen in die Küche. Wir verlangen zu essen. Unsere Kleidung wirkt vornehm. Wir werden vom Dienstmädchen für etwas Besseres gehalten. Vielleicht entfernte Verwandte der gnädigen Frau. Wenn jemand gestorben ist, fragt man nicht nach Einzelheiten. Man serviert uns ein umfangreiches Frühstück im Wintergarten.

Während wir speisen, wird im Nebenzimmer der Sarg hereingetragen. Wir sehen es durch die offene Tür. Wir wischen uns den Mund ab. Wir nehmen unsere Zylinder. Wir gehen ins Nebenzimmer. Dort sind alle versammelt. Wir mischen uns unter die Leichenträger. Wir stehen zu nächst dem Sarg. «Kann man ihn noch einmal öffnen, nur noch ein letztes Mal?» sagt eine leidende Frauenstimme. Der Sarg wird geöffnet. Die Frauenstimme weint sehr laut. «Und da sagt meine Alte, die Ohrenwärmer kriegste erst zu Weihnachten», erzählt ein Träger dem andern.

Der Arrangeur des Begräbnisses betritt das Zimmer. Er wirft einen prüfenden Blick auf den geöffneten Sarg. «Er muß anders gebettet werden!» sagt er mit sachverständiger Miene.

«Sonst rutscht er schief, wenn er die Treppe hinuntergetragen wird. Wollen Sie bitte anfassen helfen, meine Herren!»

Wir beide stehen zu nächst dem Sarg. Einer am Fußende. Der andere am Kopfende. Wir bücken uns. Wir heben den Toten heraus. Einer zu Häupten, einer zu Füßen. Während wir ihn halten, schauen wir einander plötzlich an. Und lächeln. Steppende Brothers? – Wir lächeln unmerklich. Niemand hat es bemerkt.

Mittlerweile ist ein Kissen untergelegt worden. Wir betten den Toten zurück in den Sarg. Das Kissen stopft den Sarg aus. Der Tote wird nicht rutschen, während man ihn die Treppe hinunterträgt. Die Frauenstimme weint sehr laut.

Die Treppe ist eng. Am engsten an der Treppenbiegung. Längs geht der Sarg nicht durch. Der Arrangeur gibt Befehle. Die Träger fluchen gelassen. Schließlich rafft man den Sarg der Länge nach in die Höhe. Man stellt ihn auf den Kopf. So geht es. Man überschlägt ihn langsam, stellt ihn wieder auf den Kopf. Uns wird schwindlig, wenn wir uns in die Lage des Toten versetzen.

Die Hinterbliebenen zwängen sich schlaff in eine Taxe. Sie fahren voraus. Wir helfen den Leichenmännern den Sarg in das schwarze Auto laden. Das Auto fährt an. Es fährt langsam, gemessen, im Schritt. Die Männer haben eine Kolonne gebildet. So trotten sie hinter dem Auto her. Wir sind das letzte Glied des befrackten Trupps. Zehn Zylinder wippen bei jedem Schritt, links, rechts.

Ein wenig verwundert sind wir. Hinter einem wildfremden Toten marschieren wir Frack an Frack, eins zwei, eins zwei, wie eine Abteilung Soldaten in den nebligen Morgen hinein. Doch haben wir ein umfangreiches Frühstück im Magen. Wir danken es unseren Fracks.

Die Männer tragen den Sarg aus dem Auto zum Grabe. Auf ihren Schultern. Links hinten hängt der Sarg schief hinunter. Der Träger links hinten ist zu klein. Der schwarzpolierte Sarg, auf beiden Seiten vier schwarze Träger. Wie ein schwarz glänzender kranker Käfer mit dicken Beinen, der – links hinten schief – über den Friedhof hinkt.

Dem kleinen Träger links hinten wird es zu schwer. Wir merken, daß er schwach wird. Wir helfen ihm tragen. Der schwarz schillernde Käfer hinkt nicht mehr. Eine Beerdigung am frühen Morgen hat etwas Luftiges.

Der Sarg steht offen am Grabe. Der Prediger sagt leise: nicht nur trauern soll man, nein, auch freuen solle man sich für den Toten, der itzo in eine reinere und bessere Welt eingegangen, als die unsere es sei!

Während der Predigt hat sich einer der Träger umgewandt und heimlich aus der Rocktasche heraus ein Butterbrot verzehrt. Nun hat er das Schlucken. Er ist rot, aber er kann es nicht unterdrücken. Das Schlucken tönt in gleichen Abständen. Es übertönt die leise Rede des jungen Predigers.

Wir stehen nahe an der Gruft. Die Frauenstimme weint sehr laut. Wir blicken auf. Die weinende Frau ist gut gekleidet. Sie hat ein Taschentuch vor dem Gesicht. Jetzt nimmt sie es hinweg. Sie ist noch nicht alt. Wir glauben etwas bemerkt zu haben. Unsere Fracks sitzen gut. Wir stechen von den übrigen Männern ab. Wir sind größer als sie. Auch tragen wir unsere Zylinder salopper und mondäner auf den Köpfen als jene. Wir glauben bemerkt zu haben, – daß die weinende Frau mit uns kokettiert. Sehr versteckt, vielleicht unbewußt. Doch wir täuschen uns nicht: von Zeit zu Zeit tauscht sie unter Tränen interessierte Blicke mit uns. Erst mit dem einen. Dann mit dem anderen.

Wir stehen zu nahe an der offenen Grube. Die Frau hat uns verwirrt. Wir achten nicht auf unsere Füße. Wir stolpern. Der weiche Sand am Rand gibt nach. Fast wären wir in die Grube gefallen. Jemand packt uns noch rechtzeitig am Ärmel. Der kleine Träger, dem wir vorhin beim Tragen halfen. «Man darf nicht so nahe herantreten!» flüstert er böse.

Jetzt gibt der Arrangeur ein Zeichen wie ein Dirigent zum Finale. Der Sarg wird an Stricken in die Grube hinuntergelassen. Die Frau weint. So laut weinte sie nie. Auch sieht sie uns nicht mehr an.

Der Totengräber bietet auf einer Schaufel Erde an. Jeder der Hinterbliebenen nimmt eine Handvoll und wirft sie hinab auf den Sarg. Auch uns bietet der Totengräber Erde an auf der Schaufel. Wir nehmen jeder eine Handvoll. Wir stecken die Erde unbemerkt in die Hosentasche. Wir kennen den Toten nicht. Wir haben unsere eigne Moral.

Die Zeremonie ist beendet. Die Hinterbliebenen schleichen hinweg, sich apathisch an den Händen haltend. Die Träger bummeln hinterher, gähnen und schwatzen. Einer geht nach vorn und flüstert dem letzten der Hinterbliebenen mit wehleidigem Augenaufschlag und kummervoller Händefaltung ins Ohr: «Das Honorar!»

Die Träger bilden eine Reihe. Der Hinterbliebene zückt eine Brieftasche. Geht in seinem langen Mantel die Reihe entlang wie ein General bei der Parade. Jeder der Träger erhält einen Geldschein. Wir haben uns am Ende der Reihe aufgestellt. Wir stehen stramm. Jedem von uns wird ein Geldschein in die Hand gedrückt. Die Leichenmänner sehen uns übelwollend an. Konkurrenz? Jetzt erst erkennen sie es. «Eine Beerdigung ist teuer», seufzt der Hinterbliebene. «Sogar das Trauern kostet Geld!»

Wir stehen unschlüssig am Portal. Wir sind wieder allein. Wir schlendern an der Friedhofsmauer entlang. Wir kommen zur Kirche. Wir trödeln auf dem Kirchenplatz herum. Fläzen uns auf eine Bank, stehen wieder auf. Wir wissen nicht, wohin wir gehen sollen. Wir wissen nicht, was tun. Nach einer Beerdigung geht jeder nach Hause. Die Hinterbliebenen haben ihre schöne Wohnung mit den dicken Teppichen. Die Leichenträger haben ihre Behausungen, ihre Frauen und ihre Ohrenwärmer. Wir haben nichts dergleichen. Wir kommen uns vor wie ausgestoßene Waisenknaben im Märchen. Nur das Geld, was wir bei dem Begräbnis verdienten, ist ein Trost.

Schließlich gehen wir in die Kirche hinein. Säuglingsgebrüll schallt durch die Sakristei. Eine Taufe ist im Gange. Viele Leute. Man macht uns ehrfürchtig Platz. Die Frackrevers haben wir hinuntergeschlagen. Die weißen Westen leuchten. Wir sind festlich gekleidet. Man hält uns für nahe Anverwandte.

Das Gebrüll schallt zwiefach. Es schwillt auf und ab in Quinten. Es sind Zwillinge, die getauft werden. Vorn, am Taufbecken, die Zwillinge im Arm, steht die Mutter. «Seid ihr nicht Tante Wupseks Söhne aus Amerika?» ruft sie, als sie uns sieht. «Wir sind es», lügen wir. Die Mutter zeigt ihre Zähne: «Als Kind spielte ich mit euch auf den Spielplätzen. Dann starb der Onkel. Die Tante wanderte mich euch nach Amerika aus. Ihr wart damals fünf Jahre. Ihr könnt euch nicht mehr auf mich besinnen. Die Tante schrieb vor zwei Wochen, daß ihr herüberkommen würdet. Wie geht es der lieben Tante Wupsek?» – «Es geht so», sagten wir, «nicht besser und nicht schlechter.» – «Und wie gefällt es euch drüben?» – «Amerika bleibt Amerika!» sagen wir laut und deutlich.

Die Verwandten haben einen Kreis gebildet.

Die Mutter: «Hört, das sind Tante Wupseks Söhne. Mit fünf Jahren wanderten sie nach Amerika aus.» Man schüttelt uns die Hände, beklopft unsere Schultern. «Ah, Tante Wupsek mit dem rostroten Muttermal!» sagen einige. Der Priester kommt. Die Mutter: «Bitte, nehmt mir die Kinderchen ab, ich kann sie nicht länger halten.»

Wir haben jeder einen Zwilling im Arm.

Der Priester bespritzt sie mit Wasser. Auch unsere Frackhemden bespritzt er mit Wasser. Er hält eine kurze Ansprache. Nicht nur freuen sollte man sich mit diesen jungen unschuldigen Kindlein, nein, auch trauern solle man bei den Gedanken, wie bald, wie ach allzubald diese Unschuldigen schuldig würden. «Ihr Eltern, die ihr Freude empfindet angesichts eurer Neugeborenen, vergesset nicht zu trauern angesichts der Erkenntnis, wieviel Enttäuschung, Schmerz und Unbill euren Kindern einst widerfahren wird in diesem Leben.»

Die Zwillinge beginnen plötzlich so laut zu schreien. Vom Schluß der Ansprache ist nichts zu hören. Zwar sehen wir, wie sich des Geistlichen Lippen bewegen. Doch hört man nur das Schreien. Wir schaukeln die Zwillinge verlegen hin und her, um sie zu beruhigen. Es nützt nichts. Die Mutter steht zwischen uns, gesenkten Hauptes. Jeder Schein von Fröhlichkeit ist aus ihrem Gesicht gewichen.

Die Feierlichkeit ist beendet. Ein Verwandter tritt an uns heran. «Ihr kommt mit uns. Kleines Festessen in engstem Familienkreise.»

Wir nicken. Erstaunt. Wir schaukeln die Neugeborenen noch immer in unseren Armen. Vor zwei Stunden schaukelten wir einen Toten.

Das war ein Mittagessen! Seit Jahren aßen wir kein so gutes mehr. Bei Tisch phantasierten wir viel über die Tante und das Leben in den Vereinigten Staaten. Wir haben Amerika nie gesehen. Weder Amerika noch Tante Wupsek.

Wir balancieren zufrieden die Treppe hinunter. Wir sind ein wenig betrunken. Die Zylinder sitzen im Nacken. Im Treppenhaus kommen uns zwei Männer entgegen. In Zylindern. «Wir sind die Gebrüder Wupsek», sagt der eine. «Aus Amerika», sagt der andere. «Ist hier nicht eine Kindstaufe im Hause?»

«Dritter Stock links», sagen wir höflich. Vier Zylinder werden gezogen. Wir treten auf die Straße hinaus.

Nachmittags. Belebte Straßen. Wir bieten einen ungewöhnlichen Anblick in unserem feierlichen Aufzug. Hier kann uns Frack mit Zylinder nichts nützen. Im Gegenteil, wir machen uns lächerlich. Schuljungen blöken uns nach. Wir klappen die Zylinder zusammen und stecken sie in die Tasche. Wir nehmen zwei lange Taschentücher heraus und klemmen sie unter den Arm. Zwei Kellner. Bei der Schmiere hatten wir eine Nummer, wo wir es ebenso machten. Zwei Kellner nachmittags über die Straße. Das ist nichts Ungewöhnliches.

Wir betreten ein Speisehaus. Ein Mann sitzt am Fenster. Winkt uns heran: «Bitte zahlen.» Er gibt uns einen Schein. Wir greifen in unsere Taschen. Wir fühlen die Geldscheine von der Beerdigung. Wir stammeln etwas. «Schon gut», winkt der Mann ab und nötigt uns den Schein in die Hand. Wir verlassen das Speisehaus.

Wir sind Betrüger? – Aber wir taten nichts. Man winkte uns heran. Man gab uns Geld, ohne daß wir es verlangten. Zwar beruhte es auf einem Irrtum des Gebers. Aber auch die großen Geschäftsleute verdienen ihr Geld mit den irrtümlichen Spekulationen anderer. Wir sind keine Betrüger. Höchstens unsere Fracks.

Ein öffentliches Gebäude aus rotem Backstein. Eine Autoflucht hält davor. Männer im Frack und Frauen, festlich gekleidet, stehen in Gruppen. Mechanisch ziehen wir unsere Zylinder hervor. Wir klappen sie auf, setzen sie auf die Köpfe. Es ist eine Hochzeit. Wir stehen vor einem Standesamt.

Eine Bewegung entsteht. Das Hochzeitspaar verläßt das Portal des roten Hauses. Ein kleiner Auflauf bildet sich. Der Zuschauer neben uns ist ein untersetzter Mensch mit einer großen Frisur, mit einer ragenden Nase. Er schimpft auf Hochzeiten. Er schimpft leise ins Ohr eines anderen. «Aufläufe bilden sich immer, wenn zwei Menschen sich nicht schämen, vor aller Welt ihr zukünftiges Liebesverhältnis zu proklamieren!»

Das Brautpaar steigt in das erste der Automobile. Das ist ganz weiß, hat Tüllgardinchen und Verzierungen. Es sieht nicht aus wie ein Auto. Es sieht aus wie ein Himmelbett.

Die Hochzeitsgäste steigen in die Wagen. Wir stehen unentschlossen. Ein Diener tritt an uns heran. Er hält uns für Mitglieder der Hochzeitsgesellschaft. «Im fünften Wagen ist noch Platz!» Wir besteigen den fünften Wagen.

Wir sind schon wieder in einer Kirche. Kirchen und Feiern üben eine magnetische Wirkung auf unsere Fracks aus. Das Paar steht vorn am Altar. Der Bräutigam ist ein langer Mann, steht scharrenden Fußes am Altar wie ein Pferd an der Krippe. Die Braut ist von oben bis unten mit weißen luftigen Schleiern umwunden. Fast unwirklich. Fast schwebt sie hinweg. Hinauf in die Reihe weißer Engel an der stuckbeladenen Decke.

Wir stehen in einer hinteren Reihe, beobachtend. Der Priester spricht. Nicht allein freudig bewegt sein solle das junge Paar, nein, auch in sich gehen solle es und erkennen, welche

Verantwortung, welche Schuld es auf sich lade mit dem Wunsch, Nachkommen zu zeugen. «Nicht nur glücklich sein, sondern auch trauern sollt ihr, denn nicht allzulang wird dies Glück währen, ach allzubald schlägt die Trennungsstunde in diesem Leben.»

Die Predigt ist zu Ende. Die Braut lispelt das Ja. Der Bräutigam schmettert das Ja. Er ist ärgerlich. Der Pfaff hat ihm die Hochzeitslaune verdorben. Dabei hat man so selten Gelegenheit, in Hochzeitslaune zu sein.

Wir sitzen wieder im fünften Wagen. Anscheinend ist es eine sehr große Hochzeit. Vor uns schwärmen vier Wagen. Hinter uns etwa zwanzig. Die Hochzeit schlängelt sich, Auto hinter Auto, durch die Straßen der Stadt. An der Spitze des Zuges fährt das Himmelbett und hupt.

Man hat uns hineingedrängt. In die Halle eines Riesenhotels. Eigentlich wollten wir gar nicht. Wir genierten uns. Aber als sich der Schwarm der Gäste aus dem Wagen entlud, zerrte er uns mit hinein ins Portal.

Wir sitzen an einer ungewöhnlich langen Festtafel. Alles ist lang bei dieser Hochzeit. Die Autoschlangen, die Festtafel, der Bräutigam, die Frackschöße der Männer, die Kleider und die Wimpern der Frauen. Niemand weist uns hinaus. Verwandte und Bekannte des Bräutigams halten uns für Verwandte oder Bekannte der Braut, und umgekehrt. Weißes Licht, viel zu weiß, fällt von der Saaldecke herab wie ein nicht endenwollender Platzregen.

Stimmen. Stimmen. Dröhnende Männerstimmen. Kindliches Frauengemurmel. Lachsalven. Sektpfropfenknall. Wir sitzen eng nebeneinander. Wir essen. Leckerbissen dieser Art aßen wir noch nie. Niemand verbietet es uns. Niemand scheucht uns fort. Man beachtet uns wenig. Man spricht über uns hinweg. Man reicht über uns hinweg. Wir essen. Wir essen. Von Zeit zu Zeit werfen uns Frauen beschlagene Blicke zu. Beschlagen wie die riesigen Saalfenster, hinter denen es Nacht ist. Wir stürzen einen Sektkelch nach dem andern. Ab und zu dreht sich jemand windschief in die Höhe. Bohrt sich langsam hinauf in den Zigarettendunst. Steht, nimmt ein Glas und hält eine Rede. Wir trinken. Wir stoßen mit unbekannten Menschen an. Wir sind so glücklich. Wir blicken zärtlich hinab auf unsere vornehmen Fracks. Wir streicheln sie leise. Wir streicheln über das Jackett. Dann über die Hose. Wie man Bernhardinerhunde streichelt, die einen gerettet haben.

Nun sind wir in einem anderen Saal. Noch größer. Leute schlagen uns im Vorbeigehen auf die Schulter. Sie duzen uns. Nennen uns Felix oder Siegfried oder Viktor. Einer fragt uns, ob Nanette nicht von vollendeter Anmut sei, heute abend. Plötzlich heulen Trompeten, Kriegsfanfaren. Es sind gestopfte Trompeten, sie haben einen dekadenten Klang. Tumult auf dem Parkett. Man tanzt. Wir lassen uns mit Schnäpsen bedienen. Dann tanzen wir. In den Pausen stülpen wir Schnapsgläser über den Mund. Jetzt tanzen wir wieder. Wir tanzen mit reichen Frauen. In letzter Zeit konnten wir uns nicht einmal arme, billige Frauen leisten. Jetzt tanzen wir mit reichen, teueren. Wie reich und teuer sie sind, sieht man an ihren versilberten und vergoldeten Kleidern. Man riecht es an ihren narkotischen Parfums. Man fühlt es an ihrer weichen gecremten und gepuderten Haut. Wir sind gute Tänzer. Das lernten wir an der Schmiere. Unser Fracks sind makellos. Wir tanzen. Die Frauen in unseren Armen schließen die Augen. Schmiegen sich an. Aus ihren Mündern bricht Hitze. Und Alkoholdunst. Über dem Wald der Tanzenden hängen undeutlich weite Schwaden von Tabakdampf. Von Sektrauch. Wir sind wie im Nebel. Wir sind total betrunken.

Wir stehen im Mittelpunkt des Saales. Das Parkett leert sich. Nur wir bleiben in der Mitte zurück. Zwei Herren im Frack. Frauen und Männer haben sich in Sessel gelegt. Oder sie stehen in Gruppen. Sie sehen uns an. Viele der Männer haben am Frackrevers eine weiße Blume. Wir suchen in den Taschen. Wir finden unsere Zahnbürsten und stecken sie ins Knopfloch.

Alle lächeln uns zu. Auf einmal ist es sehr hell. Die Kapelle spielt einen Tusch. Dann knattert sie los: in schärfstem Tempo.

In unseren Beinen wird es ganz kalt. Dann beginnen sie zu schwingen. Wir tanzen ganz allein auf dem weiten glatten Parkett. Zuerst unbeholfen. Dann sicher werdend. Zwei Stepptänzer. Alle unsere Bewegungen sind gleich. Wie zwei Pleuelstangen einer Lokomotive. Wir halten uns an den Händen. Unsere Füße erinnern sich des alten Trainings. Sie trommeln auf die Holzdielen. Jetzt rotieren wir um uns selbst. Fünfmal. An der Schmiere schafften wir es nie mehr als viermal. Das macht der Alkohol. Jetzt sechsmal. Siebenmal.

Plötzliche Stille. Zu Ende. Einmal noch zuckt es im Knöchel. Dann stehen wir unbeweglich und einsam auf dem Parkett, Hand in Hand.

Beifall bricht aus. Händeklatschen starker Männer: wuchtig und schwer. Händeklatschen entzückter Frauen: aufgeregt schnell und schwach. Das Klatschen will nicht enden. Eine betrunkene Hochzeitsgesellschaft ist nicht anspruchsvoll. Wir beugen uns wieder und wieder. Steppende Brothers? Elegante Erscheinungen? Lieblinge des Publikums – – – –?

Paare überströmen das Parkett. Die Vorübertanzenden machen uns Komplimente. Wir sind in herrlicher Laune. Unser nächster Tanz gebührt den Schwiegermüttern. Sie stehen in einer Ecke beisammen, die eine hellblau gekleidet, die andere rosa. Sie erteilen einander freundliche Auskünfte über die Eigenarten ihrer Kinder, des jungen Paares. Dabei wedeln sie mit Pluderfächern wie mit Schwänzen von Seidenhaarhündchen. Zwei tiefe Verbeugungen unsererseits. Jeder von uns hält eine Schwiegermutter im Arm. Jemand schreit Bravo.

Während des Tanzes tätscheln sie uns die ausgestopften Schultern. Und dann die Wangen. Wir schwingen die Schwiegermütter im Kreise. Sie kreischen. Sie pusten vor Lachen. Sie sind noch einmal jung.

Wir schwingen sie. Wir heben sie an und schlängeln uns blitzschnell durch die Paare mit ihnen. Wir drehen sie um und um. Das Lachen verschwindet aus ihren Gesichtern. Es macht einem gequälten Ausdruck Platz. Schweiß bricht aus ihren Poren und streift Rinnen in die gepuderten Backen. Sie keuchen. Uns ist alles einerlei. Wir sind so betrunken. Wir kreiseln mit ihnen erbarmungslos durch den Raum.

Als wir aneinander vorbeitanzen – jeder eine Schwiegermutter im Arm –, treffen sich unsere Blicke. Und bleiben aneinander haften. Heute Morgen um sieben Uhr! Als man ihm ein Kissen unterlegte, hielten wir ihn in den Armen. Jetzt ist es Nacht. Jetzt halten wir luftschnappende Schwiegermütter.

Plötzlich ist uns sehr übel. Wir drehten uns zuviel. Wir tranken zuviel. Wir machen noch einige lahme Schritte. Dann lösen wir die Umarmung. Wir lassen unsere Partnerinnen stehen, ohne ein Wort der Entschuldigung. Wir bahnen uns einen Weg. Wir streben dem Ausgang zu, mit zurückgedrehten Köpfen.

Inmitten der Tanzenden stehen verlassen zwei Schwiegermütter. Die umfangreichen Brüste heben und senken sich wogend. Sie blicken uns stier und erschrocken und verständnislos nach. Wie zwei alte Tiere. Die eine rosa. Die andere blau.

Ein Lakai öffnet die Saaltür. Und dann seine Hand. Wir legen Geld hinein. Ein Boy holt in der Garderobe unsere Zylinder. Wir geben ihm Geld. Ein anderer bürstet unsere Rücken sinnlos mit einer Bürste. Als ob man zum Nachhausegehen einen gebürsteten Rücken braucht! Wir geben ihm Geld. Wir schreiten am Hotelportier vorbei. Wir sehen verschwommen sein Gesicht. Es scheint gutmütig und etwas hilflos. Er streckt die Hand aus. Wir geben ihm Geld. Alles. Jetzt haben wir nichts mehr. Vielleicht gaben wir ihm zuviel. Er machte eine ungewöhnlich tiefe Verbeugung. Es ist uns alles einerlei. Wir torkeln die Hotelfassade entlang. In die Nacht hinein.

Wozu man zum Nachhausegehen einen gebürsteten Rücken braucht. Zum Nachhausegehen. Wenn es ein ‹Nachhause› gäbe! Es gibt keins.

Wir sind auf einer Brücke. Wie dunkel! Wir sind erschöpft und voller Übelkeit. Wir haben einen bitteren Geschmack im

Mund. Und in der Brust ein Weh. Wir fassen in die Hosentaschen. Kein Geld. Nur Sand, den uns der Totengräber auf der Schaufel anbot. Wir wissen nicht, wo wir schlafen sollen.

Wir lehnen am Brückengeländer. Wir starren hinab in das schwarze Wasser. Es zittert schwach – dick und träge wie Öl. Lächerlich sähe es aus, wenn wir da hineinsprängen, nebeneinander. Es wäre läppisch anzusehen, wie ein Kneifer, der ins Wasser fällt. Wir glauben, wir würden lachen müssen, während wir von der Brücke hinabsprängen. Einmal, als wir noch ganz jung waren, sprangen wir in einer Badeanstalt ins Wasser. Nebeneinander, von einem hohen Brett. Während des Hinabfallens blickten wir einander an. Und lachten.

Unsere Fracks haben uns zu Ruhm und Ehre verholfen. Wir drangen in politische Versammlungen ein. Man hielt uns für hohe Würdenträger – unserer vornehmen Kleidung wegen. Man bat uns, Reden zu halten über das System des Staates. Wir standen am Rednerpult und sprachen im Chor. Wort für Wort dasselbe. Laut und deutlich sprachen unsere beiden Stimmen in die Stille der Versammlung hinein. Keiner klapperte nach. Wie zwei Schuljungen, die ein Gedicht aufsagen. Am Schluß der Rede klatschte die Menge Beifall. Männer klatschen wuchtig und schwer. Auch Frauen waren in der Versammlung. Die klatschen nervös und leise – –

Man hat uns gewählt. Den einen zum Kanzler. Den andern zum Minister. Unsere Fracks machten uns zu Führern des Staats. Jeder von uns trägt ein dickes farbiges Band quer über die Hemdbrust. Zum Zeichen der hohen Stellung. Das des einen ist hellblau. Das des andern ist rosa – –

Wir sitzen nebeneinander an einem langen schwarzglänzenden Schreibtisch. Wir schreiben Aufrufe ans Volk. Warum ist der Schreibtisch schief? Wir sehen genau hin. Es ist gar kein Schreibtisch. Es ist ein Sarg. Links hinten schief – –

Wir erwachen. Wir haben geträumt. Wir hocken aneinandergelehnt in einer Kirchenbank. Also in eine Kirche sind wir vorhin in unserer Betrunkenheit reingerutscht. Wieder eine Kirche.

Wir wenden einander langsam die Köpfe zu. Im Halbdunkel sehen wir einander an. Ganz nah. Verfallenes Gesicht, jämmerlich schlaff um den Mund. Die Nase zwischen die Backen gepropft wie Bolzen in einer Schießscheibe. Wir betrachten einander fast gehässig. Wir lieben einander nicht. Gar nicht. Zwei, die so lange aneinandergeklammert herumgekrochen sind, können einander nicht lieben. Wie häßlich wir einander finden, hier im nächtlichen Halbdunkel auf der Kirchenbank. Doch können wir nicht auseinander. Stirbt der eine, stirbt der andere. Unsere Gefühle füreinander sind undefinierbar.

Das dunkle schmale Kirchenfenster über uns wird blässer. Die buntgemalte Madonna auf dem Fensterglas wird durchsichtiger, durchsichtiger. Morgendämmerung. Uns fröstelt. Zwei Philosophen im Frack auf der Kirchenbank. Man wird unversehens zum Philosophen, wenn man in einer Kirche sitzt und es kalt ist und Tag wird. Wenn man nicht weiß, wo man schlafen wird in der nächsten Nacht. Und wenn man nichts in der Tasche hat. Nur seine Zahnbürste und etwas Sand von einer Beerdigung.

Wir strecken uns aus, Kopf an Kopf. Die Zylinder fallen zu Boden. Das Echo hallt hohl in der ehrfürchtigen Schattenstille gotischer Bogen. Wir werden noch einmal schlafen. Bis zum hellen Morgen. Da findet hier sicher eine Leichenfeier statt. Oder eine Hochzeit. Oder eine Konfirmation. Neue Verdienstmöglichkeiten. Neue Nahrungsquellen. Wir warten. Es ist wie im Wartesaal eines Bahnhofs, wo man den Frühzug abwartet. Wir werden ruhiger. Sehr ruhig. Wir besitzen ja unsere Fracks. Wir sind ja zwei im Frack. Vielleicht sehen wir einmal bessere Zeiten wieder. – – – Ob die richtige – – Jungfrau Maria – – ebenso schön und durchsichtig war – – – wie die hier – auf – dem – langen – Fenster – – – über uns?

Jetzt schlafen wir.

Wolfgang Borchert

Schischyphusch oder der Kellner meines Onkels

Dabei war mein Onkel natürlich kein Gastwirt. Aber er kannte einen Kellner. Dieser Kellner verfolgte meinen Onkel so intensiv mit seiner Treue und mit seiner Verehrung, daß wir immer sagten: Das ist sein Kellner. Oder: Ach so, sein Kellner.

Als sie sich kennenlernten, mein Onkel und der Kellner, war ich dabei. Ich war damals gerade so groß, daß ich die Nase auf den Tisch legen konnte. Das durfte ich aber nur, wenn sie sauber war. Und immer konnte sie natürlich nicht sauber sein. Meine Mutter war auch nicht viel älter. Etwas älter war sie wohl, aber wir waren beide noch so jung, daß wir uns ganz entsetzlich schämten, als der Onkel und der Kellner sich kennenlernten. Ja, meine Mutter und ich, wir waren dabei.

Mein Onkel natürlich auch, ebenso wie der Kellner, denn die beiden sollten sich ja kennenlernen und auf sie kam es an. Meine Mutter und ich waren nur als Statisten dabei und hinterher haben wir es bitter verwünscht, daß wir dabei waren, denn wir mußten uns wirklich schämen, als die Bekanntschaft der beiden begann. Es kam dabei nämlich zu allerhand erschrecklichen Szenen mit Beschimpfung, Beschwerden, Gelächter und Geschrei. Und beinahe hätte es sogar eine Schlägerei gegeben. Daß mein Onkel einen Zungenfehler hatte, wäre beinahe der Anlaß zu dieser Schlägerei geworden. Aber daß er einbeinig war, hat die Schlägerei dann schließlich doch verhindert.

Wir saßen also, wir drei, mein Onkel, meine Mutter und ich, an einem sonnigen Sommertag nachmittags in einem großen prächtigen bunten Gartenlokal. Um uns herum saßen noch ungefähr zwei- bis dreihundert andere Leute, die auch alle schwitzten. Hunde saßen unter den schattigen Tischen und Bienen saßen auf den Kuchentellern. Oder kreisten um die Limonadengläser der Kinder. Es war so warm und so voll, daß die Kellner alle ganz beleidigte Gesichter hatten, als ob das alles nur stattfände aus Schikane. Endlich kam auch einer an unseren Tisch.

Mein Onkel hatte, wie ich schon sagte, einen Zungenfehler. Nicht bedeutend, aber immerhin deutlich genug. Er konnte kein s sprechen. Auch kein z oder tz. Er brachte das einfach nicht fertig. Immer wenn in einem Wort so ein harter s-Laut auftauchte, dann machte er ein weiches feuchtwässeriges sch daraus. Und dabei schob er die Lippen weit vor, daß sein Mund entfernte Ähnlichkeit mit einem Hühnerpopo bekam. Der Kellner stand also an unserem Tisch und wedelte mit seinem Taschentuch die Kuchenkrümel unserer Vorgänger von der Decke. (Erst viele Jahre später erfuhr ich, daß es nicht sein Taschentuch, sondern eine Art Serviette gewesen sein muß.) Er wedelte also damit und fragte kurzatmig und nervös:

«Bitte schehr? Schie wünschen?»

Mein Onkel, der keine alkoholarmen Getränke schätzte, sagte gewohnheitsmäßig:

«Alscho. Schwei Aschbach und für den Jungen Schelter oder Brausche. Oder wasch haben Schie schonscht?»

Der Kellner war sehr blaß. Und dabei war es Hochsommer und er war doch Kellner in einem Gartenlokal. Aber vielleicht war er überarbeitet. Und plötzlich merkte ich, daß mein Onkel unter seiner blanken braunen Haut auch blaß wurde. Nämlich als der Kellner die Bestellung der Sicherheit wegen wiederholte:

«Schehr wohl. Schwei Aschbach. Eine Brausche. Bitte schehr.»

Mein Onkel sah meine Mutter mit hochgezogenen Brauen an, als ob er etwas Dringendes von ihr wollte. Aber er wollte sich nur vergewissern, ob er noch auf dieser Welt sei. Dann sagte er mit einer Stimme, die an fernen Geschützdonner erinnerte:

«Schagen Schie mal, schind Schie wahnschinnig? Schie? Schie machen schich über mein Lischpeln luschtig? Wasch?»

Der Kellner stand da und dann fing es an, an ihm zu zittern.

Seine Hände zitterten. Seine Augendeckel. Seine Knie. Vor allem aber zitterte seine Stimme. Sie zitterte vor Schmerz und Wut und Fassungslosigkeit, als er sich jetzt Mühe gab, auch etwas geschützdonnerähnlich zu antworten:

«Esch ischt schamlosch von Schie, schich über mich schu amüschieren, taktlosch ischt dasch, bitte schehr.»

Nun zitterte alles an ihm. Seine Jackenzipfel. Seine pomadenverklebten Haarsträhnen. Seine Nasenflügel und seine sparsame Unterlippe.

An meinem Onkel zitterte nichts. Ich sah ihn ganz genau an: Absolut nichts. Ich bewunderte meinen Onkel. Aber als der Kellner ihn schamlos nannte, da stand mein Onkel doch wenigstens auf. Das heißt, er stand eigentlich gar nicht auf. Das wäre ihm mit seinem einen Bein viel zu umständlich und beschwerlich gewesen. Er blieb sitzen und stand dabei doch auf. Innerlich stand er auf. Und das genügte auch vollkommen. Der Kellner fühlte dieses innerliche Aufstehen meines Onkels wie einen Angriff und er wich zwei kurze zittrige unsichere Schritte zurück. Feindselig standen sie sich gegenüber. Obgleich mein Onkel saß. Wenn er wirklich aufgestanden wäre, hätte sich sehr wahrscheinlich der Kellner hingesetzt. Mein Onkel konnte es sich auch leisten, sitzen zu bleiben, denn er war noch im Sitzen ebenso groß wie der Kellner und ihre Köpfe waren auf gleicher Höhe.

So standen sie nun und sahen sich an. Beide mit einer zu kurzen Zunge, beide mit demselben Fehler. Aber jeder mit einem völlig anderen Schicksal.

Klein, verbittert, verarbeitet, zerfahren, fahrig, farblos, verängstigt, unterdrückt: der Kellner. Der kleine Kellner. Ein richtiger Kellner: Verdrossen, stereotyp höflich, geruchlos, ohne Gesicht, numeriert, verwaschen und trotzdem leicht schmuddelig. Ein kleiner Kellner. Zigarettenfingrig, servil, steril, glatt, gut gekämmt, blaurasiert, gelbgeärgert, mit leerer Hose hinten und dicken Taschen an der Seite, schiefen Absätzen und chronisch verschwitztem Kragen – der kleine Kellner.

Und mein Onkel? Ach, mein Onkel! Breit, braun, brummend, baßkehlig, laut, lachend, lebendig, reich, riesig, ruhig, sicher, satt, saftig – mein Onkel!

Der kleine Kellner und mein großer Onkel. Verschieden wie ein Karrengaul vom Zeppelin. Aber beide kurzzungig. Beide mit demselben Fehler. Beide mit einem feuchten wässerigen weichen sch. Aber der Kellner ausgestoßen, getreten von seinem Zungenschicksal, bockig, eingeschüchtert, enttäuscht, einsam, bissig.

Und klein, ganz klein geworden. Tausendmal am Tag verspottet, an jedem Tisch belächelt, belacht, bemitleidet, begrinst, beschrien. Tausendmal an jedem Tag im Gartenlokal an jedem Tisch einen Zentimeter in sich hineingekrochen, geduckt, geschrumpft. Tausendmal am Tag bei jeder Bestellung an jedem Tisch, bei jedem «bitte schehr» kleiner, immer kleiner geworden. Die Zunge, gigantischer unförmiger Fleischlappen, die viel zu kurze Zunge, formlose zyklopische Fleischmasse, plumper unfähiger roter Muskelklumpen, diese Zunge hatte ihn zum Pygmäen erdrückt: kleiner, kleiner Kellner!

Und mein Onkel! Mit einer zu kurzen Zunge, aber: als hätte er sie nicht. Mein Onkel, selbst am lautesten lachend, wenn über ihn gelacht wurde. Mein Onkel, einbeinig, kolossal, slickzungig. Aber Apoll in jedem Zentimeter Körper und jedem Seelenatom. Autofahrer, Frauenfahrer, Herrenfahrer, Rennfahrer. Mein Onkel, Säufer, Sänger, Gewaltmensch, Witzereißer, Zotenflüsterer, Verführer, kurzzungiger sprühender, sprudelnder spuckender Anbeter von Frauen und Kognak. Mein Onkel, saufender Sieger, prothesenknarrend, breitgrinsend, mit viel zu kurzer Zunge, aber: als hätte er sie nicht!

So standen sie sich gegenüber. Mordbereit, todwund der eine, lachfertig, randvoll mit Gelächtereruptionen der andere. Ringsherum sechs- bis siebenhundert Augen und Ohren, Spazierläufer, Kaffeetrinker, Kuchenschleckerer, die den Auftritt mehr genossen als Bier und Brause und Bienenstich. Ach, und mittendrin meine Mutter und ich. Rotköpfig, schamhaft, tief in die Wäsche verkrochen. Und unsere Leiden waren erst am Anfang.

«Schuchen Schie schofort den Wirt, Schie aggreschiver Schpatsch, Schie. Ich will Schie lehren, Gäschte schu inschultieren.»

Mein Onkel sprach jetzt absichtlich so laut, daß den sechsbis siebenhundert Ohren kein Wort entging. Der Asbach regte ihn in angenehmer Weise an. Er grinste vor Wonne über sein großes gutmütiges breites braunes Gesicht. Helle salzige Perlen kamen aus der Stirn und trudelten abwärts über die massiven Backenknochen. Aber der Kellner hielt alles an ihm für Bosheit, für Gemeinheit, für Beleidigung und Provokation. Er stand mit faltigen hohlen leise wehenden Wangen da und rührte sich nicht von der Stelle.

«Haben Schie Schand in den Gehörgängen? Schuchen Schie den Beschitscher, Schie beschoffener Schpaschvogel. Losch, oder haben Schie die Hosche voll, Schie mischgeschtalteter Schwerg?»

Da faßte der kleine Pygmäe, der kleine slickzungige Kellner, sich ein großmütiges, gewaltiges, für uns alle und für ihn selbst überraschendes Herz. Er trat ganz nah an unseren Tisch, wedelte mit seinem Taschentuch über unsere Teller und knickte zu einer korrekten Kellnerverbeugung zusammen. Mit einer kleinen männlichen und entschlossen leisen Stimme, mit überwältigender zitternder Höflichkeit sagte er: «Bitte schehr!» und setzte sich klein, kühn und kaltblütig auf den vierten freien Stuhl an unserem Tisch. Kaltblütig natürlich nur markiert. Denn in seinem tapferen kleinen Kellnerherzen flackerte die empörte Flamme der verachteten gescheuchten mißgestalteten Kreatur. Er hatte auch nicht den Mut, meinen Onkel anzusehen. Er setzte sich nur so klein und sachlich hin und ich glaube, daß höchstens ein Achtel seines Gesäßes den Stuhl berührte. (Wenn er überhaupt mehr als ein Achtel besaß – vor lauter Bescheidenheit.) Er saß, sah vor sich hin auf die kaffeeübertropfte grauweiße Decke, zog seine dicke Brieftasche hervor und legte sie immerhin einigermaßen männlich auf den Tisch. Eine halbe Sekunde riskierte er einen kurzen Aufblick, ob er wohl zu weit gegangen sei mit dem Aufbumsen der Tasche, dann, als er sah, daß der Berg, mein Onkel nämlich, in seiner Trägheit verharrte, öffnete er die Tasche und nahm ein Stück pappartiges zusammengeknifftes Papier heraus, dessen Falten das typische Gelb eines oftbenutzten Stück Papiers aufwiesen. Er klappte es wichtig auseinander, verkniff sich jeden Ausdruck von Beleidigtsein oder Rechthaberei und legte sachlich seinen kurzen abgenutzten Finger auf eine bestimmte Stelle des Stück Papiers. Dazu sagte er leise, eine Spur heiser und mit großen Atempausen:

«Bitte schehr. Wenn Schie schehen wollen. Schtellen Schie höflichscht schelbscht fescht. Mein Pasch. In Parisch geweschen. Barschelona. Oschnabrück, bitte schehr. Allesch ausch meinem Pasch schu erschehen. Und hier: Beschondere Kennscheichen: Narbe am linken Knie. (Vom Fußballspiel.) Und hier, und hier? Wasch ischt hier? Hier, bitte schehr: Schprachfehler scheit Geburt. Bitte schehr. Wie Schie schelbscht schehen!»

Das Leben war zu rabenmütterlich mit ihm umgegangen, als daß er jetzt den Mut gehabt hätte, seinen Triumph auszukosten und meinen Onkel herausfordernd anzusehen. Nein, er sah still und klein vor sich auf seinen vorgestreckten Finger und den bewiesenen Geburtsfehler und wartete geduldig auf den Baß meines Onkels.

Es dauerte lange, bis der kam. Und als er dann kam, war es so unerwartet, was er sagte, daß ich vor Schreck einen Schluckauf bekam. Mein Onkel ergriff plötzlich mit seinen klobigen viereckigen Tatmenschenhänden die kleinen flatterigen Pfoten des Kellners und sagte mit der vitalen wütendkräftigen Gutmütigkeit und der tierhaft warmen Weichheit, die als primärer Wesenszug aller Riesen gilt: «Armesch kleinesch Luder! Schind schie schon scheit deiner Geburt hinter dir her und hetschen?»

Der Kellner schluckte. Dann nickte er. Nickte sechs-, siebenmal. Erlöst. Befriedigt. Stolz. Geborgen. Sprechen konnte er nicht. Er begriff nichts. Verstand und Sprache waren erstickt von zwei dicken Tränen. Sehen konnte er auch nicht, denn die zwei dicken Tränen schoben sich vor seine Pupillen wie zwei undurchsichtige allesversöhnende Vorhänge. Er begriff nichts. Aber sein Herz empfing diese Welle des Mitgefühls wie eine Wüste, die tausend Jahre auf einen Ozean gewartet hatte. Bis an sein Lebensende hätte er sich so überschwemmen lassen können! Bis an seinen Tod hätte er seine kleinen Hände in den Pranken meines Onkels verstecken mögen! Bis in die Ewigkeit hätte er das hören können, dieses: Armesch kleinesch Luder!

Aber meinem Onkel dauerte das alles schon zu lange. Er war Autofahrer. Auch wenn er im Lokal saß. Er ließ seine Stimme wie eine Artilleriesalve über das Gartenlokal hinwegdröhnen und donnerte irgendeinen erschrockenen Kellner an:

«Schie, Herr Ober! Acht Aschbach! Aber losch, schag ich Ihnen! Wasch? Nicht Ihr Revier? Bringen Schie schofort acht Aschbach oder tun Schie dasch nicht, wasch?»

Der fremde Kellner sah eingeschüchtert und verblüfft auf meinen Onkel. Dann auf seinen Kollegen. Er hätte ihm gern von den Augen abgesehen (durch ein Zwinkern oder so), was das alles zu bedeuten hätte. Aber der kleine Kellner konnte seinen Kollegen kaum erkennen, so weit weg war er von allem, was Kellner, Kuchenteller, Kaffeetasse und Kollege hieß, weit weit weg davon.

Dann standen acht Asbach auf dem Tisch. Vier Gläser davon mußte der fremde Kellner gleich wieder mitnehmen, sie waren leer, ehe er einmal geatmet hatte. «Laschen Schie dasch da nochmal vollaufen!» befahl mein Onkel und wühlte in den Innentaschen seiner Jacke. Dann pfiff er eine Parabel durch die Luft und legte nun seinerseits seine dicke Brieftasche neben die seines neuen Freundes. Er fummelte endlich eine zerknitterte Karte heraus und legte seinen Mittelfinger, der die Maße eines Kinderarms hatte, auf einen bestimmten Teil der Karte.

«Schiehscht du, dummesch Häschchen, hier schtehtsch: Beinamputiert und Unterkieferschusch. Kriegschverletschung.» Und während er das sagte, zeigte er mit der anderen Hand auf die Narbe, die sich unterm Kinn versteckt hielt.

«Die Öösch haben mir einfach ein Schtück von der Schungenschpitsche abgeschoschen. In Frankreich damalsch.»

Der Kellner nickte.

«Noch bösche?» fragte mein Onkel.

Der Kellner schüttelte schnell den Kopf hin und her, als wollte er etwas Unmögliches abwehren.

«Ich dachte nur schuerscht, Schie wollen mich utschen.»

Erschüttert über seinen Irrtum in der Menschenkenntnis wackelte er mit dem Kopf immer wieder von links nach rechts und wieder zurück.

Und nun schien es mit einmal, als ob er alle Tragik seines Schicksals damit abgeschüttelt hätte. Die beiden Tränen, die sich nun in den Hohlheiten seines Gesichtes verliefen, nahmen alle Qual seines bisherigen verspotteten Daseins mit. Sein neuer Lebensabschnitt, den er an der Riesentatze meines Onkels betrat, begann mit einem kleinen aufstoßenden Lacher, einem Gelächterchen, zage, scheu, aber von einem unverkennbaren Asbachgestank begleitet.

Und mein Onkel, dieser Onkel, der sich auf einem Bein, mit zerschossener Zunge und einem bärigen baßstimmigen Humor durch das Leben lachte, dieser mein Onkel war nun so unglaublich selig, daß er endlich endlich lachen konnte. Er war schon bronzefarben angelaufen, daß ich fürchtete, er müsse jede Minute platzen. Und sein Lachen lachte los, unbändig, explodierte, polterte, juchte, gongte, gurgelte – lachte los, als ob er ein Riesensaurier wäre, dem diese Urweltlaute entrülpsten. Das erste kleine neuprobierte Menschlachen des Kellners, des neuen kleinen Kellnermenschen, war dagegen wie das schüttere Gehüstel eines erkälteten Ziegenbabys. Ich griff angstvoll nach der Hand meiner Mutter. Nicht daß ich Angst vor meinem Onkel gehabt hätte, aber ich hatte doch eine tiefe tierische Angstwitterung vor den acht Asbachs, die in meinem Onkel brodelten. Die Hand meiner Mutter war eiskalt. Alles Blut hatte ihren Körper verlassen, um den Kopf zu einem grellen plakatenen Symbol der Schamhaftigkeit und des bürgerlichen Anstandes zu machen. Keine Vierländer Tomate konnte ein röteres Rot ausstrahlen. Meine Mutter leuchtete. Klatschmohn war blaß gegen sie. Ich rutschte tief von meinem Stuhl unter den Tisch. Siebenhundert Augen waren rund und riesig um uns herum. Oh, wie wir uns schämten, meine Mutter und ich.

Der kleine Kellner, der unter dem heißen Alkoholatem meines Onkels ein neuer Mensch geworden war, schien den ersten Teil seines neuen Lebens gleich mit einer ganzen Ziegenmeckerlachepoche beginnen zu wollen. Er mähte, bähte, gnuckte und gnickerte wie eine ganze Lämmerherde auf einmal. Und als die beiden Männer nun noch vier zusätzliche Asbachs über ihre kurzen Zungen schütteten, wurden aus den Lämmern, aus den rosigen dünnstimmigen zarten schüchternen kleinen Kellnerlämmern, ganz gewaltige hölzern mekkernde steinalte weißbärtige blechscheppernde blödblökende Böcke.

Diese Verwandlung vom kleinen giftigen tauben verkniffenen Bitterling zum andauernd, fortdauernd meckernden schenkelschlagenden geckernden blechern blökenden Ziegenbockmenschen war selbst meinem Onkel etwas ungewöhnlich. Sein Lachen vergluckerte langsam wie ein absaufender Felsen. Er wischte sich mit dem Ärmel die Tränen aus dem braunen breiten Gesicht und glotzte mit asbachblanken sturerstaunten Augen auf den unter Lachstößen bebenden weißbejackten Kellnerzwerg. Um uns herum feixten siebenhundert Gesichter. Siebenhundert Augen glaubten, daß sie nicht richtig sahen. Siebenhundert Zwerchfelle schmerzten. Die, die am weitesten ab saßen, standen erregt auf, um sich ja nichts entgehen zu lassen. Es war, als ob der Kellner sich vorgenommen hatte, fortan als ein riesenhafter boshaft bähender Bock sein Leben fortzusetzen. Neuerdings, nachdem er wie aufgezogen einige Minuten in seinem eigenen Gelächter untergegangen war, neuerdings bemühte er sich erfolgreich, zwischen den Lachsalven, die wie ein blechernes Maschinengewehrfeuer aus seinem runden Mund perlten, kurze schrille Schreie auszustoßen. Es gelang ihm, so viel Luft zwischen dem Gelächter einzusparen, daß er nun diese Schreie in die Luft wiehern konnte.

«Schischyphusch!» schrie er und patschte sich gegen die nasse Stirn. «Schischyphusch! Schiiischyyyphuuusch!» Er hielt sich mit beiden Händen an der Tischplatte fest und wieherte: «Schischyphusch!» Als er fast zwei Dutzend mal gewiehert hatte, dieses «Schischyphusch» aus voller Kehle gewiehert hatte, wurde meinem Onkel das Schischyphuschen zuviel. Er zerknitterte dem unaufhörlich wiehernden Kellner mit einem einzigen Griff das gestärkte Hemd, schlug mit der anderen Faust auf den Tisch, daß zwölf leere Gläser an zu springen fingen, und donnerte ihn an: «Schlusch! Schlusch, schag ich jetscht. Wasch scholl dasch mit dieschem blödschinnigen schaudummen Schischyphusch? Schlusch jetscht, verschtehscht du!» Der Griff und der gedonnerte Baß meines Onkels machten aus dem schischyphuschschreienden Ziegenbock im selben Augenblick wieder den kleinen lispelnden armseligen Kellner.

Er stand auf. Er stand auf, als ob es der größte Irrtum seines Lebens gewesen wäre, daß er sich hingesetzt hatte. Er fuhr sich mit dem Serviettentuch durch das Gesicht und räumte Lachtränen, Schweißtropfen, Asbach und Gelächter wie etwas hinweg, das fluchwürdig und frevelhaft war. Er war aber so betrunken, daß er alles für einen Traum hielt, die Pöbelei am Anfang, das Mitleid und die Freundschaft meines Onkels. Er wußte nicht: Hab ich nun eben Schischyphusch geschrien? Oder nicht? Hab ich schechsch Aschbach gekippt, ich, der Kellner dieschesch Lokalsch, mitten unter den Gäschten? Ich? Er war unsicher. Und für alle Fälle machte er eine abgehackte kleine Verbeugung und flüsterte: «Verscheihung!» Und dann verbeugte er sich noch einmal: «Verscheihung. Ja, verscheihen Schie dasch Schischyphuschgeschrei. Bitte schehr. Verscheihen der Herr, wenn ich schu laut war, aber der Aschbach, Schie wischen ja schelbscht, wenn man nichtsch gegeschen hat, auf leeren Magen. Bitte schehr darum. Schischyphusch war nämlich mein Schpitschname. Ja, in der Schule schon. Die gansche Klasche nannte mich scho. Schie wischen wohl, Schischyphusch, dasch war der Mann in der Hölle, diesche alte Schage, wischen Schie, der Mann im Hadesch, der arme Schünder, der einen groschen Felschen auf einen rieschigen Berg raufschieben schollte, eh, muschte, ja, dasch war der Schischyphusch, wischen Schie wohl. In der Schule muschte ich dasch immer schagen, immer diesch Schischyphusch. Und allesch hat dann gepuschtet vor Lachen, können Schie schich denken, werter Herr. Allesch hat dann gelacht, wischen Schie, schintemalen ich doch die schu kursche Schungenschpitsche beschitsche. Scho kam esch, dasch ich schpäter überall Schischyphusch geheischen wurde und gehänschelt wurde, schehen Schie. Und dasch, verscheihen, kam mir beim Aschbach nun scho insch Gedächtnisch, alsch ich scho geschrien habe, verschtehen. Verscheihen Schie, ich bitte schehr, verscheihen Schie, wenn ich Schie beläschtigt haben schollte, bitte schehr.»

Er verstummte. Seine Serviette war indessen unzählige Male von einer Hand in die andere gewandert. Dann sah er auf meinen Onkel.

Jetzt war der es, der still am Tisch saß und vor sich auf die Tischdecke sah. Er wagte nicht, den Kellner anzusehen. Mein Onkel, mein bärischer bulliger riesiger Onkel wagte nicht, aufzusehen und den Blick dieses kleinen verlegenen Kellners zu erwidern. Und die beiden dicken Tränen, die saßen nun in seinen Augen. Aber das sah keiner außer mir. Und ich sah es auch nur, weil ich so klein war, daß ich ihm von unten her ins Gesicht sehen konnte. Er schob dem still abwartenden Kellner einen mächtigen Geldschein hin, winkte ungeduldig ab, als der ihn zurückgeben wollte, und stand auf, ohne jemanden anzusehen.

Der Kellner brachte noch zaghaft einen Satz an: «Die Aschbach wollte ich wohl gern beschahlt haben, bitte schehr.»

Dabei hatte er den Schein schon in seine Tasche gesteckt, als erwarte er keine Antwort und keinen Einspruch. Es hatte auch keiner den Satz gehört und seine Großzügigkeit fiel lautlos auf den harten Kies des Gartenlokals und wurde da später gleichgültig zertreten. Mein Onkel nahm seinen Stock, wir standen auf, meine Mutter stützte meinen Onkel und wir gingen langsam auf die Straße zu. Keiner von uns dreien sah auf den Kellner. Meine Mutter und ich nicht, weil wir uns schämten. Mein Onkel nicht, weil er die beiden Tränen in den Augen sitzen hatte. Vielleicht schämte er sich auch, dieser Onkel.

Langsam kamen wir auf den Ausgang zu, der Stock meines Onkels knirschte häßlich auf dem Gartenkies und das war das einzige Geräusch im Augenblick, denn die drei- bis vierhundert Gesichter an den Tischen waren stumm und glotzäugig auf unseren Abgang konzentriert.

Und plötzlich tat mir der kleine Kellner leid. Als wir am Ausgang des Gartens um die Ecke biegen wollten, sah ich mich schnell noch einmal nach ihm um. Er stand noch immer an unserem Tisch. Sein weißes Serviettentuch hing bis auf die Erde. Er schien mir noch viel viel kleiner geworden zu sein. So klein stand er da und ich liebte ihn plötzlich, als ich ihn so verlassen hinter uns herblicken sah, so klein, so grau, so leer, so hoffnungslos, so arm, so kalt und so grenzenlos allein! Ach, wie klein! Er tat mir so unendlich leid, daß ich meinen Onkel an die Hand tippte, aufgeregt, und leise sagte: «Ich glaube, jetzt weint er.»

Mein Onkel blieb stehen. Er sah mich an und ich konnte die beiden dicken Tropfen in seinen Augen ganz deutlich erkennen. Noch einmal sagte ich, ohne genau zu verstehen, warum ich es eigentlich tat: «Oh, er weint. Kuck mal, er weint.»

Da ließ mein Onkel den Arm meiner Mutter los, humpelte schnell und schwer zwei Schritte zurück, riß seinen Krückstock wie ein Schwert hoch und stach damit in den Himmel und brüllte mit der ganzen großartigen Kraft seines gewaltigen Körpers und seiner Kehle:

«Schischyphusch! Schischyphusch! Hörscht du? Auf Wiederschehen, alter Schischyphusch! Bisch nächschten Schonntag, dummesch Luder! Wiederschehen!»

Die beiden dicken Tränen wurden von den Falten, die sich jetzt über sein gutes braunes Gesicht zogen, zu nichts zerdrückt. Es waren Lachfalten und er hatte das ganze Gesicht voll davon. Noch einmal fegte er mit seinem Krückstock über den Himmel, als wollte er die Sonne herunterraken, und noch einmal donnerte er sein Riesenlachen über die Tische des Gartenlokals hin: «Schischyphusch! Schischyphusch!»

Und Schischyphusch, der kleine graue arme Kellner, wachte aus seinem Tod auf, hob seine Serviette und fuhr damit auf und ab wie ein wildgewordener Fensterputzer. Er wischte die ganze graue Welt, alle Gartenlokale der Welt, alle Kellner und alle Zungenfehler der Welt mit seinem Winken endgültig und für immer weg aus seinem Leben. Und er schrie schrill und überglücklich zurück, wobei er sich auf die Zehen stellte und ohne sein Fensterputzen zu unterbrechen:

«Ich verschtehe! Bitte schehr! Am Schonntag! Ja, Wiederschehen! Am Schonntag, bitte schehr!»

Dann bogen wir um die Ecke. Mein Onkel griff wieder nach dem Arm meiner Mutter und sagte leise: «Ich weisch, esch war schicher entschetschlich für euch. Aber wasch schollte ich andersch tun, schag schelbscht. Scho 'n dummer Hasche. Läuft nun schein ganschesch Leben mit scho einem garschtigen Schungenfehler herum. Armesch Luder dasch!»

Nicolas Born

Dunkelheit mit Lichtern

Warum wartete er noch? Warum saß er noch in diesem Sessel? Hinter den Scheiben sah er die Dunkelheit mit Lichtern. Die Zeitung hatte er weggelegt, unfähig, sie weiterzulesen, während sie Geschirr abwusch, zwei Teller die benötigt wurden für die dicke Suppe, zwei Teller, einen für sie, einen für ihn, von denen sie die gehärteten Grünkohlreste mit kaltem Wasser abspülte, das unter fortwährendem Sprechen floß und abtropfte, unter fortwährenden Vorwürfen: Du könntest helfen, besonders am Abend, wenn das Kind schläft. Andere Männer helfen. Du hilfst nie. Warum hilfst du nie?

Sie kam mit beiden Tellern aus der Küche, mit der dampfenden Suppe, in der die Kartoffelstücke und Bohnen breiig gekocht waren, mit zwei Löffeln dazu und einem Messer kam sie aus der Küche, daß er aufstand und sich an den Tisch setzte, um kein neues Gerede, das Hinsetzen betreffend, auszulösen. Sie stieß mit der hohen Frisur gegen die Deckenlampe. Die Deckenlampe pendelte, der wankende Schein brachte Unruhe ins Zimmer.

«Die hängt viel zu tief», sagte sie und setzte die Teller ab, schob einen unter sein Gesicht, daß er hineinstieren mußte und den fetten Speck sah. Er stand auf und hielt die Lampe fest.

«Ich mag keinen fetten Speck», sagte er.

«Du brauchst ihn nicht zu essen», sagte sie.

Es schmeckte ihm nicht. Er ließ einen Rest übrig, in dem nun der weiße Speck stand, und schob den Teller weit von sich. Dann fand er die Streichhölzer nicht.

«Hast du die Streichhölzer weggenommen?»

«Sie liegen in der Küche.»

Er rauchte. Er stand angelehnt im Rahmen der Küchentür und sah ihren breiten Nacken.

«Willst du weg?» fragte sie, ohne sich umzudrehen.

«Was?» fragte er zurück, aber sie wiederholte es nicht.

Er hob die Zeitung vom Boden und legte sie auf den Schrank. Sie saß noch immer unbeweglich im Sessel und er bemerkte jedesmal, wenn er an ihr vorbeiging, die gebogene Falte der Schürze, immer dieselbe Falte, die sich nie veränderte und in der die roten und gelben Caros teilweise verschwunden waren, darüber ihren breiten fleischigen Nacken, den Haaransatz, sie zog die Beine an.

Endlich war sie aufgestanden, hatte einmal die Schranktür geöffnet, und vor dem offenen Schrank etwas überlegt, ihn dann aber wieder zugemacht. Plötzlich und ganz ohne Absicht standen sie sich gegenüber, beachteten sich aber kaum, sie in ihrer Entschlußlosigkeit, ob sie sofort abräumen sollte oder später, er auch unentschieden für einen Moment, ob er das Radio anstellen sollte oder nicht, ob ihnen jetzt Musik zuträglich wäre, jetzt, nach dem Essen und wie die Dinge standen.

Ganz flüchtig und mit Geringschätzung sah sie ihn an und schien etwas sagen zu wollen, sah aber sofort wieder weg, zum Fenster hin, und steckte eine Hand in die Schürzentasche. Er drehte sich herum und sah auch zum Fenster, konnte sie auch nicht ansehen, um vielleicht, wie manchmal, in der ganzen Spannung eine Albernheit zu sehen, darüber gleichzeitig mit ihr in lautes Lachen auszubrechen, nein, das ging nicht und darum war auch kein Tanz möglich zur Musik aus dem Fernsehgerät, auf dessen Bild auch Leute tanzten und unter die sie sich mischten, wenn sie sagte: Man muß sich nur einbilden, man gehörte dazu und ganz lange in das Bild sehen, dann gehört man dazu. Das ärgerte ihn jedesmal, wenn er auch nie genau wußte warum, wenn er sich auch fragte, was denn schon dabei wäre, natürlich nichts.

Er war zum Fenster gegangen und sah ihr zu, wie sie langsam seinen Teller auf ihren stellte, dabei in der einen Hand die Löffel und das Messer hielt, die sie dann achtlos auf die Teller gleiten ließ.

«Übrigens ist meine Hosennaht geplatzt», sagte er. «Ich ziehe die braune Hose an, die kann wohl längst gebügelt sein. Wo alle mit gebügelten Hosen rumlaufen, will ich nicht mit ungebügelten Hosen rumlaufen.» Er ging leise ins Schlafzimmer und nahm die braune Hose aus dem Schrank. Als er zurückkam, saß sie wieder im Sessel. Sonst hatte sich nichts verändert, die Teller standen noch auf dem Tisch. Mit der Hand strich sie die Tischdecke glatt und zupfte noch eine Weile mit weit ausgebreiteten Armen an den Ecken. Als er mit der gebügelten Hose über dem Arm an ihr vorbeiging, lehnte sie sich wieder zurück und er sah die Bewegung des Stoffes auf ihrem Rücken. Da war wieder die Falte. Er stand in langer Unterhose da und sie mußte einmal hinblicken. Dann knöpfte er die braune Hose zu.

«Willst du weg?»

«Ich trinke mit Kurt ein Glas Bier.»

Das kannte er, wie sie darauf reagierte, mit den Händen die Armlehnen umklammerte, die Fingernägel gegen das Holz drückte und lachte mit geschminktem Mund, das fiel ihm nebenbei auf, weil sie sich selten schminkte. Er wußte, daß sie nicht weggehen wollte, aber er wollte weggehen, nur sollte es nicht vorsätzlich aussehen, darum tat er, als ginge es ihm um eine Kleinigkeit, um die Kleinigkeit von zwei Mark für ein paar Bier im *Hufeisen* oder in einer anderen Kneipe, das wußte er noch nicht so genau.

«Ob im *Hufeisen* oder woanders, das weiß ich noch nicht so genau, aber hast du mal zwei Mark?»

Das war unverschämt, erst recht, weil er noch Geld hatte, aber das konnte sie nicht wissen.

«Du warst doch Dienstag noch», sagte sie.

«Das war Montag», sagte er.

«Dienstag», sagte sie.

«Montag», sagte er.

Er zog seinen Mantel an und freute sich, daß es keine besonderen Vorkommnisse gegeben hatte, keine Schwierigkeiten, keinen Krach, von dem die Nachbarn profitierten, wenn sie mit dem Kind auf dem Korridor spielte, alles mithörte, auf den Knien zwischen Gummienten und Bällen, alles mithörte mit rotem Kopf, um schließlich schnell die Tür zu öffnen, daß Ruhe war, und sie schnell wieder zuwarf mit hallendem Krach, daß endlich Ruhe war.

Er war zufrieden und atmete schon die kalte Luft des Flurs, hatte leise die Tür hinter sich geschlossen, damit das Kind nicht aufwachte.

Draußen war es kalt. Er steckte die Hände tief in die Manteltaschen. Gegenüber stand der volle Mond über dem Dach. Er ging die Straße hinunter und begegnete der städtischen Straßenkehrmaschine, in deren Lärm er laut hineinfluchte. Dabei war er noch froh, daß das Kind nach hinten hinaus schlief. Mit ruhigen Schritten ging er seinem Atem nach, den er in gleichmäßigen Abständen vor sich sah, bevor die Bewegung ihn wegnahm. Sie sah ihm nicht nach. Der Lärm der Maschine war weit weg.

Auf der Keplerstraße war das Trottoir aufgerissen. Das bemerkte er zu spät und mußte, wenn er nicht zurück wollte, über den kleinen Damm aus Lehm und Pflastersteinen springen. Er sprang auf eine nasse Bohle, die unter seinem Fuß federte. Die Straße war bis zur anderen Seite voll gelber Lehmspuren. Er ging dicht an der Absperrung vorbei, an der Schnur mit rot-weißen Fähnchen. Personen begegneten ihm, die er kaum ansah. Männer die ihn nicht interessierten, Frauen die ihn kaum interessierten, von einem Gesicht abgesehen, einem weißen Gesicht, das immer näher kam, das größer und schöner wurde und dann abbog zu der Trinkhalle, in der wie immer der freundliche bucklige Mann saß, der kehlig sprach: Was darf es sein? Selbstverständlich. Bitte sehr!

Er dachte daran, hinterherzugehen, sie anzusehen, sie anzusprechen, oder sich nur Zigaretten zu kaufen, aber er ließ es, ging weiter und sah sich nicht mehr um.

Im *Hufeisen* stand Kurt an der Theke und trank sein Bier, wie alle hier ihr Bier tranken mit hohlen Rücken und zurückgelegten Köpfen, eine Hand am Geländer, einen Fuß auf der Stange, das Bier haltend in Brusthöhe, Kurt wie die anderen, Kurt mit Bier und Schnaps, dünn und groß, mit Baßstimme redend, Kurt, Stammgast, auf den ist Verlaß. Die Bekannten von Kurt links neben Kurt und rechts neben Kurt kannte er alle. Er grüßte. Er bestellte ein Pils und einen Samtkragen und drängte sich zwischen Kurt und Schorsch Friebel. Kurt reckte ihm sein Gesicht entgegen und fragte, ob er keine Hand bekäme. Kurt hatte erst drei Striche auf dem Deckel, Friebel erst zwei. Zielinski am Zapfhahn war noch wütend von gestern abend, da hat ihm jemand die Bleiverglasung eingeschlagen.

Langsam fing der Betrieb an. Es kamen welche, die niemand kannte. Die setzten sich an Tische, und nun kam von daher auch Geschnatter. Kurt erzählte einen Witz von einem Doktor und einer Wehrmachthelferin. Erna kam aus der Küche und gab allen die Hand. Kurt gab ihr einen Kuß auf die Hand und machte einen Knix.

Er trank seinen zweiten Samtkragen und sein drittes Bier, zog sich einen Hocker heran und wußte schon was kam, als Kurt den Mund aufmachte: Gerd wäre nicht mehr gut zu Fuß, weiche Beine, hätte sich zuhause erst freischießen müssen. Während das Gelächter um ihn war, dachte er an sie, vor dem Fernsehgerät, oder daß sie gerade Spielsachen zusammenräumte, Puppen, Bilderbücher, leere Dosen, Bauklötze und bunte Schleifen in die Spielkiste packte, das Zeug mürrisch hineinwarf oder es aufraffte vom Boden unter Stöhnen, es von oben hineinschmiß in die Kiste unter langsam und nachdrücklich ausgesprochenen Verwünschungen, unter leisem zornigen Schimpfen, das ihn betraf oder das Kind oder ihn und das Kind, wie sollte er das wissen. Vielleicht wusch sie gerade Geschirr ab, konnte ja sein, vielleicht schob sie gerade mit verekeltem Mund den Speck vom Teller in den Mülleimer und drückte ihn tiefer hinein, stopfte nach mit einem Knäuel aus Zeitungspapier; oder sie blätterte in Illustrierten, maß ihre Oberweite, massierte sich die Beine. Er wollte nicht weiterraten, um am Ende vielleicht seine Resignation auszuspielen gegen ihre gelegentliche Wut und ständige Nörgelei. Das hatte keinen Zweck, dabei wurde er mürrisch, das merkte er ganz genau.

Er sah auf seine Uhr und war überrascht, daß es schon so

spät war. Er versuchte, sich eine leichte Übelkeit einzubilden, die von dem Kohlgeruch und der stickigen Enge der Wirtschaft herrühren sollte. Kurt war auch dafür, schnell aufzubrechen. Sie tranken beide noch ein Bier, dann bezahlten sie, gaben Erna die Hand und klopften mit den Fingerknöcheln auf die Theke. Schorsch Friebel klopfte, Baukloh der Ältere klopfte, Hännes Wienkötter klopfte und auch der eine, wie heißt der eigentlich noch – klopfte.

Unter der Laterne stand der gebraucht gekaufte Opel von Kurt. Kurt sagte: «Ich bin mit dem Opel zufrieden.» Sie stiegen ein. Es war kalt im Wagen und er bibberte. Er zog sich den Mantel straff um den Körper und verschränkte die Arme. Kurt löste die Handbremse, daß der Wagen vom Parkstreifen hinunter auf die abschüssige Straße rollte, aber der Motor sprang nicht an und Kurt bremste wieder. «Sonst springt er immer sofort an», sagte Kurt. Als sie bei Rot an der großen Kreuzung standen, sah er wieder den Mond. Sie fuhren die Hobeisenstraße hinunter, vorbei an der Kruppschen Widia-Fabrik, Edelstahl, weltberühmt, aber darauf achteten sie nicht. Kurt lenkte den Wagen in die Frohnhauserstraße, Richtung Limbecker Platz.

Das *petite pigalle* machte Eindruck mit der bunten beleuchteten Windmühle, deren Flügel sich hinter dem Fenster drehten, mit abwechselnd aufleuchtenden Glühlampenreihen, rot grün gelb blau, Flitterzeug, elektrische Mätzchen, die machten auf ihn keinen Eindruck, auch nicht die Fotos in dem Schaukasten, auch nicht ein solcher Slogan: Schöne Frauen, Tischtelefone! aber er lachte nicht darüber. Kurt drängte ihn in den Nebenraum, in die Schänke. Sie setzten sich auf Barhocker und bestellten Bier. Zwei Mädchen saßen zwischen den Männern, die gut aussahen und etwas angetrunken waren. Die eine trank Underberg.

Drüben hatte die Kapelle Pause. Immer, wenn einer der Kellner die Schwingtür aufstieß, drang statt Musik das Gemurmel vieler Unterhaltungen herein, das man aber bald nicht mehr hörte, weil das Büffetfräulein Münzen in die Musikbox steckte und auf Tasten drückte. Ganz weit weg, hinter der Musikbox noch, in der Ecke, tanzten zwei ältere Frauen. Die eine flüsterte beim Tanz der anderen etwas ins Ohr, die andere kreischte und die eine legte beschwichtigend den Finger auf den Mund, worauf die andere nicht mehr kreischte, aber die eine nahe an sich zog. Sie tanzten weiter, nicht richtig, sie hielten sich gegenseitig fest, stützten einander, schwankten gemeinsam, kippten gegen die Wand, drückten sich wieder ab von der Wand, tanzten immer weiter, immer weiter weg, aber nicht richtig, die Musik war die falsche, sie fanden den Rhythmus nicht mehr.

Einen Kellner sah er sich genauer an. Das war die Persönlichkeit Otto Wagner, stadtbekannt, aber der sah auch älter und friedlicher aus mit den Jahren und kaum mehr drang ein Gerücht über ihn und sein Wirken aus den Quellen der Unterwelt. Otto Wagner war nicht mehr das, was er einmal war.

Kurt unterhielt sich jetzt mit seinem Nebenmann über Helmut Rahn. Er beteiligte sich nicht an dem Gespräch, erstens hätte er sich zu weit zur Seite beugen müssen und zweitens und drittens hatte er keine Lust. Helmut Rahn wird dicker und dicker, bald kann man ihn ins Stadion rollen. Das Mädchen, das gesungen hatte, weinte auf einmal. Er hätte nicht sagen können, ob vor Besoffenheit oder aus Ärger darüber, daß sie mit Männern schlief für Geld wie eine Hure aus der Stahlstraße, denn das war sicher, das wußte jeder hier von den Mädchen, obwohl die vielfach anständige Berufe hatten, Stenotypistinnen waren darunter, Textilverkäuferinnen und auch Friseusen. Kurt hatte gesagt, es sei schade um die Mädchen, wenn man auch zugeben müsse, daß sie gut verdienen.

Das Mädchen wurde getröstet, zuerst von einem der Männer, die ihr die ganze Zeit Kognak spendiert hatten. Der streichelte ihren Kopf und Nacken, umarmte sie und stellte sich zärtlich an und mitleidend. Das nützte ihm nichts, sie ließ sich von dem nicht trösten, schüttelte ihn ab, schlug seine Hände weg, drängte ihn ganz zurück mit weinenden Augen und angeekeltem Mund, bis er mit den Achseln zuckte und sich beleidigt bei seinem Nebenmann beschwerte. Sie weinte heftiger. Die Underbergtrinkerin ließ sich hinuntergleiten von ihrem

Hocker, der Rock fiel, die Falten glätteten sich, untenherum wurde es dunkel und man sah auch das Strumpfband nicht mehr. Sie ging zu der weinenden Freundin und sagte *Rosi*, Rosi hör auf, hör doch auf, wir kommen schon zurecht, wir brauchen die Saukerle nicht, hast du doch selbst gesagt, daß wir die Saukerle nicht brauchen. Sie umarmte den zitternden Kopf, den schluchzenden Körper. Rosis Beine standen unkontrolliert auf der Fußstange des Hockers. Sie wischte sich mit einem Spitzentaschentuch die Tränen vom Gesicht und bekam von der Underbergtrinkerin einen Kuß. Sie lächelte und erwiderte die Umarmung. Sie beruhigte sich. Sie war über das Schlimmste hinweg.

Die Underbergtrinkerin lachte wieder mit den beiden Männern, die ihr sofort einen neuen Underberg bestellten. Sie prosteten sich zu, alle drei, und prosteten dann auch Rosi zu, die geweint hatte, aber beim Prosten wieder lachte, worauf die Underbergtrinkerin so laut lachte, den Mund so weit öffnete, und gurgelte mit dem Schluck Underberg vor Freude, daß sich beim Nachschmatzen ihrer Lippen die dünnen Speichelfäden zogen, was eklig wirkte, aber vielleicht hatte das außer ihm niemand bemerkt.

Hinter seinem Rücken schlug die Eingangstür zu. Er drehte sich um und sah, wie der Vorhang sich teilte. Der Mann trat mit einem Schritt herein, stand dann unbeweglich wie in der Konzentration für einen Auftritt. Das Gesicht sah aber gefährlich aus; er sah sich das Gesicht an, in dem jede Einzelheit grob wirkte, die Nase viel zu groß, der Mund eckig; das Gesicht kam näher, er sah nur das Gesicht, die tiefen Rinnen in der dicken Stirnhaut, die aufgeworfenen Wülste, die Nase großporig, picklig, die schmale Tolle aus stumpfem Haar wippte beim Gehen. Er ging an ihm vorbei. Er trug einen Ledermantel. Er ging zu den beiden Frauen, die ihren Tanz sofort unterbrachen. Die Unterhaltungen an der Theke wurden eingestellt. Es war lächerlich, daß die Musikbox noch die Platte zu Ende spielte, das schien ein empörender Umstand zu sein, mit dem auch der Mann nicht gerechnet hatte. Noch konnte er nicht reden, das sah man ganz deutlich. Die Frauen warteten Hand in Hand. Der Mann wartete sprachlos, die Musik triumphierte boshaft und tückisch, immer noch, das lange Warten auf den letzten Takt, jetzt die Trommeln, der Schlager war bekannt, der Mann veränderte seine Haltung. Nun war es ganz still, und in diese Stille hinein sprach der Mann im Ledermantel.

«Komm mit!»

«Nein!»

«Ich zähle bis drei.»

Bei eins sagte die Frau nein. Bei zwei sagte die Frau wieder nein. Bei drei gab die Frau der anderen Frau die Hand und sagte: «Bis morgen.» Aber die andere Frau war damit nicht zufrieden, ein unerklärlicher Wille drang ihr in den Leib, sie ging wirklich zu dem Mann und ohrfeigte ihn, sie schrie langgezogene, gehässig gedehnte Wörter, trommelte mit alten weißen Fäusten auf seine Brust, giftig hüpfte sie um ihn herum, sprang an ihm hoch wie ein Hund. Der Mann schien zu überlegen, ohne damit zu einem Ergebnis zu kommen, denn plötzlich streckte er seinen Arm aus, faßte in ihr Haar und zog sie an sich, stellte sie sich zurecht und ohrfeigte sie seinerseits, bis ihr das Blut aus der Nase kam. Dann riß er sie an ihren Haaren einfach von den Beinen. Sie lag genau vor der Musikbox.

Nein, er saß doch an der Theke in diesem Moment, er hatte mit der Sache nichts zu tun, er fühlte auch keinen Drang, sich hervorzutun. Trotzdem stand er auf und unterdrückte nicht mehr länger eine Wut, die bisher nichts verhindert hatte. Während er ging, sah er sich auf dem Hocker sitzen, seine Arme ausbreiten, um Beistand bitten bei den Nachbarn: So helft mir, sonst schlägt dieser Hund sie tot, dieser Sauhund, dem muß man doch … Aber er ging, er hatte nicht mehr bemerkt, daß Kurt ihn zurückhalten wollte, seinen Ärmel festhielt und mit vernünftigen Worten auf ihn einsprach, er bemerkte nicht mehr, daß das Wesentliche vorüber war, die Frau sich lautlos und blutend an der Musikbox aufrichtete, schließlich bemerkte er nicht, daß er schon erwartet wurde.

Als er den Mann erreicht hatte, war seine Wut verflogen. Vielleicht würde es genügen, ihm Vorwürfe zu machen. Es war wieder ganz still. Er stand vor dem Mann. Er wollte sprechen, aber dann sah er die dünne Narbe an dessen Kinn und die überhebliche Neugier in den Augen. Die Narbe zuckte, er hörte die Bewegung des Ledermantels. Der Mann war dicht an ihn herangetreten. Er glaubte das Leder zu riechen, er sah ganz genau den durchgeschlissenen grauen Kragen des Hemdes, die Augen beobachteten ihn, er sah darin keinen Ausdruck, nur das rot geäderte Weiß und die dunklen schwimmenden Pupillen. Er trat einen Schritt zurück vor diesem mächtigen Gesicht und fühlte gleichzeitig in den Beinen eine große Unsicherheit. Der Mann folgte ihm, und als er wieder die Wölbungen der Augen vor sich hatte, erlebte er den Schlag, fühlte den harten Widerstand im Arm und die schmerzenden Fingerknöchel. Er glaubte, sich entschuldigen zu müssen, aber im gleichen Moment wurde er in den Magen getroffen, er krümmte sich und wurde sogleich wieder hochgerissen von einem Schlag ans Kinn. Er sah Kringel und stürzende Kartons und schlug mechanisch und beidhändig in die Luft. Die Melodie spielte keine Rolle mehr. Er ging vorwärts, sah die glänzenden Lederfalten, die sich in raschen Bewegungen verschoben, unterbrachen, durchkreuzten, er traf, ein neuer konzentrierter Schlag erschütterte ihn, in seinem Kopf war ein körniges Rieseln, er sah nur noch Licht, keinen Gegner mehr, er wartete lange auf den nächsten Schlag, er taumelte, drehte sich mit stoßenden Armen im Kreis, er nahm den letzten Schlag, wußte, daß es der letzte war, stürzte über einen Tisch, hatte den Wunsch gespürt, endlich zu stürzen, zu retten, was zu retten war. Seine Arme hingen schlaff vom Tisch herunter. Er war zufrieden.

Otto Wagner lobte den Verlierer und half ihm auf die Beine. Der Verlierer ging sich waschen. Kurt wurde von vielen gefragt, wer das wäre. Kurt sagte: «Er heißt Gerd.» Kurt ging ihm nach.

«Hast du was kaputt?»

«Nein, nur meine Nase kommt mir so dick vor. Und die Lippe blutet ein bißchen.»

Oben wurde er schon erwartet. Die Männer schlugen ihm

auf die Schulter, anerkennend, ob er wüßte, wer das war, ein ganz Gefährlicher, Zuhälter, Schläger und was nicht alles. Jetzt war er gutgelaunt.

Er unterhielt sich an der Theke mit Rosi und fragte sie auch, warum sie vorhin geweint hätte. «Wegen gar nichts», sagte sie, lachte laut und unnatürlich und schlang die Arme um seinen Hals. Sie gab ihm zu verstehen, sie sei hier, um Geld zu verdienen, ob er keine Lust hätte. «Lust schon», sagte er. Er gab ihr einen Kognak aus.

Sie nahm ihr Täschchen. Die Toiletten waren im Keller. Er ging auch und wartete dann vor den Toilettentüren auf sie. Er kämmte sich und putzte sich die Nase. Er kämmte sich solange, bis sie kam. Sie kämmte sich auch und schien verlegen, weil er auf sie gewartet hatte. Er trat, während sie sich kämmte, hinter sie und küßte ihren Hals. Sie drehte sich um und sah sehr schön aus, nur ihre Augen waren gerötet.

Oben tanzten sie dann. Manchmal schwankte sie, dann zog er sie so fest an sich, daß sie es spüren mußte. Zuerst ließ sie sich davon nichts anmerken, aber dann lächelte sie und sah ihm in die Augen. Oben ließ er sich in die Augen sehen, unten waren die Körper damit beschäftigt, Druck und Gegendruck auszuüben und sie sah ihn jetzt an mit Phantasie, das machte ihn unruhig. Er sagte nichts und dachte an ihre Geldeinnahmen, fühlte sich aber geschmeichelt, weil sie ihn nun an sich zog, sein Gesicht, seinen Mund und ihn küßte, daß er an seine Frau denken mußte, aber ohne Reue. Verpfuscht, dachte er, verpfuscht, darum ist es auch egal, darum heißt es nicht viel, ihre Suppe, ihr fetter Speck, wenn das Kind nicht wäre, aber das hört man überall; bliebe ich wirklich wegen des Kindes, ich weiß es nicht. Es hängt auch von Gefühlen ab, das ist ganz sicher, der Haß zum Beispiel kann verbinden, aber ich hasse sie nicht oder nicht genug. Früher war sie anders, da schmeckten noch ihre belegten Brote, aber das ist jetzt gleichgültig, ich trinke lieber noch ein Bier, das ist nicht gleichgültig, ich drücke diese hier an mich, das ist nicht gleichgültig. Aus ihrem Haar kommt der Geruch kalter Zigarettenasche, aber ich brauche an ihrem Haar nicht zu riechen. Der Körper duftet entschieden nach etwas anderem und sie hält etwas von mir, das ist nicht gleichgültig.

Über die Tanzfläche wechselte das Licht: rot, blau, grün, jetzt nur noch grün, dann nur noch blau, sein weißer Kragen leuchtete aus allem heraus. Die geohrfeigte Frau, die Betrunkene, warf ihr Bierglas um und tanzte. Sie drehte sich so schnell, daß sie bald taumelte, mit willenlosem Kopf, mit ratlosen Augen taumelte, altes blaues Mädchen. Schiefe Schritte machte sie zu ‹*La Paloma*›, zog ihren Rock hoch, ließ sehen das jungendliche Höschen, sie war nicht mehr durch Zurufe zu beruhigen, Schaum trat ihr aus dem Mund, ihr dünner Rock hob sich bei jeder Drehung und senkte sich, wenn sie an der Wand Halt suchte. Sie sang mit Kinderstimme einen unpassenden und unverständlichen Text. Otto kam und half ihr in den Mantel.

Sie hatten sich an einen Tisch gesetzt. Kurt kam auch mit seiner, mit der Underbergtrinkerin, die unverändert lustig war und Kurti sagte zu Kurt. Sie tranken Bier und Kognak, auch die Underbergtrinkerin. Sie lachten über Kurts Witze, und mit zunehmender Vertraulichkeit wurde auch Rosi gesprächiger, faßte ihn einmal sogar unterm Tisch zwischen die Beine. Für einen Moment war er betroffen, aber dann sagte er sich, das sei eigentlich nicht verwunderlich, sondern ein Berufsaffekt. Die Trunkenheit der Mädchen nahm wieder zu. Die von Kurt sagte, sie nähme heute keinen mehr, und wenn Graf Koks käme und in Dollars bezahlte. Rosi sah ihn manchmal an und sagte *Gerd*, als wolle sie diesen Namen nur erst mal ausprobieren.

Inzwischen spielte nebenan wieder die Kapelle. Die Mädchen verteidigten ihre Preise mit dem Hinweis auf die allgemeine Teuerung. Außerdem wiesen sie auf ihr Berufsrisiko hin, wenn sie erwischt würden, kämen sie in den Knast. Dieses Argument blieb unwidersprochen und damit war auch das Gespräch über die Lohn-Preis-Spirale beendet. Dann machte Lotti den Vorschlag, sie könnten noch zusammen in Roswithas Wohnung gehen. Aber sie müßten dort leise sein, erstens wegen der Hausbewohner, mit denen Roswitha keinen Krach, und zweitens wegen des Kindes, das sie nicht aufgeweckt haben möchte.

Sie hatten sich geeinigt und fuhren ab, er mit Roswitha in Roswithas Wagen, Lotti mit Kurt in Kurts Wagen. Bevor Roswitha den Motor anließ, küßte er sie. Als sie vor dem Haus hielten, waren Kurt und Lotti schon da. Sie standen im Schein der Laterne. Kurt hatte einen Arm um Lottis Nacken gelegt. Alle hielten sich an die Abmachung und waren leise. Im Treppenhaus sprachen sie kein Wort.

An den Wänden des Wohnzimmers hingen Gemäldereproduktionen und Fotografien. Eine Kuckucksuhr tickte. «Roswitha kommt aus dem Schwarzwald», sagte Lotti. «Aha», sagte Kurt.

Sie wickelten das Papier von den Sektflaschen und stellten sie auf den Tisch. Auf dem Schrank waren Porzellan- und Keramikfiguren zu einem Reigen aufgestellt: flötespielende Knaben, Bauern und Landstreicher in großen Schuhen und ausgebeulten Hosen, tanzende Mädchen in blauen und gelben Röcken, Negerfräulein stehend und Negerfräulein gehend mit Schurzen aus Bast, bloßen Brüsten und mit und ohne Kopflasten, ein Osterhase mit Kiepe, ein Engel mit Flügeln, ein braunes, ein schwarzes, ein weißes Hündchen und ein Eulenspiegel mit Spiegel. Er sah sich das alles an, stand noch im Mantel da und sah sich das alles genau an. Roswitha machte wegwerfende Armbewegungen und nahm ihm den Mantel ab. Das sei ein Tick von ihr, die Sachen gefielen ihr im Grunde gar nicht, aber sie sammle nun schon seit Jahren.

Sie stellte mit graziösen Fingerbewegungen Schnaps- und Sektgläser auf den Tisch. Kurt und Lotti hielten die Couch besetzt. Lotti trank keinen Sekt, nur Bommerlunder, den die anderen nebenbei noch tranken, nebenbei und zwischendurch. Trotzdem war Lotti die erste, die wieder in Schwung kam. Sie unterhielten sich über die schleichende Inflation. Alles hing irgendwie mit Geld zusammen, mit Geldverdienen, mit zu hohen Ausgaben, mit der verfehlten Steuergesetzgebung, die die Reichen immer reicher und die Armen nicht arm genug werden läßt. Dann war die Atomkriegsgefahr an der Reihe.

Lotti glaubte an keinen Atomkrieg: «Ich glaube nicht an Atomkrieg», sagte sie. Roswitha sagte, darüber hätten sie sich schon mal unterhalten, mit zwei anderen Herren, da hätten sie gelegen und miteinander geschlafen und hätten sich gesagt: wenn das schon kommen muß, dann jetzt, oder sonst, wenn man so schön dran ist, dann merkt man es nicht so.

«Übrigens können wir uns gleich hinlegen», sagte Roswitha. Er sagte ja, aber sein Herz schlug heftig und er wurde ganz nervös. Roswitha trank Sekt aus der Flasche, sie schob alle Gläser beiseite und ließ die Flasche herumgehen. Auf diese Weise leerten sie zwei Flaschen zu dritt. Lotti mußte in derselben Zeit drei Bommerlunder trinken. Dann öffneten sie die dritte Flasche, die bestimmt nicht weniger gut schmecken würde, aber nun schien es auch genug zu sein, denn Roswitha sang ein Lied und entkleidete sich schon. Sie machten ein Spiel, bei dem jeder von seinem Nebenmann eine Frage gestellt bekam, reihum Fragen gestellt wurden, Fragen des gesellschaftlichen Lebens, Fragen nach Eigenarten und Neuigkeiten berühmter Personen. Bei Nichtbeantwortung mußte der Nichtbeantworter ein Kleidungsstück ablegen. «Man kann auch darum würfeln», sagte Roswitha. «Dieses Spiel ist ganz groß in Mode, überall wohin man kommt, wird das gespielt.» Aber es ging nicht vorwärts mit dem Spiel. Vielleicht drängte die Zeit, vielleicht drängte sie zur Ungeduld, jedenfalls kümmerten sich Kurt und Lotti nicht mehr um das Spiel. Kurt nahm Lotti an sich und küßte sie. Roswitha entkleidete sich schneller, als sie Fragen nicht beantworten konnte. Sie tanzte in Höschen und Büstenhalter, schwarz, mit aufgestickten roten Rosen. Lotti zog sich aus. Lotti kreischte. Roswitha legte einen Finger auf den Mund wegen des Kindes und der Nachbarn, aber gar nicht mehr so entschieden und streng. Dann sagte sie *Gerd* und näherte sich Gerd mit eindeutigen und auffordernden Bewegungen. Gerd saß noch immer im Sessel und versuchte, sich mit Sicherheit zu umgeben. Roswitha küßte ihn und nestelte an seinem Zeug, ließ Knöpfe durch Knopflöcher gleiten, geschickt, unauffällig, unter der Hand.

«Wie gefällt es dir», fragte Kurt.

Lotti sprang von der Couch und tanzte mit Roswitha. Sie küßten sich, aber dann kam Roswitha zu ihm zurück. Er überließ sich ihren Händen, die ganz geschwind und geschickt ihr Werk vollendeten, Woll- und Stoffschichten lösten, die ihn sachlich und kundig entkleideten. Roswitha hob ihn aus dem Sessel und faßte ihn an mit kalten Händen, er riß sich los und ging zum Radio. Während sie sich in den Sessel kauerte und weinte vor Scham und vielleicht Erbitterung, fand er den richtigen Sender, die richtige Musik, stellte sie laut, dann leise, kam zurück und fand auf Anhieb die richtigen Worte: «So war das nicht gemeint», kniete vor Roswitha, «so war das doch nicht gemeint», küßte sie bis hinauf zu ihrem Gesicht und schob sich seitlich unter sie. Sie wurde ruhiger, entspannte ihren Körper und ließ zu, daß er sich unter ihre Wärme drängte, fröstelnd, und sie betastete mit vielen Händen. Kurt löschte das Licht, aber Lotti knipste es wieder an: «Wir sind doch keine Jungfrauen mehr, können doch sehn, was passiert.» Sie warf Kissen auf den Teppich. Roswitha griff nach der Sektflasche und beschüttete seinen Bauch mit Sekt. Er bäumte sich, schob seinen Bauch in die Höhe; wie das prickelte und sich langsam beruhigte auf seinem Bauch, kaltes Gesöff, und in schmalen Bächen hinabrann. Sie tauchte ihren Bauch hinein, schaukelte ihn hindurch, verspritzte Reste, Tropfen; die Häute rieben, Bäuche erwärmten sich aneinander, feucht, tropisch, und sie sagte, er sei ganz anders. «Als wer», fragte er. «Als alle», sagte sie. Ihr Leib und ihre schlanken Beine, ihr eifriges, gerötetes Gesicht kamen in Bewegung, ihre Augen sahen ihn von oben und unten an. Sie hörten das Kichern von Lotti, das brummelnde unverständliche Reden von Kurt, auf das sie aber weiter nicht achteten. Einmal rief Lotti, das sei ein schöner Abend, aber leider schwankten in ihrem Kopf die Möbel, das sei unangenehm. Roswitha sah glücklich aus, sie umschlang ihn immer heftiger und stärker, sie war ein starkes Weib. Es gab kein Hindernis mehr. Das Glück war vollkommen, der Teppich dick und flauschig. Er fühlt auf der Haut die Zimmerwärme wie ein Fieber. Sie sprach zu ihm, aber seine Unruhe war grenzenlos, er antwortete nicht mehr.

Lotti war schuld, daß sie nachher nicht schliefen, sondern nach kurzem Hindämmern in still gewordener Liebe sich erhoben, weil eben Lotti sich erhoben hatte, mit Hand vorm Mund zur Toilette stürzte, was ihr gerade noch gelang, bald wäre es zu spät gewesen. Roswitha schüttete Bommerlunder in die Gläser. Sie tranken. Der Alkohol wirkte jetzt schneller, die Nervosität war weg, die Ablenkungen waren weg, das wußten sie. Nackt, wie sie waren, machten sie eine Polonaise zur Toilette, wo Lotti sich, nackt wie sie war, das Gesicht abtrocknete, wo Kurt sagte, sie hätte doch hoffentlich gegurgelt, sonst stänke sie aus dem Hals wie ein Frosch. Sie gingen ins Wohnzimmer zurück. Roswitha sagte, es sei nicht immer so schön wie heute, wenn es um Geld ginge, dann eben nur um Geld, dann keine Liebe, keine Gefühle.

«Warum machst du das überhaupt», fragte er.

«Für mein Kind», sagte sie, «nur für mein Kind», sie weinte wieder.

Lotti mischte sich ein: «Wenn wir zweiunddreißig sind, ziehen wir weg von hier und setzen uns zur Ruhe, dann können wir richtig leben und schicken die Kinder studieren.»

Kurt hatte sich wieder hingelegt und hantierte an Lotti herum, aber Lotti warf sich unwillig zur Seite und drückte seine Arme von sich.

«Man muß sich auch mal vernünftig unterhalten.»

«Hast du auch Kinder», fragte Roswitha.

«Ein Mädchen», sagte er.

«Mein Kind ist auch ein Mädchen, alle kriegen Mädchen.»

«Viele haben auch Jungens», sagte Kurt.

«Das stimmt», sagte Lotti, «ich habe einen Jungen von sieben Jahren, ist aber im Heim. Damals war ich registriert, da kam nur das Heim in Frage.»

«Was ist mit deinem Kind», fragte Roswitha.

«Gesundes Kind», sagte er, «hat schwarze Haare wie ich.»

«Ich habe kein Kind», sagte Kurt.

«Du Blindgänger», sagte Lotti.

«Mein Kind hat auch schwarze Haare», sagte Roswitha.

«Schön», sagte er.

«Meine Eltern hätten es sofort genommen, aber ich kann im Schwarzwald nicht arbeiten.»

«Meine Eltern wohnen in Thüringen», sagte Lotti. «Die hätten das Kind auch sofort genommen, aber da drüben ist Kommunismus, das will man doch nicht. Im Heim hat das Kind eine gute Erziehung.»

Roswitha sang leise ein Weihnachtslied. «Der Winter muß bald vorbei sein», sagte Lotti, «aber wollen wir uns nicht das Kind mal ansehen? Zwei Jahre altes Kind ist süß.»

«Aber leise», sagte Roswitha. Sie gingen alle vier ins Schlafzimmer, sie gingen hintereinander, hatten sich dabei die Hände auf die Schultern gelegt, das war wieder eine Polonaise. «Aber nicht singen», sagte Lotti. Sie kamen ins Schlafzimmer und lösten sich voneinander. An der Wand hing ein Kreuz und das Bild einer Schwarzwälder Mühle. Von dem Kind sah man nur den schlafenden Kopf, den Kopf eines Kleinkinds mit schwarzem Haar. Roswitha weinte und zupfte an den Kissen.

«Kleines Würmchen», sagte Lotti.

Kurt fragte, ob es auf den Vater oder die Mutter käme.

«Wenn sie schlafen, sind sie am schönsten», sagte Lotti.

Roswitha wischte sich mit dem Handrücken die Tränen weg. Kurt drehte sich um und betrachtete die Schwarzwälder Mühle.

«Wenn das Kind jetzt wach wird», sagte Roswitha, «dann sieht es uns so.» Sie waren nackt, und darum wollten sie schnell das Zimmer verlassen. Roswitha gab dem Kind noch einen Kuß auf die Stirn und dann gab Lotti ihm einen Kuß auf die Stirn und Kurt gab ihm auch einen Kuß auf die Stirn, er gab ihm keinen Kuß auf die Stirn, aus Zurückhaltung, meinte er, wer weiß, ob es ihr angenehm ist. Sie gingen zurück in das warme Wohnzimmer und zogen sich an. Roswitha kochte Kaffee. Roswithas Haar war durcheinander. Sie strich sich die Strähnen aus der Stirn. Sie trug wieder ihren Pepitarock und den blauen Pulli, Strümpfe und schwarze Pumps, sah damenhaft aus und anständig, genau wie eine nach dem Theaterbesuch, die sich rasch umgezogen hat und einen Kaffee kocht, die einen Herrn mit hochgenommen hat, um ihm noch einen

Kaffee zu machen, aber weitere Vorschläge dieses Herrn abweist mit einem Lächeln, das um Geduld bittet.

Roswitha fragte Lotti, ob sie bei ihr schlafen wolle. Lotti sagte ja. Dann öffnete sich viermal das Türchen der Kuckucksuhr und viermal hüpfte der Kuckuck heraus und schrie *Kuckuck*. Es war vier Uhr und wurde ordentlich Zeit, nach Hause zu kommen.

Sie verabschiedeten sich mit zurückhaltenden Küssen. Roswitha kam noch mit an die Haustür und schloß hinter ihnen ab. Sie setzten sich in das kalte Auto und steckten sich Zigaretten an.

«Wetten», sagte Kurt, «daß die jetzt weitermachen?»

«Wieso?»

«Wetten, daß die auch noch lesbisch sind?»

«Glaube ich nicht.»

«Wetten?»

Es brauchte wieder drei Versuche, bis der Motor ansprang. Kurt ließ ihn eine Weile warmlaufen, dann fuhren sie ab.

«Da haben wir Glück gehabt. Ich war Rosis Typ und du warst Lottis Typ.»

«Ja.»

«Gehst du wieder mal hin?»

«Ich weiß noch nicht. Vielleicht.»

«Ich gehe nicht mehr hin.»

Beim Aufschließen der Türen vermied er kein Geräusch. Er war froh, noch etwas betrunken zu sein. Wenn sie aufwachte, wäre das ein Alibi. Er wusch sich Hände und Gesicht. Seine Augen brannten. Er zog sich aus. Auf dem Wohnzimmertisch lag die aufgeschlagene Zeitung. Er stützte sich auf den Tisch und las die Überschriften des Lokalteils. Das Zimmer war aufgeräumt. Er faltete die Zeitung und legte sie auf den Schrank. Dann ging er ins Schlafzimmer, hörte den scharrenden Atem des Kindes und den ruhigen seiner Frau. Er machte das Licht nicht mehr an, tastete sich am Fußende der Betten vorbei und legte sich hin. Einmal wälzte sie sich unruhig herum. Am Morgen erinnerte er sich, daß er kurz vor dem Aufwachen geträumt hatte. Der Traum stand in keinem Zusammenhang.

Harold Brodkey

Unschuld

I Orra in Harvard

Orra Perkins war Studentin im letzten Semester. Ihre Blicke waren wie eine Gewalt, die einen jäh traf. Wahrhaftig, Leute, die sie kennenlernten, hoben oft unwillkürlich die Arme, als müßten sie sich abschirmen gegen den Glanz ihrer Erscheinung. Sie war ein etwas mageres, tulpengleiches Mädchen von mittlerer Größe. Sah man sie im Sonnenlicht, sah man den Marxismus sterben. Ich bin nicht der einzige, der das sagte. Es lag einfach daran, daß man, wenn man eine Wertarbeit von derart hoher Qualität plötzlich leibhaftig vor sich sah, eine Entscheidung zu treffen hatte, ob eine solche Qualität Recht auf persönliches Existieren besaß oder ob sie dem Staat gehörte und unter Bewachung gestellt werden sollte, im Maßstab verkleinert, überhaupt kleiner gemacht, ausgelacht.

Hinzu kam noch faktisch, daß man reich sein mußte und berühmt, wenn man Hand an sie legen wollte; sie stellte ja fraglos eine Trophäe dar, und die Frage erhob sich, ob diese Trophäe nun unbedingt nur aus ökonomischen und politischen Gründen zu verleihen war oder ob auch der Zufall dabei mitspielen konnte.

Ich war ebenfalls Student im letzten Semester und ein Spötter. Ich hatte kein Geld. Ich war ohne Stammbaum. Orra kam mir vor wie der leibhaftige Beweis dafür, daß das Leben ein erschreckendes Phänomen der Bewußtseinsoberflächlichkeit war. An ihr wurde jeder Begriff, den ich von psychologischer Normalität oder von Gerechtigkeit hatte, zuschanden, weil die Normalität nicht so bewunderns- oder begehrenswert war wie Orra; oder vielmehr war sie die Normalität selbst, und alles andere fiel dagegen ab, war Abweichung, Ausnahme; und

Gerechtigkeit war unvorstellbar, wenn sie, oder jemand ihresgleichen, sofern es überhaupt noch ihresgleichen geben konnte, wenn man sie einmal gesehen hatte, nicht mit einem schlafen wollte. Ich rief in meinem Zimmer regelmäßig allgemeine Heiterkeit dadurch hervor, daß ich in Gegenwart meiner Freunde laut ihren Namen brüllte, dann in Gelächter ausbrach und schließlich seufzte: «Mein Gott, wir haben ja so wenig Gelegenheit!» Es war bitter, daß es sie gab und ich sie nicht gehabt hatte. Man konnte immer noch einem gewöhnlichen Mädchen den Vorzug geben, aber nicht aus einfachen Gründen.

Sehr viele Leute mieden sie, liefen vor ihr weg. Sie war, bis zu einem bestimmten Grad, wissender als wir andern alle, weil die Erfahrungen, die sich ihr geboten hatten, so extrem gewesen waren und so extreme Reaktionen bei ihr hervorgerufen hatten – Szenen auf dem Harvard Square mit einem englischen Marquis, der auf einer Party im Lowell House den Sohn eines Milliardärs so heftig geschlagen hatte, daß er rücklings zu Boden ging, worauf sie sagte und später wiederholte: «Ich schlafe grundsätzlich mit keinem, der einen fetten Arsch hat.» Extrem in den Demütigungen, die sie erlitten und zugefügt hatte, in der krassen Derbheit der Publizität ihres Lebens, das mit solchen Abenteuern definiert wurde, extrem in den Gefahren, die sie heil oder auch nicht vollkommen heil überstanden hatte, in der ganzen erlebten Billigkeit, so daß sie sich jetzt auf einer Höhe befand, die einem angst machen konnte, einer Höhe der Erfahrung und des Andersseins, die sie über jedermann sonst erhob. Sie hatte an allem teilgenommen und alles ausgekostet, Intrigen, größere und kleinere, die Dramen der im Rampenlicht der Politik stehenden Familien, Leidenschaft, Betrug und Torheiten großen und teuren Stils, Versprechungen, Gewalttätigkeit, den echten Schmerz der Niederlage, wenn Niederlagen bis zu einem gewissen Grad das Ergebnis von Eigenschaften und nicht von Defekten sind, und sie wußte, wie faul ein Sieg war, den man nicht endgültig errungen hatte. Sie war derb und schönheitsgeschädigt. Sie war wie ein riesiger Vogel, sie war so exzentrisch wie ein Straußenweibchen, wenn sie auf dem Yard herumschritt, in ihrer absurden Pracht, sie war so anders in ihrer Art als wir, als sei sie einer anderen Form der Fortbewegung fähig durch das willfährige Medium der Luft, durch die fremdartigen Räume unserer Minuten auf dieser Erde, durch die düsteren Umstände unseres Lebens in jenen Jahren.

Die Leute sagten, es lohne sich, dies oder das zu tun, bloß um sie zu sehen – der bloße Umstand, daß man sie sah, gab einem so etwas wie Antrieb, war so etwas wie ein Zeugnis dafür, daß das Leben interessant war. Aber nicht vielen lag derart viel daran, sie zu kennen. Die meisten zogen es vor, auf Distanz zu bleiben. Ich weiß nicht, ob die Tatsache, daß sie sich selbst zu dem gemacht hatte, was sie darstellte, ihr dienlich gewesen war. Sie hätte ganz gewöhnlich sein können, wäre das ihr Wunsch gewesen.

Sie hatte unauffälliges Haar, eine ganz und gar nicht eindrucksvolle Stirn und außerordentliche Augen, tiefliegend, sehnsüchtig, hoffnungsvoll, ärgerlich gelangweilt hinter weichen, schweren Lidern, die flatterten, wenn sie interessiert war und wenn sie überhaupt nicht interessiert war. Sie hatte ein starkes Verlangen, Randfiguren und Fremde nicht zu behelligen und auch von ihnen nicht behelligt zu werden. Sie hat eine stolze, zu große Nase, die ihr das Aussehen eines edlen, störrischen Hundes gibt. Ihr Mund ist von bestürzend schöner Harmonie – er zeigt viel mehr unmittelbaren Ausdruck als ihre Augen, und er zeigt ihre Unerbittlichkeit: es ist die Unerbittlichkeit der Lebenserfahrung, die sie in sich trägt. Die Leute starrten sie unentwegt an. Manche kicherten nervös. *Magst du mich, Orra? Magst du mich ein bißchen?* Sie starrten die großen Hände der Aztekenpriesterin an, die sie alle dem Fühlen und dem Grauen erschloß, die ihre Herzen freilegte, die furchtbare Ängstlichkeit ihres Lebens. Sie starrten in die unglaublichen Symmetrien ihres manchmal qualvoll leidenschaftlichen Gesichts, in den regellosen Schmerz der Schönheit, der sich darauf abzeichnete, in die gelegentlich unbändige Fröhlichkeit, die sie empfand, weil sie schön war. Ich mag schöne Menschen. Die Symmetrien ihres Gesichts wurden oft durchkreuzt von ihren tastenden Versuchen nach Ausdruckskraft – die Schönheit war ein Stein, unter dem sie sich hervorkämpfte. Eine komische Schönheit. Ein grausamer Clown von einem Mädchen. Manchmal war ihr Gesicht absolut teilnahmslos, wie maskiert von Dumpfheit, und sie versuchte, inkognito unter uns zu wandeln. Ich stellte fest, daß jeder ihrer Zusammenbrüche sie näher in den Bereich des Möglichen für mich rückte. Ich hatte nie einen Zweifel daran, daß sie privat eine ganz prosaische, scheißende und pissende Person war. Sooft ich Gelegenheit fand, sie längere Zeit zu beobachten, in einem Klassenzimmer zum Beispiel, kam mir der Gedanke, *ich verstehe sie*. Sooft ich mich ihr näherte, kam sie mir bis zu einem gewissen Punkt entgegen, und dann passierte es plötzlich, daß ich, oft sogar mitten im Gespräch mit ihr, als Persönlichkeit, als sexuelle Gegenwärtigkeit, als jemand, der greifbar für sie war und ein wichtiges Gegenüber, zu immer größerer Unsichtbarkeit verblaßte. Das war so, als sie aufs College kam, als sie einige Semester hinter sich hatte, als das Examen näher rückte. Als wir ins letzte Semester gingen, hatte ich mittlerweile gelernt, wie ich es umgehen konnte, unsichtbar zu sein, sogar in Orras Gegenwart. Orra war, das war mir aufgegangen, im Grunde nicht mehr als eben ein tolles College-Mädchen, vielumschwärmt und vielgepriesen, aber doch nicht mehr als das. Aber mein Gott, mein Gott, vor meinem Blick, in meinen Gedanken schritt sie wie eine *Nike*, trat sie auf wie ein Sturm aus Licht, und das Denken an sie war so grenzenlos weit wie die Wüste. Manchmal, in früher Winterdämmerung auf dem Yard, sah ich sie in ihrem Mantel, aufgeknöpft sogar bei kaltem Wetter, ganz als glühe sie immerfort irgendwie, sah sie unförmig einen Weg entlangstapfen, wie eine dürre Hokkeyspielerin, eine große Sportlerin, die nach dem Abpfiff halb stolpernd, in sich zusammengesackt vom Rasen geht, doch immer noch Kraftreserven hat, verstehn Sie? Und ihr Gesicht konnte, während sie so dahinging, rucken und zucken wie das eines Hundes im Schlaf, je nachdem, was in ihrem Kopf vorging, ein Gespräch oder ein Abenteuer oder ein Tagtraum. Oder sie konnte durch die frühe Dunkelheit schreiten, mit eisigem Gesicht, hochmütig, wütend, sämtliche Körbe, die man je bekommen würde, gebündelt in einem einzigen lächerlich schönen Mädchen. Man sagte ständig: *Ich möchte wohl wissen, was einmal aus ihr wird.* Daß sie mich ignorierte, brandmarkte mich als ein sexuelles Nichts. Sie war der Beweis für ein Niveau des sexuellen Abenteuers, das ich trotz aller Anstrengung bisher noch nicht erreicht hatte: dieses Niveau gab es, weil es Orra gab.

Was hat man nur davon, derart verliebt zu sein?

II Orra bei mir

Ich mißtraue allen Zusammenfassungen, jedem raffenden Durchgleiten der Zeit, jedem zu hochgegriffenen Anspruch, unter Kontrolle zu haben, was man erzählt; ich glaube, wer zu verstehen behauptet, dabei aber ersichtlich gelassen bleibt, wer mit Emotion zu schreiben behauptet, diese Emotion aber nur gemächlich aus der Erinnerung holt, der ist einfach ein Narr und ein Lügner. Verstehen heißt zittern. Sich wirklich erinnern heißt wiedereintauchen und zerrissen werden. Ein Akrobat, der mit spöttischer Eleganz durch die Luft geflogen ist, steht anschließend aufrecht auf seiner Plattform und macht seine spöttische Verbeugung, als wäre das, wofür er Applaus erhält, ganz leicht für ihn und koste ihn rein nichts, obwohl er mittlerweile mit Schweiß bedeckt und sein Lächeln geschliffen ist von einer Erleichterung, die ihn nicht weiter darüber nachdenken läßt; er hat sich dem Stil des Showbusiness ergeben; er tut so, als wäre er ein Übermensch. Mich ödet das an, wie alles, wohin es uns gebracht hat. Ich bewundere die Glaubwürdigkeit der Kraft, die erforderlich ist, um vor einem Ereignis in die Knie zu gehen.

Im letzten Frühjahr vor unserem Examen bekam ich sie schließlich. Wir hatten vereinbart, uns zum Essen zu treffen und uns vorher auf meinem Zimmer noch einen kleinen billigen Schwips anzutrinken, bevor wir dann zum Essen ausgingen. Ich ließ die Tür unverschlossen; und ich lag nackt auf meinem Bett unter einem Laken. Als sie an die Tür klopfte, sagte ich «Herein!», und sie kam herein. Sie fing sofort an zu schnattern, beschwerte sich, daß ich noch im Bett lag; sie schien zu glauben, ich hätte ein Nickerchen gemacht und nur vergessen, rechtzeitig aufzustehen und mich für ihre Ankunft herzurichten. Ich sagte: «Ich bin nackt unter diesem Laken, Orra. Ich habe auf dich gewartet. Ich hab nicht geschlafen.»

Ihr Gesicht wurde leer. Sie sagte: «Du verdammter – warum konntest du nicht warten?» Aber noch während sie das sagte, legte sie schon ihre Bluse ab.

Ich war ziemlich perplex darüber, daß sie so fügsam war; und dann sah ich, es lag vielleicht zum Teil daran, daß sie nicht das Risiko eingehen wollte, nein zu mir zu sagen – sie wollte nicht, daß ich verletzt war und schwierig wurde, sie wollte nicht, daß ich explodierte; sie hatte irgendwie die Hoffnung, mich glücklich zu machen, damit ich wirklich Gefallen an ihr fand und glücklich mit ihr wurde und mich ihr aufschloß: ich drücke das alles ziemlich schlecht aus. Doch daß sie nicht imstande war, nein zu sagen, bewahrte mich davor, so große Angst vor sexuellem Versagen zu haben, daß ich meinerseits nicht mehr imstande gewesen wäre, auf ihr Vergnügen bedacht zu sein oder mir überhaupt darüber Gedanken zu machen, wie sie im Bett reagierte. Sie reagierte nämlich sehr dilettantisch und unerfahren im Bett, und irgendwie rührte mich das. Sexuell war das Ganze eine ziemlich armselige Angelegenheit; sie konnte nicht kommen, ja sie spürte nicht einmal besonders viel, soweit ich sah. Hinterher, als ich neben ihr lag, dachte ich an ihre acht oder zehn oder fünfzehn Liebhaber, die alle Angst vor ihr hatten, Angst, sie könnten etwas falsch machen, wenn sie ihr etwas über Sex erzählten. Ich stellte sie mir bildlich vor, wie sie alle ihr eigenes Ego schützten, wie sie die Arme um ihr Ego schlangen und Orra nicht an sich heranließen. Es war wie eine Zärtlichkeit, eingebettet in das Ergebnis, daß sie, in ganz augenfälliger Weise, bei nur ein bißchen kritischer Interpretation Jungfrau war. Und beeinträchtigt, ja verkrüppelt dadurch, daß sie schön war, ganz wie ich gedacht hatte. Natürlich, sagte ich mir, mußte ich damit rechnen, daß ich mir lauter Illusionen machte. Aber was ich für den Rest dieser Nacht tat – wir blieben die ganze Nacht wach; wir redeten, wir stritten eine Weile, wir gestanden uns verschiedene Sachen, wir diskutierten über Sex, wir fickten wieder (das zweite Mal war ein bißchen besser) –, ich behandelte sie mit der Gerechtigkeit, mit der ich einen Jungen meines Alters behandeln würde, einen jungen Mann, und mit einer ziemlich exakt eingesetzten beziehungsweise bemessenen Geduld und Toleranz, so als wäre sie querschnittsgelähmt und hätte ihr Leben im Rollstuhl verbracht und wäre allen Gefühls müde. Ich zeigte ihr überhaupt kein Gefühl. Ich hatte den Eindruck, sie war erstickt unter den Gefühlen und der Gefühlsseligkeit von Leuten, auf die ihr Äußeres Eindruck gemacht hatte. Sie war schön und verängstigt und leer und scheu und allein und unverwundet und verwundbar (wie ein Krüppel: was kann man einem Krüppel noch weiter antun?). Sie war Cäsar und beherrschte die ganze bekannte Welt und war zugleich auch Cäsar wieder nicht und überhaupt niemand.

Was ich zu tun hatte, war eine ziemlich komplizierte, zum Teil amüsante Geschichte. Ich durfte nicht empfänglich sein für ihre Schönheit, sondern mußte ihre Schönheit ignorieren. Sie war eine sonderbare Sorte von Mädchen; sie war innerlich schon isoliert, isoliert als Frau. Das bedeutete: wenn sie mir mit Sachen kam wie etwa: «Du bist sehr defensiv», dann mußte ich debattieren, auf gleicher Ebene mit ihr, mußte sie ernst nehmen und sagen: «Wie meinst du das?», und dann darüber reden und wechselweise einen Schlag austeilen («Über Defensivität kannst du gar nicht urteilen, in dir steckt die verrückte Unzurechnungsfähigkeit der Frauen, diese ganze irre Zusammenhanglosigkeit: Ich *muß* einfach defensiv sein!») und mich ihr beugen: «Du hast ja recht: du denkst sehr klar. Na schön, ich werde das als Prämisse annehmen.» Natürlich war vieles von dem, was wir redeten, zusammenhanglos und unsinnig, wenn man es näher betrachtete, aber wir arbeiteten im Gespräch sozusagen aus, was wir meinten oder zu meinen glaubten. Ich reagierte nicht emotional auf sie. Sie war gar kein richtiges Mädchen, ja eigentlich gar kein menschliches Wesen: wie konnte sie das auch sein? Sie war eine Position, ein Pracht- und Prunkstück völlig eigener Art, eine Trophäe, die Pseudo-Kleopatra unserer hiesigen oberen Mittelschicht. Oder auch nicht Pseudo. Ich konnte nicht schwelgen in meinem Glück oder ganz unwillkürlich eitel sein. Ich konnte nicht mit stolzgeschwellter Brust wie auf Wolken gehen oder liegen, ein Halbgott mit einer Göttin, obwohl es keinen Zweifel gab, daß wir sehr glücklich waren, trotz allem, trotz der Armseligkeit des Sexuellen, trotz der Unterschiede unserer Einstellung, die alles waren, was wir gemeinsam zu haben schienen, trotz der Spannungen und Mißgriffe. Wenn ich mehr Freude von ihr empfing, als sie an mir hatte, wenn ich sie auch nur für einen Augenblick aus dem Bewußtsein verlor, würde sie sofort wieder in ihre Isolation eingeschlossen sein. Ich konnte sie nicht lieben und zugleich besitzen. Ich konnte sie lieben und besitzen, wenn ich mir weder Liebe noch die Symptome des Gefühls, sie besessen zu haben, anmerken ließ. Es war Lüge, eine Hochglanz-Lüge gewissermaßen, wenn ich ihr die Möglichkeit des Fühlens erschloß, indem ich es ihr in den gelassenen Lügen meines Verhaltens bequem machte, ihr die Minuten mit falschen Botschaften beschriftete. Es war wie die Erfüllung einer Forderung im griechischen Mythos, etwa sich nicht nach Eurydike umzusehen. Die Nacht kroch dahin, schlich dahin, späte Minuten, bestäubt von Dunkelheit, inmitten einer schlafenden Stadt, unter einem Frühling, der kribbelte und krabbelte wie eine Plage von grünen Schlangen, Bissen von Wärme in der Luft, früh um vier dann Blätterdüfte, als der Gestank der Autos erstarb. Die Dämmerung kam, so rosig, pastellen, so absolut irre: Wir redeten über die Möglichkeit angeborener grammatischer Strukturen; ich sagte, es wäre eine unwahrscheinliche Vorstellung, daß die Juden wirklich «von Gott heimgesucht» seien (der Gedanke war von einem Juden zur Sprache gebracht worden), und die große Schwierigkeit wäre eben gewesen, einen gerechten Gott zu erfinden, und wenn Gott zu einem bestimmten Zeitpunkt selbst erschienen sei oder sich auf Propheten verlassen habe, dann habe es Gradunterschiede in der Möglichkeit seiner Erkenntnis geben müssen, weshalb er bereits per definitionem ungerecht gewesen sei; gerecht wäre ein Gott überhaupt nur dann, wenn er aus dem bestünde, was jedermann zu allen Zeiten bewußt und bekannt war; und man könne einen im Grunde messianischen, einen tiefreligiösen, betrügerischen Denker am besten daran erkennen, inwieweit er versuche, seine Lehre in der Aussage zu verankern, sie sei schon immer wahr gewesen, sei selbst dem Wilden eingeboren, während ein ehrlicher Denker, ein Nicht-Lügner, durchdrungen sei von der Wahrheitserkenntnis des Fortschritts und Wechsels und begriffen habe, daß es im tiefsten Grunde keine Gerechtigkeit gibt, es sei denn als Erfindung, als Versuchskonstruktion des Willens, mit einem anderen zusammenzuleben, oder mit vielen anderen, ohne sie zu zerstören. In diesem Augenblick sagte Orra: «Ich glaube, wir sind dabei, uns ineinander zu verlieben.»

Ich dachte, ich hätte sie davor bewahrt, allzu deprimiert zu sein nach dem Ficken – es ist ja doch bitter für ein Mädchen, das auch nur ein bißchen Kraft und Grips besitzt, den ganzen Vorgang zu akzeptieren, sich ficken zu lassen, ohne zu versuchen, sozusagen den Spieß am Ende herumzudrehen, das heißt, selber ein bißchen zu ficken, oder die Sache zu verderben; ich meine, die bloße Kraft, einen Mann hochzubringen, ist einfach nicht genug: Das Mädchen will ihn so weit haben, daß er bereit ist zu sterben, um zu ficken. Es gibt so etwas wie eine Kraftanstrengung oder Leistungsfähigkeit, zu der Frauen geboren sind, wie Tiere, zum Kindergebären, wo doch die Geburt ihnen den Tod bringen könnte, zur Aufzucht des Kindes, wo doch das Kind jeden Augenblick sterben kann: Es liegt in der Natur der Frauen, daß sie unter dieser Gefahr leben, mit diesem Risiko, mit dieser Nähe zur Tragödie, mit diesem gleichbleibend angespannten oder zwanglosen Mut. Sie brauchen Tod und Adel des Handelns zugleich. Sich ficken lassen, wenn nicht unzertrennlich ein Drama dazu gehört, wenn man das Männliche dabei nicht auf ein ewig geleugnetes Niveau des Adels und des Mutes erheben kann, heißt abgeschnitten werden von dem, was unzertrennlich weiblich ist, brutal gesprochen. Ich wollte ihr ein halbwegs anständiger Partner sein. Ich wußte nicht, daß mir das lag. Ich bin psychologisch, dem Wesen nach, eine flüchtige Übergangsnatur. Durchaus so etwas wie ein Lump. Ich bin unfähig zu jeglicher beständigen Treue und jeglichem Stillhalten; ich bin ein Gestalter, Belehrer. Aber ich machte alles richtig bei ihr.

Es dämmerte, wie ich schon sagte. Wir standen nackt am Fenster und sahen still zu, wie das Licht sich veränderte. Endlich sagte sie: «Hast du Hunger? Willst du was zum Frühstück?»

«Klar. Ziehn wir uns an und gehn wir –»

Sie schnitt mir das Wort ab; sie sagte mit einer lustigen Art von Bestimmtheit: «Nein! Laß mich allein gehen und uns was zu essen holen.»

«Orra, du sollst mich nicht bedienen. Warum machst du das? Sei nicht so.»

Aber sie hatte es furchtbar eilig, verliebt zu sein. Nach diesen paar Stunden, nach derart kurzer Zeit.

Sie sagte: «Ich bin nicht so schlau und munter wie du, Wiley. Laß mich dich bedienen. Dann ist alles im Lot.»

«Es ist doch alles im Lot, Orra.»

«Nein. Ich bin schal und langweilig. Du glaubst das bloß nicht, weil du in mich verliebt bist. Laß mich gehen.»

Ich kniff die Augen halb zu. Nach einer Weile sagte ich: «Also gut.»

Sie zog sich an und ging und kam wieder. Während wir aßen, war sie still; ich sagte ein paar Sachen, aber sie hatte keinen Kommentar abzugeben; sie aß sehr wenig; sie faltete die Hände und lächelte mild wie das Porträt einer hübschen jungen Mutter aus dem neunzehnten Jahrhundert. Jedesmal wenn ich sie ansah und sie merkte, daß ich sie ansah, wechselte der Ausdruck auf ihrem Gesicht, und ich blickte in Augen, die auf eine absolute und stetige Weise alles willkommen hießen, was ich war und sagen mochte.

So, es hatte begonnen.

III Orra

Sie war nicht gekommen. Sie sagte, sie sei noch nie gekommen, bei niemandem. Sie sagte, es mache ihr nichts aus.

Nach unserem ersten Mal beklagte sie sich: «Bei dir geht das zack, zick, zack – wie bei einer Heuschrecke.» Also hatte sie mehr Lust erwartet, als sie gehabt hatte. Aber nach dem zweiten Fick und nach Anbruch der Dämmerung beklagte sie sich nie wieder – höchstens wenn ich versuchte, sie zum Kommen zu bringen, und dann beklagte sie sich *da*rüber. Sie zeigte beim Sex keinerlei Abneigung gegen irgendwelche meiner sexuellen Eigenheiten oder gegen die Rhythmen und Stellungen, in die ich verfiel, wenn ich fickte. Aber es brachte keine Freude oder Befriedigung; es ärgerte, beunruhigte mich, daß sie nicht kam. Die Freude oder Befriedigung blieb auch im Hinblick auf mich selber aus. Den Grund dafür sah ich darin, daß sie mich stärker anzog, als sie mich befriedigen konnte, stärker vielleicht, als Ficken mich überhaupt je befriedigen konnte, daß um so mehr Sog entstand, je mehr man achtgab, so daß das Sexuelle selbst darin versank und ertrank – ich meine, die schärfsten Nervensensationen, und doch auch die dumpfesten, ödesten zugleich, hat man beim Masturbieren –, aber wenn man auf niedrige, schmutzige Weise mit jemandem verbunden ist, gibt es Geräusche, Ablenkungen, die alle Sensationen des Fickens ersticken. Lange Zeit war die Art, wie sie ihren Wunsch äußerte, sich ficken zu lassen, wie sie sich auszog, war das sanfte horizontale Hüpfen ihrer Brüste, wenn sie dalag, und das sanfte Beben, das sozusagen sehnenlose Hingestrecktsein ihrer Beine und ihres Unterleibs, mit dem sie mir mehr oder weniger zeigte, daß sie bereit war, für mich bewegender, unendlich viel wichtiger als jede bloße Ejakulation später, jeder Zielstoß in ihre Dunkelheit, jedes Hineinwirbeln künftiger Generationen in das geballte Universum, in die so strenge Verweigerung in ihrem Innern: Ich klammerte mich an sie, ich grunzte, ich verankerte mich in der denkbar flüchtigsten Erleichterung von dem Verlangen, das ich nach ihr empfand; ich war jedesmal nach zwanzig Minuten wieder hungrig und wieder fickwütig; es war schon ein rechtes Elend, dieses Durcheinander. Es kam mir so vor, als könnten wir in den riesigen Räumen der erregten Erwartung, willkommen geheißen zu werden voneinander, nur blind und bestenfalls halb unsere Körper organisieren. Aber was sollte das? Wir würden vermutlich sterben in diesen untergründigen Höhlen; ein Teil von unser beider Leben würde sterben; eine gewisse Unschuld und Hoffnung würde das nie und nimmer überleben: wir waren zu offen, zu unbeholfen, und wir waren die falschen Leute: was also sollte ein Fick schon bedeuten? Es machte mir nichts aus, wenn Sex immer ein bißchen kratzig war, ein bißchen Fehlschlag mit enthielt, wenn er nur zugleich Vorbereitung war für weiteren Sex in einer halben Stunde, wenn das Kommen nur weiteres Vorspiel war. Wenn dies alles war, was uns ins Haus stand, na schön. Aber allmählich kam es mir wie Betrug an ihr vor, daß sie so viel für mich empfand, daß sie abhängig war und großzügig war und daß sie doch nicht kam, wenn wir fickten.

Sie sagte, sie sei noch nie gekommen, nicht ein einziges Mal, und sie brauche das auch nicht. Und ich dürfe mir darüber keine Gedanken machen. «Ich bin eine Tigerin im Bett», erklärte sie, «und ich vögle gern, aber ich habe zuviel Sex, um zu kommen: ich bin nicht zimperlich genug dazu. In *der* Beziehung bin ich nicht selbstsüchtig.»

Ich konnte sehen, wie es mit ihr stand: Sie hatte sich gewissermaßen umgetan, sie hatte sich Männer ausgesucht und sie aufgefordert, ihre Liebhaber zu werden, wie sie es bei mir getan hatte, statt auf sie zu warten oder sich einen Plan zu machen, wie sie ihre Aufmerksamkeit in irgendeiner subtilen Weise auf sich ziehen könnte; und im Bett war sie sexuell sehr aufgekratzt und ein bißchen draufgängerischer und weniger ängstlich als die meisten Mädchen; aber nur aus der Perspektive der oberen Mittelschicht war sie *eine Tigerin im Bett.*

Ich hatte den Eindruck – und mein ganzes Selbst war darauf ausgerichtet –, daß ihr Nicht-Kommen etwas aussagte über das, was zwischen uns war, daß ihr Nicht-Kommen eine unleugbare Tatsache war, ein Grenzmaß dessen, was zwischen uns war. Ich war nicht der Ansicht, daß wir uns einbilden sollten, wir wären großartige Liebende, wenn wir es nicht waren.

Orra sagte, wir seien es durchaus, und ich hätte keine Ahnung, wie lausig schlecht der Sex bei andern Leuten sei. Ich teilte ihr mit, das entspreche nicht meiner Erfahrung. Wir waren, so kam es mir vor, zwei Einundzwanzigjährige, verbildet und verzogen, unwiderruflich schüchtern unter der glatten Politur unserer sexuellen Zielstrebigkeit und unseres sexuellen Hungers, und psychologisch sozusagen etwas abgerissen und nur dazu fähig, einander auf Teilgebieten nützlich zu sein. Wir waren noch nicht König und Königin von Schwanzundfotzenland.

Orra sagte, die Frage, ob man kommen könnte, sei für Frauen beim Sex von geringerer Bedeutung und ein entwürdigender Maßstab der Sexualität. Sie sagte, als Maßstab sei das von Leuten gesetzt worden, die nichts von Sex verstünden und Frauen einfach kindisch beurteilten.

Mir kam es vor, als verwandle sie da etwas Faktisches, das Kommen, in eine Public Relations-Angelegenheit. Aber Mädchen standen in diesen Dingen unter schrecklichem öffentlichem Druck.

Wenn sie darüber sprach, über diese Dinge, stellte sie einen ganz eigenartigen Gesichtsausdruck zur Schau, verächtlich, überlegen, verkniffen, einen Paß-auf-daß-ich-nicht-Hackfleisch-aus-dir-mache-Blick – in meinen Gedanken war es der Orra-wie-sie-ist-Blick, Orra allein, Orra-ohne-Wiley, ohne mich, Orra isoliert und deprimiert, eine Orra, die einschüchternde Männer haßte.

Sie verwies auf Romane, auf Romane von weiblichen Autoren, auf spezielle Szenen und Bemerkungen über Sex und das Kommen für Frauen, aber ich hatte ein paar von diesen Büchern gelesen, aus reiner Neugier, und keins von ihnen war Literatur, und die Heldinnen darin waren unterschiedslos unschuldig in jeder Beziehung; aber sehr stark und sehr erfahren, und sie hatten ein beängstigend gutes Urteil; und die Männer, die sie liebten, wurden in einer Weise beschrieben, daß sie einem eher wie Demonstrationsbeispiele der sexuellen oder intellektuellen Bandbreite ihrer Partnerinnen vorkamen als wie echte Sexualpartner oder Sexualobjekte; die Frauen verkehrten sehr reichlich mit Männern, die ihnen physisch offenbar langweilig waren; ich hielt die Bücher und ihre Charaktere wie ihre Verfasserinnen einfach für sexuell naiv.

Sehr wenige Frauen nur, so kam es mir vor, hatten wirkliches Verständnis, wirkliche Verständnisfähigkeit für die physische Realität. Immerhin, oft waren sehr sonderbare Sachen wahr, und die Vorstellung des Mannes vom Orgasmus blieb notwendigerweise auf ein spezielles Gebiet beschränkt.

Wenn ich irgend etwas im Bett machte, um sie zu erregen, mit dem Ziel, sie damit vielleicht zum Orgasmus zu bringen, bat sie mich, es nicht zu tun, und das irritierte mich auf die Dauer höllisch. Aber egal, was sie sagte, es mußte in jedem Fall schlimm für sie sein, nach sechs Jahren Fickpraxis noch immer nicht zum Höhepunkt zu kommen. Es mußte daran liegen, daß es ein Ansturm auf ihr nervliches Durchhaltevermögen war. Wie stark konnte sie sein?

Ich überlegte mir, ob Frauen, die kommen konnten, sich vielleicht derartig gehenließen, daß sie grundsätzlich einen sturen Bock als Liebhaber vorzogen, also jemanden, der ganz anders war als ich: Ich hatte den Typ des starken, stummen Schwachkopfs schon oft gespielt. Manche Mädchen wurden die reinsten Schmeichelkätzchen, wenn sie gekommen waren, sogar Schwachköpfen gegenüber. Andere sprangen auf und gaben sich jäh wieder stark und robust, stolz auf sich selbst, als ob das Kommen samt und sonders *ihr* Verdienst wäre und ich mich eigentlich geschmeichelt fühlen müßte. Gott, es war schon eine seltsame Welt für sich. Mädchen mit Grips hatten die Tendenz, ihren Orgasmus zu kontrollieren und immer nur einen pro Fick zu spendieren, ganz wie ein Mann; und oft versuchten sie auch noch diesen einen unter Kontrolle zu behalten, sie begrenzten ihn auf einen einzelnen naserümpfenden Spritzer Erregung. Und selbst das machte sie dann manchmal noch restlos fertig, machte sie leer und sonderbar schwach und zerbrechlich und verwirrt und anfällig und faul. Oder sie gaben sich forsch und frech und sagten: «Gott, das hab ich aber nötig gehabt!»

Ich fragte mich, wie Orra wohl aussehen würde dabei, wie sie es machen würde, so ein Mädchen wie sie, wenn es losging, wie sie sich halten würde, ihre Augen, wie sie sich mir gegenüber verhalten würde hinterher, wenn es vorbei war.

Um sie überhaupt dazu zu bringen, daß sie über Sex sprach, über ihren Sex, kam ich ihr mit dem Argument, die Analyse einer Sache sei natürlich deren Zerstörung, aber Blätter faulten auf dem Boden und bereiteten dort den Weg für das, was als nächstes darauf wachsen würde. So fing sie an zu reden.

Sie sagte, ich hätte unrecht mit dem, was ich ihr als meine Beobachtung mitgeteilt hatte, und es sei kein Unterschied bei ihr zwischen geistiger und physischer Erregung; es sei nicht wahr, daß ihr Geist schnell zu erregen sei und ihr Körper nur langsam, wenn überhaupt. Ich konnte nicht sicher sein, daß ich recht hatte, aber wenn ich auf einen Augenblick hinwies, in dem ein tiefes körperliches Gefühl in ihr gewesen zu sein schien, dann stimmte sie manchmal zu, das sei ein guter Moment gewesen nach ihren Begriffen; aber manchmal sagte sie auch, nein, es sei nur ein bißchen irritierend gewesen, wie ein besonders lästiges Kitzeln. Obwohl sie meinen Verstand durchaus schätzte, gestand sie mir doch keinerlei Autorität über das zu, was ich wußte – ich meine, wenn sich herausstellte, daß ich recht hatte. Sie behielt die Autorität über ihre Reaktionen in den eigenen Händen. Ihre Selbstverleugnung war ihr eigenes Werk. Mir gefiel das: manche Leute geben sich einem ganz einfach vollständig in die Hände, und dann steht man da und kann sie nicht halten, weil das zuviel für diese Hände ist: die eigenen Fähigkeiten reichen nicht aus dafür. Ich beschloß, mich an das zu halten, was ich beobachtete, und von ihr schlicht anzunehmen, daß sie im Irrtum war, und im übrigen kein Wort mehr über Sex mit ihr zu reden.

Ich beobachtete sie im Bett; ihr Körper war unschlüssig, widerwillig, träge, unduldsam – und unerträglich hungrig, fand ich. In ihrem Stolz, ihrem Selbstbewußtsein und ihrer Unwissenheit haßte sie das alles an sich selbst. Sie zog es vor, sich für lebhaft und gefühlsstark zu halten, Lust zu empfinden, wenn sie selbst es bestimmte und nicht wenn ihr tatsächlich Lust bereitet wurde, Lust nach eigenem Wollen, nach eigenem Rezept, und sich mir, so kam es mir vor, eigentlich fast nur aus Höflichkeit hinzugeben, mir Lust zu schenken, nicht an sich selbst zu denken, ein braves Mädchen zu sein, weil sie verliebt war. Sie bestand darauf, aber das war zu sentimental, und so bestand sie zugleich auch darauf, überredete sich dazu, gab sich den Anschein, eine feurige Liebhaberin zu sein.

Sie war in gewisser Hinsicht, sexuell, eine zwanghafte Lügnerin. Ich nahm mir vor, jede noch so kleine Fehleinschätzung auszuräumen, die ich hinsichtlich Orras im Bett hatte, jedes romantische Gedusel, jede rosig gefärbte Hoffnung. Ich hatte den Eindruck, daß sie mit anderen Jungen immer das gleiche erlebt hatte: Sie war gehemmt, den Anfang zu machen, und sie hatten sie überschätzt, und sie waren übererregt gewesen und aus dem Gleichgewicht und beklommen bei dem Gedanken, wie sie wohl von ihr beurteilt würden, und sie hatten sich ihr Vergnügen geholt und das Weite gesucht.

Und dann war sie in ihrer Entschlossenheit, Sex zu haben, mehr und mehr zu einer sexuellen Närrin geworden. (Ich war in jeder nur möglichen Beziehung ein Narr: es machte mir nichts aus, daß sie eine sexuelle Närrin war.) Das erste Mal, als ich mit ihr ins Bett gegangen war, hatte sie geschrien und sich herumgeworfen, gut einen halben Meter nach jeder Seite, ganz wie sie meinte, daß es sich für eine Tigerin im Bett gehörte, nahm ich an. Ich hatte ihr hinterher entgegengehalten, daß kein Mensch derart erregt wäre, schon gar nicht, wenn er nicht kommen könnte; sie sagte aber, sie sei ja gekommen, in gewissem Sinne jedenfalls. Sie sagte, sie sei einfach zu sexuell für die meisten Männer. Sie sagte, ihre Reaktionen seien nicht gespielt, sondern stellten wirkliche Sexualität dar, wirklich und wahrhaftig. So ein stolzes, störrisches, dummes Mädchen!

Aber ich wies sie darauf hin, daß ein Mann, mit dem sie Geschlechtsverkehr hatte, nur mit Verwirrung reagieren werde, wenn sie sich dabei derart aufführte und sich herumwarf, nach rechts oder links oder womöglich auch noch hochauf nach vorn; und wenn ihr Verhalten derart unberechenbar und regellos sei, könne man ganz leicht seine Erektion verlieren; wenn sie sich derart herumwürfe, bestünde die beste Aussicht, daß sie damit den Verkehr überhaupt unterbräche, es sei denn, der Mann wäre sehr agil und balgte entsprechend mit, aber dieses Mitbalgen wäre dann kaum ein sexuelles Agieren für ihn: es wäre eher eine Art Fangspiel. Der Mann würde in einer Art Belagerungszustand ficken müssen, fortwährend bestürmt und zermürbt; ohne jede Ahnung, was wohl als nächstes von ihr käme, würde er ficken und sich beeilen, damit über die Runden zu kommen und wieder aus ihr raus.

Orra hatte bei dieser ersten Gelegenheit gesagt: «Das klingt alles einleuchtend. Kein Mensch hat mir das bis jetzt erklärt. Kein Mensch hat mir das bis jetzt richtig klargemacht. Ich werd es mal ein Weilchen auf deine Art versuchen.»

Danach war sie meist schüchtern und ehrlich gewesen und echt geil im Bett, aber unfähig, sich selbst zu erregen oder mehr für mich zu tun, als sie eben dadurch tat, daß sie da war und bereit für mich. Wie wenn ihre Hände in einem Netz gefangen wären und ihre Geisteskräfte wie verleimt und gelähmt, wie wenn ich einfach nicht mehr verdiente oder wie wenn sie eine glatte Anfängerin wäre und so schüchtern, daß sie einfach nicht damit anfangen konnte, irgend etwas *Sexuelles* zu tun. Ich verstand das nicht: ich hatte immer gefunden, daß jemand, der Lust geben *wollte*, das auch konnte: man brauchte dazu keine besondere Geschicklichkeit, nur eben das Verlangen danach und so etwas wie eine, ich weiß nicht, blinde Fähigkeit, sich bis zu einem gewissen Grad seinen Weg zu erfühlen, zu ertasten im lichtlosen Labyrinth der Lust. Aber Mädchen aus der oberen Mittelschicht mochten mehr Angst davor haben, Männer mit den Banden exzessiver Lust an sich zu binden; solche Mädchen waren verhalten und schüchtern.

Ich stellte mich darauf ein, daß sie schroff und schwierig sein würde, obwohl sie beides mir gegenüber lange nicht gewesen war; aber diese Züge waren in ihr wie ein Schatten, und sie eigentlich gaben ihr die Dimensionalität, die sie mir wertvoll machte, die ihrer Freundlichkeit mir gegenüber erst Gewicht verlieh. Sie hatte das rührseligste und unsicherste, das einfältigste und doch tapferste und freigebigste Ego, das ich je bei einem Menschen kennengelernt hatte; und ihr Verhalten wechselte denkbar stupide zwischen dem Vornehmen, Sensitiven, Intelligenten, verbunden mit einer kläglichen, sicheren, fast hochnäsigen Zartheit, Freundlichkeit und Fürsorge dem Partner gegenüber, und dem ausgesprochen Selbstsüchtigen und Verletzenden. Der wichtige Punkt war, sie daran zu hindern, falsch zu reagieren, etwa wie in einem Film beziehungsweise in Nachahmung der Filme, die sie gesehen, und der Bücher, die sie gelesen hatte – sie hatte ein ganz sonderbares Vertrauen zu Filmen und Büchern; sie bewunderte alles, was Gefühl in ihr wachrief und trotzdem keine Verantwortung von ihr forderte, weil sie dann für sich und andere Glück produzierte wie Seide. Sie mochte ausgesprochen dunkle Philosophen, wie zum Beispiel Hegel, wo sie den Gedanken bewundern konnte, der Gedanke aber nichts von ihr verlangte. Trotzdem war sie Realistin und würde vermutlich alles erlernen, was auch ich wußte, und mich womöglich noch übertreffen. Sie hatte große Möglichkeiten. Aber sie war auch bloß ein gutaussehendes, pseudoreiches Mädchen, eine Paranoikerin, eine Perkins. Andererseits war sie über große Zeitstrecken wieder ein schlechthin phantastisches Mädchen, ein Glanzstück, eine Augenweide, und ein einziges leicht bebendes, anerkennendes, geistreiches, romantisches Heldinnenlächeln genügte, um mir das Herz aufgehen zu lassen. Der romantische Schimmer ihres Gesichts. Bis jetzt hatte sie in ihrem Leben noch jedermann enttäuscht. Ich mußte all dies im Gedächtnis behalten, überlegte ich mir. Sie war phantastisch lebendig und unheimlich tot zugleich. Ich hatte aus meinen verschiedenen Beweggründen den Wunsch, sie von den Toten zu erwecken.

IV Orra: Dieselbe Welt, eine andere Zeitebene

Eines Nachmittags lief es gut für uns. Wir machten einen Spaziergang, die Luft war erfüllt von Geräuschen, in uns war diese verwunderte und höfliche Freude, die wir manchmal einfach darüber empfanden, daß wir zusammen waren. Orra paßte ihren Gang hin und wieder meinem an; die meiste Zeit über paßte ich meinen ihrem an. Wenn wir einander ansahen, erhoben sich kleine, weiche Gefühlswölkchen, wie Spielzeugexplosionen oder Spatzen, die ein Staubbad nehmen. Ihre gewollte Sanftheit, ihre innere Ernstheit oder Ernsthaftigkeit, ihre Stärke, ihre Schönheit, die nun, in ihrer Angst, sie könnte mich jetzt schon verlieren, gedämpft und vorsichtig war, verlieh dem Vergnügen, mit ihr zusammenzusein, etwas Edles, Kontrapunktisches und Schwieriges, und zwar insofern, als man seiner würdig sein und es verstehen und vor meiner Unbeholfenheit und ihrer Falschheit, so wohlmeinend diese Falschheit auch sein mochte, beschützen mußte; andernfalls führte dieser Tag lediglich zur Ausnutzung einer starken Frau, die das früher oder später durchschauen und Rache nehmen würde. Aber es lief gut; und eingehüllt in diese sorgfältige und sorglose Lauterkeit gingen wir nach Hause; wir fickten; ich kam – um meine Erregung aus dem Weg zu schaffen; sie wußte nicht, daß ich das tat; sie war enorm höflich; angespannt; und sehr bewundernd. «Wie schön du bist», sagte sie. Es standen Tränen in ihren Augen. Ich hatte kühl und ohne viel Mätzchen gefickt, damit uns ein großes Reservoir sexueller Unruhe blieb, das Summen der unmittelbaren körperlichen Unruhe in mir dagegen zum Schweigen gebracht wurde: Ich begehrte sie noch immer; ich begehrte Orra dauernd; und mein Orgasmus war lasch gewesen; aber mein Körper drängte sich nicht in den Vordergrund, war mehr wie ein Handschuh für meinen Verstand, für meinen Willen, für meine Liebe zu ihr, für meinen Wunsch, sie solle mehr fühlen.

Sie war, wie gesagt, den Tränen nahe und zärtlich, und nachdem ich gekommen war, hielt sie mich in ihren Armen, und ich sagte so etwas wie: «Entspann dich nicht. Ich will noch mal kommen», und sie stieß einen Laut aus, der halb Lachen, halb Seufzen war, und war geschmeichelt und sagte: «Noch mal? Das ist nett.» Zwischen uns bestand eine phantastische Nähe, fast wie die zwischen einem Mann und seiner Sekretärin – ich war frei und mächtig, und sie war mir ergeben; die Wahrscheinlichkeit, daß Orra jemals eine Sekretärin sein würde, war gering – man hatte ihr bereits Positionen als leitende Angestellte angeboten, sie brauchte nur noch ihren Abschluß zu machen –, aber Orra fand es romantisch, so zu tun, als sei sie eine Sekretärin, die kein eigenes Leben hatte. Ich spürte eine gewisse Spannung, wie vor einem Tennisspiel, das ich gewinnen wollte, oder wie in dem Augenblick, bevor ich in einem Laden etwas direkt von der Theke klaute: Es war einerseits eine zerrende Verzagtheit, eine Angst und Stille, und andererseits ein erhebendes Gefühl, eine Vorbereitung, eine gewollte und dann nicht gewollte, in sich geschlossene Zielgerichtetheit; es war eine klare Sache; es würde geschehen.

Nach etwa zehn Minuten, es können auch zwanzig gewesen sein, bewegte ich mich in ihr. Ich sollte noch sagen, daß ich, während ich ausruhte, in ihr geblieben war (und sie mich dort gehalten hatte). Wie ich erwartet hatte – und mit Befriedigung und Stolz darüber, daß alles klappte, daß meine Talente einander ergänzten –, spürte ich, daß mein Schwanz hochkam, und zwar sofort, mit einer komischen Hurtigkeit, aber er war wund – Herrgott, war er wund. Er, das heißt die Spitze, tat höllisch weh, und es war ein trockener, brennender, rötlicher Schmerz.

Der Schmerz machte mich vorsichtig und bewahrte mich davor, in Erregung zu geraten, es sei denn auf eine abstrakte Art; mein Kopf war klar; ich lächelte vor mich hin, als ich anfing, und bewegte mich ganz langsam, bewegte mich kaum, ich war wund vom Zustoßen in ihr, ich schlenderte, bummelte dahin, erkundete tastend das Terrain da drinnen, ich gliederte den Raum in ihr, wie um ihre inneren, geschmeidig weichen Schatten zu ordnen; oder wie wenn man im Dunkeln den Arm ausstreckt und so lange über die Wölbung einer Bettdecke streicht, bis sie einem vertraut ist; oder wie man sich im Halbschlaf, mit geschlossenen Augen, zu orientieren sucht. Und wirklich schloß ich die Augen und lauschte sorgfältig ihren Atemzügen, konzentrierte mich auf sie, versuchte aber zugleich, Orra nicht merken zu lassen, daß ich das tat, denn das hätte sie befangen gemacht.

Ihre Reaktion war so minimal, daß ich daran zweifelte, ob Ficken dazu geeignet war, sie in Schwung zu bringen, und zu dem Schluß kam, es sei besser, mich mit der Zunge über sie herzumachen; ich zog meinen Schwanz raus, was nicht besonders schlau war, aber meine Gedanken folgten nicht so logisch aufeinander; bei anderen Gelegenheiten hatte sie mir gesagt, sie möge «dieses exotische Zeug» nicht, es mache sie nicht an, aber ich hatte immer angenommen, das liege daran, daß sie sich schämte, weil sie nicht kam, und deshalb sei es für sie so problematisch, sich lecken zu lassen. Ich machte mich ans Werk; sie protestierte; ich achtete nicht weiter auf ihre Einwände und tat es trotzdem; ich war angespannt vor Erregung, vor unterdrückter Belustigung über all diese Lügen und Spannungen. Ich sagte ihr, daß ich sie zu meinem eigenen Vergnügen lecken wolle; ich war so angespannt, daß es mich durchfuhr, als ich sie mit der Zunge berührte, aber das zeigte ich ihr nicht. Es kam mir so vor, als wären ihre sexuelle Unerfülltheit und Bereitschaft in ihrer Haut zu spüren – Lippen und Zunge trugen mir die Strömungen einer zerklüfteten Unerfülltheit und Bereitschaft zu; Echos ihrer Verspanntheit und Unzufriedenheit hallten in meinem Mund, meinem Kopf, meinen Füßen wider; mein ganzer müder Körper war ein Stethoskop. Ich war zu einem Stethoskop geworden; ich lauschte ihr mit meinen *Knochen*; das schwache Glimmen ihrer Erregung wanderte bis in mein *Rückgrat*; ich spürte ihre knirschende sexuelle Gehemmtheit, die wie ein kaputter Anlasser in ihr mahlte, in meinem *Magen*, in meinen *Knien*. Alles in mir lauschte auf sie; auf jedes verdammte Muskelzucken, das ich registrierte oder das sie hätte spüren sollen, weil ich ja schließlich an ihrer Klitoris leckte, das sie aber nicht spürte, auf jedes Anzeichen von Erregung oder Nicht-Erregung; ich lauschte so angestrengt, daß es ein Wunder war, daß sie nicht vor lauter

Befangenheit aus dem Bett sprang; aber vermutlich merkte sie nicht, was ich tat, denn sie konnte mich nicht sehen, ich war unten, in den Schatten, im Keller ihres Blickfelds, im Keller, bei ihren sexuellen Gefühlen, die dort verstreut herumlagen.

Als sie sagte: «Nein ... Nein, Wiley ... Bitte nicht. Nein ...», und sich wand, obwohl das nicht das übliche gezierte Gehabe war, mit dem einem manche Mädchen kamen – ihr Widerstreben war echt, sie wollte wirklich, daß ich es bleiben ließ –, hörte ich gar nicht hin, denn ich spürte, daß sie auf meine Zunge besser ansprach als eben noch auf das Ficken. Ich spürte, wie in ihr Perlen glitten und flüsterten und klickend aufgefädelt wurden; die Unordnung, die verstreuten oder versprengten sexuellen Teilchen wurden, jedenfalls in ganz geringem Umfang, geordnet. Sie erschauerte. Vor Widerwillen. Sie erzeugte unberechenbare Resonanzen, denen sie aber zugleich unterworfen war. Und sie stieß eigenartige kleine Schreie aus, hauptsächlich Protestschreie, leise Ausrufe, die geheimnisvollerweise Proteste waren, obwohl sie auch wieder keine Proteste waren – Schreie, die irgendwie den Verdacht nahelegten, daß sich die Gründe für ihren Widerwillen ständig veränderten.

Ich versuchte, ein paar von diesen Schreien aneinanderzureihen, sie in immer schnellerer Folge ertönen zu lassen. Es war ein eigenartiger Versuch; es hatte den Anschein, als bewegten wir uns, als bewegte ich mich mit ihr auf dunklem Wasser, zwischen zwei Reihen von Bojen – auf der einen Seite war es finster, dort war ein Nichts, und auf der anderen waren Lichter, rote und grüne, die Lichter des Körpers, der sich der sexuellen Erhitzung näherte, oder jedenfalls die Anzeichen dafür: Brustwarzen wie erhitzte Kieselsteine, leicht zuckende Beine, leise *Ohs* – eine körperliche Sache; man macht weiter: man kommt voran.

Wenn wir zu weit vom Weg abkamen, tauchten wir ins Nichts; es blieb nur ein entferntes Flackern, nur ein ganz schwach erkennbarer Orientierungspunkt. Manchmal waren wir umgeben von den Lichtern ihrer Reaktionen, die weit auseinanderlagen und wild auf irgendeiner Finsternis auf und ab hüpften, auf einer Unwissenheit über die Reaktionen ihres Körpers, deren Opfer wir beide, Orra und ich, waren. Sie reagierte auf das, was ich mit ihrem Körper tat, und auf die Atmosphäre, in der ich es tat, auf meine Autorität, auf mein Argument, dies sei für sie etwas Sexuelles, und auf die Art, wie ich sie berührte und mich auf sie und dieses teilweise traumgesättigte dunkle Wasser- oder Unterwasserding konzentrierte; sie ruhte sich darauf aus, sie warf sich schwer darauf hin und her. Alles, was ich tat, war Sprache; es waren Hieroglyphen, Bilder, die ich auf ihre Nervenenden projizierte; es war das, wofür männliche Autorität da ist, es war die Qualität, von der Mut und bestimmtes Auftreten und starke Muskeln angeblich vermuten lassen, daß ein Mann sie mit ins Bett bringt. Oder hervorragendes Tanzen oder Musikalität oder melancholische Klugheit. Ich leckte sie, ich hielt ihren Bauch, ich streichelte ihren Bauch mit ziemlich planlosen Bewegungen: Manchmal legte ich bloß die Finger aneinander und spreizte sie wieder, um ihr zu zeigen, wieviel Spaß mir das machte, wie befriedigend ich das fand; ich berührte nicht ihre Brüste, ich tat nichts, das so intensiv war, daß sie hätte argwöhnen können, ich sei darauf aus, sie kommen zu lassen – ich tat das alles, aber es schien, als ließe ich sie in Ruhe und sei mit meiner Lust allein. Sie fühlte sich unbeobachtet in ihren Empfindungen, sie erfuhr sie, ohne für sie verantwortlich zu sein, sie griff nach ihnen wie nach etwas Rundem und Schlüpfrigem, das im Wasser herumschwimmt, und sie rutschte ab und keuchte gelegentlich über den Verlust ihres inneren Gleichgewichts und auch über den Verlust ihrer Selbstbeherrschung.

Ich stupste mit der Zunge fast beiläufig ihre kleine Nudel an, dann noch einmal, doppelt so beiläufig, dann drei-, vier- oder fünfmal hintereinander, dann rieb ich sie oder ließ sie immer gewissenhafter zwischen Lippe und Zunge hin- und hergleiten, bis mein Kopf, mein Denken und Empfinden, meine Lippen und meine Zunge im Dunkel eines sich steigernden und konzentrierten Rhythmus begraben waren, so wie ein bekiffter Tänzer sich von der Bewegung packen und herumwirbeln läßt und sich ihr ganz hingibt, bis sie zu einer Reise wird und nicht mehr eine Ansammlung von Wiederholungen ist.

Dann fing ein lästiges, fadenähnliches Ding, eine Sehne an der Zungenwurzel, an zu schmerzen, und ich brach diese Bewegung ab und leckte sie verträumt oder spielte, wenn das für die Zunge zu unbequem war, mit ihrer Klitoris herum und saugte mit gespitzten Lippen an ihr, bis auch die Muskeln, die meine Lippen gespitzt hielten, ermüdeten; und ich begann wieder von vorn und stupste ihre winzige Klitoris mit der Zunge an und machte weiter wie zuvor, bis die Dunkelheit sich herabsenkte; sie spürte die Dunkelheit, die Ungestörtheit, die sie ihr bot, und sie schien wie jemand, der unbeobachtet in einem Flur steht und die Arme bewegt, und sie erlaubte ihren Gedanken, sie zu streicheln, und machte einen Schritt in diese Dunkelheit hinein.

Aber alles, was sie fühlte, war kurz und stockend; und wenn es schien, als hinge sie fest oder als wären ihre Empfindungen abgestorben oder zerrissen, vermittelte ich ihr durch mein Verhalten mit meiner ganzen Autorität, daß dies ein Teil dessen sei, was mir Lust brachte, und ließ es nicht als Anzeichen oder Vorgeschmack eines Fehlschlags stehen; ich stieß Lustseufzer, ja sogar kleine Lustschreie aus – und nicht alle davon waren unecht – und wühlte mich in ihre Wärme und liebkoste sie, um ihr zu zeigen, wie dankbar ich war. Ich streichelte sie dankbar; ich verwandelte Momente, die asexuell waren und in denen man hätte meinen können, die sexuelle Spannung sei erloschen, in sexuelle Lust.

Und sie konnte mir nicht widersprechen, denn sie dachte, daß ich auf meinen eigenen Orgasmus hinarbeitete, und sie liebte mich und wollte mir dabei helfen.

Was ich tat, erforderte Mut, denn dadurch gab ich ihr die gewaltige, die unumschränkte Macht, mich auszulachen, auch wenn unser Werben um einander bislang dazu gedient hatte zu zeigen, daß sie kein Feind war, daß sie die Hysterie der Angst oder der Eifersucht ebenso im Griff hatte wie die kalten Urteile, die sie innerlich über mich fällen könnte und die sie dazu verleiten könnten, Dinge zu sagen oder zu tun, die mich dazu bringen könnten, sie zu hassen oder zu fürchten; auf dem Spiel stand unter anderem, daß ich in meinen eigenen Augen wie ein Idiot dastünde – und ihr dann vorwürfe, daß sie nicht kam-, und daß sie dann nicht imstande wäre, der inneren Überzeugung zu widerstehen, daß ich tatsächlich ein Idiot war. Jeder Versuch macht einen verletzlich, aber etwas, das ihrer Lust dienen sollte, barg eine doppelte Möglichkeit der Verletzung, da nur sie beurteilen konnte, ob es auch wirklich ihrer Lust diente; ich war nur sicher, solange ich nicht offen, nicht empfänglich für sie war; aber wenn ich nicht offen und empfänglich für sie war, konnte ich nicht hoffen, ihr dabei zu helfen, daß sie kam; indem ich mich verletzbar machte, war ich in gewisser Weise ein Schlappschwanz, denn Orra war nicht bereit, nicht darauf vorbereitet, nicht in der Lage, Verantwortung dafür zu übernehmen, wie ich mich fühlte: Sie war eine Frau, die in Ruhe gelassen werden wollte; sie hatte ständig Angst vor den Übergriffen auf ihr Leben, die sich die Männer in ihrer Ich-Bezogenheit leisteten: In dem, was ich tat, lag ein gefährlicher Masochismus, eine gefährliche Hybris, ein gefährlicher Optimismus und eine Art von Liebe: Ich vergrub mich nackt in der Möse der Tigerin im Bett; die kleinste Schwäche ihres Egos oder ihrer Urteilskraft, und sie ginge auf *mich* los; und bei dem, was ich tat, war der Grat zwischen Liebe und Übergriff, Ausnutzung und idiotischer Angeberei sehr schmal. Ich konnte mir nicht einmal annähernd vorstellen, welche seelischen – oder auch körperlichen – Schmerzen sie erleiden würde, wenn ich versagte und mich obendrein wegen meines Versagens und ihrer und unserer Schmerzen auch noch emotional von ihr zurückzöge – oder auch bloß deshalb, weil mein Versagen mir so unerträglich wäre, daß ich nicht weiter mit ihr zusammensein könnte, es sei denn, sie richtete mein Ego wieder auf, und das konnte sie nicht – sie wußte gar nicht, wie sie das hätte machen sollen, und war wahrscheinlich zu gehemmt dazu.

Manchmal umfaßte ich mit meinen Fingern ihre Schenkel, und zwar nicht nur mit den Spitzen, sondern mit der ganzen Innenseite der Finger und mit den Handflächen, oder ich ertastete die Wölbung ihres Bauches, oder meine Finger streichelten ihre Lippen, die Schamlippen oder wie das heißt, oder drangen sogar ein bißchen in sie ein oder strichen mit den Nägeln oder den Fingerspitzen leicht über ihre Klitoris, allerdings immer innerhalb jenes fiktionalen Rahmens: daß dies meiner eigenen absoluten Lust diente, daß ich diese Art von Sex genoß und daß darin keine Gefahr für uns beide lag. Ich meinte: Keine Zungen, keine Gehirne waren zur Stelle, um etwas Unschönes zu sagen. Herrje, wie nackt und bloß und edel ich mich fühlte. Es war eine große Anstrengung, die ich ihretwegen unternahm.

Vielleicht deutet das nur auf das Ausmaß meines Egoismus hin. Es machte mir nichts aus, mich weiblich zu machen, nur hatte ich das Gefühl, Orra würde nie verstehen, was ich da tat, sondern es der Kraft meiner oder unserer Sexualität zuschreiben. Es machte mir etwas aus, meiner und ihrer so bewußt zu sein; ich war von meiner eigenen, von jeder echten Sexualität abgeschnitten; eine minderwertige sexuelle Erfahrung, selbst wenn sie sich auf Liebe gründete, würde die Selbstverständlichkeit, mit der sich meine Männlichkeit bei ihr entfaltete, zumindest für eine Weile untergraben; und Orra würde das nicht verstehen. Vielleicht würde sie auf sexuellem Gebiet erheblich subtiler und trickreicher werden und wissen, wie sie mich behandeln mußte, aber das war unwahrscheinlich. Und wenn ich mich in jener problematischen Zukunft entschuldigte oder mich beklagte oder erklärte, warum ich im Bett mit ihr ein bißchen langsam oder widerwillig war, dann würde sie die Schuld darauf schieben, daß ich versucht hatte, ihr zu einem Orgasmus zu verhelfen, und sie würde darauf bestehen, daß ich nie mehr gelangweilt sein dürfe, so daß ich, wenn ich in dieser problematischen Zukunft wollte, daß sie käme, würde lügen müssen, indem ich sagte, ich empfände mehr Lust, als ich in Wirklichkeit empfand, und auch das würde meine Lust vermindern. Selbst die Möglichkeit, ehrlich zu sein, würde mir verwehrt sein. All dies ging mir durch den Kopf, während ich mich mit der Zunge über sie hermachte. Ich kleidete das nicht in Worte, sondern dachte es in jenen großen, nebligen Blökken, in denen das verpackt ist, was man weiß oder fühlt. Ich machte weiter, trotz der inneren Müdigkeit, die ich spürte. Diese Außerachtlassung meiner selbst erfüllte mich mit einem eigenartigen Gefühl des Ausgehungertseins, einer Mischung aus Qual und Hilflosigkeit. Ich wollte mich nicht so fühlen. Plötzlich fragte ich mich, warum die Lichtgeschwindigkeit in der Relativitätstheorie als Konstante vorausgesetzt wird: war das ein weiterer jüdischer Absolutismus? Angesichts der Mannigfaltigkeit der Erfahrungen mußte die Lichtgeschwindigkeit in einem so wandelbaren und seltsamen Universum wie diesem doch gewiß variieren; es mußte einen Ort geben, an dem man sehen konnte, wie ein Lichtstrahl sich abmühte, in Bewegung zu kommen. Ich fühlte mich albern und egoistisch; es war nicht zu vermeiden, daß ich mich so fühlte – ich meine: *Ich* konnte es nicht vermeiden.

Wenn sie sich, als ich sie leckte, überhaupt bewegte, wenn in ihrem Schenkel ein Muskel zuckte, dann zuckte auch in meinem Schenkel ein Muskel: mein Körper imitierte ihren, als wollte ich ermessen, was sie fühlte, oder vielleicht geschah das auch nur, weil die Sympathie so groß war. Jeder von uns erlebte dieselben Dinge, allerdings in einem erstaunlich unterschiedlichen Zusammenhang: als stünden wir an zwei gegenüberliegenden Enden des Raums und streckten die Arme aus, um uns zu berühren und identische Botschaften zu empfangen, die dann, beim Eindringen in zwei so weit entfernte Gefühlswelten und so unterschiedliche und unvollständige Ekstasen, voneinander abwichen. Der Film, den wir uns ansahen, handelte davon, daß sie entdeckte, wie ihre sexuellen Reaktionen funktionierten: wir saßen weit voneinander entfernt. Meine Zunge glitt stoßend über die ausradierte Stelle an ihr, über ihre geschändete und bislang kaum vorhandene Fähigkeit zur Sexualität. Ich weckte sie mit Küssen, die weit von ihrem Gesicht entfernt waren. Ein seltsamer Strom floß langsam dahin, trug uns davon, Schilf verbarg die Ufer, Weiden umarmten sich und lösten sich wieder voneinander, stöhnten und flüsterten, verwirrten sich und schnalzten leise. Orra stöhnte, seufzte, erschauerte, erschauerte hart oder fließend; manchmal zuckte sie zusammen, wenn ich den Druck oder die Lage meiner Hände veränderte oder wenn ich kurz innehielt und dann fortfuhr. Es war interessant, wie ihr Körper zuckte und sich hin und her warf, aber es war nicht sehr ausgeprägt, und wenn es einem Muster folgte, so verstand ich es nicht. Mein Geist wurde müde. Die Erfindungsgabe, meine jedenfalls, hat Grenzen: Ich sah mich (idiotischerweise) als eine römische Trireme, meine Zunge war der Rammdorn, ein *bronzener*, der nach ihr stieß; sie war das Mittelmeer. Reihen von Sklaven – mein Gott, wie ohnmächtig sie waren – zogen an den Rudern, an diesen langen Stangen, die an der Wasseroberfläche metaphorisch und rhythmisch fließende Büschel kurzlebiger Lilien erblühen ließen. Das pompöse und überproportionierte Schiff, mein ganzer Körper, der sich über Orras kleinem Meer krümmte – nein, eigentlich nicht krümmte; ich lag flach auf dem Bauch, das Fußende des Bettes war an meiner Taille oder ungefähr da, meine Beine hingen hinaus, meine Füße stemmten sich irgendwo weit entfernt gegen den Fußboden, alles in mir konzentrierte sich auf die weiche, bebende, pelzige Köstlichkeit von Orras Möse –, dieses pompöse Schiff näherte sich leckend und hinterließ eine plitschende, gurgelnde Spur halbherziger Reaktion, und mein stockendes Wollen und Tun versank im dunklen Wasser der Passivität, der gefesselten Leidenschaft und der Unwissenheit dieser Frau.

Das weißliche Blubbern, das Platschen ihrer unregelmäßigen körperlichen Reaktion: diese Wellen, nein, diese Kielwelle hob sich, schäumte auswärts, warf Blasen und fiel in sich zusammen. Die weiße Haut einer Najade. In der gewaltigen, sich herabsenkenden Dunkelheit und Stille des Meeres. Es gab nur noch diese Kielwelle. Als der Rhythmus mich erfaßte (so daß ich aus meinem Bewußtsein verschwand, so daß ich aufgesaugt wurde, so daß ich ein Tintenfleck war, ein verborgener Tintenfisch, der Orra streichelte), ließ mich die Finsternis meiner Sinne in Dämmerung oder Nacht versinken; und mein Horchen auf ihre Lust, auf unsere Spur in jenem weglosen Ozean, gab mir das Gefühl, daß wir uns in einem erleuchteten, großen, unscharf umrissenen Oval aus Nachtluft und Meer und opalisierendem Nebel befanden, der sich dort, wo das Licht aus den Bullaugen eines riesigen Schiffes von den Nebeltröpfchen prismatisch gebrochen wurde, in einen Regenbogen auflöste – wie in einem Film aus den dreißiger Jahren, wie in einem Traum. Ich war oft außer Atem; ich sah Flecken, Farben, ozeanische Tiefen. Und ihre Proteste, ihre Zweifel! Ach Gott, ihre Zweifel! Ihr *Nein, Wiley, nicht*, und ihr *Ich mag das nicht*, und ihr *Nein, Wiley*, und ihr *Wiley, ich kann nicht kommen – laß das – ich mag das nicht*. Die meiste Zeit hörte ich gar nicht hin. Manchmal brachte ich sie zum Schweigen, indem ich meine Wange auf ihren Bauch legte und meiner Hand zusah, die ihren Bauch streichelte, und mit vor Erregung tiefer Stimme sagte: «Mir gefällt das, Orra – ich tue das nur für mich.»

Und dann machte ich mich wieder mit schwungvoller, echter Lust über sie her, als errege und erfrische es mich, an meine eigene Lust zu denken, und es wartete noch mehr Lust auf mich, als sie – beruhigt oder gestärkt durch meinen putativen Egoismus, durch die Überzeugung, daß dies alles nur für mich geschah, daß von ihr nichts erwartet wurde – aufschrie. Eine Sekunde später *grunzte* sie. Ein Beben lief durch ihren ganzen Körper. Lieber Himmel, es war herrlich, wie sie auf mich reagierte. Es war, als hätte ich einen ganzen Kontinent – Asien, Südamerika – dazu gebracht, sich lustvoll zu winden. Ich fühlte mich gewaltig und unermüdlich.

In ihrer Erregung warf sie sich in die Luft, aber meine Hände lagen gerade auf ihrem Bauch; ich drückte sie aufs Bett, mein Mund klebte an ihrer Möse, und ich zwang diesen Teil von ihr, einigermaßen stillzuhalten, und leckte sie, während sie sich aufbäumte; und sie schrie; ich ließ meinen Mund, wo er war, als tränke ich aus ihr; ich machte weiter, bis ihr Oberkörper auf das Bett zurückfiel und hochfederte und das ganze Bett wackelte; dann schnellte mein Kopf zurück; aber mit den Händen hielt ich sie immer noch fest; ich drückte mich, meinen Kopf, wieder an diese Möse; und sie schrie mit tiefer Stimme: «*Wiley, was tust du da?*»

Ihre Stimme war tief, als wären ihre Impulse in diesem Augenblick maskuliner Natur gewesen – nicht aus einer Neurose heraus, sondern aus Hochherzigkeit, in einem Versuch, der Kränklichkeit, derer sie Frauen beschuldigte, entgegenzuwirken; sie wollte mir auf halbem Weg entgegenkommen, mit mir teilen; sie wollte meine Männlichkeit teilen: Sie fand Männer schön. Sie rief: *«Ich will nicht, daß du dich um mich bemühst! Ich will, daß du einen guten Fick hast!»*

Ihre Stimme war tief und verzweifelt – vielleicht war das die Verzweiflung, die mit dem Aufwallen der Sexualität einhergeht, aber vielleicht dachte sie auch, ich würde mich dafür an ihr rächen. Ich sagte: «Orra, ich mag das so, das macht mich sehr an.» Sie wehrte sich, kaum spürbar, einen unendlich kleinen Teil einer Sekunde lang, und dann begann ihr Körper zu beben; er zitterte, als wären in ihm die Saiten eines Musikinstrumentes verborgen, die man zum Schwingen gebracht hatte. Sie sagte – etwas dumm, aber so lieb: «Wie peinlich, Wiley, das ist mir so peinlich ... Bitte hör auf ... Nein ... Nein ... Nein ... Oh ... Oh ... Oh ... Ich bin sehr sinnlich, ich bin viel zu sinnlich, um einen Orgasmus zu haben, Wiley, bitte, hör auf ... Oh ... Oh ... Oh ...» Und dann durchlief sie ein stärkeres Beben; sie keuchte; es trat eine Stille ein; dann keuchte sie wieder; sie rief mit einer außergewöhnlichen Stimme: «ICH SPÜRE ETWAS!» Die Haare auf meinem Hinterkopf richteten sich auf; ich konnte nicht aufhören; ich beeilte mich weiterzumachen; ich hörte sie leise stöhnen. Was hatte sie vorher gespürt? Eilig leckte ich weiter. Wie unangenehm, wie unwirklich und lästig waren die Gefühle gewesen, die ich sie vorher hatte spüren lassen? Inwiefern waren sie jetzt anders? Ich fragte mich, ob sie ein plötzliches Strömen in ihren Nerven verspürte, eine warme Überzeugung, daß sexuelle Lust eine Realität ist. Sie hob und senkte sich wie ein Wal – nein, nicht so stark. Aber es war, als strömte ein halber Ozean von ihren jungen Flanken; irgendein Element der Finsternis floh aus dem Raum; irgendeine leichte Tönung körperlicher Erfülltheit legte sich über ihren Körper und den dünnen Schweißfilm; ich spürte, wie es mich durchpulste; sie trieb auf einem hellblauen, einem rosigen und blauen Meer; sie war dunkel und glänzend und riesig und naß. Und warm.

Sie rief: *«Wiley, ich spüre so viel!»*

Mein Gott, war sie glücklich.

Ich sagte: «Warum auch nicht?» Ich wollte die Dramatik herausnehmen; ich hielt dieses Übermaß an Dramatik für falsch und glaubte, daß es sie zu sehr belasten würde. Aber ich wollte auch, daß sie sich mir unterwarf, ich wollte jetzt die Befehlsgewalt über ihren Körper, ich wollte sie dazu bringen, einen Orgasmus zu haben.

Aber ihre Erregung steigerte sich nicht mehr: Nach ein paar Sekunden wurde sie steif, fast wie ein Brett. Ich leckte sie so gut ich konnte, aber das Meer war ausgetrocknet; das Brett brach. Ich tat, als wäre ich sehr erregt; in Wirklichkeit war ich so damit beschäftigt, Sicherheit auszustrahlen, daß ich gar nicht wußte, was ich wirklich fühlte. Als sei ich viel jünger, als ich tatsächlich war, dachte ich: Mein lieber Mann, wenn das hier nicht hinhaut, bin ich am Arsch. Als sie, weil ihr Gefühl nachgelassen und sich die Empfindung, die ihr so angenehm gewesen war, verflüchtigt hatte, sagte: «Wiley, ich kann nicht ... Das ist alles so blöd», antwortete ich aus purer Angeberei und um das Risiko zu vergrößern und anstatt einfach so zu handeln, als sei ich meiner selbst sicher – und beim Sex ist alles, was unausgesprochen bleibt und statt dessen durch Gesten ausgedrückt wird, doppelt so wirkungsvoll –: «Halt den Mund, Orra, ich weiß, was ich tue.» Aber ich wußte es eben nicht.

Und für ein sexuelles Zwischenspiel gefiel mir auch der Ton nicht, es sei denn als Witz oder als Rollenspiel, denn Autorität in Reinform hat Unterwürfigkeit in Reinform zur Folge, und eine solche Unterwürfigkeit kann nur überleben, wer sklavisch, besitzergreifend, rachlüstern liebt. Die, die so lieben, können einem nichts anderes *geben* als Auflehnung und Unterwürfigkeit, Zickigkeit und Unterwürfigkeit; die Beziehung ist durch und durch verfault: Außerhalb des Bettes kriegt man von ihnen nichts, was von irgendwelchem Wert wäre; im Bett kriegt man eine zähneknirschende Unterwürfigkeit, denn eine Sklavin muß unablässig beaufsichtigt werden, sonst fängt sie an, es einem heimzuzahlen; ich würde sagen, das Vorbild für diese Versklavung ist die Kindheit. Wie auch immer, mir gefällt das nicht. Bei Orra aber spielte ich damit, es war ein Glücksspiel.

Alles war ein Glücksspiel. Ich wußte nicht, was ich tat; ich legte es mir zurecht, während ich es tat; und wieviel Zeit hatte ich da, mir etwas zurechtzulegen? Ich war angespannt wie beim Poker oder beim Roulette, verschwitzt und ein bißchen benebelt, ich machte Einsätze – mit meiner Zunge – und wartete, wie das Rad entscheiden würde, ich riskierte mein Geld, obwohl mich niemand dazu zwang, und hoffte, daß es gut laufen würde und ich, wenn das hier vorbei war, nicht als einer dastehen würde, der ein Idiot gewesen ist.

Außerdem überfielen mich jetzt plötzliche, flüchtige Zukkungen der Lust, im Anklang an ihre stärkeren, aber weiter verstreuten Impulse, eine Art unmittelbarer und automatischer Erregung – innerlich stellte ich mich der Erregung in ihr und konnte nicht anders, konnte sie nicht zurückhalten und den Enttäuschungen ausweichen, der körperlichen Ungeduld, der Ungeduld meiner Haut und meines Schwanzes, der Ungeduld des gewaltigen Verlangens, das die Liebe unmißverständlich begleitet, einer primitiven Sehnsucht nach dem, was ihr als Glück erschien, nach einer Nähe zu ihr als jemandem, den ich erforscht hatte und immer noch erforschte und in dem ich einen immer größeren Schatz entdeckt hatte – der Schatz bestand darin, daß sie mich schätzte, in einer tiefen und zweifellos begrenzten Freizügigkeit, die sie mir gewährte (die im Sexuellen allerdings unbegrenzt schien), in einem Risiko, das sie einging, einer Einwilligung, die sie mir gab, als wäre sie einverstanden, wenn ich sie verletzte und gemein zu ihr wäre.

Was mich weitermachen ließ, war zum Teil Hartnäckigkeit, denn ich hatte mir, bevor wir angefangen hatten, in den Kopf gesetzt, daß ich nicht aufgeben würde; zum Teil war es aber auch ein Gefühl, das sie in mir weckte, ein Gefühl, das, um ehrlich zu sein, aus Zärtlichkeit und Anteilnahme und einer Art bloßer Zuneigung bestand, einer Brüderlichkeit, als wäre sie mein Bruder und gar nicht so anders als ich.

Eigentlich wurde das, während wir weitermachten, durch das zunehmende Verschwinden einer bestimmten Art von

Raffinement – eines weltlichen Raffinements – ausgelöst, indes in mir gleichzeitig eine andere Art von Raffinement, ein kindliches Raffinement, eine Unschuld wuchs: Orra klammerte sich beglückt an mich und sagte oder vielmehr rief voller Bewunderung und Dankbarkeit mit halb gebrochener, halb erstaunter Stimme: «Wiley, so etwas hab ich noch nie gefühlt!»

Wissen Sie, wie es ist, der erste zu sein, der solche Gefühle auslöst? Es ist, als wäre man ein Sammler, der etwas sehr Wertvolles entdeckt hat, und zwar an einem Ort, wo es versteckt gewesen ist und wo man es nicht vermutet hätte, oder als würde man mit einer Ehrung ausgezeichnet; dieser Teilerfolg, diese Ermutigung ließen jenen Stolz, jene innere Unschuld wachsen.

Natürlich verringerte das für diesmal das Risiko; auch wenn ich jetzt versagte, konnte ich sagen: *Es hat sich gelohnt*, und sie würde mir zustimmen; auf etwas längere Sicht aber vergrößerte es das Risiko, denn eines Tages würde ich mir vielleicht wie ein dreifacher Idiot vorkommen. Außerdem bedeutete es, daß unser Sex vielleicht noch monatelang so aussehen konnte – ich würde impotent werden, wenn auch vielleicht nicht in bezug auf meine Erektion, aber jedenfalls würde ich mich nicht darauf freuen, mit ihr ins Bett zu gehen-, und dennoch fand ich es in gewisser Weise auch schön und erregend. Ich wußte wirklich nicht, was ich dachte: Was es auch war, es war Teil des Sex.

Ich machte weiter; ich wollte jetzt alles. Und dann rief Orra: «*Da!* Es ist DA!» Ich hielt inne, denn ich dachte, sie meinte einen bestimmten Punkt, eine bestimmte Bewegung, die ich gerade mit meiner erschöpften Zunge und meinem Unterkiefer gemacht hatte; ich hob den Kopf – ich konnte nichts sagen: Irgendwie war der Druck der Erregung so groß, daß ich kein Wort herausbrachte; wie auch immer, ich brauchte gar nichts zu sagen; sie hatte, in einer Art offenkundiger Zwillingsschaft, ebenfalls den Kopf gehoben und blickte mich an ihrem ausgestreckten Körper hinab an; ihr Gesicht war schief und jungenhaft – alle Gesichtszüge hatten Falten; sie sah wütend und doch naiv und arglos aus; wütend, naiv sagte sie: «*Wiley, es ist da!*»

Aber noch bevor sie diesmal etwas sagte, wußte ich, daß sie meinte, es sei in ihr; der Fuchs war wieder aus seinem Versteck aufgescheucht worden; sie hatte ihn gesehen, hatte gespürt, daß er wieder in ihr rannte. Sie hatte sich überzeugen lassen, daß er für immer in ihr bleiben würde.

Ich begann sie sanft mit der Hand zu streicheln; und in meiner Erregung und weil ich dachte, sie sei bereit, schob ich mich wieder hoch und deckte sie mit meinem Körper zu, und während ich weiter mit ihr spielte, führte ich mein anderes Selbst, mein unteres Bewußtsein, in sie ein. Herrgott, war sie warm und ruhelos; es war heiß da drinnen und weich, irrwitzig weich, und cremig und voller Bewegung. Aber ich wußte gleich, daß ich einen Fehler gemacht hatte. Ich hätte sie weiter lecken sollen; sie hatte keine regelmäßigen Kontraktionen; sie war gierig auf meinen Schwanz, sie bog sich ihm entgegen, umschloß ihn, aber auf eine steife, dumpfe, entrückte Weise; und ihre Zuckungen spielten auf ihm, durchdrangen ihn, drangen durch seine Haut und in mich ein; und sie waren unkontrolliert und nicht erregend, sondern leer: Sie wußte nicht, was sie tun sollte, wie sie sich ficken lassen und kommen sollte. Ich konnte meinen Schwanz nicht rausziehen, ich wollte, ich konnte meinen Schwanz nicht rausziehen; aber wenn es keine Kontraktionen gab, auf die ich reagieren konnte, wie zum Teufel sollte ich dann den richtigen Rhythmus für sie finden? Ich fing langsam an, mit einer, wie mir schien, unendlichen Schlüpfrigkeit, mit einer gewaltigen Unanständigkeit, einer wirklich erwachsenen Art zu ficken – nur für den Fall, daß sie soweit mitkam –, und sie stieß einen abgrundtiefen, bebenden, endlos langen Seufzer aus und rief meinen Namen und sagte dann mit schluchzender, erschöpfter Stimme: «Es ist weg ... Oh, Wiley, es ist weg ... Laß uns aufhören ...» Mein Gesicht war über ihrem; ihr Gesicht war naß von Tränen; warum weinte sie? Sie hatte ihre Meinung geändert; jetzt wollte sie kommen; sie warf den Kopf hin und her; sie sagte: «Ich tauge nichts ... Ich tauge einfach nichts ...

Mach dir um mich keine Gedanken ... Hauptsache, du kommst ...»

Ganz gleich, was ich murmelte – «Psst» und «Sei nicht albern» und flüsternd: «Orra, ich liebe dich» –, sie hörte nicht auf, diese Sachen zu sagen, bis ich sie schließlich leicht ins Gesicht schlug und sagte: *«Halt den Mund, Orra.»*

Da war sie wieder still.

Der springende Punkt war offenbar, daß sie arhythmisch war: jedenfalls dachte ich das; und das bedeutete, daß sie keine regelmäßigen Kontraktionen haben würde; es würde keinen Rhythmus geben, dem ich mich hingeben konnte; und jeden Rhythmus, den ich vorgab, durchbrach sie mit ihren Bewegungen, so daß sie, wenn sie sich bewegte, ihre Erregung vertrieb. Am besten wäre es gewesen, wenn sie nur ganz kleine Bewegungen gemacht hätte, aber ich wollte ihr das nicht sagen oder gar versuchen, ihre Hüften festzuhalten und zu führen und ihr auf diese Art etwas zu zeigen, und zwar aus Angst, daß sie dann befangen werden und den Schwung, den sie hatte, verlieren würde. Und außerdem schämte ich mich, daß ich aufgehört hatte, sie zu lecken. Um das, was ich getan hatte, wiedergutzumachen, experimentierte ich verbissen und verschwitzt damit, auf verschiedene Arten zu ficken, und stellte mir vor, wir wären in Mexiko, an einem warmen Ort mit satten Farben, wo wir leicht und schmutzig und lebhaft vögeln konnten. Diese Vorstellung hielt mich bei der Stange. Das heißt, sie erhielt mir meine Erektion. Ich spiegelte ihr eine Atmosphäre sexueller Lust vor – ich meine: die Atmosphäre meiner sexuellen Lust –, damit sie sich darauf ausruhen, damit sie sich darauf verlassen konnte. Ich entdeckte, daß nicht besonders langsame Eins-eins-eins-Stöße oder Fick-fick-fick-Orra-jetzt-jetzt-jetzt-Sachen sie mächtig anmachten; sie wurde hitziger; und sie schaffte es, mit mir in einen Eins-zwei-eins-zwei-eins-zwei-Rhythmus einzusteigen, wobei ihre Erregung zunahm; aber wenn sie oder ich dann versuchte, einen Schritt weiter in einen Eins-zwei-drei-Rhythmus zu machen, war sie wieder draußen. Das war zu kompliziert für sie, mein Liebchen, meine weißhäutige Amerikanerin. Aber ihre Gefühle waren, wenn sie da waren, sehr stark; sie kamen in Stößen, wie gewaltige Hitzewellen aus einem Brennofen, dessen Tür achtlos auf- und zuschwingt, und sie erregten und lockten uns beide. Diese Erregung und das Pick-pick-pick drangen schließlich zu ihr durch; sie begann, ganz und gar und dauerhaft erregt zu sein. Der Vergleich zwischen sexueller und religiöser Erregung ist fast ein Gemeinplatz; also: Nach einer Weile kam religiöse Erregung über sie; sie sprach in Zungen, sie legte Zeugnis ab. Sie zitterte am ganzen Körper; sie war zeitweise und sporadisch errettet, soll heißen: Die Erregung entglitt ihr immer wieder. Aber sie kam wieder. Orras Hände flatterten, ihr Gesicht war erst bleich, dann rot und dann sehr, sehr rot; sie starrte ins Nichts und rief meinen Namen. Ich stieß eins-eins-eins, dann eins-zwei, eins-zwei und dann wieder eins-eins-eins; wie zuvor. In der gewaltigen Lust, die ich trotz all dieser Mühe spürte, konnte ich sehen, warum eine Frau stolz auf das war, was sie empfand, und warum ein Mann so weit gehen könnte, sie umzubringen, um diese Zeichen der Lust in ihr zu stimulieren (auch wenn er wahrscheinlich nicht wüßte, daß dies der Grund wäre, warum er es täte). Die Orra, die ich kannte, war verschwunden; sie sagte: «Gottogottogott»; es war eine Zeit für Sünde und Erlösung und Heiligkeit und Visionen. Ihr pulsierendes Erbeben war sehr unmittelbar und leicht zu verstehen, aber ohne jedes Muster; es gab keine regelmäßigen Sequenzen; dennoch erregte es mich, vielleicht um so mehr, weil es mitleiderregend war, daß sie es nicht steuern konnte, und weil es schien, als stammte es von den Schlägen eines inneren Feindes, den sie nicht einmal halbwegs zu zähmen oder sich gewogen zu machen vermochte und mit dem sie nicht sprechen konnte. Von allen Frauen, mit denen ich ins Bett gegangen bin, war sie diejenige, die sich am wenigsten unter Kontrolle hatte. Manchmal stieß sie zu wie eine Frau, die ihre Sexualität parat hat und sich letztlich gut damit auskennt, und dann fing ich an, mit riesiger Vorfreude und Stolz und Erleichterung darauf einzusteigen; aber nach zwei – oder vier oder sechs – Stößen war sie dann zu erregt und zitterte und stieß linkisch und ohne Rhythmus, und die Bewegung brach in sich zusammen; oder sie zuckte plötzlich ohne jede Vorwarnung mitten in der Bewegung zusammen und warf sich mit so großer und sinnloser Gewalt herum, daß sie das Gefühl für die Sache verlor; und dann fing sie an zu weinen. Sie flüsterte unter Tränen: «Jetzt ist es weg», also sagte ich: «Nein, ist es nicht», und dann begann ich wieder von vorn, eins-eins-eins; und natürlich kehrte die Erregung zurück; manchmal kehrte sie sofort zurück; aber Orra bekam immer mehr Angst vor sich selbst, bekam Angst, ihren Unterleib zu bewegen; sie versuchte, stillzuhalten und die Erregung einfach nur zu *empfangen*; sie ließ sie sich in ihr sammeln, aber auch dann begann sie immer stärker zu zittern; sie schwappte über in krampfartige und eigenartig traurige, zu große Bewegungen, und sie wimmerte, weil sie, wie ich annehme, wußte, daß diese Bewegungen ihr den Schwung nahmen; immer wieder rannen ihr Tränen über die Wangen; sie sagte mit einer nicht wirklich heiseren, eher mit einer zarten, nur beinahe heiseren Flüsterstimme: «Ich will ja gar nicht kommen, Wiley – nimm keine Rücksicht auf mich. Hauptsache, du wirst fertig.»

Mein Kopf hatte ziemlich abgeschaltet; er war erschöpft; und ich sah keine Möglichkeit, wie wir diese Sache zum Erfolg führen könnten; sie sagte: «Ist schon gut, Wiley, ist schon gut – macht nichts – ich will gar nicht kommen.»

Ich fragte mich, ob ich etwas sagen oder versuchen sollte, irgendeine Phantasie in ihr zu wecken, aber ich wollte nicht das Risiko eingehen, etwas zu sagen, das sie unangenehm fände oder hinter dem sie einen Tadel oder eine Andeutung, sie könne ruhig etwas sexier sein, vermutete. Ich dachte, wenn ich einfach weitermachte mit meinem Pick-pick-pick, würde sie früher oder später schon darauf kommen, wie sie sich von ihren Gefühlen tragen lassen konnte, wie sie sie veranlassen konnte, sich aufzuschwingen, hinabzuschießen und zuzuschlagen. Ich hielt sie fest, aus Mitgefühl und Zuneigung, und vielleicht auch aus Angst und Bewunderung: sie war so unhysterisch; sie hatte mich nicht angeschrien oder irgend etwas zerbrochen; sie hatte mich nicht herumkommandiert: sie lag einfach zitternd und allein inmitten eines neuralen Sturms, der in ihr tobte und den zu beherrschen ihr das Talent zu fehlen schien. Ich sagte: «Mach dir keine Gedanken, Orra – mir sind lange Ficks sowieso lieber», machte weiter – pick-pick-pick – und wechselte dann über zu pick-pock, pick-pock, pick-pock ... Der Rücken tat mir weh, in den Beinen hatte ich bald keine Kraft mehr; wenn Schweiß Sperma gewesen wäre, hätten wir ausgesehen wie schmelzende Schneefelder.

Orra machte Geräusche, immer schneller und immer lauter; dann ließen die Geräusche nach. Dann kam ich nach und nach, mit immer kürzeren Stößen, schließlich unbeholfen und ohne bewußte Kontrolle, zur Ruhe – ich richtete mich lediglich in diesem neuen Denkansatz ein – und fickte langsamer. Mein Schwanz steckte tief in ihr; ich regte mich kaum; die Dramatik der sexuellen Bewegung erstarb, der Vorhang schwang aus; auf der Bühne war nur noch Empfindung.

Ich stolperte gegen die Steinblöcke und versteckten Haken, die mich zwickend und schubsend in die faulige Weichheit, die eigenartige, glühende, zerbrechliche Härte des Orgasmus trieben, in die Empfindungen, die den Orgasmus ankündigen.

Ich keuchte und drehte ihn halb hinein, ich stieß und schob, und dann zog ich ihn verschwitzt wieder zurück – ich war ein halber Experte, ich war zielgerichtet, zielstrebig. Sex kann eine Wildnis sein, die einen zum Sklaven macht: Die Geister dieser Örtlichkeit schwingen sich zu Herren auf. Schmerzhafte Empfindungen setzten mir zu; mein Schwanz war eben noch ein bißchen schlaffer gewesen, aber jetzt schwoll er zu einer an der Spitze wunden, aber kraftvollen Härte an: Orra erschauerte und hielt mich hilfsbereit in sich fest; ich begann sie zu vergessen.

Ich dachte, sie brächte sich mit diesem langsamen Fick zum Kommen, mit diesem Schwanz, der, wenn er so wie jetzt in ihr steckte und ich ihn kaum bewegte, ihr ebenso zu gehören schien wie mir; er schien auch *in mir* zu stecken: Es fühlte sich an, als glitten wir beide an ihm auf und ab. Das war das Gefühl, aber es kam der Augenblick, da ich mir ihrer, des Fleisches, des Blutes, der Knochen in meinen Armen und unter mir plötzlich wieder bewußt wurde. Ich hatte das Gefühl, daß wir uns knirschend aneinander rieben. Zunächst merkte ich gar nicht, daß das unangenehm war. Ich weiß nicht, wie lange das so ging, aber dann spürte ich, daß das ein Rückzug von ihr war, ein Rückzug, den sie gemacht hatte, ein geduldiger und beherrschter Horror in ihr und eine Ungeduld in mir: wir standen vor einem sexuellen Scherbenhaufen.

Mit einemmal füllte sich mein Herz – es füllte sich, und dann lief alles Gefühl heraus: es lief aus.

Ich fuhr fort, mich langsam, stumpf in ihr zu bewegen, mit einem armseligen Tumult aus ausdruckslosem Erschauern und Verschiebungen des Unterleibs und Bewegungen, die halb Stoßen, halb Zucken waren; wir hielten uns immer noch schweigend in den Armen, ohne daß die Intensität, mit der wir uns umarmten, nachließ; unsere Bewegungen, dieses Auf-der-Stelle-Hüpfen, dieses knirschende Reiben, gingen weiter; keiner von uns wehrte sich in irgendeiner Weise dagegen. Schlechter Sex kann manchmal vehementer und mitreißender sein als guter Sex. Sie gab schluchzende Laute von sich – und hielt mich umarmt. Nach einer Weile schien Sex ganz normal und vertraut und unromantisch zu sein. Ich fing wieder an, pick-pick-pick zu machen.

Ihre Hüften stießen ein halbes Dutzend Mal hoch, bevor ich wieder auf den Gedanken kam, daß es ihr vielleicht gefiel, zuzustoßen wie ein Mann, daß sie zustoßen wollte; und dann kam ich auf den Gedanken, daß sie wollte, daß ich zustieß.

Ich hob meinen Hintern ein bißchen und schob mich tastend vor, oder vielmehr: Ich schob meinen Schwanz gebieterisch, aber nicht sehr weit hinein – es war eher eine Erkundung; Orra seufzte, vor Erleichterung, schien mir, und stieß ermunternd zu – zu spät, denn ich zog schon wieder zurück. Als ich mit einem zweiten Stoß eindrang, mit einem etwas offensichtlicheren, einem amüsierteren, fast jungenhaften Stoß – ich war wie ein Junge, der beim Baseball einen ziemlich schnellen Ball in Richtung des Fängers an der First Base wirft –, zuckte sie so gierig wie eine Wölfin und verschlang die extravagante Kraft dieser Geste, dieses Stoßes; mit einem seltsamen Schauer der Lust, der Verantwortungslosigkeit, der

Jungenhaftigkeit, wurde mir plötzlich bewußt, wie stark Orra war, wie gut sie gebaut und wie groß die Kraft, die Ausdauer ihres Körpers war; ein Ausdruck – ein absurder und gemeiner Ausdruck, den ich damals aber erregend fand – schoß mir durch den Kopf: *einen Fick hinlegen*. Ich ließ mich auf sie sinken, stützte mich mit Zehen und Knien, mit Ellbogen und Händen auf das Bett und schob *ihn – er* war ganz klar meiner, aber er gehörte Orra – halb kriechend mit einem leidenschaftlichen, gebogenen Stoß, der etwa ein Drittel so lang war wie ein ganzer, hinein; aber dieser Stoß war sanft und amateurhaft, das heißt: immer noch tastend; und Orra schrie; ja, wie sie schrie: Sie verkündete ihre Bereitschaft; beim nächstenmal grunzte sie: «Ohhhhjaahh ...» – ein Laut, der anfangs klobig war und dann in Feinheit, in Sanftheit, in einer nachklingenden Sanftheit ausklang.

Mir schien, daß ich in Wirklichkeit schon immer so hatte ficken wollen, daß *ich* derjenige gewesen war, der sein ganzes Leben lang darauf gewartet hatte. Aber eigentlich entsprach diese Art von Vögeln nicht so ganz meinem Geschmack: Ich legte lieber einen Fick hin, der weniger ein echter Kraftakt war und eher Abstufungen von Kraftanwendung sowie Anspielungen darauf beinhaltete als ihre tatsächliche Anwendung, mehr unmittelbaren Kontakt zwischen den beiden Lüsten und mehr Eingeständnisse von Niederlage und Triumph; meine Lust lag darin, die Lust der Frau zu reflektieren und ihren Geist in mich aufzunehmen; vielleicht war ich auch im Irrtum, wenn ich das dachte, aber es schien schändlich und automatisch, naiv und tierhaft, meinen Schwanz einfach so in sie hineinzustecken.

Sie nahm meinen Stoß in sich auf, sie wand sich ein bißchen, sie zitterte am ganzen Körper: es zuckte in ihr, in dem Aufruhr, der das phallische Eindringen in ihr begleitete. Nach zwei Stößen ließ sie los und wurde schlaff, nahm dann wieder ihre Kraft zusammen und machte sich bereit, bog sich ein Stück vom Bett hoch, zielte mit dem abgeflachten, mysteriöserweise trichterförmigen Behälter in ihrem Unterleib auf mich, zu hoch, so daß ich sie mit den Händen an ihrem Hintern oder auf ihren Hüften nach unten drücken mußte; und wenn ich mit halbgeschlossenen Lidern ihr Gesicht betrachtete, war es phantastisch schön anzusehen: entschlossen, konzentriert, in Anspruch genommen, gequält; ihr Körper war stark, war aus Stein, aus glattem Stein und Papiertüten mit nassem Satin und sich schlängelnden, dünnen und lebendigen Netzen aus lebenden, miteinander verwobenen Schlangen, die über den Stein geworfen worden waren; sie streckte mir die große Steinkonstruktion mit der durchschlängelten Haut entgegen, dieses knochige Wunderwerk, diese von Knochen gebildete flache Schüssel mit ihrem versteckten, klebrig-glatten Eingang, *den Ort, an dem ich war* – er war nicht weiter definiert, es sei denn durch dies: es war *der Ort, an dem ich war*; sie nahm jeden Stoß in sich auf, entgegnete ihn und erschauerte und ließ los und kam wieder hoch: sie schien sich darum zu bemühen; ich dachte, sie befinde sich ein wenig in einem kindischen Irrtum, wenn sie meinte, die Hauptsache beim Sex sei es, sich dem Schwanz jetzt, da sie erregt war, entgegenzuwerfen und ihn so hart wie nur irgendwie möglich in sich hineinstoßen zu lassen; aber es war eine verrückte Wildheit, eine wilde Freiheit – wie die von Kindern, die unbeaufsichtigt, befreit umhertollen –, doch sie war nicht hysterisch, sondern bloß hemmungslos; der seltsame, dicke, knotige Stab sprang vor und zurück, als wäre er an einem Netz langer Gummibänder befestigt: Es war eine naive und vollständige Befreiung. Ich jagte ihn hinein, und sie machte: «OHHH!», und eine Millisekunde später, als ich ganz in ihr drin war, ruckte ich ihn noch ein winziges Stück weiter hinein und machte ebenfalls: «OHHH!» Sie zitterte am ganzen Körper. Sie machte: «OHH!» Ich machte: «OHH!»

Als mir dann ihr lauter werdendes Stöhnen und ihre schnelleren und heftigeren Bewegungen das Gefühl gaben, sie nähere sich dem Rand des Orgasmus, begann ich die Stöße geordneter und entschlossener zu machen, in einem erkennbareren Rhythmus, sachlicher, verlockender, mit einer Pause am Ende eines jeden Stoßes; und das erregte sie bis zu einem gewissen Grad, aber dann ließ diese Erregung wieder nach und schwappte nicht über den Rand. Also wurde ich schneller: Ich stieß stärker und noch stärker und dann stärker und schneller; sie stöhnte und stieß schwach zurück. Sie biß sich auf die Unterlippe; sie grub ihre Zähne in die Unterlippe; es erschien Blut. Ich wurde noch schneller, aber mit kürzeren Stößen, ich trommelte fast auf ihr und schob meinen Unterleib vor in der Hoffnung, mit jedem Trommelschlag auch ihre Klitoris zu treffen; manchmal wurde ihr Körper schlaff; aber ihre Schreie kamen immer schneller, ein Vogel nach dem anderen flog aus ihrem Mund, während sie so reglos dalag, als wäre ich ein Boxer, der sie besinnungslos geschlagen hatte; als die Schreie über einen bestimmten Punkt nicht hinausgingen, als sie nicht kam, wurde ich langsamer und fing von vorn an. Ich wünschte mir, ein berühmter Sportler zu sein, ein Meister der Bewegung, eine Frau, eine Lesbierin, ein Mann mit einem gigantischen Schwanz, der in ihren Orgasmus hinein explodieren würde. Ich schob die Hände bis zu den Ecken der Matratze hoch und spreizte die Beine; ich stemmte mich mit Händen und Füßen fest, und so, gewissermaßen freihändig, schob ich mich in sie hinein; und die neue Stellung, das Gefühl des Zugedecktseins, das sie gehabt haben muß, und vielleicht die Andersartigkeit des Stoßens packten sie; ihr Körper verfiel in ein Gebrabbel, ein Gebrabbel von Reaktionen – ich glaube, die Stellung brachte sie auf erregende Gedanken.

Aber sie kam nicht.

Ich legte meine Hände auf die Schüssel ihrer Hüften, so daß sie nicht wegzucken oder den Stoß ablenken oder sich ihm entziehen konnte; sie begann wieder zu stöhnen: «Ahhh!», aber dazwischen stieß sie kleine Schreie aus: Wir waren wie Kinder, die Fangen spielten (ihre arme, übel zugerichtete Klitoris), wie Kinder, die sich auf die Hände schlugen: So, glaubte sie, mußte Sex sein; es war erregend, so wie es erregend ist, einen Ball schwungvoll zu werfen; irgendwie waren wir auch wie Akrobaten, die aufeinander zustürzen, sich in der Luft treffen und umschlungen ins Netz fallen. So war es.

Ihr Mund stand offen, ihre Augen waren zur Seite gerollt und blieben starr – ich hatte ein Gefühl, als bräche die Dämmerung herein. Ich wußte, wie weit sie war, jedenfalls glaubte ich es zu wissen. Sie drängte, sie trieb uns an. Es bestand keine Gefahr, sie auf diese Weise zu zerbrechen. Orra. Ich fragte mich, ob sie wußte – das gefiel mir an ihr –, wie naiv das war, dieser amerikanische Fick, dieser Teenager-albern-in-der-Dämmerung-auf-der-Straße-herum-Fick. Nachdem ich meinen Schwanz zurechtgerückt und ein bißchen hin und her bewegt und den Unterleib auf ihre Klitoris gepreßt hatte, zog ich ihn ein Stück heraus, allerdings nicht gerade, sondern in einem Bogen, so daß er gegen die Wand ihrer Möse drückte und sie verfolgen konnte, wo er gerade war; und dann hielt ich ganz kurz inne, bevor ich wieder zustieß, damit sie sich auf den Stoß gefaßt machen und ihn erwarten konnte; ich hämmerte ihn hinein und verstand sie, während ich auf absurde und wahrscheinlich ganz unbegründete Weise meine sexuelle Virtuosität genoß; und sie wurde plötzlich still und begann dann laut zu atmen, und dann stürzte etwas in ihr ein oder brach. Mit einemmal erschauerte sie anders. Es war wirklich, als läge sie auf einem Bett aus Flügeln, als hätte sie unter sich ein halbes Dutzend zusammengelegter Flügel, sechs gewaltige Schwingen, große, geäderte, pulsierende, lebendige Schwingen, echte Schwingen mit fleischigen Rändern, aus deren Rückseite schimmernde Federn wuchsen; und sie alle regten sich unter ihr.

Sie richtete sich halb auf, und ich hielt sie, damit sie sich nicht herumwarf und ihren Halt oder ihre gerade erst gewonnene Höhe verlor auf diesem unzugänglichen Glasberg, den sie begonnen hatte zu ersteigen, auf dieser zerbrechlichen Durchsichtigkeit, die unter ihr entstand und größer wurde und für mich von Licht und Dunkelheit zu schäumen schien, als glitten wir über einer Landschaft aus Hecken und Mondlicht und Schatten durch die Luft: ein Berg, ein Meer, das entstand und größer wurde; es wurde größer und größer; und sie sagte: «OH!» und «OHHH!», fast als hätte sie Höhenangst, als hätte sie sich in die Luft geschwungen und fühlte sich noch immer unsicher auf ihren Schwingen und als wäre ich dabei, zwar ohne Flügel, aber dank irgendeines Zauberwortes und einer Gnade der Verbundenheit; ich hämmerte weiter, und sie sah hinunter und bekam Angst: Die Spannung in ihrem Körper nahm gewaltig zu; und plötzlich durchlief sie eine große, eine wirklich massive Welle der Gewalt, aber jetzt war es, als begänne, aus Angst vor der Höhe oder infolge irgendeines Automatismus, das erste ihrer drei Flügelpaare zu schlagen: große Fächer wedelten durch die Luft, große Schwingen aus Fleisch und Blut, aus denen Federn wuchsen, bewegten sich auf und nieder, gaben ihr Halt und hoben sie noch weiter hinauf – sie zischte und raschelte, sie war still und zugleich heftig; die großen Schwingen und ihre Bewegungen erzeugten Muster aus angespannten und sich überkreuzenden Muskeln: ihre Arme, Beine und Brüste waren ein Echo dieser Anstrengung oder unterwarfen sich der Anstrengung oder mühten sich, die Last der schlagenden, peitschenden Flügel zu bewegen. Ihre Atemzüge waren wild, aber nicht laut, und kippten in alle möglichen Richtungen; unregelmäßig waren sie und neu in diesem besonderen Traum, und sie erzeugten den Eindruck, als sähe sie auf einen großen Luftraum hinab; sie packte mich bei den Schultern, aber sie hatte vergessen, wie sie die Hände zu bewegen hatte, denn diese führten nur die Geste des Zupackens aus, die Geste eines wohlmeinenden, dunklen, aber immer heller leuchtenden, verrückten, an Gedächtnisschwund leidenden Engels. Sie rief: «Wiley! Wiley!», aber sie rief es *flüsternd*, im Flüsterton eines Menschen, der an einem Nachthimmel dahinglitt, der sich wahnwitzig in die Luft schwang, eines Menschen, der verrückt wurde, der die verrückte Reinheit und Gemütsart eines Engels annahm, eines Menschen, für den dies alles eine unerträgliche Qual darstellte und der eine unerträgliche Angst litt, dessen Lust gewaltig, nur zur Hälfte menschlich, wahnsinnig war. Dann rief sie zurechtweisend: «Wiley!» Sie schrie meinen Namen: *«Wiley!»* – es war lediglich ein Ausruf, sie schrie ihn heiser und irr, sie bat um Hilfe, gab aber mir die Schuld; es war ein häßliches Geräusch, das ein wenig wie aus der Gosse klang; die Häßlichkeit zerstörte nichts, vielleicht besaß sie auch einen eigenen Impetus, aber sie zerriß eine andere Hülle, eine Membran der Gewöhnlichkeit – ich weiß es nicht –, und Orras zweites Flügelpaar begann zu schlagen; ihr ganzer Körper flatterte auf dem Bett. Ich war so naß wie ... ein Fisch und stampfte weiter, verschwitzt, mahlend. Ich sagte: «Das ist gut, Orra, das ist gut.» Und stieß weiter zu. Hing in der Luft. Sie rief: *«Was ist das?»* Sie schrie es, wie eine riesige Frau, die sich ihrer Haut zu wehren weiß, jemanden anschreien könnte, der sie unklugerweise mit Schlägen traktiert. Sie schrie – wütend, es schien wie eine Ankündigung eines Wutausbruchs zu sein: *«Oh, mein Gott!»* Wie: *«Wer hat diese Tasse kaputtgemacht?»* Ich machte weiter. Sie richtete sich auf, hob den Kopf und sah mir gerade in die Augen; ihre Augen waren riesig, sie quollen vor. Sie sagte: *«Wiley, es passiert!»* Dann ließ sie sich zurückfallen und schrie ein paar Sekunden lang. Ich mahlte und sagte ein bißchen dumpf: «Das ist gut, Orra das ist gut.» Ich wollte nicht *Laß los* oder irgend etwas Eindeutiges sagen, denn schließlich hatte ich keinen blassen Dunst vom weiblichen Orgasmus und wollte ihr nicht einen Ratschlag geben und damit alles verderben; außerdem wollte ich mich nicht festlegen, denn es war ja möglich, daß das hier blinder Alarm war und wir weitermachen mußten. Ich stieß zu, hielt inne und zog ihn wieder raus und stieß wieder zu, allerdings nicht ganz im Takt – eins-bums-eins-bums, und dann eins-eins-eins –, und sagte: «Das ist scharf, das macht mich an, Orra, das macht mich sehr an», und dann: «Gut, Orra», und darauf zitterte sie auf eine ganz neue Art. *«Gut,* Orra», sagte ich, *gut ... Orra»*, und dann, mit einemmal, geschah es. Irgend etwas zog sie über den Rand, und irgend etwas gab nach; und alle drei Flügelpaare begannen zu schlagen: Sie war das Zentrum und der Ursprung und das Opfer eines Sturms von Flügelschlägen; wir schwebten über der Welt; Gottes Körper in uns glitt als riesiger Vogel dahin; das große Wunder peitschte ihren Rücken, peitschte rings um uns her auf das Bett; es zerrte an ihr, sie war gequält und außer sich, sie war sich fremd in diesem körperlich-unkörperlichen Ding, in dieser engelsgleichen anderen Verkörperung Gottes, diesem anderen Element ihrer selbst: Die Flügel waren ausgebreitet; sie donnerten und galoppierten keuchend mit ihr davon; fast rissen sie sie auseinander; und sie schrie: «*Wiley!*» und «*Meingottmeingottmeingott!*» und «ES HÖRT GAR NICHT MEHR AUF, WILEY. ES HÖRT GAR NICHT MEHR AUF!» Sie war bleich und gerötet zugleich; die Haare hingen ihr ins Gesicht; sie war schweißnaß und schlug um sich. Es war, als würde sie von einer unglaublich seltsamen und wilden Kraft – etwas wie ein heiliger Zorn – in eine Höhe gehoben, in der sie nicht atmen oder gehen konnte: Der Äther würgte sie, sie war ein kriechender Seraph – taumelnd und flammend und fremd, mit einer Kraft, die das Vorstellungsvermögen überstieg, schrecklich und beängstigend und schöner, als ein Mensch je sein kann. Ein schreiendes Kind, ein heulender Engel in göttlichen Gefilden: Sie schüttelte sich, ohne an sich zu halten, wie ein Engel, der Drohungen ausstößt; ihr Körper bäumte sich auf, fiel zurück, bäumte sich abermals auf; ihre Hände schlugen auf das Bett; sie stieß sehr laute, heisere, zerrissene Laute aus – ich hatte Angst um sie: Es war ihr erster Orgasmus in den sechs Jahren, in denen sie mit ihrem Körper herumgespielt hatte. Es tat ihr weh; ihr Gesicht sah aus wie ein Stein, wie eine monströse Schnitzerei; nur ihr Körper war lebendig; ihre Arme und Beine waren ausgestreckt und angespannt und schlugen um sich oder waren schwach und zuckten kraftlos. Sie war ein Engel, so funkelnd wie ein wunderschönes, zigmal vergrößertes und unwiderruflich exotisches Insekt: Sie war nicht wie ich – sie war eine Frau, die rasselnde, erstaunte, unkontrollierte, unglückliche Laute ausstieß, eine Frau, die aussah, als sei sie erschreckt und vertieft und von der Vielfalt und der Bösartigkeit der Empfindungen – einschließlich ihrer Erleichterung – zermürbt, die auf sie einstürzten. Ich kniete mich hin und bewegte mich ein bißchen in ihr und streichelte ihre Brüste mit sanften, flügelartigen Auswärtsbewegungen. Und sie schrie: «*Wiley, ich komme!*» und stürzte mit einer gewissen Dumpfheit in ihren zweiten oder vielleicht auch dritten Orgasmus, seit sie vor ein paar Minuten angefangen hatte zu kommen; wir hätten noch stundenlang weitermachen können, aber sie sagte: «Es tut weh, Wiley, es tut weh, mach, daß es aufhört …» Also bewegte ich mich nicht; ich hielt bloß ihre Oberschenkel mit den Händen fest; und ihre Zuckungen begannen auszulaufen und vertröpfelten in kleinen Schauern; der versteinerte Ausdruck wich aus ihrem Gesicht; sie beruhigte sich, bis sie nur noch ein wenig zitterte, und dann sagte sie – sie wollte es voll Verwunderung sagen, aber es wurde ein Ausruf daraus, der mit einem Nachklang endete, einer Einleitung zu einem kleinen Schrei –, sie sagte: «Es ist *passiert ...*» Oder: «Es ist passieeeert ...» Bei dem Gedanken an den ersten Orgasmus ihres Lebens hatte sie gleich noch einen gehabt.

Dieser hier glich mehr drei kleinen Orgasmen, die an Intensität nachließen. Als sie ruhiger geworden war, sagte sie keuchend: «Oh, du *liebst* mich ...»

Auch das erregte sie, und als diese Erregung abgeklungen war, sagte sie – wütend –: «Ich hab immer schon gewußt, daß sie etwas falsch gemacht haben. Ich hab immer schon gewußt, daß mit mir alles in Ordnung war ...» Und das wiederum bewirkte, daß leichte Schauer sie überliefen. Etwas früher hatte ich, ohne es zu bemerken, angefangen zu weinen. Als ich mich an ihr hinaufschob, um mich auf sie zu legen, fielen meine Tränen auf ihre Oberschenkel, ihren Bauch, ihre Brüste. Ich wollte sie umarmen, mein Gesicht an das ihre schmiegen. Ich wollte sie in den Armen halten. Ich schob die Arme unter ihr hindurch, und sie sagte: «Oh, Wiley», und wollte ihre Arme heben, aber wieder begann sie zu zittern; und dann, obwohl sie zitterte, hob sie die Arme und drückte mich mit bebender, unverkennbarer Strenge an sich; dann fing auch sie an zu weinen.

Albert Camus

Die Stummen

Es war mitten im Winter, doch brach über der bereits geschäftigen Stadt ein strahlender Tag an. Hinter der Mole verschwammen Meer und Himmel in einem einzigen Glanz. Yvars indessen sah nichts davon. Mühsam radelte er die den Hafen überblickenden Boulevards entlang. Sein verkrüppeltes Bein ruhte steif auf dem unbeweglichen Pedal des Fahrrads, während das gesunde sich abmühte, das von der nächtlichen Feuchtigkeit noch nasse Pflaster zu meistern. Schmächtig sah er aus auf seinem Rad; ohne den Kopf zu wenden, vermied er die Schienen der ehemaligen Straßenbahn, wich mit einer ruckartigen Bewegung der Lenkstange zur Seite, um die ihn überholenden Automobilisten durchzulassen, und schob von Zeit zu Zeit mit dem Ellenbogen den am Rücken baumelnden Brotsack zurecht, in den Fernande sein Mittagessen gepackt hatte. Dann dachte er jedesmal voll Bitterkeit an seinen Inhalt. Zwischen den beiden Scheiben derben Brotes befand sich nicht etwa ein spanischer Eierkuchen, der ihm so gut schmeckte, und auch kein in Öl gebratenes Beefsteak, sondern bloß ein Stück Käse.

Der Weg zur Arbeit war ihm noch nie so lang vorgekommen. Alt wurde er auch. Mit vierzig Jahren werden die Muskeln nicht mehr so schnell warm, obwohl er hager geblieben war wie ein Rehbock. Wenn er hin und wieder die Sportberichte las, in denen ein Wettkämpfer von dreißig Jahren als Veteran bezeichnet wurde, zuckte er die Achseln. «Wenn das ein Veteran ist», sagte er dann zu Fernande, «gehöre ich bereits zu den Flachgelegten.» Indessen wußte er, daß die Journalisten nicht ganz unrecht hatten. Mit dreißig Jahren wird der Atem schon unmerklich kürzer. Mit vierzig gehört man noch nicht zu den Flachgelegten, nein, aber man bereitet sich von ferne und eine Spur vorzeitig darauf vor. War nicht dies der Grund, warum er schon seit langem auf der Fahrt, die ihn ans andere Ende der Stadt in die Böttcherei brachte, das Meer nicht mehr anschaute? Als er zwanzig war, wurde er nicht müde, es zu betrachten; es verhieß ihm ein glückliches Wochenende am Strand. Trotz oder wegen seines Hinkens hatte er das Schwimmen immer geliebt. Dann waren die Jahre vergangen. Fernande war gekommen, später der Junge, und für das tägliche Brot die Überstunden, am Samstag in der Böttcherei, am Sonntag bei Privatleuten, wo er dies und jenes bastelte. Nach und nach hatte er sich diese leidenschaftlichen, ihn ganz erfüllenden Tage abgewöhnt. Das tiefe, klare Wasser, die kraftvolle Sonne, die Mädchen, das Leben des Körpers – in seiner Heimat gab es kein anderes Glück. Und dieses Glück verging mit dem Jungsein. Yvars liebte das Meer immer noch, aber erst gegen Abend, wenn das Wasser in der Bucht dunkelte. Dann war es schön auf der Terrasse seines Hauses, auf die er sich nach Feierabend setzte, zufrieden mit dem reinen Hemd, das Fernande so gut zu bügeln verstand, und mit dem kühl überperlten Glas Aniswasser. Die Dämmerung senkte sich herab, eine kurze Lieblichkeit überflog den Himmel, die Nachbarn, die mit Yvars plauderten, dämpften plötzlich ihre Stimmen. Dann wußte er nicht, ob er glücklich war oder ob er Lust hatte zu weinen. In diesen Augenblicken wenigstens fühlte er sich mit sich und der Welt im Einklang, er hatte nichts anderes zu tun, als zu warten, ganz still, ohne recht zu wissen, worauf.

Am Morgen dagegen, wenn er zur Arbeit fuhr, schaute er das Meer nicht mehr gerne an; es war zwar immer getreulich zur Stelle, aber er wollte es erst abends wiedersehen. An jenem Morgen fuhr er mit gesenktem Kopf und noch schwerfälliger als sonst: auch das Herz war ihm schwer. Als er am Vorabend von der Versammlung nach Hause gekommen war und mitgeteilt hatte, die Arbeit werde wiederaufgenommen, hatte Fernande freudig gefragt: «Der Boss gewährt euch also die Aufbesserung?» Der Boss gewährte gar nichts, der Streik war gescheitert. Sie waren allerdings auch nicht geschickt vorgegangen, das mußte man zugeben. Ein aus Zorn geborener

Streik, und die Gewerkschaft hatte sich mit Recht nicht energisch hinter sie gestellt. Fünfzehn Arbeiter waren übrigens nicht gerade eine überwältigende Zahl; die Gewerkschaft trug den anderen Böttchereien Rechnung, die nicht in den Ausstand getreten waren. Man durfte ihnen nicht allzu böse sein. Das ganze Böttchergewerbe war durch den Bau von Tankschiffen und Kesselwagen in seinem Bestand bedroht. Es wurden immer weniger kleine und mittelgroße Fässer hergestellt; man besserte hauptsächlich die schon vorhandenen großen Fuderfässer aus. Die Inhaber machten schlechte Geschäfte, das stimmte, aber sie wollten ihre Gewinnmarge ungeschmälert bewahren; am einfachsten schien ihnen noch immer, die Löhne ungeachtet der steigenden Preise niedrig zu halten. Was können Böttcher schon anfangen, wenn die Böttcherei ausstirbt? Man wechselt nicht sein Handwerk, wenn man sich die Mühe genommen hat, eines zu erlernen, und das ihre war schwierig und erforderte eine lange Lehrzeit. Ein wirklich guter Böttcher, der es verstand, seine gebogenen Faßdauben genau abzurichten und sie mit Feuer und Stahlreifen beinahe hermetisch zusammenzufügen, ohne Bast oder Werg zu gebrauchen, war eine Seltenheit. Yvars wußte es und war stolz auf seine Kunst. Den Beruf zu wechseln ist eine Kleinigkeit, aber auf das, was man kann, auf seine eigene Meisterschaft zu verzichten, ist nicht leicht. Ein schönes Handwerk ohne Verwendung, da gab es keine Wahl, man mußte sich fügen. Aber auch das Sich-Fügen ist nicht leicht. Es fiel schwer, den Mund zu halten, nicht wirklich verhandeln zu können, jeden Morgen den gleichen Weg unter die Füße zu nehmen und die Müdigkeit in sich wachsen zu spüren, um am Ende der Woche doch nur zu bekommen, was man einem gnädigst geben wollte und was je länger desto weniger genügte.

Da waren sie zornig geworden. Zwei oder drei zögerten wohl, aber nach den ersten Unterhandlungen hatte der Zorn auch sie gepackt, denn der Boss hatte kurz und bündig erklärt, wer nicht wolle, der habe gehabt. So darf ein Mann nicht reden. «Was glaubt er eigentlich?» hatte Esposito gesagt. «Daß wir ihm hinten hineinkriechen?» Der Boss war im übrigen kein schlechter Kerl. Er hatte das Geschäft von seinem Vater geerbt, war in der Werkstatt aufgewachsen und kannte beinahe alle Arbeiter seit Jahren. Hin und wieder lud er sie zu einem Imbiß in der Böttcherei ein; da briet man dann Sardinen oder Blutwürste über einem Spanfeuer, und wenn der Wein seine Wirkung tat, war der Boss wirklich sehr nett. Zu Neujahr schenkte er immer jedem seiner Arbeiter fünf gute Flaschen Wein, und wenn einer krank war oder irgendein Familienfest gefeiert wurde, eine Hochzeit oder eine Firmung, machte er oft ein Geldgeschenk. Als sein Töchterchen zur Welt kam, wurden getreu dem Brauch Zuckermandeln verteilt. Zwei- oder dreimal hatte er Yvars zur Jagd auf sein Gut an der Küste eingeladen. Zweifellos hatte er seine Arbeiter gern, und er rief ihnen oft in Erinnerung, daß sein Vater als Lehrling angefangen hatte. Aber er hatte sie nie zu Hause aufgesucht, er hatte keine Ahnung. Er dachte nur an sich, weil er nur sich kannte, und jetzt hieß es, wer nicht will, der hat gehabt. Anders gesagt: er hatte sich seinerseits vertrotzt. Er jedoch konnte es sich leisten.

Sie hatten der Gewerkschaft die Hand forciert, das Unternehmen hatte seine Tore geschlossen. «Macht euch keine Mühe mit Streikposten», hatte der Boss gesagt. «Wenn die Böttcherei stilliegt, mache ich Ersparnisse.» Das stimmte nicht, aber die Bemerkung hatte kein Öl auf die Wogen gegossen, denn damit bedeutete er ihnen ja ohne Umschweife, daß er ihnen aus lauter Barmherzigkeit Arbeit gewährte. Esposito war außer sich geraten und hatte ihm gesagt, er sei kein Mann. Der andere war genauso hitzig, und man hatte die beiden trennen müssen. Aber gleichzeitig hatte es den Arbeitern doch Eindruck gemacht. Zwanzig Tage Ausstand, die Frauen zu Hause von Sorgen bedrückt, zwei oder drei unter den Arbeitern entmutigt, und schließlich hatte die Gewerkschaft geraten nachzugeben, nachdem ein Schiedsgericht und ein Nachholen der Streiktage durch Überstunden versprochen worden war. Da hatten sie beschlossen, die Arbeit wiederaufzunehmen. Mit großen Sprüchen natürlich und der Versicherung, damit sei die Sache keineswegs erledigt, man werde es nicht dabei bewenden lassen. Aber an diesem Morgen eine Müdigkeit, die der Last der Niederlage glich, der Käse an Stelle des Fleisches – es war keine Illusion mehr möglich. Da mochte die Sonne lang scheinen, das Meer verhieß nichts mehr. Yvars trat auf sein einziges Pedal, und bei jeder Umdrehung des Rades schien ihm, er werde wieder ein bißchen älter. Er vermochte nicht an die Werkstatt, an die Kameraden und an den Boss zu denken, dem er nun wieder entgegentreten mußte, ohne daß ihm das Herz noch schwerer wurde. Fernande hatte besorgt gefragt: «Was werdet ihr ihm sagen?» – «Nichts.» Yvars hatte sein Rad bestiegen und den Kopf geschüttelt. Er hatte die Zähne zusammengebissen, sein feingeschnittenes Gesicht, schmal, braun, schon ein wenig runzlig, hatte sich verschlossen. «Wir arbeiten. Das genügt.» Und jetzt fuhr er zur Arbeit, immer noch mit zusammengebissenen Zähnen und einer traurigen, spröden Wut, die selbst den Himmel verdüsterte.

Er verließ den Boulevard und das Meer und gelangte in die feuchten Gassen des alten spanischen Viertels. Sie mündeten in eine Gegend, in der sich einzig Schuppen, Alteisenlager und Garagen befanden und wo auch die Werkstätte lag: eine Art Hangar mit Mauern bis auf halbe Höhe, dann eingeglast bis zum Wellblechdach. Diese Werkstatt schloß sich an die ehemalige Böttcherei an, einen von alten Vordächern umgebenen Hof, aus dem man ausgezogen war, als das Unternehmen sich vergrößerte, und in dem man jetzt bloß noch ausgediente Maschinen und nicht mehr verwendbare Fässer unterbrachte. Jenseits dieses Hofes und durch einen mit alten Ziegeln überdachten Durchgang mit ihm verbunden, begann der Garten des Besitzers, und am Ende dieses Gartens stand das Wohnhaus. Es war groß und häßlich, hatte aber dank dem wilden Wein, der es überwuchs, und dem dürftigen Geißblatt, das sich um die Außentreppe rankte, trotzdem etwas Ansprechendes.

Yvars bemerkte sofort, daß das Tor der Werkstatt geschlossen war. Eine Gruppe von Arbeitern stand schweigend davor. Seit er hier arbeitete, war es das erste Mal, daß er bei seiner Ankunft die Türen verschlossen fand. Der Boss wollte ihnen den Meister zeigen. Yvars fuhr links hinüber, stellte sein Rad unter dem Vordach ein, das auf dieser Seite an den Hangar angebaut war, und schritt dem Tor zu. Von weitem schon erkannte er Esposito, seinen Nebenmann in der Werkstatt, einen großgewachsenen, dunkelhäutigen Burschen mit üppigem Haarwuchs; Marcou, den Vertrauensmann der Gewerkschaft, der aussah wie ein kleiner Salontenor; Said, den einzigen Araber in der Böttcherei, und alle die anderen, die ihm schweigend entgegensahen. Aber noch ehe er zu ihnen gelangte, wandten sie sich plötzlich dem Tor zu, das sich eben zu öffnen begann. Ballester, der Werkmeister, erschien auf der Schwelle. Er schloß eine der schweren Türen auf, drehte dann den Arbeitern den Rücken zu und schob das Tor langsam über seine gußeiserne Schiene zurück.

Ballester, der älteste von allen, war gegen den Streik gewesen, aber er hatte von dem Augenblick an geschwiegen, da Esposito ihm vorwarf, er sei ein Söldling des Bosses. Nun stand er neben der Tür, klein und stämmig in seinem dunkelblauen Leibchen, bereits barfuß (er und Said waren die einzigen, die barfuß arbeiteten), mit Augen, die so hell waren, daß sie in seinem alten, gebräunten Gesicht gleichsam ohne Farbe schienen, und schaute zu, wie sie einer nach dem anderen eintraten; sein Mund unter dem dichten, hängenden Schnurrbart war traurig. Sie sagten kein Wort, gedemütigt durch diesen Einzug als Besiegte, wütend über ihr eigenes Schweigen, aber immer weniger fähig, es zu brechen, je länger es dauerte. Ohne Ballester anzublicken, gingen sie an ihm vorbei; sie wußten, daß er einem Befehl gehorchte, wenn er sie auf diese Weise einzutreten zwang, und sein bitteres, bekümmertes Gesicht verriet ihnen, was er dachte. Yvars dagegen schaute ihn an. Ballester, der ihn gut mochte, nickte ihm wortlos zu.

Nun befanden sie sich alle in der kleinen Garderobe rechts vom Eingang: offene Abteile, die durch Bretter aus rohem Holz voneinander abgetrennt waren; zu beiden Seiten dieser Zwischenwände hing jeweils ein kleines, verschließbares Kästchen. Das vom Eingang aus gesehen letzte Abteil, das an die Mauern des Schuppens stieß, war als Duschraum ausgebaut worden, für dessen Abfluß eine Rinne direkt in den Boden aus gestampfter Erde gegraben war. In der Mitte des Hangars sah man, je nach dem Arbeitsplatz, bereits fertige, aber erst locker gebundene große Bordeauxfässer, die auf das Anziehen der Reifen über dem Feuer warteten, klobige Bänke, die eine lange Spalte aufwiesen (in einigen staken runde Bodenstücke, die mit dem Hobel geschlichtet werden mußten), und schließlich geschwärzte Feuerstellen. Links vom Eingang reihten sich der Wand entlang Hobelbänke, und davor türmten sich die Haufen der zu hobelnden Dauben. An der rechten Mauer blitzten nicht weit von der Garderobe zwei mächtige, gut geölte und leise arbeitende Kreissägen.

Seit langem schon war der Hangar zu groß für die Handvoll Männer, die darin arbeiteten. Während der heißen Jahreszeit war das ein Vorteil, im Winter ein Nachteil. Heute jedoch trug alles dazu bei, der Werkstatt ein trostloses Aussehen zu verleihen: der weite Raum, die im Stich gelassene Arbeit, die in den Ecken herumliegenden Fässer, die nur einen einzigen Reifen aufwiesen, während die am unteren Ende zusammengebundenen Dauben nach oben auseinanderstrebten wie grobschlächtige Holzblumen, und der Staub des Sägemehls, der die Tische, die Werkzeugkisten und die Maschinen überzog. Die Männer trugen nun ihre alten Leibchen, ihre verwaschenen und geflickten Hosen, sie schauten sich um, und sie zögerten. Ballester beobachtete sie. «Na», sagte er, «wollen wir dahinter?» Wortlos begab sich ein jeder an seinen Platz. Ballester ging von einem zum anderen und rief kurz in Erinnerung, welche Arbeit begonnen oder beendet werden mußte. Niemand gab Antwort. Bald erdröhnte der erste Hammer auf dem eisenbeschlagenen Holzkeil, der einen Reifen über den Bauch eines Fasses trieb, ein Hobel stieß ächzend auf einen Astknorren, und eine der Sägen, die von Esposito in Betrieb gesetzt wurde, hob laut an zu kreischen. Said brachte je nach Bedarf Dauben herbei oder zündete die Spanfeuer an, über die man die Fässer stülpte, um sie in ihrem Panzer aus Eisenreifen aufquellen zu lassen. Wenn niemand ihn benötigte, vernietete er an den Hobelbänken mit kräftigen Hammerschlägen die breiten, verrosteten Reifen. Der Hangar begann nach den brennenden Hobelspänen zu riechen. Yvars, der die von Esposito geschnittenen Dauben hobelte und abrichtete, atmete den altgewohnten Geruch ein, und der Druck über seinem Herzen lockerte sich ein wenig. Sie arbeiteten alle schweigend, aber in der Werkstatt entstand nach und nach wieder ein bißchen Wärme und Leben. Frisches Licht flutete durch die großen Scheiben und füllte den Hangar. Die Räuchlein blauten in der goldenen Luft; Yvars hörte sogar das nahe Summen eines Insekts.

In diesem Augenblick öffnete sich in der hinteren Wand die Tür, die zur ehemaligen Böttcherei führte, und Monsieur Lassalle, der Boss, stand auf der Schwelle. Er war knapp über dreißig, schlank und dunkelhaarig. Er trug ein weißes Hemd mit offenem Kragen, einen beigen Gabardineanzug und schien sich in seiner Haut wohl zu fühlen. Trotz seines sehr knochigen, messerscharf geschnittenen Gesichts fand man ihn im allgemeinen sympathisch, wie die meisten Leute, denen der Sport ein gelöstes Auftreten verleiht. Indessen schien er ein bißchen befangen, als er nun die Werkstatt betrat. Sein Gruß war weniger klangvoll als sonst; auf jeden Fall wurde er von niemand erwidert. Das Klopfen der Hämmer verlangsamte sich, geriet ein wenig aus dem Takt und ertönte gleich darauf um so kräftiger. Monsieur Lassalle machte unschlüssig ein paar Schritte, dann ging er auf den kleinen Valery zu, der erst seit einem Jahr mit ihnen arbeitete. Nicht weit von Yvars entfernt stand er neben der Kreissäge und setzte einem Bordeauxfaß den Boden ein. Der Boss schaute ihm zu. Valery arbeitete weiter, ohne ein Wort zu sagen. «Na, mein Junge», sagte Monsieur Lassalle, «wie geht's?» Die Bewegungen des jungen Mannes wurden plötzlich unbeholfener. Er warf einen Blick auf Esposito, der neben ihm auf seinen riesigen Armen einen Stoß Dauben aufschichtete, um sie Yvars zu bringen. Esposito blickte ihn ebenfalls an, ohne seine Arbeit zu unterbrechen, und Valery steckte die Nase wieder in sein Faß und blieb dem Boss die Antwort schuldig. Leicht verdutzt stand Lassalle noch einen Augenblick vor dem Jungen, dann zuckte er die Achseln und kehrte sich Marcou zu. Dieser saß rittlings auf seiner Bank und war dabei, mit kleinen, langsamen und genauen Bewegungen die Schmalseite eines Bodens zurechtzuhobeln. «Guten Morgen, Marcou», sagte Lassalle etwas weniger liebenswürdig. Marcou gab keine Antwort, er schien einzig darauf bedacht, seinem Holz nur ganz dünne Späne abzunehmen. «Was fällt euch ein?» Lassalle erhob die Stimme und wandte sich diesmal an alle. «Wir waren verschiedener Meinung, zugegeben. Aber das hindert nicht, daß wir miteinander arbeiten müssen. Was hat das dann für einen Zweck?» Marcou stand auf, hob seinen Boden in die Höhe, prüfte mit der flachen Hand die Rundung, kniff mit einem Ausdruck tiefer Befriedigung seine schmachtenden Augen zusammen und ging immer noch wortlos auf einen anderen Arbeiter zu, der ein Bordeauxfaß zusammenband. In der ganzen Werkstatt war außer dem Lärm der Hämmer und der Kreissäge nichts zu hören. «Gut», sagte Lassalle, «wenn ihr wieder normal seid, laßt es mich durch Ballester wissen.» Ruhigen Schrittes verließ er den Schuppen.

Beinahe unmittelbar darauf übertönte ein zweimaliges Klingeln das Gedröhn der Werkstatt. Ballester, der sich eben gesetzt hatte, um eine Zigarette zu drehen, stand schwerfällig auf und ging durch die hintere Tür hinaus. Nach seinem Fortgehen schlugen die Hämmer weniger kräftig; einer der Arbeiter hatte sogar eben innegehalten, als Ballester zurückkam. Von der Tür aus sagte er bloß: «Marcou und Yvars, der Boss will euch sprechen.» Yvars' erste Regung war, sich die Hände zu waschen, aber Marcou faßte ihn im Vorübergehen beim Arm, und Yvars hinkte ihm nach.

Draußen im Hof war das Licht so frisch, so flüssig, daß Yvars es auf seinem Gesicht und seinen bloßen Armen geradezu körperlich spürte. Sie stiegen die Außentreppe empor, wo sich im Geißblatt schon die ersten Blüten zeigten. Als sie den mit Diplomen tapezierten Flur betraten, hörten sie Kinderweinen und Monsieur Lassalles Stimme, die sagte: «Nach dem Mittagessen bringst du sie zu Bett. Wenn es nicht besser wird, rufen wir den Arzt.» Dann tauchte der Boss im Gang auf und führte sie in das kleine, ihnen wohlbekannte Arbeitszimmer; die Einrichtung bestand aus unechten Bauernmöbeln, und Sporttrophäen schmückten die Wände. «Setzt euch», sagte Lassalle und nahm hinter seinem Schreibtisch Platz. Sie blieben stehen. «Ich habe euch rufen lassen, weil Sie, Marcou, der Vertrauensmann sind, und du, Yvars, neben Ballester mein ältester Angestellter. Ich will die Diskussion nicht wiederaufnehmen, die ist jetzt zu Ende. Ich kann euch nicht geben, was ihr verlangt, wirklich nicht. Die Sache ist beigelegt, wir sind zum Schluß gekommen, daß die Arbeit wiederaufgenommen werden mußte. Ich sehe, daß ihr mir böse seid, und das schmerzt mich. Das sage ich euch offen. Ich möchte nur folgendes hinzufügen: was mir heute unmöglich ist, wird vielleicht später möglich, wenn die Geschäfte wieder besser gehen. Und wenn es möglich wird, werde ich es tun, noch bevor ihr es von mir verlangt. Inzwischen sollten wir doch versuchen, in Frieden miteinander zu arbeiten.» Er verstummte, schien zu überlegen, dann erhob er die Augen zu ihnen. «Nun?» sagte er. Marcou schaute aus dem Fenster. Yvars hatte die Zähne zusammengebissen, wollte sprechen und vermochte es nicht. «Hört», sagte Lassalle, «ihr habt euch alle verrannt. Das wird euch auch wieder vergehen. Wenn ihr vernünftig geworden seid, vergeßt nicht, was ich euch gesagt habe.» Er erhob sich, trat auf Marcou zu und streckte ihm die Hand entgegen. «Ciao!» sagte er. Marcou erbleichte, sein Barsängergesicht wurde hart und eine Sekunde lang böse. Dann kehrte er sich jäh auf dem Absatz um und ging hinaus. Lassalle war ebenfalls bleich geworden und schaute Yvars an, ohne ihm die Hand hinzuhalten. «Schert euch zum Teufel!» schrie er.

Als sie in die Werkstatt zurückkehrten, aßen die Arbeiter zu Mittag. Ballester war verschwunden. Marcou sagte bloß «Bluff» und ging an seinen Arbeitsplatz. Esposito hielt im Brotkauen inne, um zu fragen, was sie geantwortet hätten; Yvars sagte, sie hätten keine Antwort gegeben. Dann holte er seinen Brotsack und setzte sich auf die Bank, an der er arbeitete. Er hatte eben angefangen zu essen, als er nicht weit von sich Said gewahrte, der rücklings in einem Haufen Hobelspäne lag und mit verlorenem Blick zu den Scheiben schaute, die ein jetzt weniger strahlender Himmel blau tönte. Er fragte ihn, ob er schon fertig sei. Said antwortete, er habe seine Feigen gegessen. Yvars hielt inne. Das Unbehagen, das er seit der Unterredung mit Lassalle nicht losgeworden war, verschwand plötzlich und machte einer wohltuenden Wärme Platz. Er stand auf, teilte sein Brot und sagte, als Said es nicht annehmen wollte, bis in einer Woche werde alles besser gehen. «Dann kannst du ja mich einladen.» Said lächelte. Er biß nun in ein Stück von Yvars' Brot, aber leichthin, wie ein Mensch, der keinen Hunger hat.

Esposito nahm einen alten Kochtopf und machte ein kleines Feuer aus Hobelspänen und Holz. Er wärmte den Kaffee, den er in einer Flasche mitgebracht hatte. Er sagte, sein Krämer habe ihn der Werkstatt gestiftet, als er vernahm, daß der Streik gescheitert war. Ein Senfglas ging von Hand zu Hand. Esposito schenkte jedem einzelnen das bereits gezuckerte Getränk ein. Said hatte mehr Freude an diesem Schluck Kaffee als zuvor am Essen. Esposito trank den Rest schmatzend und fluchend geradewegs aus dem heißen Kochtopf. In diesem Augenblick trat Ballester ein und verkündete das Ende der Mittagspause.

Während sie sich erhoben und Papier und Geschirr in ihre Brotsäcke packten, stellte Ballester sich mitten unter sie und sagte plötzlich, es sei für alle ein harter Schlag, auch für ihn, aber das sei kein Grund, sich wie Kinder zu benehmen, und Schmollen führe zu nichts. Esposito hielt den Kochtopf noch in der Hand, während er sich ihm zukehrte; sein derbes, langes Gesicht war jäh rot geworden. Yvars wußte, was er sagen würde und was sie alle in diesem Augenblick dachten, nämlich daß sie nicht schmollten, daß man ihnen den Mund verschlossen hatte, wer nicht will, der hat gehabt, und daß der Zorn und die Ohnmacht zuweilen so weh tun, daß man nicht einmal schreien kann. Sie waren Männer, mehr war nicht dabei, und sie würden nicht anfangen, Lächeln aufzusetzen und zu scharwenzeln. Aber Esposito sagte nichts von alledem, sein Gesicht entspannte sich endlich, und freundlich klopfte er Ballester auf die Schulter, während die anderen an ihre Arbeit zurückkehrten. Von neuem erdröhnten die Hämmer, der große Schuppen füllte sich mit dem vertrauten Lärm, dem Geruch der Hobelspäne und der alten, schweißfeuchten Kleider. Die große Säge fraß sich knirschend durch das frische Holz der Daube, die Esposito langsam vor sich her schob. An der Stelle, wo sie hineinbiß, sprudelten feuchte Sägespäne empor und bedeckten die groben, behaarten Hände, die sich zu beiden Seiten der heulenden Klinge fest um das Holz schlossen, mit einer Art Paniermehl. Wenn eine Daube durchgesägt war, hörte man nur mehr das Summen des Motors.

Yvars spürte jetzt die Müdigkeit seines über den Hobel gebeugten Rückens. Gewöhnlich machte sie sich erst zu späterer Stunde bemerkbar. Offensichtlich war er in diesen Wochen der Untätigkeit aus der Übung gekommen. Aber er dachte auch an das Alter, das einen die Arbeit der Hände saurer ankommen läßt, wenn es sich nicht um bloße Präzisionsarbeit handelt. Der Schmerz im Rücken war der Vorbote des Alters. Dort, wo die Muskeln mit im Spiel sind, wird die Arbeit schließlich zum Fluch, sie geht dem Tod voraus, und nach einem besonders anstrengenden Tag gleicht der Schlaf bereits dem Tod. Der Junge wollte Lehrer werden, recht hatte er, all die Leute, die da Lobreden hielten auf die Handarbeit, wußten nicht, wovon sie sprachen.

Als Yvars sich aufrichtete, um Atem zu schöpfen und auch um die unguten Gedanken zu verjagen, ertönte von neuem die Klingel. Sie schrillte eindringlich, aber auf so merkwürdige Weise, mit kurzen Pausen, nach denen sie ungeduldig neu einsetzte, daß die Arbeiter innehielten. Ballester hörte erstaunt hin, dann entschloß er sich und ging langsam zur Tür. Er war bereits seit ein paar Sekunden verschwunden, als das Läuten endlich aufhörte. Sie machten sich wieder an die Arbeit. Von neuem wurde die Tür aufgestoßen, und Ballester rannte zur Garderobe. Als er wieder herauskam, trug er Schlappen an den Füßen, und während er noch in seine Jacke schlüpfte, sagte er im Vorbeilaufen zu Yvars: «Die Kleine hat einen Anfall gehabt. Ich hole Germain.» Damit lief er zum Tor hinaus.

Doktor Germain war der Arzt, der die Werkstatt betreute; er wohnte in der Vorstadt. Yvars gab die Neuigkeit kommentarlos weiter. Sie standen um ihn herum und schauten sich ratlos an. Man hörte nur noch den leerlaufenden Motor der Kreissäge. «Vielleicht ist's nicht so schlimm», sagte einer. Sie gingen an ihre Plätze zurück, der Schuppen füllte sich wieder mit den verschiedenen Geräuschen, aber sie arbeiteten langsam, als warteten sie auf etwas.

Nach einer Viertelstunde kam Ballester zurück, legte seine Jacke ab und ging wortlos zur hinteren Tür wieder hinaus. Das Licht jenseits der Glaswände verlor an Kraft. In den kurzen Pausen, da die Säge nicht kreischte, hörte man ein bißchen später das dumpfe Klingeln eines Krankenwagens, zuerst ferne, dann näher, ganz nahe, und dann war es verstummt. Nach einer Weile kam Ballester zurück, und alle umringten ihn. Esposito hatte den Motor abgestellt. Ballester berichtete, die Kleine habe sich in ihrem Zimmer ausgekleidet und sei auf einmal wie vom Blitz getroffen zu Boden gestürzt. «So was!» sagte Marcou. Ballester nickte und wies mit unentschlossener Gebärde auf die Werkstatt; in seinem Gesicht stand Erschütterung. Von neuem war das Bimmeln des Krankenwagens zu hören. Da standen sie alle in der stillen Werkstatt, im gelben Licht, das durch die Scheiben flutete, und ihre verarbeiteten Hände hingen unnütz an den alten, sägemehlbestäubten Hosen herab.

Der Rest des Nachmittags wollte kein Ende nehmen. Yvars fühlte nur noch seine Müdigkeit und sein immer noch bedrücktes Herz. Er hätte sprechen wollen. Aber er hatte nichts zu sagen, und die anderen auch nicht. Auf ihren schweigsamen Gesichtern waren bloß Kummer und eine Art Eigensinn zu lesen. Manchmal bildete sich in ihm das Wort Unglück, aber nur flüchtig, und es verschwand sogleich wieder, wie eine Blase, die schon im Entstehen zerplatzt. Es drängte ihn, heimzukehren, Fernande wiederzufinden, den Jungen, und auch die Terrasse. Und nun verkündete Ballester endlich den Arbeitsschluß. Die Maschinen standen still. Ohne sich zu beeilen, begannen sie die Feuer zu löschen und an ihren Plätzen aufzuräumen, dann gingen sie einer nach dem anderen in die Garderobe. Said war der letzte, er mußte die Werkstatt kehren und den staubigen Boden besprengen. Als Yvars in die Garderobe kam, stand der riesige, dicht behaarte Esposito bereits unter der Dusche. Er kehrte ihnen den Rücken zu und seifte sich geräuschvoll ein. Sonst neckte man ihn immer wegen seiner Schamhaftigkeit; dieser mächtige Bär verbarg nämlich seine edlen Teile beharrlich vor allen Blicken. Aber heute schien niemand es zu beachten. Esposito kam rückwärts heraus und schlang ein Handtuch als Lendenschurz um seinen Leib. Dann duschte sich einer nach dem anderen, und Marcou klatschte eben kräftig auf seine nackten Hüften, als man das Tor langsam auf seinem Eisenrad rollen hörte. Lassalle trat ein.

Er war gleich angezogen wie bei seinem ersten Besuch, aber seine Haare waren ein bißchen in Unordnung geraten. Er stand auf der Schwelle still, betrachtete die weite, verödete Werkstatt, machte ein paar Schritte, hielt wieder inne und blickte zur Garderobe hinüber. Esposito, immer noch mit seinem Lendenschurz angetan, drehte sich ihm zu. Nackt und verlegen trat er von einem Fuß auf den anderen. Yvars dachte, es sei an Marcou, etwas zu sagen. Aber Marcou stand unsichtbar hinter dem Wasserfall, der ihn umsprühte. Esposito griff nach seinem Hemd und war dabei, es sich eilig überzuziehen, als Lassalle mit etwas tonloser Stimme «Gute Nacht» sagte und auf die Hintertür zuging. Als es Yvars in den Sinn kam, man müßte ihn herbeirufen, fiel die Türe bereits wieder ins Schloß.

Da zog Yvars sich an, ohne sich zu waschen, wünschte seinerseits gute Nacht, aber voll Herzlichkeit, und sie erwiderten seinen Gruß mit der gleichen Wärme. Er ging schnell hinaus, nahm sein Rad und fand, als er es bestieg, auch seine Müdigkeit wieder. Nun fuhr er im sich neigenden Nachmittag durch das Gedränge der Stadt. Er beeilte sich, er wollte heim, in das alte Haus und auf die Terrasse. Er würde sich in der Waschküche waschen, bevor er sich hinsetzte und auf das Meer hinausschaute, das ihn jetzt schon, dunkler als am Morgen, jenseits der Kehren des Boulevards begleitete. Aber auch das kleine Mädchen begleitete ihn, und er konnte seine Gedanken nicht von ihm lösen.

Als er heimkam, war der Junge aus der Schule zurück und las in illustrierten Zeitschriften. Fernande fragte Yvars, ob alles gutgegangen sei. Er sagte nichts, wusch sich in der Waschküche und setzte sich dann auf die Bank am Terrassenmäuerchen. Gestopfte Wäsche hing über ihm, der Himmel wurde durchsichtig; jenseits der Mauer konnte man das weiche, abendliche Meer sehen. Fernande brachte den Anis, zwei Gläser, den Krug mit frischem Wasser. Sie setzte sich neben ihren Mann. Er erzählte ihr alles, während er ihre Hand hielt wie in der ersten Zeit ihrer Ehe. Als er fertig war, verharrte er unbeweglich, dem Meere zugekehrt, über das bereits von einem Zipfel des Horizonts zum anderen die Dämmerung huschte. «Ach, er ist selber schuld!» sagte er. Er hätte jung sein mögen mit einer noch jungen Fernande, und sie wären fortgezogen, übers Meer.

John Cheever

Das Wiedersehen

Meinen Vater habe ich zuletzt in der Grand Central Station gesehen. Ich fuhr von meiner Großmutter in den Adirondacks zu einem Wochenendhaus am Cape, das meine Mutter gemietet hatte, und ich schrieb meinem Vater, daß ich in New York zwischen zwei Zügen anderthalb Stunden Zeit hätte. Ich fragte an, ob wir zusammen essen gehen könnten. Seine Sekretärin schrieb mir, daß er mich um die Mittagszeit am Auskunftschalter erwarten würde, und pünktlich um zwölf Uhr sah ich ihn in der Menge auftauchen. Für mich war er ein Fremder – meine Mutter hatte sich vor drei Jahren von ihm scheiden lassen, und ich war seither nicht mehr mit ihm zusammengewesen –, aber sobald ich ihn sah, fühlte ich, daß er mein Vater war, mein Fleisch und Blut, meine Zukunft und mein Schicksal. Ich wußte, daß ich, einmal erwachsen, etwas werden würde wie er; er war der Maßstab, den ich bei der Verwirklichung aller meiner Pläne würde anzulegen haben. Er war ein großer, gutaussehender Mann, und ich war überglücklich, ihn wiederzusehen. Er schlug mir auf den Rücken und schüttelte mir die Hand. «Tag, Charlie», sagte er. «Tag, mein Junge. Ich würde dich gern in den Club mitnehmen, aber der ist oben in den Sechzigern, und wenn du den nächsten Zug erwischen willst, ist es besser, wir essen gleich hier irgendwo etwas.» Er legte den Arm um mich, und ich schnupperte an meinem Vater, so wie ich meine Mutter an einer Rose hatte riechen lassen. Es war eine sehr satte Mischung aus Whisky, Rasierwasser, Schuhcreme, Wolle und dem Hautgout reifer Männlichkeit. Ich hoffte, jemand würde uns zusammen sehen. Ich wünschte, jemand würde ein Foto von uns machen. Ich wollte es festgehalten haben, daß wir zusammen waren.

Wir verließen den Bahnhof und gingen eine Seitenstraße zu einem Restaurant hinauf. Es war noch früh, und das Lokal war leer. Der Barkeeper stritt sich mit dem Botenjungen herum, und ein sehr alter Kellner in einer roten Jacke stand in der Küchentür. Wir setzten uns, und mein Vater rief laut nach dem Ober. «*Waiter!*» schrie er. «*Garçon! Cameriere!* Sie da!» Sein Stimmaufwand wirkte in dem leeren Lokal reichlich fehl am Platze. «Wo bleibt die Sauce?» rief er. «Dalli-dalli.» Dann klatschte er in die Hände. Der Kellner wurde aufmerksam und kam an den Tisch.

«Haben Sie mich mit dem Händeklatschen gemeint?» fragte er.

«Nur ruhig Blut, *sommelier*», meinte mein Vater. «Wenn es keine zu große Zumutung ist, eine Frage an Sie zu richten – wenn es nicht allzu weit außerhalb ihres Zuständigkeitsbereichs liegt, dann hätten wir gern ein Paar Beefeater Gibson.»

«Ich habe es gar nicht gern, wenn man nach mir klatscht», sagte der Kellner.

«Ich hätte meine Trillerpfeife mitbringen sollen», erwiderte mein Vater. «Ich habe eine Trillerpfeife, die ist nur für die Ohren alter Kellner wahrnehmbar. Und jetzt nehmen Sie Ihren netten kleinen Block und Ihren netten kleinen Bleistift, und sehen Sie zu, daß Sie's richtig mitkriegen: zwei Beefeater Gibson. Sprechen Sie mir nach: zwei Beefeater Gibson.»

«Ich glaube, Sie gehen lieber woandershin», sagte der Kellner ruhig.

«Das ist einer der glänzendsten Einfälle, der mir je zu Ohren gekommen ist», sagte mein Vater. «Komm, Charlie, sehen wir zu, daß wir aus diesem Schuppen hier rauskommen.»

Ich folgte meinem Vater aus dem Restaurant in ein anderes. Diesmal trat er nicht ganz so großartig auf. Unsere Getränke kamen, und er nahm mich über die Baseball-Saison ins Kreuzverhör. Dann klopfte er mit dem Messer an sein leeres Glas und rief wieder laut: «*Garçon! Waiter! Cameriere!* He, Sie! Könnten wir Sie bemühen, uns noch einmal dasselbe zu bringen?»

«Wie alt ist der Junge?» fragte der Kellner.

«Das geht Sie einen feuchten Kehricht an», erwiderte mein Vater.

«Es tut mir leid, mein Herr», sagte der Kellner, «aber dem Jungen bringe ich nichts mehr.»

«Na gut», sagte mein Vater. «Ich habe eine interessante Neuigkeit für Sie. Dies hier ist zufälligerweise nicht das einzige Restaurant in New York. Um die Ecke hat gerade noch eins aufgemacht. Komm, Charlie.»

Er zahlte die Rechnung, und ich folgte ihm aus dem Restaurant in ein anderes. Diesmal hatten die Kellner rosa Jacken an, wie sie zum Jagdanzug gehören, und die Wände waren voller Jagdtrophäen. Wir setzten uns, und wieder fing mein Vater laut zu rufen an: «Befehlshaber der Meute! Halali und so weiter und so weiter. Wir hätten gern so etwas Ähnliches wie einen Appetitanreger, genauer gesagt: zwei Bibson Geefeater.»

«Zwei Bibson Geefeater?» fragte der Ober und lächelte. «Verdammt, Sie wissen ganz genau, was ich meine», stieß mein Vater wütend hervor. «Ich möchte zwei Beefeater Gibson, und zwar ein bißchen dalli. Es hat sich einiges geändert in merry old England. Das hat mir jedenfalls mein Freund, der Herzog, geflüstert. Also, zeigen Sie mal, was England auf dem Gebiet der Cocktails zu bieten hat.»

«Hier ist nicht England», gab der Kellner zur Antwort.

«Fangen Sie nicht an mit mir zu streiten», sagte mein Vater. «Tun Sie, was man Ihnen sagt.»

«Vielleicht möchten Sie gern wissen, wo Sie sich hier befinden», meinte der Ober.

«Wenn es etwas gibt, was ich nicht leiden kann», sagte mein Vater, «dann ist es eine unverschämte Bedienung. Komm, Charlie.»

Das vierte Lokal, in das wir gingen, war ein italienisches Restaurant.

«Buon giorno», sagte mein Vater. *«Per favore, possiamo avere due cocktail americani, forti, forti. Molto Gin, poco vermut.»*

«Ich kann kein Italienisch», sagte der Kellner.

«Oh, tun Sie doch nicht so», winkte mein Vater ab. «Sie

können Italienisch, und, verdammt, Sie wissen das auch selbst. *Vogliamo due cocktail americani. Subito.*»

Der Kellner ging weg und sprach mit dem Geschäftsführer, der an den Tisch kam und sagte: «Es tut mir leid, mein Herr, aber dieser Tisch ist reserviert.»

«Na gut», erwiderte mein Vater. «Geben Sie uns einen anderen Tisch.»

«Alle Tische sind reserviert», sagte der Geschäftsführer.

«Ich verstehe», schaltete mein Vater. «Sie wollen uns nicht als Gäste haben. Ist es das? Ach, fahren Sie doch zur Hölle. *Vade all'inferno*. Gehen wir, Charlie.»

«Ich muß zum Zug», brachte ich vor.

«Das tut mir aber leid, mein Lieber», sagte mein Vater. «Das tut mir wirklich sehr leid.» Er legte den Arm um mich und drückte mich an sich. «Ich bringe dich zum Bahnhof zurück. Hätten wir doch nur genug Zeit gehabt, um in den Club zu gehen.»

«Schon gut, Daddy», sagte ich.

«Ich kaufe dir eine Zeitung», sagte er. «Ich kaufe dir eine Zeitung, damit du im Zug etwas zu lesen hast.»

Er ging zum Zeitungsstand und sagte: «Lieber Herr, würden Sie so gut sein und mir den Gefallen tun, mir eins Ihrer gottverdammten, völlig unnützen Groschenblätter zu verkaufen?»

Der Verkäufer wandte sich ab und starrte auf das Titelfoto einer Illustrierten. «Ist es zuviel verlangt, lieber Herr», fuhr mein Vater fort, «ist es zuviel verlangt, wenn Sie mir eins dieser ekelerregenden Erzeugnisse des Revolverjournalismus überließen?»

«Ich muß gehen, Daddy», erinnerte ich ihn. «Es ist schon spät.»

«Warte noch einen Augenblick, mein Lieber», sagte er. «Warte einen Augenblick. Ich will diesem Burschen doch noch ein Lebenszeichen entlocken.»

«Auf Wiedersehen, Daddy», sagte ich und ging die Treppen hinunter und stieg in den Zug. Ich habe meinen Vater nie wiedergesehen.

John Collier

Der indische Seiltrick

Henry Frazer, fest überzeugt davon, daß man so ziemlich alles mit Spiegeln machen könnte, erhielt einen Posten in Indien. Kaum hatte er den Fuß an Land gesetzt, brach er in wieherndes Gelächter aus. Von den Leuten, die ihn abholten, etwas beunruhigt nach der Ursache seiner Heiterkeit befragt, antwortete er, der bloße Gedanke an den indischen Seiltrick bringe ihn zum Lachen.

Er stieß ähnlich erschreckende Laute aus und gab dafür dieselbe Erklärung bei einem offiziellen Gabelfrühstück, das zu seinem Empfang gegeben wurde; desgleichen auf der Promenade, beim *Chota Peg*, in Rikschas und Basaren, im Klub und auf dem Poloplatz. Bald war er von Bombay bis Kalkutta bekannt als der Mann, der über den indischen Seiltrick lachte, und er sonnte sich in seiner wohlverdienten Popularität.

Eines Tages jedoch, als er in seinem Bungalow saß und sich tödlich langweilte, trat ein Boy ein und meldete mit den geziemenden Selams, draußen sei ein Gaukler, der untertänigst um die Ehre bitte, dem Sahib den indischen Seiltrick vorführen zu dürfen. Henry willigte herzlich lachend ein, ging hinaus auf die Veranda und setzte sich in seinen Stuhl.

Unten auf dem staubigen Vorhof stand ein Eingeborener von recht abgezehrtem Aussehen, der einen lebhaften Jungen, einen großen Bastkorb und ein kolossales Schwert bei sich hatte. Er zog ein an die zehn Meter langes Seil aus dem Korb, machte einigen Hokuspokus und warf es hoch in die Luft. Es blieb oben. Henry kicherte.

Dann packte der Junge mit einem Luftsprung das Seil und kletterte hurtig wie ein Affe Hand über Hand hinauf. Als er oben war, löste er sich in Luft auf. Henry lachte laut heraus.

Nach einem Weilchen begann der Mann, mit ängstlicher

Miene nach oben spähend, nach dem Jungen zu rufen und zu schreien. Er rief, er befahl, er bettelte – der Junge kam nicht herunter. Dann ging er zu grauenhaften Flüchen und Verwünschungen über – der Junge nahm keine Notiz davon.

Nun griff der Schwarze, nachdem er sein erschreckliches Krummschwert zwischen die Zähne geklemmt hatte, selbst nach dem Seil und kletterte wie ein Matrose hinauf. Auch er verschwand, als er oben war. Henry wurde immer fröhlicher.

Bald darauf waren aus luftiger Höhe wimmernde und zeternde Laute zu vernehmen, dann ein Schrei, der das Blut stocken ließ. Ein Bein flog herunter und landete mit dumpfem Aufschlag; ihm folgten ein Arm, ein Schenkel, ein Kopf und weitere Gliedmaßen, und schließlich (Damen waren zum Glück nicht anwesend) knallte ein nacktes Hinterteil gleich einer Bombe auf die Erde. Henry wand sich in Lachkrämpfen.

Dann kam der Schwarze, eine Hand am Seil, heruntergerutscht. Vor Aufregung schnatternd, präsentierte er Henry mit einem Selam die bluttriefende Klinge. Henry wiegte sich entzückt in seinem Stuhl.

Der Schwarze sammelte, scheinbar von Reue überwältigt, die einzelnen Stücke seines kleinen Gehilfen ein, wobei er jeden der grausigen Körperteile mit hundert Klagen und Zärtlichkeiten überschüttete, und verstaute sie alle in dem riesigen Korb.

Jetzt, fand Henry, war es höchste Zeit, den ganzen Hokuspokus zu entlarven; er war bereit, tausend zu eins darum zu wetten, daß sein ganzer Vorhof mit Spiegeln vollgestellt worden war, bevor der Boy ihn herausgerufen hatte. Er zog also seinen Revolver und schoß alle sechs Kammern leer, nach allen Richtungen, um wenigsten einen dieser trügerischen Spiegel zu zertrümmern.

Nichts dergleichen geschah; der Schwarze drehte sich vor Schreck einmal um sich selbst, blickte in den Staub zu seinen Füßen und hob eine garstige, kleinen Schlange auf, nicht dikker als ein Bleistift, die eine von Henrys verirrten Kugeln getötet hatte. Er seufzte erleichtert auf, legte sehr höflich die Hand an den Turban, wandte sich wieder seinem Korb zu und machte einigen Hokuspokus. Sofort sprang der Junge heraus, heil und ganz, springlebendig, übers ganze Gesicht lächelnd und von Übermut und Gesundheit strotzend.

Der Schwarze holte hastig das Seil ein und kam unter vielen Verbeugungen zu Henry herauf, überströmend von Dankbarkeit für seine Rettung vor der garstigen kleinen Schlange, die nichts mehr und nichts weniger war als eine Paraguda – ein Biß, und man dreht sich elf Sekunden wie ein Riesenrad im Kreis, und dann ist man mausetot.

«Beim Himmelsgeborenen», sagte der Schwarze, «ich wäre ein Mann des Todes gewesen, und mein mutwilliger kleiner Junge hier, der mein Stolz und meine Freude ist, hätte zerstückelt im Korb liegen müssen, bis die Diener des Sahibs geruht hätten, ihn den Krokodilen vorzuwerfen. Der Sahib möge über uns verfügen – über unser unwürdiges Leben, unseren spärlichen Besitz, über alles.»

«Schon gut», sagte Henry. «Ich verlange weiter nichts, als daß du mir diesen Seiltrick zeigst, denn sonst werde ich von nun an ausgelacht.»

«Dürfte ich dem Sahib nicht lieber das Geheimnis eines unübertrefflichen Haarwuchsmittels verraten?» fragte der Mann schüchtern.

«Nein, nein», erwiderte Henry. «Nur den Trick.»

«Ich besitze das Geheimnis eines ganz besonderen Stärkungsmittels», sagte der Schwarze, «das der Sahib (natürlich nicht jetzt, sondern in späteren Jahren) vielleicht …»

«Den Trick», sagte Henry, «und zwar auf der Stelle.»

«Also gut», sagte der Schwarze. «Es ist die einfachste Sache der Welt. Ihr braucht nur ein kleines Kunststück zu machen, seht Ihr – so …»

«Einen Moment», sagte Henry. «So?»

«Genau», sagte der Schwarze. «Dann werft Ihr das Seil hoch – so. Seht Ihr? Es bleibt stehen.»

«In der Tat», sagte Henry.

«Jeder Junge kann daran hochklettern», sagte der Schwarze. «Los, Junge! Zeig es dem Sahib.»

Der Junge kletterte lächelnd hinauf und verschwand.

«Jetzt», sagte der Schwarze, «muß ich den Sahib bitten, mich einen Augenblick zu entschuldigen. Ich bin gleich wieder da.» Und er kletterte selbst hinauf, warf den Jungen stückweise herunter und kam in Windeseile wieder zur Erde gerutscht.

«Jeder Mensch kann das», erklärte er, während er Arme und Beine einsammelte. «Aber das, was ich an diesem Punkt mache, verlangt einen kleinen Kniff. Wenn der Sahib geruhen würde, genau zuzusehen – so!»

«So?» fragte Henry.

«Geradezu meisterhaft», sagte der Schwarze.

«Sehr interessant», sagte Henry. «Sag mal, was ist denn da oben, wo das Seil zu Ende ist?»

«Ah, Sahib», sagte der Schwarze lächelnd, «da ist etwas wahrhaft Entzückendes.»

Damit machte er seinen Selam und entfernte sich unter Mitnahme des Seils, des riesengroßen Korbes, des erschrecklichen Krummschwertes und des mutwilligen kleinen Jungen. Henry blieb etwas verdrießlich zurück: vom Dekkan-Hochland bis zum Khyber-Paß kannte man ihn als den Mann, der über den indischen Seiltrick lachte, und nun hatte er nichts mehr zu lachen.

Er beschloß, darüber Stillschweigen zu bewahren, aber leider genügte das nicht. Beim Gabelfrühstück und *Chota Peg*, im Klub und auf der Promenade, im Basar und beim Polo erwartete man sein wieherndes Lachen, und in Indien muß man tun, was von einem erwartet wird. Henry wurde äußerst unpopulär, intrigante Cliquen bildeten sich, und bald wurde er aus dem Staatsdienst entlassen.

Das war um so betrüblicher, als er inzwischen geheiratet hatte, eine hochgewachsene, kräftig gebaute, gepflegte Frau mit festem Blick und etwas herrischem Auftreten; sie war eifersüchtig wie eine Hexe, aber in jeder Hinsicht eine vollkommene Memsahib, die sehr wohl wußte, was ihr zustand. Sie schlug Henry vor, nach Amerika zu gehen und dort ein Vermögen zu machen. Er war einverstanden, sie schnürten ihr Bündel und machten sich auf die Reise nach Amerika.

«Hoffentlich», sagte Henry, als die Skyline von New York in Sicht kam, «hoffentlich gelingt es mir, dieses Vermögen zu machen.»

«Natürlich», sagte sie. «Du mußt nur darauf bestehen.»

«Gewiß, meine Liebe», sagte er.

Nach der Landung mußte er jedoch entdecken, daß alle Vermögen schon von anderen gemacht waren – eine allgemeine Erfahrung unter denjenigen, die mit diesem Vorhaben nach Amerika kommen –, und nachdem er ein paar Wochen von Ort zu Ort gewandert war, hatte er seine Forderungen so weit herabgeschraubt, daß er mit irgendeiner Stellung zufrieden gewesen wäre, dann mit einer schlechtbezahlten Stellung und schließlich mit einer Mahlzeit und einem Bett für die Nacht.

Dieser Tiefpunkt war erreicht, als sie in einer kleinen Stadt im Mittelwesten ankamen. «Es hilft alles nichts, meine Liebe», sagte Henry. «Wir werden es mit dem indischen Seiltrick versuchen müssen.»

Seine Frau weinte laut und bitterlich bei dem Gedanken, daß eine Memsahib dieses Eingeborenenkunststück in einer Stadt des Mittelwestens vor einem Publikum von Mittelwestlern vorführen solle. Sie warf ihm vor, daß er seinen guten Posten verloren habe und überhaupt kein richtiger Mann sei, daß nur durch seine Schuld ihr Hündchen auf dem Korso überfahren worden sei und daß er in Bombay einem Parsenmädchen einen Blick zugeworfen habe. Aber Vernunft und Hunger obsiegten schließlich; sie verpfändeten ihre letzten Juwelen und investierten den Erlös in einem Seil, einer geräumigen Reisetasche und einem kolossalen, verrosteten alten Krummschwert, das sie in einem Trödelladen entdeckten.

Als Henrys Gemahlin das letztere sah, weigerte sie sich rundheraus weiter mitzumachen, es sei denn, daß Henry ihr die Hauptrolle überließe und selbst den Gehilfen spielte. «Aber», sagte Henry, während er mit ängstlichem Daumen über die stumpfe, schartige Schneide des grimmigen, rostigen Schwertes fuhr. «Aber», sagte er, «du kannst ja den Hokuspokus nicht.»

«Den wirst du mir beibringen», sagte sie, «und wenn irgend etwas schiefgeht, hast du es dir selbst zuzuschreiben.»

Henry zeigte ihr also den Hokuspokus, und ich brauche wohl nicht zu versichern, daß er sie sehr gründlich instruierte. Schließlich beherrschte sie alles perfekt, und nun brauchten sie sich nur noch mit Kaffee braun zu färben. Henry improvisierte für sich einen Turban und ein Lendentuch, während sie einen Sari trug, dazu zwei Aschenbecher, die sie vom Hotel ausgeborgt hatte. Sie suchten sich ein unbebautes Grundstück, eine Menge sammelte sich, und die Vorstellung begann.

Das Seil wurde in die Luft geworfen und blieb selbstverständlich stehen. In der Menge erhob sich Gekicher, und man flüsterte einander zu, das alles werde mit Spiegeln gemacht. Henry kletterte unter erheblichem Gepuste Hand über Hand hinauf. Als er oben ankam, vergaß er die Menge, die Vorführung, seine Frau und sogar sich selbst, so überrascht und entzückt war er von dem Anblick, der sich ihm bot.

Er kroch aus einem brunnenähnlichen Schacht auf anscheinend festen Grund und Boden und befand sich in einer Umgebung, die mit der Landschaft unter ihm keinerlei Ähnlichkeit hatte, nämlich in einem indischen Paradies mit lauschigen Mulden, schattigen Lauben, scharlachfarbenen Ibissen und weiß der Himmel, was noch. Aber seine Überraschung und sein Entzücken galten weniger dieser Szenerie als einem jungen weiblichen Wesen in der nächststehenden Laube, die über und über von Passionsblumen umrankt, überdacht, umflochten und überwachsen war. Dieses sehr leicht bekleidete, bezaubernde Geschöpf, zweifellos eine echte Huri, schien Henry zu erwarten und hieß ihn voller Freude willkommen.

Henry – immerhin eine zärtliche Natur – schlang die Arme um ihren Hals und blickte ihr tief in die Augen, die er überraschend beredt fand. Sie schienen zu sagen: «Warum nicht die Feste feiern, wie sie fallen?»

Dieser Vorschlag eröffnete überaus angenehme Aussichten, und so drückte er denn einen langen Kuß auf ihre Lippen, wobei das Geschrei seiner Frau, die von unten nach ihm rief, nur als nicht weiter beachtenswerte Störung undeutlich in sein Bewußtsein drang. «Wie kann man, wenn man nur einen Funken Takt und Delikatesse besitzt, in einem solchen Augenblick so ein Geschrei machen!» dachte er, und dann vergaß er sie.

Man kann sich seine Enttäuschung vorstellen, als das herrliche Frauenbild ihn plötzlich von sich stieß. Er blickte über die Schulter und sah seine Frau, die mit gerötetem Gesicht und dämonischer Wut in den Augen über den Rand kletterte, das mächtige Krummschwert fest zwischen den Zähnen.

Henry wollte sich erheben, aber sie kam ihm zuvor. Er hatte kaum den linken Fuß auf dem Boden, da versetzte sie ihm mit dem riesigen, schartigen Schwert einen Hieb über die Lenden, der ihn soweit lähmte, daß er ihr bäuchlings zu Füßen fiel. «Um Himmels willen», schrie er, «das ist doch alles nur ein Trick. Das gehört zur Nummer. Es bedeutet nichts. Denk an unser Publikum. Die Vorstellung muß weitergehen.»

«Das wird sie», sagte sie und schlug nach seinen Armen und Beinen.

«Oh, dieses stumpfe Schwert!» schrie er. «Bitte, meine Liebe, tu mir den Gefallen und schärfe es ein bißchen an einem Stein.»

«Für dich, du Giftnatter, ist es gut genug», sagte sie, unentwegt weiterhackend. Binnen kurzem war Henry ein arm- und beinloser Rumpf.

«Bei der Liebe Gottes», sagte er, «ich hoffe nur, daß du den Hokuspokus noch weißt. Ich kann dir dann alles erklären.»

«Zum Teufel mit dem Hokuspokus!» erwiderte sie mit einem letzten kräftigen Hieb: sein Kopf rollte wie ein Fußball am Boden.

Sie machte sich hurtig daran, die verstreuten Teile des armen Henry einzusammeln und zur Erde hinunterzuwerfen, alles unter dem Beifall und Gelächter der Menge, die mehr denn je der Überzeugung war, daß alles mit Spiegeln gemacht werde.

Dann nahm sie das Krummschwert zwischen die Zähne und wollte hinunterrutschen, nicht in der weichherzigen Absicht, ihren unseligen Gatten wieder zusammenzusetzen, sondern vielmehr um die umfangreicheren Stücke noch weiter zu zerhacken. Da aber merkte sie, daß jemand hinter ihr stand, und als sie sich umsah, gewahrte sie einen göttlichen jungen Mann, vornehm wie ein Maharadscha von der höchsten Kaste und schön wie Valentino, dessen Blick ihr zu sagen schien: «Besser auf dem Lager der Lust verbrennen als auf dem elektrischen Stuhl.»

Dieser Gedanke war von unwiderstehlicher Überzeugungskraft. Sie nahm sich nur Zeit, den Kopf durch die Öffnung zu stecken und zu rufen: «Siehst du, so geht es einem Dreckskerl, der seine Frau mit einer Eingeborenen betrügt!» Dann holte sie das Seil ein und begann mit ihrem Buhlen zu plaudern.

Nach einer Weile erschien die Polizei auf dem Schauplatz. Von oben war nichts zu hören außer einem leisen Gurren wie von unsichtbaren Tauben im Liebesflug. Unten im Staub lagen Henrys verschiedene Körperteile, auf denen sich schon die Schmeißfliegen niederließen.

Alle Leute erklärten, das Ganze sei weiter nichts als ein Trick, der mit Spiegeln gemacht werde.

«Nachdem, was ich hier sehe», sagte der Wachtmeister, «muß der größte Spiegel direkt auf ihm zertrümmert worden sein»

Roald Dahl

Die Wirtin

Billy Weaver hatte London nachmittags mit dem Personenzug verlassen, war unterwegs in Swindon umgestiegen, und als er in Bath ankam, war es etwa neun Uhr abends. Über den Häusern am Bahnhof ging der Mond auf; der Himmel war sternklar, die Luft schneidend kalt, und Billy spürte den Wind wie eine flache, eisige Klinge auf seinen Wangen.

«Entschuldigen Sie», sagte er, «gibt es hier in der Nähe ein nicht zu teueres Hotel?»

«Versuchen Sie's mal im *Bell and Dragon*», antwortete der Gepäckträger und wies die Straße hinunter. «Da können Sie vielleicht unterkommen. Es ist ungefähr eine Viertelmeile von hier auf der anderen Seite.»

Billy dankte ihm, nahm seinen Koffer und machte sich auf, die Viertelmeile zum *Bell and Dragon* zu gehen. Er war noch nie in Bath gewesen und kannte niemanden im Ort. Aber Mr. Greenslade vom Zentralbüro in London hatte ihm versichert, es sei eine herrliche Stadt. «Suchen Sie sich ein Zimmer», hatte er gesagt, «und wenn das erledigt ist, melden Sie sich sofort bei unserem Filialleiter.»

Billy war siebzehn Jahre alt. Er trug einen neuen marineblauen Mantel, einen neuen braunen Hut und einen neuen braunen Anzug. Seine Stimmung war glänzend, und er schritt energisch aus. In letzter Zeit bemühte er sich, alles energisch zu tun, denn seiner Ansicht nach war Energie das hervorstechendste Kennzeichen erfolgreicher Geschäftsleute. Die großen Tiere in der Direktion waren immer phantastisch energiegeladen. Billy bewunderte sie sehr.

In der breiten Straße, die er entlangging, gab es keine Läden, sondern nur zwei Reihen hoher Häuser, von denen eines wie das andere aussah. Alle hatten Portale und Säulen, zu den

Haustüren führten vier oder fünf Stufen hinauf, und zweifellos hatten hier einmal vornehme Leute gewohnt. Jetzt aber bemerkte man sogar im Dunkeln, daß von den Türen und Fensterrahmen die Farbe abblätterte und daß die weißen Fassaden im Laufe der Jahre rissig und fleckig geworden waren.

Plötzlich fiel Billys Blick auf ein Fenster zu ebener Erde, das von einer Straßenlaterne hell beleuchtet wurde. An einer der oberen Scheiben klebte ein Zettel. ZIMMER MIT FRÜHSTÜCK lautete die gedruckte Aufschrift. Unter dem Zettel stand eine Vase mit schönen großen Weidenkätzchen.

Er blieb stehen. Dann trat er etwas näher. An beiden Seiten des Fensters hingen grüne Gardinen aus einem samtartigen Gewebe. Die gelben Weidenkätzchen paßten wunderbar dazu. Er ging ganz dicht heran und spähte durch die Fensterscheibe ins Zimmer. Das erste, was er sah, war der Kamin, in dem ein helles Feuer brannte. Auf dem Teppich vor dem Feuer lag ein hübscher kleiner Dackel, zusammengerollt, die Nase unter dem Bauch. Das Zimmer war, soweit Billy im Halbdunkel erkennen konnte, recht freundlich eingerichtet. Außer einem großen Sofa und mehreren schweren Lehnsesseln war noch ein Klavier da, und in einer Ecke entdeckte er einen Papagei im Käfig. Billy sagte sich, daß Tiere eigentlich immer ein gutes Zeichen seien, und auch sonst hatte er den Eindruck, in diesem Haus könne man eine anständige Unterkunft finden. Sicherlich lebte es sich hier behaglicher als im *Bell and Dragon.*

Andererseits war ein Gasthof vielleicht doch vorteilhafter als ein Boardinghouse. Da konnte man abends Bier trinken und sich mit Pfeilwerfen vergnügen, man hatte Gesellschaft, und außerdem war es gewiß erheblich billiger. Er hatte schon einmal in einem Hotel gewohnt und war recht zufrieden gewesen. Ein Boardinghouse dagegen kannte er nur dem Namen nach, und ehrlich gesagt, hatte er ein wenig Angst davor. Schon das Wort klang nach wässerigem Kohl, habgierigen Wirtinnen und penetrantem Bücklingsgeruch im Wohnzimmer.

Nachdem Billy diese Überlegungen zwei oder drei Minuten

lang in der Kälte angestellt hatte, beschloß er, zunächst einen Blick auf das *Bell and Dragon* zu werfen und sich dann endgültig zu entscheiden. Er wandte sich zum Gehen.

Da geschah ihm etwas Seltsames. Als er zurücktrat, um seinen Weg fortzusetzen, wurde sein Blick plötzlich auf höchst merkwürdige Weise von dem Zettel gefesselt, der am Fenster klebte. ZIMMER MIT FRÜHSTÜCK, las er, ZIMMER MIT FRÜHSTÜCK, ZIMMER MIT FRÜHSTÜCK, ZIMMER MIT FRÜHSTÜCK. Jedes Wort war wie ein großes schwarzes Auge, das ihn durch das Glas anstarrte, ihn festhielt, ihn zum Stehenbleiben nötigte, ihn zwang, sich nicht von dem Haus zu entfernen – und ehe er sich's versah, war er von dem Fenster zur Haustür gegangen, hatte die Stufen erstiegen und die Hand nach dem Klingelknopf ausgestreckt.

Er läutete. Die Glocke schrillte in irgendeinem der hinteren Räume, und gleichzeitig – es mußte gleichzeitig sein, denn er hatte den Finger noch auf dem Knopf – sprang die Tür auf, und vor ihm stand eine Frau.

Wenn man läutet, dauert es gewöhnlich mindestens eine halbe Minute, bevor die Tür geöffnet wird. Aber diese Frau war wie ein Schachtelmännchen: Man drückte auf den Knopf, und schon sprang sie heraus! Geradezu unheimlich war das.

Sie mochte fünfundvierzig bis fünfzig Jahre alt sein, und sie begrüßte ihn mit einem warmen Willkommenslächeln.

«Bitte treten Sie näher», sagte sie freundlich. Sie hielt die Tür weit offen, und Billy ertappte sich dabei, daß er automatisch vorwärts gehen wollte. Der Drang oder vielmehr die Begierde, ihr in dieses Haus zu folgen, war außerordentlich stark.

«Ich habe das Schild im Fenster gesehen», erklärte er, ohne die Schwelle zu überschreiten.

«Ja, ich weiß.»

«Ich suche ein Zimmer.»

«Alles ist für Sie bereit, mein Lieber», antwortete sie. Ihr Gesicht war rund und rosig, der Blick ihrer blauen Augen sehr sanft.

«Ich war auf dem Weg zum *Bell and Dragon*», berichtete

Billy. «Aber dann sah ich zufällig dieses Schild in Ihrem Fenster.»

«Lieber Junge», sagte sie, «warum stehen Sie denn in der Kälte? Kommen Sie doch herein.»

«Wieviel kostet das Zimmer?»

«Fünfeinhalb für die Nacht einschließlich Frühstück.»

Das war unglaublich billig. Weniger als die Hälfte des Betrages, mit dem er gerechnet hatte.

«Wenn es zuviel ist», fügte sie hinzu, «kann ich's vielleicht auch ein bißchen billiger machen. Wollen Sie ein Ei zum Frühstück? Eier sind zur Zeit teuer. Ohne Ei kostet es einen halben Shilling weniger.»

«Fünfeinhalb ist ganz gut», erwiderte er. «Ich möchte gern hierbleiben.»

«Das habe ich mir gleich gedacht. Kommen Sie herein.»

Sie schien wirklich sehr nett zu sein. Und sie sah genauso aus wie eine Mutter, die den besten Schulfreund ihres Sohnes für die Weihnachtstage in ihrem Hause willkommen heißt. Billy nahm den Hut ab und trat ein.

«Hängen Sie Ihre Sachen nur dorthin», sagte sie. «Warten Sie, ich helfe Ihnen aus dem Mantel.»

Andere Hüte oder Mäntel waren in der Diele nicht zu sehen. Auch keine Schirme, keine Spazierstöcke – nichts.

«Wir haben hier *alles* für uns allein», bemerkte sie und lächelte ihm über die Schulter zu, während sie ihn die Treppe hinaufführte. «Wissen Sie, ich habe nicht sehr oft das Vergnügen, einen Gast in meinem kleinen Nest zu beherbergen.»

Die Alte ist ein bißchen verdreht, dachte Billy. Aber für fünfeinhalb die Nacht kann man das schon in Kauf nehmen. «Ich hätte geglaubt, Sie wären von Gästen überlaufen», sagte er höflich.

«Bin ich auch, mein Lieber, bin ich auch. Die Sache ist nur so, daß ich dazu neige, ein ganz klein wenig wählerisch und eigen zu sein – wenn Sie verstehen, was ich meine.»

«O ja.»

«Aber bereit bin ich immer. Ja, ich halte Tag und Nacht alles bereit für den Fall, daß einmal ein annehmbarer junger Mann erscheint. Und es ist eine große Freude, mein Lieber, eine sehr große Freude, wenn ich hie und da die Tür aufmache und jemand vor mir sehe, der *genau* richtig ist.» Sie hatte den Treppenabsatz erreicht, blieb stehen, die eine Hand auf dem Geländer, wandte den Kopf und lächelte mit blassen Lippen auf ihn herab. «Wie Sie», setzte sie hinzu, und der Blick ihrer blauen Augen glitt langsam von Billys Kopf bis zu seinen Füßen und dann wieder hinauf.

In der ersten Etage sagte sie zu ihm: «Hier wohne ich.»

Sie stiegen noch eine Treppe höher. «Und dies ist Ihr Reich», fuhr sie fort. «Ich hoffe, Ihr Zimmer gefällt Ihnen.» Damit öffnete sie die Tür eines kleinen, aber sehr hübschen Vorderzimmers und knipste beim Eintreten das Licht an.

«Morgens scheint die Sonne direkt ins Fenster, Mr. Perkins. Sie heißen doch Mr. Perkins, nicht wahr?»

«Nein», sagte er. «Weaver.»

«Mr. Weaver. Wie hübsch. Ich habe eine Wärmflasche ins Bett getan, damit sich die Bezüge nicht so klamm anfühlen. In einem fremden Bett mit frischer Wäsche ist eine Wärmflasche sehr angenehm, finden Sie nicht? Und falls Sie frösteln, können Sie jederzeit den Gasofen anstecken.»

«Danke», sagte Billy. «Haben Sie vielen Dank.» Er bemerkte, daß die Überdecke bereits abgenommen und die Bettdecke an einer Seite zurückgeschlagen war – er brauchte nur noch hineinzuschlüpfen.

«Ich bin so froh, daß Sie gekommen sind», beteuerte sie und blickte ihm ernst ins Gesicht. «Ich hatte mir schon Gedanken gemacht.»

«Alles in Ordnung», antwortete Billy munter. «Gar kein Grund zur Sorge.» Er legte seinen Koffer auf den Stuhl und schickte sich an, ihn zu öffnen.

«Und wie sieht's mit Abendbrot aus, mein Lieber? Haben Sie irgendwo etwas gegessen, bevor Sie herkamen?»

«Danke, ich bin wirklich nicht hungrig», sagte er. «Ich glaube, ich werde so bald wie möglich schlafen gehen, weil ich morgen beizeiten aufstehen und mich im Büro melden muß.»

«Gut, dann will ich Sie jetzt allein lassen, damit Sie auspakken können. Aber ehe Sie sich hinlegen, seien Sie doch bitte so freundlich, unten im Salon ihre Personalien ins Buch einzutragen. Das muß jeder tun, denn es ist hierzulande Gesetz, und in *diesem* Stadium wollen wir uns doch nach den Gesetzen richten, nicht wahr?» Sie winkte leicht mit der Hand und verließ rasch das Zimmer.

Das absonderliche Benehmen seiner Wirtin beunruhigte Billy nicht im geringsten. Die Frau war ja harmlos – darüber bestand wohl kein Zweifel –, und zudem schien sie eine freundliche, freigebige Seele zu sein. Vermutlich hatte sie im Krieg einen Sohn verloren oder einen anderen Schicksalsschlag erlitten, über den sie nie hinweggekommen war.

Wenig später, nachdem er seinen Koffer ausgepackt und sich die Hände gewaschen hatte, ging er ins Erdgeschoß hinunter und betrat den Salon. Die Wirtin war nicht da, aber im Kamin brannte das Feuer, und davor schlief noch immer der kleine Dackel. Das Zimmer war herrlich warm und gemütlich. Da habe ich Glück gehabt, dachte Billy und rieb sich die Hände. Besser hätte ich's gar nicht treffen können.

Da das Gästebuch offen auf dem Klavier lag, zog er seinen Füllfederhalter heraus, um Namen und Adresse einzuschreiben. Auf der Seite standen bereits zwei Eintragungen, und Billy las sie, wie man es bei Fremdenbüchern immer tut. Der eine Gast war ein gewisser Christopher Mulholland aus Cardiff, der andere hieß Gregory W. Temple und stammte aus Bristol.

Merkwürdig, dachte er plötzlich. Christopher Mulholland. Das klingt irgendwie bekannt.

Wo in aller Welt hatte er diesen keineswegs alltäglichen Namen schon gehört?

Ein Mitschüler? Nein. Vielleicht einer der vielen Verehrer seiner Schwester oder ein Freund seines Vaters? Nein, ganz gewiß nicht. Er blickte wieder in das Buch.

Christopher Mulholland, 231 Cathedral Road, Cardiff.

Gregory W. Temple, 27 Sycamore Drive, Bristol.

Wenn er es recht bedachte, hatte der zweite Name einen fast ebenso vertrauten Klang wie der erste.

«Gregory Temple», sagte er laut vor sich hin, während er in seinem Gedächtnis suchte. «Christopher Mulholland ...»

«So reizende junge Leute», hörte er eine Stimme hinter sich. Er fuhr herum und sah seine Wirtin ins Zimmer segeln. Sie trug ein großes silbernes Tablett, das sie weit von sich ab hielt, ziemlich hoch, als hätte sie die Zügel eines lebhaften Pferdes in den Händen.

«Die Namen kommen mir so bekannt vor», sagte er.

«Wirklich? Wie interessant.»

«Ich möchte schwören, daß ich sie irgendwoher kenne. Ist das nicht sonderbar? Vielleicht aus der Zeitung. Handelt es sich etwa um berühmte Persönlichkeiten? Kricketspieler, Fußballer oder dergleichen?»

«Berühmt ...» Sie stellte das Teebrett auf den niedrigen Tisch vor dem Sofa. «Ach nein, berühmt waren sie wohl nicht. Aber sie waren ungewöhnlich hübsch, alle beide, das kann ich Ihnen versichern. Groß, jung und hübsch, mein Lieber, genau wie Sie.»

Billy beugte sich von neuem über das Buch. «Nanu», rief er, als sein Blick auf die Daten fiel. «Die letzte Eintragung ist ja mehr als zwei Jahre alt.»

«So?»

«Tatsächlich. Und Christopher Mulholland hat sich fast ein Jahr früher eingeschrieben – also vor reichlich drei Jahren.»

«Du meine Güte», sagte sie kopfschüttelnd mit einem gezierten kleinen Seufzer. «Das hätte ich nie gedacht. Wie doch die Zeit verfliegt, nicht wahr, Mr. Wilkins?»

«Ich heiße Weaver», verbesserte Billy. «W-e-a-v-e-r.»

«O ja, natürlich!» Sie setzte sich auf das Sofa. «Wie dumm von mir. Entschuldigen Sie bitte. Zum einen Ohr hinein, zum anderen hinaus, so bin ich nun mal, Mr. Weaver.»

«Wissen Sie», begann Billy von neuem, «was bei alledem höchst merkwürdig ist?»

«Nein, was denn, mein Lieber?»

«Ja, sehen Sie, mit diesen beiden Namen – Mulholland und Temple – verbinde ich nicht nur die Vorstellung von zwei Menschen, die sozusagen unabhängig voneinander existieren, sondern mir scheint auch, daß sie auf irgendeine Art und Weise zusammengehören. Als wären sie beide auf demselben Gebiet bekannt, wenn Sie verstehen, was ich meine – etwa wie ... ja ... wie Dempsey und Tunney oder wie Churchill und Roosevelt.»

«Sehr amüsant», sagte sie. «Aber kommen Sie, mein Lieber, setzen Sie sich zu mir aufs Sofa. Sie sollen eine Tasse Tee trinken und Ingwerkeks essen, bevor Sie zu Bett gehen.»

«Bemühen Sie sich doch nicht», protestierte Billy. «Machen Sie bitte meinetwegen keine Umstände.» Er lehnte am Klavier und sah zu, wie sie eifrig mit den Tassen und Untertassen hantierte. Sie hatte kleine, weiße, sehr bewegliche Hände mit roten Fingernägeln.

«Ich bin überzeugt, daß ich die Namen in der Zeitung gelesen habe», fuhr Billy fort. «Gleich wird's mir einfallen. Ganz bestimmt.»

Es gibt nichts Quälenderes, als einer Erinnerung nachzujagen, die einem immer wieder entschlüpft. Er mochte nicht aufgeben.

«Warten Sie einen Moment», murmelte er. «Nur einen Moment. Mulholland ... Christopher Mulholland ... war das nicht der Etonschüler, der eine Wanderung durch Westengland machte und der dann plötzlich ...»

«Milch?» fragte sie. «Und Zucker?»

«Ja, bitte. Und der dann plötzlich ...»

«Etonschüler?» wiederholte sie. «Ach nein, mein Lieber, das kann nicht stimmen, denn *mein* Mr. Mulholland war kein Etonschüler. Er studierte in Cambridge. Na, wollen Sie denn nicht herkommen und sich an dem schönen Feuer wärmen? Nur zu, ich habe Ihnen schon Tee eingeschenkt.» Sie klopfte leicht auf den Platz an ihrer Seite und schaute Billy erwartungsvoll lächelnd an.

Er durchquerte langsam das Zimmer und setzte sich auf die Sofakante. Sie stellte die Teetasse vor ihn hin.

«So ist's recht», sagte sie. «Wie hübsch und gemütlich das ist, nicht wahr?»

Billy trank seinen Tee, und auch sie nahm ein paar kleine

Schlucke. Eine Zeitlang sprachen die beiden kein Wort. Aber Billy wußte, daß sie ihn ansah. Sie hatte sich ihm halb zugewandt, und er spürte, wie sie ihn über den Tassenrand hinweg beobachtete. Hin und wieder streifte ihn wie ein Hauch ein eigenartiger Geruch, der unmittelbar von ihr auszugehen schien und der keineswegs unangenehm war. Ein Duft, der Billy an irgend etwas erinnerte – er konnte nur nicht sagen, an was. Eingemachte Walnüsse? Neues Leder? Oder die Korridore im Krankenhaus?

Schließlich brach sie das Schweigen. «Mr. Mulholland war ein großer Teetrinker. Nie im Leben habe ich jemanden soviel Tee trinken sehen wie den lieben Mr. Mulholland.»

«Ich nehme an, er ist erst vor kurzem ausgezogen», meinte Billy, der noch immer an den beiden Namen herumrätselte. Er war jetzt ganz sicher, daß er sie in der Zeitung gelesen hatte – in den Schlagzeilen.

«Ausgezogen?» Sie hob erstaunt die Brauen. «Aber nein, lieber Junge, er ist gar nicht ausgezogen. Er wohnt noch hier. Mr. Temple auch. Sie sind beide im dritten Stock untergebracht.»

Billy stellte die Tasse vorsichtig auf den Tisch und starrte seine Wirtin an. Sie lächelte, streckte eine ihrer weißen Hände aus und klopfte ihm beruhigend aufs Knie. «Wie alt sind Sie, mein Freund?»

«Siebzehn.»

«Siebzehn!» rief sie. «Ach, das ist das schönste Alter! Mr. Mulholland war auch siebzehn. Aber ich glaube, er war ein wenig kleiner als Sie, ja, bestimmt war er kleiner, und seine Zähne waren nicht *ganz* so weiß wie Ihre! Sie haben wunderschöne Zähne, Mr. Weaver, wissen Sie das?»

«So gut, wie sie aussehen, sind sie gar nicht», sagte Billy. «Auf der Rückseite haben sie eine Menge Füllungen.»

Sie überhörte seinen Einwurf. «Mr. Temple war natürlich etwas älter», erzählte sie weiter. «Er war schon achtundzwanzig. Aber wenn er mir das nicht verraten hätte, wäre ich nie darauf gekommen, nie im Leben. Sein Körper war ganz ohne Makel.»

«Ohne was?» fragte Billy.

«Er hatte eine Haut wie ein Baby. *Genau* wie ein Baby.»

Es entstand eine Pause. Billy nahm seine Tasse, trank einen Schluck und setzte sie behutsam auf die Untertasse zurück. Er wartete auf irgendeine Bemerkung seiner Wirtin, aber sie hüllte sich in Schweigen. So saß er denn da, blickte unentwegt in die gegenüberliegende Zimmerecke und nagte an seiner Unterlippe.

«Der Papagei dort ...», sagte er schließlich. «Wissen Sie, als ich ihn zuerst durchs Fenster sah, bin ich tatsächlich darauf hereingefallen. Ich hätte schwören können, daß er lebt.»

«Leider nicht mehr.»

«Eine ausgezeichnete Arbeit», bemerkte Billy. «Wirklich, er sieht nicht im geringsten tot aus. Wer hat ihn denn ausgestopft?»

«Ich.»

«Sie?»

«Natürlich», bestätigte sie. «Haben Sie schon meinen kleinen Basil gesehen?» Sie deutete mit einer Kopfbewegung auf den Dackel, der so behaglich zusammengerollt vor dem Kamin lag. Billy schaute hin, und plötzlich wurde ihm klar, daß sich das Tier die ganze Zeit ebenso stumm und unbeweglich verhalten hatte wie der Papagei. Er streckte die Hand aus. Der Rücken des Hundes, den er vorsichtig berührte, war hart und kalt, und als er mit den Fingern das Haar beiseite schob, sah er darunter die trockene, gut konservierte, schwarzgraue Haut.

«Du lieber Himmel», rief er, «das ist ja phantastisch!» Er wandte sich von dem Hund ab und blickte voller Bewunderung die kleine Frau an, die neben ihm auf dem Sofa saß. «So etwas muß doch unglaublich schwierig sein.»

«Durchaus nicht», erwiderte sie. «Ich stopfe *alle* meine kleinen Lieblinge aus, wenn sie von mir gehen. Möchten Sie noch eine Tasse Tee?»

«Nein, danke», sagte Billy. Der Tee schmeckte ein wenig nach bitteren Mandeln, und das mochte er nicht.

«Sie haben sich in das Buch eingetragen, nicht wahr?»

«Ja, gewiß.»

«Dann ist es gut. Weil ich später, falls ich Ihren Namen einmal vergessen sollte, immer herunterkommen und im Buch nachschlagen kann. Das tue ich fast täglich mit Mr. Mulholland und Mr. … Mr. …»

«Temple», ergänzte Billy. «Gregory Temple. Entschuldigen Sie, aber haben Sie denn außer den beiden in den letzten zwei, drei Jahren gar keine anderen Gäste gehabt?»

Sie hielt die Tasse hoch in der Hand, neigte den Kopf leicht nach links, blickte aus den Augenwinkeln zu ihm auf, lächelte ihn freundlich an und sagte: «Nein, lieber Freund. Nur Sie.»

Irene Dische

Die intimen Geständnisse des Oliver Weinstock

1. Klatsch, Philosophie und andere Wege um den heißen Brei herum

Wenn Oliver Weinstock in der Unterhaltung jenen Punkt erreichte, an dem der Widerstand des anderen gegen Einmischung in innere Angelegenheiten abbröckelte, zündete er ein Streichholz an, hielt es vorsichtig in die Höhe wie eine einsame Kerze, die die Dunkelheit erhellt, und sagte: «Die Ärzte leuchten mit ihren schwachen Fackeln in das Abflußrohr deiner Vergangenheit hinein, ich dagegen halte die Richtung, die dein Leben genommen hat, für ein Ergebnis des Zufalls. Das gilt besonders für die Liebe. Doch wohlgemerkt, es kommt nicht darauf an, wen du geliebt hast oder wer dich geliebt hat, sondern darauf, wer dich nicht geliebt hat. Und darauf», so schloß er, «wie man dich nicht geliebt hat.» Er ließ das brennende Streichholz zu Boden fallen. Es war Zufall, daß er auf diese Weise noch nie einen Brand verursacht hatte.

... kalte Nacht, überheizte Stadt ... ist Oliver ...? sie teilt das Zimmer mit ihrem erwachsenen Sohn, während ihr Mann nebenan schläft ... hat Oliver ...? er übersetzte ihre zornigen Briefe aus dem Russischen, sie hatte die Tabletten bereitliegen, vielleicht kannst du nicht gut küssen, sagte er zu seiner Studentin. Oliver sagt: Ein Spiel, bei dem man nie gewinnt ...

Man könnte meinen, Oliver Weinstock sei ein mürrischer, defätistischer Mensch gewesen, doch weit gefehlt. Er gehörte zu den fröhlichen Stammgästen der schickeren Berliner Cafés, in denen man, um einen Platz zu bekommen, die Besitzerin oder einen prominenten Gast kennen oder zur Not selbst der Besitzer sein muß. Er war Amerikaner, New Yorker, aber er hatte die Stadt verlassen, weil die Liebe sein Steckenpferd war, aber die Liebe zählte nicht mehr in New York, die gesellschaftliche Hackordnung zählte mehr, die Leute heirateten, um es ein für allemal hinter sich zu bringen, und danach kam ihnen Liebe nicht mehr in den Sinn.

Oliver Weinstocks amüsanter, in diesen weichen, etwas albernen amerikanischen Akzent eingebetteter Pessimismus war allen wohlvertraut, die länger als ein paar Stunden mit ihm zusammengesessen hatten. In Berlin interessierte die Liebe das Cafépublikum tatsächlich ungeheuer, in allen Beziehungen vermutete man das Schwelen der Leidenschaften, während man mit feinem Gespür das Absterben der Leidenschaft witterte, sobald eine Liebe sich öffentlich kundtat – kurzum, kein Gespräch war befriedigend, wenn die Furien der Liebe nicht wenigstens flüchtige Erwähnung fanden. Oliver Weinstocks Beitrag war immer originell, immer hörenswert, ein plötzliches Geklingel von Wahrheit, das sich aus dem Summen des Klatschs erhob, anschwoll, einige Phrasen lang hervortrat und wieder versank.

... bildet sich was auf ihre Schönheit ein, der Galerist ist ein Tyrann, tyrannisiert die Galeristin, keine hübsche, Sado-Maso, aber vielleicht denkt Oliver, Tyrannei hält die Galeristin in der Seele jung, kindlich, reizend, ach, Quatsch, Oliver ...

Weinstocks Verständnis der Liebe beruhte auf der Annahme, daß Zurückweisung wichtiger sei als Zuneigung. Fast jeder wurde irgendwann in seinem Liebesleben zurückgewiesen, und die nachfolgende Liebeswahl war eine Reaktion auf diese Zurückweisung, ein Versuch, sie zu bewältigen; vielleicht trat man die nächste Person nur, um von der übernächsten wiederum getreten zu werden – treten, getreten; oder man wurde zum Wiederholungstäter und hoffte, irgendwann werde es sich auszahlen, das Herz jedenfalls blieb gebunden, während sich Geist und Körper auf die lange Suche nach dem Immergleichen machten, bis man früher oder später die Vitalität verlor und der Sicherheit den Vorzug gab – oh, auch Sicherheit war ein Gefühl! –, und mit irgend jemand, der aus irgendeinem traurigen Grunde zufällig an einem hängengeblieben war, in Langeweile und Apathie versank.

Oliver Weinstock, an dem keine Frau hing,

... macht irgendwie nicht den Eindruck, als würde er eine suchen ...

behauptete, seine Auffassung mache viel psychologischen Tiefsinn überflüssig. Um das Wesen eines Menschen zu begreifen, müsse man nur herausfinden, wie seine erste ernsthafte Liebesbeziehung endete. Der Frage nach seiner eigenen wich er aus, indem er die Schultern hob und sagte: «Zuerst erzählen Sie mir Ihre.» Sein Publikum tat ihm den Gefallen gern.

Es gehörte, wie Weinstock wußte, zu den Geheimnissen der Liebe, daß die meisten Menschen sich lieber ihre eigenen Liebesgeschichten anhören, obwohl sie diese doch ziemlich gut kennen, als sich die Geschichten der anderen erzählen zu lassen. Deshalb ging es in Weinstocks Gesprächen über die Liebe zu wie in Tausendundeinernacht: nie ergriff er das Wort, sondern entlockte es den anderen. Wenn man ihn drängte, machte er vielleicht eine Andeutung über eine Beziehung, die er gerade hatte oder vor kurzem gehabt hatte. Er gab aber nie mehr als ein winziges Detail preis, irgend etwas, das den Zuhörer schockieren und seiner Phantasie Einhalt gebieten sollte, etwa: «Ich wollte immer einen Frauenpumps in meinem Hintern.»

... manchmal frage ich mich, ob er ein a-, asex-, ob er nicht ... bloß weil er nicht verheiratet ist? wie unbeteiligt er sich gibt, bei seinem leidenschaftlichen Interesse an ...

Wenn man ihn noch eindringlicher nach eigenen Erlebnissen befragte, erzählte er eine Anekdote aus seiner Kindheit. «Ich hatte sechs Schwestern», sagte er dann, «und die Verwandtschaft der Wörter sechs und Sex ist unter solchen Umständen unabweisbar. Wenn ich in der Badewanne saß, besuchten mich meine Schwestern abwechselnd. Der Penisneid von sechs Schwestern – man kommt sich vor wie ein Neger in einer weißen Familie.» Und dann fügte er mit einer für sein soziales Milieu überaus ungewöhnlichen Bescheidenheit hinzu: «Das Organ meines Vaters war natürlich von gewaltigem Kaliber, ich bewunderte es. So entwickelte sich meine Liebe zum Monumentalen.»

... einer seiner netten Witze! Lieben heißt doch nicht, Steine lebendig machen, bei uns war es Chemie, bei uns war es Glück! Liebe ist kein Beweis für das physikalische Gesetz, daß alles schrumpft, nie, er ist nett, Oliver ist nett, es gibt wenig nette Leute in dieser Stadt ...

Kurz, Oliver Weinstock war einer der nettesten Menschen, die je gelebt hatten, was immer noch reichlich Raum für kleine Ungezogenheiten bot, etwa die Angewohnheit, wenn das Gespräch zu spannend wurde, mit Streichhölzern zu spielen. Er war mittelgroß, mit großen blauen Augen. Schon als Kind hatte er bläuliche Schatten unter den Augen gehabt, was ihre verhaltene Intensität noch steigerte. Sein schuhbraunes Haar hatte sich, so klagte er, schon in jungen Jahren in einen zerrissenen Kranz verwandelt, kurz nach seiner allerersten Liebesbeziehung, eine Episode, die ihn stärker als seine Beziehung zu den Eltern oder zu seinen vielen Geschwistern geprägt hatte, für immer geprägt – mehr sagte er nicht. Damals hatte er wie ein trauriger Cherub ausgesehen, später wie ein fröhlicher Pfaffe. Seine Züge waren weich, angefangen bei der runden, glänzenden Glatze. Sein Gesicht wies keine scharfen Kanten und keine unschönen Ausbuchtungen auf. Seine Schultern waren rund, seine Hände weich und weiß und zart.

...gutaussehend ist er nicht, nicht im gewöhnlichen Sinne, aber attraktiv, ja, sehr ...

Obwohl Oliver Weinstock, was Literatur, Theater und Kunst anging, ungeheuer gebildet war, sogar den «Faust» ganz gelesen hatte und ihn sein Lieblingsbuch nannte, sammelte, hortete, inventarisierte er sein Wissen nicht und demütigte niemanden damit, wie es viele gebildete Leute tun. Er hatte den Wunsch, andere glücklich zu machen, darin bestand sein ganzer Ehrgeiz: er kam, wenn man ihn rief, lehnte nie ab, wenn ihn jemand um Hilfe bat, und war großzügig, nicht nur mit seiner Zeit, auch mit seiner Bewunderung. Er klatschte nicht, aus Angst, andere zu kränken, lieber nahm er sich selbst auf die Schippe. Wenn man die Köpfe zusammensteckte und das Gespräch sich der Liebe zuwandte, gestand er, daß er ein Unhold sei,

... selbstverständlich ist er kein Unhold ...

seufzte lächelnd und sagte nichts mehr, jetzt war ein anderer an der Reihe. Er hatte meistens glänzende Laune, liebte Witze, lachte mit Begeisterung, und vielen war er ein bester Freund.

... vergiß nicht, Oliver Weinstock einzuladen ... sah ihn mit, gestern, haben die was? vergnügt, unbesorgt, sagte er nicht etwas davon, daß er Schuhe in seinem Hintern mag, von Freud ist nicht die Rede ...

Oliver Weinstock kam als junger Mann nach Berlin, keineswegs auf der Suche nach der üblichen Behaglichkeit. Statt enger Bindungen genoß er seine Freundschaften und betätigte sich intellektuell, schrieb kleine Artikel für kleine Zeitschriften, half in Museen aus – was ihm genug Geld brachte, um die Miete zu zahlen und ein bißchen zu reisen. Irgendwann, Mitte Dreißig, rechnete er sich aus, daß sein Leben, statistisch gesehen, schon halb vorüber war, und Untergangsstimmung überkam ihn. Auf einer Party sagte er immer wieder: «Die Gegenwart bewahrt uns vor den Schrecken der Zukunft, aber nicht vor dem Grauen der Vergangenheit.» Gleichgültig, was er anhatte, immer steckten in seiner Brusttasche ein Blatt Papier und eine Schachtel Streichhölzer. Manchmal nahm er die Schachtel heraus, um ein Streichholz anzuzünden, aber das Papier nahm er nie heraus, er zupfte nur ab und zu daran. Irgend etwas, das er geschrieben hatte. Eine Geschichte vielleicht. Warum nicht? Fast jeder schrieb Geschichten. Einmal hatte sogar jemand gesehen, wie er das zerknitterte Blatt hervorzog und las. Oliver Weinstock hatte allein in einem Café gesessen. Einige Sekunden verstrichen, dann faltete er es wieder zusammen und schob es zurück in seine Brusttasche.

... ich habe ihn gefragt, was das sei, er sagte: Meine intimen Geständnisse, verdammt kurz, lachte ich, er ist deprimiert, glaube ich, gar nicht mehr er selbst, aber er verbalisiert es ...

«Frühe Enttäuschung verursacht Deformation», klagte Oliver Weinstock, «beeinflußt den Wachstumsprozeß, während Enttäuschung spät im Leben nur Schmerz verursacht, und zwar um so heftiger, je weniger das Opfer fähig ist, sich anzupassen.» In diesem Ton redete er immerfort. «Nicht die Zukunft ist begrenzt, wenn einem klar wird, daß man sterben muß, sondern die Vergangenheit.» Vielleicht hätte er seine Depression schon bald in tausend Stücke zerredet, da mischte sich sein besorgter Vater ein. Er kam zu einem kurzen Besuch aus New York, um dem Sohn seine neue junge Frau vorzustellen, und kaufte ihm bei dieser Gelegenheit ein eigenes Café in zentraler Lage mit einer kleinen Wohnung dahinter.

Oliver Weinstock nahm dankbar an. Er verwandelte das düstere, schmuddelige Lokal in ein sauberes, weiß gestrichenes, teures Restaurant mit erlesenen Gerichten und gutem Wein. Einen Namen gab er ihm nicht. Ihm fiel keiner ein. Auf den Streichholzschachteln, die er drucken ließ, stand einfach «Eßt, trinkt und seid fröhlich». Die Gäste nannten es «Das Weinstock». Das Blatt mit seinen Geständnissen trug er immer bei sich, man sah es aus der Tasche seines weißen Hemdes hervorlugen und darunter die Wölbung der Streichholzschachtel.

... ich kam von hinten und konnte einen kurzen Blick darauf werfen, es stehen nur ein paar Wörter darauf, aber er studiert sie wie ein Gedicht ...

Oliver Weinstocks Freunde waren entzückt über die neue Situation. Jetzt wußten sie, wo sie ihn abends finden konnten, durften auch mit einer kostenlosen Flasche Wein oder einer Gratisvorspeise rechnen, und ihr Vergnügen an seiner Gesellschaft nahm noch zu. Weinstock erwies sich als guter Geschäftsmann, ohne daß sich bei ihm die üblichen Nebenwirkungen des Erfolgs einstellten. Er fing nicht an, mit seiner Zeit zu geizen, er blieb der geborene Gastgeber, er stellte viele Leute ein, trotzdem half er in der Küche, bei der Aufstellung der Speisekarte, beim Einkaufen, er servierte sogar selbst. Er machte keinen Unterschied zwischen Freunden, Belegschaft und Kunden – es fehlte ihm jegliches Klassenbewußtsein.

... er ist einfach moderner als wir, aber gegenüber seinen Angestellten macht es ihn hilflos. Stell dir vor, er hätte Frau Bussjäger nicht ...

Der Zufall hatte ihm die Bussjägers zugespielt, ein älteres Ehepaar, das immer erst spätabends erschien, sie mit teuren Kleidern und einer asphaltfarbenen Perücke gegen das Alter verschalt, er ungekämmt, unrasiert, mit Flecken auf dem Anzug. Er trank gern Limonade zu seinen teuren Gerichten und ließ die Hälfte stehen, weil er, den Blick auf seinen Teller gesenkt, lieber rauchte, während sie nur Apfelsaft und eine Kartoffel wollte und zum Nachtisch ein Aspirin. Sie sprachen kaum miteinander. Die beiden schwiegen so gewohnheitsmäßig, daß es Oliver Weinstock war, der eines Abends entdeckte, was sie noch gar nicht bemerkt hatte: ihr Gatte saß nicht bloß selbstversunken da, sondern er war tot. Oliver Weinstock wies die Belegschaft an, weiterzumachen, als sei nichts geschehen. «Die Art, wie sie mit ihrem Mann nicht spricht, ist eine Form von chronischem hysterischem Anfall, verursacht durch tiefe Enttäuschung über ihn», warnte er und wartete, bis alle anderen

Gäste gegangen waren. Dann rief er einen Krankenwagen und überließ es dem Arzt, ihr die traurige Botschaft zu übermitteln. Sie nahm es gefaßt auf und bat um ein weiteres Aspirin.

Nach diesem unglücklichen Vorkommnis wurde sie ein abendlicher Stammgast und warf stets einen scheuen Blick in die Speisekarte, bevor sie ihre Kartoffel bestellte. Sie wurde gesprächig, und es stellte sich heraus, daß sie zahllose Ansichten über Kunst, Politik und Moral hegte. Wenn man sie nach ihrem Mann fragte, antwortete sie: «Achtunddreißig Jahre, zwei Monate und drei Tage verheiratet, jede Minute kostbar, ein Wunder. Wir waren ein Geist und ein Nervensystem.»

... ha! ha! damit beschämt sie uns alle, wie? ...

Sie ging in die Küche und erklärte dem Koch, die Kartoffeln, die Gott geschaffen habe, seien feinkörnig und glatt, die von Menschen gemachten hingegen seien mehlig und verklebten einem die Prothese. Oft sagte sie: «Anderer Leute Post darf man nicht lesen.» Eines Abends fragte Oliver Weinstock sie, ob sie im Restaurant aushelfen wolle. Er machte anderen nicht gern Vorschriften, und sie schien wie geschaffen, der Belegschaft seine Wünsche zu übermitteln. Frau Bussjäger erwies sich als ausgezeichnete Geschäftsführerin und gewissenhafte Befehlshaberin, die ihre Kommandos mit den Augen gab. Und wenn andere über ihre Humorlosigkeit seufzten, darüber, wie sich in ihrem Kopf die moralischen und ästhetischen Urteile drängten und sie die Lippen zusammenpreßte, um sie zurückzuhalten, dann verteidigte Oliver Weinstock sie: «Sie ist meine Freundin» und versprach: «Eines Tages frage ich sie, wie ihre erste Liebesaffäre zu Ende ging! Dann wissen wir mehr.»

... ich möchte wissen, ob sie sich liften lassen wird, es gibt die wahre Liebe, man hat es gesehen ...

Obwohl sie viel zu schüchtern war, ihre Gefühle offen zu zeigen, mochte sie Oliver Weinstock offenbar gern. Sie brachte ihm ihre Zuneigung aus großer Ferne entgegen, und aus großer Ferne nahm er sie an – seine Art, sie zu erwidern, wie ihr schien. Er benahm sich wie ein Kavalier und guter Sohn. Abends, wenn das Lokal schloß, begleitete er sie eine Straße weit nach Hause. Wenn sie morgens verzagt anrief und gestand, sie fühle sich einsam, lud er sie in seine Wohnung hinter dem Restaurant ein, brachte ihr Apfelsaft und eine Kartoffel und ermunterte sie zu einem Nickerchen auf seinem schmalen Bett. Sie sprachen über Kochen, über Kunst. Es stellte sich heraus, daß auch sie den ganzen «Faust» gelesen, inzwischen aber wieder vergessen hatte. Sie tauschten Wissen. Nie fragte er sie nach ihrer ersten Liebesaffäre. Er verschonte sie mit seinem Interesse. Und sie stellte nie neugierige Fragen, denn das war gegen ihr Prinzip. Immer wenn er in ihre Nähe kam, legte sie den Kopf schräg, wobei ihre Perücke in Gefahr geriet, und lächelte ihn an. Es machte ihr nichts aus, wenn er mit anderen Freunden und Gästen zusammensaß, obwohl sie dummerweise manchmal Kopfschmerzen davon bekam.

… hat zugegeben, Annas Griechischlehrer war ihre erste Zurückweisung, Oliver ließ das Streichholz in die Plastikblumen fallen, scheußlicher Geruch, und seither hatten Sie nur Altphilologen? Aber da gibt es nicht viele, oh, es gibt genug …

Im Weinstock war immer Betrieb, es war immer ausgebucht, die Gäste kamen, obwohl Oliver nie Reklame machte und Kritiker nicht hereinließ.

Es war typisch Weinstock, daß er, statt über die Kritiker zu jammern, Mitleid mit ihnen hatte. Richtige Hotelportiers, sagte er, die nichts ihr eigen nennen könnten, sich mit Vollmachten begnügten, über die Schlüssel und die Zimmer wachten, die Tür hüteten und sich das Recht vorbehielten, manche Leute mit offener Verachtung zu strafen oder nicht hinzuhören, wenn jemand etwas sagte.

Einmal kam ein junger Mann herein. Indem er wählerisch und unfreundlich bestellte, ließ er erkennen, daß er Restaurantkritiker war. Nach einer Weile setzte sich Oliver Weinstock zu ihm und sagte: «Sie sind ein smarter, schlanker Mensch, dem es schmeckt. Ich will Ihnen nicht zu nahe treten, aber offensichtlich haben Sie keine besondere Machtposition in Ihrem Beruf.»

Der Kritiker schwieg betreten. Oliver Weinstock fuhr fort: «Wir hatten eine Zeitlang einen höheren Hotelangestellten zu Gast, der das Essen in vollen Zügen genoß. Aber er war ehrgeizig, wollte wichtig sein und arbeitete sich zum Direktor hoch – man sah es ihm an, er wurde immer dicker und aß immer lustloser. Ganz oben angelangt, hin und her geworfen von den Winden der Schmeichelei und der Denunziation, die um die Gipfel heulen, versuchte er, seinen Halt wiederzufinden, indem er sich vollfraß – bei uns. Besser, man ißt, um zu genießen, wie Sie es tun.»

Der Kritiker hatte keinen Appetit mehr. Er verließ das Lokal, nachdem Oliver Weinstock ihm ein Streichholz unter der Nase angezündet und sich nach seinem ersten Schiffbruch in der Liebe erkundigt hatte.

... irgendwas fehlt bei Oliver, nein, das stimmt nicht, er ist ein wunderbarer Freund, du mußt zugeben: ein Teil seiner Freundlichkeit rührt daher, daß er einem so zugetan ist, andererseits ist er fast jedem zugetan ... nein, das stimmt nicht, doch, das stimmt, ich finde auch ... so daß es eine Art Zufall ist, wenn man sich mit ihm anfreundet, man kommt sich vor wie ein lebender Zufall, mehr nicht, komisch, ich kann mir einfach nicht vorstellen, daß er wirklich ausflippen könnte wegen jemandem, wegen einer ersten Liebe, möchte wissen, ob er ...

Es gab nur einen Menschen, der wußte, wie Oliver Weinstocks erste Beziehung zu Ende gegangen war, und das war Rudi Tonne, aber Rudi Tonne verkehrte nicht in Oliver Weinstocks Kreisen. Dennoch war Rudi Tonne nie weit fort von Oliver Weinstock. Noch dreißig Jahre nach einem unglücklichen Vorfall hatte Rudi Tonne freien Zutritt zu Oliver Weinstocks Gedanken und Stimmungen. Er kam, wann es ihm paßte, und blieb, solange er wollte. Rudi Tonne war eine Erinnerung.

Da wollte eines Tages der Zufall, daß Rudi Tonne als Gast in Oliver Weinstocks Restaurant erschien und diesem Gelegenheit gab, sich die Herrschaft über seine Vergangenheit zurückzuerobern.

2. Eine wahre Geschichte: mit Auskünften über die Revolution, den Trübsinn und einen Text zur rechten Zeit

Rudi Tonne war zum erstenmal während der Winterferien aufgetaucht, als Oliver Weinstock fünfzehn wurde und seine Eltern sich gerade getrennt hatten. Seine Mutter hatte die Mädchen auf die Westside mitgenommen und Oliver in den sechziger Straßen an der Eastside bei seinem Vater gelassen: «Frauen für sich und Männer für sich», sagte sie, obwohl jeder wußte, daß sie einen Freund hatte.

Sein Vater floh aus der fast leeren Wohnung und nahm Oliver mit nach St. Moritz. Weil er ein großzügiger, aufgeschlossener Mann war und aus Furcht, sein Sohn könnte sich in der Gesellschaft seines Vaters langweilen, hatte er ihm erlaubt, seine vierzehn Jahre alte Freundin Jane einzuladen. Jane kam mit, ohne daß sie beeindruckt gewesen wäre; sie kannte sich mit Ersterklassesitzen im Flugzeug und mit Luxushotels und Ehescheidungen aus, und sie bekämpfte das schlechte Gewissen wegen der Privilegien, die sie genoß, durch stures Einverständnis mit dem Status quo. Kurzum, sie war ein vernünftiges Mädchen. Weder sie noch Oliver hatten je einen Grund gesehen, erwachsen zu werden. Manchmal taten sie, als wären sie ineinander verliebt, und küßten sich so, wie junge Katzen ein neues Zimmer erkunden. Sonst fuhren sie Ski, spielten Bowling, schwammen, tollten im Schnee, aßen, schliefen.

Die Tage vergingen angenehm. Im Speisesaal war ihr Tisch für drei gedeckt, aber wenn Oliver und Jane morgens nach unten kamen, war der dritte Teller meistens mit Krümeln bedeckt, und Olivers Vater tummelte sich schon auf den Skipisten. Mr. Weinstock kehrte erst am späten Nachmittag bei Einbruch der Dunkelheit zurück, und manchmal sah Oliver ihn von fern mit einer Zeitung und einem Kännchen Tee in der Hotelhalle sitzen, ein eleganter Trauergast bei einer Beerdigung, die in seinem eigenen Innern stattfand. Sie hatten drei Zimmer nebeneinander, aber selten kamen sie vor dem Abendessen zusammen, einer Schweigestunde, die sie alle fürchteten.

Oliver hatte von der Liebe gehört, aber er wußte noch nicht, wie sie sich anfühlte. Er kannte nur die Mischung aus Liebhaben und Hassen, die er für seine Eltern und seine Schwestern empfand, und die wohlige Zuneigung zu Jane und ein paar anderen Freunden und Freundinnen. Bestimmt hatte er nicht die geringste Vorstellung von der Raserei der Gefühle. Seine Sexualität war onanistisch. Seine allererste erotische Begegnung hatte er in einem Tierbuch für Kinder gehabt, auf der allerletzten Seite. Ein hübsches Bild, eine Art Abschiedsgeschenk an den jungen Leser, stellte eine Familie verschiedener wilder Tiere dar. Das Zebra hatte dem Leser sein Hinterteil zugekehrt. Die Streifen darauf bildeten einen Strudel, der Olivers Blick – gegen seinen Willen – in den Spalt zwischen den Schenkeln zog. Noch mit fünfzehn, wenn er allein war, war dieser Zebrahintern in der Nähe, warum und gewölbt und unwiderstehlich. Aber während der vergangenen Wochen blieb Oliver selten allein. Und heute war Silvester, ein Ereignis, das sich meist als die erste und die letzte Enttäuschung des Jahres erweist.

Natürlich war nicht jedem klar, daß es mit diesem Silvester eine besondere Bewandtnis hatte, weil die Familie Weinstock nicht mehr zusammen feierte. Die Festgesellschaft wußte nichts davon. Die Hotelgäste versammelten sich zu einem Diner bei Kerzenlicht im Speisesaal. Dort war ein langes Buffet mit kalten Horsd'œuvres aufgebaut. Die Gäste konnten sich von allem selbst nehmen, außer vom Hummer, den ein junger Koch mit weißer Mütze und schwarzweiß kariertem Anzug umsichtig verteilte. Der Koch war das einzige Warme bei diesem Buffet. Er hatte weiße Zähne und rote Lippen und sehr blondes Haar, nicht nur auf dem Kopf, sondern auch auf den Armen, die sichtbar wurden, wenn er die Hände ausstreckte und einem Gast von dem Hummer reichte. Sein Oberkörper, eingerahmt von den Flügeltüren seines Jacketts, war gerade und kräftig. Er hatte eine weiße Schürze umgebunden. Die Holzpantinen an seinen Füßen ließen ihn noch größer erscheinen, als er war. Er ragte hoch über den Buffettisch. Mehr noch: er sah unverwundbar aus – das Bild eines Helden, eines Siegers. Kurz, er verkörperte all das, was am männlichen Geschlecht gut war.

Als Oliver sich den goldenen Gefilden dieser Unterarme näherte (auf denen Tautropfen aus Schweiß glitzerten), geschah etwas Seltsames.

Bisher hatten seine Gefühle, wie das Futter eines Mantels, sein Wesen von innen ausgekleidet. Nun aber wurde dieser Mantel plötzlich gewendet, so daß sein Wesen zum Innenfutter seiner Gefühle wurde. Von einem Augenblick auf den anderen wußte Oliver Weinstock, was romantische Liebe war.

Oliver sah dem Buffetier nicht in die Augen, wenngleich er einen vagen Eindruck von tiefem Blau unter einer erstaunlich glatten, geheimnisvollen Fläche gewann, die bei anderen Leuten nur Stirn war. Olivers eigene Augen zog es zu den Händen herab, die fachmännisch mit einem Hummerschwanz hantierten. Als eine dieser Hände nach dem Teller des jungen Gastes griff, streifte ihr Daumen seinen Daumen.

Oliver hatte das Gefühl – so erklärte er es sich später –, daß «alles ins Rutschen kam».

Sein Daumen zitterte so heftig, daß er den Teller kaum halten konnte, als sich Oliver zu seinem Vater und Jane zurückzog. Statt seinen Platz neben Jane einzunehmen und dem Buffet den Rücken zuzukehren, setzte er sich neben seinen Vater. Durch das Flammenmeer der Kerzenleuchter und die kaleidoskopischen Weingläser hielt er Ausschau nach dem Buffetier, und jeder Blick, den er von ihm erhaschte, wurde auf der Fotoplatte seines Gedächtnisses automatenhaft festgehalten. Er schlang seinen Hummerschwanz hinunter, vergaß die Serviette zu benutzen und stürmte noch einmal ans Buffet, um sich eine zweite Portion zu holen. Der Buffetier nickte anerkennend, während sich seine Augen in Olivers Augen krallten. Als er einen Hummerschwanz über den Tisch reichte, streiften sich ihre Daumen noch einmal.

«Es ist Demokratie, alle Menschen sind gleich geboren, und wir müssen mit den Dienern trinken!» rief Oliver, als er an seinen Platz zurückkehrte.

«Das sind keine Diener», bemerkte Jane im Interesse der Genauigkeit. «Diener tun alles für einen. Die hier decken nur den Tisch und teilen Hummer aus.»

«Angestellte», stimmte ihr Mr. Weinstock zu, dem zwei Gläser Wein die Zunge gelockert hatten.

«Wir wollen die Angestellten auf ein Glas einladen!» drängte Oliver. Im Hintergrund begann das Küchenpersonal, den Buffettisch abzuräumen. Ehe sein Vater Einspruch erheben konnte, hatte sich Oliver ein Glas Weißwein eingeschenkt und es mit einem Zug geleert. Der Buffettisch war soeben aus dem Speisesaal getragen worden. Kann das alles gewesen sein? fragte sich der Junge verzweifelt.

Nun nahm der Hauptgang seinen trübsinnigen Lauf. Auf der Karte stand Taubenroulade – die Knochen des Vogels hatte man entfernt, das Fleisch weichgeklopft und dann um Gurken und kleine Zwiebeln gewickelt. Dazu gab es Trüffelsoße und Alpenkartoffeln, denen man die Köpfe abgehauen und deren Inneres man ausgeweidet, mit Lauch und Schinken gestampft und wieder in die Schalenhülle gefüllt hatte. Schweigen am Familientisch der Weinstocks. Der Buffetier war in der Küche verschwunden, wo Oliver seinen Kopf von Zeit zu Zeit hinter einem der runden Fenster der Schwingtüren erblickte. War das alles? Alles? Er spürte, wie der Ellbogen seines Vaters neben ihm auf- und niederging, auf und nieder. «Kommt, wir laden die Angestellten auf ein Glas ein, auf einen Nachtisch oder irgendwas», wiederholte Oliver. «Es ist Platz genug an unserem Tisch.»

«Stimmt doch gar nicht», bemerkte die vernünftige Jane. Der Nebentisch war zufällig frei. «Wir werden die Tische zusammenrücken», beharrte Oliver.

Bevor sein Vater etwas einwenden konnte, war Oliver aufgestanden und hatte begonnen, das Mobiliar zu verrücken. Der Geschäftsführer erschien, beunruhigt. Oliver Weinstock sah ihn geringschätzig an. «Wir erwarten Gäste», sagte er, machte kehrt und ging zur Küche hinüber. Er war noch nie in einer Restaurantküche gewesen, aber auch zu Hause betrat er die Küche nur selten.

«Kommen Sie, trinken wir auf das neue Jahr», rief er auf englisch, als er durch die Schwingtüren vorgedrungen war und sich plötzlich in einem heißen Nebel inmitten riesiger blitzender, klirrender Küchenmaschinen wiederfand, während im Hintergrund menschliche Gestalten umherschwebten. Die Belegschaft hatte den ganzen Abend Flaschenreste geleert und befand sich in einem Zustand fortgeschrittener Heiterkeit. Der Geschäftsführer, der hinter Oliver hereinschoß, mäßigte seine Gefühle und zuckte mit den Achseln. Schließlich war ja Silvester.

Ein Trupp von Männern ohne Familie, die es nicht eilig hatten, nach Hause zu kommen, umringte Oliver, und er führte sie zu dem Tisch. Woraufhin sich auch die anderen Gäste in trunkener Begeisterung aufrafften und anfingen, die Tische zusammenzuschieben, bis die ganze Gesellschaft vereint war. Oliver sorgte dafür, daß es wie ein Zufall aussah, als er sich, viele Plätze von seinem Vater und von Jane entfernt, auf den freien Stuhl neben dem Buffetier mogelte. Auch aus der Nähe war es, wie sich bald zeigte, für Oliver nicht leicht, ihn zu betrachten, denn die glatten Wände seines Gesichts, die glänzenden, von dunklen Wimpern vergitterten Augen, seine Hände, die Präzisionswerkzeugen glichen – alles an ihm schien dem Jungen von einer geradezu unheimlichen Vollkommenheit, an der sein Blick zerschellte, und Oliver konnte nur dasitzen, in einem Schweigen, das ihm selbst dumm vorkam, benebelt von der eigenen Bewunderung.

Der Buffetier hatte nichts dagegen. Er hielt sich zurückhaltend, rührend freundlich, naiv, wie ein schönes Kind, das nicht merkt, was für einen Eindruck es macht. Als Oliver schließlich seine ganze Kraft zusammennahm und ihn fragte: «Wer sind

Sie?», da erwiderte er: «Der Soßenkoch», und erst als nach einer weiteren Runde alle Gäste anfingen, sich miteinander bekannt zu machen, kam sein Name zum Vorschein: Rudi Tonne.

Rudi Tonne war, was Mr. Weinstock einen «geborenen Helfer» nannte. Er stand auf und schenkte nach, wenn jemand sein Glas geleert hatte. Er reichte das Brot herum und half betrunkeneren Tischgenossen bei der Auswahl des Käses. Erst als Mitternacht nahte, nahm er wieder Platz. Und als die ganze Gesellschaft auf das neue Jahr anstieß, da lächelte er entschuldigend, so schien es seinem jungen Bewunderer, über nichts Bestimmtes.

Oliver Weinstocks bis zu diesem Punkt gestochen scharfe Erinnerungen an diesen Abend begannen nun zu verschwimmen. Das Vergehen der Zeit entfesselte einen Sturm in seinem Kopf. Fetzen von Gesprächen über das Essen und die Schneeverhältnisse kreisten in diesem betäubenden Wirbel. Dann legte sich der Sturm. Die Erinnerung kehrte zurück. Er wußte jetzt, daß Rudi Tonne dreiundzwanzig Jahre alt war, daß er Dessertsoßen zubereitete und ein guter Skiläufer war. Was so ein Mann nicht alles, alles kann.

Unter dem Tisch rückte Oliver seinen Fuß, der in einem schwarzen Halbschuh steckte, neben den Fuß von Rudi Tonne in seiner weißen Pantine. Dann glitt sein Fuß aus dem Schuh und auf die Pantine von Rudi Tonne, und Rudi Tonne zog seinen Fuß aus der Pantine und stellte ihn auf Olivers Fuß.

Irgendwann nahm Oliver seinen Fuß weg, zog sich den Schuh wieder an und stand unter lautem Gekreisch seines Stuhls auf. Sogleich antwortete Rudi Tonnes Stuhl mit einem ähnlichen Gekreisch, denn auch Rudi Tonne stand auf, und beide Männer begaben sich in einer Eile, die dort, wo viel getrunken wird, durchaus normal ist, auf die Herrentoilette.

Andächtig nahmen sie ihre Plätze vor den Pissoirs ein, sie öffneten die Reißverschlüsse und entblößten sich, wie es üblich ist und war und immer sein wird. «Tatsache!» murmelte Oliver Weinstock. «Der Mann verbringt im Schnitt drei Monate und zwei Wochen seines Lebens mit Urinieren. Das habe ich gelesen.» Und dann wurde er rot. Aus einem bestimmten gut sichtbaren Grund konnte er nicht urinieren, beeinträchtigt durch ein überwältigendes Gefühl. Es gibt nichts zu lachen in der Stille einer Herrentoilette. Als er sich die Hände wusch, wie man es gelernt hat, kam Rudi von hinten und umarmte ihn.

Wortlos glitten sie durch eine Hintertür nach draußen und ließen sich in den nächsten Schneehaufen sinken. Sie wälzten sich im Schnee und küßten einander, und diese Küsse waren keine tolpatschigen Erkundungen, sondern Feststellungen und Bekundungen. Nach einer Weile stand Rudi Tonne auf und zog den jüngeren, kleineren Mann hinter sich her. «Komm zu mir, wenn alle schlafen», sagte er in dem gleichen Ton, in dem er eine Käsespezialität empfohlen hätte.

Als Oliver zum Tisch zurückkehrte, setzte er sich nicht wieder, sondern blieb gähnend hinter seinem Stuhl stehen und sah auf die Uhr. «Ich muß jetzt ins Bett», sagte er. Jane, die in Olivers Abwesenheit mit dem verdrießlichen Mr. Weinstock hatte plaudern müssen, sprang auf und trottete beleidigt zum Aufzug. Obwohl gewöhnlich Mr. Weinstock als erster gute Nacht sagte und die Jüngeren zu einem Gutenachtkuß auf dem Flur allein ließ, verschwand an diesem Abend Jane als erste und ließ Vater und Sohn einfach stehen. Sie spähten durch die Düsternis ihrer verschiedenen Obsessionen, und Mr. Weinstock sagte: «Frohes neues Jahr, Junge!», und Oliver sagte: «Dir auch, Dad», dann schlossen sich ihre Türen hinter ihnen.

Es würde einige Zeit dauern, bis das Personal mit dem Saubermachen in der Küche fertig war und sich zur Ruhe begab. Oliver mußte warten. Er setzte sich auf die Bettkante und tat, was er tun mußte, er wartete, eine leichte Beute der Angst und der Ungeduld. Schließlich nahm er einen Bogen Hotelbriefpapier. Es gab eine Möglichkeit, mit Rudi Tonne schon jetzt zu sprechen, auch wenn die Unterhaltung einseitig sein würde: er konnte ihm schreiben. Aber was hatte er Rudi Tonne zu sagen? Er wendete die Möglichkeiten hin und her. Zuletzt schrieb er die Wahrheit:

«Ich liebe dich.»

Er faltete das Blatt und steckte es in seine Brusttasche. Dann machte er sich auf den Weg zu seinem Rendezvous.

Die Nacht war jetzt dunkel und kalt, die Schneehaufen erhellten den Weg zur Unterkunft des Personals, einer Baracke im hinteren Teil des Hotelgeländes, wo die Landschaftsgärtnerei aufhörte und die Wildnis begann. Der Eingang lag auf der unbeleuchteten Seite der Baracke, die an einen steilen, bewaldeten Abhang grenzte. Auf der Suche nach der Tür mußte der junge, beschwipste Besucher am Rand dieses Abhangs entlangbalancieren. Drinnen war es noch dunkler. Von einem schmalen, mit einem billigen Läufer ausgelegten Flur gingen nach einer Seite ein Dutzend Türen ab, auf der anderen Seite waren die Fenster und darunter Heizkörper. Eine Tür stand einen Spaltbreit offen.

Das Zimmer war winzig. Skier lehnten an der Wand, Stiefel, Schuhe und Kleidungsstücke lagen auf dem Boden. Im Bett lag jemand, hellwach, mit funkelnden Augen, und wartete mit offenen Armen auf seinen Gast. An diesem Punkt schweifte Oliver Weinstocks Erinnerung meistens ab.

Er kehrte zurück und kostete seine ersten Eindrücke von Rudi Tonne aus und sein argloses Verlangen nach ihm, das ihm in seiner Einzigartigkeit und seiner Einfachheit schicksalhaft erschien: wir sind füreinander bestimmt. In den wenigen Stunden, die vergangen waren, seit er sich zum erstenmal verliebt hatte, hatte Oliver schon über die Bedeutung von alledem nachdenken können. Er hatte eine Theorie: Das Schicksal war ein Strom, der ihn wie ein schaukelndes, steuerloses Schiff zu Rudi getragen hatte. Er hatte noch eine zweite Theorie: Sein ganzes Leben hatte sich so gefügt, daß seine Zuneigung zu Rudi darin wohnen konnte. Diese Gedanken waren Teil von Oliver Weinstocks Erinnerung. Dann führten sie ihn zurück in Rudis Arme.

Oliver lag auf dem Rücken in Rudis Bett, auf einmal ganz schüchtern, und wartete auf die Anweisungen des älteren Mannes. Da wälzte sich Rudi plötzlich herum und setzte sich rittlings auf Olivers Brust. Er sagte: «Diene mir», mit strenger, fordernder Stimme. Noch ehe Oliver sich über diese Aufforderung wundern konnte, nahm Rudi Olivers Kopf zwischen seine schönen Hände, riß und stieß ihn hin und her und rammte ihm dann ein riesiges, knüppelartiges Etwas in den Mund. Er zog es kurz heraus, nur um es erneut hineinzustoßen. Als sich Oliver würgend und röchelnd zu wehren begann, erhöhte Rudi das Tempo und den Druck seiner Attacke. Gerade als der arme Junge glaubte, er würde ersticken, zog Rudi seine furchtbare Waffe zurück, und etwas Nasses ergoß sich über Olivers Gesicht.

Im Dunkeln wischte Rudi Tonne mit seinem verschwitzten Unterhemd Oliver behutsam das Gesicht ab und sagte in väterlichem Ton: «Ich glaube, du gehst jetzt besser.» Oliver protestierte, suchte nach irgendeinem rettenden Vorwand, der es ihm erlaubt hätte, die Nacht über zu bleiben, aber Rudi Tonne sagte: «Nein, nein. Sie dürfen dich hier nicht finden. Und außerdem», erklärte er stolz, «heirate ich nächste Woche. Meine Freundin kommt her, und wir fliegen zusammen nach Mallorca. Charterflug.»

3. Asche zu Asche: Oliver Weinstocks Geständnisse verwandeln sich in Klatsch

Dreißig Jahre später, an einem naßkalten Nachmittag mitten im Winter, bekam die ganze Belegschaft mit, wie ein Mann anrief, um einen Tisch zu reservieren, und seinen Namen mit Tonne angab. Alle sahen, wie Oliver Weinstock aus der Fassung geriet, wie er aufsprang, «Oje, oje» rief und anfing, in seinem Restaurant Kreise zu ziehen.

«Es gibt viele Menschen auf der Welt, die Tonne heißen», sagte er, als er an der Tür zur Küche vorbeikam.

«Ich kenne keinen», sagte der Koch.

«Haben wir Hummer auf der Speisekarte?» fragte Oliver Weinstock und zirkelte wieder davon.

«Hummer?» rief ihm Frau Bussjäger nach und hielt sich die Perücke fest. «Natürlich nicht!»

«Dann besorgen Sie welchen», sagte Oliver Weinstock. «Heute abend gibt es Hummerschwanz. Und Taubenroulade!» Und dann begann er zu zittern und zu zagen, zerrte einen Stuhl unter einem gedeckten Tisch hervor, sank darauf nieder, und das knittrige Blatt, das er in der Brusttasche seines Anzugs stets bei sich trug, raschelte zwischen seinen Fingern. Er starrte auf das, was von den drei Wörtern, die dort standen, übriggeblieben war, und widmete den Details jedes einzelnen Buchstaben eine nervöse Aufmerksamkeit. Als er sie geschrieben hatte, als die Spitze des Stifts in seiner Hand dieses Blatt berührte, war der Zufall eben im Begriff gewesen, ihm übel mitzuspielen, und er, Oliver, hatte nichts geahnt.

«Man kann die Erinnerung nicht umbauen, wie man ein Haus umbaut. Man kann sie nicht renovieren oder neu streichen oder sie, wenn sie ein Palast ist, als Gartenhütte benutzen. Und abreißen kann man sie auch nicht.»

Die Angestellten standen in der Tür zur Küche und beobachteten ihn. Sie schüttelten die Köpfe und gingen wieder an die Arbeit. Frau Bussjäger brach zu einer Einkaufsexpedition auf. Für Herrn Weinstock tat sie alles. Als sie zurückkehrte, kam er zu ihr in die Küche und bereitete die Taubenroulade eigenhändig zu.

... seltsam ... sehr seltsam ... manche Leute sind seltsamer als andere ... manche werden von seltsamen Gelüsten getrieben, so seltsam, daß sie das Vorstellungsvermögen übersteigen und deshalb irritieren, man schüttelt ihre Seltsamkeit ab ...

Pünktlich um acht erschien ein großer, schwerer Mann und fragte nach dem Tisch, den er reserviert hatte. «Erschien» ist nicht das richtige Wort für seinen Auftritt. Rudi Tonne kam auf Metallkrücken herein, die an seine Unterarme geschnallt zu sein schienen. Sein Gesicht war von einer freundlichen Unordnung geprägt, wie das mittlere Alter sie oft auf schmalgeschnittenen Gesichtern zurückläßt. Seine blauen Augen, die

Nase und der Mund lagen in den warmen, ungemachten Hautbetten, und sein graues Haar hatte einen gelben Stich, als wäre beim Waschen ein Fleck nicht herausgegangen. Oliver Weinstock, der an der Bar stand und zur Tür hinübersah, erkannte ihn sofort: «Herr Tonne?» fragte er und streckte die Hände aus, um ihm beim Ablegen des Mantels behilflich zu sein. Herr Tonne folgte ihm mit klappernden Krücken und schleppenden Schritten an seinen Tisch. «Ich empfehle Hummerschwanz», sagte der Wirt.

«Solches Zeug rühre ich nicht an», erwiderte Herr Tonne. «Aber Taubenroulade – ich glaube, das habe ich noch nie gegessen!»

«Ich empfehle sie», wiederholte Oliver Weinstock. «Sie haben einen Tisch bestellt. Erwarten Sie noch jemanden?» Er half seinem Gast, Platz zu nehmen, und lehnte seine Krücken gegen den nächsten Stuhl. «Nein. Auf Geschäftsreisen nehme ich nie jemanden mit», erwiderte Rudi Tonne.

«Was für Geschäfte, wenn ich fragen darf?» Der Wirt rieb sich die eiskalten Hände.

«Ach, dies und jenes», sagte der Gast. «Export, Import. Ich lebe in Bern, aber ich bin viel unterwegs. Auch mit Krücken. Werde sie bald los sein. Hab mir die Beine gebrochen, sechsfach. Skiunfall. Die Piste ein Schweinestall, Dreck und Eis. Bis zu den Hüften habe ich in Gips gesteckt. Jetzt geht es wieder. Ich bin's gewöhnt, allein in Restaurants zu essen.» Er warf einen neugierigen Blick auf Oliver Weinstock. «Sie sind Amerikaner. Amerikaner verstehen nichts vom Essen.»

«Dieser Gast!» maulte Frau Bussjäger, die immer wieder in die Küche gelaufen kam, wo Oliver Weinstock, weil er den Speisesaal meiden wollte, dem Koch half. «Er bestellt von allem ein bißchen.» Später kam sie und berichtete: «Er hat kaum etwas angerührt.» Für ihre Begriffe trank er allerdings reichlich. Hoffentlich würde er nachher auch zahlen. Anscheinend hatte er nicht vor, seine Mahlzeit zu beenden und zu gehen. Um die Zeit, zu der das Restaurant gewöhnlich schloß, saß Rudi Tonne immer noch da und fuhr mit einem Löffel in einem Fruchteisbecher herum. Der Koch und sein Gehilfe waren schon gegangen. «Ich bleibe bei ihm», sagte Oliver Weinstock zu den anderen. «Ihr könnt nach Hause gehen.» Frau Bussjäger war tief gekränkt. Sie gehorchte und nahm kühl zur Kenntnis, wie verletzend er sein konnte.

«Ein Grappa auf Kosten des Hauses!» sagte Oliver Weinstock, als er hörte, wie die Tür ins Schloß fiel. Er zog einen Stuhl heran und setzte sich zu seinem Gast. «Sie sind nicht verheiratet, nicht wahr?» sagte er.

Rudi Tonne stutzte. «Selbstverständlich bin ich verheiratet», sagte er verdrießlich und nahm den Grappa, ohne das leise Knirschen fremder Einmischung in innere Angelegenheiten zu bemerken.

«Ich bin nicht verheiratet», sagte Oliver Weinstock.

Rudi Tonne zuckte mit den Achseln. «Sie werden Ihre Gründe haben.»

«Allerdings», sagte Oliver Weinstock. «Der Grund ist eine alte Verabredung.»

Rudi Tonne lächelte. «Ein guter Grund.» Er kippte sein Glas und leckte sich die Lippen. Sie waren noch feucht und glänzten, als er anfing zu sprechen.

«Meine Frau heißt Martha. Sie hat eine Teilzeitstelle in einem Reisebüro. Besorgt uns kostenlose Tickets. Wollen Sie Fotos sehen? Von meinen Kindern?» Er beugte sich vor und zog sein Portemonnaie heraus. Da lagen sie, zwei Mädchen und ein Junge, in anonymer Säuglingsausgabe. Er nannte ihre Namen und sagte, wie alt sie inzwischen waren. Dann ein Bild von einem Hochzeitspaar, einander zuprostend.

«Ich sage Ihnen, ich bin sehr glücklich verheiratet. So was gibt's.» Er sprach frei und offen, an seinen Worten klebten keinerlei Hintergedanken. «Wir haben ein schönes Haus. Nette Nachbarn. Der Garten ist ein bißchen klein, aber», sagte er und hob die Schultern, «man kann schließlich nicht alles haben.» Er beugte sich vor und schob sein Portemonnaie in die Hosentasche zurück.

«Haben Sie Ihre Frau jemals betrogen?» fragte Oliver Weinstock, goß seinem Gast einen zweiten Grappa ein und warf einen Blick auf sein eigenes Glas, das noch voll war.

«Nie», sagte Rudi Tonne. «Warum sollte ich?» Er legte eine Hand um sein Glas und hielt sich daran fest.

«Manche Männer fürchten sich vor Ansteckung», sagte Oliver Weinstock fröhlich. «Sie geben besonders treue Ehemänner ab. Prosit!» Darauf wollte er anstoßen.

Rudi Tonnes Hand rührte sich nicht, blieb als Faust um sein Glas geschlossen. Er schüttelte den Kopf, als hätte er nicht verstanden, und dann sagte er: «Es gab eine Zeit, da war ich unruhig. Ich hatte meine Gefühle nicht unter Kontrolle. Es war kein Spaß. Neugier ist eine Art von Unordnung im eigenen Kopf.»

«Haben Sie sich selbst kuriert?» fragte Oliver Weinstock. «Kuriert vom Kribskrabs der Imagination?»

Sein Gast preßte die Lippen zusammen, wußte nicht, was er sagen sollte, er war es nicht gewöhnt, im Gespräch in unbekannte Gewässer zu geraten. Aber er wollte nicht unhöflich sein. «Ich bin ein ausgezeichneter Ehemann», sagte er mit Nachdruck. «Habe von meiner Frau nie Klagen gehört. Meine Kinder lieben mich. Was ich will, ist glücklich sein. Dieser Skiunfall – eine Lappalie. So was macht mir keine Angst. Ich finde die Ehe befriedigend. Warum denn auch nicht? Wenn man sich einmal entschieden hat, soll man dabei bleiben! Ich habe nie eine andere Frau angesehen, nie. Ich habe nie an Scheidung gedacht.»

«Scheidung», sagte Oliver Weinstock, «ist eine Möglichkeit, der eigenen Ehe eine Bedeutung zu verleihen, die sie sonst nicht hätte. Noch einmal große Gefühle. Aber Sie haben natürlich recht. Eine Scheidung ändert nichts.» Er trank, um dies zu unterstreichen. Sein Gast hielt mit. Oliver Weinstock füllte die Gläser noch einmal.

«Meine Eltern waren in New York glücklich verheiratet. Sie hatten Freunde, ein Paar namens Peters. Mrs. Peters war die Zerbrechliche, Melancholische, Mr. Peters der Starke, Lustige. Er kümmerte sich um alles. Als Lehrer hatte er viel Zeit. Seine Frau tyrannisierte ihn mit intoleranten Ansichten und notfalls mit irgendeinem Leiden, dem kein Arzt auf die Spur kam. Eine wirkliche Dame. Immerzu las sie ‹Faust›. Sie schenkte ihn mir zu meinem vierzehnten Geburtstag. Irgendwann warf Mr. Peters ein Auge auf meine Mutter. Meine Mutter war das Gegenteil von Mrs. Peters. Sie war stark, tolerant, robust, ein Brooklyner Klatschmaul, sie nahm drei Stufen auf einmal und war gern gut gelaunt. Verheiratet war sie natürlich mit meinem Vater, einem feinsinnigen Geschäftsmann, der nie Zeit für sie hatte. Erleichtert verliebte sich Mr. Peters in Mrs. Weinstock, und Mrs. Weinstock verliebte sich in Mr. Peters. Er verließ seine Frau, sie verließ ihren Mann.

Es dauerte nicht lange, da war Mr. Peters ständig krank, unleidlich und wurde immer intoleranter und herrschsüchtiger. Um von ihm wegzukommen, eröffnete meine Mutter eine Firma und hatte nun keine Zeit mehr. Mr. Peters sprach auf die gleiche verzückte Art und Weise über ‹Faust›, wie die erste Mrs. Peters es immer getan hatte, während die frühere Mrs. Weinstock nun über Gewinnspannen und Steuern so sprach, wie mein Vater, Mr. Weinstock, es immer getan hatte. In ihrer zweiten Ehe inszenierten sie ihre ersten Ehen noch einmal. Warum? Bitte, erklären Sie mir das! Sie sind verheiratet. Mit dem reinen Sex verhält es sich natürlich anders. Der hinterläßt kaum Spuren, nicht wahr?»

«Die Rechnung, bitte», sagte Rudi Tonne und tastete nach seinen Krücken. Die Griffe hatten sich über der Lehne des Stuhls am Nebentisch verhakt. Oliver Weinstock half Rudi Tonne nicht, sie zu entwirren. Er schob ihm ein neues Glas Grappa hinüber.

«Manche Leute ziehen passiven Sex vor», sagte er. «Die Bedienung. Manche dienen lieber. In New York war ich in einer Aufführung der ‹Salome›. Während der Pause wollte ich einen kleinen Spaziergang im Freien machen. Vor mir ging ein Mann nach draußen, groß, kräftig gebaut. Ein Sommerabend. Auf der Treppe drehte er sich zu mir um. Sein Blick – eine Feuersalve. Ich hielt mich ein paar Meter hinter ihm, und als er in ein Gebüsch abbog, folgte ich ihm. Er wartete schon auf mich. Ein gewaltiger Adamsapfel. Und ein langer Oberkörper, zu lang für seine Beine. Das rote Haar stand ihm wie ein Hahnenkamm auf dem Kopf. Er packte meinen Kopf und schob ihn nach unten, dorthin, wo er ihn haben wollte. Ich erinnere mich noch an den Vollmond, der durch die Zweige sah. Es war alles ganz einfach, und daß ich ihm den Gefallen tat, machte mich sehr glücklich und zugleich sehr traurig. Es erinnerte mich an etwas, ja, es erinnerte mich an etwas. Als er befriedigt war, packte er sich wieder ein, verdrückte sich, ohne auch nur adieu zu sagen, und ließ mich, von Mondlicht übergossen, zurück.»

«Ich muß jetzt gehen», sagte Rudi Tonne, schob sein Grappaglas beiseite und zog, das Gesicht starr vor Mißfallen, noch einmal sein Portemonnaie hervor. Er ließ etliche große Scheine auf den Tisch fallen und sagte: «Das dürfte wohl reichen.» Es gelang ihm, eine Krücke frei zu bekommen, mit deren Hilfe er sich nun erhob – und schnitt eine Grimasse, als er sein Gewicht auf die Beine verlagerte. Mit der anderen Krücke kämpfte er noch. «Ich hole Ihren Mantel», erbot sich Oliver Weinstock.

Er hatte seinen eigenen Mantel schon angezogen, als er mit dem luxuriösen Kaschmirgewand seines Gastes zurückkehrte. Er stand hinter Herrn Tonne, half seinen Armen in die Ärmel und sagte: «Ich versuchte wieder, zur Besinnung zu kommen. Aber jemand hatte uns gesehen, und während ich noch in dem Gebüsch saß und mich erholte, kam ein Polizist. Es stellte sich heraus, daß der Mann jung gewesen war, nicht volljährig. Er behauptete, die Initiative sei von mir ausgegangen. Ich hätte ihn gezwungen.»

Rudi Tonne und Oliver Weinstock standen im Eingang des Restaurants und blickten auf die Straße hinaus. Ein sonderbarer Anblick: Mondschein lag auf dem Gehweg. Am frühen Abend hatte es genieselt, und später war die Temperatur gefallen. Die Straße sah aus wie ein zugefrorener Fluß. Rudi Tonne setzte seine Krücken vorsichtig auf, sie rutschten weg. Ängstlich sah er zu Boden. Der Boden ist ein Feind für jemand mit kaputten Beinen. «Mein Hotel ist gleich da vorn, nur die Straße hinunter», murmelte er unwillig.

«Ich werde Sie hinbringen», sagte Oliver Weinstock. Er schloß die Tür ab, hakte den behinderten Mann unter, stützte ihn und hielt ihn fest wie ein Schraubstock. Die Krücken klapperten.

«Dabei war ich nur auf der Suche nach einem Souvenir. Nach der Erinnerung an ihn. Manchmal wird eine alte Seelenwunde durch eine neue Erfahrung gelindert. Aber manchmal wird der Druck nur verstärkt und sie fängt von neuem an zu schmerzen. Man weiß nie im voraus, wie sich etwas auf eine alte Erinnerung auswirkt. Bei mir stellt sich heraus, daß neue Erinnerungen völlig vergeblich sind. Aus irgendeinem Grund spüre ich sie nicht. Es gibt Verletzungen, die sind so schmerzhaft, daß sie alle Nerven zerstören.»

Dem behinderten Mann blieb nichts anderes übrig, als Oliver Weinstocks Hilfe anzunehmen. Anfangs versuchte er noch, ihm sowenig nah wie möglich zu kommen. Aber als er den Halt verlor und auf dem Eis ins Rutschen kam, gewannen Panik und Vernunft die Oberhand, und er ließ sich in die Arme seines Gefährten fallen. Unter beruhigendem Zureden richtete Oliver Weinstock den größeren, schweren Mann wieder auf.

Da fiel ein Windstoß über sie her. Oliver Weinstock stützte seinen Gefährten mit einer Hand im Kreuz, während er mit der anderen seinen Körper in Nähe der Hüften umfaßt hielt. Auf diese Weise kamen sie langsam voran. «Einmal, nachdem ich New York verlassen hatte, in Venedig», plauderte Oliver Weinstock, «hatte ich einen Familienvater in einem Kamelhaarmantel, fünfzig Jahre alt, ein gemütlicher, alter Herr, oh, er war sehr glücklich bei mir. Er kniete sich vor mich hin, zwischen den Souvenirständen bei San Marco, nachts im winterlichen Venedig, und die Straßenlaternen spiegelten sich auf seiner kleinen, runden Glatze. Großartige Bedienung. Ungeheure Begeisterung. Es war wahrhaft ansteckend. Ich wollte großzügig sein. Ich wollte den Platz mit ihm tauschen. Das hatte er nicht erwartet. In seinen langen Unterhosen hatte er sich mit Bindfäden verschnürt. Ich zündete ein Streichholz an, um zu sehen, was ich tat, und zog an den Schnüren, was ihm großes Vergnügen bereitete. Nachher wollte er sich dankbar erweisen und hielt plötzlich sein Portemonnaie in der Hand, ein Portemonnaie aus Ochsenleder. Aber bevor er noch Geld herausnehmen konnte, hatte ich schon einen Schein hineingesteckt. Stellen Sie sich seine Freude über diesen kleinen Nebenverdienst vor. Er sagte: Kommen Sie in meine Drogerie an der Ecke von San Marco, Sie können haben, was Sie wollen. Aber ich wollte nichts und verließ Venedig.»

Der Wind peitschte ihnen entgegen, trieb Schnee vor sich her, ließ Rudi Tonnes Mantel flattern. Oliver Weinstock blieb stehen und fing an, während sich Rudi Tonne auf seine Schulter stützte, ihm den Mantel zuzuknöpfen. Dabei plauderte er in liebenswürdigem Ton weiter:

«Meine Familie wollte nicht, daß ich Amerika verließ. Aber ich war ihnen furchtbar peinlich. Man ist nie zu jung, die eigene Familie in Verlegenheit zu stürzen. Beim erstenmal war ich fünfzehn. Da holte ich mir eine Geschlechtskrankheit am Mund. Ich wollte nicht sagen, von wem. Ich bin nicht Oliver Weinstock, wissen Sie. Ich bin Gretchen.» Er schloß den letzten Knopf und sagte: «Das ist eine Tatsache.»

Rudi Tonne bewegte sich mit steifen Beinen, als würde er durch Wasser waten. «Ein Mann spielte mit mir», fuhr Oliver Weinstock mit sanfter Stimme fort. «Ja, das hat er getan.» Er sah, daß sein Begleiter nicht zuhörte, und fügte hinzu: «Sie haben einen wunderschönen Mantel.»

«Danke», sagte Rudi Tonne und sah zu Boden, bemüht, sein Gleichgewicht zu wahren.

«Der Mann, den Gretchen liebte, hatte keinen Pakt mit dem Teufel geschlossen, er hatte ein Abkommen mit dem Zufall. Er konnte tun, was er wollte. Mit seinem Gretchen. Sie lief ihm nach. Und nachdem sie seine Krankheit an ihrem Mund hatte, sagte die Familie: Pfui! Abscheulich! – Wo haben Sie diesen Mantel gekauft, Herr Tonne?»

«In Zürich. Wenn Sie einen Wintermantel brauchen: Zürich – nicht Bern.»

«Zürich, danke. Meine Geschichte geht noch weiter. Gretchen wurde verhaftet. Es war bloß für eine Nacht – aber was für eine Nacht! Es gab eine Klage. Sie ging nach Deutschland, um dem Prozeß zu entkommen.»

Rudi Tonne keuchte vor Erschöpfung, sein Atem umflatterte ihn und Oliver. Sein Gesicht war feucht; er schwitzte.

«Für manche ist die Vergangenheit ein Abflußrohr, für andere ein Gefängnis. Ich stelle mir vor, daß Gretchen mehr als zwanzig Jahre in Haft saß. Ihr Faust war kein Intellektueller. Er war einfach ein ordinärer Zauberer.»

Rudi Tonne starrte die Straße hinunter nach dem Licht über dem Eingang des Hotels, als könnte sein Blick ihn dorthin ziehen.

«Wissen Sie, daß wir uns schon mal begegnet sind?» fragte Oliver Weinstock.

Es kam Rudi Tonne plötzlich wie eine Schicksalsfrage vor, ob er diesen Eingang je erreichen würde. Er versuchte, schneller zu gehen, rutschte aus, hielt sich an Oliver Weinstocks Schultern und seiner Taille fest und preßte den Kopf gegen seine Brust, während die Krücken baumelten. Oliver Weinstock stöberte mit den Lippen an dem ihm zugewandten Ohr, eine flüchtige, zufällige Geste. Rudi Tonne fuhr zurück, es gelang ihm, sich wieder aufzurichten.

«Entschuldigen Sie, ich rede Unsinn», sagte Oliver Weinstock. «Sie sind der Gefesselte, und ich helfe Ihnen. Für die Schlußszene dreht der Zufall den Spieß um. All die Jahre, in denen ich mich als Gretchen gesehen habe!» Er lachte. «Verzeihen Sie mir! Außerdem geht es am Schluß gut aus. Gretchen wird erlöst, und sie bekommt ihren Faust, nachdem er gestorben ist. Ach, verzeihen Sie – was habe ich meinem Gast bloß für einen Unsinn erzählt.»

«Schon gut, schon gut», sagte Rudi Tonne und nahm die Entschuldigung als Rückkehr in die Normalität. «Ich weiß sowieso nicht, wovon Sie reden», fügte er beiläufig hinzu, wollte sich von der Gefahr ablenken, wünschte sich, er wäre schon in seinem Hotelzimmer. «Wer ist dieser Faust? Kenne ihn nicht. Gretchen ist ein Mädchenname.»

Das Gespräch brach ab. Als sie den Eingang des Hotels erreicht hatten, sagte Rudi Tonne in einem Anfall von Dankbarkeit: «Wollen Sie nicht noch auf ein Glas mit hereinkommen? Da Sie mich nun schon hierher gebracht haben.»

«Die Hotelbar ist bestimmt geschlossen, aber Ihre Minibar hat geöffnet», willigte Oliver Weinstock ein. «Ich habe da einen kleinen Text, den ich mal für Sie aufgeschrieben habe, ich trage ihn schon mehr als dreißig Jahre mit mir herum, aber ich denke, ich werde ihn Ihnen nicht zeigen, nein, er ist sehr kurz, vielleicht werfe ich ihn weg. Aber ich werde Ihnen etwas von meinen Theorien über die Liebe und den Zufall erzählen.» Er hielt die Streichhölzer schon in der Hand.

Frau Bussjäger hatte reichlich Grund, sich über diesen Gast, Rudi Tonne, Gedanken zu machen. Es war ein seltsamer Abend gewesen. So kalt und doch so heiß. In dem Hotel weiter unten an der Straße hatte es gebrannt, und mehrere Gäste, alte oder behinderte, die nicht hatten fliehen können, waren ums Leben gekommen. Der statistische Tod beunruhigte Frau Bussjäger immer besonders heftig, weil er ihre Phantasie anregte. Sie hatte Oliver Weinstock fragen wollen, ob er das Feuer gesehen habe, aber am nächsten Tag rief Oliver Weinstock sie zu Hause an und erklärte ihr, das Restaurant sei geschlossen. Ganz plötzlich reiste er nach New York ab und kam nur noch einmal zurück, um den Verkauf seines Restaurants perfekt zu machen. Er habe in Manhattan ein Restaurant eröffnet, sagte er und plane jetzt, reich zu werden. Er fragte, ob Frau Bussjäger nicht mitkommen wolle, aber sie war wütend und zu stolz und hatte schon eine leitende Stelle in einem anderen Restaurant gefunden. Sie hatte einen Schock erlitten, als sie am Tag nach dem Hotelbrand im Restaurant saubermachte. Im Abfalleimer hatte sie ein Blatt gefunden, das unbedingt gelesen werden wollte, denn es war in ein Dutzend winzige Schnipsel zerrissen. Sie hatte sie mit allerlei Speiseresten daran aus dem Müll gefischt. Sie kannte sich aus.

Ihre erste große Enttäuschung in der Liebe stammte aus einem Mülleimer. Ihr Verlobter hatte ein ähnliches Häufchen Papierschnitzel in dem Papierkorb unter seinem Schreibtisch zurückgelassen. Sie hatte ihn besuchen wollen, aber er war nicht zu Hause gewesen. Wo war er bloß? Sie hatte die Schnipsel genommen, hatte sie – es war eine höllische Arbeit gewesen

– wie ein Puzzle zusammengesetzt und dann gelesen. Es war ein leidenschaftlicher Brief an seine kleine Schwester. Geheiratet hatte sie ihn trotzdem, aber verziehen hatte sie ihm nie.

Während Frau Bussjäger an dem Morgen nach dem Brand die durchnäßten Papierschnitzel betrachtete, sagte sie sich: Die Wahrheit will ans Licht. Sie weinte und machte sich an die Arbeit. Viel Mühe, wie sich herausstellte, für wenig Wörter.

Das Ergebnis behielt sie nicht für sich. Von ihrer neuen Stellung in einem anderen Restaurant aus speiste sie es in die Klatschkanäle ein, wo es, in Abwesenheit der Hauptfigur, gedieh, wuchs, sich entfaltete und den herrlichsten Tratsch über die Liebe hervortrieb, den man seit langem in der Stadt gehört hatte.

... er hinterließ Frau Bussjäger einen Liebesbrief, ja, der alten Geschäftsführerin, ja, das sieht ihm ähnlich, verrückt, sie gab ihm einen Korb, da machte er seinen Laden dicht und schickte ihr den Brief, komisch, was so einem Mann alles das Herz brechen kann, mich hätte das kalt gelassen, eine Schande, daß es heutzutage kaum noch nette Leute in der Stadt gibt ...

Hugo Dittberner

Der Hammer

I

Es war Bärbel Moger, die dafür eintrat, Piet van Hinst in der Kellermann-Stiftung noch eine Chance zu geben. «Er ist kein Schläger», sagte sie, «er hat nur ein paar Mal die Nerven verloren; und was soll er sonst machen?» – «Immerhin!», erwiderte einer aus dem Kollegium. Doch stimmten alle mißmutig der Einstellung zu, da die Stelle schon seit Wochen unbesetzt war und sie der zusätzlichen Arbeit überdrüssig waren.

So kam der Hammer zu uns. «Der Hammer» war sein Spitzname. Schon bald, nachdem er eingetroffen war, war auch sein Name da. Als hätte ihn jemand aus den anderen Heimen, in denen der Hammer gearbeitet hatte, herübergefunkt; denn wir hatten zwei Funker, die in dem Pförtnerhäuschen neben dem schmiedeeisernen Tor ihr Quartier aufgeschlagen hatten. Es war ein Durchgangsraum; abends und nachts hangelten sich einige aus dem Fenster und über das Gitter, um in Borchhausen ein Mädchen aufzugabeln oder noch einen zu trinken. Lohmeier und Wallner hatten den Schlüssel zu dem Raum. Sie galten als zuverlässig und haben auch nie an den nächtlichen Ausflügen teilgenommen.

Der Hammer also. Er hatte einen Ruf: wer bei ihm nicht parierte, dem konnten leicht ein paar Zähne fehlen. Er war ein 1,85 m großer, durchtrainierter Bursche, der am liebsten mit nacktem Oberkörper herumlief. Morgens beim Wecken kam er in die Zimmer und sagte: «Also»; mehr nicht. Und wenn man hochblinzelte, sah man ihn mit nacktem Oberkörper durch das Zimmer gehen und die Vorhänge aufreißen. Wer sich dann nicht rührte, zu dem ging er ans Bett und nahm ihn spaßhaft in den Schwitzkasten, daß er japste. Selten war man der erste im Schwitzkasten und roch deshalb gleich nach dem Aufwachen frischen Schweiß, fühlte diesen nackten Oberkörper im Gesicht mit der eigentümlich glatten, unbehaarten Haut wie ein Babyhintern. «Das ist doch ein idealer Erzieher für die Mittelstufe, die haben so was gern, warum kommt er zu uns?», fragten wir. Aber er kam zu uns, und er blieb bei uns, auf der Oberstufe. Ein Irrer mehr.

Münter wehrte sich nicht gegen den morgendlichen Schwitzkasten. Als der Hammer ihn losließ, sagte er nur: «Ich möchte das nicht, merken Sie sich das.» Der Hammer sah ihn erstaunt an, als sei Münter eine Fliege, die sich übermütigerweise auf seinen Bizeps gesetzt hatte. Münter trug teure Leinenhosen und Polohemden, sein Vater hatte eine Fahrradfabrik, und weshalb er hier bei uns war, wußte keiner. Er hätte das nicht nötig gehabt, bei dem Vater. Alle anderen hatten etwas auf dem Kerbholz: sie waren entweder wie Verschel zweifacher Vater oder wie Brunner Autoknacker oder wie Zoch Dealer oder wie Dobrick Schläger, mit einer Schraube locker. «Machen Sie das bei Dobrick, aber nicht bei mir.», sagte Münter noch und sah den Hammer kühl an. Er war lang und dürr, ein Schwächling; alle paar Wochen wurde er von dem einen oder anderen verprügelt, ohne daß das an seiner arroganten Haltung etwas geändert hätte. «Ist gut», sagte der Hammer mit einem Blick, in dem es flackerte. Dann ging er aus dem Zimmer und nahm an dem Morgen keinen mehr in den Schwitzkasten. «Der hat dich gefressen», sagte Dobrick, der diese kleine Kraftprobe morgens ganz gut fand, aber es nicht zugab, weil es niemand sonst gut fand.

Dr. Baum stellte den Hammer beim Essen vor: «Herr van Hinst ist ein erfahrener», er sah zu dem Hammer hinüber, der mit seinem viereckigen Gesicht und strähnigen blonden Haaren über das Essen gebeugt saß, als ginge ihn hier nichts an, «ein kräftiger Erzieher», dabei kam ein Gemurmel auf, «der sich sicherlich eure Achtung erwerben wird.» Der Hammer erhob sich kurz von seinem Stuhl: «Auf gute Zusammenarbeit, Jungs!», sagte er und sah grinsend umher, bis sein Blick auf Bärbel Moger fiel, die Englischlehrerin, die es in sich hatte.

Sie lächelte ihm so verführerisch zu, als sei er der Schah von Persien und sie ein bürgerlicher Skihase. Fräulein Schorn, die andere Frau im Heim, Physik- und Chemielehrerin, räusperte sich. Sie trug immer Schwarz; und sobald sie mit jemand ins Gespräch kam, zufällig, über das Wetter sprechend, war sie gleich bei ihren toten Eltern, die sie, wer weiß wie, auf den Friedhof von Borchhausen hatte überführen lassen, damit sie ihr Grab pflegen konnte. Da saß sie dann auf dem Friedhof vor dem Grab und sprach mit den Eltern, wie einige behaupteten, die sie belauscht haben wollten. Sie war die Todfeindin von Bärbel Moger, wahrscheinlich, weil es außer ihnen keine andere Frau im Heim gab, so daß ihr keine Wahl blieb. Der Hammer wandte sich von Bärbel Moger zu Fräulein Schorn, nicht mehr grinsend, und setzte sich wieder hin, um weiterzuessen.

Es war eine ungewöhnliche Vorstellung. Normalerweise wurden die neuen Erzieher ausführlich mit all ihren guten Eigenschaften und Fähigkeiten vorgestellt, um uns zu interessieren und um ein mahnendes Beispiel im Menschsein zu geben. «Abgesehen von seiner Kraft gibts wohl nichts Gutes an ihm zu erwähnen!», witzelte man an den Tischen, und gutgelauntes Gelächter schwappte an diesem Abend durch den Saal. Der Hammer saß da und aß schweigend, als ginge es nicht um ihn.

Es war überhaupt schweigsam, wie seine Fische. Denn in seinem Zimmer war kein Buch zu sehen; und niemand sah ihn je lesen, «buchstabieren heißt das bei dem», sagte Münter; nur ein großes Aquarium, in dem er allerlei Fische gefangenhielt. Die Tür zu seinem Zimmer ließ er, anders als die übrigen Erzieher, die Angst hatten um ihren Besitz bei diesen Insassen, grundsätzlich offen, so daß man die Armseligkeit seiner Habe mit einem Blick erfassen konnte: außer dem Aquarium ein paar Hosen, Hemden, Pullover und Jacken, die man in dem ebenfalls offenen Schrank sehen konnte, «wahrscheinlich muß er gründlich lüften», sagte Münter, einen großen Wecker, ein Transistorradio und einen riesigen roten Drachen, den er an der Wand befestigt hatte und den wir alle gern fliegen gesehen hätten. Doch der Hammer ließ sich darauf nicht anreden.

Morgens, als Wallner einmal vor dem Wecken wach war und aufs Klo ging, sah er aus dem Fenster den Hammer bei Frühsportübungen. Er schlug Rad über den taunassen Rasen, pumpte etliche Liegestütz, machte Schattenboxen und Kopfstände und lief einige Runden durch den alten Gutspark. «Kommt, sehr euch das an!», stürmte Wallner ins Zimmer und bekam von dem hochschnellenden Dobrick eine saftige Ohrfeige. Doch dann waren bald alle, außer Münter, am Fenster und sahen dem Hammer bei seiner Morgengymnastik zu. «Der hat ganz schön was drauf», sagte Dobrick, der es wissen mußte. «Training ist langweilig», sagte Verschel gähnend, und nach und nach gingen alle zurück in ihre Betten. Sie hörten den Hammer die breiten Steintreppen des ehemaligen Gutshauses hochlaufen, barfuß, patschend; und gleich darauf hörte man ihn duschen. «Ich möchte wissen, ob er bewaffnet ist.», fragte Brunner. Aber eine Waffe sah man nie bei ihm, wozu auch bei diesen Kräften.

Ein Sonderling war er, der Hammer. Wenn er Parkaufsicht hatte, dann stand er nicht wie die anderen Erzieher auf dem Weg herum und ließ die Unterstufenschüler das Papier und andere Hinterlassenschaften (es war auch mal ein Fromms dabei) aufsammeln, sondern er ging mit ins Gelände und bückte sich genauso nach den Abfällen wie die Schüler, manchmal dem einen oder anderen Kleinen den Arm um die Schultern legend, so daß es hieß: «Der ist wohl schwul, der Hammer, ein schwuler Hammer!» Und in der Tat war es ein merkwürdiges Bild, den Hammer mit nacktem Oberkörper das Papier aufheben sehen und dann den Arm um den kleinen Michael legen, ein Bild, zu dem Bärbel Moger versonnen lächelnd auf dem Weg stehen blieb. Doch als der Hammer sie sah, kam er grinsend und mit wiegenden Schritten zu ihr und ließ sich von ihr anreden und unterhalten, mit irgend etwas Belanglosem, denn er war, wie gesagt, nicht der erste beim Reden.

Er gehörte schon bald zur Landschaft. Morgens der nackte Oberkörper und der Schwitzkasten, nach der Schule sein Gesicht am Fenster, bewegungslos, nachmittags bei der Aufsicht, während der Arbeitszeit, sein wiegender Schritt im Flur, das

Stehenbleiben in der offenen Tür: er mischte sich in nichts ein; wenn jemand Hilfe brauchte, dann half er, mehr zeigend und vormachend als erklärend. Spätnachmittags und abends leitete er die Fußball-AG und die Foto-AG. Er spielte grundsätzlich mit und ließ einen von uns den Schiedsrichter machen, Münter, der sowieso keine Lust zum Mitspielen hatte und die Regeln so gut wie gar nicht kannte und also kaum pfiff, nur in der Gegend herumstand, in einem teuren Trainingsanzug, und zusah wie wir spielten. Der Hammer spielte rechter Verteidiger, ohne Schnörkel, knallhart; und Dobrick spielte den gegnerischen Linksaußen, daß die Fetzen flogen. Kaum ein Abend verging, an dem nicht einer von ihnen eine Schramme abbekam; aber sie schimpften nicht, sondern kämpften verbissen weiter. Wenn nicht das Essen dazwischen kam, um 19 Uhr, wurde gespielt bis zur Erschöpfung, zwei bis zweieinhalb Stunden oft. Und der Hammer machte dann immer noch keinen erschöpften Eindruck, trotz seiner 35 Jahre. Sein nackter Oberkörper war schweißüberströmt, aber er war kaum außer Atem. «Das mit dem nackten Oberkörper ist ein ganz gemeiner Trick», sagte Dobrick, «da rutschst du immer dran ab.» Doch er beschwerte sich darüber nicht bei dem Hammer und spielte weiter den gegnerischen Linksaußen.

Die Foto-AG leitete der Hammer, obwohl man ihn nie fotografieren sah. Nicht einmal einen Fotoapparat schien er zu besitzen. Er half den beiden Funkern und einigen anderen Harmlosen beim Entwickeln ihrer Bilder, beim Vergrößern und Retouchieren, geduldig und schweigsam. Zwei Wochen vor den Sommerferien war eine Fotoausstellung, die Dr. Baum sehr lobte und die auch in den anderen Heimen der Kellermann-Stiftung gezeigt werden sollte. «Herr van Hinst hat unserer Foto-AG neue, wertvolle Impulse gegeben.», sagte Dr. Baum, während der Hammer sich nach dem ironischen Beifall umsah, den man ihm darbot. Kleine Schweißperlen waren auf seiner Stirn und seiner Oberlippe zu sehen. «Der Hammer muß sich erst noch dran gewöhnen, daß er geliebt wird!», sagte Dobrick, worauf um ihn herum der Beifall und das Gelächter anschwollen.

II

Abends um halb elf kam der Hammer in unsere Zimmer und knipste das Licht aus, gleichgültig ob tatsächlich schon alle in den Betten lagen. Noch ehe jemand protestieren konnte, war er wieder draußen, und wehe es wagte jemand, das Licht wieder einzuschalten. Er hörte es oder sah das Licht unter der Tür und war gleich im Zimmer und packte den Betreffenden am Schlafanzugkragen und drehte ihm die Luft ab: «Sei vorsichtig, ich habe einen ganz schönen Hammer.», sagte er dazu in einem Ton, daß niemand wegen des Doppelsinns zu lachen wagte. Jedenfalls erfuhren wir so, woher sein Name stammte. Im Dunkeln konnten wir bummeln, solange wir wollten, es interessierte ihn nicht.

Bald darauf hörten wir ihn auch zubett gehen, es wurde still auf dem Flur, so schien es; doch wenn wir vorsichtig die Tür öffneten, konnten wir das leise Summen der Frischluftzufuhr für sein Aquarium hören, das aus seinem Zimmer drang, denn er ließ die Tür auch nachts offen. «Scheißkerl», flüsterte Dobrick. Nun war es wesentlich schwerer, die nächtlichen Ausflüge in den Ort durchzuführen. Wir mußten in dem Gutshaus bis in den Schuhputzkeller schleichen, wo wir uns durch ein schmales Fenster ins Freie zwängen konnten. Von dort liefen wir ein paar Meter bis unter die hohen Parkbäume und dann durch den Park bis zu dem Pförtnerhaus an dem schmiedeeisernen Gatter, das fünf Meter hoch war und nachts mit einem riesigen Vorhängeschloß verschlossen, da der ursprüngliche Schlüssel für das große Torschloß verloren gegangen war. Für das Pförtnerhaus hatten wir von Wallner und Lohmeier den Schlüssel. Dort im ersten Stock war der Funkraum; sein Fenster führte auf das Gatter, dessen oberste Querverstrebung man mit einem mutigen Schritt erreichen konnte. Den Rest ermöglichte eine Strickleiter, die es für diesen Zweck schon geben mußte, solange die Stiftung bestand, vielleicht schon länger. Es war ein abenteuerlicher Weg, doch ohne große Gefahr. Nun ließ der Hammer seine Tür auf, ohne jedes Recht. Und da er nicht schnarchte, konnte man nie wissen, ob er schlief oder nicht. Verschel sagte: «Es ist ihm zuzutrauen, daß er hinterm Vorhang steht, um den Nachthimmel anzustarren oder irgendeine andere schwule Sauerei.» Brunner schlich an die Tür und spähte hinein. Nach einer Weile winkte er uns heran. Das Zimmer war nicht sehr groß, und hinten in der Ecke lag der Hammer, herrschaftlich auf dem Rücken, und atmete sanft und gleichmäßig, so daß man es kaum von dem Luftzug unterscheiden konnte, der durch das offene Fenster strich. «Pervers», flüsterte Dobrick, «im Zug zu schlafen.» Brunner hielt ihm den Mund zu.

Wir schlichen hinunter in den Schuhputzkeller und krochen durch das Fenster, so leise es ging. Draußen auf dem mondbeschienenen Rasen, fünf bis sechs Meter weit, war es gefährlich, denn sein Fenster ging auf den Park; doch dann unter den alten wuchtigen Parkbäumen, im Schatten, hatten wir es geschafft. Nur durften wir nicht mehr so viel trinken, denn besoffen, das war klar, konnte man nicht unbemerkt durch diese Sperre zurückkommen. Es ging gut. Beim Nachhausekommen um halb zwei summte das Aquarium noch genauso friedlich vor sich hin wie um elf; der Hammer schlief.

Doch eines Tages, als Verschel, Brunner und Zoch ausgeflogen waren und zurück in das Funkerzimmer stiegen, stand der Hammer im Dunkeln da. Sein nackter Oberkörper leuchtete; es war ja Sommer; und dann prügelte er schon auf sie ein, ohne ein Wort, immer auf die Körperpartien zielend, damit es keine Spuren geben konnte. Sie waren zu dritt und wollten sich wehren; aber auch wenn sie nicht getrunken hätten, wären sie dieser Kampfmaschine nicht gewachsen gewesen, mit Dobrick vielleicht. So lagen sie nach wenigen Minuten keuchend und schluchzend am Boden, wütend, hilflos, voller Schmerzen. «Los», sagte er, etwas außer Atem von den anstrengenden Schlägen, «hoch! Verzieht euch ins Bett.» Das war alles.

Am nächsten Tag geschah nichts. Dr. Baum war heiter und freundlich wie immer; niemand sprach sie auf ihren nächtlichen Ausflug an, was hieß, daß es der Hammer für sich behalten hatte. Und die Wut über die Tracht Prügel: daß wir dieses Schwein anzeigen wollten, verrauchte. «Gut, das nächste Mal werden wir ihn verprügeln, daß er Rotz und Wasser spuckt!», sagte Dobrick und ging gleich die nächste Nacht hinaus. Aber es gab niemand, der ihn bei der Rückkehr stellte; der Hammer schlief. Bald gehörte es zum Risiko des Ausflugs, hinterher vom Hammer erwischt und verprügelt zu werden. Meist ging es gut, aber zwei-, dreimal gingen einige zu Boden. Auch Dobrick war dabei. Er hatte sich den Kampf leichter vorgestellt. Aber gleich als er von draußen hereinstieg, ging es los, noch ehe sich seine Augen richtig an die Dunkelheit im Zimmer gewöhnt hatten; und da der Hammer wie immer mit nacktem Oberkörper kämpfte, war er kaum zu fassen und teilte ungehindert harte Schläge aus, solange, bis keiner mehr einen Mucks von sich gab. Dann durften sie in ihre Betten kriechen. «Der macht sich daraus eine Orgie, dies Schwein!», fluchte Verschel. «Diese perverse Sau! Wenn der nachts Lust hat, jemand zu vermöbeln, dann stellt er sich hier auf und haut uns die Hucke voll.» Doch den Weg in die Freiheit wollte auch Verschel nicht aufgeben: lieber alle vierzehn Tage eine Tracht Prügel.

Am nächsten Morgen ließ sich der Hammer nie etwas anmerken. Er weckte sie mit nacktem Oberkörper, dem: «Also», dem Aufreißen der Vorhänge, mit dem Schwitzkasten, freundschaftlich, nicht übermäßig brutal, nur zum Wachwerden. Keine Anspielung, nicht einmal eine Miene, daß er nachts einige von uns mit üblen Körpertreffern k.o. geschlagen hatte. Als wäre er nicht dabeigewesen. Doch er wars. Wir rochen ihn, wir spürten seine Gegenwart, schon wenn wir seinen nackten Oberkörper in dem Funkerzimmer schimmern sahen und es kein Zurück mehr gab.

Bisher hatte Münter Glück gehabt. Er ging nicht so oft nach draußen wie die meisten. «Aus den Dorftrampeln mache ich mir nichts», sagte er, «und Saufen finde ich zum Kotzen!» Der würde seine Arroganz nie verlernen. Aber kurz vor den Sommerferien erwischte es auch ihn. Alle zehn Tage wartete um elf vor dem Heim eine junge Frau in einem Mini-Cooper. Das war Münters Verabredung. «Eigentlich müßte sie ja mit dem Fahrrad kommen», witzelten wir, «aber der Münter schreckt bekanntlich vor nichts zurück.» An diesen Abenden war Münter noch arroganter, so als könnten ihn alle mal, und er war sowieso der Größte. Selbst Dobrick hatte es aufgegeben, ihm eine zu langen, sondern sah ihn nur wie ein seltenes Tier an. Dann, kurz vor elf, verschwand Münter, ohne sich besondere Mühe zu geben, leise zu sein. Er schlich sich nicht davon; er ging aus. Das war auch, seitdem der Hammer den nächtlichen Ausgang entdeckt hatte, zweimal gutgegangen. Doch diesmal hatte ihn der Hammer gehört oder war aufgewacht und durch die Nacht zum Pförtnerhäuschen gebummelt und hatte in die Funkerkammer gesehen und die Strickleiter am Gatter bemerkt. Als Münter elegant aus dem Mini-Cooper stieg und sich mit einem nachlässigen Kuß verabschiedete, stand der Hammer schon im Fenster, die Arme vor dem nackten Oberkörper verschränkt, nicht bemüht, sich vor Münters Blicken zu verstecken, bis der im Raum wäre. Münter sah ihn auch. Doch so von seiner Freundin und dem Hammer beobachtet, kletterte er an der Strickleiter hoch wie immer. Er war nicht sehr sportlich, und es dauerte einige Zeit. Gerade als er die Strickleiter hochgezogen hatte und den letzten Schritt ins offene Fenster tat, blinkte unten der Mini-Cooper zweimal kurz mit der Lichthupe und fuhr davon. Der Hammer war zurückgetreten und ließ Münter von der Fensterbank herabspringen. Er wartete schweigend, bis Münter wieder zu Atem gekommen war und die Strickleiter unter einer losen Holzdiele verbarg, als sei der Hammer gar nicht anwesend. Dann richtete sich Münter auf und steckte die Hände in die Taschen seiner teuren Leinenhosen, um möglichst lässig die fälligen Prügel zu kassieren. Doch der Hammer bewegte sich nicht. Ohne ein Wort stand er mit gekreuzten Armen bewegungslos im Zimmer und fixierte Münter, der sich unbehaglich hin und her bewegte. Nach einer Weile zuckte Münter die Achseln und ging hinaus, durch den Park, stieg durch das Kellerfenster, ging die Treppen hinauf und in sein Zimmer, immer gefolgt vom schweigenden Hammer, dessen Atem er im Nacken spürte, so nah ging der hinter ihm her. Erst als er die Zimmertür hinter sich schloß, war er den Hammer los.

Am nächsten Morgen weckte der Hammer wie gewohnt; und schon bald machte die Geschichte die Runde. Alle waren empört, daß ausgerechnet Münter keine Tracht Prügel erhalten hatte. Wahrscheinlich hatte der Hammer Angst vor dem reichen Vater und war vor der Arroganz zurückgeschreckt. Beim Fußball waren sie lustlos, und die harten Zweikämpfe zwischen Dobrick und dem Hammer blieben aus, weil Dobrick müde im Mittelfeld herumplänkelte.

In dieser Nacht gingen alle hinaus, bis auf Lohmeier und Wallner und Münter, der die Brauen hob und fragte: «Warum denn? Ich war erst gestern, es ist niemand da für mich.» Sie gaben sich keine Mühe, leise zu sein, in der Hoffnung, der Hammer würde sie erwarten; und bei so vielen würde er endlich verdroschen werden, daß er sich lieber ein Hemd anzog und eine dunkle Brille trug. Doch der Hammer rührte sich nicht. Um zwei kamen sie beleidigt zurück, nachdem sie über eine Stunde auf ihn gewartet hatten. «Dieser Feigling», fluchten sie im Park, «diese Ratte!» Im Treppenhaus zischten sie nur noch.

Morgens wurden sie von einem Aufschrei geweckt, der markerschütternd durch das Gutshaus hallte. Überall flogen die Türen auf, und alle liefen auf die Flure. Der Hammer stand mit geballten Fäusten in der Tür, mit dem Rücken zum Flur, seinem Aquarium zugewandt, in dem es still war. Jemand hatte in der Nacht die Frischluftzufuhr abgeschaltet, und nun schwammen die Fische tot auf der Wasseroberfläche. Es bildete sich ein Kreis von Neugierigen; die hinteren Reihen drängten und schoben, um ja auch noch die toten Fische und den getroffenen Erzieher zu sehen. Doch der trat plötzlich, ohne sich nach ihnen umzusehen, in sein Zimmer und schlug die Tür zu, daß es krachte.

Zum ersten Mal war die Tür zu, aber nicht lange. Schon nach dem Frühstück, als wir zur Schule gingen, sahen wir sie wieder geöffnet, und das Aquarium fehlte. Der Hammer war nicht zum Frühstück erschienen, so daß im Eßsaal die wildesten Gerüchte umherschwirrten: er würde sich die Pulsadern aufschneiden oder unsere Zimmer demolieren, jedenfalls irgend etwas Brutales anfangen. Die übrigen Erzieher und Dr. Baum, die sich die Geschichte hatten erzählen lassen, saßen nervös auf ihren Plätzen und warteten darauf, daß sich ihr Kollege bezwingen würde und doch noch erschien, um Haltung zu zeigen.

Wer die Frischluftzufuhr ausgeschaltet hatte und wann, das wußte niemand. Bei der Rückkehr von dem nächtlichen Ausflug hatte vor Wut niemand darauf geachtet, und es konnte auch noch danach geschehen sein, wenn auch nicht lange, weil so schnell die Fische dann nicht ersticken konnten. «Ersticken geht schnell», sagten andere.

Der Hammer kam nicht mehr zum Frühstück. Er hatte in dieser Zeit die toten Fische und das Aquarium weggeschafft, vielleicht in eine entlegene Ecke des Parks oder auf den Küchenabfall. Das Aquarium blieb spurlos verschwunden. Der Hammer schaffte sich auch kein neues an, und nun war es nachts, wenn wir hinausschlichen, noch stiller auf dem Flur, so daß wir das leise Atmen des Erziehers hören konnten.

Die Explosion erfolgte nach der Schule. Der Hammer lehnte in der Haustür, in Shorts und in einem kurzärmeligen roten Hemd, dessen obere Knöpfe geöffnet waren. Als wir uns schweigend an ihm vorbeidrücken wollten, griff er mit einem düsteren Lächeln Münter beim Arm und zog ihn die Treppe hinab in den Schuhputzkeller, die Tür behutsam hinter ihnen schließend. Dann hörten wir Schläge und Stöhnen. Wir flitzten so schnell wir konnten aus dem Haus und herum zu dem Kellerfenster. Es war schon zu spät. Wir sahen nur noch, wie der Hammer sich Münter wie ein nasses Handtuch über die Schulter warf und mit ihm aus dem Schuhputzkeller ging, die Treppe hinauf.

Münter blieb den ganzen Tag im Bett und mußte das Essen, leichte Kost, ans Bett gebracht bekommen. Er lag dort mit grünlichem Gesicht, das Oberbett bis ans Kinn gezogen, ohne sichtbare Spuren, aber fertig, krank, und reagierte nicht auf Fragen. Der Hammer ging umher, tat seine Pflicht, als sei nichts geschehen. Alle waren empört. Der Münter war ein arroganter Hund, aber das war eine Schweinerei. Lohmeier und

Wallner gingen ins Sekretariat, um sich bei Dr. Baum zu beschweren. Dr. Baum war gerade nicht da, dafür Bärbel Moger, mit der sich alle gut verstanden. Bärbel Moger hörte sich die Geschichte an und versprach, mit Dr. Baum zu sprechen. Vorher jedoch sah man sie zu dem Hammer gehen und auf ihn einreden. Sie standen unter einer alten Buche im Schatten. Bärbel Moger sprach und tippte ein paar Mal dem Hammer mit dem Finger auf die Brust. Er hörte schweigend zu, etwas zurückgelehnt, weil sie sich zu ihm hinbeugte. Als es zum Mittagessen gongte, griff er sie ans Kinn und schubste sie ein bißchen aus dem Weg und ging zum Essen.

Nichts passierte. So kurz vor den Ferien wollte man keinen Ärger bei der Leitung, hieß es. «Was soll denn van Hinst draußen machen?», soll Dr. Baum gefragt haben, «Er ist doch verloren draußen; und wenn wir ihn hinausschmeißen, dann nimmt ihn kein anderes Heim mehr; ist es denn so schlimm, der Münter hat sich auch gar nicht beschwert.» Natürlich, wenn sich der Vater einschaltet, dann, ja dann wußte auch Dr. Baum nicht weiter. Das Kollegium konnte den Hammer nicht ausstehen, er sonderte sich ab; andererseits war er provoziert worden, «der Verlust seiner Fische war ein großer Schlag für ihn», sagte Bärbel Moger. Man kam zu keinem Entschluß, und warum sollten wir dann nicht weiter mit dem Hammer Fußball spielen, solange er uns in Ruhe ließ? Münter war nichts anzumerken; er sprach mit niemand über seine Tracht Prügel. Wenn er dem Hammer begegnete, zwang er sich, ihn anzusehen, mit in den Nacken geworfenem Kopf.

III

In den Ferien machten der Hammer und Bärbel Moger eine Schlauchbootfahrt auf der Rhône. Sie zelteten in einem kleinen Zelt. Schlauchboot und Zelt gehörten Bärbel Moger, und also mußte sie den Hammer zu der Fahrt eingeladen haben. Sie kamen beide braungebrannt zurück. Bärbel Moger schwärmte von den Schlössern an der Rhône und der landschaftlichen Schönheit, so wild und doch so gefällig, einschmeichelnd, wie der Wein dort. Sie schwärmte vom Essen und von der Luft, vom Schlauchboot und vom Wasser, vom Zelten, dem Leben in der Natur, vom Sonnenaufgang und vom Sonnenuntergang, ja sogar noch vom Mond und von den Sternen, «denn der Himmel dort ist besonders weit, jedenfalls kommt es mir so vor». Der Hammer ließ seine Augen auf ihr ruhen und sagte nichts. Das hatte auch niemand von ihm erwartet. Im Kollegium rümpfte mancher die Nase, und Dobrick grinste grundsätzlich kopfschüttelnd dem Hammer hinterher, als sei der jetzt hinüber, obwohl er noch rechter Verteidiger gegen ihn spielte und genauso hart.

Wir waren zufrieden. Denn nun machte der Hammer nachts seine Tür zu, so daß wir ungestört unsere nächtlichen Ausflüge unternehmen konnten. «Wahrscheinlich will er ungestört träumen.», sagte Zoch, «Träumen! Der will sie sich aufs Zimmer holen, du Wicht.», sagte Verschel, und er hatte fast recht. Denn der Hammer holte sich zwar nicht die Bärbel Moger aufs Zimmer und verschloß deshalb die Tür, sondern er ging nachts hinüber zu dem Nebengebäude, wo die beiden Frauen wohnten, machte sich ein paar schöne Stunden, was die geschlossene Tür vertuschen sollte. Man sah ihn, wie er sich morgens im Fenster der Moger naß rasierte, wie immer mit nacktem Oberkörper, bevor er zum Frühsport auf den Rasen ging; manchmal war Bärbel Moger dabei, aber immer seltener, denn sie war seinem Pensum nicht gewachsen. Zum Duschen kam er zurück. Er pfiff unter der Dusche, und erst danach hörten wir, wie er seine Zimmertür aufschloß. Zum Wecken kam er nur mit einem flüchtigen «Also» herein und stieß die Tür auf, daß sie hinten gegen die Wand schlug. Den Dobrick und ein, zwei andere nahm er noch in den Schwitzkasten. Die übrigen blieben verschont, die Vorhänge geschlossen. «Die alte Sau wird faul!», sagte Brunner, weil wir nun die Vorhänge wieder selbst aufziehen mußten. Auch sonst, als hätte Bärbel Moger ihn gemäßigt, kümmerte er sich nur in der Dienstzeit und obenhin um uns, er ging in der Arbeitszeit auf dem Flur auf und ab, mit den Gedanken woanders; er leitete die Fußball-AG und die Foto-AG; abends knipste er das Licht aus. Beim Essen ertappte man ihn oft bei einem Blick hin zu Bärbel Moger, die an einem anderen Tisch, neben Dr. Baum, aß. «Den Hammer hats erwischt!», hieß es.

Er war jedoch, abgesehen von den Nächten, gar nicht so häufig mit ihr zusammen, sondern beschäftigte sich auf seine Weise. Er holte sich den Rasenmäher und mähte, was gar nicht seine Aufgabe war, weite Strecken des Rasens. Er reparierte den Fangzaun hinter den Fußballtoren, daß der Hausmeister staunte. Er schnitzte allerlei Figuren, die er dann, wenn sie fertig waren, wieder zerschnippelte, zusammenfegte und in den Mülleimer warf. Manchmal, selten, sah man ihn unter der großen Buche mit Bärbel Moger Halma spielen; die Kleinen umringten sie und gaben Ratschläge, bis sie der Hammer verscheuchte, wahrscheinlich weil er verlor. Nach dem Spiel griff Bärbel Moger in seine Haare, was er sich gefallen ließ. Dr. Baum, der einmal vorbeikam, sprach mit ihnen; von da an unterblieb das Halmaspielen unter der Buche.

«Der Hammer ist friedlich geworden.», sagte Zoch, «Der behelligt uns nicht mehr.» Das war uns nur recht. Wir hatten einen Neuen gekriegt, der Flitzer genannt, weil er immer herumwieselte und dort auftauchte, wo er nicht erwartet wurde. Er war Zuhälter gewesen und mehrfach von der Polizei aufgegriffen worden und zu Bewährung verurteilt. Irgendwie hatte er es fertiggebracht, daß seine früheren Pferdchen, es waren drei, jede Woche ein, zwei Mal vor das Heim kamen, damit sich einige von uns an ihnen austoben konnten, wofür der Flitzer kassierte. Zuerst gingen sie nur hinaus und suchten sich im Ort einen Platz. Doch dann kam der Flitzer auf die Idee, die Mädchen hereinzuholen, denn im Park gab es viel bessere Plätze zum Vögeln. «Vorsicht, der Hammer ist ein scharfer Hund!», sagte Brunner, «War er mal», sagte Dobrick. Die Mädchen brachten einige Flaschen Flüssigkeit mit, so daß es zu manchem Fest kam, in den warmen Hochsommernächten, unter dunklen Parkbäumen, in entlegenen Winkeln. Das Problem war, daß der Flitzer nur drei Mädchen besorgen konnte. «Schaff mehr Pferdchen her!», sagten wir,

«Dann müßt ihr sie euch eben teilen!» sagte er. Teilen bringt Ärger, und so kam es zu kleineren und auch größeren Prügeleien. Dobrick verprügelte Brunner, weil der nicht warten konnte, bis er fertig war; und er wollte heute überhaupt nicht fertig werden. Am nächsten Tag ging Brunner mit einem angeschwollenen Gesicht spazieren. «Ich muß euch wohl mal wieder auf die Finger klopfen?», fragte der Hammer in der Arbeitszeit, während er den Kopf von Brunner zu sich herumzog und ihn musterte. Brunner blieb auf seinem Platz sitzen, als gehe ihn das gar nichts an. Der Flitzer hatte sich grimassierend hinter den Rücken des Hammers geschlichen, der sich plötzlich umdrehte und ihm einen Tritt in den Hintern gab, daß er durchs Zimmer rutschte. «Du willst mich wohl kennenlernen?», fragte der Hammer, «Den stech ich ab.», sagte der Flitzer und zeigte sein Springmesser, als der Hammer das Zimmer verlassen hatte.

In der nächsten Nacht stand die Tür des Erziehers offen, und als wir ausfliegen wollten, stockten wir: da stand der Hammer in der offenen Tür, die Arme verschränkt und sah uns an, bis wir uns wieder in die Zimmer zurückzogen. Doch das war nur eine Warnung. In den folgenden Nächten war die Tür wieder verschlossen, der Hammer nicht da und bei seiner Bärbel Moger. Vielleicht ließ sie ihn nicht fort.

«Der Flitzer war eines der vielen kurzen Gastspiele.», sagte Dr. Baum, «Leute, die es nicht schaffen wollen.» Das ‹wollen› betonte er. Die meisten stellen tagsüber etwas an, in der Schule oder in der Kneipe oder im Geschäft, und sie müssen dann abhauen. Der Flitzer verschwand eines Nachts, ohne auch nur ein Wort zu sagen. «Es war ihm zu langweilig, seine Pferdchen haben ihn abgeholt.», sagte Dobrick. Als der Hammer morgens weckte, fehlte der Flitzer. Wie konnte er nachts aus dem Komplex geflohen sein, danach wurde geforscht. Dobrick war noch vor dem Frühstück zum Pförtnerhaus gelaufen und hatte die Strickleiter eingeholt. Die Polizei, zwei Mann, fand keinen Anhaltspunkt und schrieb die Fahndung aus, weil nun die Bewährung verpfuscht war. Aber es blieb unklar, wie der Flitzer nachts abhauen konnte, wahrscheinlich mit Helfershelfern von draußen, denn der Hammer hielt seinen Mund, was ihm Dobrick hoch anrechnete.

Die Mädchen fehlten; viele waren auf den Geschmack gekommen und wollten sich nicht mehr einen runterreiben, und alle drängten nach draußen. Doch da stand ein paar Nächte lang der Hammer in seiner Tür, die Arme verschränkt, ohne ein Wort, «Der will es wohl wissen.», sagte Brunner.

IV

Beim gemeinsamen Frühsport, einem der wenigen gemeinsamen, fanden der Hammer und Bärbel Moger in einer entlegenen Parkecke, gleich hinter dem Gatter, einen jungen Rotmilan. Er kroch schief durch das taunasse Gras und unternahm klägliche Flugversuche, ab und zu seine Stimme zu einem Hihihihihihiääh erhebend. Der Hammer lachte, als er ihn sah, und zog Bärbel Moger, die den großen Greifvogel fürchtete, in seine Nähe. «Er ist jung!», sagte er. Der junge Rotmilan äugte mit seinen bräunlichen Augen zu ihnen, ängstlich mit den Flügeln schlagend, mit einem, denn der rechte Flügel war gebrochen und hing merkwürdig gedreht an seiner Seite. «Wir müssen ihm helfen.», sagte der Hammer, «Gib dein Hemd her, damit ich mich nicht verletze.» «Mein Hemd?», fragte sie, «ich hab nichts drunter», obwohl sie das nicht so meinte, sie wußte nur nicht, wozu er das Hemd haben wollte. Der Hammer half ihr, es über den Kopf zu streifen, «Ich hab ja keins dabei», sagte er, und warf es dann über den Rotmilan, der sich in dem Hemd mit seinen Greifern verkrallte und plötzlich ruhig wurde. Blitzschnell faßte der Hammer die Greifer und hob ihn daran hoch, mit dem anderen Arm den Vogel an seinen Körper pressend. Bärbel Moger war erschrocken zurückgesprungen; doch der Vogel rührte sich nicht. «Ist er tot?», fragte sie; der Hammer schüttelte den Kopf, «Er stellt sich tot, er ist ein kluger kleiner Schmarotzer.» er lachte tief im Brustkorb, «komm, wir müssen ihn zum Arzt bringen.»

Es war ein merkwürdiger Anblick: der Hammer mit nacktem Oberkörper und einen Greifvogel, der teilweise von einem Hemd verdeckt war, im Arm, gefolgt von Bärbel Moger, die ihre Arme vor der Brust verschränkt hielt, um ihren Busen zu bedecken. «Hol schon mal meinen Wagen», sagte der Hammer. «Aber die Schüler, können wir denn einfach weg jetzt?», fragte sie. «Bring einen Sack mit, dann fahr ich allein.», sagte er mürrisch. «Einen Sack?», fragte sie verzweifelt, «Im Keller, verdammt noch mal, einen Kartoffelsack, nun mach schon!» Sie lief mit wippendem Busen voraus, in ihr Haus, während der Hammer auf den jungen Rotmilan einsprach, mit beruhigender tiefer Stimme, «Reg dich nicht auf, mein Junge, es ist nicht so schlimm, bald, du brauchst mich nicht voll zu machen, du Ferkel!» Der Rotmilan hatte Schmelz herausgespritzt, an seinen bloßen Oberkörper, es juckte und brannte ein wenig auf der Haut. Das war das einzige Lebenszeichen, das der junge Rotmilan von sich gab. Sonst hing der rostbraune Vogel mit dem fuchsroten Schwanz pochend in seinem Arm, den Kopf bedeckt mit Bärbel Mogers Hemd. Die ins Hemd gekrallten Greiffüße sahen aus der kräftigen Hand des Hammers hervor.

Bärbel Moger, die sich ein neues Hemd übergeworfen hatte, kam herbeigelaufen, den Autoschlüssel in der einen, den verlangten Sack in der anderen Hand; «Aufhalten!», rief ihr der Hammer entgegen; sie entfaltete den staubigen Kartoffelsack und hielt ihn auf, «Ist das nicht zu dreckig?», fragte sie, «Ach was!», mit einer geschickten Bewegung war der Rotmilan verstaut, und der Hammer trug ihn im Sack vor sich her. Bärbel Moger folgte ihm, «Und nun?»; «Bei euch im Keller ist ein altes Weinfaß. Das kannst du schon mal auswaschen und abtrocknen, ich will versuchen, ihn zu behalten, wenn er geschient ist, bis er wieder gesund ist.» «Behalten», schrie Bärbel Moger leise; «Warum nicht?», fragte er, nahm ihr den Autoschlüssel aus der Hand, «Nun mach schon, hier werde ich allein mit fertig.»

Wir wurden an diesem Morgen erst spät geweckt. Dr. Baum ließ im Haus den Gong schlagen und schrie: «Aufstehen, es ist schon spät!», dreimal. Im Eßsaal schwirrten die Gerüchte umher, «Der Hammer ist weg!», «Der Hammer hat sich aufgehängt!», «Quatsch, ich habe ihn im Auto wegfahren sehen, einen Sack in der Hand!», «Hat er geklaut oder was?» – bis sich die Geschichte mit dem jungen Rotmilan herumsprach, «Herr van Hinst hat über einem jungen Raubvogel seine Zöglinge vergessen.», sagte Dr. Baum, «Es heißt: Greifvögel!», sagte Bärbel Moger, «In Ihrem Hemd!», sagte Dr. Baum und kicherte, «Hatten Sie keine Angst?», was sie nicht mehr bejahen wollte. Nachgemachte Vogelschreie, es konnte auch das Gebrüll kranker Kühe sein, lenkten sie ab.

Nach dem Frühstück, auf dem Schulweg begegneten sie dem Hammer. Er stieg, immer noch mit nacktem Oberkörper, aus dem Auto, Bärbel Mogers verschmutztes Hemd über die Schulter gelegt und den leblosen, an der einen Seite völlig mit Leukoplast verklebten Rotmilan im Arm. Sofort bildete sich eine Traube um ihn, aufgelaufene Neugier: «Oh, das ist er!», «Zeigen Sie mal!», aber er sagte ruhig: «Macht Platz, er braucht erstmal Ruhe, ihr könnt ihn noch genug sehen, drei Wochen müssen wir ihn behalten, mindestens.» «Aber wo denn?», fragte Dr. Baum verzweifelt, «Dafür gibt es doch Tierheime, Falknereien.» «In einem alten Weinfaß, das ist gerade richtig.», sagte der Hammer ruhig und ging mit dem Rotmilan zu dem Nebenhaus, in den alten Weinkeller, kopfschüttelnd gefolgt von Dr. Baum, nachdem der die Schüler in die Schule gescheucht hatte. Der Rotmilan erhielt sein Krankenlager in einem geräumigen alten Weinfaß mit 1 m Durchmesser. Der Hammer stemmte das Faß in den Vorkeller des Hauses, wo es trockener war und nicht ganz so dunkel, in eine abgedunkelte Nische. «Auf Ihre Verantwortung», sagte Dr. Baum, «Hier wohnt doch nur Personal», sagte der Hammer, «keine Schüler.», «Ist das nichts?», wollte Bärbel Moger wissen, aber sie sprach leise. Der Hammer war mit Begeisterung dabei und baute dem Rotmilan einen provisorischen Horst. «Dein Hemd ist sowieso kaputt.», sagte er und zerriß es in Streifen, nahm auch einige Papierfetzen zum Auskleiden des Horstes. «Das Problem ist die Nahrung, er braucht kleine Säuger und Vögel, am besten Jungvögel, aber es gehen auch tote Fische oder Aas, sofern es nicht zu alt ist.» «Um Gottes willen!», sagte Dr. Baum. Er ließ den Hammer allein bei seinen Hantierungen; und auch Bärbel Moger verschwand in ihren Unterricht.

Der Rotmilan, der erst seit zwei Monaten flügge war, regte sich auf, als er wieder ganz bei sich war und merkte, daß er nicht festgehalten wurde. Wütend schlug er mit dem unverletzten Flügel und versuchte, die Greiffüße und den Schnabel in das Weinfaß zu schlagen. Doch außer ein paar Spänen faßte er nichts; er fügte sich nur kleine Wunden an den eigenen Füßen bei. Der Hammer stand ruhig dabei und beobachtete ihn, einen Beutel mit ein paar Mäusen in der Hand. Die Mäuse hatte er auf dem Rückweg vom Arzt in einer Tierhandlung gekauft. Er griff eine Maus heraus und warf sie in das Faß. Einen Moment waren beide Tiere erstarrt. Dann machte sich der behinderte Rotmilan auf die Jagd nach der fiependen Maus. Nach fünf, sechs Fehlgriffen hielt er sie, tötete sie und begann sie zu kröpfen. Danach war er ruhiger und saß mit gefülltem Kropf in dem Weinfaß und spähte durch das Dämmerlicht zu dem Hammer, der ihn beobachtete und schließlich mit einem Seufzer den Beutel mit den restlichen Mäusen gegen die Wand schlug und dann die blutenden kleinen Leichen zu dem Rotmilan ins Faß warf. Der setzte sofort einen Fuß auf eine der toten Mäuse, dabei aber den Hammer nicht aus den Augen lassend. Fräulein Schorn, die die Szene von der Kellertreppe aus gesehen hatte, hielt sich den Mund zu und schlich vorsichtig die Treppe hoch.

Als wir aus der Schule kamen, durften wir hinab in den Keller und den Rotmilan in seinem Weinfaß sehen», «Aber leise!», warnte der Hammer. Die Kleinen fingen an, fieberhaft Nahrung zu suchen. Überall im Park krabbelten sie umher und wollten Mäuse, Eichhörnchen, Spatzen und anderes Getier fangen, das der Hammer als geeignet erklärt hatte. Eine große Blechdose wurde als Vorratskammer eingerichtet, die aber bald von toten kleinen Tieren überquoll, nachdem es sich herumgesprochen hatte, daß der Milan auch Aas frißt. Dr. Baum verbot nach dem Abendessen diese allgemeine Leichenfledderei, «Wenn der Greifvogel», sagte er mit einem Blick zu Bärbel Moger, «hierbleiben soll, dann muß er in Ruhe gelassen werden, und Nahrung darf nur besorgen, wer ausdrücklich von Herrn van Hinst, der für das Wohl und Wehe des Milans verantwortlich ist, beauftragt wurde; das ist hier kein Tollhaus und auch keine Falknerei!»

Trotz dieser Warnung gab es noch genug, die nun heimlich nach Nahrung suchten; und mancher kam von der Schule mit einer toten Maus oder einer Mausefalle nach Hause, die er an irgendeinem geheimen Fleck im Haus oder im Park aufstellen wollte. Denn nur wenn man Nahrung für den Rotmilan hatte, ließ der Hammer einen zu dem Vogel, und er lächelte dabei, solange niemand versuchte, den Milan selbst zu füttern und so seine Gesundheit zu gefährden, «Der geht ein, wenn er zuviel frißt bei so wenig Bewegung!», sagte der Hammer drohend.

Seit der Milan in Bärbel Mogers Keller aufbewahrt wurde, war nachts die Tür des Erziehers wieder verschlossen. «Er ist bei Bärbel Moger oder beim Milan, man weiß das nicht so genau.», witzelte Verschel, «Uns kann es recht sein.» Der Hammer dachte nur noch an den Vogel. Er kaufte sich Lederhandschuhe und schnitt sich Lederriemchen zurecht, um ein Geschüh für den Rotmilan herzustellen, an dem er ihn halten konnte, wenn der Milan die ersten Male seine Flügel schwingen würde. Im Park begann er schon nach einer Woche, immer umringt von den Kleinen, eine Flugdrahtanlage aufzubauen, 3 mal 15 Meter, geräumig genug für die größeren Probeflüge des Milan und doch diesen festhaltend, damit er nicht, kaum flugfähig, in sein sicheres Verderben fliegen konnte. Zu dieser Flugdrahtanlage baute er noch einen Unterstand im Freien für den Milan, ein Hüttchen wie die Schutzdächer für die Jesuskreuze in Süddeutschland. Daran schnitzte er auch in der Arbeitszeit, in seinem Zimmer, bei geöffneter Tür, so daß wir ihn rufen mußten, wenn wir bei den Hausaufgaben seine Hilfe brauchten. «Jetzt übertreibt er aber langsam.», sagte Dobrick, dem die harten Fußballkämpfe fehlten, auf die der Hammer zugunsten der Betreuung des Milans verzichtete.

Es war ein stolzer Tag für den Hammer, als er auf seinem

Lederhandschuh das erste Mal den Rotmilan hinaustrug in den Park, ans Licht. Die Kleinen wimmelten in respektvoller Entfernung um ihn herum und betrachteten neugierig den Vogel, zum ersten Mal im Hellen und ohne die Leukoplastverschnürung. Der rechte Flügel lag noch etwas flach, als kenne er ihn gar nicht mehr, und er blinzelte umher, in die Luft zu den Baumwipfeln und hinunter zu den Kindern, geduckt auf der Faust des Hammers sitzend. Nichts passierte. «Der kann nicht mehr fliegen», riefen sie, darüber schüttelte der Hammer lächelnd den Kopf, «Paßt auf!», er bewegte die Faust mit dem Milan darauf schwingend auf und nieder, um ihn in die Bewegung des Flügelschlags einzugewöhnen, und tatsächlich hoben sich etwas die Flügel – und nach einer Weile schwangen sie. «Lassen Sie ihn doch los!», riefen die Kleinen, «Nein. Das ist nicht gut, er kann sich noch nicht wieder allein helfen.», sagte der Hammer und hielt den schwingenden Vogel am Lederbändchen fest.

Der Rasen hatte sich gefüllt; Bärbel Moger und Fräulein Schorn, selbst Dr. Baum, die Oberstufe, das Kollegium, soweit es anwesend war, und natürlich die Kleinen – alle beobachteten die ersten Schwingübungen des Rotmilan und lächelten wie der Hammer. «Es ist ein wunderbarer Vogel», sagte Bärbel Moger, «Diese Farben! Und was hat er für einen Blick!» «Der Flügel hält!», sagte der Hammer triumphierend, «Er hat Glück gehabt, er ist noch jung, er ist wieder gut zusammengewachsen, er wird wieder fliegen können!» Noch nie hatte man den Hammer mit einem solchen Wortschwall reden hören. Alle, die ihm zusahen, teilten sein Glück und übernahmen seine freudigen Mienen und Bewegungen, als könnten sie in seiner Nachahmung erfahren, wer er war.

Nach zwei Tagen auf dem Falknerhandschuh band der Hammer den Rotmilan an die Flugdrahtanlage. Er blieb im Freien und konnte seine Flugkunst erproben, wann er wollte. Doch zunächst blieb er mißtrauisch auf dem Pflock sitzen und äugte zu dem Hammer, der in einiger Entfernung von ihm stand und ihn anschaute. «Nun flieg!», riefen die Kinder, «Du kannst fliegen!» Er bog nur den Kopf. «Ich bin kein geschulter Falkner.», sagte der Hammer, «Aber er wird schon fliegen, wenn wir ihn in Ruhe lassen, er hat Raum genug, und je eher er es tut», er sah hinauf in den Himmel, «um so besser, es ist schon Herbst, und bald muß er sich auf die Socken machen, wenn er noch in den Süden will.» «Wohin?», riefen die Kleinen, «Nach Nordafrika, wo es die Zedern gibt», sagte der Hammer und setzte geheimnisvolle Bilder in die Köpfe der Kleinen: Nordafrika, das war also ein Land, wohin man fliehen konnte.

Der Rotmilan flog an der Flugdrahtanlage; zuerst stürmte er gegen die Lederbänder, doch die Bremsvorrichtung verhinderte, daß er sich ernsthaft verletzte. Dann hatte er die Grenzen gelernt und flog innerhalb des Radius in die Höhe und zog enge Kurven, «Wenn er erst Raum hat», sagte der Hammer, «dann werdet ihr ihn segeln sehen; er ist ein wunderbarer Vogel.» Das fanden alle, und sie konnten es nicht erwarten, Zeugen seines freien Flugs zu werden, «Nachher werdet ihr traurig sein, wenn er weg ist, oder?», fragte der Hammer gespannt, «Bestimmt nicht! Und außerdem kommt er vielleicht zurück, weil es ihm bei uns gefallen hat.», sagten die Kleinen. Wenn der Rotmilan in seiner Spitzhütte hockte, lagen sie einige Meter entfernt auf dem Bauch, mit aufgestütztem Kopf, und betrachteten ihn und fachsimpelten, welche Geschwindigkeit er erreichen würde und welche Tiere er schlagen könnte, «Nicht sehr viele», schlichtete der Hammer den Streit, «Seht euch seine Greiffüße an, sie sind kleiner als bei seinen Artgenossen, er ist ein Schmarotzer, der andern die Beute abjagt und sich im übrigen mit Klein- und Junggetier zufrieden geben muß.» Das wollten sie nicht glauben, bis der Hammer eine Brieftaube und eine Ratte in der Nähe des Rotmilans aussetzte, ohne daß der sie greifen konnte. «Seine Schönheit liegt im Flug», sagte der Hammer, «weniger im Stoß.», «Im was?», fragten sie, «Im Stoß.», sagte der Hammer, «Das ist das Niederstoßen und Greifen der Beute; ihr könnt es besonders gut beim Falken sehen, auch beim Mäusebussard. Die fliegenden Opfer versuchen deshalb immer, über den Greifer zu kommen, weil er ja nicht auf dem Rücken fliegen kann und sie so fangen.» Darüber lachten sie und waren getröstet, daß ihr Rotmilan nicht der gefährlichste Greifer war.

Es war Ende September, als der Hammer den Rotmilan freiließ, er band ihm das Geschüh ab und verließ ihn, die Kinder in die gehörige Entfernung winkend. Der Rotmilan hüpfte einige Schritte weit, blieb dann hocken; er zog eine enge Bahn und hockte sich unter seine Spitzhütte. Der Hammer verlor die Geduld, sammelte die ersten Eicheln auf und warf sie in Richtung der Spitzhütte, ein, zwei flogen verdächtig nahe an dem Rotmilan vorbei und pochten an das Holz. Verdutzt wendete der Rotmilan den Hals und sah zu ihnen herüber; als ihn die erste Eichel traf, schlug er mit den Flügeln, flog aus der Spitzhütte heraus, schien einen Moment zu zögern und stieg dann höher in die Lüfte. Alle brachen in ein Hurra-Geschrei aus, und als würde ihn das erst forttreiben, entfernte er sich mit einigen starken Schwüngen, um dann in seinem gleitenden, gaukelnden Segelflug über sie hinweg und wieder herbei zu schweben, so als wollte er ihnen beweisen, welche Schönheit sie gerettet hatten. Unten auf dem Rasen zwischen den Parkbäumen standen die kleinergewordenen Schüler mit in den Nacken gelegten Köpfen um aufgesperrten Mündern. Der Hammer begann damit, die Flugdrahtanlage abzubauen, ab und zu mit einem glänzenden Blick den Kopf hebend zu Bärbel Moger, die sich in seine Nähe gestellt hatte, und zu dem Rotmilan.

Doch mit dem Freilassen war es nicht getan. Es mußte sichergestellt werden, daß der Rotmilan in den ersten Tagen seiner Freiheit nicht verhungerte. Deshalb legte der Hammer frühmorgens vor seinem Frühsport neben der Spitzhütte frisch getötete Mäuse aus, gut sichtbar. Tatsächlich wurde der Rotmilan zweimal gesehen, wie er herniederglitt und sich mit einer toten Maus in den Greifern wieder davonhob zu einem entfernten Baum. Am Himmel sah man ihn tagelang, wie ein neues Wahrzeichen des Heims, eines Tages sogar zusammen mit zwei anderen Milanen, etwas heller als er, «Das sind vielleicht die Eltern.», erklärte der Hammer den herbeigelaufenen Kleinen, «Dann fliegen sie bald in den Süden, im Familienflug, wer weiß.» Und als er die enttäuschten Gesichter sah, weil ihr Rotmilan in den Süden flog, während sie hier bleiben mußten, tröstete er: «Im Frühjahr kommt er ja wieder, vielleicht hierher, er ist ein Frühlingsbote und schon im März könnt ihr ihn oder einen anderen Milan wieder am Himmel sehen.» Sie liefen enttäuscht wieder hinaus, gefolgt vom Hammer; oben vor dem Septembergewölk, immer wieder ins Blau gleitend, segelte der Milan und noch einer, sie konnten sie nicht mehr unterscheiden, bei diesem Licht, wenn er so hoch segelte, es war ein Abschiedsbild, wie der Hammer gesagt hatte, denn am nächsten Tag und an allen folgenden bis zu den Herbstferien fehlte am Himmel von dem Rotmilan jede Spur; und auch der Platz, wo die Spitzhütte gestanden hatte, blieb leer.

V

Der Hammer war für uns kleiner geworden, weniger bedrohlich, nachdem wir ihn aus der Entfernung so konzentriert bei seinem Milan gesehen hatten, «Etwas albern», sagte Verschel. Morgens, wenn er nach dem Frühsport und frisch geduscht in die Zimmer kam und sein: «Also» sagte, standen wir gleich gutmütig auf, um ihn nicht zu seinem Schwitzkasten kommen zu lassen, wenn er denn partout wollte, daß man sofort aufstand und nicht mehr herumdöste. Auch trug er jetzt im Herbst ein Hemd und sah etwas zivilisierter aus, so daß wir hofften, er würde doch noch normal werden.

Nachdem der Milan fortgeflogen war, fühlte er sich unausgefüllt; es wurde wieder mehr und härter Fußball gespielt, und in der Foto-AG wurden die Bilder ausgewertet, die die Mitglieder von dem Milan geknipst hatten. Eine neue Foto-Ausstellung wurde zum Advent geplant, «Ein Ereignis, auf das wir alle gespannt warten.», sagte Dr. Baum nach dem Abendessen, als sei er es gewesen, der den Milan ins Heim gebracht hatte.

Der Hammer hätte genug zu tun gehabt mit der Erfüllung seiner täglichen Pflichten und seiner nächtlichen Pflichten bei

Bärbel Moger, «Denn wenn er nachts nicht bei ihr ist, so liegt das bestimmt nicht an ihr.», witzelte Brunner und rieb sich die Hände. Doch dem Hammer war es nicht genug, er wollte auch noch nachts seinen Daumen draufhalten. Münter war daran nicht ganz schuldlos. Sein Mini-Cooper kam seit einiger Zeit nicht mehr; und nun wollte er plötzlich bei jeder Gelegenheit mit uns ausfliegen, um seine kostbaren Flanellhosen an irgendeinem Mädchen reiben zu können und um mehr zu trinken, als seine dürre Gestalt verkraften konnte. Beim Rückweg mußte er die Strickleiter hochgedrückt werden, und im Park wollte er singen, bis Dobrick ihm mit einem Leberhaken die Luft wegnahm. Aber auch schon auf dem Weg hinaus gab er sich nicht die geringste Mühe, leise zu sein, sondern ging mit knallenden Absätzen die Steintreppen hinunter, so daß er regelmäßig mit einem Tritt in den Hintern zur Räson gebracht werden mußte, was ihn jedoch nicht so beeindruckte, daß er am nächsten Abend von sich aus vorsichtiger gewesen wäre. Tagsüber zeigte er seine übliche Arroganz, «Aber nachts beginnt er zu bröckeln!», sagte Verschel und kniff Münter in die Wange. Eines Nachts, als sie zurückkamen von einem Discothekenbesuch zehn Kilometer außerhalb, es war schon Drei, stand der Hammer wieder in dem Funkerzimmer und verteilte seine Schläge, nicht ganz so hart wie früher, eher kleine energische Knüffe, aber in die Magengrube, luftraubend und erschreckend, ohne ein Wort zu sagen. Wir flüchteten schnell in unsere Betten, völlig überrumpelt von diesem erneuten Überfall.

Es war Münters Vorschlag, den Stier bei den Hörnern zu fassen und kurzerhand zum Hammer zu gehen, um gegen diese Übergriffe zu protestieren; «Sie wissen genau, daß das verboten ist.», sagte Münter und sah dem Hammer höhnisch ins Gesicht, «Wir möchten nicht, daß Sie uns schlagen! Verraten Sie uns doch, wenn Sie wollen – und können!», fügte er mit einem überlegenen Lächeln hinzu, «Aber schlagen Sie uns nie mehr, verstanden!» Der Hammer sah ihn ruhig an, die Arme vor der Brust verschränkt, «Bist du fertig?», fragte er, «Dann könnt ihr ja gehen.», und er schloß hinter uns seine

Tür; «Die macht er jetzt auch tagsüber zu, paßt auf!», sagte Brunner, Münter auf die Schulter klopfend.

Diese Nacht gingen sie siegesbewußt schon vor Elf fort; sie ließen sich von einigen Mädchen aus der Discothek mit großem Trara zurückbringen, Münter war der letzte und knutschte noch schwankend an einem Auto herum, während die anderen schon oben im Funkerzimmer standen und ihn hochpfiffen. Plötzlich sprang die Tür auf und der Hammer kam hereingestürmt, sie zur Seite drängelnd. Als er Münter unten am Auto sah, ging er aus dem Fenster auf das Gatter und ließ sich gewandt an der Strickleiter hinab. Sie standen, nun ganz still, oben am Fenster und sahen ihn auf Münter zuschnellen. Noch ehe der wußte, wie ihm geschah, hatte der Hammer ihn aus dem Arm des Mädchens gezogen und ihn mit einer gewaltigen Ohrfeige in Richtung Gatter getrieben. Die Ohrfeige muß Münter ernüchtert haben, denn flinker als wir ihn je gesehen hatten kletterte er an der Strickleiter hoch und ließ sich von den anderen ins Fenster ziehen, vielleicht in der Absicht, hinter sich das Fenster zuzusperren und den Hammer mit der Strickleiter und den Mädchen in den Autos allein zu lassen. Vielleicht war es auch Dobricks Idee. Sie scheiterte. Gleich hinter Münter kam der Hammer an der Strickleiter hochgeschnellt und sprang in die Funkerkammer, sofort damit beginnend, harte Schläge zu verteilen. Alle wehrten sich und versuchten, ihn gemeinsam fertigzumachen; doch er kämpfte wie eine Furie, und bald krümmten sich die meisten mit Stöhnen in den Ecken, «Was willst du denn noch, du Schwein!», keuchte Brunner. «Geh doch verdammt noch mal endlich zu deiner Flattermöse! Sonst müssen wir das wieder für dich machen.» «Was sagst du?», der Hammer fuhr mit einem fürchterlichen Schlag herum, der im Dunkeln irgend jemand knirschend traf, «Flattermöse, sage ich!», kreischte Brunner, «Jawohl: Flattermöse! Frag sie doch, diese Sau! Säue seid ihr alle hier, ihr Schinder!» Dann traf ihn ein letzter Schlag vom Hammer ins Gesicht, daß er nur noch wimmerte. Der Hammer machte sich mit einem Satz frei und stürmte zur Tür hinaus, wer noch kriechen konnte, hinterher. Sie mußten laufen, denn der Hammer spurtete durch den Park, hin zu dem Haus, in dem die Frauen wohnten.

Vor dem Haus hielt er einen Moment inne, dann pochte er gegen Bärbel Mogers Fenster, so lange und daß es im Gutspark hallte, bis das Licht aufschien und das Fenster geöffnet wurde, «Ach du bists, was ist denn?», sagte sie verärgert, aber da hatte er sie schon beiseite geschoben und war ins Zimmer gesprungen, «Ist das wahr, ich will wissen, ob das wahr ist?» «Was denn?», fragte sie, «Ich weiß gar nicht, was du willst. Sei nicht so laut, die Schorn wacht ja auf!» Er faßte sie am Arm. «Warst du mit denen da im Bett?», fragte er und zeigte zu ihnen hinaus, als ob er sie genau sehen konnte, «Mit wem?», fragte die Moger leiser, «Was redest du?» «Ich will wissen, ob du mit dieser Horde geschlafen hast, ob sie dich haben vögeln dürfen!», er schrie, daß nebenan bei Fräulein Schorn das Licht anging. «Laß mich, du machst mir blaue Flecken!», sagte Bärbel Moger und riß sich los, «Und wenn? Und wenn ich manchmal etwas Zärtlichkeit brauchte?» «Zärtlichkeit?», fragte der Hammer in einem Ton, als würde gleich seine Stimme überschnappen, «Du hast dich mit denen ins Bett gelegt?», fragte er ungläubig, «Das sind doch auch Menschen.», sagte Bärbel Moger, «Oder nicht? Ich brauche meine Portion Zärtlichkeit, sonst weiß ich nicht, was ich hier soll, verstehst du das, jeder Mensch braucht das, du doch auch, ist es denn so schlimm, daß ich mit dem einen oder andern ein paar Zärtlichkeiten ausgetauscht habe, ja nicht mit allen.» «Wohl auch mit dem Münter?», fragte der Hammer, «Münter ist ein sensibler junger Mann.», sagte sie, «was hast du ausgerechnet gegen Münter?»

Der Hammer hatte sich von ihr abgewendet und sah zum Fenster hinaus, aber ohne jemand wahrzunehmen, «Piet», sagte sie, es war das erste Mal, daß wir seinen Vornamen ausgesprochen hörten, «bitte, sei doch vernünftig.» Sie legte ihm den Arm um die Schultern. So standen sie eine Weile; dann schwang sich der Hammer mit einer Bewegung aus dem Fenster und lief, ohne sich um Dobrick, Münter, Brunner und die anderen zu kümmern, zu dem Gutshaus, nach einigen Metern gekrümmt, als habe auch er einige Tiefschläge einstecken müssen. Bärbel Moger schloß schnell das Fenster.

Die letzten Stunden dieser Nacht lagen alle zerbeult und wütend im Bett, kaum einer schlief, viele redeten betont laut, schwankend zwischen Rachedrohungen und Triumphgehabe, denn das war klar, daß damit die Geschichte zwischen dem Hammer und Bärbel Moger zu Ende war. Jemand wie er konnte das nicht verkraften.

Am nächsten Morgen ging der Hammer mit bleichem, starrem Gesicht nur den Flur entlang und machte die Türen eine nach der anderen auf, nichts sonst, kein Ton. Beim Frühstück herrschte eine merkwürdig verhakte Stille, verbissen aßen alle ihre Marmeladenbrote in sich hinein, mit gesenkten Köpfen, die Dr. Baum sorgenvoll anstarrte, besonders bei Münter und Brunner verweilend, deren Gesichter geschwollen waren. Doch es sagte niemand etwas, drei Tage vor den Herbstferien, wer wollte da noch Scherereien. Es blieb bei dieser Stimmung, alle waren lustlos, zumal es im Laufe des Tages zu stürmen begonnen hatte und nun für zwei Tage ein flutender Herbstregen herabstürzte und der Wind gegen die Scheiben peitschte, daß keiner Sehnsucht danach hatte, das Zimmer und sein Bett zu verlassen.

VI

Der Regen war wie weggewischt, es war am Nachmittag vor dem letzten Schultag, der Park dampfte noch, aber ein kräftiger Wind wehte die Schwaden und Wolken fort, so daß ein schöner sonniger, wenn auch windiger Herbsttag zum Vorschein kam. Vor dem Gutshaus traf Fräulein Schorn auf den Hammer, der sich zum Lüften hinausgestellt hatte. Sie war am Grab ihrer Eltern gewesen und redete aufgeregt auf den Hammer ein, «Hoffentlich bleibt es nun aber erst mal trocken! In unser Grab ist eine tiefe Rinne gewaschen worden, da müssen wir wieder Erde anfahren lassen, das passiert auf diesem Friedhof so häufig, und dann kommt der nächste Guß.»

«Wahrscheinlich», sagte der Hammer in Gedanken, «geht es doch ins Trinkwasser.» «Was?», fragte Fräulein Schorn, «Ach, das Leichenwasser.», antwortete der Hammer, an ihr vorbeisprechend, «Na, hören Sie mal!», entrüstete sich Fräulein Schorn, als Michael und einige andere Kleine auf den Hammer zustürmten und bettelten, er möchte doch seinen Drachen mit ihnen steigen lassen, als er den Kopf schüttelte, «Bitte, es ist doch so schönes Drachenwetter, und morgen beginnen die Ferien, und wer weiß, was dann ist», «Nun tun Sie doch den Kindern den Gefallen, wenn Sie solch einen schönen Drachen haben!», legte sich Fräulein Schorn ins Zeug. «Also gut», sagte der Hammer, mehr um sie los zu sein, und mit plötzlicher Fröhlichkeit den angeleckten Finger in die Luft strekkend, «Dann wollen wir mal sehen, wie heute der Wind steht.»

Im Triumphzug wurde der Hammer von den Kleinen auf den Rasen geführt, während wir anderen, noch in unserer alten Regenstimmung, an den Fenstern standen. Der Hammer prüfte noch einmal den Drachen, die Verspannung, die Befestigung des Perlonseils und gab dann den Drachen Michael, «Halt ihn schön hoch, so hoch du kannst, so herum, in den Wind!», der Drachen war fast zwei Meter hoch und leuchtend rot, Michael brauchte Hilfe, um ihn bei diesem Wind über dem Boden und schräg halten zu können. Der Hammer lief mit quatschenden Schritten über den nassen Rasen, das Perlonseil abrollend, «Los!», rief er, «Loslassen!», und als Michael und sein Freund den Drachen losließen, lief er schneller und zog das Perlonseil mit einem Schwung über die Schulter. Einen Moment lang schwankte der Drachen und wußte nicht, ob er zu Boden sacken sollte oder aufsteigen, doch dann geriet er in eine Brise, wurde höher und höher emporgetragen zu den Baumwipfeln, dabei im Wind knatternd, aber standhaltend. Der Hammer hatte sich, inzwischen von den Kleinen umringt, in den Wind gestemmt und ließ langsam mehr Seil frei, als es einen plötzlichen Ruck, einen sausenden Ton gab, der Hammer auf den nassen Rasen gerutscht war und der Drachen unter dem Aufschrei der Kleinen davonflog, sich leicht in einem oberen Baumzweig verhedderte, an den Bäumen entlangtrudelte und schließlich in der Hochspannungsleitung, die parallel zum Gatter, aber außerhalb des Gutsgrundstücks und zwei, drei Meter höher als das Gatter entlanglief, sich verfing.

Aus den Fenstern der Oberstufe scholl ein wieherndes, schadenfrohes Gelächter; die Kleinen schrien enttäuscht. Der Hammer rappelte sich nachdenklich auf und sah auf das Ende des Perlonseils in seiner Hand. Es war angeschnitten, «Ihr Hunde!», schrien die Kleinen. Der Hammer rollte das lose Ende sorgfältig wieder auf und sah dabei prüfend hinüber zu dem Drachen, wie er ihn befreien könnte. Eine Seite des Drachens war eingerissen, eine Speiche geknickt, das sah man von hier. Der Hammer gab Michael die Rolle mit dem Perlonseil und lief, da der Wind immer weiter an dem Drachen zerrte und ihn wegblasen wollte, mit großen Schritten auf das Pförtnerhaus zu, um von dort durch das Fenster des Funkerraums auf die oberste Querverstrebung des Gatters zu gelangen, die paar Meter bis zu dem Drachen zu balancieren und ihn am herabhängenden Perlonseil zu greifen. Die Kleinen liefen im Schwarm hinter ihm her, und auch die Oberstufe kam aus dem Haus, um Zeuge zu sein.

Wallner und Lohmeier saßen gerade an ihren Funkgeräten, als der Hammer an ihnen vorbei zum Fenster stürmte, es aufriß, sich auf die Fensterbank schwang und zu dem Gatter hinübertreten wollte – da krachte die jahrhundertealte, durch den heftigen Regen aufgeweichte, morsche Fensterbank unter seinem Gewicht zusammen und er fiel vornüber in die Spitzen des Gatters, aufgespießt. Die Kleinen schrien auf, alle schrien auf, nur der Hammer nicht, der sich aus eigener Kraft nicht rühren konnte und röchelnd versuchte, sich hochzustemmen, und dann versuchte, mit den Händen die Wunden zu verschließen, aus denen das Blut an den Stäben des Gatters herablief. Jetzt liefen einige davon, um nach Hilfe zu rufen; doch es dauerte zu lange; erst zwölf Minuten später konnte der Hammer mit Hilfe der Feuerwehr aus dem Gatter geborgen und in einen Krankenwagen gebracht werden; seine Leber war zerfetzt und auch eine Niere, er war fast verblutet und starb auf dem Weg ins Krankenhaus.

Es war eine Sensation, «Ein tragischer Unfall», sagte Dr. Baum, «etwas unsagbar Trauriges.», während Bärbel Moger neben ihm weinte, «Wir wollen für ihn beten.» Der Drachen hatte sich während der Bergung irgendwann gelöst und war, nur von wenigen bemerkt, die verstohlen die Umstehenden darauf aufmerksam machten, davongetrieben worden, nicht hoch, im Wind trudelnd und zwischen Bäumen verschwindend.

Am nächsten Morgen, vor dem Frühstück, wurde Dobrick am Gatter gesehen, wie er auf einer hohen Leiter stand und die Stäbe an der Unfallstelle abwusch.

André Dubus

Schmerzhafte Geheimnisse

Als Gerry Fontenot fünf, sechs und sieben Jahre alt ist, fährt er gern mit seinen Eltern in deren Auto spazieren. Es ist ein grauer Chevrolet, Baujahr 1938, und er hat einen Bezugsschein an der Windschutzscheibe. Seit Kriegsanfang, da war Gerry fünf, fährt sein Vater mit dem Fahrrad zur Arbeit und benutzt den Wagen nur noch selten, außer zur Sonntagsmesse und um jagen und angeln zu fahren. Gerry begleitet ihn zum Angeln ans Ufer des sumpfigen Flußarmes. Sie angeln mit Bambusruten, Schwimmer, Senkblei und Würmern und fangen Flußbarsche und Welse. Gegen Mokassinschlangen trägt sein Vater einen 22er-Revolver an der Hüfte. Im Herbst geht Gerry mit ihm jagen, hockt neben ihm in Gräben, die Felder abgrenzen, und wenn die Tauben auffliegen, steht sein Vater auf und feuert die zwölfer Halbautomatik ab, und Gerry paßt auf, wo die Vögel hinfallen, rennt hinaus aufs Feld, wo sie liegen, und sammelt sie ein. Sie sind weich und warm, wenn er mit ihnen zu seinem Vater zurückläuft. Das ist in Südlouisiana, und zweimal sehen er und sein Vater einen offenen Lkw voll deutscher Kriegsgefangener, die zur Arbeit auf die Zukkerrohrfelder fahren.

Mit seiner Mutter geht er einkaufen. Sie gehen in Lebensmittelläden, Kramläden und Drugstores, kaufen im Herbst Kleidung für die Schule und im Frühling Kleider für Ostern, und sie gehen in den Schönheitssalon, wo er gern dasitzt und den Frauen zuschaut. Zweimal die Woche fährt er mit ihr ins Farbigenviertel, wo sie die Bügelwäsche der ganzen Wochen hinbringen und wieder abholen. Seine Mutter wäscht auch selbst zu Hause: Bettücher, Socken, Unterwäsche, Handtücher und alles übrige, was nicht gebügelt zu werden braucht. Sie wäscht diese Sachen in einer Wringerwaschmaschine; er sieht gern dabei zu, wie sie die Wäsche in den Wringer steckt und wie die Sachen plattgepreßt herauskommen und in den Korb fallen. Sie hängt sie auf die Wäscheleine im Garten hinter dem Haus, und Gerry steht am Korb und reicht sie ihr, damit sie sich nicht zu bücken braucht. An Regentagen trocknet sie sie im Haus auf Gestellen, die sie im Winter vor Heizstrahlern aufstellt. Sie hört sich die Wettervorhersage im Radio an, und so gelingt es ihr meistens, an klaren Tagen zu waschen.

Die Negerfrau wäscht die Kleider, die gebügelt oder gestärkt und gebügelt werden müssen. Vor dem ungestrichenen Holzhaus der Frau drückt Gerrys Mutter auf die Hupe, und die füllige Frau kommt heraus und nimmt den Korb vom Rücksitz. Am nächsten Tag bringt sie auf das Ertönen der Hupe hin den Korb wieder heraus. Er ist mit gebügelten, zusammengelegten Röcken und Blusen gefüllt, und darüber liegen Kleider und Hemden auf Bügeln. Gerry öffnet das Wagenfenster, das ihn seine Mutter schließen hieß, als sie sich dem Farbigenviertel mit seinen staubigen Straßen näherten. Er riecht die sauberen, gebügelten Sachen in Pastellfarben und Druckmustern und die weißen und hellblauen Hemden seines Vaters, und er blickt auf die ausgefahrene Schlackenstraße, das ungestrichene Holz und die verrosteten Fliegengitter der Häuser, die alten Autos davor und die Schaukeln aus Autoreifen, die über den heruntergekommenen und vollgestopften Wirtschaftshöfen von den Bäumen hängen, auf die Dutzende barfüßiger, schmutziger Kinder, die zu spielen aufhören, um ihn und seine Mutter in dem Auto zu betrachten, und die alten Pantoffeln und das Kleid, die die Negerin trägt, und er riecht ihren Schweißgeruch und betrachtet ihre schwarzbraune Hand, die über ihn hinweglangt, um den Dollar aus der Hand seiner Mutter in Empfang zu nehmen.

Im Frühjahr und im Sommer kommt Leonard freitags den Rasen mähen. Er ist ein Schwarzer und hat acht Kinder, und zwischen Herbst und Frühling sieht Gerry ihn nur ein einziges Mal, wenn er am Weihnachtsabend kommt und Gerrys Vater und Mutter ihm Spielsachen und Kleider schenken, die

Gerry und seine drei älteren Schwestern abgelegt haben, dazu eine Flasche Bourbon, einen von den Obstkuchen, die Gerrys Mutter zu Weihnachten backt, und fünf Dollar. Leonard nimmt das alles an der Hintertür in Empfang, wo er im Frühling und Sommer freitags seinen Lohn und das Essen bekommt. Die Fontenots essen um zwölf Uhr zu Mittag, und Gerrys Mutter gibt Leonard eine Portion und ein Glas Eistee aus den Blättern der Minze, die sie unter dem Wasserhahn hinterm Haus zieht. Sie ruft ihn von der Hintertreppe herbei, und er kommt, während er sich mit einem bunten Halstuch die Stirn abwischt, und trägt sein Essen in den Schatten einer Platane. Von seinem Platz am Eßzimmertisch aus beobachtet Gerry ihn, wie er sich ins Gras setzt und seinen Strohhut abnimmt; er ißt, dann dreht er sich eine Zigarette. Wenn er geraucht hat, bringt er seinen Teller und das Glas an die Hintertür, klopft und gibt sie demjenigen, der ihm gerade öffnet. Sein Glas ist ein Geleeglas, sein Teller aus blau bemaltem Porzellan, und Messer und Gabel sind aus rostfreiem Stahl. Von einem Freitag zum nächsten liegen Messer und Gabel auf einer Seite der Schublade, neben den Fächern, die das Silber enthalten; das Glas steht fast außer Reichweite, ganz hinten im zweiten Fach des Gläserschranks; der Teller wird unter Fleisch- und Gemüseschüsseln im Porzellanschrank aufbewahrt. Die Mutter hat Gerry und seinen Schwestern eingeschärft, sie nie zu benutzen, sie gehörten Leonard, und von einem Freitag zum nächsten stehen sie da, und vom Herbst bis zum Frühjahr und schließlich für immer, als Gerry irgendwann kräftig genug ist, den Rasenmäher selbst zu schieben, um sein Taschengeld zu verdienen, und Leonard nur noch kommt, wenn ihn Gerrys Vater wie jeden Weihnachtsabend herbittet.

Davor, mit acht, hat Gerry aufgehört, seine Mutter zum Einkaufen zu begleiten. Samstag nachmittags geht und an Regentagen fährt er mit Jungen aus der Nachbarschaft im Bus in die Stadt ins Kino, wo sie sich Western und das wöchentliche Kapitel eines Fortsetzungsfilms ansehen. Er steht auf dem Bürgersteig in der Schlange, den Vierteldollar in der Hand, für den er die Eintrittskarte, eine Tüte Popcorn und, auf dem Nachhauseweg, eine Eiskrem-Soda erstehen wird. In der Schlange gegenüber, rechts vom Kino, wenn man davorsteht, sind die Negerjungen. Gerry sieht nicht zu ihnen hin. Jedenfalls nicht direkt: Er riskiert einen flüchtigen Blick, er horcht, wie er's ein paar Jahre später mit Mädchen tun wird, wenn er in Filme geht, die auch sie anziehen. Die Schwarzen treten durch die Tür ein, an der *Farbige* steht, und hinter der, wie er vermutet, eine Negerin Eintrittskarten verkauft, dann steigen sie die Treppen zum Rang hoch, und Gerry fragt sich, ob ihnen da oben jemand Popcorn und Schokoriegel und Limos verkauft, oder er stellt sich vor, wie die schwarzen Jungen all die Popcorntüten unter sich im Dunkeln riechen. Dann sieht er sich den Trickfilm und die Vorschau auf den Film am nächsten Samstag an, und die gefällt ihm, aber er wartet auf das Kapitel des Fortsetzungsfilms, dessen Figuren er und seine Freunde die ganze Woche über in ihren Vorgärten nachgeahmt haben; sie haben sich verschiedene Flucht- und Rettungsmöglichkeiten für den in eine Falle gelockten Helden ausgedacht, aber wie immer kommt alles ganz anders. Er hat sein Popcorn verzehrt, als der Vorspann des Filmes erscheint, und dann reitet ein hochgewachsener Mann auf einem Rappen oder Schimmel oder Falben über die Leinwand. Der Film ist schwarzweiß, aber der Falbe sieht so goldfarben und wunderschön aus wie die, die er bei Paraden gesehen hat. Während er im Dunkeln sitzt, ist er sich seiner Freunde zu seinen beiden Seiten nur in Form von Gefühlen bewußt, die mit seinen identisch sind: der Erregung darüber, zu Cisco Kid, Durango Kid oder Red Ryder zu werden, den Stärksten und Schönsten, den Mutigsten und Besten, den Schnellsten mit Pferd, Fäusten und Pistole. Dann ist das Kino aus, das Licht ist angegangen, er wendet sich seinen Freunden zu, die wieder aus Fleisch und Blut sind, steht auf, um hinauszugehen, und dann erinnert er sich an die Schwarzen. Er blinzelt zu ihnen hinauf, wie sie an der Rangbalustrade stehen und auf die weißen Jungen hinuntersehen, die sich im Gang drängen und sich langsam aus dem Kino schieben. Manchmal begegnet sein

Blick dem eines Negerjungen, und Gerry lächelt; all die Male lächelt nur einer je zurück.

Im Sommer fahren er und seine Freunde an Wochentagen nachmittags in die Stadt, um sich Kriegsfilme anzusehen oder Spielzeugpistolen oder Basebälle zu kaufen, und wenn er Negern auf dem Bürgersteig begegnet, wendet er den Blick ab; aber er beobachtet sie in Kaufhäusern, wie sie sich über Trinkbrunnen beugen, an denen *Farbige* steht, und wenn sie in die Stadtbusse einsteigen und an ihm vorbei nach hinten durchgehen, beobachtet er sie auch, und während der Fahrt wirft er oft einen raschen Blick zu ihnen hinüber und horcht auf ihr Gerede und Gelächter. Eines heißen Nachmittags, als er zwölf ist, begleitet er einen Freund zum Austragen der Lokalzeitung ins Farbigenviertel. Er ist seit den Fahrten mit seiner Mutter nicht mehr dort gewesen, und die ist ebenfalls seit Jahren nicht mehr hingefahren; jetzt halten die Stadtbusse in der Nähe des Viertels, wo er wohnt, und eine Negerin kommt mit dem Bus zu ihnen und bügelt die Kleider der Familie in ihrer Küche. Er geht an jenem Nachmittag nur mit, weil sein Freund ihn provoziert hat. Sie hatten sich gestritten: Beide haben sie Austragrouten, und als sein Freund sich über seine beklagte, sagte Gerry, es sei doch leichte Arbeit. Klar, sagte sein Freund, *du* mußt ja auch nicht die Luft anhalten. Du meinst, wenn du kassierst? Nein, Mann, wenn ich bloß durchfahre. Und so erledigt Gerry seine Tour, dann begleitet er seinen Freund: eine Radfahrt von mehreren Meilen, die in einer Gegend endet oder beginnt, wo arme Weiße wohnen, deren Häuser zwar gestrichen sind, aber die Farbe verlieren, und deren mit Fliegengittern versehene Haustüren auf so schmale Rasenflächen hinausgehen, daß nur ganz kleine Kinder darauf Fangen spielen können; die älteren Jungen und Mädchen spielen auf der asphaltierten Straße Wickelball. Gerry und seine Freunde spielen das auch mit einem Ball, den sie sich aus einem mit Klebeband umwickelten Strumpf herstellen und mit Baseballschlägern schlagen, aber die Rasenflächen bei ihnen sind groß genug, daß sie alle Platz darauf haben. Gerrys Vater unterrichtet Geschichte an der städtischen High School, und im Sommer leitet er die Sport- und Spielaktivitäten für Kinder im Stadtpark, aber manchmal hört Gerry abends in seinem Bett, wie sein Vater und seine Mutter sich ums Geld Sorgen machen; ihre Stimmen klingen müde und ängstigen ihn. Aber als er nun diese Straße entlangfährt, kommt er sich schamlos reich vor und möchte, daß die Jungen und Mädchen ihr Spiel unterbrechen, damit sie erfahren, daß er nur deswegen ein neues Schwinn-Fahrrad hat, weil er sein Geld zusammengespart hat, um es sich zu kaufen.

Er und sein Freund holpern über die Eisenbahngeleise, und der Asphalt endet. Auf der Straße türmt sich der Dreck. Sie fahren an hoch mit Gras bewachsenen Freiflächen voller vermodernder Sachen vorbei: kaputte Möbel, Heizgeräte, Öfen, Autos. Negerkinder treiben sich darauf herum. Dann gelangen sie zu bebauten Straßen, biegen in die erste ein, eine ausgefahrene, staubige Straße, und nehmen den Gestank wahr. Er ist greifbar wie der Staub, den ein Wagen, der an Gerry vorbeirumpelt und dessen ungedämpfter Auspuff wie Gewehrfeuer klingt, ihm ins Gesicht wirbelt, und Gerry spürt, er taucht in den Gestank ein, so wie man in eine Staubwolke eintaucht; und nach einem kräftigen Sommerregen mit Blitz und Donner würde der Gestank sich setzen, und die Luft würde nach Gras und Bäumen riechen. Sein Hauptbestandteil ist sauer, als habe in der Hitze des Sommers jemand einen Mülleimer halb mit Milch gefüllt und dann Zitrusfrüchte, gekochten Reis, Gemüse, Fleisch und Fisch hineingekippt, dazu Matratzendrill und ein Kissen, ihn zugedeckt und dann eine Woche lang in der Julisonne stehenlassen. In diesem Gestank spielen Kinder auf der Straße und auf den Rasenflächen, die auch nur aus nackter Erde, aus Staub bestehen, bis auf ein paar Streifen dürr wirkenden gelblichen Grases, das in den engen Lücken zwischen den Häusern und in vereinzelten Büscheln in der Nähe der Veranden wächst. Er erinnert sich an die Straßen, Häuser und Vorgärten von den Fahrten mit seiner Mutter, aber nicht an den Gestank, denn selbst im Sommer waren ihre Fenster hochgekurbelt. Aber vielleicht hatten ihr Parfüm und die Zigaretten den Wagen auch gegen den Augenblick gefeit, da die Waschfrau die hintere Tür aufmachte oder durch das Fenster nach ihrem Dollar langte; aber er fragt sich jetzt, ob seine Mutter die Fenster nur geschlossen haben wollte, um den Staub draußen zu halten. Frauen und Männer sitzen auf den Vorderveranden, als Gerry und sein Freund langsam die Straße hinauffahren, und sein Freund wirft die zu Dreiecken gefalteten Zeitungen in die Vorgärten, wo sie sich im aufwirbelnden Staub aufbäumen und liegenbleiben.

Es ist später Nachmittag, und er riecht auch, daß gekocht wird: heißes Schmalz und Fleisch, Rüben- oder Senfgemüse, und er hört Gerede und Gelächter von den abgeschirmten Veranden. Alles scheint zu verrotten: Autos, Häuser und Teerpappedächer im Wetter, das Gras in der Sonne; vereinzelte Eichen, Kiefern und Trauerweiden locken Kinder und Frauen mit Babies in ihren Schatten; unter dem hängenden Zelt einer Weide sitzt ein alter Mann, um den zwei Kinder in Windeln herumkrabbeln, und Gerry erinnert sich daran, wie Leonard im Schatten der Platane aß. Gerrys Vater ruft Leonard immer noch am Weihnachtsabend an, und letztes Jahr ging Leonard mit der elektrischen Eisenbahn nach Hause, der Gerry ebenso entwachsen ist wie den Spielzeugsoldaten, Kinderpistolen und Samstagsfortsetzungsfilmen und Western, ein Wachstum, das ihn manchmal beunruhigt: Als er neun und zehn war und sah, daß andere Jungen aus der Nachbarschaft aufhörten, samstags ins Kino zu gehen, wenn sie zwölf oder dreizehn waren, konnte er nicht begreifen, warum etwas so Aufregendes plötzlich nicht mehr aufregend war, und er schwor sich, er werde immer samstags ins Kino gehen, obwohl er wußte, daß er es nicht tun würde, denn der einzige halbwüchsige Junge, der's tat, war merkwürdig und flößte einem Furcht ein: Er war ungefähr achtzehn, und in seiner Stimme und in seinen Augen lag die Verzweiflung eines Jungen, der soeben seinen Lehrer belügt, und er versuchte, sich zwischen Gerry und seine Freunde zu setzen, und einmal schaffte er es, ehe sie die Lücke schließen konnten, und den ganzen Film über versuchte er Gerrys Schenkel zu streicheln, und Gerry flüsterte *Hör auf* und drückte das Handgelenk und die Finger des Jungen weg. Und so wußte er, es würde eine Zeit kommen, da er seine Helden und ihre Pferde nicht mehr lieben würde, und es stimmte ihn traurig, daß so eine Liebe nicht einmal die Zeit überstand. Sie tat es nicht, und genau das beunruhigt ihn, wenn er sich fragt, ob seine Liebe zu Baseball und Football, zu Jagd und Fischfang und Fahrrädern ebenfalls sterben wird, und er überlegt, was er dann lieben wird.

Er sucht nach Leonard, während er die Straße entlangfährt, an der ein paar Vorgärten mit bunten und weißen Flaschen eingefaßt sind, die zur Hälfte in der Erde stecken, den Boden der Sonne zugekehrt. In anderen gedeiht nahe der Veranda ein kleines Blumenrechteck, und der Gestank scheint auch von den Blumen und den Bäumen auszugehen. Er möchte in eines der Häuser eintreten, die mit heruntergezogenen Jalousien gegen die Hitze abgedunkelt sind, möchte diesen Gestank aufspüren und genau bestimmen, seine Nase gegen Betten und Sofas, Fußböden und Wände drücken, den Busen einer Frau, den Oberkörper eines Mannes, das Haar eines Kindes. Durch den Mund atmend schluckt er seinen Brechreiz hinunter, sieht seinen Freund an und erblickt, was, wie er weiß, auch auf seinem Gesicht zu sehen ist: einen Ausdruck anhaltenden bleichen Entsetzens.

An Sommermorgen spielen die Jungen aus der Nachbarschaft Baseball. Einem der Väter gehört eine Wiese hinter seinem Haus; er hat sie mit einem Traktor gemäht, aus Dachlatten und Fliegendraht ein Fangnetz gebaut, ein Innenfeld mit einem Wurfmal angelegt und vor dem hohen Unkraut, welches das Außenfeld umgibt, Aus-Pfähle aufgestellt. Die Jungen spielen an jedem regenfreien Morgen, nur sonntags nicht, wenn alle, bis auf die beiden Protestanten, zur Messe gehen. Sie werfen weich, damit sie den Ball schlagen können und der nur mit einer Maske geschützte Fänger nicht verletzt wird. Aber sie holen aus zum Werfen und versuchen sich an Effetbällen und ansatzlosen geraden Würfen, und manchmal spielen sie gegen andere Cliquen, die ihrem Fänger Beinschienen und Brustschutz ausleihen, und dann sind die Würfe knallhart.

Eines Morgens fährt ein Negerjunge mit seinem Fahrrad auf dem Feldweg hinter dem Fangnetz an der Wiese vorbei; er hat eine Angelrute quer über den Lenker gelegt und steuert auf das Wäldchen hinter dem linken Außenfeld und den Flußarm zu, der breit und sumpfig zwischen den Bäumen hindurchfließt. Ein paar lange Innings später kommt er ohne Fische zurück und hält an, um dem Spiel zuzusehen. Er steht da, hält das Fahrrad an der Hand und sieht sich zwei Innings an. Als dann Gerrys Mannschaft zum Schlagen hereintrottet, ruft jemand dem Jungen zu: Willst du mitspielen? Im Innen- und Außenfeld und in der Nähe des Home Base verstummen die Stimmen. Der Junge läßt die Pause, die Stille auf sich wirken, dann nickt er, klappt den Kippständer herunter und schlendert gemächlich auf die Wiese.

«Du spielst bei uns mit», sagt jemand. «Was spielst du?»

«Ich spiel gern First.»

Diesen Sommer hat sich Gerry für acht Dollar seines Verdienstes vom Zeitungsaustragen einen First-Baseman-Handschuh gekauft: einen Rawlings Trapper, weil ihm sein Aussehen gefiel und wie er sich an seiner Hand anfühlte, aber Gerry ist kein guter First Baseman: Er dreht den Kopf von Würfen weg, die vor seinem ausgestreckten Handschuh auf die Erde prallen und auf seinen Körper, sein Gesicht zuspringen. Er reicht dem Jungen den Handschuh.

«Nimm. Ich sollte eigentlich sowieso Second spielen.»

Der Junge steckt seine Hand in den Trapper, schlägt auf die Fangfläche, dreht das Handgelenk hin und her und betrachtet das Leder, das noch ein neues Rötlichbraun hat. Jungen sagen ihm ihre Namen. Er heißt Clay. Sie teilen ihm einen Platz in der Schlagordnung zu, zeigen auf den Jungen, nach dem er dran ist.

Er ist groß, und am Home Base macht er einen langen Schritt und holt weit und schwungvoll aus. Nach seinem ersten Hit spielt ihn der Outfielder lang zurück, vom Rande der Unkrautwildnis aus, die den Jungen als Zaun dient, und die

Infielder ziehen sich zurück. Am First Base ist er oft unbeholfen, kniet sich bei tiefen Würfen hin oder reckt sich, ehe ein Infielder geworfen hat, so daß ein paar Bälle fast an ihm vorbei- oder über ihn hinweggehen; andererseits ist er furchtlos, und keiner von den Aufsetzern vom Third und dem weit entfernten Short Stop gelangen an seinem Körper vorbei. Er redet mit keinem einzigen Jungen, aber vom First Base aus ruft er dem Werfer zu: *Komm, Baby, komm, Junge*; ruft Infieldern, die sich nach tiefen Würfen bücken, zu: *Viel Zeit, viel Zeit, wir haben ihn*; und erfolgreichen Schlagleuten, als Gerrys Mannschaft am Schlagen ist: *Guter Blick, guter Blick*. Das Spiel endet, als die Zwölf-Uhr-Pfeife ertönt.

«Das war's?» fragt Clay, als die Feldspieler herangelaufen kommen, während er, als nächster in der Reihe, zwei Schläger schwingt.

«Wir müssen zum Essen», sagt der Fänger, nimmt seine Maske ab und wischt sich mit seinem dreckbeschmierten Unterarm den Schweiß von der Stirn.

«Ich auch», sagt er, läßt die Schläger fallen, hebt den Trapper auf und reicht ihn Gerry. Gerry wirft einen Blick auf den Handschuh, der in Clays Hand liegt, blickt auf Clays Daumen auf dem Leder.

«Ich bin ein beschissener First Baseman», sagt er. «Behalt ihn.»

«Machste Witze?»

«Nein. Komm schon.»

«Mit was willste denn spielen?»

«Meinem Feldspieler-Handschuh.»

Ein paar von den Jungen sind jetzt aufmerksam geworden; andere steigen auf der Straße auf Fahrräder und fahren weg, Handschuhe hängen vom Lenker herab, Schläger sind quer darüber gelegt.

«Willst du denn nicht mehr First spielen?»

«Nein. Ehrlich nicht.»

«Mann, das ist vielleicht 'n *Handschuh*. Wie heißt du noch mal?»

«Gerry», sagt er und streckt seine rechte Hand hin. Clay

nimmt sie, und Gerry drückt die große, schlaffe Hand; läßt sie los.

«Gerry», sagt Clay und schaut herab in sein Gesicht, als wolle er es sich einprägen oder dessen Züge von den zwanzig weißen Gesichtern dieses Morgens unterscheiden.

«Prima Kerl», sagt er, dreht sich um, ruft auf Wiedersehen und geht zu seinem Fahrrad, legt seine Angelrute über die Lenkstange, hängt den Trapper an einen Griff und fährt schnell den Feldweg hinunter. Wo er in eine Asphaltstraße übergeht, radeln Jungen in einem dichten Rudel, und Gerry sieht, wie Clay winkend an ihnen vorbeifährt. Dann ist er weit fort zwischen weißen Häusern mit Vorgärten und Bäumen; ist weg und läßt Gerry mit den respektvollen Stimmen seiner Freunde und mit Frieden und Stolz im Herzen zurück. Seit seinem ersten Schuljahr geht er auf eine katholische Schule, also weiß er, er muß solche Gefühle verachten. Er witzelt über sein Spiel am First Base und geht mit seinem Marty-Marion-Handschuh und dem Ted-Williams-Louisville-Schläger zu seinem Fahrrad. Aber auf der Heimfahrt nistet sich dieser hochmütige Frieden in ihm ein. Beim Essen sagt er nichts von Clay. Die Christlichen Brüder haben ihn gelehrt, daß ein Akt christlicher Nächstenliebe aufgehoben werden kann, wenn man davon erzählt. Außerdem argwöhnt er, seine Familie könnte denken, er sei ein Dummkopf.

Ein Jahr später wird ein Schwarzer in einer Nachbarstadt schuldig gesprochen, eine junge Weiße vergewaltigt zu haben, und zum Tod auf dem elektrischen Stuhl verurteilt. Seine Geschichte gibt die Schlagzeile auf der Titelseite der Zeitung ab, die Gerry ausfährt, aber zu Hause sagt seine Mutter, weil es sich um eine Vergewaltigung handelte, wünsche sie keine Unterhaltung darüber. Gerrys Vater murmelte von Zeit zu Zeit genug vor sich hin, daß Gerry weiß, er ist wütend und traurig, weil es weder Hinrichtung noch Verurteilung gegeben hätte, wäre die Frau schwarz und der Mann weiß gewesen. Aber während er auf den Vorgartenrasenflächen seiner Freunde Kriegen oder Fangball spielt oder im Gras sitzt und aus Zweigen Stöckchen schnitzt, lauscht er den lüsternen Stimmen von den Veranden, wo Männer und Frauen Bourbon trinken und über Nigger, Vergewaltigung und den elektrischen Stuhl reden. Der Neger heißt Sonny Broussard, und jeden Abend betet Gerry für seine Seele.

An dem Märzabend, an dem Sonny Broussard sterben wird, liegt Gerry im Bett und sagt einen Rosenkranz. Es ist ein Donnerstag, ein Tag für die Freudenreichen Geheimnisse, aber während er aus dem Fenster, an der Mimose vorbei, auf die Straßenlaterne an der Ecke blickt, betet er auch die Schmerzhaften Geheimnisse, erinnert sich an die Zeitungsfotos von Sonny Broussard, versucht sich seine schreckliche Angst vorzustellen, als Mitternacht naht – warum Mitternacht? und wie konnte er diesen Tag in seiner Zelle ertragen? –, und sieht Sonny Broussard auf den Knien im Garten Gethsemane; er trägt eine Khakiuniform, seine Arme ruhen auf einem großen Stein, und sein Gesicht ist zum Himmel erhoben. Ohne Hemd an eine Säule gebunden, schweigt er unter den Peitschenhieben; Dornen bohren sich in seinen Kopf, und die Väter von Gerrys Freunden schlagen ihm ins Gesicht, ihre Frauen sehen zu, wie er die lange Steigung erklimmt, das Kreuz auf seiner Schulter, dann liegt er darauf, die Männer mit Hämmern sind Zimmerleute in Khakiuniformen, sie hocken über ihm, Schweiß rinnt an ihren Gesichtern herab und tropft auf die Zigaretten zwischen ihren Lippen, die Köpfe neigen sie schräg aus dem Rauch; sie schwingen die Hämmer im Takt und schlagen Nägel durch die Handgelenke und die gekreuzten Füße. Dann verblaßt Golgatha, und Gerry sieht statt dessen einen schmalen Gang zwischen Zellen mit einer Tür am Ende; zwei Aufseher führen Sonny Broussard darauf zu, und Gerry beobachtet sie aus dem Hintergrund. Sie öffnen die Tür zu einem Raum, der voller Menschen ist, bis auf einen freien Platz in der Mitte ihres Kreises, wo der elektrische Stuhl wartet. Sie haben sich miteinander unterhalten, als der Aufseher die Tür aufmacht, und sie hören nicht auf damit. Sie rauchen, trinken und stricken; sie mustern Sonny Broussard zwischen den Aufsehern, schauen weg und einander an und wieder zurück zu ihm, reden und schlagen einem Nachbarn die Hand auf die Schulter, den Schenkel. Die Aufseher schnallen Sonny Broussard auf den Stuhl. Gerry schließt die Augen und versucht, den Stuhl zu fühlen, die Riemen, Sonny Broussards Angst; sich so gehaßt zu fühlen, daß die Menschen um ihn herum nur auf die Qualen und den Gestank seines Todes warten. Dann spürt er es, er sitzt auf dem elektrischen Stuhl, und er öffnet die Augen und hält den Atem an, um den Schrei in seiner Kehle zu ersticken.

Gerry besucht das staatliche College in der Stadt und wohnt zu Hause. Er studiert im Hauptfach Geschichte, gehört dem Ausbildungskorps für Reserveoffiziere der Marine an und ist dankbar dafür, daß er nach dem College drei Jahre bei der Marine verbringen wird. Mit Geschichte will er nichts weiter anfangen als sie studieren, und er glaubt, daß ihm die Marine Zeit geben wird, sich darüber klarzuwerden, was er für den Rest seines Lebens machen will. Er möchte auch zur See fahren. Er denkt mehr an das Meer als an Geschichte; Weihnachten ist er verliebt und denkt mehr an das Mädchen als an alles andere. Gegen Ende des Jahres beruft der Collegepräsident eine Versammlung ein und teilt den Studenten mit, daß im Herbst farbige Jungen und Mädchen auf die Schule kommen werden. Der Präsident ist Politiker und wird später Vizegouverneur. Es wird keine Probleme an diesem College geben, sagt er. Ich möchte weder Militär noch Bundespolizei auf meinem Campus haben. Wenn irgend jemand von euch den Betrieb stört oder auch nur mitmacht, falls einer damit anfängt, hole ich ihn mir ins Büro, und dann bringt er am besten gleich seinen Koffer mit.

Am Tag nach seiner Semesterabschlußprüfung fängt Gerry an, bei einem Bautrupp zu arbeiten. In der langen Hitzeperiode schleppt er zentnerschwere Zementsäcke, schaufelt Kies und Sand, fährt Schubkarren mit frischem Beton, zieht Gräben für Fundamente, gräbt Löcher für Faulbehälter, hat mehr Geld, als er jemals zuvor verdient hat, gibt das meiste davon in Restaurants, Kinos, Nachtlokalen und Bars für seine Freundin aus und hat bis Ende August knapp sieben Kilo zugenommen, das meiste über der Gürtellinie, allerdings gibt's auch darunter genug, daß seine Freundin hineinkneifen und es seinen Budweiserring nennen kann. Dann hört er von Emmett Till. Das ist ein schwarzer Junge, der in der Nacht von zwei Weißen aus dem Haus seines Großonkels in Mississippi verschleppt worden ist. Gerry und seine Freundin warten. Drei Tage später, als Gerry vor dem Mittagessen mit seiner Familie im Wohnzimmer sitzt, kommt die Meldung im Radio: Ein Suchtrupp hat Emmett Till am Grunde des Tallahatchie River gefunden; man hatte ihm den mehr als dreißig Kilo schweren Ventilator einer Baumwollentkörnungsmaschine mit Stacheldraht um den Hals gebunden; er war verprügelt und in den Kopf geschossen worden und bereits am Verwesen. Gerrys Vater läßt seine Illustrierte sinken, nimmt die Brille ab, reibt sich die Augen und sagt: «O mein Gott, geht es wieder los.»

Er geht in die Küche, und Gery hört, wie er sich noch einen Bourbon mit Wasser mixt, dann hört er die Hintertür auf- und wieder zugehen. Seine Mutter und die eine Schwester, die noch zu Hause ist, reden über Mississippi und die Hinterwäldler dort und den armen Jungen und was sie sich eigentlich dächten, was für Menschen *sind* das nur? Er möchte seinem Vater nachlaufen, um ihn zu fragen, auf welche erinnerte oder gehörte Geschichte er angespielt habe, aber er glaubt, er sei noch nicht alt genug, Manns genug, um in das Schweigen seines Vaters im Garten hinterm Haus eindringen zu dürfen.

Er ruft seine Freundin an, bittet nach dem Mittagessen seinen Vater um den Wagen und fährt zu ihr. Sie wartet schon auf der vorderen Veranda und kommt schnell auf den Wagen zugelaufen. Sie ist ein zierliches, dunkelhäutiges Cajun-Mädchen mit rascher, akzentuierter Sprechweise, einem tiefen Lachen und einem Temperament, das wild ist, wenn sie ans Ende ihrer langen Geduld gelangt. Generationen hindurch ist die Sprache der Fontenots immer getragener und weicher geworden, so daß sich Gerry eher wie ein Südstaatler als wie ein Franzose anhört; sie hänselt ihn deswegen, und oft, wenn er mit ihr zusammen ist, stellt er fest, daß er in ihrem Sprachrhythmus und mit ihren Modulationen spricht. Sie liebt Tanzen, Rhythm and Blues, Jazz, Gin, Bier, Pall Malls, scharfes Essen und leidenschaftliche Küsse ohne Gefummel. Sie nimmt jeden Morgen die heilige Kommunion, trägt ein goldenes Herz-Jesu-Medaillon an einer goldenen Kette um den Hals und möchte auf dem College Geschichte unterrichten. Sie heißt Camille Theriot.

Sie gehen in eine Bar, in der zur Jukebox getanzt wird. Die Paare in den Nischen und die Jungen an der Bar sind Studenten aus dem Ort, manche noch auf der High School, denn in dieser Stadt ignorieren Eltern und Barkeeper das Alkoholgesetz, und Barkeeper wenden es nur in Clubs an, in denen junge Leute unerwünscht sind. Gerry ist Gast in dieser Bar, seit er mit sechzehn den Führerschein bekommen hat. Er führt Camille in eine Nische, sie trinken Gin Tonics und wiederholen, was sie auf dem College, in dem Seminar, in dem sie sich kennenlernten, gehört haben: daß es eine wirtschaftliche Frage war und der ganze Haß mit der Sklaverei begann, und daß der Bürgerkrieg den armen Weißen niemanden mehr ließ, von dem sie sagen konnten: *Wenigstens bin ich kein Sklave wie er*; statt dessen konnten sie nur noch sagen: *Wenigstens bin ich kein Nigger.* Und nach dem Krieg mußten die Neger in Schach gehalten werden, damit sie als billige Arbeitskräfte auf den Feldern eingesetzt werden konnten. Camille sagt, das möge vielleicht die Rassentrennung erklären, solange man sich nicht über die reichen Weißen wundere, die sich nicht erst jemanden erschaffen müßten, auf den sie herabblicken, weil sie es von Geburt an sowieso tun könnten.

«Also trifft es nicht zu», sagt sie.

«Anscheinend tun sie das nie, oder?»

«Wer?»

«Die Theorien. Meinst du, diese Dreckskerle – meinst du, sie haben ihm diesen Ventilator umgebunden, bevor oder nachdem sie ihn erschossen haben? Warum Stacheldraht, wenn er schon tot war? Warum nicht Bindedraht oder –?»

Die Kellnerin ist da, und er sieht ihr zu, wie sie die Drinks absetzt und die leeren Gläser auf ihr Tablett stellt; er zahlt, dann sieht er Camille an. Sie hat das Gesicht gesenkt, die Augen geschlossen.

Gegen Mitternacht, als es leerer wird, ziehen sie an die Bar um. Drei Paare tanzen langsam zu Sinatra; ein viertes küßt sich in einer Ecke. Gerry weiß gleich, daß die beiden noch auf die High School gehen, als der Junge sich eine Zigarette anzündet, die sie gemeinsam rauchen: Das Mädchen nimmt einen Zug, sie küssen sich, und sie bläst ihm dabei den Rauch in den Mund; dann macht der Junge dasselbe. Camille sagt: «Vielleicht sollten wir auf ein College im Norden gehen und einfach dort bleiben.»

«Ich hab gehört, die Leute dort sind kalt wie Eis.»

«Ich auch. Und sie essen Gekochtes mit irgend so einer weißen Soße.»

«Möchtest du ein paar Austern?»

«Schaffen wir das noch bis dahin, ehe sie zumachen?»

«Wir versuchen's», sagt er. «Hast du auf der High School auch französisch geraucht?»

«Klar.»

Ein Junge steht neben Gerry und bestellt sich laut ein Bier. Er ist betrunken, und als er merkt, daß Gerry ihn ansieht, sagt er: «Wow. Dem *haben* sie's aber gegeben, was? 'türlich, bei so 'nem kleinen Niggerjungen wie dem weiß man nie» – während Gerry aufsteht, damit er in seine Tasche greifen kann – «könnte doch sein, daß er schwimmt mit dreißig Kilo um den Hals und 'ner Kugel im Kopf» – und Gerry klappt das Messer auf, das er für Fisch und Wild scharf hält, wirft einen Blick auf die Klinge, dann dreht er sich zu der Stimme um: «Emmett *Till* reimt sich auf *kill*. Ha. Gott*verdamm*ich. Kill *Till* –»

Gerry packt den Jungen am Kragen, dreht ihn herum und stößt ihn mit dem Rücken gegen die Bar. Er setzt ihm die Spitze des Messers an den Hals, und seine Stimme dringt schreiend aus ihm hervor; er scheint sich mit ihr vom Boden zu erheben, spürt unter ihr nichts von seinem Fleisch: «Du liebst den *Tod*? Dann *fühl* ihn!»

Er drückt auf das Messer, bis die Haut um die Spitze eine Delle bildet. Der Junge ist stumm, sein Mund geöffnet, die Augen nach links verdreht, wo das Messer ist. Camille schreit, und Gerry hört *Schneid ihm die Zunge raus! Schneid ihm das Herz raus!* Dann steht sie mit fuchtelnden Armen vor dem Jungen, und Gerry hört *Arschloch Arschloch Arschloch*, während er die Augen und den offenen Mund des Jungen beobachtet und schließlich den Barkeeper leise sagen hört: «Nun mal sachte. Du bist doch Gerry, nicht?» Gerry blickt sich flüchtig nach der Stimme um; der Barkeeper beugt sich über die Bar. «Ganz ruhig, Gerry. Wenn du da zustichst, ist er erledigt. Warum gehst du jetzt nicht einfach nach Hause, okay?»

Camille ist still. Den Blick auf die Spitze der Klinge gerichtet, drückt Gerry fast ohne jede Bewegung auf das Messer, denn er hält sich dabei zugleich zurück; die Delle vertieft sich einen Moment lang, und er fühlt die Brust des Jungen atemlos und starr unter seiner linken Faust.

«Okay», sagt er, läßt das Hemd des Jungen los, klappt das Messer zusammen und faßt Camille am Arm. Die Jungen an der Bar und die Paare auf der Tanzfläche stehen da und schauen zu. Es spielt eine Musik, die er nicht deutlich genug hört, um sie zu erkennen. Er und Camille gehen zwischen den Paaren hindurch zur Tür.

Zwei Männer, Roy Bryant und John William Milan, werden verhaftet, und während der Seminare den ganzen heißen September hindurch warten Gerry und Camille auf den Prozeß. Schwarze sitzen in den Kursen beisammen, spazieren zusammen in den Korridoren herum und über den Campus und umringen nebeneinandergestellte Tische in der Studentenvertretung, wo sie leise sprechen und die Jukebox nicht in Gang setzen. Gerry und Camille trinken Kaffee und beobachten sie heimlich; in Seminarräumen, Korridoren und auf dem Collegegelände lächeln sie Schwarze an, sagen hallo zu ihnen und werden ihrerseits angelächelt und gegrüßt. Die schwarzen Jungen tragen weite Hosen und Sporthemden, manche von ihnen Jacketts, einige sogar Schlipse; die Mädchen tragen Röcke oder Kleider; alle haben sie geputzte Schuhe. Es gibt keinen Ärger. Gerry und Camille lesen die Zeitungen und hören Radio, und abends gehen sie, nachdem sie gemeinsam gelernt haben, in die Bar Bier trinken; der Barkeeper ist nett, ja freundlich, und bringt die Nacht mit dem Messer nicht zur Sprache. Während sie trinken und später zu Camille fahren, reden sie über Emmett Till und seine Geschichte, von der sie gelesen und gehört haben.

Er war aus Chicago, wo er bei seiner Mutter wohnte; sein Vater war im Zweiten Weltkrieg in Frankreich gefallen. Emmett hatte seinen Großonkel in Money, Mississippi, besucht. Seine Mutter sagte, sie habe ihm eingeschärft, da unten respektvoll zu sein, weil er über den Süden nicht Bescheid gewußt habe. Eines Tages fuhr er in die Stadt und kaufte sich im Laden von Roy Bryant für zwei Cents Kaugummi. Bryants Frau Carolyn, die jung und hübsch ist, saß an der Kasse. Sie sagte, als Emmett aus dem Geschäft ging und auf dem Bürgersteig stand, habe er sich zu ihr umgedreht und gepfiffen. Wie eben ein Mann einer Frau hinterherpfeift, und in der Nacht fuhren Roy Bryant und sein Halbbruder John William Milan, mit Taschenlampen und einer Pistole bewaffnet, zum Haus des Großonkels, sagten *Wo ist dieser Junge aus Chicago* und nahmen ihn mit.

Der Prozeß findet im Frühherbst statt. Der Standpunkt des Verteidigers ist, daß die verweste Leiche nicht die von Emmett Till sei; daß die Nationale Vereinigung zur Förderung Farbiger dem Leichnam den Ring des Vaters an den Finger gesteckt habe und daß sich die Väter der Geschworenen im Grabe umdrehen würden, wenn diese zwölf angelsächsischen Männer mit einem Schuldspruch zurückkämen, was sie, nach einer Stunde und sieben Minuten Beratung, nicht tun. In dieser Nacht fährt Gerry mit Camille so dicht neben sich, daß ihre Körper sich berühren, über Highways durch Felder und gerodetes Land mit Bohrtürmen und Gasfeuern und über Brükken, die dunkle Bayous überspannen, über schmale Asphaltstraßen, die sich durch üppige Wälder winden, und über

Schotter- und Schlackenstraßen durch Reisfelder, deren Kanäle im Mondlicht schimmern. Die Wagenfenster sind offen, so daß die feuchte Luft hereinfegt und ihm das Gesicht kühlt.

Als sie Bier wollen, hält er an einem kleinen Dorfladen an; dahinter ist Wald zu sehen, und zu beiden Seiten stehen beleuchtete Häuser, die durch Wald und Felder voneinander getrennt sind. Austernschalen bedecken den Parkplatz vor dem Laden. Camille möchte nicht aussteigen. Er stapft über die Holzveranda, wo Käfer um ein gelbes Licht schwirren, und geht hinein: Der Laden wird von einer einzigen Lampe an der Decke beleuchtet, die Schatten zwischen die Regale wirft. Ein Mann und eine Frau stehen am Tresen und reden mit einer dicken Frau dahinter. Gerry nimmt sich drei Sechserpacks und tritt an den Tresen. Sie reden lediglich über Leute, die sie kennen, und über ein Grillfest, bei dem ein ganzer Ochse am Spieß gebraten wurde, und er wird Camille davon erzählen.

Aber im Dunkeln vor dem Laden, als er über knirschende Austernschalen geht, vergißt er es: Er sieht Camilles Gesicht im Licht der Veranda und möchte sie küssen. Im Wagen tut er es, Küsse, die sich in die Länge ziehen, während ihre Hände über den Rücken des anderen streichen. Dann fährt er wieder. Zweimal verfährt er sich, einmal auf einer Asphaltstraße in einem Wald, der vor allem aus den konischen Silhouetten und dem wunderbaren Geruch von Kiefern besteht, dann auf einer Schotterstraße durch einen Sumpf, dessen barbarischer Geruch ihn veranlaßt, ihr die Landkarte zu schnell aus den Händen zu reißen. Er hält einmal an, um an einer die ganze Nacht geöffneten Tankstelle an einem Highway zu tanken. Schweiß dringt durch sein Hemd, das am Sitz klebt, und es ist warm und feucht dort, wo sein Bein und Camilles schwitzend nebeneinander liegen. Als es dämmert, werden sie still. Sie zündet ihnen die Zigaretten an und öffnet die Bierdosen; als die Sonne aufgeht, fährt er auf Asphalt durch einen Wald, dessen dunkles Laub zu Grün verblaßt, und durch die mit Insekten bespritzte Windschutzscheibe blickt er mit brennenden Augen auf den Ortseingang seiner Stadt.

Deborah Eisenberg

Rafes Mantel

Eines funkelnden Abends, nicht lange nachdem mein Mann und ich die Scheidung eingereicht hatten, kam Rafe auf einen Drink vorbei, um anschließend mit mir essen zu gehen. In der Hand hielt er einen riesigen Blumenstrauß, und sein Gesicht verriet innere Wachsamkeit; beides schien mir eine Begleiterscheinung des Verliebtseins zu sein.

«Herrlicher neuer Mantel», sagte ich. «Alpaca, oder?»

«Jawoll», sagte Rafe und warf ihn mit untypischem Mangel an Aufmerksamkeit auf einen Stuhl. «England, letzte Woche. Na denn!» Strahlend sah er sich um, wie jemand, der sich einer schweren Aufgabe entledigt hat und bereit ist, ganz neu anzufangen.

Herr im Himmel, benahm er sich sonderbar. Ich wartete darauf, daß er etwas Erhellendes oder überhaupt etwas von sich geben würde, was er aber nicht tat, also setzte ich ihn hin, schenkte ihm einen Drink ein und wartete weiter.

«Unvorstellbar eigenartig da draußen», lautete schließlich sein Beitrag. «Düster und überfüllt.»

«England», sagte ich verwirrt. «England ist düster geworden und überfüllt.»

«Wie?» sagte Rafe. «Äh, also, ich hatte an die Siebenundsechzigste Straße gedacht.»

Hmm. Offensichtlich mußte sich Rafe einigen Mut machen, wenn ich etwas über die Freundin erfahren wollte, die er sich, dessen war ich mir inzwischen absolut sicher, angelacht hatte. Und das wollte ich. Es hat mir immer Spaß gemacht, von seinen jeweiligen Frauen zu hören und sie kennenzulernen. Wie ein Habicht stieß er auf das schillerndste Ding in Sichtweite herab; seine Mädchen waren grundsätzlich auf die eine oder andere Weise exotisch, und wenn sie nur, wie es häufig vorkam, gewöhnliche Exoten waren; aber wie auch immer ihre Herkunft, Hautfarbe oder ihre Interessen: Sie waren alle amüsant, sahen großartig aus, steckten voller Überraschungen, und keine von ihnen schien jemals Schlaf zu brauchen.

Leider schienen diese schillernden Lichter in Rafes Leben ziemlich schnell wieder zu verlöschen, ganz gleich, wie hörig Rafe zunächst war. Und das war, so glaubte ich, die unausweichliche Folge aus dem Unterschied zwischen seinem und ihrem Alter. Nicht daß ich unbedingt das Gefühl hatte, Rafe müsse mit Leuten unseres Alters verkehren (wir waren beide dreiunddreißig). Im Gegenteil, das hätte unpassend gewirkt. Das nüchterne Erwachsenendasein würde Rafe in keinem Alter entsprechen. Dennoch, die Jahre vergehen, und Rafes Mädchen tapsten beständig ein Jahrzehnt oder so hinter ihm her. Ihnen ließ sich kaum ein Vorwurf daraus machen, daß sie nicht über genügend Substanz verfügten (Substanz jener Art, die allein die Zeit reifen läßt), um Rafe einmal Gelegenheit zu geben, seine Affären über die Dauer von ein oder zwei Monaten hinaus auszudehnen.

«Also. Ich gebe auf, Rafael», sagte ich. «Erzähl schon. Wer ist das glückliche Mädchen, in das du heute abend verliebt bist?»

«Heute abend!» sagte er, und wie verletzt er dabei dreinsah!

Nun, Rafe war mein Freund. Es war Rafe, der mich zu Parties, zu Eröffnungen und ins Wochenende begleitete, wenn John, mein Ehemann, zuviel zu tun hatte (was gewöhnlich der Fall war) oder kein Interesse hatte (das war die Regel); es war Rafe, der mich aus jeder seelischen Niederung zerrte, in die ich mich verirrte; und es war Rafe, von dem ich erwartete, daß er mich unterhielt, jetzt, wo John und ich unsere Besitztümer aufteilten und unsere Abschiede nahmen und uns durch sämtliche vertraglichen und emotionalen Wüsten quälten, die man – wollte man mit dem Leben weitermachen – zwangsläufig queren mußte; und falls Rafe erwachsen werden sollte, so hatte er sich zweifellos einen denkbar schlechten Moment dafür ausgesucht.

«In der Tat», gestand Rafe überflüssigerweise, «habe ich kürzlich jemanden kennengelernt.»

«Tatsächlich», sagte ich.

«Sie ist einfach wunderbar», sagte er mit der einfältigen Förmlichkeit eines Mannes im Zeugenstand.

«Schön!» sagte ich. Ich hoffte sehr, sie möge wunderbar sein, auch wenn es mir um die Delle leid tat, die sie Rafes Sinn für Humor verpaßt zu haben schien. «Was macht sie?»

«Na ja ...» sagte Rafe nachdenklich. «Sie ist Schauspielerin.»

«Die Ärmste», sagte ich, nachdem ein paar Augenblicke verstrichen waren, die Rafe mit Sequenzen resoluten Kopfnikkens gefüllt hatte. «Das ist eine denkbar schwierige Art, sich seinen Lebensunterhalt zu verdienen.»

Wieder eine Nicksequenz. «Das ist es. Ja, das ist es. Das ist ein Ansel Adams, oder? Ist er neu?»

«Liebling. Ich hab ihn gerade vom Eßzimmer hier rübergehängt.»

«O ja, natürlich.» Rafe starrte ausdruckslos auf das Bild. «Also, der wirkt sensationell hier, findest du nicht?»

«Nun erzähl schon», sagte ich. «Ist deine Freundin in irgendeiner Gruppe oder in einem Ensemble? Oder zieht sie im Sommer als Julia, als Meine Schwester Elida oder so durch die Lande? Oder muß sie ständig darauf gefaßt sein, vorzusprechen und abgelehnt zu werden?»

«Na ja, von alledem hat sie einiges hinter sich, ja. Im Augenblick nicht, aber das ist schon ungefähr richtig gesehen. Ja.»

«Oje», sagte ich. «Sie muß doch nicht im Restaurant bedienen, oder? Wie schrecklich!»

«Oh, ganz und gar nicht», sagte Rafe. «Nein, sie kommt sehr gut zurecht.» Auf der Suche nach Gesprächsstoff ließ er den Blick über die Wände gleiten.

«Ich freu mich, daß dir der Ansel Adams gefällt, Rafe», sagte ich.

«Um es ganz klar zu sagen», sagte er, «sie arbeitet bei einer TV-Schnulze mit.»

«Na bitte!» sagte ich. «Das ist ja großartig! Und damit wird sie sich sicherlich so lange über Wasser halten können, bis sie etwas gefunden hat, was sie wirklich will.» Oh, warum mußte Rafe immer so etwas machen? Mädchen für Mädchen. Er war wie ein edler Hund, der jeden Morgen die billige *New York Post* statt der feinen *Times* apportiert.

«Was ist so schlimm daran?» sagte Rafe.

«Nichts», sagte ich. «Woran?»

«Sie ist genauso Schauspielerin wie – mein Gott, was weiß ich – Lady Macbeth es wäre, bei einem dieser Festivals für neue Kunst, auf die du so große Stücke hältst.»

«Völlig richtig», sagte ich.

«Es ist ehrliche Arbeit», sagte er.

«Herrgott, Rafe», sagte ich. «Hab ich etwas anderes behauptet?» Seine Äußerungen waren kaum kraftvoll genug, um ihnen etwas entgegenzusetzen.

«Ich bin ziemlich beeindruckt, ehrlich», sagte Rafe. Meine Güte, war Rafe kratzbürstig! Offensichtlich war ihm dieses Mädchen ziemlich peinlich. «Zum einen ist sie sehr jung, und außerdem hat sie sich aus dem absoluten Nichts geradewegs nach New York durchgeschlagen und dort auf Anhieb in einem anspruchsvollen, lukrativen, heiß umkämpften Feld einen Job gefunden.»

Feld! «Also, du wirst mich nicht dazu bringen zu sagen, ich fände das nicht beeindruckend», sagte ich und ließ keinen Zweifel daran, daß dies das Ende der Diskussion war. «Kann ich dir noch einen Drink anbieten?»

«Bitte», sagte er. Das Geräusch des Einschenkens war etwas Faßbares, dem wir einen Augenblick lauschen konnten.

«Also dann», sagte ich. «Wie heißt die Serie, bei der sie mitmacht?»

«Na ja», sagte Rafe, «sie heißt, soweit ich mich erinnere, irgendwas in der Art von, äh, ‹Lebenslichter›.» Wild entschlossen fixierte er eine Stelle über meinem Ohr.

Nun, Verstocktheit ist oft eine frühe Begleiterscheinung von blinder Leidenschaft, und ich war nur allzu bereit, Rafe reden zu lassen. Wenn er mir erzählen wollte, dieses Mädchen gehöre geadelt – oder heiliggesprochen und in Bronze gegossen –, weil sie einen Job in einer Seifenoper ergattert hatte, schön und gut. Irritierend an alledem war lediglich, daß Rafe jedesmal, wenn er dachte, ich würde den Mund aufmachen, zum Angriff überging, und als wir endlich ins Taxi stiegen, hätte ich es vorgezogen, mit einem Trupp Picadores in eine Stierkampfarena geschickt zu werden.

Glücklicherweise erwies sich das Restaurant, das Rafe ausgewählt hatte, als wundervoll beschwichtigend. Es war edel und intim, und beim Anblick der Garderobe, an der Reihen teurer, leerer Mäntel hingen – die eine Welt heraufbeschworen, in der sich großzügige, breitschultrige Männer und Frauen in eleganten Kleidern (ähnlich dem, das ich selbst zufällig gerade trug) auf Banketten voreinander verneigten –, durchdrang mich ein so starkes und echtes Gefühl, daß man es als – ich weiß nicht, als was man es hätte bezeichnen können. Es kam mir vor wie – nun ja, wie Gram … muß man wohl sagen.

Während des Essens blieben Rafe und ich auf neutralem Boden – es ging um eine kürzlich durchgeführte Gesetzesänderung, um Marty Harnishveigers Neuerungen, um einen ausgesprochen sinnlosen Mord auf der East Side, um meinen Gatten und meine Ehe.

«Man kann doch seine eigene Ehe wirklich nicht als neutralen Boden bezeichnen, findest du nicht?» fragte ich Rafe.

«Wenn man bedenkt, was für Minenfelder die Ehen unserer meisten Freunde sind», sagte er, «könnte neutraler Boden die zu bevorzugende Alternative sein.»

«Vielleicht», sagte ich. «Aber auch die ‹zu bevorzugende Alternative› ist für sich genommen nicht gerade die Erfüllung der geheimsten Wünsche. All diese Minenfeld-Ehen um uns herum müssen zumindest irgend etwas an sich haben, was sie explosiv macht.»

«Wahrscheinlich Inkompatibilität», kommentierte Rafe. «Zum Beispiel habe ich nie wirklich verstanden, warum du John geheiratet hast.»

«Er ist nicht so übel», sagte ich. Ich erinnerte Rafe daran, daß John in vieler Hinsicht ein vorbildlicher Ehemann war.

«Er ist hoch angesehen, er hat einen hervorragenden Geschmack, er sieht auf harmlose Weise sehr gut aus, er ist zudem reich und verdient darüber hinaus auch noch gutes Geld …»

«Nein, ich weiß», sagte Rafe. «Ich wollte ihn nicht beleidigen. Schließlich ist er ein furchtbar netter Kerl. Und ich muß sagen, ihr saht großartig aus zusammen. Es ist nur – na ja, du schienst nie besonders viel Spaß mit ihm zu haben.»

«Spaß?» sagte ich. «Wie kannst du von dem armseligen Typen Spaß erwarten? Er ist ja nicht einmal richtig lebendig.»

Rafe machte plötzlich einen beunruhigten Eindruck, als wäre ihm eingefallen, daß er irgendwo seine Brieftasche vergessen hatte. Ich fragte mich, woran er wohl dachte, aber ich wollte nicht nachhaken und fuhr deshalb fort: «Hast du gehört, daß er ein Techtelmechtel mit Marcia Meaver hat? Wahrscheinlich hocken die beiden just in diesem Augenblick zusammen und amüsieren sich gegenseitig mit verbotenen Geschichten aus der Welt des Effektenemissionsgeschäfts.»

«Aber sie ist ganz nett», sagte Rafe nach einer Weile. «Ich habe sie kennengelernt.»

«Oh, mag sein, daß sie nett ist», sagte ich. «Ich hab es nicht bös gemeint.»

«Ich weiß», sagte Rafe. «Ich weiß, daß du es nicht bös gemeint hast.»

Wir bestellten zwei Brandies und lehnten uns grübelnd ins Leder zurück. Ich fing gerade an, mich zu langweilen, als Rafe sich vorbeugte und in sein Glas linste.

«Was?» sagte ich.

«Nichts», sagte er. «Ach, na ja. Ich nehme an, es genügt einfach nicht, jemanden nur wegen seiner Qualitäten zu heiraten.»

«Oh, kluger Gedanke, Rafe», sagte ich. «Wie bist du bloß darauf gekommen?»

«Verzeihung», sagte er.

«Du bist wirklich verrückt nach diesem Mädchen, stimmt's?» sagte ich.

Da lachte Rafe einfach nur, sonderbarerweise, und hinter

seiner eigenartigen Stimmung lugte sein sonniges Wesen hervor. «Ich weiß», sagte er, «ich weiß. Jedesmal sage ich, ‹diesmal ist es anders›, aber weißt du was? Es *ist*, den Mädchen sei's geklagt, jedesmal anders.» Und Rafe sah so zufrieden mit sich und seinen Mädchen aus, schien meiner Zustimmung so sicher zu sein – so unbekümmert war sein Lächeln, so einnehmend, so sehr *seines* –, daß ich, nun ja, einfach nicht anders konnte, als zurückzulächeln.

Aber Lächeln hin oder her, dieses Mädchen hatte offensichtlich eine gewisse Wirkung auf Rafe, und ich dachte mir, daß es interessant sein könnte, ihre Sendung einzuschalten und zu sehen, ob es mir gelänge, sie unter ihren Schnulzen-Kolleginnen herauszufinden. Also besorgte ich mir am nächsten Morgen auf dem Heimweg von meiner Trainingsstunde ein Programmheft und suchte nach «Lebenslichter». Ich erledigte meine Arbeit grundsätzlich nachmittags (wir Mitglieder der Stipendienvergabekommission der Stiftung arbeiteten unabhängig voneinander, bis wir dem Ausschuß unsere ersten Empfehlungen vorlegten), und um eins hatte ich eine Verabredung zum Mittagessen; deshalb freute ich mich, als ich feststellte, daß die Serie schon um elf ausgestrahlt wurde.

Als ich den Apparat anstellte, flimmerten ein paar Katzen auf den Bildschirm und diskutierten über Katzenfutter, und dann, nach ein oder zwei ehrfurchtgebietenden Akkorden, wurde der Welt eine Stunde aus dem Leben der Figuren von «Lebenslichter» geboten. In dieser Stunde vertraute ein Mädchen, das ich später als Ellie kennenlernen sollte, seiner Mutter an, daß es seinen Freund in Verdacht habe, er wolle bei einem Examen schummeln, um an der medizinischen Fakultät angenommen zu werden, womit er seinem Vater eine Freude machen wolle. Dann führte Colleen, scheinbar eine Art Studienberaterin, ein Telefongespräch mit einer Person, die der Vater – nein, der Stiefvater – von einer anderen Person namens Stevie zu sein schien. Sie wünschte ihn, so sagte sie, wegen Stevies Leistungen zu sprechen. Bedeutungsschwangere Musik ließ ahnen, daß entweder Stevies Leistungen bemerkenswert schwach waren oder Colleen lediglich als Vorwand dienten, um Stevies Stiefvater zu treffen. Vielleicht waren Stevie und Ellies Freund ein und dieselbe Person! Nein, dieser Knabe Stevie wird bestimmt viel zu jung sein. Aber andererseits …

Na ja, keine Zeit, die Sache zu durchdenken: Zwei Männer, Hank und Brent, wie ich erfuhr, parkten ein Auto vor einem Haus und hofften, nicht den Argwohn Erics zu wecken, der, wie es schien, jemand in dem Haus war; Eric ließe sich nicht so leicht aus der Ruhe bringen, versicherten sie einander zwischen gewichtigen, angespannten Gesprächspausen, wenn sie nur jemals in dieses Haus kämen, um seinen Safe zu knacken, wegen der Papiere.

Wutsch! Auf dem Bildschirm erschien ein Büro, in dem sich ein phantastisch attraktiver silberhaariger Gentleman befand. Eric? Ellies Vater? Stevies Stiefvater? Aha! Nicht Ellies Vater, denn Ellies *Mutter* kam herein und sagte: «Verzeihen Sie, daß ich hier einfach so hereinschneie, Mr. Armstrong, aber ich muß dringend mit Ihnen wegen der Pläne für das neue Kraftwerk reden.» Und Ellies Mutter würde gewiß nicht herumlaufen und diesen Mann «Mr. Armstrong» nennen, wenn er Ellies Vater wäre. Vielleicht aber doch, wenn man es sich genau überlegte, unter bestimmten Umständen nämlich, wenn etwa, wie ich nicht umhinkonnte zu bemerkten, Mr. Armstrongs Sekretärin mit einem sehr sonderbaren Ausdruck auf dem Gesicht dabeisaß. (Doch Moment: *Pläne* sind etwas, was in einen *Safe* passen könnte! Und vielleicht machte Mr. Armstrongs Sekretärin ein solches Gesicht, weil sie mit Hank oder Brent unter einer Decke steckte. Oder mit Eric, wenn man es sich recht überlegte.) «Kommen Sie hier herein, Cordelia, da können wir ungestört reden», sagte Mr. Armstrong und geleitete Ellies Mutter in ein verborgenes Büro. («Cordelia», nachdem *sie* zu *ihm* «Mr. Armstrong» gesagt hatte? Ah, *natürlich*.) «Ich bin für niemanden zu sprechen, Tracy», sagte er zu seiner Sekretärin. «Gewiß, Mr. Armstrong», sagte Tracy, und der sonderbare Ausdruck auf ihrem Gesicht verfestigte sich. Nein, was Tracy veranlaßte, so dreinzuschauen, hatte zweifellos mit Mr. Armstrong und nicht mit irgendeinem alten *Safe* zu tun.

Nun erschien eine Figur mit Namen Carolyn, die von einem Mann in einem Anzug leidenschaftlich geküßt wurde. «Oh, Shad, Shad», sagte sie. Shad? Wieso *Shad*? «Chad, mein Liebling», fuhr Carolyn fort, wobei sie klugerweise ihre Versuche, ihn zu küssen, aussetzte, solange sie ihren Text sprach. «Carolyn, Carolyn», sagte Chad, so hieß er, vermute ich (obwohl ich, wenn ich es mir genau überlege, noch nie von jemandem gehört habe, der Chad heißt). «Chad», sagte Carolyn. «Carolyn», sagte Chad. «Lydia!» sagten Chad und Carolyn und machten sich voneinander los, während die Kamera in die Totale ging und eine Frau zeigte, die in der Zimmertür stand. «Na. Meine liebe kleine Schwester», sagte diese neue Frau kühl. «Und der gute alte Chad. Wollte ihr mich gar nicht daheim begrüßen, ihr zwei? Ich bin wieder zurück. Und diesmal werde ich bleiben.»

«So!» sagte ich, als ich in Rafes Büro durchgestellt wurde. «Ich habe mir gerade ‹Lebenslichter› angesehen – wie heißt deine Flamme?»

«Heather Goldberg», sagte er.

«Wie bitte?» sagte ich. «Oh. Wie heißt sie in der Serie?»

«Woher soll ich das wissen?» sagte Rafe. «Ich kann mir das Zeug nicht anschauen. Ich muß Geld verdienen.»

«Na, woran kann ich sie denn erkennen?»

«Sie ist die Hübsche», sagte er.

Ich schnaubte verächtlich. Sie waren natürlich alle hübsch, auf eine gleichförmige Art, wie ein Kasten voller Pralinen, deren Verzierungen Nichteingeweihten bedeutungslos vorkommen.

«Warum kommst du nicht heute abend mit ihr auf einen Drink vorbei?» sagte ich.

«Geht nicht», sagte Rafe.

«Ach komm», sagte ich. «Ich verspreche, das Vergrößerungsglas, die Waage und die Mikrometerschraube wegzupakken …»

«Keine zehn Pferde könnten mich …» sagte Rafe. «Ich mach natürlich nur Spaß – ich würde furchtbar gern. Aber du wirst sie ohnehin nächsten Donnerstag bei Cookie sehen.»

«Cookie!» sagte ich. «Mein Gott, stimmt ja. Fürchterlich.» Ich hasse Parties. Und ganz besonders Cookies Parties, aber Louise Dietz hat gerade einen Band mit Fotos von Enthüllungsjournalisten am heimischen Herd herausgebracht, was die angebliche Raison d'être für diese Veranstaltung war, und darum würde ich mich zumindest dort sehen lassen müssen.

«Hoppla – ein Gespräch auf der anderen Leitung», sagte Rafe. «Willst du warten?»

«Nein, Liebling. Ich bin schrecklich in Eile. Dann bis Donnerstag.» Ich hängte ein und sah mich im Zimmer um. Es war schön gewesen mit dem laufenden Fernseher. All die anderen Menschen, die genau dasselbe sehen wie man selbst, im gleichen Augenblick – man wußte genau, wo man war, irgendwie. Es schien eine makellose Art zu sein, sich in Gesellschaft anderer zu begeben. Aber es war so plötzlich vorbei.

Ich hatte vor dem Mittagessen einiges zu erledigen, aber die Zeit stand vollkommen still, wie sie es zu dieser Tageszeit gelegentlich zu tun pflegt. Dann wird aus dem Tag unversehens ein riesiger, durchlässiger Brocken Sonnenschein, der Oberflächen in hypnotische Lichtbögen verwandelt und die eigenen Habseligkeiten mit einer trügerischen, verwirrenden Besonderheit durchtränkt. Ich haßte das – es war schrecklich. Ich stand einfach vor dem Fernseher, gewaltsam herausgerissen aus dem gewohnten sanften Fluß ganzer Minuten, und ich erinnerte mich daran, wie ich als Schulkind zu Hause bleiben mußte, ans Bett gefesselt durch die Masern oder sonstwas, während die Welt in jenem grellen Mittagslicht ohne mich ihren Lauf nahm.

Als ich am Donnerstag zu Cookie kam, waren Rafe und Heather noch nicht da. Es waren überhaupt erst kaum Leute da, also wanderte ich ziellos zwischen dem Gestrüpp in Cookies Wohnzimmer umher und suchte nach einem gastlichen Lagerplatz. Schließlich hörte ich aus einem Strom von Silben, die einem Quell ganz in meiner Nähe entsprangen, den Namen Marcia Meavers heraus. Natürlich war meine Neugier geweckt. Was gab es über Marcia Meaver zu sagen? Außer selbstverständlich, daß sie mit meinem Mann ausging. Was mich, wie ich zugeben muß, ärgerte. Es ist *eine* Sache, wenn sich der eigene Mann mit einer faszinierenden Frau oder mit einer Frau von großer Schönheit einläßt. Aber Marcia Meaver! Ich ahnte, daß ich die Jahre meiner Ehe neu überdenken mußte – Johns Niveau war, so wurde mir klar, bei weitem nicht das, was man hätte erwarten können.

Ich folgte der Stimme, die ich zufällig vernommen hatte, und sie führte mich zu einem ziemlich schmierigen blonden Knaben. Während ich hinter ihm stand und zuhörte, erfuhr ich, daß er unter Buddy Katsukoru im Museum arbeitete, und vor Buddy höchstpersönlich lobte er sich nun in ekelhafter Weise und mit faszinierendem Stumpfsinn, weil er Marcia angeblich überzeugt hatte, dem Museum eine steuerabzugsfähige Schenkung in Form einiger Kleider zu machen.

«Das werde ich mir merken», sagte ich. «Ich habe meine alten Kleider immer der Heilsarmee geschenkt.»

«Schiaparelli», sagte der Knabe matt, ohne mich auch nur eines Blickes zu würdigen.

«Mein Gott!» trompetete Cookie hinter uns und ersparte damit ganz beiläufig dem Knaben den Herzenskummer, meiner Antwort ausgesetzt zu sein. «Da ist ja Lydia!»

«Eigentlich Heather», sagte eine Mädchenstimme, und ich drehte mich um und sah Rafe, und – und – und mir war einen Moment lang nicht klar, *was* ich sah; aber kein Zweifel: Wenn man, wie bei Ausschneidepuppen, das umwerfende Wildlederkleid dieses Mädchens gegen eines jener spießigen Fernsehschlampenkleider austauschte, wenn man die von ihr ausgehende Ruhe durch das Gezappel einer angespannten, tyrannischen Aufreißerin ersetzte, wenn man harte, schwarze Linien um die Augen dieses Mädchens zog, dann wäre das, was ich vor mir hätte, in der Tat Lydia, die Femme fatale, wie ich richtig vermutet hatte, aus «Lebenslichter».

Wie interessant. Ich hätte Heather zu gerne beiseite genommen, um an den Gefühlen teilzuhaben, die die tagtägliche Konfrontation mit einer finsteren Seite ihrer Persönlichkeit in ihr auslösen mußte, aber Cookie ging dazwischen wie ein Schäferhund und entführte sie. «Kommen Sie, erzählen Sie,

Liebste», rief Cookie ohne jedes Taktgefühl, «wie es ist, ein Biest zu sein!»

«Cookie hat es gerade nötig, eine solche Frage zu stellen», hörte ich den blonden Knaben sagen, während er mit Buddy in Richtung Bar abschwirrte. Na! Wenn das nicht der absolute Mustergast ist! Fällt über die Gastgeberin her, kaum daß sie außer Hörweite ist! Cookie ist vielleicht nicht das reizendste Geschöpf auf Erden, das stimmte schon, aber sie selbst würde etwas derartig Primitives niemals machen!

«Na, wie geht das Geschäft mit den Stardenkern?» fragte Rafe, während wir uns gemeinsam auf einem Sofa niederließen. «Hast du irgendwelche Genies entdeckt, die in dem riesigen Haufen von Anträgen auf Förderung herumkrabbeln?»

«Noch nicht», sagte ich. «Ach, es ist eine langwierige Arbeit, keine Frage.»

«Oh, übrigens», sagte Rafe, «Heather und ich haben es endlich geschafft, zu dieser Performancegeschichte zu gehen, zu deren Finanzierung ihr so umsichtig beigetragen habt. Die Sache mit dem Orchester mit der vierhundertteiligen Glasharmonika, wo sich stundenlang dieser mechanische Wal herumwälzt. *Gestrandet*, heißt es nicht so? Es war echt großartig, muß ich dir sagen, wir haben es wahnsinnig genossen.»

«Tut mir leid, daß du nichts damit anfangen konntest. Und wenn das, was du gesehen hast, tatsächlich das war, was du beschreibst, könnte ich dir das auch kaum verdenken. Aber ob du persönlich nun etwas damit anfangen konntest oder nicht, das Stück, von dem du redest, muß zweifellos zu den wichtigsten Stücken gerechnet werden. Was *ist* das – Nachos? Nein, danke, Rafe. Wirklich – ein bedeutendes Stück.»

«Weißt du», sagte Rafe. «Ich hab dich all die Jahre immer fragen wollen, wie du entscheidest, ob etwas ein bedeutendes Stück oder ein bedeutendes Stück Schrott ist? Ich meine, ernsthaft, wie entscheidest du, ob etwas gut ist oder nicht?»

«Also, ernsthaft, Rafe, ich entscheide das genauso, wie ich entscheide, ob Bergdorf ein guter Laden zum Einkaufen ist. Ich entscheide das genauso, wie ich entscheide, an welche Wand ich den Ansel Adams hänge, der dir so gut gefällt. Ich entscheide diese Dinge mit Hilfe von Entscheidungsprozessen.»

«Ah, warum bin ich da nicht selbst draufgekommen?» sagte Rafe.

«Wirklich, Rafe. Ich kann mir nicht vorstellen, was an Cookies Soirée so besonders ist, daß du dich bemüßigt fühlst, dich am Ende doch noch von diesem Geschwür des Zweifels zu trennen, das du, wie du sagst, so lange beherbergt hast. Aber wenn du jetzt auf der Stelle unbedingt wissen mußt, woher ich weiß, ob etwas gut ist, werde ich es dir erklären. Die Erklärung liegt darin, daß ich ausgebildet bin, genau das zu tun. Oh, natürlich habe ich ein gewisses intuitives Auge – und Gehör –, wie du zweifellos auch. Aber das, was du offensichtlich als eine Art sanktionierter Spinnerei meinerseits verstehst, was nämlich meine Förderungsempfehlungen angeht, wird im allgemeinen als systematisches Urteil betrachtet. Ich behaupte nicht, daß ich dir die einzelnen Schritte eines solchen Urteils aufzeigen könnte, aber ich verfüge über solides Hintergrundwissen auf dem Gebiet der Schönen Künste, wie du weißt. Ich habe Anglistik und Kunstgeschichte studiert und arbeite seit Jahren in Bereichen, die mit der Kunst eng verknüpft sind. Und darum verfüge ich über die nötige Qualifikation, um die Urteile zu fällen, die ich fälle, genauso wie ... wie, na ja, wie Mike Dundy da hinten qualifiziert ist, die Autos zu konstruieren, die er konstruiert.»

«Ich verstehe, was du meinst», sagte Rafe.

«Gut», sagte ich.

«Aber das genügt nicht, um meine Frage zu beantworten», sagte er. «Sieh mal, wenn du mit einem Auto rumfährst, das Mike konstruiert hat, und der Motor versagt, wird jeder zustimmen, daß in dieser Konstruktion der Wurm drin war.»

«Rafe», sagte ich – ich konnte es einfach nicht glauben! In all den Jahren, die wir uns kannten, hatte Rafe nie Mißfallen an meinem Beruf geäußert. «Ich behaupte nicht, meine Arbeit wäre eine Wissenschaft. Das kann sie nicht sein. Ich sage nicht, daß ich unfehlbar bin. Ich will nur sagen: Ich selbst bin kein übermäßig begabtes Wesen. Ich bin eine Person, deren geringe, aber sehr spezifische Begabung und deren sehr spezielle Ausbildung für diese Aufgabe nützlich ist – die Aufgabe, in der Lage zu sein, mit großer Sorgfalt und einer gewissen… tatsächlichen Präzision andere, die außerordentlich begabt *sind*, auszuwählen und zu fördern.»

«Und dabei dachte ich, alles sei nur eine Frage von Zauber und Prestige. Es gibt ganz ordentliches Gehacke und Augenausgekratze um diese Jobs, habe ich gehört, und zwar unter Leuten, die das Ausmaß der Verantwortung oder die Knochenarbeit, die es bedeutet, diese Verantwortung zu tragen, nicht richtig einzuschätzen vermögen.»

«Also, ich mußte niemandem die Augen auskratzen, um meinen Job zu bekommen. Ich wurde schlicht und einfach berufen. Und du weißt sehr gut, daß ich diese Arbeit alles andere als ‹zauberhaft› finde! Sich mühsam durch diese endlose Tundra von Manuskripten zu schleppen! Natürlich lernt man, wie, na ja …»

«Querlesen», sagte Rafe.

«Ganz bestimmt nicht!» sagte ich. «Man lernt einfach, sich die lesenswerten Stellen herauszupicken. Und ich gebe zu, es ist eine große Genugtuung, wenn man über etwas Gutes stolpert. Und hin und wieder tut man das. Man tut es tatsächlich. Verstehst du, *das* ist es, was für mich die Arbeit spannend macht, wenn so was passiert, und du weißt genau, *hier* ist jemand, der hat etwas Bedeutendes beizutragen. Rafe, sicher klingt das wichtigtuerisch für dich, aber manchmal lese ich in der Zeitung die Kultur- und Freizeitbeilage oder so, und wenn dann da ein Artikel über jemanden ist, den wir gefördert haben … Hast du übrigens gesehen, daß im letzten *Architectural Digest* drei ganze Seiten über das Studio von Stanley Zifkin waren? – Wie dem auch sei, ich sehe solche Sachen, und ich empfinde so ein Gefühl von, na ja …»

«Besitzerstolz», sagte Rafe. «Der sechste Sinn.»

«Du bist wirklich sehr lustig heute abend», sagte ich.

«Ich bin ein lustiger kleiner Scherzkeks. Ah, sie da», sagte er. Heather hatte sich endlich aus Cookies Fängen befreien können und kam zu uns herüber.

«Was ist in der wirklichen Welt so los?» fragte Rafe sie.

«Oh, ich verschaffe mir nur einen Überblick. All diese Menschen. Das ist so komisch. Parties führen mir immer vor Augen, wie komisch das ist. Alles in verschiedene Päckchen aufgeteilt. Ein Päckchen Cookie, ein Päckchen du, ein Päckchen ich. Wenn man die Leute alle beisammen erlebt, wie sie so durcheinanderwirbeln wie hier, kommt einem das irgendwie so beliebig vor.»

«Mir kommt es überhaupt nicht beliebig vor», sagte ich. «Cookie ist Cookie, und ich bin es nicht, Gott sei Dank. Wie dem auch sei, wie meinen Sie das, ‹alles›? Was ist dieses ‹alles›, das sich aufteilt in mich und Cookie?»

Heather zuckte die Achseln. «Ach, ich weiß nicht. Einfach alles. Und außerdem finde ich es komisch, daß auf jeder Party, auf der ich jemals war, jeder, mit dem ich rede, mir erzählt, wie sehr er Parties haßt.»

Rafe nickte. «Partyhaß. Das Gefühl, das die gesamte Menschheit verbindet.»

«Und doch sind wir alle hier», sagte Heather.

«Stimmt», sagte Rafe zu ihr. «Das ist ein Job, der erledigt werden muß. Auf Parties zu gehen ist die gesellschaftliche Analogie zum Müllruntertragen.»

«Na, wie auch immer», sagte Heather, «alle scheinen sich zu amüsieren. Cookie ist nett, nicht wahr?»

«Nein», sagte ich. «Ich meine, sie ist nett, wirklich, wenn man tief genug in sie eindringt. Sie kann sehr gemein sein, aber unter dieser Schale ist sie eine reizende Person, wirklich. Immerhin hat sie Prinzipien, was man nicht von vielen reichen Leuten sagen kann.» Irgend etwas zerrte an meiner Aufmerksamkeit. «Mein Gott», sagte ich. «Seht euch Geoffrey Bermans Jackett an! Es ist *haarig*. Eine seiner Laborassistentinnen muß es ihm im Reagenzglas gezüchtet haben.»

«Sie sind alle ganz verrückt nach ihm, habe ich recht?» sagte Rafe abwesend. Offensichtlich schenkte er dem, was ich sagte, keinerlei Beachtung.

«Und, hm – worauf wendet Cookie ... ihre Prinzipien an?» fragte Heather.

Rafe lachte.

«Na ja, ich weiß nicht», sagte ich. «Prinzipien *hat* man einfach.»

«Ja?» sagte Heather. «Das klingt so … passiv, irgendwie. Wie ein Berg Fische auf einem Teller.»

«Fische auf einem Teller!» sagte ich. Mein Gott, war ich hungrig. «Meint ihr, es gibt irgend etwas Eßbares in Reichweite?»

Wir schlängelten uns an einem Grüppchen Journalisten vorbei, die sich gegenseitig ihre bevorzugten Reiseziele an der Küste verrieten, und gelangten gerade rechtzeitig ans Büfett, um in den Genuß des Anblicks zu kommen, wie Buddys Freund Enchiladasauce über Cookies Aubusson-Teppich goß. Wirklich, Cookie hatte noch nie so mieses Essen aufgetischt. Letztes Jahr hatte es feingeschnittene asiatische Undefinierbarkeiten gegeben; im Jahr davor waren es wiederaufgewärmte Morcheln *en croute étouffé avec canard au fraise poivré* oder so ähnlich; und dieses Jahr schienen wir uns mehr oder weniger mit Dosenfleisch zufriedengeben zu müssen. «Und das bei ihrem Vermögen», sagte ich. «Ich weiß wirklich nicht, was ich machen würde, wenn ich Cookies Geld hätte.»

«Sie könnten Cookies Sofa kaufen», sagte Heather. «Das würde ich jedenfalls tun.»

«Tatsächlich?» sagte ich. «Das ist komisch. Ich kann nicht behaupten, daß ich unbedingt wild darauf wäre.»

Aber Heather hörte gar nicht zu. Sie und Rafe waren mit den technischen Problemen beschäftigt, die man hat, wenn man einander mit Tacos füttert. Na ja, das war etwas, wobei sie ganz gewiß mit keinerlei Hilfe meinerseits rechnen konnten. Außerdem war es vollkommen sinnlos zu versuchen, mit Rafe ein vernünftiges Gespräch zu führen, solange er in einer seiner Playmate-des-Monats-Stimmungen war. Ich schlenderte davon und sah mich schließlich in ein Gespräch mit Jules Racklin verwickelt, den ich immer mal wieder hier und da gesehen hatte, ohne mich jemals richtig mit ihm zu unterhalten, und der sich als sehr interessanter Mann entpuppte. Sehr intelligent. *Sehr* interessant.

Am Tag nach der Party stellte ich zufällig den Fernseher an, und nachdem ich so kurz vorher Heather erlebt hatte, muß ich zugeben, daß ich von Lydia ziemlich fasziniert war. Die Handlung der Serie schien seit der Folge, die ich zuvor gesehen hatte, keine großen Fortschritte gemacht zu haben, und mit dem Auftreten jeder vertrauten Figur verspürte ich ein Gefühl angenehmer Bestätigung; ein Gefühl, mich auszukennen.

Ich hatte eingeschaltet, als Eric gerade telefonierte. Und obwohl ich Eric vorher noch nie gesehen hatte, konnte ich ihn auf Grund von Schlußfolgerungen aus dem Gespräch zwischen – hm, mal sehen – Brent und ... ja, Hank, identifizieren, das ich mitbekommen hatte. Während Eric redete, nahm er ein Gemälde von der Wand, hinter dem ein Safe zum Vorschein kam, den er eine Weile anstierte. Dann hängte er das Bild wieder an seinen Platz, legte den Hörer auf und verließ das Haus, ohne zu merken – der dumme Kerl –, daß Brent und Hank in einem auf der gegenüberliegenden Straßenseite geparkten Auto saßen. Dann tranken Carolyn und Chad Cocktails und führten eine quälende Diskussion (die, wie ich vermutete, nur eine von vielen war) darüber, ob sie eine Familie gründen sollten oder nicht. Carolyn schien sich Chads Drängen, daß es besser sei, noch zu warten, fügen zu wollen, aber ich durchschaute sie. Sie war verletzt, das ließ sich ganz deutlich erkennen, und enttäuscht. Dann kam Colleen und inszenierte in einem Supermarkt einen ziemlich zeitgemäßen Flirt mit Ellies Mutter, die wiederum, das ließ sich aus dem Folgenden schließen, irgendwie mehr an Mr. Armstrong interessiert war. Dann tauchte plötzlich eine Frau aus einem anderen Universum auf, die eine Seife mit dem Markennamen Vision in der Hand hielt. Was war geschehen? Ah, natürlich, eine Folge von «Lebenslichter» war zu Ende. Ich stellte den Fernseher ab (ich hatte Tausende von Dingen zu erledigen), und der kleine Lichtpunkt in der Mitte des Bildschirms tanzte wild umher, heller und heller, bis er im Nichts verschwand.

Jetzt. Also. Zunächst galt es, Cookie anzurufen und mich zu bedanken. Cookie und ich führten den üblichen schicklichen kleinen Tratsch darüber, was für ein entzückender Abend usw. (der Abend war in der Tat recht nett gewesen, dank jenes reizenden Jules Racklin), und nachdem ich Cookie mit hoffentlich ausreichend Dank überschüttet hatte, fiel mir ein, daß ich sie bei der Gelegenheit gleich um eine Spende für die Stiftung bitten könnte. Nicht daß das etwas bringen würde, aber man konnte nie wissen. Vielleicht hatte sie ja ein paar gute Ideen, was andere Quellen anging. Cookie hatte grundsätzlich jenes entscheidende Fitzelchen Information parat, das man gerade brauchte – sofern man es schaffte, durch das Geschwätz zu waten, in dem es sich verbarg.

«Himmel, Liebste», sagte sie, als ich eine Spende vorschlug. «Ich würde zu gerne, das weißt du, sonst hättest du mich nicht erst gefragt, aber ich hab für so etwas im Moment kein Geld übrig.» Mein Gott. Die arme Cookie hatte wahrscheinlich ihre letzten Pesos für Taco-Chips für die Party ausgegeben. «Warum rufst du nicht Nina Morisette an? Die Frau schwimmt im Geld, das kann ich dir sagen, meine Liebe. Für die sind solche Beträge lächerliches Kleingeld. Und das meine ich wörtlich, *Kleingeld.*»

«Aber Nina ist ein solcher Geizkragen», sagte ich. «Wenn man sie reden hört, könnte man denken, sie sei am Verhungern.»

«Oh, ich weiß, meine Liebe», sagte Cookie. «Sie ist eine Hexe, stimmt's? Aber ihr Intimus – wie heißt er noch gleich? Garvin Irgendwas, Irgendwas Garvin –, mit dem mußt du reden. Er ist ein völliger Idiot, das kann ich dir sagen, und er bringt sie dazu, für die albernsten Sachen zu spenden.»

«Übrigens», sagte ich, denn ich spürte, daß es an der Zeit war, das Thema zu wechseln, «ich fand es einfach reizend, Rafes Freundin kennenzulernen.»

«Nicht wahr», pflichtete Cookie bei. «Ein so entzückendes kleines Ding. Aber das sind sie ja alle, findest du nicht? Ich frage mich, wie er all die süßen kleinen Dinger auseinanderhalten kann. Ah, was rede ich. Andererseits fürchte ich, man könnte ebensogut fragen, wie einer uns alte Schabracken auseinanderhalten soll!»

«Ahaha», pflichtete ich höflich bei, während Cookie ihren kleinen Scherz mit heiserem Gebell guthieß.

«Ich habe mich lange mit ihr unterhalten», fuhr Cookie fort, nachdem sie sich erholt hatte, «und sie machte wirklich einen entzückenden Eindruck, weißt du. Es ist faszinierend, was für eine üble Person sie in ihrer Fernsehserie spielt.»

«Ja, was führt das Mädchen bloß im Schilde?» fragte ich. «Lydia, so heißt sie doch, oder?»

«Oh, also!» sagte Cookie. «Das ist sehr aufregend, wirklich, weil das Mädchen, das früher Lydia gespielt hat, rausgeflogen ist, also kamen die Drehbuchautoren oder Produzenten oder wer auch immer auf die Idee, sie kurz vor ihrem Abgang den Verlobten ihrer Schwester Carolyn, Jad, verführen und sie dann irgendwohin verschwinden zu lassen, wo sie eine Zeitlang ungesehen agieren konnte, so daß die Zuschauer Gelegenheit hatten zu vergessen, wie sie aussah. In der Zwischenzeit heirateten Carolyn und Jad, und dann kam Lydia (jetzt natürlich Heather) zurück und fiel wieder wie eine Wahnsinnige über Jad her. Und das macht sie einfach so aus Spaß! Außerdem treibt sie es noch mit einem Typen namens Brent, nur um Brents Freundin Colleen eins auszuwischen, die in der Tat ein bißchen lahm ist, wenn man genau hinsieht, und um Brent einen Gefallen zu tun (das zumindest glaubt Brent – in Wirklichkeit deswegen, damit sie ihn in der Hand hat), verführt Lydia diesen Burschen Eric, um von ihm ein paar Blaupausen zu ergattern, die Brent benutzen kann, um Mr. Armstrong zu erpressen.»

«O nein!» sagte ich. «Ist *sie* es, mit der Eric gerade telefoniert hat? *Lydia?*» Am anderen Ende ein Schweigen wie nach dem Hammerschlag des Auktionators.

«Das kann ich mir nicht vorstellen», sagte Cookie.

«Aber hast du es dir denn nicht angesehen?» fragte ich einfältig.

«Meine Liebe, in diese Sendung stolpere ich alle hundert Jahre mal zufällig rein», sagte Cookie und spülte damit meine Frage behutsam in der Toilette hinunter.

Verdammt. Ich hatte Cookie in Verlegenheit gebracht, und

das würde sie mir heimzahlen, ohne Zweifel. «Nun, wie dem auch sei, meine Liebe», sagte sie, «ich freue mich, daß du dich gestern abend gut amüsiert hast. Als ich dich zusammen mit Jules sah, dachte ich, du mußt dich einfach gut amüsieren. Er ist ein erstaunlicher Mann, findest du nicht. Der bestaussehende Mann, dem ich je begegnet bin.»

«Sehr angenehm», sagte ich kühl. «Wie dem auch sei, Cookie, meine Liebe ...»

«Ach komm, er ist wirklich ein hübscher Knabe. Ich wußte einfach, daß du ihn mögen würdest. Als er alleine ankam, bin ich auf die Knie gefallen und habe Gott gedankt, daß Pia Dougherty nicht hatte kommen können. Natürlich mußte ich sie auch einladen, aber glücklicherweise scheint sie sich gerade in Kaschmir mit ein paar Ziegen fotografieren zu lassen, für irgendeine Frühjahrskollektion. Ach, ich weiß nicht – ich weiß einfach nicht. Alle sagen, sie sei so hinreißend, aber ich kann das einfach nicht nachvollziehen, du vielleicht? Ich meine, *er* ist derjenige welcher, stimmt's? Er ist einfach überwältigend.»

«Oh, die Zeit!» sagte ich. «Sieh doch nur! Ich muß auflegen und mich sputen.» Ich legte auf und setzte mich. Pia Dougherty, hm. Vielleicht würde Buddy mir eine üppige Spende geben, wenn ich dem Museum mein Telefon vermachte.

Ich muß zugeben, daß ich mich mit Männern nicht gerade rasend gut amüsierte. Ich fand, daß man jemanden ein bißchen kennenlernen mußte, um ein Interesse daran zu bekommen, ihn überhaupt kennenzulernen, und das war so langweilig! Die gleichen Fragen, die gleichen mickrigen Gespräche, immer wieder: Hatten Sie eine enge Beziehung zu Ihrem Vater? Denken Sie nach – Sie hatten als Kind also auch Angst, vom Baseball getroffen zu werden! Sagen Sie, glauben Sie wirklich, daß es möglich ist, unbewußte Ängste über Benzinpreise außen vor zu lassen, wenn wir unsere Mittelostpolitik diskutieren? Und so weiter und so fort – genauso wie man sich in Statistikkursen abrackern muß, ehe man ein Seminar über Persönlichkeitsspaltung belegen darf. Natürlich ging ich hin und wieder aus, aber in einer absichtslosen, irgendwie froschkußartigen Stimmung, und ein Frosch bleibt nach meiner Erfahrung immer ein Frosch.

Mein eigenes Liebesleben gab mir in jener Zeit nichts, worüber es sich nachzudenken lohnte – nichts, über das man sich den Kopf zerbrechen mußte oder das es in Ordnung zu bringen galt. Das war als Beitrag zu Gesprächen ähnlich nützlich, wie es Geheimtinte für die Produktion von Literatur ist, und so begann ich, mich auf den Wert jener in der Pubertät entwikkelten Fähigkeit zu besinnen, die darin besteht, sich der Einschätzung des Liebeslebens der Freunde zu widmen. Und da unter meinen Freunden Rafe stets zu dem vielseitigsten und schillerndsten Liebesleben tendierte, freute ich mich am meisten darauf, ihn zu sehen.

Doch leider war er, seit er mit Heather angefangen hatte, ziemlich unkooperativ geworden. Er ließ sich kaum blicken, und wenn er erschien, saß er nur stumpfsinnig herum und soff Unmengen von meinem teuren Scotch.

«Wie geht's dir derzeit, Rafe?» pflegte ich zu fragen.

«Sehr gut», pflegte er distanziert und kindisch formell zu antworten. «Einfach gut.»

«Ja? Wie läuft's denn so?» pflegte ich als nächstes zu sagen.

«Oh, gut, danke. Sehr gut.»

«Gut ... und wie geht's Heather?»

«Oh, es geht ihr ganz gut. Recht gut. Sag mal, du hast nicht zufällig noch was von dem Scotch, oder? Der ist wahnsinnig gut.»

Eines Abends kam er in einem Zustand sichtlicher Verstimmung vorbei. Scheinbar hatten er und Heather Karten für irgendwas, aber Heather war überraschend aufgefordert worden, einen umfangreichen neuen Text zu lernen. «Einer von den Typen in der Serie hatte heute einen Unfall», sagte Rafe, «und da mußten sie irgendwas machen.»

«Was können sie denn da machen?» sagte ich. «Entweder er hatte einen Unfall, oder er hatte keinen, würde ich denken.»

«Ich meine», sagte Rafe, «daß sie ihn für ein oder zwei Wochen aus sämtlichen Folgen rausschmeißen. Und dann müssen sie sich was ausdenken, warum er plötzlich von Kopf bis Fuß in Gips ist. Das wird schließlich jedem auffallen.»

«Oh. – Ja. – Ich verstehe. Wie schrecklich. Und ziemlich besorgniserregend, so wie es aussieht. Meinst du, daß sie sich auch für das Drehbuch einen Unfall ausdenken, den er gehabt haben könnte?»

«Ich weiß nicht», sagte Rafe. «Wäre logisch.»

«Weißt du», sagte ich, «vor ein paar Wochen habe ich die Sendung zufällig gesehen, und dieser Mann, der Mr. Armstrong heißt, hatte eine entsetzliche Erkältung. Und irgend jemand anderes sagte, er hätte sich beim Küssen mit seiner Sekretärin Tracy angesteckt. Und, weißt du, vielleicht hatte die Schauspielerin, die Tracy spielt, in der Woche vorher tatsächliche eine Erkältung, könnte man sich vorstellen. Aber auf alle Fälle konnten die Autoren nicht künstlich dafür sorgen, daß dem Typen die Nase lief.»

«Stimmt. Ein Teil des Verdienstes für diese Erkältung gebührt dem Allerhöchsten Drehbuchschreiber, findest du nicht?» Rafe gähnte, gelangweilt von seinem eigenen Klischee. «He, wo wir gerade von Leuten reden, die das Schicksal in Händen halten, ihr seid doch dabei, eure Arbeit für dieses Jahr zum Abschluß zu bringen, oder?»

«Ja», sagte ich. In diesem Moment prüften die Ausschußmitglieder die Empfehlungen der Kollegen. «Bis wir in die nächste Runde gehen, wird es eine Weile dauern. Aber, um dir die Wahrheit zu sagen», gestand ich, «ich habe darüber nachgedacht, ins Verlagswesen zu wechseln, statt bei der Stiftung weiterzumachen.»

«Oh», sagte Rafe.

«‹Oh›? Ist das alles? Ich dachte, du wärst erfreut.»

«Warum?» sagte Rafe. «Das heißt, ich habe nichts dagegen, aber warum hast du gedacht, ich sei besonders erfreut?»

«Ich dachte, du wärst mit dem, was ich tue, nicht einverstanden.»

«Das stimmt nicht», sagte Rafe. «Ich glaube nicht, daß ich damit nicht einverstanden bin.»

«Freut mich, das zu hören», sagte ich. «Wie dem auch sei,

ich habe das Gefühl, meinen Beitrag für die Gesellschaft geleistet zu haben. Ich habe das Gefühl, daß es jetzt an der Zeit ist, mich mit etwas zu beschäftigen, was nur für mich ist. Ich möchte etwas erreichen – meine Fähigkeiten nutzen, um … um … etwas *aufzubauen*, in gewisser Weise. Findest du nicht, daß so etwas wichtig ist?»

«Na ja», sagte Rafe. «Mir scheint wichtig zu sein, wie du dich mit deiner Arbeit fühlst, wenn du sie tust.»

«Was?» sagte ich. «Ich fühle mich wohl mit meiner Arbeit, wenn ich sie tue, was immer das heißt. Und auch, wenn ich sie nicht tue.»

«Das ist gut», sagte Rafe, nicht sonderlich überzeugt.

«Ich habe ein sehr gutes Gefühl bei meiner Arbeit», sagte ich. «Ich weiß wirklich nicht, worüber wir eigentlich reden.»

«Da bin ich auch nicht ganz sicher», sagte er. «Aber in der Art, wie Heather … Ich meine, mir ist aufgefallen, wenn ich Heather so sehe, daß, na ja, was sie tut, gibt ihr nicht das Gefühl, wichtig zu sein.»

«Das kann ich mir vorstellen», sagte ich.

«Ja, aber ich meine, es gibt ihr auch nicht das Gefühl, *un*wichtig zu sein. Ich meine, mir ist aufgefallen, wenn ich Heather so sehe, daß sie irgendwie unterscheidet zwischen sich und ihrer Arbeit, daß –»

«Tatsächlich?» sagte ich. Ich konnte es wirklich keine Sekunde länger aushalten. «Erzähl doch. Wie interessant. Laß hören. Dir ist aufgefallen, dir ist aufgefallen – daß es besser ist, bei einer TV-Schnulze mitzuwirken als die Kunst zu unterstützen. Nein – dir ist aufgefallen, daß es ganz egal ist, ob man Eva Braun oder Florence Nightingale spielt, solange man sich *dabei gut fühlt*.»

«Es wird dich erstaunen zu hören», sagte Rafe, «daß ich das nicht meine. Ich glaube nicht, daß man selbst bei seiner Arbeit überhaupt wichtig ist. Ich glaube, daß es die Arbeit selbst ist, die – oh, offensichtlich, natürlich … ich weiß nicht. Ich habe lediglich beobachtet, daß, wenn einem wirklich die Arbeit wichtig ist und nicht irgendeine Vorstellung von einem selbst, also wenn der Zugang, den man zu seiner Arbeit hat, einer des genuinen Interesses an der Arbeit und nicht an einem selbst ist – daß man dann notwendigerweise irgendwie eine Reaktion aus der Arbeit selbst erleben wird, mit einem genuinen –»

«Genuin!» sagte ich. «Genuin! Das ist ein ziemlich befrachtetes Wort, mit dem du hier rumschmeißt! Sieh mal, Rafael, *alles* ist genuin, wenn du mir mit solchem Zeug kommst! Ich habe dir bereits gesagt, daß meine Arbeit mir wichtig ist. Ich weiß nicht, warum du darauf bestehst, daß ich mich täusche. Sieh mal, das ist genuiner Glenlivet, den du aus genuinem Baccarat trinkst. Du sitzt in einem genuinen Eames-Sessel. Ich weiß nicht, wovon du redest! Meinst du, ich sollte in irgendeinen Krieg ziehen und mich umbringen lassen, um zu beweisen, daß es mir ernst ist? Meinst du, ich sollte mir einen Job bei einer TV-Serie besorgen? Was meinst du? Der spanische Bürgerkrieg ist vorbei! Die gesamte Abraham-Lincoln-Brigade ist tot! Ich weiß wirklich nicht, wovon wir hier reden! Da drüben steht ein genuiner Fernsehapparat, auf dessen Bildschirm ein genuines Abbild einer genuinen Version deiner Freundin erscheint – und außerdem, mein genuiner Körper hat die gleiche verdammt genuine Molekularstruktur wie die verdammt genuine Molekularstruktur ihres Körpers!»

Himmel! Was war in mich gefahren? Was hatten die Abraham-Lincoln-Brigade oder Heathers Molekularstruktur mit dem Verlagswesen zu tun? Es war einfach so, daß Rafes schwachsinniges Gehabe mich zur Weißglut gebracht hatte. Das hatte es wirklich. Er hatte sich ganz schön verändert, seit er dieses Mädchen kannte.

«Tut mir leid», sagte ich. «Es tut mir sehr leid, daß ich dir solche Sachen an den Kopf werfe, aber ehrlich, Rafe, du warst früher so charmant.»

«Das scheint inzwischen eine Ewigkeit her zu sein, stimmt's?» sagte er betrübt und ließ dabei die Eiswürfel in seinem Drink kreisen.

Es dauerte sehr, sehr lange, bis ich Rafe wiedersah. Es vergingen wahrscheinlich mehrere Monate, bis er eines Nachmittags anrief.

«Darf ich dich zum Essen einladen?» sagte er.

«Was, heute abend?»

«Na ja, hast du Zeit?»

Ich war entzückt, daß er anrief. Es tat mir leid, daß ich mich an jenem Abend, als er offensichtlich einfach durcheinander und besorgt war, so auf ihn gestürzt hatte; und als wir uns trafen, in einem sehr hübschen italienischen Restaurant in meiner Gegend, machte keiner von uns eine Bemerkung darüber, wie lange es her war, seit wir uns das letzte Mal gesehen hatten.

Rafe bestellte eine Flasche Cliquot. «Auf die freien Völker dieser Erde», sagte er und hob sein Glas.

«Was ist los?» sagte ich. «Macht Heather dir das Leben schwer?»

«Ach, wir haben uns in letzter Zeit nicht allzuoft gesehen.»

«Ihr habt euch inzwischen ein bißchen über, wie?» sagte ich.

«Nein, wir mögen uns nur einfach nicht. Mein Gott, das ist nicht wahr.» Er fuhr sich mit der Hand durch die Haare, was, wenn man bedachte, wie entsetzlich er es fand, sie durcheinanderzubringen, ein Anzeichen äußerster Pein war.

«Armer Rafe», sagte ich, allerdings mit mäßiger Anteilnahme. Ich wollte erst mehr hören, ehe ich mich entschied, ob es Mitgefühl war, was hier not tat, oder (wenn ich ein solcher Mensch wäre) ein «Hab ich es dir nicht gesagt?»

«Sie wollte heiraten, mußt du wissen. Kinder haben.» Mein Gott, was für ein Gedanke. Rafe umgeben von winzigen Rafe-Kopien. «Sie hat mir tatsächlich eine Art Ultimatum gestellt. O Gott. Ich bin zu alt, um mich niederzulassen. Ich muß wirklich wieder anfangen, meine Runden zu drehen.»

«Das scheint dir zu liegen, Rafe.»

«Ich konnte einfach nicht. Sie ist ein wundervolles Mädchen, aber ich konnte nicht. Vor allem die Sache mit den Kindern, verstehst du? Natürlich will ich Kinder, irgendwann mal, aber nicht gerade jetzt. Und allein die Tatsache, daß sie zu mir sagt: ‹Verstehst du, ich möchte unbedingt Kinder, ich möchte sie jetzt, ich finde, wenn wir zusammenbleiben, sollten wir heiraten›, und in mir regt sich nichts, außer nacktem Schrecken – na ja, das zeigt mir, daß die Sache verkehrt ist, verstehst du? Ganz gleich, was ich glaube, ihr gegenüber zu empfinden; das beweist, daß die Sache einfach verkehrt ist.» Wie geschmeidig sein Haar im Kerzenschein aussah, wenn er so darin herumfuhrwerkte! «Findest du nicht, daß das stimmt?» sagte er.

«Na ja», sagte ich bedächtig – ich hatte das Gefühl, aus großer Höhe auf uns beide herabzusehen –, «es muß wohl stimmen.»

«Verstehst du, das ist es, was ich meine», sagte er. «Hier, nimm ein bißchen von meinen Zucchini. Übrigens, wie stehst *du* eigentlich zu Kindern? Ich hab mich immer gefragt, ob du enttäuscht bist, daß du keine hast.»

«Vielleicht bekomme ich irgendwann noch welche. Ich bin nicht älter als du, falls du das vergessen haben solltest.»

«Schon», sagte er. «Natürlich. Aber wie stehst du im Augenblick zu Kindern?»

«Oh, ich weiß nicht, ehrlich», sagte ich. «Sie sind niedlich, aber um dir die Wahrheit zu sagen, Rafe, manchmal finde ich sie – ich weiß nicht – unangenehm. Ich meine, diese winzigen Gesichter, strahlend aus irgendeiner vollkommen grundlosen Freude, und dann passiert etwas, und alles knautscht sich zusammen wie altes Geschenkpapier. All die Qualen, all die Dramen! Ich meine, es ist sehr hübsch und was nicht alles, aber wer kann das verstehen? Natürlich, sie sind so süß – absolut göttlich –, und doch kann ich mir nicht helfen, ich finde sie, na ja … *wunderlich*. Fast ein bißchen unheimlich, irgendwie.»

«Verstehe», sagte Rafe, und es klang ein bißchen überrascht. «So ähnlich empfinde ich das auch, wirklich.»

Ich sah zu ihm herüber, wie er dasaß, verloren in seinem wolligen Trauermantel, und ich fragte mich, ob Heather wußte, was sie da hatte ziehen lassen. Vielleicht war sie tatsächlich auf der Suche nach etwas Gewöhnlicherem, als es ein Leben mit Rafe bedeuten würde, oder vielleicht fürchtete sie, nachdem er ihr den Kopf verdreht hatte, daß es jenseits seines weltmännischen Auftretens und seines Glanzes nichts Verläßliches gab. Aber das war es, was Rafe ausmachte, das wußte ich. Unter Alpaca und Wolle, unter – na ja, ist ja auch egal – *im tiefsten Grunde*, meine ich, war er ein Mann, wie man keinen besseren zu finden hoffen konnte.

«Sie ist wirklich ein bezauberndes Mädchen», sagte Rafe, als wolle er seine eigene Meinung bestätigen (obwohl es inzwischen natürlich keine Rolle mehr spielte, ob seine Meinung richtig war oder nicht). «Sie verfügt über eine Eigenschaft, die ich bei niemandem sonst wirklich so gefunden habe. Eine Direktheit oder Klarheit, die ihr Mut gibt. Wie ein Zauberschwert.»

Ich hatte den Eindruck, daß diese Eigenschaft, die Rafe ihr so rührend zuschrieb, möglicherweise auf ihrer (und das war natürlich eine sehr attraktive Eigenschaft) jugendlichen, entschiedenen Ignoranz gegenüber den ernsteren Seiten des Lebens beruhte. «Armer Rafe», sagte ich. Armer Rafe.

«So. Du hast mir gefehlt», sagte er. «Erzähl mal, was du so getrieben hast. Erfolg bei der Jobsuche?»

«Um dir die Wahrheit zu sagen», sagte ich, «ich habe beschlossen, ein bißchen zu reisen, ehe ich mich wieder fest binde. Ein paar Freunde haben mich eingeladen, sie auf Patmos zu besuchen, und ich habe gedacht, ach, warum eigentlich nicht? Ich habe sowieso schon lange ein großes Bedürfnis, aus meiner Wohnung rauszukommen, und so packe ich jetzt alles ein und besorge mir einen Untermieter.»

«Du gehst weg?» sagte Rafe und hob den Blick, und wir sahen einander direkt ins Gesicht.

Ich war kurz vor dem Einschlafen an jenem Abend, als das Telefon klingelte. Es war Rafe. «Hallo», sagte ich, «was ist denn los?»

«Ich habe mich geirrt», sagte er. «Ich mußte dich anrufen. Ich habe die Bedeutung meiner eigenen Gefühle falsch interpretiert.» Hatte ich vielleicht doch schon geschlafen, als das Telefon klingelte? «Nach unserem Gespräch heute abend ist mir klargeworden», sagte er, daß ich mich geirrt habe. Wenn ich diese Sache sterben lasse, dann lasse ich ... alles sterben, das weiß ich. Ich werde Heather bitten, mich zu heiraten.»

«Ich verstehe», sagte ich. Ich hatte Kopfschmerzen. Ich mußte schon geschlafen haben, als das Telefon klingelte.

«Diese Angst, die ich vorhin erwähnt habe – das ist gar nichts, verstehst du? Das ist so was wie – wie dieses physikalische Gesetz – weißt du? – daß die Stärke der Reaktion entsprechend der ... der ... was auch immer. Erinnerst du dich an das Gesetz? Gibt es nicht irgend so ein Gesetz?»

«Ich weiß nicht.» Mein *Kopf*. «Ich hatte eine Vier in Physik.»

«Wie auch immer», sagte er. «Ich wollte damit bloß sagen, der Grund für meine Angst liegt darin, daß mir die Sache so wichtig ist, die Möglichkeit eines Lebens mit Heather – eines richtigen Lebens. Das ist ein Geschenk, das ist mir klargeworden. Nein, kein Geschenk – eine Prüfung, eine Einladung. Wenn ich in der Lage bin, sie anzunehmen, verstehst du, dann bin ich allein aus diesem Grund gut genug, sie überhaupt zu erhalten.»

«Ich verstehe», sagte ich. Es klang wie im Fieberrausch.

«Und, wirklich, ich liebe sie aufrichtig», sagte er.

«Na dann», sagte ich. «Das ist schließlich die Hauptsache.»

«Ich wollte dich gleich anrufen», sagte er. «Weil wir uns unterhalten haben. Weißt du.»

«Ich freue mich darüber», sagte ich.

«Also», sagte er.

«Also», sagte ich. «Na dann, gute Nacht, Rafe, mein Lieber. Danke, daß du angerufen hast.»

Verdammt noch mal. Ich haßte es, nachts geweckt zu werden. Ich konnte nie wieder einschlafen. Vielleicht sollte ich mir eine warme Milch machen. Jemand anders würde sie mir ohnehin nicht machen, das stand fest. Ich holte die Milch heraus und meinen einzigen Topf und meine einzige Tasse, die noch nicht eingepackt waren, schüttete mir bewußt Scotch in die Tasse, statt Milch in den Topf, wodurch ich mir den Abwasch ersparte, und ging ins Wohnzimmer, wo sich die Kartons stapelten, die eingelagert werden sollten.

Ein Geschenk, wie? Eine Einladung, eine Prüfung? Was zum Teufel war in den paar Stunden, seit wir uns gesehen hatten, mit Rafes Verstand geschehen? Mein Gott, trotzdem, ich fühlte mich entsetzlich. Und um die Wahrheit zu sagen, in der Tat, die beschämende Wahrheit – ein anderes Gefühl, das ich empfand (o Gott!), war *Einsamkeit*! Als wäre ich von diesem «richtigen Leben» ausgeschlossen, von diesem ... diesem «alles», woran teilzuhaben Rafe sich eingeladen glaubte! Wie sonderbar! Ich bin wahrlich kein Mensch, der eifersüchtig auf das Glück anderer ist (einmal angenommen, daß Rafes augenblickliche Marotte Glück zu nennen wäre). Ich gehöre nicht zu den Menschen, die glauben, man verlöre, wenn ein anderer gewinnt. Ich gehöre zu den Menschen, die sich an der Freude eines Freundes freuen können. Oh, ich weiß, es gibt Menschen, die glauben, das Reich menschlicher Aktivität sei, wie die Dinge nun einmal liegen, ein Reich des Tauschhandels, in dem man für alles Gute, das man erlangt, auch irgend etwas Gutes zurückgeben müsse. «Hier opfere ich meine Zähne», müßte man beispielsweise sagen, wenn sie einem ausfallen, finden solche Leute. «Kann ich jetzt bitte den Eßtisch haben, der bei Pierre Deux im Fenster steht?» Solche Leute glauben, es gebe irgendeine Art von System, das sicherstellt, daß man nicht zusätzlich zu einem Unterhaltungstalent auch noch meterlange Augenwimpern haben kann, sofern nicht der Zeitungsverkäufer an der Ecke die Treppe runterfällt und ins Krankenhaus muß. Und Leute, die so was glauben, geraten natürlich in Panik, wenn ein anderer Mensch – selbst wenn es ein so enger Freund wie Rafe ist – droht, aus den knappen Glücksreserven dieser Welt einen Brocken herauszubeißen. Aber ich bin nicht dieser Meinung. Ich glaube nicht an solche Dinge, und selbst wenn ich es täte, wäre ich dennoch bereit, mich für Rafe zu freuen. Selbst wenn er einen schrecklichen Fehler machen würde.

Allerdings blieb das Problem, warum den Leuten die Zähne ausfielen. Warum hatte ich keine meterlangen Augenwimpern? Warum mußte ein Zeitungsverkäufer die Treppe runterfallen? Warum mußte überhaupt jemand Zeitungsverkäufer sein? Wer das alles verstehen wollte, mußte zweifellos erst einen entsetzlichen mathematischen Text über die Gesetze von Zufall und Wahrscheinlichkeit lesen. Wie dem auch sei, mein Kopf tat immer noch mörderisch weh.

Wie ungastlich mein eigenes Wohnzimmer wirkte! All diese

Kartons, und ein riesiger unnützer, vergoldeter Spiegel, genauso leer wie das Zimmer, und ein paar Überbleibsel, die ich zur Behaglichkeit meines Untermieters daließ, unter anderem eine scheußliche Bristolvase, die John mir in den frühen Tagen unserer Ehe geschenkt hatte. Er hatte gesagt, die Farbe erinnere ihn an seine Kindheit. Dummes Zeug. Ich hatte sie ihm natürlich zurückgeben wollen, als er auszog, aber er wollte, daß sie bei mir blieb. John war ein treuer alter Knabe, kein Zweifel – treu der Vase, treu seiner Kindheit –, und jetzt war er, soweit ich gehört hatte, Marcia Meaver treu.

Schließlich, als es schon hell war, schlief ich ein paar Stunden und wachte gerade rechtzeitig auf, um den letzten Teil der neuen Folge von «Lebenslichter» mitzubekommen. Ich schaltete den Fernseher ein, und da stand Heather (na ja, Lydia) mitten in meinem Wohnzimmer, zusammen mit ihrer Schwester Carolyn und Carolyns Mann, Jad.

«Chad, Liebling», sagte Carolyn. (Also *doch* Chad! Ich *schwöre*, es war Chad.) «Hank war am Telefon. In Mr. Armstrongs Büro ist irgend etwas Eigenartiges geschehen. Ich muß sofort hin.»

«Nun», sagte Chad zu Lydia, nachdem die Tür zugefallen war. Er räusperte sich. «Ich denke, ich gehe in mein Arbeitszimmer, um ein paar Sachen zu erledigen.» Er lächelte in einem jämmerlichen, hoffnungslosen Versuch, Herzlichkeit auszustrahlen.

«Nur zu!» sagte Lydia, die keine Sekunde den Blick von ihm nahm. «Nur zu, Chad! Aber zuvor, mein lieber Schwager, möchte ich, daß du dich einen Moment hinsetzt. Du und ich haben nämlich eine kleine Angelegenheit zu besprechen. Eine Angelegenheit, die nicht kleiner wird, falls du verstehst, was ich meine. Wir können die Sache also nicht mehr auf die lange Bank schieben.» Großeinstellung von Lydias Gesicht, geheimnisvoll triumphierend.

Ich starrte und starrte auf den Bildschirm, aber alles, was ich plötzlich sah, waren ein paar Typen, die es um jeden Preis darauf anlegten, ihre Klamotten zu ruinieren. Ich stellte den Fernseher ab und saß erschöpft da, während das kleine weiße

Licht in der Mitte heller und heller aufleuchtete, bis es verschwunden war, und dann ging ich, einem überwältigenden und unbegreiflichen Impuls folgend, zum Telefon und rief Cookie an. Bei ihr war besetzt, und obwohl eine gute halbe Stunde besetzt war, blieb ich aus irgendeinem Grunde stehen, wo ich stand, und wählte ununterbrochen ihre Nummer.

«Hallo, meine Liebe», sagte sie, als ich endlich durchkam. «Wie herrlich, deine Stimme zu hören! Wir haben seit Wochen nichts voneinander gehört!»

«Nicht wahr», stimmte ich zu. «Na ja, außer neulich bei den Schillers.»

«Aber das zählt doch kaum, oder, meine Liebe?» sagte Cookie. «Bei denen hat man das Gefühl, man müßte in voller Verkleidung herumschleichen, findest du nicht, wie ein Araber.»

«Das hat man in der Tat», sagte ich. Schlichen Araber in voller Verkleidung herum?

«Es ist die reinste Folter, nicht wahr, daß man kein Wort zu den Schillers zu sagen wagt, weil man sicher sein kann, am nächsten Morgen in irgendeiner Zeitung eine entsetzlich verfälschte Version des Gesagten lesen zu müssen. Andererseits muß man selbst natürlich die Ohren offenhalten, bei all den Informationen, die da herumflattern. Ich schätze, so ungefähr muß die Agora gewesen sein.»

«Vermutlich», sagte ich. Die Agora? Araber? Machte Cookie irgendeine Art Kurs mit? Ein Kurs für Allgemeinwissen in alphabetischer Reihenfolge? Ich jedenfalls konnte mich im Leben nicht erinnern, was die Agora war.

«Jedesmal, wenn ich bei den Schillers war, komme ich vollkommen erschöpft nach Hause», sagte sie. «Und jedesmal schwöre ich, daß ich nie wieder hingehen werde. Aber wie kann man einem solchen Spektakel den Rücken kehren?»

«Diesmal fand ich es ziemlich gesittet», sagte ich.

«Gesittet!» brüllte Cookie. «Oh, du hast die Sache nicht mitbekommen, als Marjorie ging, um ihren Mantel zu holen, und Rupert Fallodin entdeckte, der sich Alison zu *nähern* suchte.»

«Na und?» sagte ich. «Es gibt verheiratete Menschen, die einander attraktiv finden.»

«Das weiß ich, meine Liebe», sagte Cookie würdevoll. «Aber Rupert hat seit Monaten etwas mit Marjorie, mußt du wissen, und für sie war es ein ziemlicher Schock. Und als sie runterkam, ließ sie ein paar Bemerkungen über ihn fallen. In voller Lautstärke, um es genau zu sagen. Es war außerordentlich! Rupert scheint einige sehr ungewöhnliche Angewohnheiten zu haben. Natürlich hatte Marjorie zu dem Zeitpunkt schon ungefähr einen Viertelliter Scotch intus. Ich meine, ich natürlich auch, aber sie eben auch.» Cookie kläffte fröhlich. «Oh, es war ein sehr hitziger Abend. Hast du Melissa Hober gesehen? Sie trottete hinter Constance Ripp her wie ein Anthropologe hinter seinem Indianer. Einmal blieb Constance abrupt stehen, und Melissa wäre um ein Haar mit ihrem unglaublichen Kinn gegen Constances Schädel geknallt!»

«Es ist schwer vorstellbar, daß Melissa überhaupt hinter jemandem hertrottet», sagte ich.

«Oh, sie kann sich zu jeder Form der Selbsterniedrigung entschließen, solange sie glaubt, es würde ihr helfen, gedruckt zu werden, mußt du wissen. Constance wird Lektorin für Lyrik bei *Life and Times*, weißt du, und offensichtlich weiß Melissa, daß Constance eine unfehlbare Schwäche für hübsche Gesichter hat, und das ist etwas, in dessen Besitz Melissa sich zweifelsohne wähnt.»

«Constance?» fragte ich verblüfft. «Ist Constance lesbisch?» Wie sollte Constance lesbisch sein? Ich bin in der Regel, was andere Menschen angeht, sehr feinfühlig, doch war es mir nie aufgefallen, daß Constance lesbisch sein könnte!

«Ist Constance lesbisch?» johlte Cookie. «Scheißt der Papst im Wald? O mein Gott! Nie wäre ein Wort über meine Lippen gekommen, wenn ich auch nur eine Sekunde lang geglaubt hätte, daß es noch eine Seele auf Erden gibt, die das nicht weiß. Also, ich bin sicher, daß es kein wirkliches Geheimnis ist, auch wenn Constance dieses alberne Getue darum macht. Aber was hast du denn gedacht, wer Honoria della Playa ist – das Au-pair-Mädchen?»

«Constance hatte eine Affäre mit Honoria della Playa?» sagte ich.

«Oh! Mein Mundwerk», sagte Cookie. «Aber ich bin natürlich davon ausgegangen, daß du das alles wüßtest.»

Oh, Cookie hatte einen Riesenspaß mit mir. Aber ich hatte für diese Dinge wirklich keine Zeit. Was machte ich überhaupt am Telefon?! Hier saß ich und lauschte Cookies kindischem, sinnlosem Geklatsche, während ich eigentlich dafür sorgen mußte, daß all diese Sachen eingelagert würden! Ich mußte wirklich auf der Stelle einhängen. Auf der Stelle. «Nun, meine Liebe –», sagte ich.

«Oh, übrigens», fiel mir Cookie ins Wort, «wie geht es Rafe dieser Tage? Ich hab ihn seit Ewigkeiten nicht gesehen.»

«Ich hab ihn eigentlich auch kaum gesehen», sagte ich. «Ich nehme nicht an, daß du irgendwas über ihn gehört hast, oder?»

«Na ja, komisch, daß du fragst», sagte Cookie. «Ist das nicht komisch? Amanda Krotnick hat gerade angerufen – unmittelbar bevor du anriefst, übrigens –, und sie erzählte, auch sie habe Rafe in letzter Zeit nicht mehr zu Gesicht bekommen.»

Amanda Krotnick. Amanda Krotnick. Oh, ja, – ihr Mann hat immer mit John Squash gespielt.

«Und Amanda erzählte mir, daß sie Rafes Freundin im Fernsehen verfolgt habe, einfach aus einem freundschaftlichen Interesse an Rafe heraus.» (Was? O ja, ich glaube, Rafe hatte sie mir gegenüber erwähnt. Ich glaube, sie begleitete ihn hin und wieder zu Ausstellungseröffnungen und solchen Sachen, wenn ich keine Lust hatte oder bei John bleiben mußte oder so was.) «Und Amanda sagte, sie glaube, Heathers Fernseh-Alter ego, Lydia, du weißt, sei schwanger vom Mann ihrer Schwester, Jad. Das ist doch was. Du siehst (das stammt natürlich alles aus Erzählungen von Amanda), das bringt Jad in eine sehr knifflige Situation, weil Lydia scheinbar vorhat, die Sache weiterzutreiben und das Baby zu kriegen, und früher oder später wird man ihr das natürlich ansehen.»

Ich setzte mich mitten auf einen Karton. «Was die in diesen

Schnulzen alles so treiben!» sagte ich. «Stell dir vor, die Leute würden tatsächlich mit solchen Sachen ihre Zeit verbringen!»

«Also, *ich* habe wahrlich keine Zeit für diese Dinger», sagte Cookie. «Und ich frage mich, wie Amanda es schafft, die Zeit dafür aufzubringen.»

Ich hatte nicht gemeint, daß es erstaunlich sei, wenn jemand seine Zeit damit verbringt, sich TV-Schnulzen anzusehen, obwohl es das natürlich ist. Ich hatte gemeint, daß es erstaunlich sei, wenn Menschen ihre Zeit so verbrächten, wie die Menschen in den TV-Schnulzen ihre Zeit verbringen. Aber es war mir vollkommen egal, was ich gemeint hatte.

«Und was treibt dich ans Telefon, meine Liebe? Was kann ich für dich tun?» sagte Cookie.

«Oh –» sagte ich. «Ich wollte einfach nur mal anrufen. Eigentlich, um mich zu verabschieden. Ich fahre bald, du weißt ja.»

«Um Gottes willen! Stimmt ja!» sagte sie. «Wir müssen uns vorher sehen. Nächste Woche zum Lunch?»

«Abgemacht», sagte ich. «Lunch.»

«Wunderbar», sagte Cookie. «Wir telefonieren. Leb wohl, meine Liebe.»

O Gott. Wie entsetzlich, dieser Anblick von Pappkartons im Spiegel. Das Abbild reiner Trostlosigkeit. Immerhin sah ich selbst nicht allzu furchtbar schrecklich aus, stellte ich fest. Nicht allzu grauenvoll, wenn man das Leben und alles das bedachte. Irgendwie war es mir gelungen, mich im Laufe der Jahre nur wenig zu verändern.

In Ordnung – weiter mit all den Sachen, die zu tun waren. Was lag an? Vielleicht sollte ich Rafe anrufen.

«Hallo», sagte eine Stimme, die Rafe selbst gehörte, und ich hatte keine Zeit, mich zu erinnern, warum ich angerufen hatte. Ich war davon ausgegangen, daß eine Sekretärin ans Telefon gehen würde.

«Oh, Rafe», sagte ich. «Ich rufe an, um dir zu sagen … zu sagen, daß ich hoffe, du hast vergangene Nacht noch ein wenig geschlafen.»

«Hab ich nicht», sagte er. Mein Gott, er klang fürchterlich.

«Das tut mir schrecklich leid», sagte ich, und keiner von uns schien noch irgend etwas anderes zu sagen zu haben. «Wie dem auch sei.»

«Wenn ich hier heute fertig bin, gehe ich schnurstracks nach Hause, um ein bißchen Schlaf nachzuholen», sagte er. «Aber wenn du morgen abend noch nicht völlig ausgebucht bist, was hältst du davon, wenn ich vorbeikomme? Ich bringe uns ein Picknick mit.»

Rafe kam am nächsten Abend, beladen mit Papiertüten. «Assiette de Essen», sagte er. Er stellte die Tüten in die Küche und hängte seinen Mantel auf. «Was für phantastische Blumen!»

«Nicht wahr», sagte ich. «Oh, Rafe – Stubenküken! Und Weintrauben – und – mein Gott! – *malvenfarbene* Pappteller!»

«Ich hatte meine Gründe», sagte er. «Ich habe mir gedacht, sie wären ein hervorragender Kontrast zu dem – ja, *perfekt* – Pesto.»

«Oh, und Radicchio- und Fenchelsalat! Mein absolutes Lieblingsgrünzeug. Du findest immer so wunderbare Dinge, Rafe.»

«Das ist mein natürlicher Lebenssinn», sagte er mit einem sonderbaren Ausdruck auf dem Gesicht.

«Das stimmt, Rafe. Das ist eine der Sachen, die ich an dir immer geliebt habe», sagte ich, aber der sonderbare Ausdruck schwebte noch eine Weile im Raum.

Ich öffnete eine Flasche von dem schönen Wein, den ich besorgt hatte, und goß uns Pappbecher voll, und wir machten es uns gemütlich mit unserem Picknick zwischen den Kartons.

«Ich habe seit heute eine neue Sekretärin», sagte Rafe. «Ich habe sie neulich abend in einem Rock-Club getroffen. Sie ist ein niedliches Mädchen, aber das Problem mit Einstellungsgesprächen in Rock-Clubs ist, daß du nicht verstehen kannst, was die Leute dir erzählen. Ich fürchte, ich werde die Woche brauchen, um ihr zu erklären, wie man sich am Telefon meldet.»

«Rafe», sagte ich. Wie gut es tat, zusammenzuhocken.

«Was ist das?» sagte er und streckte die Hand aus. «Chinaseide?» Ich saß vollkommen still, während er meinen Nacken rieb.

«Hübsch», sagte er, aber als er sich zurücklehnte, konnte ich sehen, daß er mit den Gedanken ganz woanders war.

«Was ist los, Rafe?» fragte ich.

«Nichts», sagte er. «Ganz und gar nichts, ganz und gar nichts.»

«Weißt du», sagte er nach einer Weile. «Ich wollte nicht, daß du glaubst, damals, daß ich gemeint habe, du seist selbstsüchtig oder etwas in der Art.»

«Oh, ich weiß», sagte ich. Wann hatte er gesagt, ich sei selbstsüchtig? «Ich halte mich nicht für einen ausgeprägt selbstsüchtigen Menschen, ich hätte mich also ohnehin nicht angesprochen gefühlt.» Wie sonderbar. Rafe hatte mir also vorgeworfen, ich sei selbstsüchtig.

«Wie dem auch sei», sagte Rafe, «ich wollte nur sichergehen, daß du weißt, daß ich niemals etwas Derartiges gemeint habe.»

«Rafe, Lieber», sagte ich, «würde es dir etwas ausmachen, mir ein Glas Wasser zu holen?» Ich schien, ohne es richtig zu merken, eine ganze Menge Wein getrunken zu haben. «Danke.»

«Es ist eigenartig, weißt du», sagte Rafe. «Ich dachte immer, Heather und ich würden richtige Gespräche führen. Und ich würde ihr zuhören. Und sogar Dinge von ihr lernen. Aber ich glaube nicht, daß sie jemals irgend etwas Besonderes gesagt hat oder auch nur irgend etwas Besonderes *war*. Ich hab mir das alles irgendwie selbst eingebildet. Ich hab sie die ganze Zeit einfach nur angestarrt, weil sie so hübsch ist.»

Ich ging in die Küche und holte uns eine Flasche Cognac. «Es wäre schade, den dem Nachmieter zu hinterlassen.»

«Es tut mir leid, daß ich neulich noch so spät angerufen habe», sagte Rafe.

«Warum nicht?» sagte ich. «Wir sind Freunde.» Ich hoffte natürlich, er würde die Kurve kriegen und mir erzählen, wie es zwischen ihm und Heather stand. «Wie dem auch sei, ich nehme an, die Dinge haben sich auf die eine oder andere Weise geregelt.»

«O ja», sagte er. «Das war einfach einer von diesen nächtlichen Anfällen, die man manchmal hat, wenn man mit sich allein ist. Und dann hat sich alles in nichts aufgelöst.»

«Ja», sagte ich. Ich schenkte uns beiden von dem Cognac ein. «Ich nehme an, du hast die Sache einfach mit dir allein abgemacht.»

«Na ja, also», sagte er, «ich habe sie angerufen. Und wir haben geredet. Wir hatten ein gutes Gespräch. Wir kamen überein, daß wir nie wirklich zueinander gepaßt hätten, daß wir einander aber immer als Freunde betrachten würden. Außerdem ist sie schwer mit irgendeinem Typen im Clinch. Scheinbar meint sie, die Sache sei ernst.»

Wir tranken und saßen in dem trüben Licht und redeten, und dann war es irgendwie schon sehr spät, und Rafe holte seinen Mantel. Rafe zog seinen wunderschönen, weichen Mantel an und war im Begriff zu gehen.

«Na dann, gute Nacht», sagte er. «Nochmals vielen Dank.»

«Rafe», sagte ich plötzlich, zu meiner eigenen Überraschung, «warum, glaubst du, hatten wir beide nie ein Verhältnis miteinander?» Oh, was würde ich am Morgen für einen Kater haben!

«Na ja», sagte er und blieb an der Tür stehen, «zum einen warst du eine verheiratete Frau.»

«Ich weiß», sagte ich. «Aber zum anderen?»

«Na ja, ich glaube einfach nicht, daß es funktioniert hätte, du etwa?» sagte er. «Wir sind uns wirklich zu ähnlich, findest du nicht? Wir würden zusammen ins Bett steigen, und ich würde sagen: ‹Tolles Bettzeug – wo hast du das her?› Oder ich würde mich ausziehen, und du würdest sagen: ‹Oh, sagenhaft – Unterwäsche mit Bisons drauf.› Solches Zeug eben. Wir wären nie in der Lage gewesen, uns zu konzentrieren.»

«Unterwäsche mit Bisons drauf?» sagte ich. «Ehrlich?» Rafe lächelte. «Rafe», sagte ich. «Wir sind uns inzwischen im Grunde nicht mehr ähnlich, findest du nicht? Du hast dich verändert.»

«Na, na», sagte er. «Hör auf damit.» Er leckte mir eine kleine Träne von der Wange. «Hmm. Ich wette, *das* ist der Trunk der Götter.» Und er gab mir einen kleinen Kuß auf die Stirn.

Ich lehnte mich gegen die Tür, die sich hinter ihm geschlossen hatte. O Gott. Mir war vielleicht schwindelig! Ich mußte wirklich einiges getankt haben. Wie auch immer, es war ausgesprochen spät, und früher oder später mußte ich irgendwie ohne Unterstützung der Tür aufrecht stehen und mich ins Bett schleppen. Was es mit sich brachte, daß ich mich würde umdrehen müssen. Umdrehen, und damit den Anblick dieser Kartons, der Vase, des leeren Spiegels, des Nichts, Nichts, absoluten Nichts ertragen, das aus meinem Leben in New York geworden war. Und was, glaubte ich, würde es für mich in Patmos geben? Was? Felsen, Ziegen, ein Berg Fische auf einem Teller, das war's! Und ich drehte mich um und stand da, gegen die Tür gelehnt, scheinbar stundenlang, und schaute.

Das zumindest war es, was ich in komprimierter Form erinnerte, als ich am nächsten Morgen irgendwie ganz und gar ohne Kater aufwachte.

Rafe und ich schafften es nicht, einander noch mal zu erreichen, bis ich wegfuhr. Ich nehme an, ich war einfach zu sehr mit meinen Vorbereitungen beschäftigt. Dafür traf ich, welch sonderbarer Zufall, am Tag vor meiner Abreise Heather, als ich, einem Impuls folgend, der einen nachträglich veranlaßt, sich nicht über Menschen lustig zu machen, die in der Zeitung ihr Horoskop lesen, zu Saks ging. Sie war es, die mich zuerst erkannte, obwohl ich geradewegs in das schöne Gesicht starrte, das ich so gut hätte kennen sollen.

«Ich höre, Sie sind auf dem Sprung in ein großes Abenteuer», sagte sie und nahm meine Hand in einer Weise, die sonderbar beruhigend auf mich wirkte. «Sind Sie schon aufgeregt?»

«Ich glaube schon», sagte ich. «Ja.» Ihr Anblick brachte mich ein wenig durcheinander. Sie war wirklich hinreißend. Sehr ... lebhaft, in gewisser Weise. «Woher wissen Sie, daß ich fahre? Von Rafe?»

«Ja», sagte sie. «Er hat vor einer Woche oder so angerufen. Ich hab mich gefreut. Die Sache zwischen uns hatte sich einfach mies entwickelt, und ich hasse es, bei jemandem, den ich mal gemocht habe, die Dinge in einem miesen Zustand zu belassen, oder auch einfach nur ungelöst. Geht es Ihnen nicht auch so?»

«Doch, ja», sagte ich. «Ich nehme an, Sie haben recht.»

«Er ist also vorbeigekommen, und wir haben geredet. Ich meine, uns richtig unterhalten, zur Abwechslung mal. Statt uns nur zu streiten oder zusammen ins Bett zu gehen oder all das Zeug zu machen, das man mit jemandem macht, wenn man sich gerade von ihm trennt. Es war schön. Ich war wirklich froh, daß er angerufen hat. Ich hätte ihn nicht einfach anrufen können, wissen Sie, obwohl ich ihm gerne meine Neuigkeiten berichtet hätte. Es hätte fast so ausgesehen, als wollte ich ihm eine letzte Chance geben – irgendwie so, meinen Sie nicht? Aber in Wirklichkeit war es schon eine ganze Weile aus zwischen uns.»

«Neuigkeiten?» sagte ich «Letzte Chance?»

«Oh», sagte sie und blieb stehen. «Die Neuigkeit ist, daß ich heirate, wissen Sie.»

«Wirklich», sagte ich. «Wie wunderbar.»

«Ja», sagte sie. «Eigentlich müßte Neil jeden Augenblick hier auftauchen, wir sind verabredet. Wissen Sie, ich habe das Gefühl, Sie so gut zu kennen, obwohl wir uns erst einmal begegnet sind. Aber Rafe hat so oft von Ihnen gesprochen, daß ich beinahe das Gefühl habe, daß wir ... etwas miteinander geteilt haben.»

«Mir geht es genauso», sagte ich.

«Oh, sehen Sie», sagte sie. «Da kommt Neil. Ich werde Sie miteinander bekannt machen.»

Es dauerte eine Weile, bis ich den Mann unterbringen konnte, der auf uns zugekommen war und seinen Arm um Heather legte. Er sah Brent, diesem Waschlappen im Auto, mit dem Lydia das eine oder andere angestellt hatte, bestimmt nicht sehr ähnlich, obwohl er, wie ich sah (natürlich nur im übertragenen Sinne), genau der und kein anderer war. Persönlich schien er ein netter junger Mann zu sein, und er war offensichtlich sehr verliebt, wie auch Heather selbst offensichtlich sehr verliebt war.

«Also, ich muß nach oben und nach ein paar neuen Klamotten sehen», sagte sie.

«Ja», sagte ich matt. Sie würde welche brauchen.

«Nett, Sie kennengelernt zu haben», sagte Neil, und er und Heather ließen sich mit der Menge von mir fortspülen.

Was für ein entzückendes Baby würde das werden, bei Eltern wie Heather und Brent – Neil, vielmehr. Oder Lydia, um es andersherum auszudrücken, und Neil, oder Brent. Oder Rafe. Nüchtern betrachtet. Wenn man es sich recht überlegte.

So viele Gesichter, so viele Gesichter. Menschen strömten durch die Türen herein und hinaus, drängten sich zwischen den Kassen durch, ließen sich in Schwärmen von den Rolltreppen nach oben tragen. So viele Gesichter hier an diesem Ort, und für das Baby kam jegliches Gesicht aus sämtlichen Verästelungen der Geschichte in Frage. Die Gesichter um mich herum verschwammen und glichen sich an, und einen Augenblick war mir so schwindelig, daß ich mich kaum auf den Beinen halten konnte, aber dann sah ich Heathers Gesicht, das natürlich ganz es selbst war, und all die anderen Gesichter ordneten sich wieder ihren jeweiligen Besitzern zu, während mir Heather von der Rolltreppe aus zuwinkte und lächelte. Und obwohl ich Dutzende von Dingen zu erledigen hatte, wirklich *Dutzende*, hielt ich inne, um zurückzuwinken und zuzusehen, wie Heather, heller und heller, ein schwindender Punkt im Strom der Kaufhauskunden, in eine andere Etage davongetragen wurde.

Hans Fallada

Lieber Hoppelpoppel – wo bist du?

Es war einmal ein kleiner Junge, der hieß Thomas. Dem hatten seine Großeltern zum ersten Weihnachtsfest einen kleinen Hund aus schwarzem Plüsch geschenkt, mit Hängeohren und frechen braunen Augen, eine Art Dackeltier, aber auf Rädern. Und da die Achsen dieser Räder nicht im Mittelpunkt saßen, sondern seitlich, hoppelte und wogte das schwarze Stoffgeschöpf auf und nieder, als haste es wild und über alle Kraft imaginären Hasen nach. Darum taufte der Vater den Hund ‹Hoppelpoppel›, und als Thomas etwas älter geworden war und sprechen konnte, genehmigte auch er diesen Namen.

Er liebte den Hund sehr, immer mußte er bei ihm sein, auch im Schlaf durfte er ihn nicht verlassen, und er wachte sehr genau darüber, daß die Eltern nicht nur ihrem Sohn, sondern auch dem Hoppelpoppel gute Nacht sagten. Es war eben eine richtige Liebe.

Nun geschah es, daß Toms Eltern an einen neuen Wohnsitz verzogen, weit, weit weg. Der kleine Thomas blieb während der Umzugstage bei der guten Tante ‹Kunjä›, und mit ihm natürlich Hoppelpoppel – wie hätte Tom sonst bei Tante Kunjä schlafen können? Nach einer Weile war es dann soweit: Tante Kunjä fuhr mit Tom und dem Hund nach dem neuen Häuserchen. Auf dem Bahnhof erwartete sie der Vater, und der kleine Tom war so selig und verlegen über dies Wiedersehen, daß er schnurstracks seinen Kopf durch des Vaters Beine steckte und so den abfahrenden Zug betrachtete.

Dann gingen die drei Hand in Hand durch den Wald zur Mummi ins neue Häuserchen, und da kam plötzlich ein Augenblick, da Tante Kunjä angedonnert stehenblieb. «O Gott, habe ich nun doch den Hoppelpoppel in der Bahn liegengelassen!»

Der Vater machte rasch eine Kopfbewegung und sagte: «Still! Still! Hier hat der ‹Herr› so viel neue Eindrücke, daß er ‹ihn› einfach vergißt.»

Tom sagte noch gar nichts. Er marschierte stramm auf seinen Beinchen zwischen den beiden Großen und sah die herrlich hohen Bäume mit den Pieksenadeln an. Dann kam ein Zwinger mit einem Hund, und nun stand die Mummi unten auf einer Treppe und hielt die Arme weit auf. Sie gingen durch eine große Tür auf einen weiten Balkon, und plötzlich war da unten ein langes, langes Wasser, und ein Dampfer kam um die Waldecke, und ein Kahn, zwei Kähne, viele Kähne ...

Es wurde Abend, und der kleine Junge mußte ins Bett. Er war müde und selig aufgeregt, aber als ihn die Mutter über die Bettleiter hob, sagte er: «Hoppelpoppel!»

Der Vater sagte ernst: «Hoppelpoppel fährt mit der Puffbahn, Thomas. Hoppelpoppel kommt morgen.»

Das Kind sah seine Eltern fragend an, erst sagte es nichts, als aber dann das Licht ausgemacht wurde, bat es wieder, dringend: «Hoppelpoppel!»

«Thomas muß jetzt schlafen», sagte die Mutter streng und machte die Tür von außen zu. Die Eltern standen atemlos und lauschten. Nein, kein Gebrüll, kein Weinen, sondern Stille. «Er wird sich beruhigen», sagte Mummi. «Aber besser ist doch, du gehst morgen zur Bahn und machst eine Verlustanzeige.»

«Schön», sagte der Mann. «Obgleich es keinen Zweck hat. Denn der Zug fährt weiter nach Polen, und die werden uns grade einen Hoppelpoppel zurückschicken!»

Am nächsten Morgen machte der Vater seine Verlustanzeige, dann kam der Nachmittagsschlaf – aber nein, es kam kein Nachmittagsschlaf.

«Hoppelpoppel!»

«Hoppelpoppel kommt bald.»

«Nun! Gleich!»

«Thomas muß schlafen!»

Gebrüll, Wut, Trostlosigkeit, Jammer, nur kein Schlaf. Und am Abend dasselbe. Das neue Häuserchen und das viele

Wasser und der Garten und der Hund im Zwinger und die vielen Dampfer – alles nichts! Hoppelpoppel, lieber Hoppelpoppel – wo bist du? Hoppelpoppel, ein alberner schwarzer Stoffhund, war eine finstere Wolke am Himmel, nach drei Tagen überhing sie alles!

«Also ich fahre morgen nach Berlin und kaufe einen neuen Hoppelpoppel», sagte der Vater zur Mummi.

«Vielleicht kriegst du solch einen gar nicht?»

«Soll das, bitte, hier so weitergehen?!»

Der Vater fuhr also, und schließlich fand er auch seinen Stoffhund, er fand genau den Hoppelpoppel. Er war lange umhergelaufen, er hatte viel Fahrgeld ausgegeben, aber: Heute nacht wird Tom endlich wieder ruhig schlafen.

Der Vater war so glücklich über den kleinen Hund, am liebsten hätte er aller Welt Gutes getan.

Da war im Abteil ein Kind, es war natürlich kein Kind wie der Thomas, nein, sondern ein dunkles, blasses Kind, es war ein meckriges Kind, es war ein schwieriges, störendes Kind, aber es war ein Kind ... Es saßen noch zwei Herren im Abteil, das hielt den Vater nicht ab, er machte Kuckuck mit dem Kind, er lenkte es ab, er half der Mutter, so gut er konnte, aber es verschlug nichts, es blieb ein schwieriges Kind.

Der Vater nahm aus dem Netz das kleine braune Paket, das Kind sah zu. Er schnürte langsam das Paket auf, das Kind sah genau hin.

Was da wohl drin ist?

Er faltete das Papier auf, ließ ein bißchen sehen, mehr ...

«Hoppelpoppel», sagte der Vater ernst.

«Wauwau», antwortete das Kind selig.

Es wurde nun doch eine sehr gute Bahnfahrt. Siehe, der dicke, brummige Herr in der Ecke war ein rechter Großvater, er zog den Hoppelpoppel auf der leeren Bank zu sich hin. Hoppelpoppel hoppelte. Der Vater zog ihn am Schwanz zurück. Das Kind jauchzte.

Manchmal ging eine kleine Sorgenwolke über des Vaters Herz. «Wie weit fahren Sie?» fragte er die Mutter des Kindes.

«Bis Neu-Bentschen. Und Sie …?»

«Oh, ich muß viel früher raus. Ihr Junge wird ja den Hund bis dahin über haben.»

«Das weiß ich nicht», sagte die Frau. «Wenn er was liebt, dann liebt er es auch richtig.»

«Na, eine Weile fahren wir ja auch noch», sagte der Vater nachdenklich und ließ den Hund bellen.

Der Vater kramte das braune Papier wieder vor und den Bindfaden: «Nun paß auf, jetzt geht Hoppelpoppel schlafen.»

Das Kind sah aufmerksam zu, aber dann, als der Hund im Papier verschwand, fing es an zu weinen. «Hoppäpoppä», sagte es klagend.

Alle redeten auf das Kind ein, das Kind weinte stärker, der Vater sagte: «Ich brauche ihn ja schließlich nicht eingepackt mitzunehmen, er kann ihn ja noch den Augenblick halten …»

Das Kind nahm den Hoppelpoppel in den Arm, es lächelte, es lächelte – lieber Himmel! Es war doch ein sehr ähnliches Kind …

Der Zug fuhr langsamer, der Zug hielt.

«Nun gib dem Onkel den Hoppelpoppel.»

Das Kind hielt den Hund fest.

«Willst du wohl artig sein, gibst du …!»

«Aussteigen …!»

«Du sollst den Hund loslassen!»

«Gib mir doch den Wauwau, bitte, bitte! Ich habe auch einen kleinen Jungen …»

«Sie wollen noch raus? Bitte, beeilen!»

Alles ging durcheinander, das Kind weinte schmerzlich, der Schaffner schimpfte. Eine Hand (es war die Hand der Mutter) riß an der klammernden Kinderhand, das Weinen wurde lauter. Der Vater stand draußen mit seinem Hoppelpoppel, er dachte verwirrt: Wenn er was liebt, dann liebt er es auch richtig …

Der Zug fuhr an, der Vater riß die Tür wieder auf, warf den Hund ins Abteil. Der Zug fuhr schneller, am Fenster waren Mutter und Kind zu sehen, das Kind hielt den Hoppelpoppel …

Der Mann ging langsam durch den dunklen Wald nach Haus, er hatte es nicht eilig. Wenn er zu Haus ankommen würde, würde sein Junge grade ins Bett gebracht werden, er würde sehnsüchtig betteln: Hoppelpoppel! Der Mann bereute nicht, der Mann schalt sich nicht, er war nur traurig. Irgend etwas war nicht in Ordnung auf dieser Welt, irgend etwas stimmte nicht: Dem einen geben, daß der andere weint ...?

Der Mann schloß die Tür auf, oben krähte der Tom. Der Mann ging langsam und leise die Treppe hinauf, er hing leise den Mantel fort, er zog seine Hausschuhe an ... schließlich mußte er doch die Tür aufmachen ...

Da aß sein kleiner Sohn am Tischchen den Haferbrei, und auf dem Tischchen stand der Hoppelpoppel! Der Hoppelpoppel mit einem langen, langen Zettel am Hals.

«Sieh nur, Mann», sagte die Mummi.

Auf dem Zettel standen viele bahnamtliche Vermerke, aber da stand auch: Zbaszyn (Bentschen). Kleine schwazze Hund, särr biese. Beißt ...

«Kleine schwazze Hund, särr biese ...» sagte der Vater langsam.

Komisch: plötzlich war die Welt wieder in Ordnung.

Ernest Hemingway

Drei Tage Sturm

Es hörte auf zu regnen, als Nick in den Weg einbog, der durch den Obstgarten hinaufführte. Das Obst war gepflückt, und der Herbstwind blies durch die kahlen Bäume. Nick blieb stehen und hob am Wegrand im braunen Gras einen Apfel auf, der vom Regen blinkte. Er steckte den Apfel in die Tasche seines Mackinaw-Mantels.

Der Weg führte aus dem Obstgarten hinauf auf die Kuppe des Hügels. Dort war das Haus mit der kahlen Veranda und Rauch, der aus dem Schornstein kam. Hinten war die Garage, der Hühnerstall und der junge Tannenwuchs wie eine Hecke gegen den fernen Wald. Die großen Bäume schwankten stark im Wind, während er hinblickte. Es war der erste der Herbststürme.

Als Nick hinter dem Obstgarten übers freie Feld ging, öffnete sich die Tür des Hauses, und Bill kam heraus. Er stand auf der Schwelle und blickte um sich.

«Na, Wemedge», sagte er.

«Tag, Bill», sagte Nick und kam die Stufen herauf.

Sie standen nebeneinander und blickten über das Land, hinunter über den Obstgarten, jenseits der Straße, über die Felder drunten und die Wälder der Landspitze im See. Der Wind blies direkt den See herunter. Sie konnten die Brandung bei Ten Miles sehen.

«Stürmt toll», sagte Nick.

«Wird drei Tage so stürmen», sagte Bill.

«Ist dein Alter zu Hause?» fragte Nick.

«Nein, er ist mit der Flinte draußen. Komm doch rein.»

Nick ging ins Haus. Im Kamin brannte ein großes Feuer. Es heulte im Sturm. Bill machte die Tür zu.

«Wollen wir etwas trinken?» fragte er. Er ging in die Küche

hinaus und kam mit zwei Gläsern und einem Krug Wasser wieder. Nick langte nach der Whiskyflasche auf dem Bord überm Kamin.

«In Ordnung?» sagte er.

«Ja», sagte Bill.

Sie saßen vor dem Feuer und tranken irischen Whisky mit Wasser.

«Hat einen wunderbar rauchigen Geschmack», sagte Nick und blickte durch sein Glas hindurch ins Feuer.

«Das ist der Torf», sagte Bill.

«Man kann doch nicht Torf in den Schnaps tun», sagte Nick.

«Ist ja auch egal», sagte Bill.

«Hast du mal Torf gesehen?» fragte Nick.

«Nein», sagte Bill.

«Ich auch nicht», sagte Nick.

Seine Schuhe, die er ans Feuer hielt, fingen an zu dampfen.

«Zieh lieber die Schuhe aus», sagte Bill.

«Hab keine Socken an.»

«Zieh sie aus und laß sie trocknen. Ich hol dir welche», sagte Bill. Er ging hinauf ins Dachgeschoß, und Nick hörte ihn über seinem Kopf hin und her gehen. Oben war es offen, direkt unterm Dach, wo Bill und sein Vater und er, Nick, manchmal schliefen. Dahinter war ein Ankleideraum. Sie räumten die Feldbetten aus dem Regen weg nach hinten und deckten sie mit Gummidecken zu.

Bill kam mit einem Paar dicker, wollener Socken herunter.

«Ist schon zu spät, um ohne Socken herumzulaufen», sagte er.

«Gräßlich, wieder damit anzufangen», sagte Nick. Er zog die Socken an, ließ sich in seinen Stuhl plumpsen und legte die Füße auf den Kaminschirm vor dem Feuer.

«Du wirst den Schirm kaputtmachen», sagte Bill.

Nick schwang seine Füße hinüber auf die Kaminseite.

«Hast du etwas zu lesen?» fragte er.

«Nur die Zeitung.»

«Was haben die Cards gemacht?»

«Gegen die Giants zwei Spiele verloren.»

«Damit werden sie's wohl geschafft haben.»

«Wie geschenkt», sagte Bill. «Solange McGraw jeden guten Ballspieler in der Liga kaufen kann, ist nichts zu machen.»

«Er kann doch nicht alle kaufen», sagte Nick.

«Er kauft alle, die er haben will», sagte Bill. «Oder er macht sie unzufrieden, so daß man sie auswechseln muß.»

«So wie Heinie Zim», pflichtete Nick bei.

«Der Dickschädel wird ihm allerhand nutzen.» Bill stand auf.

«Schlagen kann er», meinte Nick. Seine Beine brieten in der Hitze des Feuers.

«Er ist auch ein glänzender Fänger», sagte Bill. «Aber er verliert das Spiel.»

«Kann sein, daß McGraw ihn dazu braucht», meinte Nick.

«Kann schon sein», pflichtete Bill bei.

«Da steckt immer mehr dahinter, als man weiß», sagte Nick.

«Natürlich. Aber dafür, daß wir so weit vom Schuß sind, haben wir schon 'ne ganz gute Witterung.»

«Genauso, wie man viel besser die Sieger tippen kann, wenn man die Pferde nicht sieht.»

«Genauso.»

Bill langte die Whiskyflasche herunter. Seine große Hand umspannte sie. Er goß den Whisky in das Glas, das Nick ihm hinhielt.

«Wieviel Wasser?»

«Ebensoviel.»

Er setzte sich neben Nicks Stuhl auf den Boden.

«Fein, wenn die Herbststürme kommen, nicht?» sagte Nick.

«Fabelhaft.»

«Ist die beste Zeit im ganzen Jahr», sagte Nick.

«Teufel, wenn man jetzt in der Stadt sein müßte!» sagte Bill.

«Ich würde gern die Endspiele sehen», sagte Nick.

«Na, die sind jetzt immer in New York oder in Philadelphia», sagte Bill. «Das nutzt uns nichts.»

«Ich bin nur gespannt, ob die Cards je in ihrem Leben einen Pokal gewinnen werden.»

«Nicht zu unseren Lebzeiten», sagte Bill.

«Gott, die würden einfach überschnappen», sagte Nick.

«Erinnerst du dich noch, als sie plötzlich in Gang kamen, gerade bevor sie das Eisenbahnunglück hatten?»

«Junge!» sagte Nick erinnerungsschwer.

Bill langte hinüber zum Tisch unterm Fenster, wo das Buch aufgeklappt mit den Seiten nach unten lag, genauso, wie er es hingelegt hatte, als er zur Tür gegangen war. Er hielt sein Glas in der einen Hand und das Buch in der andern und lehnte sich gegen Nicks Stuhl.

«Was liest du?»

«‹Richard Feverel›.»

«Ich konnte mich nicht reinlesen.»

«Es ist gut», sagte Bill, «kein schlechtes Buch, Wemedge.»

«Was hast du noch, was ich nicht kenne?» fragte Nick.

«Hast du die *‹Forest Lovers›* gelesen?»

«Ja, das ist doch das, wo sie jede Nacht mit dem blanken Schwert zwischen sich zu Bett gehen, nicht wahr?»

«Das ist 'n Buch, Wemedge.»

«Ist 'n fabelhaftes Buch! Nur, was ich niemals verstanden habe, wozu das Schwert eigentlich gut sein soll. Es mußte doch die ganze Zeit mit der Schneide nach oben stehen, denn wenn's flach liegt, kann man doch rüberrollen, und es würde nichts passieren.»

«Es ist ein Symbol», sagte Bill.

«Natürlich», sagte Nick. «Aber es ist praktisch nicht anwendbar.»

«Hast du mal *‹Fortitude›* gelesen?»

«Das ist toll», sagte Nick. «Das ist ein richtiges Buch! Das ist das, wo sein Alter immer hinter ihm her ist. Hast du noch was von Walpole?»

«‹The Dark Forest›», sagte Bill, «es handelt von Rußland.»

«Was weiß er denn von Rußland?» fragte Nick.

«Weiß ich nicht. Bei diesen Kerlen lernt man nie aus. Vielleicht war er als Junge da. Aber er weiß schon toll viel davon.»

«Ich würde ihn gern mal kennenlernen», sagte Nick.

«Ich möchte Chesterton kennenlernen», sagte Bill.

«Ich wünschte, er wäre jetzt hier», sagte Nick. «Wir könnten ihn morgen an den Voix zum Angeln mitnehmen.»

«Ob er wohl gern angeln gehen würde?» fragte Bill.

«Sicher», sagte Nick. «Er muß der feinste Kerl sein. Weißt du noch ‹*Das fliegende Wirtshaus*›:

Wenn ein Engel aus dem Himmel
Dir was anderes gibt als Wein,
Dank ihm für die gute Absicht,
Schütt es in den Ausguß rein.»

«Ja, richtig», sagte Nick. «Wahrscheinlich is er ein feinerer Kerl als Walpole.»

«Sicher ist er ein feinerer Kerl», sagte Bill. «Aber Walpole ist ein besserer Schriftsteller.»

«Weiß ich nicht», sagte Nick. «Chesterton ist ein Klassiker.»

«Walpole ist auch ein Klassiker», beharrte Bill.

«Ich wünschte, wir hätten sie beide hier», sagte Nick. «Wir könnten sie morgen an den Voix zum Angeln mitnehmen.»

«Komm, wir wollen uns betrinken», sagte Bill.

«Schön», stimmte Nick zu.

«Meinem Ollen ist es egal», sagte Bill.

«Bist du sicher?» sagte Nick.

«Ich weiß es», sagte Bill.

«Ich bin schon 'n bißchen betrunken», sagte Nick.

«Du bist nicht betrunken», sagte Bill.

Er stand vom Boden auf und langte nach der Whiskyflasche. Nick hielt ihm sein Glas hin. Er ließ die Augen nicht davon, während Bill einschenkte.

Bill goß das Glas halb voll Whisky.

«Wasser kannst du dir selber eingießen», sagte er. «Ist gerade noch ein Schuß darin.»

«Hast du noch mehr?» fragte Nick.

«Ist noch 'ne Menge da, aber Vater will nur, daß ich das trinke, was offen ist.»

«Natürlich», sagte Nick.

«Er sagt, das Flaschenaufmachen macht Menschen zu Säufern.»

«Das stimmt», sagte Nick. Es imponierte ihm. Daran hatte er nie vorher gedacht. Er hatte immer geglaubt, daß einsames Trinken einen zum Säufer machte.

«Wie geht's deinem Vater?» fragte er respektvoll.

«Gut», sagte Bill. «Manchmal fährt er ein bißchen aus der Haut.»

«Er ist ein fabelhafter Kerl», sagte Nick. Er goß Wasser aus dem Krug in sein Glas. Es vermischte sich langsam mit dem Whisky. Es war mehr Whisky als Wasser.

«Das will ich meinen», sagte Bill.

«Mein Oller ist auch richtig», sagte Nick.

«Verdammt noch mal und ob!» sagte Bill.

«Er behauptet, daß er nie in seinem Leben einen Tropfen Alkohol getrunken hat», sagte Nick so, als ob er eine wissenschaftliche Tatsache verkündete.

«Na, er ist eben ein Arzt. Mein Oller ist Maler. Das ist etwas anderes.»

«Es ist ihm viel entgangen», sagte Nick traurig.

«Kann man so nicht sagen», sagte Bill. «Es gibt für alles einen Ausgleich.»

«Er sagt selbst, daß ihm viel entgangen ist», gab Nick zu.

«Na, Vater hat 'ne tolle Zeit hinter sich», sagte Bill.

«Es gleicht sich alles aus», sagte Nick.

Sie saßen da, sahen ins Feuer und dachten über diese tiefe Wahrheit nach.

«Ich werde ein Scheit Holz von der Hintertür holen», sagte Nick. Während er ins Feuer blickte, hatte er bemerkt, daß es am Herunterbrennen war. Außerdem wollte er zeigen, daß er Alkohol vertragen und praktisch sein konnte. Selbst wenn sein Vater niemals einen Tropfen angerührt hatte, sollte Bill ihn nicht betrunken sehen, bevor er selbst betrunken war.

«Bring eines von den großen Buchenscheiten», sagte Bill. Auch er war bewußt praktisch.

Nick kam mit dem Kloben durch die Küche und stieß im

Vorbeigehen einen Topf vom Küchentisch. Er legte den Kloben hin und hob den Topf auf. Es waren getrocknete Aprikosen zum Weichen darin gewesen. Er las sorgfältig die Aprikosen vom Boden auf – einige waren unter den Herd gefallen – und tat sie wieder in den Topf. Er goß etwas frisches Wasser aus dem Eimer neben dem Tisch über sie. Er war ganz stolz auf sich. Er war richtig praktisch gewesen.

Er kam mit dem Kloben ins Zimmer, und Bill stand aus seinem Stuhl auf und half ihm, ihn ins Feuer zu legen.

«Das ist 'n fabelhafter Kloben», sagte Nick.

«Den hab ich extra fürs schlechte Wetter aufgehoben», sagte Bill. «So ein Kloben brennt die ganze Nacht durch.»

«Die Kloben werden noch glühen, um morgen früh das Feuer anzufachen», sagte Nick.

«Sicher», pflichtete Bill bei. Sie führten die Unterhaltung auf hohem Niveau.

«Komm, laß uns noch einen trinken», sagte Nick.

«Ich glaube, im Schrank ist noch 'ne offene Flasche», sagte Bill.

Er kniete in der Ecke vor dem Schrank und holte eine vierkantige Flasche raus. «Das ist schottischer», sagte er.

«Ich hol noch Wasser», sagte Nick. Er ging wieder hinaus in die Küche. Er füllte den Krug mit dem Schöpflöffel mit kaltem Quellwasser aus dem Eimer. Auf seinem Weg ins Wohnzimmer kam er an einem Spiegel im Eßzimmer vorbei und sah hinein. Sein Gesicht sah fremd aus. Er lächelte dem Gesicht im Spiegel zu, und es grinste zurück. Er blinzelte ihm zu und ging weiter. Es war nicht sein Gesicht, aber das war ihm egal.

Bill hatte den Whisky eingeschenkt.

«Das ist aber ein Riesenschuß», sagte Nick.

«Nicht für uns, Wemedge», sagte Bill.

«Worauf wollen wir trinken?» fragte Nick und hielt sein Glas hoch.

«Wir wollen aufs Angeln trinken», sagte Bill.

«Schön», sagte Nick. «Meine Herren, es lebe das Angeln.»

«Alles Angeln», sagte Bill. «Auf der ganzen Welt.»

«Angeln», sagte Nick. «Wir trinken aufs Angeln.»

«Es ist schöner als Baseball», sagte Bill.

«Gar kein Vergleich», sagte Nick. «Wie sind wir denn überhaupt bloß auf Baseball gekommen?»

«War 'n Fehler», sagte Bill. «Baseball ist 'n Spiel für Rohlinge.»

Sie tranken ihre Gläser bis auf den Grund aus.

«Jetzt wollen wir auf Chesterton trinken.»

«Und Walpole», warf Nick ein.

Nick goß den Alkohol ein. Bill goß das Wasser dazu.

Sie sahen einander an. Sie fühlten sich fabelhaft.

«Meine Herren», sagte Bill. «Ich trinke auf Chesterton und Walpole.»

«Prosit, meine Herren», sagte Nick.

Sie tranken. Bill füllte die Gläser auf. Sie setzten sich in die großen Sessel vor dem Feuer.

«Das war sehr klug von dir, Wemedge», sagte Bill.

«Was meinst du denn?» fragte Nick.

«Mit der Marge-Angelegenheit Schluß zu machen», sagte Bill.

«Wahrscheinlich», sagte Nick.

«Es war das einzig Wahre. Wenn du's nicht getan hättest, wärst du sicher jetzt wieder zu Hause bei der Arbeit, um zu versuchen, genug Geld zu verdienen, um zu heiraten.»

Nick sagte nichts.

«Wenn ein Mann erst mal verheiratet ist, dann ist er absolut verschlampt», fuhr Bill fort. «Dann gibt's nichts mehr für ihn. Nichts. Auch nicht das geringste. Der ist erledigt. Du hast ja die Kerls gesehen, die sich verheiratet haben.»

Nick sagte nichts.

«Man sieht's ihnen sofort an», sagte Bill. «Sie kriegen so 'n satten, verheirateten Ausdruck. Die sind erledigt.»

«Stimmt», sagte Nick.

«Wahrscheinlich war's gräßlich, Schluß zu machen, aber man verliebt sich immer in wen anders, und dann ist alles in Ordnung. Verlieb dich in sie, aber laß dich nicht von ihnen ruinieren.»

«Ja», sagte Nick.

«Wenn du sie geheiratet hättest, hättest du ihre ganze Familie mitgeheiratet. Denk nur mal an ihre Mutter und den Kerl, den sie geheiratet hat.»

Nick nickte.

«Stell dir vor, die den ganzen Tag im Haus zu haben, und Sonntag mittag zu ihnen zum Essen zu gehen, oder sie kommen zu euch zum Essen, und wenn sie dann Marge die ganze Zeit über sagt, was sie tun und lassen soll!»

Nick saß schweigend da.

«Du bist noch verdammt gut da rausgekommen», sagte Bill. «Jetzt kann sie einen aus ihrem Kreis heiraten, sich häuslich niederlassen und glücklich werden. Man kann nicht Öl und Wasser vermischen; und man kann das ebensowenig vermischen wie zum Beispiel mich und Ida, die, die für Strattons arbeitet. Sie würde es vielleicht auch gern wollen.»

Nick sagte nichts. Der Alkohol hatte seine Wirkung völlig verloren und ließ ihn mit sich allein. Bill war nicht da. Er saß nicht vor dem Feuer; er würde auch nicht mit Bill und seinem Vater morgen angeln gehen oder sonstwas. Er war nicht betrunken. Es war alles weg. Alles, was er wußte, war, daß ihm Marjorie einmal gehört und daß er sie verloren hatte. Sie war fort, und er hatte sie weggeschickt. Das allein war wichtig. Vielleicht sah er sie niemals wieder. Wahrscheinlich sogar. Es war alles vorbei, zu Ende.

«Laß uns noch einen trinken», sagte Nick.

Bill schenkte ein. Nick panschte ein bißchen Wasser hinzu.

«Wenn das mit dir so weitergegangen wäre, würden wir jetzt nicht hier sitzen», sagte Bill.

Das stimmte. Sein Plan war ursprünglich gewesen, nach Hause zu fahren und sich Arbeit zu suchen. Dann hatte er geplant, den ganzen Winter über in Charlevoix zu bleiben, um in der Nähe von Marge zu sein. Jetzt wußte er nicht, was er tun würde.

«Wahrscheinlich würden wir sogar morgen nicht zum Angeln gehen», sagte Bill. «Du hattest schon die richtige Witterung.»

«Ich konnte nichts dazu», sagte Nick.

«Ich weiß, es kommt dann eben so», sagte Bill.

«Ganz plötzlich war alles aus», sagte Nick. «Ich weiß gar nicht wieso. Ich konnte nichts dafür. Genauso, wie wenn jetzt so ein Drei-Tage-Sturm kommt und die Blätter von den Bäumen reißt.»

«Na, es ist vorbei. Das ist die Hauptsache.»

«Es war meine Schuld», sagte Nick.

«Das ist ganz egal, wer schuld hat», sagte Bill.

«Ja, wahrscheinlich», sagte Nick.

Wichtig war nur, daß Marjorie fort war und daß er sie wahrscheinlich niemals wiedersehen würde. Er hatte mit ihr davon gesprochen, daß sie zusammen nach Italien reisen würden, und wie sie sich amüsieren wollten. Orte, in denen sie zusammensein würden. Es war alles aus jetzt. Irgend etwas in ihm war nicht mehr da.

«Solange es nur vorbei ist, das ist die Hauptsache», sagte Bill. «Ich kann dir sagen, Wemedge, ich habe mir die ganze Zeit darüber Sorgen gemacht. Du hast ganz recht gehabt. Kann mir schon vorstellen, daß ihre Mutter ’ne Stinkwut auf dich hat. Sie hat ’ner Menge Leute erzählt, daß ihr verlobt seid.»

«Wir waren nicht verlobt», sagte Nick.

«Es war überall rum, daß ihr’s wärt.»

«Dafür kann ich nichts», sagte Nick. «Wir waren’s nicht.»

«Wolltet ihr denn nicht heiraten?» fragte Bill.

«Ja, aber wir waren nicht verlobt», sagte Nick.

«Was ist denn der Unterschied?» fragte Bill kritisch.

«Ich weiß nicht, aber es ist ein Unterschied.»

«Ich sehe ihn nicht», sagte Bill.

«Schön», sagte Nick. «Wir wollen uns betrinken.»

«Schön», sagte Bill, «wir wollen uns richtig betrinken.»

«Wir wollen uns betrinken und dann schwimmen gehen», sagte Nick.

Er trank sein Glas auf einen Zug leer.

«Tut mir wahnsinnig leid um sie, aber was konnte ich machen?» sagte er. «Du weißt doch, wie ihre Mutter war.»

«Sie war grauenhaft», sagte Bill.

«Ganz plötzlich war's aus», sagte Nick. «Ich sollte nicht darüber sprechen.»

«Tust du doch gar nicht», sagte Bill. «Ich hab davon gesprochen, und jetzt hab ich's hinter mir. Wir wollen nie wieder davon reden. Du solltest gar nicht daran denken. Es könnte sonst wieder losgehen.»

Daran hatte Nick nicht gedacht. Es schien so endgültig zu sein. Das war ein Gedanke. Er fühlte sich wohler.

«Ja», sagte er, «die Gefahr besteht immer.»

Er war glücklich jetzt. Es gab nichts, was unwiderruflich war. Er konnte Sonnabend abend in die Stadt gehen. Heute war Donnerstag.

«Es besteht immer 'ne Möglichkeit», sagte er.

«Du mußt dich eben in acht nehmen», sagte Bill.

«Ich werde mich in acht nehmen», sagte er.

Er war glücklich. Nichts war zu Ende. Nichts war je verloren. Er würde Sonnabend in die Stadt gehen. Er fühlte sich jetzt leichter, als er sich gefühlt hatte, ehe Bill davon zu reden anfing. Es gab immer einen Ausweg.

«Wir wollen die Flinten nehmen und zur Landspitze runtergehen und uns nach deinem Vater umsehen», sagte Nick.

«Schön.»

Bill nahm die beiden Flinten vom Gestell an der Wand. Er öffnete eine Patronenschachtel. Nick zog seinen Mackinaw-Mantel und seine Schuhe an. Seine Schuhe waren beim Trocknen steif geworden. Er war noch ganz betrunken, aber sein Kopf war klar.

«Wie fühlst du dich?» fragte Nick.

«Famos», sagte Bill. «Ich hab eben so 'nen Kleinen sitzen.» Bill knöpfte seinen Sweater zu.

«Hat keinen Sinn, sich zu betrinken.»

«Nein, wir wollen ins Freie gehen.»

Sie gingen zur Tür hinaus. Es blies eine steife Brise.

«Bei dem Sturm halten sich die Vögel alle im Gras», sagte Nick. Sie schlugen die Richtung auf den Obstgarten ein.

«Heute früh hab ich 'nen Auerhahn gesehen», sagte Bill.

«Vielleicht erwischen wir ihn», sagte Nick.

«Bei dem Wind kann man nicht schießen», sagte Bill.

Jetzt, draußen, war die Marge-Angelegenheit nicht mehr so tragisch. Es war nicht einmal sehr wichtig. All so was blies der Wind weg.

«Der kommt direkt vom großen See her», sagte Nick.

Gegen den Wind hörten sie den dumpfen Ton einer Flinte.

«Das ist Vater», sagte Bill. «Er ist unten im Sumpf.»

«Hier können wir abschneiden», sagte Nick.

«Laß uns lieber an der unteren Wiese abschneiden und sehen, ob wir nicht was erwischen», sagte Bill.

«Schön», sagte Nick.

Nichts von dem war jetzt wichtig. Der Wind blies es ihm aus dem Kopf. Immerhin konnte er Sonnabend abend in die Stadt gehen. Es war gut, dies in Reserve zu haben.

Rolf Hochhuth

Die Berliner Antigone

Für Marianne

Da die Angeklagte *einer* falschen Aussage bereits überführt war, glaubte der Generalrichter, er könne sie retten: Anne behauptete, ihren Bruder – den Gehenkten, wie der Staatsanwalt möglichst oft sagte – sofort nach dem Fliegerangriff ohne fremde Hilfe aus der Anatomie herausgeholt und auf den Invalidenfriedhof gebracht zu haben. Tatsächlich waren ein Handwagen, aber auch eine Schaufel auf der Baustelle an der Friedrich-Wilhelm-Universität entwendet worden. Auch hatten in dieser Nacht, wie immer nach den Bombardements, Feuerwehr, Hitlerjungen und Soldaten die geborgenen Opfer in einer Turnhalle oder entlang der Hauptallee des Friedhofs aufgereiht.

Vor Gericht aber hatten zwei Totengräber mit der zeremoniellen Umständlichkeit, die ihr Gewerbe charakterisiert, die jedoch in Zeiten des Massensterbens so prätentiös wirkte wie ein Sarg, überzeugend bestritten, unter den 280 Verbrannten oder Erstickten, die bis zu ihrer Registrierung unter Bäumen auf Krepp-Papier lagen, den unbekleideten, nur mit einer Plane bedeckten Körper eines jungen Mannes gesehen zu haben. Ihre Aussagen hatten Beweiskraft. Sehr präzise vor allem in den Nebensächlichkeiten gaben sie an, persönlich jeden einzelnen der 51 Toten, die weder zu identifizieren gewesen noch von Angehörigen gesucht worden waren, drei Tage später in die Grube gelegt zu haben, in das Gemeinschaftsgrab.

Die Bezeichnung Massengrab war verboten worden. Die Reichsregierung pflegte die Toten eines Gemeinschaftsgrabes mit besonders tröstlichem Aufwand beizusetzen: nicht nur waren Geistliche beider Konfessionen und ein namhafter Parteiredner, sondern auch noch ein Musikzug des Wachbataillons und eine Fahnenabordnung hinzugezogen worden.

Ein Beisitzer des Reichskriegsgerichts, ein großväterlich warmherziger Admiral, der als einziger in dem fast leeren verwahrlosten Saal keine Furcht hatte, war so gerührt durch die Schilderung der Totenfeier, daß er der Angeklagten mit milder Zudringlichkeit empfahl, endlich die Wahrheit zu sagen über den ‹Verbleib› ihres toten Bruders: Die Entweihung eines Gemeinschaftsgrabes durch die Leiche eines von diesem Gerichtshof abgeurteilten Offiziers müsse sonst leider – er sagte zweimal aufrichtig *leider* – als strafverschärfend gewertet werden.

Anne, zermürbt und leise, beharrte auf ihrer Lüge …

Der Generalrichter, während der Worte des Admirals wieder in innerem Zweikampf mit seinem Sohn, fand Bodos Gesicht nicht mehr; es zerfloß ihm wie damals im Rauch der Lokomotive – nach ihrem notdürftig zusammengeflickten Übereinkommen, am Vorabend von Bodos Abfahrt zur Ostfront. Mehr als den Verzicht, sich in diesem Augenblick mit der Schwester eines Hochverräters *öffentlich* zu verloben, hatte der Generalrichter seinem Sohn nicht abzwingen können. Seiner Weigerung, dieser Mesalliance jemals die väterliche Zustimmung zu geben, hatte Bodo die Drohung entgegengesetzt, sich sofort mit dieser Person zu verheiraten, die ihn offenbar schon seit Wochen in jeder freien Stunde an seinem Potsdamer Kasernentor abgeholt hatte – auch dann noch, *auch* dann noch, als Annes Bruder schon verhaftet war!

Der Mann, statt dankbar zu sein, daß er als Schwerverwundeter mit einem der letzten Flugzeuge aus dem Kessel von Stalingrad ausgeflogen worden war, hatte nach seiner Genesung schamlos erklärt, nicht die Russen, sondern der Führer habe die 6. Armee zugrunde gerichtet. Und Bodo stand nicht davon ab …

Der Generalrichter, qualvoll erbittert, mochte das nicht wieder zu Ende denken. Er sah sich fest an einem Wasserfleck, der jetzt wie ein überlebensgroßer Fingerabdruck die Wand über der Büste des Führers durchdrang. Die kolossale Bronze war unerschütterlich auf ihrem Sockel geblieben, obgleich der Luftdruck des nächtlichen Bombardements selbst Rohre im Gerichtshof aus der Wand gerissen hatte …

Der Generalrichter hörte kaum dem steifschneidigen Staatsanwalt zu. Bodo schien kein Gefühl dafür zu haben, auch seine Mutter nicht, was es ihn kostete, diese Tragödie zur Farce – und dem Führer das Wort im Mund umzudrehen, nur damit dieses aufsässige Frauenzimmer vor dem Beil bewahrt blieb. Wer sonst, wenn er den Vorsitz abgelehnt hätte, würde auch nur daran interessiert sein, Hitlers ironisch wegschiebende Anordnung nach Tisch, die Angeklagte solle «in eigener Person der Anatomie die Leiche zurückerstatten», so auszulegen, als dürfe das Mädchen den Beerdigten stillschweigend zurückbringen?

Der Führer, beiläufig vom Propagandaminister unterrichtet, während ihm die Ordonnanz schon neue Depeschen über den politischen Umsturz in Italien reichte, hatte zweifellos nicht einmal an ein Gerichtsverfahren gedacht: Anne sollte enthauptet und der Anatomie zur Abschreckung jener Medizinstudenten ‹überstellt› werden, die vermutlich bei der Beseitigung der Leiche ihres Bruders geholfen hatten. Hier in der Reichshauptstadt, unter den schadenfrohen Augen des Diplomatischen Korps, das hatte Hitler noch angefügt, sollte nicht geräuschvoll nach ungefährlichen Querulanten unter den Studenten gefahndet werden: peinlich genug, daß im Frühjahr die feindliche Presse von der Studentenrevolte in München Wind bekam, weil Freislers Volksgerichtshof zwar schlagartig, aber doch zu laut damit aufgeräumt hatte.

Der Generalrichter, selten im Hauptquartier, noch seltener am Tische Hitlers, hatte mit erfrorenen Lippen «Jawohl, mein Führer» gemurmelt und später, ein geblendeter Gefangener, nicht mehr zu seinem Wagen hingefunden. Wie hätte er denn in Hitlers kaltblaue, rasputinisch zwingende Augen hinein das beschämende, das unmögliche Geständnis ablegen können, dieses Mädchen, die Schwester eines Hochverräters, sei heimlich mit seinem Sohn verlobt …

Jetzt verfiel er, Schweiß unter der Mütze, in den unsachlich persönlichen Tonfall des betagten Admirals und versprach der Angeklagten fast vertraulich mildernde Umstände. Unduldsam, aber genau entgegnete er dem Staatsanwalt: zwar sei nur während des Alarms das Kellergeschoß der Universität in der Nacht zugänglich; auch seien die Gitter dreier Fenster der Anatomie ebenfalls entfernt worden, um zusätzliche Notausgänge zu schaffen; und nur infolge der katastrophalen Verwirrung durch das Bombardement habe die Angeklagte die Schlüssel an sich bringen können. Dennoch: die Beseitigung der Leiche sei keine persönliche Bereicherung, ‹mithin› könne von Plünderung nicht gesprochen werden. Auch sei die Beerdigung nicht unbedingt ein staatsfeindliches Bekenntnis, da es sich bei dem Verräter um den Bruder handele. Als mildernder Umstand gelte noch die seelische Zerrüttung: der Verurteilung des Bruders sei bekanntlich der Freitod ihrer Mutter gefolgt.

Verdächtig, dachte der Staatsanwalt, ein straffgekämmter Hamburger mit einer Stimme wie ein Glasschneider – verdächtig. Aber der Ton des Generals ließ ihn verstummen. Er entblößte sogar die Zähne, ohne daß ein geplantes verbindliches Lächeln daraus wurde: Der Vorsitzende entschied nämlich auch darüber, ob er ihn weiterhin benötigte oder ihn zur Front ‹abstellte›. Er hätte ihn gern in die Hand bekommen, diesen Chef. Es war doch lachhaft, daß er jetzt der Angeklagten eine befristete Zuchthausstrafe versprach, wenn sie die Exhumierung ihres Bruders unter Bewachung vornähme; ein solches Angebot, sicher, man brauchte sich später nicht daran zu halten – stand in keinem Verhältnis zu ihrem Verstoß gegen den Führerbefehl, politischen Verbrechern das Begräbnis zu verweigern …

Während er voller Genugtuung die Beugung des Gesetzes durch seinen Chef bedachte; während der Admiral mit dem wehmütigen Wohlgefallen alter Männer diese halberloschene ‹Pracht von einem Mädel› da auf der Anklagebank teilnahmsvoll mit Blicken tätschelte; und während der Wasserfleck über der Büste des Führers vor dem langen wutroten Fahnentuch weiter und dunkler um sich fraß, zwang sich der General, schon ohne Atem, schon ohne Hoffnung zur äußersten Brutalität: «An langwierige Nachforschungen kann das Gericht zu diesem Zeitpunkt des Totalen Krieges keine Kräfte verschwenden», drohte er heiser und hastig Anne und sich selbst. «Sie können sich 24 Stunden überlegen, ob Ihre Helfershelfer in der Anatomie die Leiche Ihres Bruders dort wieder vorfinden – oder ob die Mitwisser durch Einlieferung *Ihres* Körpers, Kopf vom Rumpf getrennt, darüber aufgeklärt werden sollen, daß wir Nationalsozialisten jeden defätistischen Ungehorsam rücksichtslos ausmerzen.»

Die Todesangst gab sie nun nicht mehr frei. Doch am Abend waren ihre Hände immerhin so ruhig, daß sie Bodo schreiben konnte. Es war schon der Abschied, das wußte sie, und Brandenburg, der gute Wärter, der gleich bei Annes Einlieferung mit fröstelndem Grauen ‹die Schwester› erkannt hatte, war bereit, ihren Brief als Flug-Feldpost hinauszuschmuggeln.

«Du wirst erfahren, wo ich meinen Bruder beerdigt habe, und wenn Du mich später wieder suchst, so nimm ein paar Zweige von unserer Birke an der Havel und lege sie auf sein Grab, dann bist Du mir nahe.»

Sie wollte Pfarrer Ohm anvertrauen, wohin sie den Bruder gebracht hatte – wenigstens *er* blieb vor den Schergen und Schändern in Sicherheit. Dieser Gedanke bewahrte sie davor, zu bereuen, obwohl sie nicht mit der Todesstrafe gerechnet hatte und bei der Drohung des Generalrichters zusammengebrochen war.

Gewaltsam vertiefte sie sich in die schon Traum gewordene Erinnerung an die Nacht vor zehn Tagen, um nicht wieder völlig von der Angst erbeutet zu werden. «Das Gericht glaubt Ihnen nicht, daß Sie den Bruder auf den Invalidenfriedhof geschafft haben!» hörte sie die durch Gekränktsein verschärfte Stimme des Generalrichters – ich würde das auch nicht glauben, dachte sie jetzt mit einem Sarkasmus, der sie für einen Moment belebte, fast erheiterte …

Und wenigstens innerlich riß sie sich los von Wand und Gitter, heraus aus der Zelle – und sie war frei, solange sie draußen an den Streifen Erde dachte, an den heidnisch alten, schon seit Generationen stillgelegten Totenacker, rings um die noch mit Feldsteinen aufgetürmte Marienkirche, im ältesten Stadtteil, ganz nahe der Universität. Die mächtigsten, die königlichen Bäume Berlins wölbten sich dort domhoch über die wenigen Grabsteine dahingesiechter Jahrhunderte, und einen der Steine, einen starken Schild der Ruhe, ausgeweint von Regen und Schnee, zerrissen wie – wie Mutters letztes Gesicht, hatte sie an jenem Nachmittag zum Grabstein des Bruders bestimmt. Sie wollte Ohm jetzt bitten, ihr die Bibelstelle zu übersetzen, die sie dort noch mühsam herausgelesen hatte: Apost. 5,29 – während der Name für die Augen, auch für die tastende Hand schon verloren war.

Wie viele hatten dort wohl Ruhe gefunden. Aus Scheu grub Anne nicht sehr tief. Sie hatte mit einem großen Messer die dicke Decke aus Moos und Rasen ziemlich spurlos herausgetrennt, während ihr sichernder Blick, sooft sie aufsah in die laute Nacht, über die glutsprühenden Dächer wie in eine Schmiede fiel. Ganz Berlin eilte in chaotisch geschäftigen Löschzügen zu den Bränden, und Anne ließ sich einfach mitreißen von dem heißen Wirbel, als sie, sofort nach dem Ende des Angriffs, mit dem Handwagen den Hof der Universität verließ – woran sich später die Denunziantin, eine Kommilitonin, erinnern konnte. Die phosphoreszierte Friedrichstraße hatte sich brechend und verglühend im Feuerwind gegen den Himmel gebäumt, eine flackernde Fahne der Verwüstung. Und dann – wie eine Friedensinsel, so meerweit getrennt von der orgiastischen Brandwut, lag der dunkle Acker da. Niemand störte sie. Vor der Straße durch verwilderte Forsythien geschützt, geschützt im Rücken durch die gotische Nische, grub sie ohne Hast und warf die Erde auf die Plane, die den Bruder bedeckt hatte. Und sie spürte die große Anstrengung nicht, als sie den Körper vom Wagen hob und ihn noch einmal hob und bettete. Doch vermied sie, das friedlose Gesicht anzusehen; denn am Nachmittag in der Anatomie war sie hinausgestürzt, sich zu erbrechen. Sie breitete ihren Sommermantel über den Bruder. Vor Erleichterung – aber doch auch, weil sie ihn jetzt mit Erde bedecken sollte, überfiel sie ein wildes Schluchzen – und dann sah sie sich schon in der Falle: ihre Beine, ihr Rock, ihre Hände waren so sehr von der feuchten Erde beschmutzt. Atemlos warf sie das Grab zu. Erst als sie, wieder kniend, schon den Rasen auflegen wollte, wurde ihr bewußt, daß nach dieser Brandnacht Zehntausende ebenso beschmutzt herumlaufen würden. Da ließ sie sich Zeit. Behutsam deckte sie die Erde ab, verteilte den Rest unter Büschen und preßte mit den Händen das Moos fest. Ehe sie mit dem Handwagen auf die Straße ging, schlich sie spähend hinaus, wartete, bis ein schweres Lastauto den Lärm verstärkte, und nach fünfhundert Metern erreichte sie wieder das erste brennende Haus; und etwas weiter, da riefen zwei Hitlerjungen sie um den leeren Wagen an, packten Koffer und Körbe und schließlich noch eine hysterische Frau obenauf, die sie unversehrt aus dem Keller gezogen hatten, und Anne ließ sich versprechen, sie würden den Wagen morgen am Hauptportal zum Invalidenfriedhof abstellen, und dann warf sie die Schaufel und die Plane in die schwelenden Trümmer. Später fand sie einen Hydranten, an dem die Feuerwehr gerade den Schlauch abschraubte, und da wusch sie sich die Beine und das Gesicht und die Arme. Und hinter ihr trug man Tote weg, und sie floh aus den Trümmerstraßen, getrieben, sich bei Bodo zu bergen, überwältigt von einer quälenden Gier nach Leben – um es zu vergessen, das Leben.

Das hätte sie ihm gern geschrieben, jetzt, wo die Angst sie wieder hochjagte von der Pritsche und die zweimal zwei Meter des Käfigs ihr unter den Füßen zu schrumpfen- und dann wegzusacken schienen wie die Klappe des Galgens. Sie durfte ihm nicht verraten, wie trostlos sie war. So zwang sie sich, ihm zu schreiben, sie fände es nicht sinnlos, zu sterben für das, was sie getan hatte. Das war die Wahrheit, aber nicht die ganze. Auch das war aufrichtig: daß sie den Tod, da schon so unzählige Generationen ‹drüben› seien, nicht fürchten könne; daß sie sich aber in erstickendem Ekel mit der Hand an die Kehle griff, sooft sie ans Sterben dachte, an die Anatomie, das verschwieg sie. Und endlich fand sie sogar etwas Ruhe in dem banalen Gedanken: so viele müssen sterben können, Tag für Tag, und die meisten wissen nicht einmal wofür – ich werde es auch können. Und sie fand es nur noch anmaßend, nach einem Sinn zu fragen, und sie konnte jetzt denken: daß so viele schon drüben sind, daß alle nach drüben kommen, das muß mir, das *muß* mir genügen.

Das Letzte verschwieg sie auch sich. Brandenburg wartete auf den Brief. Sie mußte einen kleinen Halt, ein einziges Wort, das ihm blieb, hineinlügen – und da sie einen Stern durchs Gitter sah, den sie nicht kannte, und noch einen, so fiel ihr ein, was sie im letzten Urlaub verabredet hatten, beim Segeln in einer hohen hellen Nacht: immer aneinander zu denken, wenn sie abends den Großen Wagen sähen, Bodo in Rußland, sie in Berlin. Und sie schloß: «Ich sehe durchs Gitter unseren goldenen Wagen, und da weiß ich, daß Du jetzt an mich denkst, und so wird das jeden Abend sein, und das macht mich ruhig. Bodo, lieber Bodo, alle meine Gedanken und Wünsche für Dich vertrau ich ihm an, für immer. Dann weiß ich, sie erreichen Dich, wie weit wir auch getrennt sind.»

Die Planierung des Gerichtshofes durch eine Luftmine verlängerte Annes Bedenkzeit auf elf Tage.

Ihr Pflichtverteidiger schaufelte mit rotplumpen Händen nur hilflos leere Luft; sie hatte ihn zwanzig Minuten vor der ersten Verhandlung kennengelernt. Bei seinem zweiten und letzten Besuch sah er sich um nach der Zellentür, als erwarte er von dort einen Genickschuß. Dann wisperte er, sein Taschentuch neben dem Mund: «Die Frau des Generalrichters war heut früh bei mir, sie hat geweint – jetzt weiß ich erst, daß ihr Sohn und Sie … also: der General wird Sie retten, wenn Sie sich sofort bereit erklären …» Anne, als dürfe sie das nicht hören, bat ihn hektisch, endlich eine Nachricht von Bodo herbeizuschaffen.

Die Besuche des Pfarrers waren ihr gefährlicher. Ohm versuchte, Anne klarzumachen, daß ein Unbestatteter nach christlicher Auffassung nicht ruhelos bleibe. Und sosehr sie seine Besuche herbeisehnte, so erleichtert war sie, wenn er ging. Sie weinte jedesmal, schließlich war sie so verwirrt, daß sie nicht mehr wußte, ob sie ihm das Geheimnis zuletzt für Bodo anvertrauen dürfe.

Vier Tage und Nächte teilte sie dann die Zelle mit einer neunzehnjährigen polnischen Zwangsarbeiterin, die ihr aus zerknetetem Brot einen Rosenkranz formte, mit dem Anne sowenig beten konnte wie – ohne ihn. Die Verschleppte aus Lodz hatte sich heimlich, während eines Fliegeralarms, in einer Dresdner Bäckerei satt gegessen und sollte deshalb als Plünderer geköpft werden. Sie war nicht tapfer, aber stoisch, so daß ihre Gegenwart Anne erleichterte – während der Generalrichter gehofft hatte, das Zusammensein mit der rettungslos Verlorenen, die nicht einmal Angehörige benachrichtigen durfte, mache Anne geständig. Und wahrscheinlich wäre seine Rechnung dennoch aufgegangen. Als nämlich der Polin die Stunde schlug – im lauernden Morgenlicht des zehnten Tages von Annes Bedenkzeit – und sie aufgerufen wurde, ohne Gepäck mitzukommen, umarmten und küßten sie sich – Schwestern vor dem Henker; und Anne, durch die Berührung mit dem schon ausgebluteten Gesicht der Gefährtin jäh wie vom kalten Stahl des Fallbeils selbst angerührt, wurde mit einem Schnitt innerlich abgetrennt von ihrer Tat: Sie begriff das Mädchen nicht mehr, das seinen Bruder bestattet hatte – wollte es nicht mehr *sein*, wollte zurücknehmen. Damit war sie vernichtet. Allein gelassen, duckten ihre Nerven sich vor jedem Schritt draußen auf dem Gang, dessen blendender Linoleumläufer nicht betreten werden durfte. Ihr flatternder Blick stieß sich wund an den Mauern und verfing sich in den Gitterstäben, durch die der Tag hineinprahlte. ‹Das Leben geht weiter› – diese roheste aller Platitüden, sie verbrannte ihr Herz. Noch in den Spatzen, die sie beim Rundgang im Hof auf Kokshalden gesehen hatte, demütigte sie diese ordinäre Wahrheit. Und was Bodo ihr zum Trost gesagt hatte, als sie erfuhr, ihr Bruder werde gehenkt, das nagelte nun Stunde um Stunde ihre kaltwache Vorstellungskraft auf das Brett unterm Messer, auf dem man sie anschnallen würde, und richtete ihre

Augen auf die Blutrinne in den Fliesen hinter der Guillotine: der rumpflose Kopf lebt da unten noch weiter, noch lange, zwar blind, doch vermutlich bei Bewußtsein, manchmal eine halbe Stunde – während der Tod am Galgen meist schnell eintritt. Mit dieser Feststellung hatte der Generalrichter vor seiner Familie einmal zu rechtfertigen versucht, daß er ‹Verräter›, denen die Kugel verweigert wurde, dem Strang überantwortete, und Bodo hatte Anne mit nichts anderem beruhigen können. Was mochte jetzt *er* durchleiden, seit er wußte, was ihr bevorstand? Denn Frauen, auch das hatte er ihr damals gesagt, blieb laut Führerweisung das Beil verordnet …

Als man aber später dem Pfarrer aufschloß, kam sie nicht dazu, ihre Tat zurückzunehmen. Sein Gesicht war eingestürzt. Und seine Unfähigkeit, das erste Wort zu finden, gab Anne für die Dauer weniger Atemzüge die Kraft, Gelassenheit vorzutäuschen. Sie glaubte, er müsse ihr sagen, sie sei schon verurteilt. Sie deutete an, er könnte ‹es› sagen. Da murmelte er, und sie hielten sich aneinander fest: «Ihr Verlobter – Bodo, hat sich in einem russischen Bauernhaus erschossen.»

Lange erst, nachdem er es gesagt hatte, hörte sie ihn: «Man fand nur Ihren Brief bei ihm, er hatte ihn erst eine halbe Stunde …»

«Brief?» – und er las an ihren Augen ab, daß sie das nicht begriff. Bodo hatte auch seiner Mutter nicht mehr geschrieben. Das sagte er ihr. «Kein Brief – kein – *nichts* für mich?»

Nun mußte er es *doch* sagen. «Er wollte zu Ihnen … verstehen Sie!» sagte der Geistliche, und seine Augen zuckten. Er mußte es wiederholen: «Bodo wollte bei Ihnen sein. Er glaubte doch – er dachte, Sie seien schon … tot.»

Hitler zeichnete alsbald den Generalrichter mit der höchsten Stufe des Kriegsverdienstkreuzes aus und empfing den durch häufiges Weinen noch treuer gewordenen Mann persönlich im Hauptquartier. Bei Tisch sagte er an diesem Tag, und es war das erste Mal, daß seine Tafelrunde ihn erbittert über den entmachteten, aber von ihm noch immer sehr verehrten Mussolini sprechen hörte, der italienische Staatschef könne sich ein

Beispiel nehmen an diesem deutschen Richter, der in heroischer Weise die Staatsräson seinen familiären Gefühlen übergeordnet habe – und solle sich endlich dazu aufraffen, seinen Schwiegersohn, den Verräter Graf Ciano, in Verona erschießen zu lassen.

Der Generalrichter hatte sein Angebot nicht ausdrücklich widerrufen, wäre aber – nach Bodos Tod war er zwei Tage nicht zum Dienst erschienen – vielleicht auch nicht mehr imstande gewesen, die Delinquentin noch aus der angelaufenen Vernichtungsmaschinerie zurückzureißen. Sie hatte Anne automatisch in dem Augenblick erfaßt, in dem sie ins Gefängnis Lehrter Straße überführt worden war – schon als ‹Paket›. Das war die Fachbezeichnung für ‹Patienten mit geringer Lebenserwartung›, wie die besseren Herren der Justiz, die sich in fast jeder Situation ihren Witz bewahrten, zu sagen pflegten.

Paket besagte: als juristische Person abgebucht, zur Dekapitation und behördlich überwachten Kadavernutzung freigegeben. Das Honorar für Urteil, Gefangenenkost und Scharfrichter sowie ‹für Übersendung dieser Kostenrechnung› war bei politischen Verbrechern per Nachnahme von den Angehörigen einzutreiben, im Falle ihrer ‹Nichtauffindung› oder bei Ausländern der Staatskasse ‹anzulasten›.

Seit Anne wußte, wie Bodo ein Leben ohne sie eingeschätzt hatte, fand auch sie selbst in ihren starken Augenblicken das Leben nur noch überwindenswert – und doch hatte sie ein Gnadengesuch geschrieben, dem sie sich nun gedemütigt ausgeliefert sah. Nur körperliche Schwäche – denn ‹Pakete› bekamen in ihren absichtlich überheizten Zellen fast nichts mehr zu essen, an manchen Tagen nur eine Handvoll Kraut –, nur ihre Schwäche verdrängte zuweilen ihre seelischen Heimsuchungen. Der Hungerschmerz reduzierte sie auf ihre Animalität, und zuzeiten nahm das hysterisch gesteigerte Bedürfnis nach einem Stück Seife ihr den Blick dafür, daß sie gesetzlichen Anspruch nicht einmal mehr auf Sauerstoffzufuhr hatte. Schließlich atmete sie nur noch, weil sie in lächerlicher Verkennung der Kriegslage dem Größenwahn erlegen war, der Führer oder auch der Herr Reichsminister für Justiz fänden noch Zeit, sich mit einem Gnadengesuch zu befassen – das aber selbstverständlich, trotz seiner ‹Nicht-Vorlage› niemals übereilt abgelehnt wurde, sondern erst nach einer humanen Frist, wie sie in der Verordnung vom 11. Mai 1937 bestimmt worden war.

Manchmal entrissen ihre Toten, der Freund, die Mutter, der Bruder, Anne ihrer Angst und bewirkten, daß das Unvorstellbare, ihr eigenes Totsein, vorstellbar wurde ohne Entsetzen, ja eben als die wahre verläßliche Freiheit. In solchen Momenten war sie bereit. In den Nächten, wenn sie lag, überwog ihre Daseinsbegierde. Am Tag, unter der Folter der Zuchthausgeräusche, wenn ein Wagen im Hof, wenn Schritte und Lachen und Schreie und Schlüssel ihr den Vollstrecker anzukündigen schienen, versuchte sie, auf ihrem Schemel unter dem Gitter, sich abzuwenden von der gegenüberliegenden Tür, von dem Kübel und den Würghänden, die sie seit der Gerichtsverhandlung nach sich greifen sah – und in die Einsicht zu flüchten, daß allein der Tod uns beschützen kann. Der Tod, nicht Gott. Denn zu jung, um ergeben zu sein, trennte sie von *dem* wie eine Eiszeit die kosmische Gleichgültigkeit, mit der er seinem Geschöpf gegenüberstand, echolos wie die Zellenwand. Von ‹oben› erhoffte sie nichts als ihre schnelle Hinwegnahme durch eine Bombe, denn ‹Pakete› wurden während der Fliegerangriffe auf Berlin nicht aus ihren Gehäusen im fünften Stockwerk in die Luftschutzkeller mitgenommen; das hätte zu hohen ‹Personalaufwand› erfordert. Einmal splitterte die Scheibe in ihre Zelle – es war der Augenblick, sich die Adern zu öffnen, aber Hoffnung und Schwäche hinderten sie. Und als sie es endlich gekonnt hätte, da war Tag, und ihre Wärterin, eine kinderreiche Witwe, die Anne oft heimlich einen Apfel mitbrachte, entfernte mit geradezu antiseptischer Sorgfalt auch den winzigsten Splitter, nicht nur aus Annes Käfig, sondern sie fand bei der ‹Filzung›, wie sie die Leibesvisitation nannte, auch das scherenspitze Glas, das Anne als letzte Waffe gegen ihre äußerste Entwürdigung in ihrem Haar unter dem gestreiften Kopftuch versteckt hatte. Sie lachte aus ihrer guten nahrhaften Brust, die deutsche Mutter, weil sie doch noch pfiffiger war als die Gefangene, sie lachte ohne jede Grausamkeit – und erschrak so sehr, als sie, zum erstenmal, in Annes Augen Tränen sah und ganz unvorbereitet ihr wimmerndes, verzweifeltes, irrsinniges Betteln um den Splitter abwehren mußte, daß sie schnell ging, einen Apfel zu holen.

Sogar ein Arzt gab jetzt acht, daß Anne bei voller Gesundheit auf das Schafott kam. Tatsächlich verlangte die bürokratisch geregelte Absurdität des ‹Endvollzugs› die Anwesenheit eines Mediziners, als man ihr endlich – eine Formalität von neunzig Sekunden – die unbegründete Ablehnung des Gnadengesuchs und die Stunde ihrer Enthauptung verlas. Ohne Auflehnung ließ Anne, gefesselt seit der Urteilsverkündung, sich auch noch die Füße an eine kurze Kette legen und mit sechs anderen jungen Frauen, von denen eine noch ein Kind während der Haft geboren hatte, zum Auto nach Plötzensee bringen, wo ihnen ein halbidiotischer Schuster, der seit Jahren als Rentner dieses Privileg eifrig hütete, mit verschreckt geilen Augen und zutraulichem Geschwätz umständlich das Haar im Nacken abschnitt; dabei ließ er die schimmernde Flut von Annes sehr langen, blonden Haaren mit seniler Wollust durch seine riechenden Finger gehen, wickelte ihr Haar dann grinsend um einen seiner nackten Unterarme und tänzelte, die Schere unaufhörlich öffnend und schließend, um die Gefesselte herum, bis man ihn hinauspfiff wie einen Hund. Denn Anne mußte sich völlig ausziehen, um nur noch einen gestreiften Kittel und Sandalen anzulegen.

Die Todeszellen blieben offen, die Delinquenten waren an einen Mauerring gekettet. So sprach Pfarrer Ohm sie noch. Ob Anne sich jetzt des Wortes Apost. 5,29 erinnern konnte, das sie auf dem Grabstein des Bruders gefunden hatte; ob sie jenes Mädchen gewesen ist, das nach einer Chronik an diesem Nachmittag ‹wie eine Heilige starb›; oder ob sie es war, die zum Schafott ein Foto in den gefesselten Händen mitnahm, um für ihre Augen einen Halt zu finden – wir wissen es nicht. Pfarrer Ohm schrieb einige Jahre später auf eine Anfrage:

«Ersparen Sie sich die technischen Einzelheiten, mein Haar ist darüber weiß geworden.»

Die Frauen wurden in kurzen Abständen über den knochengrauen Hof zum Schuppen des Henkers geführt. Dorthin durfte kein Geistlicher sie begleiten. Wer da, neben dem dreibeinigen Tischchen mit Schnaps und Gläsern, als Augenzeuge Dienst tat, der Admiral, der Staatsanwalt, ein Oberst der Luftwaffe als Vertreter des Generalrichters und ein Heeresjustizinspektor, der schwieg sich aus nach dem Krieg, um seine Pension nicht zu gefährden. Nur darüber berichtet das Register: auch an diesem 5. August waltete als Nachrichter der Pferdeschlächter Röttger seines Amtes, der für seinen Schalk berüchtigt war und der, fast auf den Tag genau, ein Jahr später den Feldmarschall von Witzleben und elf seiner Freunde in Drahtschlingen erwürgte. Diese Hinrichtung wurde gefilmt, weil der Führer und sein Stab sich am Abend in der Reichskanzlei ansehen wollten, wie die Männer verendeten, die am 20. Juli 1944 versucht hatten, das Regime zu beseitigen. Ein Staatssekretär hat überliefert, daß selbst der satanische Parteigenosse Hitlers, sein Propagandaminister, während der Filmveranstaltung sich mehrmals die Hand vor die Augen hielt.

EPITAPH

Die Berliner Anatomie
erhielt in den Jahren 1939–1945
die Körper
von 269 hingerichteten Frauen

Professor Stieve im ‹Parlament›
am 20. 7. 1952,
dem 8. Jahrestag
des gescheiterten Attentats
auf Hitler

Kurt Kusenberg

Ordnung muß sein

Es war einmal ein Land, in dem die Regierung über den Stand aller Dinge genau unterrichtet sein wollte. Zählungen und Erhebungen von der Art, wie sie allerorten üblich sind, genügten ihr durchaus nicht; die Wißbegier der Obrigkeit drang tief in das Leben eines jeden Bürgers ein und machte es ihm zur Pflicht, sich selbst scharf zu beobachten, um jederzeit die nötigen Auskünfte erteilen zu können. Kein Tag verging, ohne daß der Briefträger einen oder auch mehrere Fragebogen ins Haus brachte, kein Abend senkte sich nieder, an dem nicht Beauftragte der Regierung die beantworteten Fragebogen wieder abholten. Es war strengstens angeordnet, die Papiere sogleich nach Erhalt mit eigener Hand zu beschriften, und wer sich dieser Weisung entzog, hatte das Schlimmste zu gewärtigen. Auf einmalige Verwarnung, die öffentlich und namentlich bekanntgegeben wurde, folgte beim nächsten Anlaß eine Kerkerstrafe, die selten milde ausfiel; wiederholte sich die Unbotmäßigkeit, wurde der Sünder vom Leben zum Tode gebracht. Unter solchen Umständen kam es dahin, daß die Bewohner den Vormittag damit verbrachten, die Fragebogen sorgfältig auszufüllen, und sich erst am Nachmittag, wenn ihnen leichter ums Herz war, ihrer eigentlichen Arbeit zuwandten.

Da mit Ausnahme der Kinder, die noch nicht schreiben konnten, niemand dieses Zwanges entbunden war, nahm das Leben trotz allem einen geregelten Gang. Zwar wurde weniger gearbeitet als in anderen Ländern, doch erwies es sich, daß die verbleibende Arbeit vollauf genügte, um die Menschen zu nähren, zu kleiden und ihnen dieses oder jenes Verlangen zu erfüllen. Wenn den Ansprüchen der Regierung überhaupt ein Nachteil anhaftete, so lag er allenfalls darin, daß die Bürger einen gewissen Teil ihrer Zeit nicht nach eigenem Ermessen vertun oder nutzen konnten, sondern ihn der allgemeinen Ordnung unterstellen mußten. Ob man das aber für einen Nachteil ansehen darf, ist zumindest fraglich. Mochten die täglichen Eintragungen anfangs manchen, vor allem den Ungeübten, hart angekommen sein, so half auch hier die lindernde und ausgleichende Macht der Gewöhnung weiter. Mit der Zeit mochten die Bürger ihre morgendliche Schreiberei nicht mehr missen, und alle Fremden, die das Land besuchten, waren des Lobes voll über den Sonntagsfrieden, der die erste Hälfte des Tages erfüllte. Solange die Sonne anstieg, saß alt und jung, vornehm und gering am Schreibtisch, erforschte das Herz, sammelte die Gedanken, zählte, rechnete und ließ rasch oder langsam die Feder übers Papier gleiten, damit die Regierung genau unterrichtet sei.

Längst ist der Leser neugierig geworden, worauf sich die Anfragen, denen eine solche Bedeutung zukam, eigentlich bezogen. Es wäre einfacher – oder auch schwieriger –, ihm mitzuteilen, was sie nicht einbegriffen, denn ihre Vielfalt war unermeßlich. Wollten die einen Fragebogen wissen, wieviel Zündhölzer, Raketen und Patronen der einzelne jährlich verbrauchte, so erkundigten sich die anderen eingehend nach den Träumen, die ihn kurz vor dem Erwachen heimsuchten, verlangten eingehende Schilderung und wollten wissen, ob bestimmte Träume regelmäßig wiederkehrten und, falls solches zutreffe, in welchen Abständen. Kaum hatte man nach bestem Vermögen Auskunft gegeben, so erschienen neue Fragebogen, die jedem Haushalt auftrugen, eine Liste aller mit dem Buchstaben R beginnenden Gegenstände anzufertigen und ausdrücklich zu vermerken, welche unter ihnen von grüner Farbe seien. Farbenblinden stand es frei, Hausgenossen oder Nachbarn beizuziehen, allerdings nur unbescholtene Leute; der Nachweis, daß es sich wirklich um solche handelte, mußte gesondert erbracht werden. Zugleich legte dasselbe staatliche Papier Wert auf die Feststellung, wie oft im Verlauf des letzten Jahrzehnts der betreffende Bürger den Haarschneider aufgesucht habe, wie sich – schätzungsweise – der natürliche Haarausfall zum künstlichen Beschnitt verhalte und ob das gefundene Verhältnis dem Verhältnis zwischen der Schuhnummer und der Kragennummer entspreche.

Nach solchen Beispielen könnte man den Eindruck haben, daß die gestellten Fragen überaus spitzfindig waren und keinen rechten Nutzen erkennen ließen. Beides müssen wir entschieden zurückweisen, denn erstens ist einer Frage nie ohne weiteres anzumerken, welchem geheimen Sinn sie dient, und zweitens liegt der Nutzen einer Unternehmung selten auf zwei Seiten, mitunter aber auf eben der Seite, die ihn nicht wahrhaben will. Was die Einwohner unseres Landes betrifft, so maßten sie sich nicht an, die Fragen der Regierung zu zerfasern, sondern beeilten sich, dieselben zu beantworten, schon darum, weil sie vor dem Mittagsmahl ihrer Pflicht nachkommen wollten. Wer eines gerechten und maßvollen Urteils fähig ist, wird ohnedies zugeben müssen, daß die geforderten Auskünfte ihrem ganzen Wesen nach anziehend waren, ein Aufgebot geistiger Kräfte erheischten und die Bürger unablässig dazu anhielten, sich über ihr Tun und Lassen Rechenschaft abzulegen. Denn es kann auf keinen Fall schaden, wenn jemand sich darauf besinnt, wieviel Morgenröten er zeit seines Lebens beobachtet, ob er je einen Apfelstrunk in ein blühendes Fliedergebüsch geschleudert und in welchem Maße er die Gewohnheit hat, sich körperlichen Reinigungen zu unterziehen, wobei anzuführen wäre, welchen Waschmitteln er den Vorzug gibt, ob er den Vorgang durch lautes Singen begleitet und wie oft er dabei begonnene Melodien nicht zu Ende führt, letzteres mit Angabe der vermutlichen Gründe, der durchschnittlichen Temperatur des Waschwassers und seiner aufrichtigen Einstellung zur Seepolitik des Landes. Auch ein Verzeichnis aller rotköpfigen Personen, die dem Ausfüller bekannt sind, und die Anzahl der offensichtlich Leberleidenden unter ihnen, eine kurze, jedoch wahrheitsgemäße Aufstellung der Getränke, derer er sich bisher entschlagen hat, dieses ohne Vermerk der Gründe, ferner Angaben über gelesene Bücher und gegessene Fische, nicht einzeln, sondern in Metern dargelegt, und eine bindende Erklärung, ob einerseits Holzknechte im Walde häufiger anzutreffen seien als Rotwild, andererseits Förster öfter als Steinpilze, und, drittens, Störche seltener als Eiben – auch all diese Fragen sind nur dazu angetan, die Gedanken beisammenzuhalten und sie, wie es hier geschah, bedingungslos in den Dienst des Staates zu stellen.

Es drängt sich die Frage auf, was mit den eingesammelten Niederschriften zu geschehen pflegte, und wir sind in der glücklichen Lage, darüber berichten zu können. Nachdem die Beauftragten, meist zu später Stunde, die Fragebogen bündelweise abgeliefert hatten, machten sich zahlreiche Beamte daran, das Material noch in der gleichen Nacht zu sichten. Eile tat not, denn auch die Beamten hatten am Vormittag ihrer bürgerlichen Pflicht zu genügen und mußten sich nachmittags, im Hinblick auf die Abendstunden, in ständiger Bereitschaft halten. Das Ordnen der Fragebogen vollzog sich nach ebenso bestimmten wie geheimen Gesichtspunkten. Nur soviel sei verraten, daß nicht der Anfangsbuchstabe, sondern der Endbuchstabe der einzelnen Namen dabei als Leitschnur diente. War die Arbeit getan, so wanderten die Bündel, nunmehr ganz anders zusammengesetzt, in die höheren Kanzleien, wo sie nach noch geheimeren Gesichtspunkten, die jedoch – so versichert man – mit der Himmelsrichtung der Straßen, in denen die Ausfüller wohnten, zusammenhingen, neuerlich bearbeitet und schließlich den Ministerien überantwortet wurden, immer sieben Bündel je Ministerium und bei jedem überschrittenen Hundert eines als Zugabe. Jetzt fiel den Referenten die schwere Aufgabe zu, Stichproben vorzunehmen und aus diesen einen Bericht zu gewinnen, der auf keine Einzelheiten, auch auf keine eigentlichen Tatsachen Bezug nahm, sondern von der Anzahl der Schreibfehler, dem Zustand des Papiers und von der verwendeten Tinte einen ungefähren Eindruck zu geben suchte. Diese Berichte lagen den Ministerien am nächsten Morgen vor, wurden genau überprüft und meistens gutgeheißen. Zwei Wochen später – in der Regel wurden es drei Wochen – gelangten sie an den Präsidenten, der sie ungelesen, jedoch mit großer Sorgfalt in eigens dafür bestimmte Fächer legte.

D. H. Lawrence

Die blauen Mokassins

Heutzutage ändern sich Frauentypen rascher als Frauenmoden. Mit zwanzig Jahren war Lina M'Leod peinlichst modern; mit sechzig hingegen geradezu altmodisch.

Sie trat mit der Idee der völligen Selbständigkeit ins Leben. Wenn eine Frau zu jener verklungenen Zeit, vor vierzig Jahren, von ihrer Selbständigkeit redete, so meinte sie damit, daß sie nichts mit Männern zu tun haben wolle. Sie setzte sich darüber, daß es Männer gab, hinweg und führte ihr eigenes männerloses Leben.

Wenn heute ein Mädchen von seiner Selbständigkeit redet, meint es damit, daß es sich ausschließlich mit Männern zu beschäftigen gedenkt – wobei es sich nicht um ‹den Einen› zu handeln braucht.

Lina M'Leod hatte von ihrer Mutter her ein Einkommen. Mit zwanzig Jahren wandte sie daher ihrem Vater, jenem Urbild der Tyrannei, den Rücken und ging nach Paris, um Kunst zu studieren. Nach vollzogenem Studium der Kunst widmete sie sich dem Studium des Erdballs.

Vor ihrer enormen Selbständigkeit schmolz Afrika zu einer Kleinigkeit zusammen, gewaltige Landstrecken Chinas wurden von ihr tatkräftig erledigt, und die Rocky Mountains wie die Wüsten Arizonas waren ihr vertraut, als wäre sie mit ihnen verheiratet. Und das alles, um nichts mit Männern zu tun zu haben.

Es geschah in New Mexico, daß sie die blauen Mokassins erstand, die mit blauen Glasperlen bestickten, und zwar von einem Indianer, der ihr als Fremdenführer und Untergebener diente. Sie war selbständig genug, um sich der Männer zu bedienen, aber natürlich nur als untergebener, dienender Geschöpfe.

Als der Erste Weltkrieg ausbrach, reiste sie nach Hause. Sie war jetzt fünfundvierzig und bekam schon graue Haare. Ihr Bruder, der zwei Jahre älter als sie und Junggeselle war, wurde eingezogen, und sie selber blieb in dem kleinen Familienhaus daheim auf dem Lande und tat, was sie konnte. Sie war klein, aufrecht und in ihrer Redeweise kurz angebunden. Ihr Gesicht schien aus blassem Elfenbein, mit einer Haut, die zartem Pergament glich. Ihre Augen waren sehr blau. Es gab keinerlei Firlefanz um sie her, wenn sie allerdings auch Bilder malte. Ihr zartes Pergamentgesicht kam nicht einmal mit Puder in Berührung. So war sie nun einmal, Gott sei gelobt, und im ganzen Landstädtchen hatte man mächtigen Respekt vor ihr.

Infolge ihrer verschiedenen Betätigungen kam sie häufig mit einem jungen Bankangestellten namens Percy Barlow in Berührung. Als sie ihn im Jahre 1914 zum erstenmal sah, war er erst zweiundzwanzig, und sie mochte ihn gleich leiden. Sein Vater war ein armer Landpfarrer aus Yorkshire, und er war hier fremd. Er war eine zutrauliche Natur. Er vertraute Lina M'Leod, vor der er gewaltige Hochachtung hatte, schon sehr bald seine Abneigung gegen seine Stiefmutter und seine Angst vor seinem Vater an sowie auch, daß dieser wie Wachs in den Händen jedes Frauenzimmers war und daß er selber aus all diesen Gründen kein Zuhause hatte. In seinen angenehmen Gesichtszügen stand Zorn geschrieben, aber es war ein irgendwie belustigender Zorn, jedenfalls belustigte er sie.

Er sah entschieden gut aus mit seinem kräftigen, dunklen Haarschopf, den zwinkernden grauen Augen unter dicken Brauen, dem vollen Mund und der tiefen Stimme, die eine zärtliche Heiserkeit in sich barg. Diese Stimme war es, die Linas festen Halt erschütterte, wovon er nicht die leiseste Ahnung hatte; er sah zu ihr hoch empor –; ‹Sie steht turmhoch über mir›.

Wenn sie ihm beim Tennisspiel zusah, wenn er sich etwa ein bißchen zu sehr gehen ließ, einen Ball zu hart nahm, sich überstürzte, oder zu seinem Partner allzu nett war, zog Sehnsucht durch ihr Herz. Das Waisenkind in ihm! Und er sollte hinausziehen und sich totschießen lassen? Sie hielt ihn so lange es irgend ging mit allerhand Kriegshilfsarbeit zu Hause fest, und er war willens, alles, was sie verlangte, zu tun – er war ihr einfach ergeben.

Schließlich aber mußte er dann doch ins Feld. Er war jetzt vierundzwanzig und sie siebenundvierzig. Er kam, um in seiner hölzernen Art von ihr Abschied zu nehmen. Sie mußte sich plötzlich abwenden, ihre Stirn gegen die Wand lehnen und in Tränen ausbrechen. Es warf ihn völlig um, und ehe er wußte, wie ihm geschah, schlug er die Hände vors Gesicht und weinte bitterlich.

Sie begann ihn zu trösten: «Weinen Sie nicht, mein Lieber, weinen Sie nicht! Es wird schon alles gut werden.»

Endlich wischte er sich die Tränen mit dem Ärmel ab und sah demütig zu ihr auf. «Daß Sie weinten, hat mir's so angetan», brachte er hervor. Ihre blauen Augen glänzten von Tränen. Und plötzlich gab sie ihm einen Kuß.

«Du bist solch ein Lieber», flüsterte sie sehnsüchtig. Und dann fügte sie, unter ihrer durchsichtigen Pergamenthaut tief errötend, hinzu: «Eine so alte Schachtel wie mich heiraten, das möchtest du gewiß nicht?»

Er sah sie verwirrt an.

«Nein, ich bin wirklich zu alt», brachte sie hastig hervor.

«Sprechen Sie nicht so ... Sie sind nicht alt!» sagte er hitzig.

«Doch, wenigstens dafür bin ich es», sagte sie traurig.

«Soweit es mich angeht, nein!» rief er. «In vieler Hinsicht sind Sie jünger als ich. Ich laß mich hängen, wenn Sie's nicht sind!»

«Du läßt dich hängen, wenn ich's nicht bin?» neckte sie ihn zärtlich.

«Und ob! Wenn ich weiß, daß du mich willst, bin ich überglücklich, wenn wir uns heiraten können. Das ist die reine Wahrheit!»

«Die reine Wahrheit?» wiederholte sie, ihn immer noch voll Zärtlichkeit neckend.

Das erste Mal, daß er auf Urlaub kam, heirateten sie, in aller Stille, aber in aller Endgültigkeit. Er war frischgebackener Leutnant. Sie wohnten während der Flitterwochen in ihrem

Familienhaus Twybit Home. Es gehörte jetzt ihr, da ihr Bruder gestorben war. Sie verlebten einen seltsam glücklichen Monat. Sie hatte nämlich eine merkwürdige Entdeckung gemacht: einen Mann.

Er ging wieder ins Feld, diesmal nach Gallipoli, und wurde zum Hauptmann befördert. 1919 kam er zurück, noch grün von der Malaria, aber sonst gesund. Sie stand jetzt im fünfzigsten Lebensjahr. Sie war nahezu weißhaarig. Es war langes, dickes, schneeweißes Haar, tadellos gepflegt, über ihrem tadellos gepflegten, farblosen Gesicht mit den sehr blauen Augen.

Da er Frauen gegenüber ohnehin nicht unternehmend war, hatte er ihr Treue gehalten. Ihr weißes Haar irritierte ihn ein bißchen, doch sah er darüber hinweg und liebte sie. Und sie war, wenn auch ein wenig ängstlich und benommen, doch glücklich. Aber in Verwirrung gestürzt war sie doch. Es schien ihr so sonderbar, daß er im Pyjama einfach in ihr Schlafzimmer kommen konnte, wo sie beim Auskleiden war und sich das Haar bürstete. Da konnte er dann stillschweigend dasitzen und beobachten, wie sie diesen langen, fließenden Silberstrom, ihr weißes Haar durchkämmte. Wie ihr bloßer, elfenbeinfarbener, schlanker Arm an dem Silberstrom ihres Haares mit kräftig-mechanischer Bewegung auf und nieder glitt. Er saß da wie hypnotisiert und tat nichts als hinstarren. Schließlich konnte sie sich dann mit einem scharf fragenden Blick zu ihm umdrehen, worauf er sich erhob, irgend etwas Beiläufiges zu ihr sagte und mit den Augen lächelte, um dann hinauszugehen, wobei sich sein dünner Baumwollpyjama über seinen Hüften spannte, denn er war ziemlich kräftig gebaut. Ihr war, als kenne sie sich selber nicht mehr. Und diese merkwürdige geduckte Gebärde seines Hinausgehens, sein sonderbarer Katerkopf und seine derben Hüften und Gliedmaßen beeindruckten sie auf eine beängstigende Weise.

Außer den Dienstboten waren sie die einzigen Bewohner des Hauses. Percy hatte keine Arbeit. Sie lebten auf bescheidenem Fuße, denn ein gut Teil ihres Vermögens war im Kriege draufgegangen. Doch malte sie immer noch Bilder, darin hatte die Ehe sie nur noch bestärkt. Sie bemalte Leinwandflächen mit Blumen, wunderschönen Blumen, die ihr Gemüt berückten. Percy pflegte, die Pfeife in der Faust, stumm dabeizusitzen und sie zu beobachten. Er tat nichts als dasitzen und ihre kleine, zierliche Figur und ihre konzentrierten Bewegungen im Auge behalten. Dann und wann klopfte er seine Pfeife aus und stopfte sie neu.

Sie äußerte sich: endlich sei sie glücklich geworden. Und er: vollkommen glücklich sei er. Sie blieben unentwegt zusammen. Praktisch kam so gut wie niemand zu ihnen, und Percy verließ kaum jemals das Haus, außer daß er manchmal einen Ritt auf der Landstraße tat.

Sie waren jetzt sehr schweigsam miteinander. Das alte Geplauder zwischen ihnen war eingeschlafen. Er las nicht viel. Er saß einfach da, rauchte und schwieg. Manchmal ging ihr dies auf die Nerven, und sie mochte bei sich, ganz wie früher, darüber nachdenken, daß die höchste Wohltat, die einem menschlichen Wesen beschieden sein konnte, darin bestand, allein zu sein, ganz, ganz allein.

Seine Bankfirma bot ihm den Posten des Filialleiters am Orte an, und auf den Rat seiner Frau willigte er ein. Jetzt ging er jeden Morgen fort und kam abends wieder, was für sie schon weit angenehmer war. Der Schuldirektor bat ihn, doch wieder im Kirchenchor mitzusingen, und auch hier riet sie ihm zu. Dies waren immerhin die alten Gleise, in denen sein Junggesellenleben verlaufen war, und er fühlte sich wieder in seinem Element.

Er war beliebt. Er war ein netter und harmloser Kerl, das fand ein jeder. Der eine oder andere bemitleidete ihn insgeheim. Man gab sich mit ihm ab, lud ihn zum Essen ein, Eltern vertrauten ihm ihre Töchter an. Bei diesen war er gleichfalls beliebt, kein Wunder, denn wenn eine junge Dame einen Wunsch äußerte, war seine Antwort: «Ja? Das möchten Sie? Ich besorge es Ihnen.» Und wenn es gar nicht in seiner Macht stand, konnte er allenfalls sagen: «Ich wollte, ich könnte das für Sie tun. Ich täte es ohne Federlesen!» Womit es ihm durchaus ernst war.

Aber obwohl er doch so gut mit den jungen Damen der kleinen Stadt zurechtkam, kam er doch in seiner Entwicklung nicht voran. Irgendwie war er noch nicht aufgewacht. Hübsch, groß und lenkbar wie er war, blieb er in seinem innersten Wesen ungelenk und ohne Selbstbewußtsein, ja fast konnte man sagen: ohne ein Selbst überhaupt.

Die Tochter des Schuldirektors setzte es sich zum Ziel, ihn aufzuwecken. Sie war genauso alt wie er, eine ziemlich kleine junge Frau mit scharfen Gesichtszügen, die ihren Mann im Kriege verloren hatte, was ein großer Kummer für sie gewesen war. Aber sie machte sich den Stoizismus der Jugend zu eigen: Man mußte weiterleben, also tat man's. Trotz ihrer scharfen Physiognomie war sie eine freundliche Seele. Sie besaß einen frechen, kleinen rotbraunen Spitz, den sie in Florenz auf der Straße gekauft und der sich zu einem hübschen Kerlchen entwickelt hatte. Lina sah ein bißchen von oben auf diese Alice Howells und ihren Spitz herab, daher hatte Alice Howells nicht viel für Fräulein M'Leod übrig – «Ach, pardon, sie heißt ja Frau Barlow», pflegte sie boshaft hinzuzufügen. «Man kann sie sich unmöglich anders als Fräulein M'Leod vorstellen!»

Percy fühlte sich in der Rektoratswohnung, wo der Spitz kläffte und Alice Howells sich drei- bis viermal am Tag umzog (was ihr gut stand), wohler als in der halb klösterlichen Atmosphäre von Twybit Home, wo ‹Fräulein M'Leod› Wollsachen und einen selbstgestrickten Pullover nebst ziemlich langen Röcken trug, ihr Haar wie gesponnenes Silber schimmern ließ und in der Stille des Tagesablaufs ihre wunderschönen Blumenbilder malte. Abends zog sie sich dann, wenn er heimkam, zurück, um sich umzuziehen. Und wenn es sie auch kitzelte, daß ein Mann, während er sich anzog, an seinem Kragenknopf fummelnd in ihr Zimmer kam und ihr irgend etwas Gleichgültiges erzählte, indessen sie im seidenen Unterhemd mit bloßen Armen vorm Spiegel ihr Silberhaar aufband, so irritierte es sie doch. Wenn er da war, konnte er nicht aus ihrer Nähe weichen, sondern er starrte sie an, starrte sie unentwegt an, als wäre sie die höchste Offenbarung für ihn. Oft reizte es sie. Sie war nun einmal von jeher auf Schamhaftigkeit eingestellt – und was suchte er denn eigentlich an ihr? Niemals starrte sie ihn an, eher sah sie weg. Seine Blicke fielen ihr auf die Nerven. Sie hatte die Fünfzig überschritten. Und sein schwerer, schweigsamer Körper hatte etwas Beängstigendes.

Beim Tennis- oder Krocketspiel mit Alice Howells oder sonstwem fühlte er sich ganz glücklich. Alice war Chordirigentin, äußerlich eine resolute, kleine Person, innerlich aber ziemlich einsam und zärtlich, und sie hatte sich noch keineswegs damit abgefunden, daß das Leben ihr nichts mehr zu bieten hätte. Sie war über Dreißig und hatte außer ihrem Vater und dem kleinen Spitz und allenfalls der Gemeinde niemanden für ihr intimeres Dasein. Jedoch war sie im Umgang mit ihrem Chor, bei der Arbeit für die Schule sowie einem bißchen Tanz, Flirt und den Kleiderfragen sehr unternehmend und heiter.

Percy Barlow interessierte sie ungemein. «Wie kann ein Mensch nur zu aller Welt so furchtbar nett sein?» fragte sie ihn schon ein bißchen ärgerlich. «Na ja, warum denn nicht?» erwiderte er und hatte sein listiges Lachen in den Augenwinkeln. – «Ich meine nicht, warum er's nicht sein sollte», entgegnete sie, «sondern wie er es nur zustande bringt! Wie kann man nur so gutmütig sein? Zu gewissen Leuten kann ich mich nicht anders als tückisch verhalten; Sie aber sind nett zu jedem.»

«So, bin ich das?» sagte er verständnislos.

Er war wie einer, der immer träumt oder sich in einer Wolke bewegt. Als Bankbeamter war er zwar sehr tüchtig und intelligent. Schon was seine Erscheinung betraf, lag sein Charme in seinem schöngeformten Schädel. Er hatte entschieden etwas los. Aber in seinem Willen wie in seinem Körper, da war er im Schlaf. Es grenzte an Lethargie und verlieh ihm manchmal ein verstörtes Aussehen, das seine ganze Physis wesenlos und verächtlich erscheinen ließ.

Es verlangte Alice danach, ihn über seine Frau auszufragen. ‹Lieben Sie sie eigentlich? Können Sie sich tatsächlich etwas aus ihr machen?› Sie getraute sich aber nicht. Keine Frage nach seiner Frau brachte sie über die Lippen. Und noch zu etwas anderem war sie außerstande: ihn zum Tanzen zu bewegen. Nicht ein einziges Mal. In jeder anderen Beziehung aber war er fügsam wie Wachs.

Lina Barlow – oder ‹Fräulein M'Leod› – blieb immerdar zu Hause. Sie ging nicht einmal am Sonntag zur Kirche. Sie beobachtete Percys Weggehen und fühlte sich geradezu ein wenig gedemütigt. Er sang im Chor mit! Ja, die Ehe war unter anderem auch eine Demütigung für sie. Sie hatte unter ihrem Niveau geheiratet, das fühlte sie deutlich.

Die Jahre flossen dahin: jetzt war sie siebenundfünfzig. Percy vierunddreißig. In vielerlei Hinsicht war er noch immer ein Junge. In seiner merkwürdigen Verschlossenheit aber erschien er zeitlos. Sie beherrschte ihn mit vollkommener Mühelosigkeit. Drückte sie einen Wunsch aus, so gehorchte er sofort. Es wurde denn auch abgemacht, daß er ihr Zimmer nicht mehr betreten sollte. So tat er's also fortan nicht mehr. Bisweilen aber ging sie in sein Zimmer hinüber und entfaltete eine herzzerbrechend rührende Lieblichkeit.

Sie wickelte ihn wahrhaftig, wie man zu sagen pflegt, um den kleinen Finger. Heimlich aber fürchtete sie sich vor ihm. In den ersten Jahren ihrer Ehe hatte er eine unbeholfene, aber heftige Leidenschaft an den Tag gelegt, vor der sie zurückgeschreckt war. Sie hatte gefunden, dies habe nichts mit ihr zu tun. Es handelte sich ja um nichts als um seinen unterschiedslosen Begehr nach Frauen und der eigenen Zufriedenheit. Während sie doch nicht irgendeine beliebige Frau war, um seine allgemeingültige Begehrlichkeit zu stillen! Daher hatte sie sich von ihm zurückgezogen. Sie hatte ihn ausgeschlossen und die absolute Intimität ihres Zimmers wiederhergestellt.

Er verhielt sich dazu einfach reizend. Dennoch war er ihr unheimlich. Sie ängstigte sich – nicht geradezu vor ihm, aber vor einem unerklärlichen Etwas in ihm. Angst vor ihm – o nein, das nicht. Wenn sie ihn besuchte und die rührende Attraktivität einer einsam gelassenen Frau von siebenundfünfzig an den Tag legte, benahm er sich entzückend wie immer, aber zutiefst gleichgültig. Gewiß nahm er ihre rührende Beseeltheit wahr. Ihr Geheimnis, ihr dichtes weißes Haar, ihre klaren blauen Augen, ihre damenhafte Zartheit, das alles faszinierte ihn noch immer. Aber sein physisches Begehren nach ihr war völlig verschwunden. Insgeheim war sie dessen froh. Aber wenn er sie, reglos daliegend, anblickte, empfand sie eine Furcht, als sei ein Finger auf sie gerichtet, obwohl sie genau wußte, daß in dem Augenblick, da sie zu ihm sprach, sein gutmütiges und kindliches Lächeln in seinen Augen erglänzte.

An einem der dunklen Wintermonate dieses Jahres war es, daß sie eines Tages ihre blauen Mokassins vermißte. Sie hatte sie an einem Haken in seinem Zimmer aufgehängt. Nicht daß er sie jemals trug; sie waren ihm viel zu klein. Sie selber aber trug sie auch nicht, denn sie waren ihr zu groß. Mokassins sind eine männliche Fußbekleidung, von Indianern gemacht, keine weibliche. Aber diese hatten eine entzückende türkisblaue Farbe, sie waren aus lauter türkisblauen Glasperlen gearbeitet, mit kleinen, züngelnden Flammen von mattweißen und dunkelgrünen Tönen. Zu Anfang ihrer Ehe hatte er sie einmal bewundert, und als sie sagte: «Ja, sie haben so ein wundervolles Blau», hatte er geantwortet: «Nicht so wundervoll wie das Blau deiner Augen.»

Da hatte sie sie an der Wand in seinem Zimmer aufgehängt, und da waren sie geblieben. Bis an einem Novembertag, an dem es keine Blumen zum Abmalen gab und sie ein Stilleben mit einem bestimmten Blau darin plante – ein Blau wie das des Rittersporns! –, sie in sein Zimmer ging, um sich die Mokassins anzusehen. Und sie waren nicht da. Sie suchte sie, aber konnte sie nicht finden. Auch das Dienstmädchen wußte nichts darüber.

Sie fragte: «Percy, weißt du, wo diese blauen Mokassins, die an deiner Wand hingen, geblieben sind?» Einen Augenblick Stillschweigen; dann erschien sein gutmütiges Lächeln in den Augenwinkeln und er erwiderte: «Nein, das weiß ich nicht.» Wieder Pause. Sie glaubte ihm nicht. Aber als vollendete Dame wandte sie sich ab und sagte nur: «Nein, wie merkwürdig!» Er fragte, wozu sie sie brauche, und sie erklärte es ihm. Wonach sie nicht mehr darüber sprachen.

Es war im November, und Percy war jetzt ziemlich oft fort.

Er probte für ein kleines Stück, das sie zu Weihnachten im Unterrichtsraum der Kirche aufführen wollten. Er hatte sie um ihre Meinung gefragt: «Fändest du es ein bißchen unangebracht, daß ich da eine Rolle übernehme?» Sie sah ihn mild an und verbarg ihre wirkliche Ansicht. «Wenn du dich nicht persönlich lächerlich gemacht fühlst», entgegnete sie, «ist nichts dabei.» Er antwortete: «O nein, es berührt mich nicht die Spur.» Und sie: «Nun, dann tu es nur ruhig», und fügte bei sich im stillen hinzu: ‹Wenn es dir Spaß macht, du Kindskopf.› Im Ernst fand sie, etwas in der Welt müsse sich umgestülpt haben, wenn der Hausherr von Twybit Home oder mindestens der Filialleiter des angesehenen Bankhauses Stubb öffentlich auf einer Amateurbühne in einem Theaterstück aufträte. Weiterhin hielt sie sich würdevoll abseits und zog es vor, keine Einzelheiten darüber zur Kenntnis zu nehmen. Sie hatte nun einmal ihre Welt für sich.

Er hatte auch Alice Howells gefragt: «Meinen Sie, daß die Leute – Bankkunden und dergleichen – es unter meiner Würde fänden?» Sie hatte geantwortet: «Percy, Sie haben es doch wohl nicht nötig, Ihre Würde auf Eis zu legen, ebensowenig wie ich die meine.»

Das Stück sollte zum erstenmal an Heiligabend über die Bühne gehen; nach Schluß der Vorstellung fand dann die Weihnachtsfeier in der Kirche statt. Percy bat daher seine Frau, ihn nicht vor Mitternacht zu Hause zu erwarten. Dann machte er sich im Wagen auf den Weg.

Die Nacht brach herein, es regnete, und Lina kam sich verlassen vor. Sie blieb von allem ausgeschlossen. Das Leben floß an ihr vorbei. Es war Heiligabend, und sie war einsamer als sie je gewesen war. Percy, der sie diesem Zustand überlassen hatte, schien diese Einsamkeit nur noch zu vertiefen.

Da faßte sie den Entschluß, sich nicht ausschließen zu lassen. Sie wollte sich das Stück ansehen. Es war sechs Uhr vorbei und sie war in eine äußerst nervöse Stimmung geraten. Draußen Finsternis und Regen, innen Schweigen und Einsamkeit. Sie rief eine Autogarage in Shewbury an und erreichte unter Schwierigkeiten, daß man ihr einen Wagen zu schicken versprach. Herr Slater wollte sie persönlich in seinem alten Zweisitzer abholen, jeder andere Wagen war unterwegs.

Sie zog sich voller Nervosität an – ein dunkelgrünes Abendkleid, das mit ein paar bescheidenen Juwelen besetzt war. Im Spiegelbild fand sie sich schlank, jugendlich und vornehm. Sie wurde nicht inne, wie altmodisch sie mit ihrer steifen Aufrechthaltung, ihrem Haarknoten und ihrem langen Rock aussah.

Es war bis zu der kleinen Landstadt eine Fahrt von etwa fünf Kilometern, im Regen. Sie saß neben dem alten Slater, der gewohnt war, mit Pferdefuhrwerken umzugehen, aber sich im Auto nervös und unbeholfen fühlte, doch ohne ein Wort zu sagen. Aufatmend lieferte er sie am Eingangstor der St. Barnabas-Schule ab.

Es war schon fast halb acht. Der Schulraum war vollbesetzt und summte vor Aufregung. «Ich fürchte, wir haben keinen Sitzplatz mehr frei, Frau Barlow», sagte Jackson, einer der Kirchenratsmitglieder, der am Eingang, wo immer noch Leute um Einlaß kämpften, Wache stand. Er musterte sie voller Bestürzung. Sie musterte ihn gleichfalls voller Bestürzung. «Ja, dann muß ich wohl irgendwo draußen bleiben, bis mein Mann mich nach Hause bringen kann», sagte sie. «Können Sie mir irgendwo einen Stuhl hinstellen?»

Verängstigt und aufgeregt lief er umher und flehte andere Aufsichtspersonen um Rat an. Der Schulraum war tatsächlich überfüllt. Jedoch fand sich Herr Simmons, der führende Feinkosthändler am Ort, bereit, seinen Sitzplatz in der ersten Reihe an Frau Barlow abzutreten, während er selber sich einen Stuhl direkt unter der Bühne hinstellen ließ, wo er nicht eine Spur sehen konnte. Doch konnte er wenigstens Frau Barlow zwischen seiner Frau und Tochter sehen, mit denen sie hin und wieder ein Wort wechselte, und das genügte ihm.

Das Licht wurde ausgemacht, das Stück ‹*Das Zeichen der Schuhe*› nahm seinen Anfang. Die Vorhänge glitten beiseite und enthüllten die kleine mit weißer Sackleinwand ausstaffierte Liebhaberbühne, die einen maurischen Innenhof darstellen sollte. Und herein spazierte Percy, als Mohr verkleidet, das Gesicht geschwärzt. Er sah mit seinen hellgrauen Augen, die aus dem Schwarz hervorblickten, ganz hübsch aus. Indessen ängstigte er sich vor dem Publikum und sah immer nur vom Zuschauerraum weg, wobei er sich steif und linkisch bewegte. Nach einigen Minuten eines komisch-seinsollenden Dialoges trat die Heldin des Stücks auf, natürlich Alice Howells. Sie stellte ein orientalisches Jungfräulein dar, in weiten Türkenhosen aus weißem Musselin, mit einem silbrigen Schleier und – den blauen Mokassins. Alles auf der ganzen Bühne war weiß außer diesen blauen Mokassins, Percys dunkelgrüner Schärpe und dem roten Fes eines Negerknaben.

Als Lina Barlow die Mokassins gewahrte, schoß eine Welle von Wut in ihr hoch. Ausgerechnet dies! Die blauen Mokassins, die sie in den Wüsten des Wilden Westens erstanden hatte! Die blauen Mokassins, die nicht so wundervoll blau waren wie ihre Augen! *Ihre* blauen Mokassins – und an den Füßen dieser Person, dieser Howells.

Alice Howells hatte vor dem Publikum keine Scheu. Sie lüftete ihren silbrigen Schleier und schaute den Zuschauern ins Gesicht. Da sah sie denn auch in der vordersten Reihe die Barlow sitzen wie der Jüngste Tag in Person. Und auch in ihrer Brust schoß eine Welle der Wut hoch.

In dem Stück stellte sie das Weib eines grauhaarigen alten Kalifen dar, hatte aber das Herz des jungen Ali, alias Percy, gewonnen, und die ganze Handlung bestand aus dem Bestreben dieser zwei, dem Kalifen, seinen Negereunuchen und etlichen uralten Weibern zu entkommen und einander in die Arme zu schließen. Dabei spielten die blauen Schuhe eine sehr wichtige Rolle: wenn die süße Leila sie anhatte, war es für den wackeren Ali das Zeichen der Gefahr; zog sie sie aber aus, so konnte er unbesorgt kommen.

Es war alles ziemlich kindisch, alle hatten ihren Spaß daran, und Lina hätte es ruhig hinnehmen können, wäre nicht, wie man zu sagen pflegt, der Teufel in Alice gefahren. Mit einer enormen Aufmachung sah sie einigermaßen hübsch aus. Und plötzlich fuhr der Teufel in sie, und sie kurbelte an. Alle diese

Jahre hatte die arme junge Witwe die Sittsame gespielt und sich für die Gemeinde abgerackert. Mit ein bißchen Flirt hatte sie sich, willens, nicht gänzlich der Trübsal anheimzufallen, aufgeheitert, aber viel hatte sie nicht davon gehabt und war nie über eine enge Grenze gegangen.

Und nun tauchte da dieses ‹Fräulein M'Leod› in ihrer steifen Haltung und würdevollen Überlegenheit auf, und es fuhr Alice in die Glieder. Alles an ihr wurde Schmelz und Süße, und bis in die Fingerspitzen durchdrang sie das lang gestaute Knistern ihres jungen Geschlechts. Ihre Stimme wurde mit gedehnten, schmachtenden Tönen sogar ihr selber fremd. Alle ihre Bewegungen waren jetzt fließend, sie kam sich vor wie eine lebendige Flüssigkeit. Süß war dies! Und dicht darunter saß der Stachel der Bosheit, gerichtet gegen dieses ‹Fräulein M'Leod›, das da so aufrecht mit dem pompösen Knoten ihres weißen Haares saß.

Alices Rolle als liebliche Leila bestand darin, dem etwas schwerfälligen Percy den Kopf zu verdrehen. Und verführerisch war sie! Es dauerte kaum zwei Minuten, und er war von ihr behext. Er sah nichts von der Zuhörerschaft mehr. Ein schwaches, verzaubertes Grinsen erschien, indes er mit dieser jungen behosten Türkin agierte, auf seinem Gesicht. Seine volle, etwas heisere Stimme wandelte und klärte sich, nahm einen neuen, nackten Tonfall an. Als sie nun gar die primitiven, banalen Verse eines Duetts miteinander anstimmten, entstand eine betörende Vertraulichkeit zwischen ihnen. Und als dann, am Schluß des ersten Akts, die liebliche Leila die blauen Mokassins von den Füßen schleuderte und dazu ausrief: «Weg mit euch, ihr Schuhe des Joches, ihr Schufte des Kummers!» und eine Weile für sich allein tanzte, mit bloßen Füßen dicht vor ihrem betörten Opfer, da wurde sein Lächeln so gebannt, daß jedermann im Saal diesem Bann gleichermaßen unterlag.

Linas Entrüstung kannte keine Grenzen. Als diese unverschämte Howells die blauen Mokassins mit jenen Worten quer über die ganze Bühne schleuderte, lief die ältere Frau vor Wut rot an und konnte sich nur mit Mühe beherrschen, daß sie nicht aufsprang, auf die Bühne stürzte und sich ihrer Mokassins bemächtigte. In der kurzen Pause zwischen dem ersten und dem zweiten Akt saß sie einfach sprachlos da.

Aber da waren sie wieder, im zweiten Akt: an den Füßen dieser unverschämten Person. Es war zuviel! Und die Liebesszenen zwischen ihr und Percy gestalteten sich geradezu schamlos. Alice wuchs über sich selbst hinaus. Sie war von ihrer Rolle hingerissen und von nichts anderem als ihrem Gegenspieler besessen, außer vielleicht noch von dem Stachel jener anderen Frau, die vorgab, ihn zu besitzen. Ihn zu besitzen, welch ein Hohn! Denn auch Percy war besessen: Das entrückte Lächeln auf seinem Gesicht, das Funkeln seiner Augen, die Art seiner Hinneigung zu ihr, der kehlige Klang seiner Stimme – das Publikum hatte einen Mann vor sich, der umstrickt und von der Leidenschaft betört war.

Lina saß in solcher Scham und Qual auf ihrem Sitzplatz, als sei dieser glühendheiß. Auch ihr kam, im Banne des Zorns, ihre Besonnenheit abhanden. Sie war außer sich. Der zweite Akt näherte sich seinem Höhepunkt. Und der Höhepunkt trat ein. Er bestand darin, daß die liebliche Leila abermals mit den Worten «Fort mit euch, ihr Schuhe des Joches, fort!» die Mokassins von sich schleuderte und mit bloßen Füßen zu dem von Leidenschaft überwältigten Ali eilte, um sich ihm in die Arme zu werfen. Und wenn je ein Mann vor heißer Begehrlichkeit von Sinnen war, so Percy, als er den geschmeidigen Körper der Frau an sich preßte und ihn alles um sich her vergessend umschlang. Sie aber ließ sich, beseligt und betäubt, doch immer noch des Zuschauerraumes und jener Frau in der vordersten Reihe bewußt, fester und fester umschlingen.

Lina erhob sich von ihrem Platz und suchte die Ausgangstür mit den Blicken. Aber der ganze Saal war gedrängt voll von den Leuten, die vor dieser Liebesszene den Atem anhielten, indessen drei Geigen und eine Flöte melodisch aufseufzten. Sie konnte es nicht mehr aushalten. Sie stand jetzt, sie sah rot, sie konnte nicht heraus, und wieder hinsetzen konnte sie sich auch nicht.

«Percy», sagte sie mit lauter, klarer Stimme, «willst du mir bitte meine Mokassins reichen?»

Er hob sein Gesicht von Leilas Schulter und wandte es her wie einer, der aus einem tiefen Traum erwacht. Seine hellgrauen Augen waren umflort. In ungläubigem Staunen starrte er auf die kleine weißhaarige Person, die da unten stand.

«Hä?» machte er in äußerster Verwirrung.

«Gib mir bitte meine Mokassins.» Sie zeigte mit dem Finger auf die Stelle in der Ecke der Bühne, wo die Mokassins lagen.

Alice hatte sich aus seiner Umarmung losgemacht und war einen Schritt zurückgetreten, die Giftschlange da unten in der vordersten Reihe vor Augen. Dann mußte sie mit ansehen, wie Percy sich quer über die Bühne bewegte, sich wie eine Marionette bückte, um die Mokassins aufzuheben, an die Rampe trat und sie, sich weit vornüberbeugend, seiner Ehefrau reichte, die die Hand ausstreckte und sie in Empfang nahm.

«Danke», sagte die Ehefrau und setzte sich wieder, die Mokassins in ihrem Schoß.

Alice faßte sich, gab dem kleinen Orchester ein Zeichen und begann mit fester Stimme ihren Part des Duetts zu singen, das den zweiten Akt abschloß. Sie war sich ihrer Beherrschung des Publikums sicher.

Auch er faßte sich jetzt wieder, das Lächeln von vorhin kehrte auf seine Züge zurück, in aller Ruhe vergaß er, was geschehen war, und fiel in das Duett ein. Sie beendeten es und der Vorhang ward zugezogen. Brausender Applaus. Der Vorhang teilte sich wieder und Alice und Percy verbeugten sich, jedes mit einem geheimnisvollen Lächeln auf den Lippen, indessen Lina, die blauen Mokassins im Schoß, auf ihrem Sitzplatz verharrte.

Dann kam die große Pause. Nach einer kurzen Weile des Zögerns erhob sich Lina voller Würde und schritt, die Mokassins in der Hand, dem Ausgang zu. Man machte ihr ehrfürchtig Platz.

Zu Herrn Jackson, der sie diensteifrig hinausbegleiten wollte, sagte sie: «Ich möchte mit meinem Mann sprechen.»

«Sehr wohl, gnädige Frau.»

Er führte sie in den kleinen Klassenraum neben der Bühne,

der als Garderobe diente. Die Darsteller tranken dort Limonade und schwatzten miteinander. Alice Howells kam Jackson entgegen, und er flüsterte ihr etwas zu. Sie wandte sich an Percy: «Percy, Ihre Frau will Sie sprechen. Soll ich mitkommen?»

«Mich sprechen? Ja, kommen Sie nur mit.»

Sie folgten Jackson vor die Tür des Klassenraumes, wo Lina Barlow in ihrem Mantel wartete, die Mokassins in der Hand. Sie war bleich und musterte die beiden talmi-türkischen Gestalten, als wären sie einfach nicht wirklich vorhanden. Die Howells ignorierte sie ganz.

«Percy», sagte sie, «ich möchte, daß du mich nach Hause fährst.»

«Dich nach Hause fahren?» wiederholte er.

«Jawohl, ich bitte.»

«Wie, jetzt?» sagte er entgeistert.

«Ja, jetzt gleich, wenn es dir recht ist.»

«Was, in diesem Aufzug?» Er sah an sich herunter.

«Ich warte, bis du dich umgezogen hast.»

Eine Pause. Er drehte sich hilfesuchend nach Alice um. Die beiden Frauen musterten sich aus den Augenwinkeln, doch war es kaum zu merken. Er wandte sich wieder seiner Frau zu, sein geschwärztes Gesicht auf alberne Art leer, die Augenbrauen hochgezogen.

«Ja, weißt du, das paßt aber schlecht», sagte er. «Ich kann doch den dritten Akt nicht so lange aufhalten, bis ich dich nach Haus gebracht habe und wieder zurück bin?»

«Dann gedenkst du also noch in einem dritten Akt zu spielen?» fragte sie mit kalter Wildheit.

«Ja, das muß ich doch wohl», erwiderte er.

«Du *willst* es also?» fragte sie mit äußerster Eindringlichkeit.

«Aber ja, natürlich. Ich muß die Sache doch zu Ende bringen», erwiderte er mit der ganzen Unschuld seines Kopfes; was in seinem Herzen vorging, wußte er nicht.

Sie wandte sich schroff ab. «Gut also.» Und zu Jackson, der unterwürfig ein Stück hinter ihr stand, sprach sie: «Herr Jackson, wollen Sie bitte für irgendein Fahrzeug sorgen, das mich nach Hause bringen kann.»

«Hören Sie, Jackson», rief Percy und trat an den Mann heran, «fragen Sie doch bitte Tom Lomas, ob er mir den Gefallen täte, meinen Wagen aus der Schulgarage zu holen und meine Frau nach Hause zu bringen. Und wenn er nicht kann, fragen Sie Pilkington. Der Schlüssel steckt dran. Bitte tun Sie mir den Gefallen, ja? Ich wäre Ihnen sehr verbunden.»

Damit standen die drei wieder voller Betretenheit zusammen.

«Ich hatte mir schon gedacht, daß du von den zwei ersten Akten genug hättest», sagte Percy beschwichtigend. «So was liegt dir nicht. Es ist ja auch Kinderkram. Aber es gefällt den Leuten nun mal. Der Saal ist ja auch voll, nicht?»

Sie hatte darauf keine Antwort. Er sah aber auch mit seinem geschwärzten Gesicht und der türkischen Aufmachung zu albern aus. Und dabei wirkte auch seine Unschuldigkeit so albern. Immerhin war sein Körper nicht ganz so harmlos wie seine Seele. Das fühlte sie deutlich, als er das Wort an die Howells richtete: «Sie und ich, wir sind mehr auf primitiv eingestellt, was?» Dabei war wieder dieser kehlige Tonfall mit seiner nackten Intimität.

«Völlig auf primitiv eingestellt», wiederholte sie leichthin. Sie sah ihm in die Augen, dann auf die Mokassins in der Hand der Ehefrau. Er fuhr ein wenig zusammen, als fiele ihm erst jetzt etwas ein.

Tom Lomas steckte den Kopf herein: «Wird gemacht, Percy. Ich hab meinen Wagen in einer Minute draußen. Ich kann besser mit meinem eigenen als mit deinem.»

«Vielen Dank, mein Junge! Du bist ein guter Christ.»

«Man versucht's, besonders einem Türken gegenüber.» Er verschwand.

«Höre mal, Lina», sagte Percy in seinem unbefangensten Umgangston, «würdest du uns die Mokassins wohl noch für den letzten Akt überlassen? Wir sind ohne sie ziemlich aufgeschmissen.»

Sie ließ die volle Kraft ihrer Vergißmeinnicht-Augen gegen ihn los. «Du willst bitte entschuldigen, wenn ich es nicht tue.»

«Was? Wie?» rief er aus. «Aber warum denn nicht? Das hier ist doch bloß ein Spiel, um die Leute zu unterhalten. Das kann doch den Mokassins nichts schaden. Ich versteh schon, wenn du nicht magst, daß ich mich lächerlich mache. Aber ich bin doch nun mal von Geburt an ein bißchen lächerlich, was?» Und sein geschwärztes Gesicht lachte mit einem Mohrenlachen. «Und schließlich, es tut doch dir nicht weh! Laß uns die Dinger schon für den letzten Akt, ja?»

Sie sah zwischen ihm und ihren Mokassins hin und her. Nein, es war unsinnig, einem so albernen Menschen nachzugeben. Diese Dummheit seines Bettelns, die Gewöhnlichkeit dieses ganzen Auftritts! Und dafür die blauen Mokassins opfern? Es wäre erniedrigend für sie.

«Tut mir leid», erwiderte sie. «Ich möchte nicht, daß sie für so was benutzt werden. Dafür waren sie nicht gedacht.»

Sein Ausdruck veränderte sich, als hätte sie ihm ins Gesicht geschlagen. Er sank auf eines der kleinen Pulte nieder und ließ seine Blicke ratlos in dem Klassenzimmer umherschweifen. Alice in ihrem Musselin und ihrem herausgeputzten Gesicht ließ sich neben ihm nieder. Wie zwei gescholtene Sperlinge auf einem Ast saßen sie da, er mit seinen schweren, ungelenken Gliedmaßen, sie ganz leicht und beweglich. Lina wandte sich zur Tür.

«Sie müssen irgendwas anderes dafür finden», sagte er leise zu Alice. Er bückte sich, zog einen der grauen Schuhe aus, die sie jetzt anhatte, und strich mit den Fingern über den entblößten, schlanken Spann ihrer Sohle. Sie zog den Fuß hastig hinter den anderen, beschuhten zurück.

Tom Lomas, den Mantelkragen über die Ohren geschlagen, steckte den Kopf herein und rief: «Der Wagen ist da!»

«Fein, Tom! Ich schreibe es dir gut», versetzte Percy mit mühsamer Aufgeräumtheit. Dann raffte er sich zu einer noch größeren Anstrengung auf, erhob sich schwerfällig, trat auf seine Frau zu und sagte in dem steifen Tonfall falscher Herzlichkeit: «Mit Tom fährst du todsicher. Du entschuldigst, daß ich nicht mitkomme, ja? So will ich mich dem Publikum lieber nicht zeigen. Na, ich freue mich, daß du da warst, wenn auch nur so kurz. Auf Wiedersehen also! Gleich nach dem Gottesdienst komme ich nach Hause, werde dich aber nicht stören. Gib acht, daß du nicht naß wirst ...» Und seine falsche, vor Ärger steife Herzlichkeit verlor sich in einem förmlichen Ächzen der Wut.

Alice Howells hatte stillschweigend auf ihrem Pult gesessen. Sie wurde gar nicht beachtet. Die Szene war ihr äußerst unbehaglich. Percy machte die Tür hinter seiner Frau zu. Dann wandte er sich an Alice: «Nein, so was!»

Sie sah forschend zu ihm auf. Sein dunkles Gesicht war vor Wut verzerrt. Eine Sekunde lang ruhten seine verstörten Blicke in ihren emporgewandten, unruhigen, dunkelblauen Augen, dann sah er weg, als wolle er sich in seiner Wut nicht vor ihr sehen lassen. Selbst jetzt noch meinte sie einen Anflug von Zärtlichkeit in seinen Blicken zu gewahren.

«Das ist alles», ließ sie sich heiser vernehmen, «woran sie denkt. Ihre Sachen. Ihre Ansichten.»

«Ja! Nichts anderes als was ihr gehört. Ihre und ihre und ihre geheiligten Sachen. Ihr ganzer dämlicher eigener Kram. Immer nur sie.» Seine Stimme bebte vor heiser geflüsterter Wut und steigerte sich.

Alice sah erschrocken zu ihm auf: «Nein, sag das nicht. Sie liebt dich ja doch, ich bin sicher.»

«Mich? Mich, und lieben!» fuhr er auf. «Mein bloßer Anblick macht ihr Übelkeit! Nicht ein einziges Mal hat sie eine Regung der Zärtlichkeit für mich gehabt, sie tut nur so! Das weiß ein Mann genau» – er schnitt eine verächtliche Grimasse – «er weiß genau, ob eine Frau ihn nur wie ein Hündchen streichelt oder ihn richtig liebkost, als Frau! Nie im Leben hat sie irgendwen oder irgendwas geliebt, bei all ihrem liebevollen Getue. Sie ist ausschließlich auf sich bezogen, kennt nur sich – und zu ihr habe ich aufgeschaut wie zu einer Göttin. Ich Idiot!»

Alice saß mit gesenktem Kopf da und mußte wieder einmal denken, daß Männer nicht immer nur an der Nase geführt würden. Sie war so erschrocken und aufgeregt, als sei auch sie schuldig geworden. Er ließ sich ratlos neben ihr nieder. Sie sagte besänftigend: «Laß nur. Morgen magst du sie wieder leiden.»

Ein fahles Grinsen erschien auf seinen Zügen. «Sie streicheln mich wohl auch und reden mir zu wie einem Hündchen?» brachte er hervor.

«Wieso?» fragte sie verständnislos.

Er gab keine Antwort. Dann fing er wieder an: «Will uns nicht mal die Mokassins dalassen. Dabei hat sie sie jahrelang in meinem Zimmer hängen lassen. Man mußte ja denken, sie legte keinen Wert drauf. Ich wollte doch nur der Aufführung zum Erfolg verhelfen. Was machen wir denn jetzt?»

Sie erwiderte: «Ich habe schon nach einem Paar blaßblauer Seidenpantoffeln geschickt, die ich zu Hause habe. Die tun es auch.»

«Nein, all dies Theater. Ich bin ganz kaputt davon.»

«Sie kommen schon drüber weg.»

«Ihr Wort in Gottes Ohr. Aber mir hat's den Magen umgedreht. Ich weiß nicht, wie ich wieder nett zu ihr sein soll.»

«Vielleicht übernachten Sie heute lieber im Rektorat?» schlug sie sanft vor.

Er sah ihr in die Augen. All seine Ergebenheit legte er in diesen Blick.«Sie wollen doch nicht auch noch dahineingezogen werden?» fragte er mit zärtlicher Besorgtheit.

Sie sah nur aus weitgeöffneten, dunklen Augen in die seinen hinein, und es war wie ein tiefer, offener Torweg zu ihm hin. Sein Herz klopfte schwer. Das leise, atemlose Lächeln der Leidenschaft erschien wieder in seinem Gesicht.

«Wir müssen weiter, Frau Howells! Wir können die Leute nicht mehr warten lassen!»

Es war Jim Stokes, der die Aufführung leitete. Man konnte das Gescharre und Gemurmel des ungeduldigen Publikums hören.

«Meine Güte!» rief Alice und stürzte zur Tür.

Sinclair Lewis

Der Mietwagenfahrer

Ich möchte behaupten, daß jeder Mann in höherer Position, ob es sich nun um einen Bankpräsidenten, einen Senator oder einen Dramatiker handelt, eine heimliche Schwäche für irgendeinen komischen alten Kauz hat, der einen schrecklich verbeulten Hut trägt, in einer Bretterbude wohnt und sein tägliches Brot auf eine Weise verdient, die man lieber nicht allzu genau untersuchen sollte. (Es war der Richter vom Obersten Gericht, der das sagte. Ich maße mir nicht an, für den Wahrheitsgehalt seiner Theorien oder seiner Geschichte zu garantieren.) Vielleicht ist der Betreffende ein Fremdenführer in Maine, vielleicht ein alter Garagenmann, der früher den Mietstall unter sich hatte, vielleicht auch ein pflichtvergessener Gastwirt, der sich davonschleicht, um Enten zu schießen, obgleich er eigentlich den Schankraum auskehren müßte – jedenfalls wird unser Großstadtmensch alles daransetzen, daß er jedes Jahr einmal zu ihm hinausfährt und mit ihm durch die Gegend zieht, und insgeheim findet er ihn sympathischer als die meisten großen Tiere in der Stadt.

Immerhin ist etwas daran an dieser Idee vom freien, ungebundenen Leben im Land ohne Grenzen, von der in der Reklame für anregende Wildwestromane immer die Rede ist. Ich kenne die Philosophie nicht, die da im Spiel ist; vielleicht läuft es darauf hinaus, daß wir uns eine gewisse Schlichtheit bewahren, sosehr wir auch im übrigen irgendwelchen Statussymbolen verhaftet sind – Eigenheimen, Autos, kostspieligen Ehefrauen. Andererseits kann natürlich das ganze hübsche Spielchen von der Zivilisation dabei auffliegen; denn möglicherweise bedeutet das Ganze, daß der scheinbar zivilisierte Mensch im Grunde seines Herzens ein Vagabund ist und Flanellhemden, Bartstoppeln, Flüche und schmutzige Blechteller dem gepflegten, hygienischen, fortschrittlichen Leben vorzieht, das wir unseren Frauen zuliebe führen müssen.

Als ich meine juristischen Examen hinter mir hatte, war ich genauso affektiert und töricht und ehrgeizig wie die meisten jungen Burschen. Ich wollte aufsteigen, gesellschaftlich und finanziell. Ich wollte berühmt sein und in vornehmen Häusern mit Leuten speisen, die schaudernd an das ‹gewöhnliche Volk› dachten, das sich zum Dinner nicht umkleidet. Mir fehlte eben die Erkenntnis, daß es etwas noch Langweiligeres gibt als ein Dinner in Gesellschaft, nämlich die Unterhaltung danach, wenn die Opfer des Abends das Essen verdauen und Kräfte sammeln, um Bridge spielen zu können. Oh, ich war ein junger Dummkopf, wie er im Buch steht! Ich war sogar auf eine reiche Heirat erpicht. Man stelle sich unter diesen Umständen vor, wie mir zumute war, als man mich nach meiner ehrenvollen Aufnahme als fünfzehnter Assistent in das renommierte Anwaltsbüro Hodgins, Hodgins, Berkmann and Taupe, nicht mit der Vorbereitung von Schriftsätzen, sondern mit der Zustellung von Vorladungen beauftragte! Ich kam mir wie ein billiger Privatdetektiv vor. Wie der Bote eines schäbigen Sheriffs! Man sagte mir, so fange nun mal jeder an, und daher fing ich so an. Ich wurde aus Schauspielerinnengarderoben hinausgeschmissen und gelegentlich von kräftigen und entrüsteten Prozeßgegnern regelrecht verprügelt. Jeden schmutzigen, dunklen Winkel der Stadt lernte ich kennen und hassen. Ich war nahe daran, in meine Vaterstadt zurückzukehren, wo ich sofort als richtiger Anwalt hätte anfangen können. Da war es eines Tages richtiggehend eine Abwechslung, als ich in eine vierzig Meilen entfernte Stadt namens New Mullion geschickt wurde, um einem gewissen Oliver Lutkins eine Vorladung zuzustellen. Dieser Lutkins hatte einmal im Wald gearbeitet und kannte die Hintergründe eines bestimmten Waldbesitzabkommens. Wir brauchten ihn als Zeugen, aber bisher war es uns nicht gelungen, seiner habhaft zu werden.

Als ich in New Mullion aus dem Zug stieg, wurde meine plötzliche Vorliebe für friedliche und schlichte Dörfer gedämpft durch den Anblick dieser Ortschaft mit ihren schmutzigen Straßen und den entweder graubraun oder überhaupt nicht angestrichenen Geschäften. New Mullion muß damals acht- oder neuntausend Einwohner gehabt haben, aber es wirkte wie eine verwahrloste Bergarbeitersiedlung. Auf dem Bahnhof war nur ein einziger Mann, der nett aussah – der Mann vom Zustelldienst. Er war so um die Vierzig, mit rotem Gesicht, munter und behäbig. Die blaue Köperjacke und der Overall saßen ihm wie angewachsen, und man spürte sofort, daß er ein Menschenfreund war und den Leuten aus reiner Zuneigung auf die Schulter klopfte.

«Ich suche einen gewissen Oliver Lutkins», sagte ich zu ihm.

«Den? Hab ihn vor kaum einer Stunde hier gesehen. Schwer zu erwischen, der Bursche. Ist mal hier, mal dort. Vielleicht macht er gerade ein Pokerspielchen im Hinterzimmer von Fritz Beinkes Sattlerei. Sagen Sie, junger Mann … Haben Sie's eilig?»

«Ja. Ich möchte mit dem Nachmittagszug zurückfahren.» Ich war so verschwiegen wie ein Detektiv auf der Bühne.

«Dann will ich Ihnen was vorschlagen. Ich hab einen Mietwagen. Ich kurble die Knochenmühle an, und dann machen wir beide uns auf die Suche nach Lutkins. Ich weiß, wo er sich meistens herumtreibt.»

Er war offenkundig freundlich, schloß mich so bedingungslos in den Kreis seiner Zuneigung ein, daß mir richtig warm ums Herz wurde. Ich wußte natürlich, daß geschäftliches Interesse sein Verhalten bestimmte, aber die Liebenswürdigkeit war echt, und wenn ich Fahrgeld bezahlen mußte, um meinen Mann zu erwischen, dann konnte es mir nur recht sein, daß dieser nette Bursche davon profitierte. Ich handelte ihn auf zwei Dollar pro Stunde herunter, und er ging zu seinem in der nächsten Querstraße gelegenen Haus und kam mit einem Ding an, das wie eine schwarze Klavierkiste auf Rädern aussah.

Er hielt mir nicht die Tür auf, er sagte auch nicht: «So, es kann losgehen, Sir.» Ich glaube, er wäre eher gestorben, als daß er jemanden mit ‹Sir› angeredet hätte. Wenn er einmal am

Himmelstor steht, wird er Sankt Petrus einfach «Pete» nennen, und ich könnte mir denken, daß der gute Heilige nichts dagegen hat. Er bemerkte: «So, junger Mann, da ist die schöne Kutsche», und sein breites Lächeln – nun, es gab mir das Gefühl, ich sei schon immer sein Nachbar gewesen. Sie sind so hilfsbereit Fremden gegenüber, diese Dorfbewohner. Er hatte meine Aufgabe, Oliver Lutkins zu finden, zu der seinen gemacht.

Er sagte ein wenig verlegen: «Ich will mich nicht in Ihre Privatangelegenheiten einmischen, junger Mann, aber ich schätze, Sie wollen bei Lutkins Geld kassieren – er rückt nie einen Cent heraus; mir schuldet er noch fast einen Dollar von einem Pokerspiel, auf das ich mich dummerweise eingelassen hatte. Er ist kein übler Bursche, aber Geld macht er nicht gern locker. Sollten Sie also bei ihm was kassieren wollen, dann schleichen wir uns lieber vorsichtig an, umzingeln ihn gewissermaßen. Wenn Sie nach ihm fragen, wird er argwöhnisch und geht stiften – daß Sie aus der Stadt kommen, sieht ja jeder an Ihrem eleganten Filzhut. Am besten gehe ich mal zu Fritz Beinke rein und erkundige mich, und Sie halten sich hinter mir, damit man Sie nicht gleich sieht.»

Ich war sehr gerührt. Allein hätte ich Lutkins vielleicht nie gefunden. Jetzt aber war ich eine Armee mit Reservetruppen. Impulsiv erzählte ich dem Mietwagenfahrer, daß ich Lutkins eine Vorladung zustellen wollte; daß der Kerl sich boshafterweise geweigert hatte, in einer Prozeßangelegenheit auszusagen, bei der sein Wissen von einem bestimmten Gespräch alles hätte klären können. Der Fahrer hörte aufmerksam zu – und ich war dankbar dafür, daß ein Mann von vierzig Jahren mich jungen Fant ernst nahm. Schließlich hieb er mir auf die Schulter (sehr schmerzhaft) und sagte schmunzelnd: «Na, wir werden Freund Lutkins ganz schön überraschen.»

«Dann los, Fahrer.»

«Die meisten hier nennen mich Bill. Oder Magnuson. William Magnuson, Mietwagen und Transporte.»

«Gut, Bill. Wollen wir es zuerst mal bei diesem Sattler probieren – Beinke, sagten Sie?»

«Ja, bei dem kann er genausogut sein wie anderswo. Spielt oft Poker und ist im Bluffen ganz groß, der Bursche.» Bill schien Mr. Lutkins' Fähigkeiten als Gauner zu bewundern; ich hatte den Eindruck, daß er, wäre er Sheriff gewesen, Lutkins mit Begeisterung geschnappt und sehr liebevoll eigenhändig aufgeknüpft hätte.

Vor dem etwas düster wirkenden Sattlergeschäft stiegen wir aus. Drinnen roch es nach gegerbtem Leder. Ein ziemlich kleingeratener Mann, wahrscheinlich Mr. Beinke, verkaufte gerade einem Farmer ein Kummet.

«War Nolly Lutkins heute irgendwann hier? Ein Freund möchte ihn sprechen», sagte Bill in hinterhältig harmlosem Ton.

Beinke blickte an ihm vorbei auf mich, den Fremden, der sich im Hintergrund hielt; er zögerte und antwortete dann: «Ja, vorhin war er da. Ist wohl zum Schweden hinüber, um sich rasieren zu lassen.»

«Na ja, falls er noch mal kommt, sag ihm, daß ich ihn suche. Können vielleicht eine Partie Poker spielen. Lutkins soll ja was für diese unmoralischen Glücksspiele übrig haben.»

«Ja, ich glaube, er spielt auch Authors», knurrte Beinke.

Wir begaben uns in das Friseurgeschäft des ‹Schweden›. Bill war wieder so freundlich, das Reden zu übernehmen, während ich mich an der Tür herumdrückte. Er fragte nicht nur den Schweden, sondern auch zwei Kunden, ob sie Lutkins gesehen hätten. Der Schwede rief wütend: «Ich hab ihn nicht gesehen und ich will ihn auch nicht sehen, aber wenn er dir über den Weg läuft, laß dir einen Dollar fünfunddreißig geben, soviel schuldet er mir nämlich.» Einer der Kunden meinte, er habe Lutkins in der Main Street getroffen, «auf dieser Seite vom Hotel».

«Na ja», sagte Bill, als wir wieder in den Wagen kletterten, «beim Schweden hat er keinen Kredit mehr, und da läßt er sich vielleicht bei Heinie Gray den Bart schaben. Um es selber zu tun, ist er einfach zu faul.»

Bei Gray stellte sich heraus, daß wir fünf Minuten zu spät kamen. Lutkins war gerade fort – vermutlich zum Spielsalon.

Im Spielsalon hörten wir, er habe nur ein Päckchen Zigaretten gekauft und sei gleich wieder gegangen. So verfolgten wir ihn eine Stunde lang, waren immer dicht hinter ihm, ohne ihn jedoch einzuholen, bis ich schließlich Hunger bekam, weil es schon ein Uhr vorbei war. Da ich vom Land stammte und in der Stadt oft den derben, rustikalen Humor vermißte, war ich von Bills zynischen Äußerungen über die Friseure, Pfarrer, Ärzte und Rollkutscher von New Mullion so entzückt, daß es mir ziemlich gleich war, ob ich Lutkins fand oder nicht.

«Wie wär's mit was zu essen?» schlug ich vor. «Lassen Sie uns in ein Restaurant gehen, ich lade Sie ein.»

«Hm, ich müßte eigentlich nach Hause zu meiner Alten. Und aus unseren Restaurants mache ich mir sowieso nicht viel – wir haben nur vier, und keines taugt was. Aber da kommt mir eine Idee. Haben Sie was für eine schöne Landschaft übrig? Vom Wade's Hill hat man einen herrlichen Blick. Wir lassen uns von meiner Frau ein Lunchpaket zurechtmachen – Ihnen wird sie nur einen halben Dollar berechnen, und soviel müßten Sie für den fettigen Fraß im Restaurant mindestens bezahlen –, und dann fahren wir da hinauf und essen ein Picknick, wie es im Buch steht.»

Ich wußte, daß mein Freund Bill nicht frei von Arglist war; ich wußte, daß seine Hilfsbereitschaft dem ‹jungen Mann› aus der Stadt gegenüber nicht allein brüderlicher Nächstenliebe entsprang. Schließlich bezahlte ich ihm ja die Zeit, die er mit mir verbrachte; für insgesamt sechs Stunden (die Mittagspause mitgerechnet) würde er eine für damalige Verhältnisse sehr hohe Summe bekommen. Aber er war nicht unredlicher als ich, der ich den gesamten Betrag auf Geschäftsspesen verrechnete, und um mir seine Gegenwart zu sichern, hätte ich notfalls das Geld auch aus eigener Tasche bezahlt. Seine heitere Gelassenheit eines Mannes vom Lande, seine natürliche Weisheit waren für mich jungen Burschen aus der nervenzermürbenden Stadt wie ein erquickendes Bad. Während wir im Gras der Anhöhe saßen und auf Gärten und einen Bach blickten, der sich zwischen den Weiden dahinschlängelte, erzählte er von New Mullion, führte mir eine Galerie von Porträts vor. Er war bissig und doch mitfühlend. Nichts war ihm entgangen, aber mochte er auch spöttisch lachen, so brachte er doch für alles Verständnis und verzeihende Nachsicht auf. In lebhaften Farben schilderte er mir die Frau des Pastors, die beim Wechselgesang in der Kirche immer dann besonders laut sang, wenn sie besonders stark verschuldet war. Er mokierte sich über die Jungen, die in supermodischen Hosen vom College zurückkamen, und über den Anwalt, der nach jahrelangem heftigem Streit mit seiner Frau entweder einen Leinenkragen oder eine Krawatte trug, nie jedoch beides. Alle diese Figuren wurden in seiner Erzählung lebendig. Ich lernte New Mullion an diesem Tag besser kennen, als ich die Großstadt kannte, und ich lernte es auch lieben.

Von Universitäten und städtischen Dingen hatte Bill zwar keine Ahnung, aber dafür war er auf dem Gebiet der Jobs sehr beschlagen. Er war Streckenarbeiter bei der Bahn, Landarbeiter und Bauarbeiter gewesen, und seine oft abenteuerlichen Erlebnisse hatten ihm zu einer Philosophie der Schlichtheit und des Lachens verholfen. Man konnte sich innerlich an ihm aufrichten. Ich muß immer an Bill denken, wenn ich die Leute sehnsüchtig von ‹richtigen männlichen Männern› reden höre.

Wir verließen unseren friedlichen Platz im Grünen und machten uns wieder auf die Suche nach Oliver Lutkins. Wir konnten ihn nicht finden. Endlich erwischte Bill einen Freund von Lutkins und zwang ihm die Auskunft ab, Oliver werde wohl bei seiner Mutter sein, deren Farm drei Meilen weiter nördlich lag.

Wir fuhren hin und beschlossen, strategisch vorzugehen.

«Ich kenne Olivers Mutter», sagte Bill. «Sie ist ein Sturmwind. Ein Zyklon.» Er seufzte. «Ich hab mal einen Koffer zu ihr hinausgebracht, und da wurde sie ganz wild, weil ich das Ding nicht wie einen Korb mit rohen Eiern behandelte. Sie ist so an die neun Fuß groß, vier Fuß breit und dick, flink wie eine Katze, und ein Mundwerk hat sie …! Ich wette, Oliver hat gehört, daß jemand hinter ihm her ist, und jetzt will er sich da draußen hinter den Röcken seiner Mutter verstecken. Na, wollen mal sehn, ob wir mit ihr fertig werden können. Aber überlassen Sie das lieber mir, mein Junge. Sie mögen in Latein und Geographie großartig sein, aber vom Fluchen verstehen Sie nichts.»

Wir fuhren auf den Hof einer ärmlich wirkenden Farm und sahen uns einer fröhlichen alten Frau von hünenhafter Gestalt gegenüber. Mein Freund und Beschützer baute sich vor ihr auf und knurrte: «Erinnern Sie sich an mich? Ich bin Bill Magnuson vom Zustelldienst. Ich suche Ihren Sohn Oliver. Mein Freund hier kommt aus der Stadt und hat ein Geschenk für ihn.»

«Ich weiß nichts von Oliver, und ich will auch nichts von ihm wissen!» kläffte sie.

«Hören Sie mal, wir haben den Unsinn allmählich satt. Dieser junge Mann ist vom Büro des Generalstaatsanwalts, und laut Gesetz sind wir berechtigt, alle Räumlichkeiten nach der Person eines gewissen Oliver Lutkins zu durchsuchen.»

Bill gab sich sehr dienstlich. Die Amazone, offenbar stark beeindruckt, zog sich in die Küche zurück, und wir folgten ihr. Sie schnappte sich ein Bügeleisen von einem niedrigen alten Herd, der im Laufe der Zeit eine dunkelsilbergraue Tönung angenommen hatte, und schwang es drohend, während sie auf uns zukam. «Sucht nur, soviel ihr wollt – aber wundert euch nicht, wenn ich euch zu Asche verbrenne!» brüllte sie und blies sich auf. Unser angstvoller Rückzug entlockte ihr ein schallendes Lachen.

«Nichts wie raus hier, sie bringt uns noch um», stöhnte Bill, und draußen fügte er hinzu: «Haben Sie ihr Grinsen bemerkt? Sie hat sich über uns lustig gemacht! Ist das nicht der Gipfel der Frechheit?»

Ich gab zu, daß es an Majestätsbeleidigung grenzte.

Wir durchsuchten dennoch alles sehr gründlich. Das Häuschen war eingeschossig. Bill ging ringsherum und spähte in alle Fenster. Wir inspizierten Scheune und Stall und durften zu guter Letzt ziemlich sicher sein, daß Lutkins nicht da war. Für mich wurde es Zeit, wenn ich den Nachmittagszug nicht verpassen wollte, und Bill fuhr mich zum Bahnhof. Auf der Rückreise machte ich mir kaum Sorgen, weil ich Lutkins nicht gefunden hatte. Meine Gedanken beschäftigten sich fast ausschließlich mit Bill Magnuson. Ich erwog sogar, mich in New Mullion als Anwalt niederzulassen. Wenn sich Bill als ein so prächtiger, interessanter Mensch erwiesen hatte, konnte es da nicht sein, daß ich auch in dem noch unerforschten Fritz Beinke, in dem Schweden und hundert anderen bedächtig sprechenden, schlichten, lebensklugen Nachbarn liebenswerte Zeitgenossen fand? Schon sah ich vor mir ein ehrliches und glückliches Leben, ein Leben fern von den gelehrten Finessen der großen Anwaltskanzleien. Ich war so aufgeregt wie jemand, der einen Schatz gefunden hat.

Doch wenn ich mir Lutkins' wegen keine Sorgen machte, so sorgte man sich im Büro um so mehr. Am nächsten Morgen war der Teufel los; der Fall sollte zur Verhandlung kommen, und Lutkins mußte einfach her; ich war ein Schandfleck für die Firma und ein Dummkopf. An diesem Morgen hätte meine glänzende Laufbahn fast ihr Ende gefunden. Daß der Chef mir nicht den Hals umdrehte, war geradezu ein Wunder; immerhin deutete er an – eigentlich war es schon mehr als eine Andeutung –, daß ich mich vielleicht besser zum Grabenausheben eignete. Er schickte mich noch einmal nach New Mullion und gab mir einen Kanzleischreiber mit, der früher in einem Holzfällercamp gearbeitet hatte und Lutkins kannte. Ich war recht niedergeschlagen, denn nun konnte ich nicht hoffen, noch einmal zwanglos mit Bill Magnuson durch die Gegend zu kutschieren.

Als der Zug in New Mullion hielt, wartete Bill mit seinem Rollwagen auf dem Bahnsteig. Seltsam war jedoch, daß dieser alte Drachen, Lutkins' Mutter, bei ihm stand und daß sie nicht stritten, sondern lachten.

Beim Aussteigen machte ich meinen Begleiter auf die beiden aufmerksam und flüsterte in jugendlicher Heldenverehrung: «Der da ist ein feiner Kerl, ein richtiger Mann.»

«Haben Sie ihn gestern hier getroffen?» fragte der Kanzleischreiber.

«Ich war den ganzen Tag mit ihm zusammen.»

«Hat er Ihnen geholfen, Lutkins zu suchen?»

«Ja, er hat mir sehr geholfen.»

«Na, kein Wunder! Er selbst ist ja Lutkins!»

Das war schon ein Schlag, aber noch mehr schmerzte es mich, daß Lutkins und seine Mutter, als ich die Vorladung ablieferte, lauthals über mich lachten, als hätten sie einen aufgeweckten Siebenjährigen vor sich, und mich dann ebenso freundlich wie dringend baten, mit ihnen zu Nachbarn zu gehen und dort eine Tasse Kaffee zu trinken.

«Ich habe denen von Ihnen erzählt, und sie sind ganz wild darauf, Sie kennenzulernen», sagte Lutkins fröhlich. «Sind so ziemlich die einzigen Leute im Ort, die Sie gestern nicht gesehen haben.»

Malcolm Lowry

Das tapferste Boot

Es war ein Tag des Sprühnebels und verwehten Meeresschaums, und das schwarze Gewölk, das ein ungebärdiger Märzwind vom Meere her übers Gebirge jagte, prophezeite Regen.

Aber vom Horizont, wo der Himmel wie Silber leuchtete, ging ein reines, silbernes Meereslicht aus. Und in der Ferne, drüben in Amerika, stand der beschneite Vulkangipfel des Mount Hood sehr hoch und körperlos, wie von der Erde abgeschnitten, in der Luft, aber viel zu nah, als wären die Berge nähergerückt oder im Vormarsch begriffen, und das deutete noch sicherer auf Regen.

Die riesigen Bäume in den Anlagen der Hafenstadt schwankten im Wind, und die höchsten von allen waren die unseligen Sieben Schwestern, eine Gruppe von sieben edlen Lebensbäumen, die seit Hunderten von Jahren hier standen, nun aber abstarben, die Wipfel entlaubt und kahl, die Äste verdorrt. (Sie zogen das Sterben einem Leben inmitten der Zivilisation vor. Doch niemand hatte das Herz, sie zu fällen, obwohl alle vergessen hatten, daß sie ursprünglich nach den Plejaden benannt worden waren, und in ihrem Bürgerstolz glaubten, sie hießen so nach den sieben Töchtern eines Fleischermeisters, die vor siebzig Jahren, als die aufblühende Stadt den Namen Gaspool erhielt, in einem Ladenfenster getanzt hatten.)

Die Engelsschwingen der über den Baumwipfeln kreisenden Möwen leuchteten sehr weiß vor dem schwarzen Himmel. In der letzten Nacht war Neuschnee gefallen; er bedeckte bis weit herunter die Abhänge des kanadischen Gebirges, froststarre Kämme, Massen von Gipfeln und Bergspitzen, die in schroffen Zacken das Land durchzogen, so weit das Auge reichte. Und hoch über alldem stieß ein Adler, schwebend wie ein Skiläufer, endlos auf die Welt nieder.

In dem Spiegel, der dieses und noch vieles andere reflektierte – dem Spiegel einer alten Personenwaage, die zwischen der Straßenbahnhaltestelle und einer Würstchenbude auf dem Kai stand und an der Stirnseite die kreisförmige Inschrift *Dein Gewicht und dein Schicksal* trug –, in diesem Spiegel erschienen am Ufer des schilfigen Wassers, das den Namen Vergessene Lagune führte, zwei näher kommende Gestalten in wasserdichten Mänteln, ein Mann und ein schönes Mädchen mit leidenschaftlichem Gesicht, beide barhäuptig und beide sehr blond; sie gingen Hand in Hand, und man hätte sie für ein junges Liebespaar halten können, wären sie einander nicht so ähnlich gewesen wie Bruder und Schwester, und jetzt wirkte der Mann trotz seines jugendlich federnden Schrittes auch älter als das Mädchen.

Er sah gut aus – groß, aber stämmig und dunkel gebräunt –, und als er näher kam, wurde es deutlich, daß er viel älter sein mußte als das Mädchen; er trug einen gegürteten blauen Trenchcoat, wie die Offiziere der Handelsmarine aller Länder sie bevorzugen, allerdings ohne die entsprechende Mütze; außerdem waren ihm die Ärmel des Trenchcoats etwas zu kurz, so daß man, als er noch näher kam, die Tätowierung an seinem Handgelenk – anscheinend ein Anker – sehen konnte, während der Regenmantel des Mädchens aus einer Art Kordsamt von bezaubernder waldgrüner Farbe bestand. Von Zeit zu Zeit blieb der Mann stehen, um seiner Begleiterin in das schöne, lachende Gesicht zu blicken, und ein- oder zweimal hielten sie beide an und atmeten in tiefen Zügen die reine, salzige See- und Gebirgsluft. Ein Kind lächelte sie an, und sie lächelten zurück. Aber das Kind gehörte nicht zu ihnen, sie waren ohne Begleitung.

Auf der Lagune schwammen wilde Schwäne und viele Wildenten – Stockenten und Büffelkopfenten und Tauchenten, Schellenten und schnatternde schwarze Trauerenten mit geschnitzten Elfenbeinschnäbeln. Die kleinen Büffelkopfenten flogen oft vom Wasser auf, und manche tummelten sich wie

Tauben zwischen den kleineren Bäumen, die das Ufer säumten. Andere Enten saßen artig auf der Rasenböschung, die Schnäbel ins windzerzauste Gefieder gesteckt. Die Uferbäume waren teils Apfel- oder Weißdornbäume – manche begannen schon zu blühen, obwohl sie noch unbelaubt waren –, teils Trauerweiden, deren Zweige die beiden Vorübergehenden mit kleinen Schauern von Nachtregen überschütteten.

Ein rotbrüstiger Säger schwamm auf der Lagune, ein flinker Seevogel mit stolzem, zerzaustem Kamm, den die beiden besonders freundlich betrachteten, vielleicht weil er ohne sein Weibchen so einsam wirkte. Aha, sie hatten sich geirrt. Das Weibchen gesellte sich jetzt zu dem rotbrüstigen Säger, und einem plötzlichen Entenimpuls gehorchend, flogen die beiden Wildvögel unter gewaltigem Lärm und Getue davon, um sich an einer anderen Stelle der Lagune niederzulassen. Und aus irgendeinem Grunde schien auch diese schlichte Tatsache für die beiden guten Leute – denn fast alle Spaziergänger in Parks sind gute Menschen – ein Anlaß zur Freude.

Jetzt sahen sie in einiger Entfernung einen kleinen Jungen, begleitet von seinem Vater, der am Ufer kniete und sich bemühte, ein Spielzeugboot auf der Lagune segeln zu lassen. Doch der kleine Kutter kenterte bald im steifen Märzwind, und der Vater holte ihn mit der Krücke seines Stockes zurück und setzte ihn für seinen Sohn wieder auf ebenen Kiel.

Dein Gewicht und dein Schicksal.

Plötzlich schien das Mädchen, dessen Gesicht dem Spiegel der Personenwaage jetzt ganz nahe war, mit den Tränen zu kämpfen; als sie den obersten Mantelknopf aufknöpfte, um ihren Schal fester zu binden, wurde ein kleines goldenes Kreuz sichtbar, das sie an einer goldenen Kette um den Hals trug. Sie standen jetzt ganz allein auf dem Kai neben der Waage; ein paar alte Männer, die unten am Ufer die Enten fütterten, und der Vater mit seinem Sohn und dem Spielzeugboot drehten ihnen den Rücken zu; eine leere Straßenbahn setzte sich plötzlich in Bewegung und fuhr um den kleinen Platz an der Endhaltestelle stadtwärts davon. Und der Mann, der seine Pfeife anzuzünden versucht hatte, nahm das Mädchen in die

Arme und küßte sie zärtlich, dann drückte er sie, sein Gesicht an ihrer Wange, einen Augenblick fest an sich.

Sie gingen wieder schräg zur Lagune hinunter und ließen den Jungen mit seinem Vater hinter sich. Sie lächelten jetzt wieder, wenigstens soweit man lächeln kann, während man Bouletten ißt. Und sie lächelten noch, als sie an dem schmächtigen Schilf vorüberkamen, in dem eine Rotdrossel den Anschein zu erwecken suchte, als fiele es ihr gar nicht ein, sich ein Nest zu bauen, die im Nordwesten beheimatete Rotdrossel, die sich vielleicht – wie alle Vögel dieser Gegend – über den Menschen erhaben dünkt, weil sie sich um keinen Zollbeamten zu kümmern braucht und unbehindert die Grenze passieren kann. Am anderen Ufer der Vergessenen Lagune war ein Dickicht von Drachenwurz, dessen kapuzenförmig eingerollte Blätter den dieser Pflanze eigenen animalischen Geruch ausströmten. Die beiden Liebenden gingen nun auf den Wald zu, durch den sich zwischen alten Bäumen mehrere Fußpfade zogen. Es war ein vom Meer umschlossener, sehr großer Park, den man – wie viele Parks an der Nordwestküste des Stillen Ozeans – klugerweise zum Teil in seinem ursprünglichen wilden Zustand gelassen hatte. Trotz seiner wahrscheinlich einzigartigen Schönheit unterschied er sich faktisch nicht von amerikanischen Naturschutzparks – hätte man meinen können, wäre nicht der allzeit flatternde Union Jack auf einem Pavillon gewesen und eine Erscheinung, die gerade in diesem Augenblick auf einer etwas höher verlaufenden, sorgfältig angelegten Straße, die auf Umwegen und durch Tunnels zu einer Hängebrücke führte, an ihnen vorüberkam: ein Aufgebot der berittenen Königlich Kanadischen Polizei, die fürstlich in den Polstern eines amerikanischen Chevrolets lehnte.

Auf dem Weg zum Walde kamen sie an Gärten vorüber, auf deren geschützten Beeten Schneeglöckchen und hier und da ein Krokus ihre lieblichen Blütenkelche erhoben. Der Mann und sein Mädchen schienen jetzt in Gedanken verloren, während sie gegen die Stöße des Windes ankämpften, der den Schal des Mädchens wie einen Wimpel zurückblies und dem Mann das dichte blonde Haar zerzauste.

Ein auf einem Lastwagen thronender Lautsprecher kläffte von Enochvilleport herüber, einer Stadt, die aus verkommenen Halb-Wolkenkratzern von ungleicher Höhe bestand, deren Dächer zum Teil mit allem möglichen Schrott, sogar Flugzeugteilen, bedeckt waren; dazwischen langweilige Börsengebäude, neue Bierrestaurants, die selbst jetzt, mitten am Nachmittag, von Lichtschlangen wimmelten und an gigantische, grünbeleuchtete öffentliche Bedürfnisanstalten für beiderlei Geschlecht gemahnten; Mauerwerk, hinter dem sich englische Teestuben verbargen, wo man sich von einer weiblichen Verwandten Maximilians von Mexiko wahrsagen lassen konnte, Fabriken für Totempfähle, Schnittwarengeschäfte mit bestem Tweed und Opiumhöhlen im Keller (aber keine Kneipen, als wollte diese Stadt gleich einem scheußlichen, von unnennbaren heimlichen Lastern schlotternden, alten Wüstling freudlos kichernd sagen: «Nein, das geht haargenau zu weit – was sollte aus unseren jungen Bürschchen werden?»), Kinos wie kirschrote Feuersbrünste, moderne Miethäuser und andere seelenlose Kolosse, die möglicherweise unsichtbare, erhabene Kämpfe um literarische, dramatische, künstlerische oder musikalische Probleme beherbergten, die Lampe des Studenten und das abgelehnte Manuskript oder auch unbeschreibliche Armut und Erniedrigung; zwischen derlei städtische Attraktionen eingequetscht standen hier und da schöne, dunkle, efeubewachsene alte Häuser, die, vom Licht abgesperrt, weinend auf den Knien zu liegen schienen; anderswo bankrotte Krankenhäuser und ein paar solide, steinerne alte Banken, die heute nachmittag geöffnet waren; hinter einer melancholischen, nie schlagenden schwarz-weißen Uhr, deren Zeiger auf drei standen, dünn gesät ein paar verkümmerte Türme, die zu Holzfassaden mit geschwärzten Fensterrosen gehörten, wunderliche verrußte Zwiebeltürme und sogar chinesische Pagoden, so daß man zunächst im Orient, dann in der Türkei oder in Rußland zu sein glaubte, bis man schließlich – ungeachtet dessen, daß einige dieser Gebäude Kirchen waren – zu der Überzeugung kam, sich in der Hölle zu befinden. Trotzdem hätte jeder, der wirklich einmal in der Hölle war, beim Anblick von Enochvilleport wiedererkennend genickt, bestärkt durch das zunächst nicht unmalerische Schauspiel der zahlreichen, unermüdlich rauchenden, dämonisch kreischenden Sägemühlen, gefräßigen Molochen, die mit ganzen Berghängen von nie wieder nachwachsenden Wäldern gefüttert wurden oder mit Bäumen am Rande «unserer sich ausdehnenden, schönen Stadt», die grinsenden Regimentern von Villen Platz machten – Sägemühlen, deren Getöse die Erde erbeben ließ und die windbewegte Luft mit Heulen und Zähneklappern erfüllte. All diese merkwürdigen Menschenwerke, die in ihrer Gesamtheit das sogenannte «Juwel des Pazifik» darstellten, erstreckten sich auf einem mächtigen Abhang bis hinunter zu einem Hafen, großartiger als Rio de Janeiro und San Francisco zusammengenommen, mit Hochseefrachtern, die meilenweit nach allen Seiten hin vor Anker lagen; aber fast die einzigen sichtbaren menschlichen Behausungen in diesem heroischen Bild diesseits des Wassers, die jemandem zu gehören oder noch bewohnt zu sein schienen, waren seltsamerweise ein paar primitive, selbst gebaute kleine Baracken und Hausboote, die vielleicht aus der Stadt verjagt worden waren, bis ans Ufer hinunter und sogar hinein in die See, wo sie nun wie Fischerhütten (und mehrere von ihnen schienen das auch zu sein) auf Pfählen oder Rollklötzen standen, manche düster und baufällig, andere hübsch neu gestrichen und in ihrer Bauweise und Placierung ein offensichtliches Zeugnis für das menschliche Schönheitsbedürfnis, obwohl sie ständig von Exmittierung bedroht waren: all diese Häuser, auch die unfreundlichsten mit ihren gerillten Blechschornsteinen, aus denen hier und da Rauch aufstieg, wirkten wie kleine Trampdampfer zum Spielen, die, der Stadt zum Trotz, in alle Ewigkeit dort zu bleiben gedachten. In Enochvilleport zuckten und gestikulierten schon seit einer Weile einige Neonleuchtschilder in ihren gräßlich kitschigen Farben, die von Heimweh und Liebe in eine Poesie der Sehnsucht verwandelt werden; eine etwas glücklichere Inschrift flackerte auf: PALOMAR, LOUIS ARMSTRONG UND SEIN ORCHESTER. Ein totes, graues, neues Riesenhotel – auf See vielleicht ein romantisches

Wahrzeichen – rülpste Rauch aus seinem gespenstischen, betürmten Dach, als wäre es in Brand geraten, und dahinter strahlten alle Laternen in dem finsteren Hof des Gerichtsgebäudes – auch ein Treffpunkt der Herzen für Leute auf See; einer der steinernen Löwen am Eingang, den kürzlich jemand in die Luft gesprengt hatte, war pietätvoll mit einem weißen Tuch verhüllt, und in einem Saal dieses Gebäudes hatte eine Gruppe von untadeligen Bürgern einen vierwöchigen Mordprozeß gegen einen sechzehnjährigen Jungen geführt.

An einem Gebäude mit Rauhputzwänden in der Nähe des Parks, einem Vereinslokal des Christlichen Vereins Junger Männer mit Varieté, erschien die Leuchtschrift: TAMMUZ *Der Meister-Hypnotiseur, heute abend 8 Uhr 30*; darunter konnte man die Straßenbahnschienen, auf denen wieder eine Bahn in Richtung Park herankam, fast bis zum Warenhaus verfolgen, in dessen Schaufenster das Medium des Meister-Hypnotiseurs – vielleicht eine schlafbegabte Enkelin der sieben Schwestern, deren Ruhm selbst den der Plejaden verdunkelte und die laut Ankündigung den Ehrgeiz hatte, Psychiaterin zu werden – die letzten drei Tage ganz vergnügt in aller Öffentlichkeit in einem Doppelbett geschlafen hatte – eine glänzende Reklame für die heutige Vorstellung.

Auf der Straße oberhalb der Vergessenen Lagune, die zu der in der Ferne sichtbaren Hängebrücke anstieg – nicht unähnlich dem Ansteigen einer Jazznummer zu einem *break* –, hörte man einen Zeitungsjungen ausrufen: «PRÜGELSTRAFE FÜR SAINT PIERRE! SECHZEHNJÄHRIGER KINDSMÖRDER MUSS HÄNGEN! Alles in dieser Nummer!»

Auch das Wetter war unheilverkündend. Doch beim Anblick des wandernden Liebespaares lächelten auch die anderen Spaziergänger auf dieser Seite der Lagune, ein verwundeter Soldat, der auf einer Bank lag und eine Zigarette rauchte, und ein paar arme Seelen, notleidende alte Leute, wie sie häufig in Parks anzutreffen sind, denn wenn die ganz Alten vor der Wahl stehen, etwas zu essen zu haben und unter freiem Himmel zu hausen oder sich ein Zimmer zu mieten und darin zu verhungern, ziehen sie bisweilen das erstere vor.

Denn welche Erinnerungen mochten sie wecken, das Mädchen und der Mann, die Arm in Arm vorübergingen, einander zulächelten und sich mit dem Blick der Liebe ansahen, die hin und wieder stehenblieben, um den Möwen nachzusehen, das fortwährend wechselnde Bild der schneegesprenkelten kanadischen Berge mit den flockig vernebelten, indigoblauen Klüften zu betrachten oder dem Pfiff eines nordwärts den Sund überquerenden Fährboots oder dem weithin hallenden, majestätisch tiefen Röhren eines Handelsdampfers zu lauschen (wegen solcher Dinge hielten die grimmigen Stadtväter von Enochvilleport ihre Stadt für schön, und vielleicht hatten sie nicht so ganz unrecht) – welche Erinnerungen mochten sie in einem armen Soldaten heraufbeschwören, in den Herzen der Alten und Verlassenen, wer weiß, vielleicht auch in den berittenen Polizisten? Nicht nur Erinnerungen an erste Liebe, sondern an Liebende – denn das schienen die beiden zu sein –, die einander so innig liebten, daß sie jeden Augenblick ihres gemeinsamen Lebens festhalten wollten.

Doch nur ein Schutzengel – und sicherlich besaßen diese beiden einen Schutzengel – konnte wissen, an was für wunderliche, höchst wunderliche Dinge sie dachten, abgesehen davon, daß sie schon sooft davon gesprochen hatten – besonders an diesem Tag des Jahres, sobald sich dazu Gelegenheit bot –, daß natürlich jeder von ihnen wußte, woran der andere dachte. Das ging so weit, daß es keineswegs überraschend, sondern eher wie der Anfang eines feststehenden Rituals war, als der Mann – sie betraten jetzt den Hauptweg des Waldes und konnten durch die Zweige, die den Wind abhielten, von Zeit zu Zeit wie das Bruchstück einer Partitur ein Stückchen Hängebrücke erkennen – zu dem Mädchen sagte:

«An genauso einem Tag setzte ich das Boot aus. Vor neunundzwanzig Jahren war es, im Juni.»

«Vor neunundzwanzig Jahren im Juni, Liebster. Und zwar am siebenundzwanzigsten Juni.»

«Es war fünf Jahre vor deiner Geburt, Astrid, und ich war zehn Jahre alt, und ich ging mit meinem Vater zur Bucht hinunter.»

«Es war fünf Jahre vor meiner Geburt, du warst zehn Jahre alt, und du gingst mit deinem Vater zur Pier hinunter. Dein Vater und dein Großvater hatten das Boot zusammen für dich gemacht, und es war ein schönes Boot, fünfundzwanzig Zentimeter lang, schön glatt lackiert, mit einem neuen, kräftigen weißen Segel, und das Holz dazu stammte aus deinem Flugzeugbaukasten.»

«Ja, es war Balsaholz aus meinem Flugzeugbaukasten, und mein Vater setzte sich neben mich und sagte zu mir, was ich auf den Zettel schreiben sollte, den wir hineinlegen wollten.»

«Dein Vater setzte sich neben dich und sagte dir, was du schreiben solltest», wiederholte Astrid lachend, «und du hast geschrieben:

‹Hallo. Ich heiße Sigurd Storlesen. Ich bin zehn Jahre alt. Ich sitze hier auf der Pier an der Fearnought-Bucht, Clallam County, Staat Washington, USA, 5 Meilen südlich vom Cape Flattery an der Pazifik-Küste, und mein Vati sitzt neben mir und sagt mir, was ich schreiben soll. Heute ist der 27. Juni 1922. Mein Vati ist Waldhüter im Olympic-Nationalpark, aber mein Großvati ist der Leuchtturmwärter auf Cape Flattery. Neben mir liegt das blanke kleine Kanu, das Sie jetzt in der Hand halten. Es ist ein windiger Tag, und mein Vati sagt, ich soll das Kanu aufs Wasser setzen, wenn ich dies hineingelegt und den Deckel zugeklebt habe, der ein Stück Balsaholz aus meinem Flugzeugbaukasten ist.

Nun muß ich schließen, aber erst will ich Sie noch bitten, dem Seattle Star Bescheid zu sagen, wenn Sie es gefunden haben, weil ich nämlich von heute ab immer in der Zeitung nachsehe, ob drinsteht, wer es wann und wo gefunden hat.

Danke. Sigurd Storlesen.›»

«Ja, und dann haben mein Vater und ich den Zettel hineingelegt, und wir haben den Deckel zugeklebt und versiegelt und das Boot aufs Wasser gesetzt.»

«Du hast das Boot aufs Wasser gesetzt, und es war gerade Flut, die hat es mitgenommen. Die Strömung hat es ergriffen und hinausgetragen, und du hast ihm nachgeschaut, bis es nicht mehr zu sehen war!»

Die beiden kamen jetzt an eine Waldlichtung, wo ein paar graue Eichhörnchen im Grase hüpften. Ein dunkelhäutiger Indianer in einer Windjacke stand dazwischen, ganz in seine freundliche Aufgabe versunken, denn auf seiner Schulter saß ein glänzend schwarzes Eichhörnchen und knabberte Puffmais, mit dem er es aus einer Tüte fütterte. Das erinnerte sie daran, daß sie Erdnüsse für die Bären kaufen mußten, deren Käfige sich gegenüber befanden.

Ursus Horribilis – und jetzt warfen sie den traurigen, plumpen, schlafschweren Geschöpfen Erdnüsse zu; diese beiden Grizzlibären waren wenigstens zu zweit und hatten sogar eine Behausung, aber vielleicht waren sie noch zu schläfrig, um zu wissen, wo sie waren, noch eingehüllt in ihren Traum von waldigen Hängen und wilden Blaubeeren in den Kordilleren, die Sigurd und Astrid nun wieder zwischen den Bäumen hinter einer Bucht sehen konnten.

Aber konnten sie denn aufhören, an das kleine Boot zu denken?

Zwölf Jahre war es gewandert. Durch Winterstürme, über sommerlich sonnige Meere. Mit wie vielen Tiden war es dahingetrieben, welche wilden Seevögel – Sturmtaucher, Raubmöwen und Sturmschwalben, die dunklen Albatrosse dieser nördlichen Gewässer, die den peitschenden Schiffsschrauben folgten – waren darauf niedergestoßen? Warme Strömungen hatten es träge landwärts gedrängt, auf hoher See war es, zusammen mit Fischerbooten gleich weißen Giraffen, dem Thunfisch nachgesegelt, am dampfenden Cape Flattery war es von Treibeis herumgestoßen worden. Vielleicht hatte es sich in einer geschützten kleinen Bucht ausgeruht, wo der Schwertwal das tiefe, klare Wasser aufpeitschte und aufrührte; Adler und Lachs hatten es gesehen, ein junger Seehund hatte es mit erstaunten Augen angestarrt, aber das kleine Boot war von den Wellen an Land geworfen worden, auf grausam scharfes, muschelbesetztes Felsgestein, hatte im Licht einer regnerischen Nachmittagssonne im zolltiefen Wasser gelegen, war wie etwas Lebendiges oder wie eine elende alte Blechbüchse um und um gedreht, hin und her und wieder aufs Trockene geworfen worden; dann hatte die Flut es noch einen Meter den Strand hinauf oder auch unter eine einsame, salzgraue Hütte getragen, wo es mit seinem leisen, klagenden Klopfen einen Fischer die ganze Nacht hindurch verrückt gemacht hatte, bis es im Dunkel der Herbstfrühe wieder hinaustrieb und von neuem seinen Weg über die Tiefe fand. Durch Blitz und Donner war es an wer weiß welche wilden, trostlos verlassenen Küsten gelangt, die nur der schreckliche Wendigo kennt, wo nicht einmal ein Indianer es hätte finden können; freundlos und verloren hatte es dort gelegen, bis die mächtig schäumenden, schwarzen Januarfluten oder die großen, ruhigen Gezeiten der Mittsommermonde es wieder hinausgetragen hatten aufs Meer, wo seine Reise von neuem begann ...

Astrid und Sigurd kamen an ein etwas abseits vom Weg liegendes, großes Gehege, durch dessen Dach zwei weinblättrige Ahornbäume wuchsen (ihre scharlachroten Quasten, die zarten Vorboten ihrer Blätter, waren schon sichtbar); auf der einen Seite ein überdachter, höhlenartiger Teil als Unterstand für die Tiere, und das Ganze war mit Ausnahme der vergitterten Vorderseite mit starkem grobmaschigem Drahtnetz bespannt – man schien das als ausreichenden Schutz vor einem der satanischsten Raubtiere, die noch auf Erden leben, zu betrachten.

Der Käfig war von zwei Tieren bewohnt, gefleckt wie die listig pastellfarbenen Leoparden und im ganzen wie herausgeputzte, etwas wahnsinnige Katzen wirkend: an den Ohren hatten sie riesige Quasten, und – wie eine grimmige Parodie auf die Ahornbäume – auch vom Kinn der Bestien hingen Quasten herab. Ihre Läufe hatten die Länge menschlicher Arme, und ihre Tatzen, aus deren grauem Fell die wie Türkensäbel gekrümmten Krallen ragten, waren so groß wie Menschenfäuste.

Diese beiden schönen Teufelskreaturen strichen unablässig hin und her an den Käfigwänden, deren Gitterstäbe gerade so weit auseinanderstanden, daß eine mörderische Tatze hindurchlangen konnte – immer einen Hopser außer Reichweite, pickte ein fast unsichtbarer Sperling unbeirrt im Staub; sie suchten in ewiger Gefräßigkeit nach etwas Eßbarem, aber auch in Verzweiflung nach einem Ausweg; immer wieder schritten sie im selben Rhythmus aneinander vorüber, wie wahrhaft Verdammte unter einem Zauberbann.

Und doch: auch während sie den furchtbaren kanadischen Luchs, diese reine Verkörperung der Grausamkeit der Natur, beobachteten und nun selbst Erdnüsse knabberten und die Tüte hin- und hergehen ließen, sahen die Liebenden noch immer das kleine Boot mit den Seen kämpfen, noch grausameren Gewalten ausgeliefert, Jahr um Jahr, als Astrid noch nicht geboren war.

Oh, die absolute Einsamkeit inmitten dieser Wasserwüste, dieser Wildnis von Regen und rauhen Seen, selbst von den Seevögeln verlassen, zwischen widrigen Winden oder in der Windstille der großen, toten Dünung nach einem Sturm; dann wieder, wenn der aufkommende Wind wie in einer Schöpfungsvision den Gischt wie Sprühregen übers Meer blies und kobaltfarbene Blitze niederzischten, wurde das kleine Boot himmelhoch über die Wellenberge getragen, um gleich darauf in den Abgrund geschleudert zu werden; aber schon kletterte es wieder, während das Meer mit schafwolligen Schaumkronen leewärts flutete, die ganze mondgetriebene, grenzenlose Weite in unaufhörlicher Bewegung, bergauf und bergab wie die Triften und Täler und die schneegekrönten Kämme einer delirierenden Sierra Madre; und das kleine Boot kletterte, bergauf und bergab, versank im weißen Lauffeuer und dampfenden Gischt der See, war scheinbar lahmgelegt und unter Wassermassen begraben. Und dabei immerfort ein Ton wie von einer hohen Singstimme, ein unablässiges, gleichbleibendes Klingen wie von Telegrafendrähten oder wie das ewige Singen des Windes in jenen unglaublichen Höhen, wo ihn niemand hört – und vielleicht gibt es ihn gar nicht –, oder wie der Geisterwind im Takelwerk längst untergegangener Schiffe. Und vielleicht sang der Wind wirklich im Takelwerk des kleinen Bootes, als es sich schräg legte und wieder in Fahrt kam; doch über welche unergründlichen Tiefen mußte es noch hinweg, bis unbekannte Unglücksvögel ihm schließlich zu Himmelsboten wurden, Eisenvögel mit Säbelschwingen, die ewig über der unabsehbaren grauen Flut durchs Dunkel glitten. Auf geheimnisvolle Weise ließen sie das einsame, unverdrossene kleine Fahrzeug an ihrem Heimatinstinkt teilhaben, sie stießen es unter goldenen Sonnenuntergängen im blauen Himmel mit ihren Schnäbeln vorwärts, und es segelte unter dem Sternenhimmel in berghohe Wolkenküsten hinein, dann wieder bei Sonnenuntergang brennenden Ufern entgegen, umschiffte nicht nur die gischtumsprühten Felsen von Flattery – schrecklich wie die Verbrennungsöfen in Sägemühlen –, sondern auch andere, unbekannte Vorgebirge. Zwölf Jahre lang zwischen gigantischen Gipfeln, zwischen Bildern trostloser Öde, die das Herz durchbohren und nie wieder loslassen! Und das Seltsamste auf dieser höchstens drei Meilen weiten Reise – nicht weiter als der Flug der Krähe vom Start bis zu ihrem Bestimmungsort: wie viele Schiffe mochten es bedroht haben, waren hoch über ihm im Nebel aufgetaucht und vorübergefahren, ohne daß es zu Schaden kam. Zwölf Jahre lang – übrigens auch die Zeit der letzten Segelschiffe, als sie mit vollem Zeug in die Vergangenheit jagten –, wer weiß, wie viele Schiffe mit Geschützen oder Eisen für künftige Kriege, wie viele Frachter, die jetzt auf dem Meeresgrund ruhten – wie der, auf dem er, Sigurd, einst gefahren war –, beladen mit altem Marmor und Wein und eingemachten Kirschen, oder auch Schiffe, deren Maschinen noch jetzt irgendwo murmelten: *Frère* Jacques! *Frère* Jacques!

War das nicht eine seltsame Dichtung über die Gnade Gottes?

Plötzlich lief, mitten durch ihre Visionen, ein Eichhörnchen einen Baum neben dem Käfig hinauf; dann sprang es unter schrillem Geschnatter von einem Zweig und huschte über das Maschendrahtdach. Sofort schnellte der eine Luchs, flink und mörderisch wie ein Blitz, sechs Meter hoch in die Luft, direkt auf das Eichhörnchen zu, traf den Draht mit dem schwirrenden Ton einer Riesengitarre, während seine Krummsäbelklauen durch die Drahtmaschen fuhren. Astrid schrie auf und schlug die Hände vors Gesicht.

Aber das Eichhörnchen lief bereits, heil und unversehrt, leichtfüßig über einen anderen Zweig, den Baum hinunter und davon, während der rasende Luchs kerzengerade in die Luft sprang, einmal, zweimal und wieder und wieder, begleitet vom Fauchen und Knurren seines am Boden kauernden Gefährten.

Sigurd und Astrid mußten lachen. Dann kam ihnen das irgendwie unfair gegen den Luchs vor, der jetzt feierlich seinem Gefährten das Gesicht leckte. Fast sah es so aus, als hätte das unschuldige Eichhörnchen, dem ihre Erleichterung galt, sich vielleicht nur wichtig machen oder – im Gegensatz zu dem unachtsamen Sperling – das gefangene Tier verspotten wollen. Daß das Eichhörnchen bei einer Chance von tausend zu eins gerade noch entschlüpft war – vermutlich ereignete sich dergleichen täglich, überlegten sie jetzt –, wurde bedeutungslos. Nicht bedeutungslos schien ihnen mit einemmal zu sein, daß sie es mit angesehen hatten.

Sie gingen weiter, und Sigurd sagte, während er sich vorbeugte, um seine Pfeife wieder anzuzünden: «Du weißt ja, wie ich gewartet und täglich die Zeitung durchgesehen habe.»

«Den Seattle *Star*», sagte Astrid.

«Den Seattle *Star*... Es war die erste Zeitung, die ich las. Vater behauptete immer, das Boot wäre südwärts gefahren – vielleicht nach Mexiko, und mir ist so, als hätte Großpapa gesagt: ‹Nein, wenn es nicht bei Tatoosh gekentert ist, wird die Flut es geradewegs die Juan de Fuca Strait hinuntertragen, vielleicht bis in den Puget Sound.› – Nun ja, ich habe lange gewartet und die Zeitung durchgesehen, und schließlich habe ich's aufgegeben, wie es so Kinderart ist.»

«Und die Jahre vergingen –»

«Und ich wuchs heran. Großpapa war inzwischen gestorben. Und mein Alter, du weißt ja, wie es mit ihm ging. Nun, jetzt ist er auch tot. Aber ich habe es nie vergessen. Zwölf Jahre! Stell dir das vor! Wahrhaftig, es ist länger herumgereist, als wir verheiratet sind.»

«Und wir sind sieben Jahre verheiratet.»

«Heute sind es sieben Jahre –»

«Es kommt mir wie ein Wunder vor!»

Aber ihre Worte fielen wie verschossene Pfeile vor dem Ziel dieser Tatsache zu Boden.

Sie traten aus dem Wald und gingen nun zwischen zwei langen Reihen von japanischen Kirschbäumen, die in einem Monat eine Allee von himmlisch duftigen Blüten sein würden. Als diese hinter ihnen lagen, trat der Wald zu beiden Seiten der breiten Lichtung an zwei Nebenarmen der Bucht wieder näher heran. Sie gingen den allmählich abfallenden Weg zur Küste hinunter, und hier, abseits des Hafens, wurde es wieder stürmischer; weiß schimmernde Möwen kreisten und segelten mit heiseren Schreien über ihnen und flogen plötzlich meerwärts ins Weite.

Und da, am Ende der Senke, wo die Steilküste begann, lag sie tief unter ihnen, die nackte See ohne Deich oder Uferpromenade oder freundliche Hütten, nur zur Linken standen ein paar schmucke Häuschen; aus einem Fenster schimmerte warmes Licht durch die Bäume des Waldrandes, als hätte ein unerschrockener amerikanischer Adam mit seiner Eva sich unter dem flammenden Cherubimsschwert der Stadtbehörde ruhig wieder ins Paradies eingeschlichen.

Es war Niedrigwasser. Weiße Wogen berannten eine Klippe draußen. Der Sog der Ebbe, blitzend wie gehämmertes Silber, war so ungestüm, daß er den Meeresspiegel selber mitzureißen schien.

Der Weg ging in eine Aschenbahn über, dahinter der ihnen bekannte alte Holzpavillon, ein verlassenes Teehaus, das seit dem letzten Sommer geschlossen und mit Brettern verschlagen war. Dürres Laub raschelte auf der Veranda, und in dem sturmgepeitschten Birkengehölz auf dem Abhang zur Rechten lagen umgekippte Picknickbänke und -tische und eine herrenlose Schaukel. Das alles, zusammen mit dem Rauschen der zurückgehenden Flut, wirkte kalt und traurig, irgendwie unmenschlich. Doch zwischen den Liebenden war etwas wie ein warmer Strom, der vielleicht imstande gewesen wäre, die Fensterladen aufzureißen, Bänke und Tische aufzustellen und den ganzen Hain mit sommerlichen Stimmen und Kinderlachen zu erfüllen. Astrid blieb, die Hand auf Sigurds Arm, einen Augenblick im Schutz des Pavillons stehen und sagte etwas, was auch zu den oft gesagten Dingen gehörte und zwischen ihnen fast die Rolle einer Zauberformel spielte:

«Ich werde ihn nie vergessen, den Tag, an dem ich sieben Jahre alt wurde und mit meinen Eltern und meinem Bruder einen Ausflug zu diesem Park hier machte. Nach dem Picknick gingen mein Bruder und ich zum Spielen an den Strand. Es war ein schöner Sommertag, und es war Ebbe, aber da war nachts diese Sturmflut gewesen, und jetzt bei Ebbe sah man diese Linien von Treibholz und Seetang ... Ich spielte am Strand, und da fand ich dein Boot!»

«Du spieltest am Strand, und da fandest du mein Boot. Und der Mast war gebrochen.»

«Der Mast war gebrochen, und das Segel hing schlaff in schmutzigen Fetzen herab. Aber dein Boot war noch ganz und unversehrt, wenn auch zerkratzt und verwittert, und von der Lackierung war nichts mehr zu sehen. Ich lief zu meiner Mutter, und sie sah das Wachssiegel über dem Cockpit, und da, Liebster, fand ich deinen Zettel!»

«Da fandest du unseren Zettel, meine Liebste.»

Astrid zog ein Stück Papier aus der Tasche, und sie hielten es beide fest und beugten sich darüber und lasen (obwohl es mittlerweile fast unlesbar geworden war und sie es auswendig konnten):

Hallo. Ich heiße Sigurd Storlesen. Ich bin zehn Jahre alt. Ich sitze hier auf der Pier an der Fearnought-Bucht, Clallam County, Staat Washington, USA, 5 Meilen südlich vom Cape Flattery an der Pazifik-Küste, und mein Vati sitzt neben mir und sagt mir, was ich schreiben soll. Heute ist der 27. Juni 1922. Mein Vati ist Waldhüter im Olympic-Nationalpark, aber mein Großvati ist der Leuchtturmwärter auf Cape Flattery. Neben mir liegt das blanke kleine Kanu, das Sie jetzt in der Hand halten. Es ist ein windiger Tag, und mein Vati sagt, ich soll das Kanu aufs Wasser setzen, wenn ich dies hineingelegt und den Deckel zugeklebt habe, der ein Stück Balsaholz aus meinem Flugzeugbaukasten ist. Nun muß ich schließen, aber erst will ich Sie noch bitten, dem Seattle Star Bescheid zu sagen, wenn Sie es gefunden haben, weil ich nämlich von heute ab immer in der Zeitung nachsehe, ob drinsteht, wer es wann und wo gefunden hat. Danke.

SIGURD STORLESEN

Sie kamen an den verlassenen Strand, der mit Treibholz übersät war, das die Fluten ausgewaschen, spiralig verdreht, versilbert, überall aufgehäuft hatten – so gewaltige Fluten, daß sich hinter ihnen eine Flutlinie von Seetang und Geröll durch das Gras zog. Überall lagen große Holzkloben, Kieselsteine und knorrig verkrümmte Äste – wie Kruzifixe oder in rasendem Zorn erstarrte Arme – oder, schon besser, hier und da ein paar Holzstücke, die schon fast so trocken waren, daß man sie als Brennholz hätte mitnehmen können, und sie warfen sie ganz automatisch, eingedenk der Winter, in denen sie selbst Not gelitten hatten, für jemanden, der sie vielleicht gebrauchen konnte, so weit hinauf, daß die Flut sie nicht erreichen konnte. Auch zu Füßen des Gehölzes und oben an den beiderseitigen, vom Meer zersäbelten Waldrändern, wo gespaltene Bäume sich sehnsüchtig übers Ufer neigten, sahen sie knorrige Äste liegen. Und wo sie auch hinblickten, überall Trümmer, der Zoll des Wintergrimmes: zertrümmerte Hühnerställe, zertrümmerte Flöße, die zertrümmerte Wand einer Fischerhütte, nur noch auseinandergerissene Bretter und vorstehende Nägel. Auch der Strand selbst war vom Wüten des Meeres nicht verschont geblieben, und stellenweise mußten sie ganze Hügel oder Barrikaden aus grobem Kies und Muscheln übersteigen. Und überall strömten die grotesken, makabren Früchte der See ihren belebenden Jodgeruch aus, alptraumartige Seetangknollen wie altmodische Autohupen, sechs Meter lange Schleppen von braunen Seidenbändern, Wrackteile wie Dämonen oder die ausrangierten, aber frisch geputzten Fenster böser Geister. Noch anderes Strandgut fand sich im Sand – Stiefel, eine Uhr, zerrissene Fischernetze, ein zerstörtes Ruderhaus, ein zerbrochenes Steuerrad.

Unmöglich zu begreifen, daß all dieses mit seiner Atmosphäre von Tod und Zerstörung und Unfruchtbarkeit nur eine äußere Erscheinung war, daß unter dem Treibgut, unter den Muscheln, die sie zertraten, in den Rinnsalen der überfließenden Winterquellen, unten am Ufer das Leben, der gärende Frühling sich regte und reckte, genau wie im Walde.

Als Astrid und Sigurd im Windschutz eines entwurzelten Baumes auf einem der niedrigeren Strandhügel standen, bemerkten sie, daß über der See die Wolken sich gelichtet hatten, obgleich der Himmel noch nicht blau, sondern intensiv silbern war, so daß sie den Golf überblicken und die Konturen einiger Inseln ausmachen konnten oder zu erkennen glaubten. Ein einsamer Frachter, die Ladebäume in die Luft gestreckt, machte Fahrt am Horizont. Noch sah man einen Schimmer vom Gipfel des Mount Hood, aber vielleicht waren es auch Wolken. Im Südosten, am Fuß eines Berghanges, bemerkten sie ein sturmgebleichtes grünes Dreieck, wie ausgeschnitten aus dem überhängenden Dunkel, und darin vier Fichten, fünf Telegrafenmasten und einen freien Platz, der wie ein Friedhof aussah. Hinter ihnen verbarg das eisige Küstengebirge von Kanada seine grimmigen Gipfel und Schneefelder hinter noch grimmigeren Wolken. Und die See war grau mit weißen Schaumkronen und zurückflutenden Strömungen und Gischtflocken, die von den Felsklippen zurückgeweht wurden.

Aber als der Wind sie mit voller Stärke anfiel, war der Anblick vom Ufer aus wie ein Blick ins Chaos. Der Wind beraubte sie ihrer Gedanken, ihrer Stimmen, fast ihrer Sinne, während sie lachend über die knirschenden Muscheln stolperten. Sie wußten auch nicht, ob Gischt oder Regen brennend ihre Gesichter peitschte, als sie schließlich haltmachen mußten und Arm in Arm stehenblieben, ob zerstäubtes Meerwasser oder der Regen, aus dem das Meer geboren wird … Und an dieses Ufer, durch dieses Chaos, von diesen Strömungen war ihr kleines Boot mit seiner unschuldigen Botschaft schließlich aus der Vergangenheit in heimatliche Geborgenheit getragen worden.

Aber oh, welche Stürme hatten sie selbst überstanden!

Colum McCann

Ein Korb voller Tapeten

Einige behaupteten, in den vierziger Jahren sei er ein Küken-Prüfer gewesen, ein blasser schmaler Mann, der eine Zeitlang in einem Lager für Japaner nahe den Bergen von Idaho interniert gewesen sei. Endlose Monate, die er damit verbrachte, zu bestimmen, ob Küken männlich oder weiblich waren. Er sei nach Irland gekommen, um das alles zu vergessen. Dann wieder dachten sich die älteren Männer, die Ellbogen auf den Bartresen gestützt, ruchlose Verbrechen für ihn aus. In Japan, behaupteten sie, hatte er Piloten elektrische Drähte an den Hoden befestigt, Gefangene mit einem Schwert rituell aufgeschlitzt, junge Marines der langsamen Tropfenfolter unterzogen. Sie sagten, er habe so ein Gesicht. Dunkle Augen, die in eingefallenen Wangen lagen, volle farblose Lippen, eine winzige Narbe über dem rechten Auge. Sogar die Frauen erfanden eine phantastische Geschichte für ihn. Er sei der vierte Sohn eines Kaisers oder ein Dichter oder ein General, der die Bürde unerwiderter Liebe trug. Für die Jungs in der Schule wie mich war er ein Kamikaze-Pilot, der kalte Füße bekommen hatte, mit dem Fallschirm abgesprungen und irgendwie zu unserem Ort heruntergeschwebt war, von irgendeiner mächtigen, magischen Welle getragen.

Er ging mit tief gesenktem Kopf am Strand entlang und bückte sich nach Steinen. Wir versteckten uns manchmal in den Dünen, teilten das lange Gras, um ihn zu beobachten, während sich seine Taschen mit Steinen füllten. Er hatte einen ausgreifenden Schritt, wanderte manchmal stundenlang am Ufer entlang, während die Möwen sich in die Lüfte schwangen und draußen auf dem Meer kleine Fischerboote schaukelten. Als ich zwölf war, sah ich ihn am Strand herumspringen, als ein Delphin fünfzig Meter entfernt immer wieder aus dem

Wasser hochtauchte. Einmal wickelte Paul Ryan einen Zettel um einen Backstein und schmiß ihn durch das Fenster seines Häuschens, eins in einer Reihe von fünfzehn kleinen Häusern im Zentrum unseres Ortes. *Japse geh nach Hause* stand auf dem Zettel. Am nächsten Tag stellten wir fest, daß das Fenster mit Tapeten zugekleistert war, und Paul Ryan kam mit blutverkrusteter Nase von der Schule nach Hause, weil wir jetzt nicht mehr durch Osobes Fenster gucken konnten.

Osobe war vor meiner Geburt nach Irland gekommen, irgendwann in den fünfziger Jahren. Er wäre in jeder irischen Stadt eine seltsame Erscheinung gewesen, so wie ihm seine schwarzen Haare abstanden, wie Tannennadeln, und mit seinem breitkrempigen braunen Hut, den er sich tief ins Gesicht zog. Das Cottage, einen heruntergekommenen Schuppen mit zwei Zimmern, hatte er dem Besitzer abgekauft, der selbst nicht im Ort wohnte und der dachte, Osobe würde vielleicht nur ein paar Monate bleiben. Aber dann, so berichtete mein Vater, fuhr während des erstens Sommers ein riesiger Lkw mit Rollen über Rollen von Tapeten beim Cottage vor. Osobe und zwei stämmige Dubliner schleppten alle Rollen ins Haus, und später hängte er ein Schild ins Fenster: ‹Tapeten zu verkaufen – Bitte drinnen fragen›. Es wurde gemunkelt, die Tapeten seien gestohlen oder zu einem lächerlichen Preis, der unter dem der irischen Großhändler lag, aus Japan importiert worden. Einen Monat lang kaufte niemand etwas, bis meine Tante Moira, die in dem zweifelhaften Ruf stand, sich einmal in einem republikanischen Pub in Dublin mit dem saufenden Schriftstellergenie Brendan Behan betrunken zu haben, eines Tages an Osobes Tür klopfte und für ihr Wohnzimmer ein Blumenmuster mit einem Hauch Rosa bestellte.

Osobe fuhr auf seinem schwarzen Fahrrad am Fluß entlang zu ihrem Haus. Sein Korb war vollgestopft mit Tapetenrollen, Kleister, Messern und Pinseln. Meine Tante sagte, er habe wunderbare Arbeit geleistet, obwohl die Leute sonntags morgens nach der Messe über sie tratschten. «Er war damals schon genauso still wie jetzt», erzählte sie mir. «Der macht nicht mehr Krach als eine Haselmaus, und wir sollten es dabei belassen. Er ist ein guter Mensch, der nie jemandem etwas zuleide getan hat.» Sie lachte über die Gerüchte, die ihn umgaben.

Als ich geboren wurde, gehörte er schon zum Stadtbild, nicht fremder als der Zeitungsredakteur, dem seine Taschentücher aus der Hose hingen, die Ladenbesitzerin, die alle Fußbälle stahl, die in ihrem Garten landeten, oder der Soldat, der seine rechte Hand im Kampf für Franco verloren hatte. Man nickte ihm auf der Straße zu, und in Gaffneys Pub ließ man ihn in Ruhe sein morgendliches Glas Guinness trinken. Er betrieb einen schwungvollen Handel mit seinen Tapeten, und gelegentlich, wenn Kieran O'Malley, das örtliche Faktotum, krank war, wurde er gerufen, um ein Klo zu entstopfen oder eine schiefe Tür zu begradigen. Es ging das Gerücht, daß er mit einer jungen Frau aus Galway ausgehe, einer Verrückten, die mit drei Ärmeln an ihren Kleidern herumlief. Aber da war ungefähr so viel dran wie an all den anderen Gerüchten – oder sogar noch weniger, da man ihn nie den Ort verlassen sah, nicht einmal auf seinem Fahrrad.

Er sprach nur stockend Englisch, und in den Läden bat er immer im Flüsterton um eine Packung Zigaretten oder ein Glas Marmelade. Sonntags trug er nie seinen braunen Hut. Die Mädchen kicherten, wenn er auf der Straße an ihnen vorüberging, mit einem roten japanischen Sonnenschirm über dem Kopf.

Ich war sechzehn Jahre alt, als er ein Schild an seine Tür hängte, auf dem er eine Aushilfe für eine Tapezierarbeit suchte. Es war ein heißer Sommer, der Boden war knochentrocken, und auf den Feldern gab es keine Saisonjobs. Am Essenstisch jammerte mein Vater darüber, wie sehr die Auswanderungswelle seinem Bestattungsunternehmen schade. «Alle gehen zum Sterben irgendwo anders hin», sagte er. «Sogar diese verdammte Mrs. Hynes klammert sich hartnäckig ans Leben.» Eines Abends kam meine Mutter an mein Bett und rang nervös die Hände. Sie murmelte kaum hörbar, daß ich die Arbeit bei dem Japaner annehmen solle, ich sei jetzt alt genug, meinen eigenen Beitrag zu leisten. Mir war schon aufgefallen, daß in dem Brot, das sie zu Hause buk, keine Rosinen mehr drin waren.

Am nächsten Morgen schlurfte ich in einem blauen Wollpullover und einer alten Arbeitshose zu seinem Cottage und klopfte an die Tür.

Das Haus war voll mit Tapetenrollen. Sie waren im ganzen Zimmer übereinandergestapelt, so daß für den kleinen Tisch und die zwei Holzstühle kaum Platz war. Die meisten hatten gedämpfte Farben, aber zusammen ergaben sie eine seltsame Collage, Blumen und Ranken und merkwürdige Muster, alles durcheinander. Die Wände waren mit Dutzenden von verschiedenen Sorten tapeziert, und der Geruch von Kleister hing schwer im Haus. Auf dem Boden hockten endlose Reihen von kleinen Papierpuppen mit komischen aufgemalten Gesichtern. Ein alter Philosoph, ein junges Mädchen, eine verhutzelte Frau, ein Soldat. In einer Ecke stand eine Reihe japanischer Bücher. Darauf ein Teller mit geschnittenem Brot. Zigarettenschachteln lagen auf dem Boden verstreut. Auf dem Kaminsims lag eine Kollektion von Strandsteinen. Ich sah, daß eine Menge Kleingeld und ein paar Pfundnoten im Haus herumlagen, und eine Zwanzigpfundnote, die unter einer Lampe klemmte. Auf dem Herd pfiff ein Kessel, und er goß Tee in zwei Porzellantassen.

«Willkommen», sagte er. Die Untertasse klapperte in meiner Hand. «Es gibt ein großen Job in Haus. Du wirst mir helfen?»

Ich nickte und schlürfte den Tee, der sonderbar bitter schmeckte. Seine Hände waren lang und dürr. Mir fielen die Leberflecken auf, die sich oberhalb seiner Handgelenke sammelten. Um seine mageren Schultern hing ein graues Hemd.

«Du wirst nach Hause gehen und Fahrrad holen, in diesem Nachmittag wir fangen an. Sehr gut?»

Wir fuhren zusammen zum alten Haus der Gormans hinaus, das drei Jahre lang leer gestanden hatte. Osobe pfiff, während wir dahinradelten, und die Leute starrten uns von ihren Autos und Häusern aus nach. In seinem Korb vorn am Rad waren fünf Rollen blaßgrüne Tapete untergebracht, und ich trug zwei Dosen Kleister in der rechten und lenkte mit der anderen Hand. Ich sah Paul Ryan vor der Schule herumlungern und eine lange Zigarre rauchen. «Du hast ja schon Schlitzaugen vom vielen Wichsen, Donnelly», brüllte er, und ich zog den Kopf ein und blickte auf meine Lenkstange.

Das Haus der Gromans war drei Monate zuvor von einem amerikanischen Millionär gekauft worden. Es kursierten Schülergerüchte, daß der Amerikaner einen riesigen Cadillac fahre und fünf blonde Töchter habe, denen die Dorfdisco sicher gefallen würde und die sich, laut zuverlässiger Quelle, gern im Heu vergnügten. Aber als wir auf unseren Fahrrädern ankamen, war niemand da. Osobe zog ein Schlüsselbund aus seinem Overall und ging langsam durchs Haus, wobei er auf die Wände zeigte und hinter sich Staub aufwirbelte. An diesem Tag absolvierten wir fünf Fahrten mit den Rädern, um alle Tapetenrollen und Kleisterpackungen herbeizuschaffen. Am Ende des Tages, nachdem ich von seinem Haus eine Leiter auf der Schulter hergeschleppt hatte, zog er einen nagelneuen Zehnpfundschein hervor und hielt ihn mir hin.

«Morgen wir fangen an», sagte er und verneigte sich dann leicht. «Auf Fahrrad du bist schnell», sagte er.

Ich ging hinaus. Die Sonne lümmelte über der Stadt. Im Hintergrund hörte ich Osobe summen, während ich mich auf mein Rad schwang und heimwärts fuhr, das Geld tief in meine Hosentasche gestopft.

In jenem Sommer las ich in meinem Zimmer eine Menge Bücher, und ich wollte, daß Osobe mir eine phantastische Geschichte über seine Vergangenheit erzählte. Wahrscheinlich wollte ich etwas von ihm besitzen, wollte, daß seine Geschichte mir gehörte.

Es würde etwas mit Hiroshima zu tun haben, hatte ich beschlossen, mit den Kindern des Pikadon, des Donnerblitzes. Es gäbe verkohlte Telegrafenmasten und Baumstämme, ein Trümmerfeld aus Beton, eine einzige übriggebliebene Hülse eines Gebäudes. Menschen mit geschmolzenen Gesichtern würden panisch durch die Straßen rennen, aufgeblähte Leichen den Otafluß hinuntertreiben. Die Dachziegel auf den

Häusern würden Blasen werfen. Er würde auf die amerikanischen und britischen Soldaten spucken, die unter verbrannten Kirschblütenbäumen saßen und ihre Kaugummis im Mund herumschoben. Vielleicht würde er, in seiner Geschichte, nach dem zerfressenen Gesicht eines jungen Mädchens greifen. Oder den verbrannten Schädel eines Jungen massieren. Eine Freundin von ihm würde ihr Spiegelbild in einer Schale Suppe erblicken und aufheulen. Vielleicht würde er auf die Berge zulaufen und nie mehr innehalten. Oder vielleicht einfach weggehen, schmale Straßen entlang, in Holzsandalen, eine Bettelschale in den Händen. Es wäre eine seltsame buddhistische Hölle, diese Geschichte von ihm, und eine B-29 würde ständig aus den Wolken herausdröhnen.

Doch Osobe schwieg fast die ganze Zeit über, die er in diesem großen alten Haus stand und in langen gleichmäßigen Zügen Kleister auf die Wände strich, leise vor sich hin summend, während das Haus allmählich Farbe bekam. «Sean», sagte er in komisch gebrochenem Englisch zu mir, seinen Kopf lächelnd schief gestellt, «irgendwann du wirst großer Tapetenmann. Du mußt denken, wie wichtig dieser Job. Wir machen Menschen glücklich, oder traurig, wenn wir machen schlechten Job.»

Er kaufte große Flaschen Orangenlimonade und Kekse und breitete alles zur Mittagszeit auf dem Boden aus. Eines Morgens brachte er ein Radio mit, und sein alter Körper wankte vor Lachen, als er einen Popsender aus Dublin einstellte. Einmal schnappte er mir zum Spaß die Leiter unter den Füßen weg und ließ mich von einem Türrahmen herunterbaumeln. Er ging geschickt mit dem Messer um, schlitzte die Tapeten mit einer schwungvollen Bewegung auf. Am Ende des Tages setzte er sich hin und rauchte zwei Zigaretten, an denen ich kurz paffen durfte, bevor er sie ausmachte. Dann ging er wieder ins Haus und setzte sich im Lotussitz vor die zuletzt tapezierte Wand und wiegte sich, nickend und sanft lächelnd, hin und her.

«Wie ist Japan so?» fragte ich ihn eines Abends beim Heimradeln. Meine Handflächen waren verschwitzt.

«Genauso wie überall. Nicht so schön wie hier», sagte er mit einer ausholenden Armbewegung über Wiesen und Hügel.

«Wieso sind Sie hierhergekommen?»

«So lange her.» Er zeigte auf seine Nase. «Erinnere mich nicht mehr. Tut mir leid.»

«Waren Sie im Krieg?»

«Du stellst viele Fragen.»

«Jemand hat mir gesagt, Sie waren in Hiroshima.»

Er lachte schallend und klatschte sich auf die Schenkel. «Diese Fragen», sagte er. «Ich habe keine Antwort. «Wir setzten die Fahrt für eine Weile schweigend fort. «Hiroshima war trauriger Ort. Japaner nicht davon reden.»

«Waren Sie in Hiroshima?» fragte ich wieder.

«Nein, nein», sagte er. «Nein, nein.»

«Hassen Sie die Amerikaner?»

«Wieso?»

«Weil ...»

«Du bist sehr jung. Du sollst nicht denken diese Dinge. Du sollst denken, gute Arbeit mit Tapete machen. Das ist wichtig.»

Wir fuhren jeden Morgen um acht zum Haus hinaus. Der Rasen war trocken und rissig. Die Fenster im zweiten Stock waren schwarz von Ruß. Wenn das Radio lief, konnte man es im ganzen Haus hören. Osobe arbeitete mit ungeheurer Energie. An den heißen Nachmittagen konnte ich seine sehnigen Arme unter den Ärmeln seiner hochgekrempelten Hemden sehen. Einmal, als im Radio von einem Erdbeben in Japan berichtet wurde, erbleichte er und sagte, daß das Land zuviel Schmerz erleide.

Ich gewöhnte mir an, abends mit meinen Freunden hinunter zur Brücke zu gehen, um Cider zu trinken, den ich von dem Geld bezahlte, das ich meinen Eltern vorenthielt. Ich kaufte jetzt meine eigenen Zigaretten. Ich las Bücher über den Zweiten Weltkrieg und erfand fabelhafte Lügen, wie er in dieser südjapanischen Stadt gewesen sei, als die Bombe abgeworfen wurde, wie von seiner Familie nur Schatten auf den Wänden des Rathauses blieben, alle verdampft, verschwunden. Er sei zehn Meilen vom Epizentrum der Explosion entfernt gewesen, erzählte ich, im Schatten eines Gebäudes, in einer bauschigen orangen Tischlerhose und mit einem großen Strohhut. Er wurde zu Boden geschleudert, und als er aufwachte, heulte die ganze Stadt um ihn herum. Er hatte seine Familie nie gefunden. Sie war übers Zentrum verteilt. Dunkle Flecken von Menschen, die auf zerborstenem Beton zurückgeblieben waren. Er war vor dem Schmerz davongetaumelt, hatte die Welt bereist und war schließlich im Westen Irlands gelandet. Meine Freunde pfiffen durch die Zähne. Unter der Brücke schoben sie mir die Flasche hin.

«Das ist ein seltsamer Vogel», sagte mein Vater.

«Hat wohl irgendwas zu verbergen, würd ich sagen», erwiderte meine Mutter dann, wobei die Gabel gegen ihre Zähne schlug.

«Der ist ein bißchen verrückt, stimmt's, Sean?»

«Ach, der ist in Ordnung», sagte ich.

«Angeblich hat er eine Zeitlang in Brasilien gelebt.»

«Weiß Gott, denkbar wär's», sagte meine Mutter.

«Er erzählt mir nichts», sagte ich.

Soviel ich wußte, hatte er sich einfach irgendwann in die Stadt verirrt, ohne einen besonderen oder zwingenden Grund, und hatte beschlossen zu bleiben. Ich hatte einen Onkel in Ghana, einen älteren Bruder in Nebraska, einen entfernten Cousin, der in der Nähe von Melbourne als Brunnenbohrer arbeitete, und nichts davon fand ich besonders bedenkenswert. Osobe war wahrscheinlich einer von ihrer Sorte, ein Wanderer, ein Außenseiter, obwohl ich nicht wollte, daß er das war.

Wir arbeiteten diesen ganzen heißen Sommer zusammen, machten das Haus der Gormans fertig und fingen mit ein paar anderen an. Ich fand allmählich Gefallen daran, frühmorgens auf unseren Fahrrädern die Straßen entlangzustrampeln, Kleister auf die Wände zu klatschen und für meine Freunde unter der Brücke Geschichten über ihn zu erfinden. Ein paar von meinen Freunden arbeiteten im Imbiß, andere brachten das schlaffe Heu ein, und dann gab es noch einige, die unten im Club Golfbälle verkauften. Jeden Abend lieferte ich ihnen Osobe-Geschichten, und ihre Gesichter leuchteten im Schein des kleinen Feuers, das wir angezündet hatten. Wir nickten alle und schlürften aus unseren Flaschen, fasziniert von dem Grauen und dem Glanz dieses Schicksals. Feuerbälle waren durch die Stadt gewütet, während er floh, erzählte ich ihnen. Die Menschen rannten mit Säcken von Reis in ihren geschmolzenen Händen herum. Ein Shinto-Mönch sprach Gebete für die Toten. Seltsames Unkraut wuchs in Klumpen, wo früher die Pflaumenbäume geblüht hatten, und Osobe wanderte fort aus der Stadt, halb nackt, und ihm brannten Hals und Augen.

Eines Morgens gegen Ende des Sommers öffnete Osobe mir die Tür. «Alle Arbeiten fast fertig», sagte er. «Wir feiern mit Tasse Tee.»

Er geleitete mich sanft am Arm zu dem Stuhl in der Mitte des Zimmers. Als ich mich umblickte, bemerkte ich, daß er wieder tapeziert hatte. Er hatte über die Tapete tapeziert. Aber es gab keine Blasen, keine losen Enden, keinen verspritzten Kleister an den Rändern. Ich stellte mir vor, wie er bis spät in der Nacht aufblieb und vor sich hin summte, während er sich von den Mustern umzingeln ließ. Das übrige Haus war ein chaotisches Sammelsurium – Teller und Teetassen, ein orientalischer Fächer, eingewickelte Scheiben Käse, in der Ecke ein zusammengerollter Futon. Auf dem kleinen Gasofen neben dem Tisch lag eine Zwanzigpfundnote. Eine weitere Zehnpfundnote lag auf dem Boden. Sein brauner Hut hing über der Tür. Überall waren Malerpinsel.

«Du hast gemacht gute Arbeit», sagte er. «Wirst du bald Schule gehen?»

«In ein paar Wochen.»

«Wirst du eines Tages tapezieren? Wieder. Wenn ich finde Job für dich?» fragte er.

Bevor ich antworten konnte, war er aufgesprungen, um einer orangen Katze aufzumachen, die an der Tür gekratzt hatte. Es war eine streunende Katze. Wir sahen sie oft hinter dem Imbiß herumschleichen und auf irgendwelche Reste warten. Einmal versuchte John Brogan, sie mit einem riesigen Netz zu fangen, schaffte es aber nicht. Sie flitzte vor jedem davon. Osobe ging in die Hocke, und indem er mit den Armen ruderte, als wolle er sie vermöbeln, lockte er die Katze zu sich heran. Es war fast eine Windmühlenbewegung, wie er da mit seinen sehnigen Armen gleichmäßige Bögen in der Luft beschrieb. Die Katze starrte ihn an. Dann, mit einer brutalen Schnelligkeit, schnappte er sie sich, drehte sie auf den Rücken, drückte sie mit einer Hand gegen den Boden und streichelte mit der anderen an ihrem Körper entlang. Die Katze lehnte den Kopf zurück und schnurrte. Osobe lachte.

Einen Moment lang empfand ich einen unbändigen Haß gegen ihn, weil er immer so ruhig war, so nüchtern durch den Sommer ging, weil er für mich so normal, so banal geworden war. Er hätte ein Held sein sollen, oder ein Seher. Er hätte mir ein paar unglaubliche Geschichten erzählen sollen, die ich für immer mit mir herumtragen konnte. Schließlich war er es gewesen, der parallel zu den Delphinen den Strand entlanggerannt war, der seine Taschen mit Kieseln füllte, der die streunende orange Katze zwischen seinen Fingern hochheben konnte.

Ich sah mich kurz im Zimmer um, während er sich mit dem Rücken zu mir über die Katze beugte. Ich hoffte, irgend etwas zu finden, ein Tagebuch, ein Bild, eine Zeichnung, ein Abzeichen, irgendwas, was mir ein wenig mehr über ihn erzählen würde. Über die Schulter blickend griff ich hinüber zum Gasofen, nahm die Zwanzigpfundnote, stopfte sie in meine Socke und zog dann meine Hose drüber. Ich saß mit zitternden Händen am Holztisch. Nach einer Weile drehte sich Osobe um und kam zu mir herüber, die Katze im Arm, die er mit der gleichen groben Bewegung streichelte wie zuvor. Mit der Rechten griff er in seinen Overall und gab mir hundert Pfund in neuen Zehnpfundnoten. «Für dein Schule.» Ich spürte, wie die anderen zwanzig Pfund sich in meiner Socke hochschoben, und als ich rückwärts zur Tür hinausging, stieg mir ein mulmiges Gefühl den Magen hoch.

«Du hast gemacht sehr gut Arbeit», sagte er. «Komm wieder mich besuchen.»

Erst später merkte ich, daß ich gar nicht die Tasse Tee bekommen hatte, die er mir versprochen hatte.

An dem Abend, mit Cider abgefüllt, stolperte ich von der Brücke fort und ging an der Häuserreihe vorbei, wo Osobe wohnte. Ich kletterte hinter dem Haus durch die Hecke, an ein paar Blumentöpfen vorbei und stieß gegen eine alte Schubkarre, als ich mich zum Fenster hochschob. Da war er und klatschte in sanften Bögen Kleister an die Wand. Ich zählte fünf getrennte Tapeten, und die Wand muß ihm einen guten Zentimeter näher gekommen sein. Ich wollte, daß er diesmal schludrig war, nicht die Bahnen glättete, wollte, daß er mit dem Messer nachlässig umging, aber er erledigte die Arbeit wie immer, präzise und fließend. Die ganze Zeit summte er vor sich hin, und ich stand da, betrunken, und klapperte in meiner Hosentasche mit dem restlichen Münzgeld von den zwanzig Pfund.

Jahre später, als ich dabei war, mir im East End von London einen englischen Akzent anzueignen, bekam ich einen Brief von meinem Vater. Das Geschäft ging immer noch stockend, und eine neue Auswanderungswelle hatte ihre berühmten Narben hinterlassen. Die alte Mrs. Hynes hatte immer noch nicht den Löffel abgegeben. Fünf der neuen Einfamilienhäuser der Gemeinde standen jetzt leer, und sogar das Haus der Gormans war wieder verkauft worden. Der Amerikaner in seinem Cadillac war nie aufgetaucht mit seinen fünf blonden Töchtern. Das Hurling-Team hatte dieses Jahr wieder alle Spiele verloren. Es hatte eine Rekordheuernte gegeben.

Auf der letzten Seite seines Briefes schrieb er mir, daß Osobe gestorben sei. Die Leiche war erst nach drei Tagen entdeckt worden, als meine alte Tante Moira mit einem Obstkorb bei ihm vorbeikam. Als mein Vater ins Haus kam, sei der Gestank so schlimm gewesen, daß er sich fast übergeben hätte. Kinder versammelten sich draußen vor der Tür und hielten sich die Nasen zu. Aber in Gaffneys Pub ließ man den Hut rumgehen, bis auf die Straße. Die Leute warfen großzügige Geldbeträge in einen großen braunen Hut, mit dem der Imbißbesitzer von Tür zu Tür ging. Meine Tante suchte für ihn einen schönen Sarg aus, obwohl jemand sagte, daß ihn das vielleicht beleidigt hätte, daß er nach Japan zurückgeschickt werden müsse, um eingeäschert zu werden. Sie mokierte sich über den Vorschlag und stellte Osobe ein Blumengebinde zusammen.

Am Abend der Beerdigung wurde ein Fest veranstaltet, und man warf mit Gerüchten um sich, je nachdem, wie tief man in die Whiskeyflasche geschaut hatte – aber inzwischen war sich so gut wie jeder sicher, daß er ein Opfer von Hiroshima gewesen war. Alle Jungs, die in den Sommermonaten für ihn gearbeitet hatten, hatten plastische Einzelheiten über diesen furchtbaren Augustmorgen gehört. Er war in einem Paar Holzsandalen aus der Stadt geflohen. Seine gesamte Familie war umgekommen. Sie war verdampft. Er war ein Mann auf der Flucht. In den frühen, nüchternen Stunden des Morgens, schrieb mein Vater, hieß es, daß Osobe eine anständige Haut gewesen sei, egal, wie seine Vergangenheit aussah. Über die Jahre hatte er viele junge Männer bei sich arbeiten lassen, sie anständig behandelt, sie großzügig bezahlt und ihnen Geschichten über sein Leben anvertraut. Sie lachten darüber, wie seltsam sein Akzent am Ende geworden war – wenn er in den Laden kam, um Zigaretten zu kaufen, beugte er sich über den Tresen und flüsterte *Päckchen Zigaletten, bitte*. Den Anblick, wie er mit seiner langen Leiter auf dem Fahrrad herumfuhr, würde man im Ort bitter vermissen.

Aber, so schrieb mein Vater, das Merkwürdigste war: Als er das Haus betreten hatte, um den Leichnam abzuholen, sei ihm der Raum sehr klein vorgekommen. Es war üblich, wenn jemand schon so lange tot war, die Bettlaken zu verbrennen und die Tapete von den Wänden zu kratzen. Doch als er begann, die Tapete mit einem Messer zu bearbeiten, stellte er fest, daß sie mehrere Fuß dick war, obwohl es auf den ersten Blick gar nicht auffiel. Schichten über Schichten von Tapete. Es sah so aus, als hätte Osobe die Wände zu sich herangeholt, wahrscheinlich eine psychologische Folge der Bombe. Weil die Tapete so kompakt war, mußten mein Vater und ein paar Mitglieder des Stadtrats einfach das ganze Haus abreißen, so daß alles, was Osobe besessen hatte, unter dem Schutt vergraben wurde. Im Haus hatte es keine Hinweise gegeben, keine Briefe, keine ärztlichen Gutachten, nichts, was darauf hindeutete, daß er aus diesem grauenhaftesten Augenblick unseres Jahrhunderts gekommen war.

Es war eine jämmerliche Geste, aber in der Nacht fuhr ich mit meinem Fahrrad durch London. Ich strampelte mich ab, ohne besonderes Ziel, trat wütend in die Pedale. Das Blut pochte in mir. Schweiß spritzte mir von der Stirn. Die Kette quietschte. Eine Straße in Irland tat sich vor mir auf – eine Straße mit Gras, das in der Sommerhitze ockergelb geworden war, eine sehr dünne Gestalt, mit einem braunen Hut, am Fluß eine Katze von der Farbe der untergehenden Sonne, eine bestimmte Wand, die langsam näher kam, eine Straße, die sich ewig durch trockene Felder wand, zu einem grauen Strand, eine längst verschwundene Straße, eine Straße, die mich hinausgeschleudert hatte, eine Straße die immer noch irgendwo in mir drin war. Ich fand mich am frühen Morgen unten an der Themse wieder – sie floß in einem halbherzigen Grau dahin. Ich warf eine Zwanzigpfundnote ins Wasser und beobachtete, wie sie sich sehr langsam kreisend mit der Strömung fortbewegte, hinunter zu irgendeinem endgültigen Meer, um die Toten zu feiern, ihren Tod und auch ihr Sterben.

Henry Miller

Der dritte oder vierte Frühlingstag

> Warm pissen und kalt trinken, wie Trimalchio sagt, weil unsere Mutter, die Erde, in der Mitte ist, rund, rundlich wie ein Ei, und alle guten Sachen in sich hat, gleich einer Honigwabe.

Das Haus, in dem ich die wichtigsten Jahre meines Lebens verbracht habe, hatte nur drei Zimmer. Eines war das Zimmer, in dem mein Großvater starb. Bei der Beerdigung empfand meine Mutter einen so heftigen Kummer, daß sie meinen Großvater fast aus dem Sarg zerrte. Er sah lächerlich aus, mein Großvater, wie er mit den Tränen seiner Tochter weinte. Er sah aus, als weine er über sein eigenes Leichenbegängnis.

In einem anderen Zimmer gebar meine Tante Zwillinge. Als ich hörte, daß es Zwillinge waren, obgleich sie doch so mager und dürr war, fragte ich mich: Warum Zwillinge? Warum nicht Drillinge? Warum nicht Vierlinge? Warum überhaupt aufhören? So mager und abgezehrt war sie, und das Zimmer so klein – mit grünen Wänden und einem schmutzigen, eisernen Ausguß in der Ecke. Und doch war es das einzige Zimmer im Haus, in dem Zwillinge zur Welt kommen konnten – oder Drillinge oder Esel.

Das dritte Zimmer war eine Kammer, wo ich mir die Masern holte, die Windpocken, Scharlach, Diphtherie und so weiter, alle die lieblichen Kinderkrankheiten, welche die Zeit so schön lange machen in ewigdauernder Seligkeit und Angst, besonders wenn die Vorsehung für ein Gitterfenster über dem

Bett gesorgt hat, an dem sich Menschenfresser hochziehen, und für Schweißtropfen so dick wie Karbunkel, Schweiß, der dahinströmt wie ein reißender Fluß, üppig wuchernde Schweißperlen, als wenn immer tropischer Frühling wäre, mit Händen, dick wie Lendenfilets, und Füßen, schwerer als Blei oder leichter als Schnee, Füße und Hände getrennt durch Zeitozeane oder unberechenbare Lichtbreitengrade, der kleine Gehirnpickel in der Masse verborgen wie ein Sandkorn, während die Zehennägel selig unter den Ruinen Athens vermodern. In diesem Zimmer habe ich nur fade Redensarten gehört. Bei jeder neuen liebenswerten Krankheit wurden meine Eltern immer idotischer. («Denk dir nur, als du ein ganz kleines Kindchen warst, habe ich dich zu dem Ausguß getragen und zu dir gesagt: ‹Du willst doch jetzt sicher nicht mehr aus der Flasche trinken, mein Liebling, nicht wahr?› Da hast du nein gesagt, und da habe ich die Flasche im Ausguß zerschlagen.») In dieses Zimmer trat mit Engelsschritten («mit Engelsschritten», sagte General Smerdiakow) Fräulein Sonowska, eine Jungfrau unbestimmten Alters in einem grünschwarzen Kleid. Sie führte den Geruch alten Käses mit sich – ihr Geschlecht war unter dem Kleid ranzig geworden. Aber Fräulein Sonowska brachte auch die bei der Plünderung Jerusalems angefallene Beute mit, vor allem die Nägel, die Christi Hände so durchbohrten, daß die Löcher nie wieder verschwanden. Nach den Kreuzzügen der Schwarze Tod, nach Kolumbus die Syphilis, nach Fräulein Sonowska die Schizophrenie.

Schizophrenie! Niemand denkt sich mehr, wie wunderbar es ist, daß die ganze Welt krank ist. Man hat keinen Vergleichspunkt, keinen Gesundheitsmaßstab mehr. Gott könnte auch der Typhus sein. Nichts Absolutes mehr. Nur Lichtjahre verzögerten Fortschritts. Wenn ich an all die Jahrhunderte denke, in denen Europa sich mit dem Schwarzen Tod herumgeschlagen hat, begreife ich, wie herrlich das Leben sein kann, wenn wir nur an der richtigen Stelle gebissen werden. Tanz und Fieber inmitten jenes Verderbens! So ekstatisch wird Europa vielleicht nie wieder tanzen. Und erst die Syphilis! Das Erscheinen der Syphilis! Wie ein Morgenstern ging sie auf, der über dem Saum der Welt hängt.

Im Jahre 1927 saß ich in der Bronx und hörte einem Mann zu, der aus dem Tagebuch eines Rauschgiftsüchtigen vorlas. Der Mann brachte kaum ein Wort heraus, so lachte er. Zwei gänzlich verschiedene Phänomene: ein Mann, der in Luminal liegt, so gestreckt, daß seine Füße zum Fenster herausragen, während sein Oberkörper in Ekstase ist, und der andere (der derselbe Mensch ist) sitzt in der Bronx und hält sich vor Lachen den Bauch, weil er nicht begreift.

Ah, der große Stern der Syphilis ist im Untergehen. *Schlechte Sicht*: Wetterbericht für die Bronx, für Amerika, für die ganze moderne Welt. Schlechte Sicht, begleitet von Lachstürmen. Keine neuen Sterne am Horizont. Katastrophen – nichts als Katastrophen.

Ich denke an jene kommende Zeit, wenn Gott wiedergeboren wird, wenn die Menschen für Gott kämpfen und töten werden, wie sie jetzt und noch lange um Nahrung kämpfen. Ich denke an diese zukünftige Zeit, wenn die Arbeit vergessen sein wird und die Bücher den ihnen zukommenden Platz im Leben einnehmen, wo es dann vielleicht keine Bücher mehr geben wird, sondern nur ein großes Buch – eine Bibel. Für mich ist das Buch der Mensch, und mein Buch ist der Mensch, der ich bin, der verstörte, nachlässige, unbesonnene, wollüstige, obszöne, lärmende, nachdenkliche, gewissenhafte, lügnerische, teuflisch aufrichtige Mensch, der ich bin. Ich glaube, daß ich in jener kommenden Zeit nicht übersehen werde. Dann wird meine Geschichte wichtig werden, und die Narbe, die ich im Gesicht der Welt zurücklasse, wird dann ihren Sinn erhalten. Ich kann nicht vergessen, daß ich Geschichte mache, eine Geschichte ganz auf der Seite, die wie ein venerisches Geschwür die andere sinnlose Geschichte wegfressen wird. Ich betrachte mich nicht als Buch, als Schallplatte, als Dokument, sondern als eine Geschichte unserer Zeit – *aller* Zeiten. Wenn ich unglücklich in Amerika war, wenn ich mich nach mehr Raum, mehr Abenteuern, mehr Ausdrucksfreiheit sehnte, so deshalb, weil ich diese Dinge brauchte. Ich bin Amerika dankbar, daß es mir meine Bedürfnisse zum Bewußtsein gebracht hat. Ich habe dort meine Strafe abgebüßt. Gegenwärtig habe ich keine Bedürfnisse, ich bin ein Mensch ohne Vergangenheit und ohne Zukunft. *Ich bin* – das ist alles. Ich pfeife auf das, was euch gefällt oder nicht gefällt. Es macht mir wenig aus, ob ihr überzeugt oder nicht überzeugt seid, daß das, was ich sage, so ist oder nicht so ist. Es ist mir vollständig gleichgültig, ob ihr mich gegenwärtig fallen laßt. Ich bin kein Zerstäubungsapparat, aus dem ihr ein dünnes Hoffnungsstrählchen herausdrükken könnt. Ich sehe, wie Amerika Unheil ausstreut. Ich sehe Amerika als schwarzen Fluch über der Welt. Ich sehe, wie sich eine lange Nacht über die Welt niedersenkt und wie dieser Pilz, der sie vergiftet hat, an den Wurzeln abstirbt.

Und so schreibe ich mit einer Vorahnung des Endes – ob es nun morgen oder erst in dreihundert Jahren eintritt – fieberhaft dieses Buch. So kommt es auch, daß ich meine Gedanken dann und wann stoßweise ausspucke, daß ich die Flamme immer wieder anzünden muß, nicht allein mit Mut, sondern auch mit Verzweiflung – weil es keinen gibt, der diese Dinge für mich sagen könnte. Ich schwanke und taste, mein Suchen nach allen möglichen Ausdrucksmitteln ist so etwas wie göttliches Stottern. *Ich bin von dem prächtigen Zusammenbruch der Welt geblendet.*

Jeden Abend nach dem Essen bringe ich den Abfall in den Hof. Wenn ich wieder nach oben komme, bleibe ich mit leerem Eimer an dem Treppenfenster stehen und schaue mir Sacré Cœur an, hoch auf dem Montmartre-Hügel gelegen. Jeden Abend, wenn ich den Abfall nach unten bringe, stelle ich mir vor, wie ich selbst in blendender Weiße auf einem hohen Hügel stehe. Kein heiliges Herz inspiriert mich, ebensowenig denke ich an Christus. Ich denke an etwas Besseres als Christus, an etwas Größeres als ein Herz, an etwas, das noch über Gott den Allmächtigen geht – *an mich selbst. Ich bin ein Mensch*. Das scheint mir genug.

Ich bin ein Gottmensch und ein Teufelsmensch. Jedem, was ihm gebührt. Nichts Ewiges, nichts Absolutes. Vor mir immer das Bild des Körpers, unser dreieiniger Gott, *Penis* und *Ho-*

den. Auf der Rechten Gott Vater, auf der Linken und ein wenig tiefer Gott Sohn, inmitten und über ihnen der Heilige Geist. Nie kann ich vergessen, daß diese heilige Dreieinigkeit Menschenwerk ist, daß sie unendlichen Veränderungen unterliegt – aber solange wir mit Armen und Beinen aus der Gebärmutter kommen, solange Sterne über uns sind, uns rasend zu machen, und Gras unter unseren Füßen wächst, um die Wunder in uns mit weichem Polster zu empfangen, solange wird dieser Körper zu allen Melodien tanzen, die wir pfeifen mögen.

Es ist heute der dritte oder vierte Frühlingstag, und ich sitze im vollen Sonnenschein an der place Clichy. Heute, wo ich so in der Sonne sitze, sage ich euch, daß es einen Dreck ausmacht, ob die Welt vor die Hunde geht oder nicht, daß es gar nichts bedeutet, ob die Welt recht oder unrecht hat, ob sie gut oder schlecht ist. Sie ist – und das genügt. Die Welt ist, was sie ist, und ich bin, was ich bin. Ich sage das nicht mit gekreuzten Beinen wie ein dahockender Buddha, sondern aus einer fröhlichen und gut fundierten Weisheit heraus, aus einer inneren Sicherheit. Dieses Äußere dort und dieses Innere in mir, all dieses, *alles*, ist das Ergebnis unerklärlicher Kräfte. Ein Chaos, dessen Ordnung über unser Fassungsvermögen geht – über das *menschliche* Fassungsvermögen.

Als menschliches Wesen, das im abendlichen Zwielicht, in der Morgendämmerung, zu sonderbaren unirdischen Stunden einherwandelt, stärkt mich das Gefühl, allein und einzigartig zu sein, in einem solchen Maße, daß, wenn ich mit der Menge gehe und kein menschliches Wesen mehr zu sein scheine, sondern nur noch ein Staubkörnchen, ein Fleckchen Spucke – daß ich mir vorstelle, ich wäre allein im Raum, ein einzelnes Wesen, umgeben von den prächtigsten leeren Straßen, ein menschlicher Zweifüßler zwischen Wolkenkratzern, aus denen alle Bewohner geflohen sind, während ich allein singend einherschreite und der Erde Befehle erteile. Ich brauche nicht in der Westentasche zu suchen, um meine Seele zu finden, ich spüre sie die ganze Zeit, wie sie gegen meine Rippen hämmert, anschwillt und sich aufbläht, weil sie voll von Liedern ist. Wenn ich gerade eine Versammlung verließe, wo man sich darüber geeinigt hätte, daß alles, wenn ich jetzt allein und Gott gleich durch die Straßen gehe, tot ist, wüßte ich, daß das eine Lüge ist. Die Tatsache des Todes steht mir beständig vor Augen, aber dieser Tod der Welt, der ununterbrochen weitergeht, bewegt sich nicht von der Peripherie her auf mich zu, um mich zu verschlucken, dieser Tod ist mir direkt vor den Füßen, er bewegt sich von mir weg nach außen hin, mein eigener Tod ist mir stets um einen Schritt voraus. Die Welt ist der Spiegel meines eigenen Todes, wobei die Welt nicht mehr stirbt als ich, denn ich werde in tausend Jahren lebendiger sein als in diesem Augenblick, und die Welt, in der ich jetzt meinen Geist aushauche, dann ebenfalls lebendiger als jetzt, obschon sie tausend Jahre tot ist. Wenn jedes Ding bis zum Ende durchlebt wird, gibt es keinen Tod, kein Bedauern, ebenso wie es keinen falschen Frühling gibt. Jeder gelebte Augenblick öffnet einen größeren, weiteren Horizont, dessen einziger Ausweg das Leben ist.

Die Träumer träumen nur vom Hals ab, während ihr übriger Körper fest an den elektrischen Stuhl geschnallt ist. Eine neue Welt erdenken, heißt, sie täglich leben, jeder Gedanke, jeder Blick, jeder Schritt, jede Gebärde tötet und schafft neu, wobei der Tod immer einen Schritt voraus ist. Auf die Vergangenheit zu spucken genügt nicht. Die Zukunft zu verkünden genügt nicht. Man muß handeln, als ob der nächste Schritt der letzte wäre, was er ja ist. Jeder Schritt vorwärts ist der letzte, mit ihm stirbt eine Welt, das eigene Selbst eingeschlossen. Wir sind hier auf einer Erde, die niemals enden wird, die Vergangenheit hört nie auf, die Zukunft wird nie beginnen, die Gegenwart nie enden. Diese Welt des Niemals – Niemals, die wir in unseren Händen halten und sehen und die doch nicht wir selbst ist. Wir sind das, was nie ein Ende findet, nie zu erkennbarer Form gestaltet wird, alles ist darin und doch nicht das Ganze, die Teile so viel größer als das Ganze, daß nur der Mathematiker Gott sich dabei auskennt.

Lachen! riet Rabelais. Für alle deine Leiden – Lachen! Aber bei Jesus, es ist schwer, nach all den Quacksalbereien, die wir haben hinunterschlucken müssen, sich diese Weisheit der heiligen Heiterkeit anzueignen! Wie kann man lachen, wenn die innere Magenhaut zerfressen ist? Wie kann man lachen nach all dem Jammer, mit dem uns die teiggesichtigen, hohlwangigen, traurigen, schmerzlich dreinblickenden, feierlichen, ernsten, seraphinischen Geister vergiftet haben? Ich verstehe die Perfidie, mit der sie zu Werke gegangen sind. Ich verzeihe ihnen ihr Genie. Aber es ist schwer, sich von all der Trauer zu befreien, die sie geschaffen haben.

Wenn ich an all die Fanatiker denke, die gekreuzigt wurden, und an jene, die keine Fanatiker, sondern reine Idioten waren, und die alle um einer Idee willen hingemetzelt wurden, so stiehlt sich ein Lächeln auf mein Gesicht. Versperrt jeden Fluchtweg, sage ich. Schlag mir den Sargdeckel über das neue Jerusalem fest zu! Laßt uns hart gegen sie losgehen, Bauch gegen Bauch, *ohne Hoffnung*. Gewaschen oder ungewaschen, Mörder und Evangelisten, die Teig- und die Dreiviertelmondgesichter, die Wetterfahnen und die Ohrfeigengesichter – treibt sie nur nahe zusammen, laßt sie für ein paar Jahrhunderte in dieser Sackgasse schmoren!

Entweder ist die Welt zu schlaff oder ich bin nicht hart genug. Wenn ich unverständlich würde, würde man mich sofort verstehen. Der Unterschied zwischen Verstehen und Nichtverstehen ist haarfein, *noch feiner*, ein Unterschied von einem Millimeter, ein Raumfaden zwischen China und dem Neptun. Wie sehr ich auch aus dem Gleichgewicht gerate, das Verhältnis bleibt dasselbe, es hat nichts mit Klarheit, Genauigkeit und so weiter zu tun – das *Und-so-weiter* ist wichtig! Der Geist macht Schnitzer, weil er ein zu genaues Instrument ist. Die Fäden brechen an den Mahagoniastknoten, an dem Zeder- und Ebenholz fremder Materie. Wir sprechen von der Wirklichkeit, als wäre sie mit unseren Maßstäben meßbar, eine Klavierübung oder eine Physikstunde. Der Schwarze Tod kam mit der Rückkehr der Kreuzfahrer, die Syphilis kam mit der Rückkehr des Kolumbus. *Auch die Wirklichkeit wird kommen. In erster Linie Wirklichkeit*, sagt mein Freund Cronstadt. Das stammt aus einem Gedicht, das auf dem Meeresboden geschrieben wurde.

Wenn man diese Wirklichkeit vorherbestimmen will, kann man um einen Millimeter, aber auch um eine Million Lichtjahre vorbeiraten. Der Unterschied ist eine durch den Winkel sich schneidender Straßen gebildete Größe. Eine Größe ist eine Funktionsstörung, die dadurch geschaffen wird, daß man versucht, sich in einen bestimmten Beziehungsrahmen hineinzuquetschen. Eine Beziehung ist ein Entlassungsschreiben eines ehemaligen Arbeitgebers, das heißt, von einem alten Leiden abgesonderter Eiterschleim.

Diese Gedanken stammen von der Straße, genus epileptoid. Man geht mit der Gitarre aus, und die Saiten reißen – weil die Idee kein morphologisch geeignetes Aufnahmegefäß findet. Um den Traum zurückzurufen, muß man die Augen geschlossen halten und darf sich nicht rühren, die geringste Bewegung, und der ganze Aufbau fällt zusammen. Auf der Straße setze ich mich den zerstörenden, auflösenden Elementen aus, die mich umgeben. Ich lasse jedes Ding Raubbau an mir treiben. Ich lehne mich vor, um die geheimen Vorgänge zu erspähen, nicht um zu befehlen, sondern um zu gehorchen.

Große Blöcke meines Lebens sind für immer verschwunden, gewaltige Strecken zerstört, verschwendet in Unterhaltung, in Tätigkeit, Erinnerung und Träumen. Es gab nie eine Zeit, wo ich nur *ein* Leben lebte, das Leben eines Ehemannes, eines Verliebten, eines Freundes. Wo ich auch war, womit ich mich auch beschäftigte, ich lebte *vielfache* Leben. So ist alles, was ich gern als meine eigene Geschichte betrachten möchte, verloren, ertränkt, unauflöslich verwoben mit dem Dasein, der Tragödie, den Geschichten anderer.

Ich bin ein Mensch der alten Welt, ein vom Wind vertragenes Samenkorn, das auf dem Treibhausboden Amerikas nicht zur Blüte kam. Ich gehöre zu dem dicken alten Baum der Vergangenheit. Körperlich und geistig bin ich mit europäischen Menschen verwandt, mit jenen, die einst Franken, Gallier, Wikinger, Hunnen, Tataren und wer weiß noch was waren. Das für meinen Körper und meine Seele geeignete Klima ist hier, wo Vitalität und Korruption blühen. Ich bin stolz, *nicht* diesem Jahrhundert anzugehören.

Für jene Sterngucker, die dem Akt der Offenbarung nicht folgen können, füge ich hier einige horoskopische Pinselstriche zur Illustrierung meines *Universums des Todes* bei.

Ich bin der Krebs *Schanker*, der sich beliebig seitwärts, rückwärts und vorwärts bewegen kann. Ich bewege mich in sonderbaren Wendekreisen und handle mit hochgradig explosiven Stoffen, flüssigen Salben, Jaspis, Myrrhe, Smaragden, gerilltem Rotz und Stachelschweinzehen. Weil Uranus meinen Längengrad kreuzt, bin ich unmäßig versessen auf geschlechtliche Dinge, heißes Schweinsgekröse und Wasserflaschen. Neptun beherrscht meinen Aszendenten. Das bedeutet, daß ich aus einer wässerigen Flüssigkeit bestehe, wankelmütig, abenteuerlustig, unzuverlässig, ungebunden und flüchtig bin. Auch streitsüchtig. Wenn ich Feuer unter dem Hintern habe, kann ich den Prahlhans oder den Spaßmacher spielen, und nehme es darin mit jedem auf, unter welchem Zeichen er auch geboren sei. Dies ist ein Selbstporträt, das nur die fehlenden Teile zeigt – einen Anker, eine Speisesaalglocke, die Reste meines Bartes, das Hinterteil einer Kuh. Kurz, ich bin ein fauler Bursche, der seine Zeit verschwendet. Ich habe trotz meiner Bemühungen gar nichts herzuzeigen außer meinem Genie. Aber selbst im Leben eines müßigen Genies kommt eine Zeit, wo es zum Fenster gehen und das überflüssige Gepäck hinauskotzen muß. Wenn man ein Genie ist, muß man das tun, wäre es auch nur, um sich selbst eine kleine, begreifliche Welt aufzubauen, die nicht wie eine Wanduhr ewig zu laufen scheint und doch nach acht Tagen stillsteht. Und je mehr Ballast man über Bord wirft, desto höher steigt man in der Achtung seiner Nachbarn, bis man sich ganz allein in der Stratosphäre befindet. Dann bindet man sich einen Stein um den Hals und springt mit den Füßen zuerst. Das führt die vollständige Zerstörung jeder mystischen Traumdeutung sowie der durch Salben entstandenen merkurialischen Wundentzündung herbei. Man spart dann den Traum für die Nacht auf und hält sich bei Tage den Bauch vor Lachen.

Wenn ich daher in der Bar des Märchendäumlings stehe und die Menschen mit grinsenden Gesichtern aus den Falltüren der Hölle kommen sehe, wie sie mit Flaschenzügen und Hosenträgern Lokomotiven, Klaviere und Spucknäpfe ziehen, sage ich mir: Großartig! Großartig! Dieser ganze Plunder, diese ganze Maschinerie kommt zu mir auf einem silbernen Tablett! Großartig, einfach wunderbar! Ein Gedicht, das entstand, während ich im Schlafe lag.

Das wenige, was ich über Schreiben gelernt habe, läuft hierauf hinaus: *Es ist nicht das, was die Leute sich vorstellen.* Es ist jedesmal, mit jedem einzelnen eine völlig neue Sache. Valparaiso zum Beispiel. Wenn ich Valparaiso sage, bedeutet das durchaus nicht mehr, was es früher bedeutet hat. Es kann eine *englische Hure* bedeuten, der alle Vorderzähne fehlen, während der Schankwirt mitten auf der Straße steht und nach Kunden sucht. Es kann einen Engel im seidenen Hemd bedeuten, der seine behenden Finger über eine schwarze Harfe gleiten läßt. Es kann auch eine Odaliske bedeuten, die ein Moskitonetz um ihre Hinterbacken geschlungen hat. Es kann alles dies bedeuten oder nichts von allem, aber auf jeden Fall kann man sicher sein, daß es etwas anderes, etwas Neues bedeutet. Valparaiso ist immer fünf Minuten vor dem Ende, ein wenig diesseits von Peru oder vielleicht drei Zoll näher. Es ist der perspektivische Quadratzoll, den man fieberhaft abmißt, weil man Feuer unter dem Hintern hat, und der Heilige Geist einem die Eingeweide benagt – die orthopädischen Fehler eingeschlossen. Es bedeutet «warm pissen und kalt trinken», wie Trimalchio sagt, «weil unsere Mutter, die Erde, in der Mitte ist, rund, rundlich wie ein Ei, und alle guten Sachen in sich hat, gleich einer Honigwabe».

Und nun, meine Damen und Herren, mit diesem kleinen Universalbüchsenöffner, den ich in der Hand halte, werde ich nun eine Büchse Sardinen öffnen. Mit diesem kleinen Büchsenöffner, den ich in der Hand halte, kann ich sowohl eine Büchse Sardinen wie auch eine Drogerie öffnen. Es ist der dritte oder vierte Frühlingstag, wie ich bereits mehrmals gesagt habe, und wenn es auch ein armer, schäbiger Frühling ist mit lauter Erinnerungen, macht mich das Thermometer wild wie eine Bettwanze. Sie haben sich sicher gedacht, ich hätte die ganze Zeit auf der place Clichy gesessen und vielleicht einen Aperitif getrunken. Gesessen habe ich freilich dort, aber das war vor zwei oder drei Jahren. Und ich war auch tatsächlich in der Däumlingsbar, aber das war vor langer Zeit, und seitdem hat mir ein Krebs die Eingeweide benagt. All dies begann in der Untergrundbahn mit dem Satz: *«L'homme que j'étais, je ne le suis plus.»*

Als ich am Güterbahnhof vorbeiging, wurde ich von zwei Ängsten geplagt – die eine war, daß mir die Augen, wenn ich sie ein bißchen höher erhöbe, aus dem Kopf springen würden, die andere, ich könnte meinen After verlieren. Eine so starke Spannung, daß jede Begriffsbildung sofort rhomboidisch wurde. Ich stellte mir vor, es würde ein Weltfeiertag eingeführt, damit die Menschen über die Statik nachdenken könnten. An diesem Tage gäbe es so viele Selbstmorde, daß man nicht genug Eisenbahnwaggons herbeischaffen könnte, um die Toten zu sammeln. Am Eingang zum Güterbahnhof steigt mir der ekelerregende Gestank aus den Viehzügen in die Nase. Heute den ganzen Tag – vor drei oder vier Jahren natürlich – stand das Vieh Leib an Leib in Angst und Schweiß. Ihre Körper sind mit Untergangsstimmung gesättigt. Als ich an ihnen vorübergehe, ist mein Geist schrecklich wach, meine Gedanken sind kristallklar. Ich habe es so eilig, meine Gedanken zu entladen, daß ich an ihnen im Dunkeln vorüberlaufe. Auch ich habe große Angst. Auch ich schwitze und keuche, bin am Verdursten, bin mit Untergangsstimmung gesättigt. Ich gehe an ihnen vorüber wie ein Eilbrief durch die Post. Oder auch nicht ich, sondern gewisse Ideen sind bereits etikettiert, eingeschrieben, versiegelt, abgestempelt und mit Wasserzeichen versehen. Sie entrollen sich reihenweise, meine Ideen, wie elektrische Spulen. Jenseits der Illusion oder mit ihr leben, das ist die Frage. In mir trage ich einen angsterregenden Edelstein, der sich nicht abnutzt, der die Fensterscheiben ankratzt, während ich durch die Nacht fliehe. Das Vieh brüllt und blökt. Es steht da in dem warmen Gestank seines Dungs. Ich höre wieder die Musik des Quartetts in a-Moll, das schmerzliche Zittern der Saiten. Es steckt so etwas wie ein

Wahnsinniger in mir, und er hackt nur so drauflos bis zur Enddissonanz. *Reine Vernichtung*, zum Unterschied von geringeren, unklareren Vernichtungen. Eine Vernichtung, bei der nachher nichts mehr aufzuwischen ist. Ein Lichtrad, das zum Abgrund rollt und hinein in die bodenlose Tiefe. Ich, Beethoven, habe es geschaffen. Ich, Beethoven, zerstöre es.

Und jetzt, meine Damen und Herren, kommen Sie nach Mexiko. Von nun an wird alles wundervoll und schön sein, wunderbar schön, wunderbar wundervoll. Immer noch wundervoll schöner und wundervoller. Von nun an gibt es keine Waschleinen, keine Hosenträger, keine Flanellunterwäsche mehr. Ewiger Sommer und alles so, wie es sich gehört. Wenn es ein Pferd ist, so ist es für immer ein Pferd. Wenn es ein Schlaganfall ist, so ist es eben ein Schlaganfall und kein Veitstanz. Keine Huren im Morgengrauen, keine Gardenien. Keine toten Katzen in der Gosse, kein Schweiß und kein Schweißgeruch. Wenn es eine Lippe ist, so muß es eine sein, die in alle Ewigkeit zittert. Denn in Mexiko, meine Damen und Herren, ist immer hoher Mittag, und was glüht, sind Fuchsien, und was tot ist, ist tot und kein Federstaubwedel. Man liegt auf einem Zementbett und schläft wie eine Azetylenlampe. Wenn man reich ist, läßt man sich's gutgehen. Wenn man ein armer Teufel ist, so ist man eben elend dran, *schlimmer als elend.* Keine Arpeggien, keine Koloraturen, keine Kadenzen. Entweder hat man den Pfiff weg oder nicht. Entweder fängt man mit reiner Melodie an oder gleich mit einer antiseptischen Lösung. Aber kein Fegefeuer und kein Elixier. Es ist die vierte Ekloge oder das dreizehnte Arrondissement!

Robert Musil

Die Amsel

Die beiden Männer, deren ich erwähnen muß – um drei kleine Geschichten zu erzählen, bei denen es darauf ankommt, wer sie berichtet – waren Jugendfreunde; nennen wir sie Aeins und Azwei. Denn im Grunde ist Jugendfreundschaft um so sonderbarer, je älter man wird. Man ändert sich im Laufe solcher Jahre vom Scheitel bis zur Sohle und von den Härchen der Haut bis ins Herz, aber das Verhältnis zu einander bleibt merkwürdigerweise das gleiche und ändert sich sowenig wie die Beziehungen, die jeder einzelne Mensch zu den verschiedenen Herren pflegt, die er der Reihe nach mit Ich anspricht. Es kommt ja nicht darauf an, ob man so empfindet wie der kleine Knabe mit dickem Kopf und blondem Haar, der einst photographiert worden ist; nein, man kann im Grunde nicht einmal sagen, daß man dieses kleine, alberne, ichige Scheusal gern hat. Und so ist man auch mit seinen besten Freunden weder einverstanden noch zufrieden; ja, viele Freunde mögen sich nicht einmal leiden. In gewissem Sinn sind das sogar die tiefsten und besten Freundschaften und enthalten das unbegreifliche Element ohne alle Beimengungen.

Die Jugend, welche die beiden Freunde Aeins und Azwei verband, war nichts weniger als eine religiöse gewesen. Sie waren zwar beide in einem Institut erzogen worden, wo man sich schmeichelte, den religiösen Grundsätzen gebührenden Nachdruck zu geben, aber seine Zöglinge setzten ihren ganzen Ehrgeiz darein, nichts davon zu halten. Die Kirche dieses Instituts zum Beispiel war eine schöne, richtige, große Kirche, mit einem steinernen Turm, und nur für den Gebrauch der Schule bestimmt. So konnten, da niemals ein Fremder eintrat, immer einzelne Gruppen der Schüler, indes der Rest, je nachdem es die heilige Sitte forderte, vorn in den Bänken bald kniete, bald aufstand, hinten bei den Beichtstühlen Karten spielen, auf der Orgeltreppe Zigaretten rauchen oder sich auf den Turm verziehen, der unter dem spitzen Dach wie einen Kerzenteller einen steinernen Balkon trug, auf dessen Geländer in schwindelnder Höhe Kunststücke ausgeführt wurden, die selbst weniger sündenbeladene Knaben den Hals kosten konnten.

Eine dieser Herausforderungen Gottes bestand darin, sich auf dem Turmgeländer, mit dem Blick nach unten, durch langsamen Druck der Muskeln in die Höhe zu heben und schwankend auf den Händen stehenzubleiben; jeder, der dieses Akrobatenkunststück zu ebener Erde ausgeführt hat, wird wissen, wieviel Selbstvertrauen, Kühnheit und Glück dazu gehören, es auf einem fußbreiten Steinstreifen in Turmhöhe zu wiederholen. Es muß auch gesagt werden, daß viele wilde und geschickte Burschen sich dessen nicht unterfingen, obgleich sie zu ebener Erde auf ihren Händen geradezu lustwandeln konnten. Zum Beispiel Aeins tat es nicht. Dagegen war Azwei, und das mag gut zu seiner Einführung als Erzähler dienen, in seiner Knabenzeit der Erfinder dieser Gesinnungsprobe gewesen. Es war schwer, einen Körper zu finden wie den seinen. Er trug nicht die Muskeln des Sports wie die Körper vieler, sondern schien einfach und mühelos von Natur aus Muskeln geflochten zu sein. Ein schmaler, ziemlich kleiner Kopf saß darauf, mit Augen, die in Samt gewickelte Blitze waren, und mit Zähnen, die es eher zuließen, an die Blankheit eines jagenden Tiers zu denken, als die Sanftmut der Mystik zu erwarten.

Später, in ihrer Studentenzeit, schwärmten die beiden Freunde für eine materialistische Lebenserklärung, die ohne Seele und Gott den Menschen als physiologische oder wirtschaftliche Maschine ansieht, was er ja vielleicht auch wirklich ist, worauf es ihnen aber gar nicht ankam, weil der Reiz solcher Philosophie nicht in ihrer Wahrheit liegt, sondern in ihrem dämonischen, pessimistischen, schaurig-intellektuellen Charakter. Damals war ihr Verhältnis zueinander bereits eine Jugendfreundschaft. Denn Azwei studierte Waldwirtschaft und sprach davon, als Forstingenieur weit fortzugehen, nach Rußland oder Asien, sobald seine Studien vollendet wären; während sein Freund, statt solcher jungenhaften, schon eine solidere Schwärmerei gewählt hatte und sich zu dieser Zeit eifrig in der aufstrebenden Arbeiterbewegung umtat. Als sie dann kurz vor dem großen Krieg wieder zusammentrafen, hatte Azwei seine russischen Unternehmungen bereits hinter sich; er erzählte wenig von ihnen, war in den Bureaus irgendeiner großen Gesellschaft angestellt und schien beträchtliche Fehlschläge erlitten zu haben, wenn es ihm auch bürgerlich auskömmlich ging. Sein Jugendfreund aber war inzwischen aus einem Klassenkämpfer der Herausgeber einer Zeitung geworden, die viel vom sozialen Frieden schrieb und einem Börsenmann gehörte. Sie verachteten sich seither gegenseitig und untrennbar, verloren einander aber wieder aus den Augen; und als sie endlich für kurze Zeit abermals zusammengeführt wurden, erzählte Azwei das nun Folgende in der Art, wie man vor einem Freund einen Sack mit Erinnerungen ausschüttet, um mit der leeren Leinwand weiterzugehen. Es kam unter diesen Umständen wenig darauf an, was dieser erwiderte, und es kann ihre Unterredung fast wie ein Selbstgespräch erzählt werden. Wichtiger wäre es, wenn man genau zu beschreiben vermöchte, wie Azwei damals aussah, weil dieser unmittelbare Eindruck für die Bedeutung seiner Worte nicht ganz zu entbehren ist. Aber das ist schwer. Am ehesten könnte man sagen, er erinnerte an eine scharfe, nervige, schlanke Reitgerte, die, auf ihre weiche Spitze gestellt, an einer Wand lehnt; in so einer halb aufgerichteten und halb zusammengesunkenen Lage schien er sich wohl zu fühlen.

Zu den sonderbarsten Orten der Welt – sagte Azwei – gehören jene Berliner Höfe, wo zwei, drei, oder vier Häuser einander den Hintern zeigen, Köchinnen sitzen mitten in den Wänden, in viereckigen Löchern, und singen. Man sieht es dem roten Kupfergeschirr auf den Borden an, wie laut es klappert. Tief unten gröIt eine Männerstimme Scheltworte zu einem der Mädchen empor, oder es gehen schwere Holzschuhe auf dem klinkernden Pflaster hin und her. Langsam. Hart. Ruhelos. Sinnlos. Immer. Ist es so oder nicht?

Da hinaus und hinab sehen nun die Küchen und die Schlafzimmer; nahe beieinander liegen sie, wie Liebe und Verdauung am menschlichen Körper. Etagenweise sind die Ehebetten übereinander geschichtet; denn alle Schlafzimmer haben im Haus die gleiche Lage, und Fensterwand, Badezimmerwand, Schrankwand bestimmen den Platz des Bettes fast auf den halben Meter genau. Ebenso etagenweise türmen sich die Speisezimmer übereinander, das Bad mit den weißen Kacheln und der Balkon mit dem roten Lampenschirm. Liebe, Schlaf, Geburt, Verdauung, unerwartete Wiedersehen, sorgenvolle und gesellige Nächte liegen in diesen Häusern übereinander wie die Säulen der Brötchen in einem Automatenbüfett. Das persönliche Schicksal ist in solchen Mittelstandswohnungen schon vorgerichtet, wenn man einzieht. Du wirst zugeben, daß die menschliche Freiheit hauptsächlich darin liegt, wo und wann man etwas tut, denn was die Menschen tun, ist fast immer das gleiche: da hat es eine verdammte Bedeutung, wenn man auch noch den Grundriß von allem gleich macht. Ich bin einmal auf einen Schrank geklettert, nur um die Vertikale auszunutzen, und kann sagen, daß das unangenehme Gespräch, das ich zu führen hatte, von da ganz anders aussah.

Azwei lachte über seine Erinnerung und schenkte sich ein; Aeins dachte daran, daß sie auf einem Balkon mit einem roten Lampenschirm säßen, der zu seiner Wohnung gehörte, aber er schwieg, denn er wußte zu genau, was er hätte einwenden können.

Ich gebe übrigens noch heute zu, daß etwas Gewaltiges in dieser Regelmäßigkeit liegt – räumte Azwei von selbst ein –, und damals glaubte ich, in diesem Geist der Massenhaftigkeit und Öde etwas wie eine Wüste oder ein Meer zu sehen; ein Schlachthaus in Chikago, obgleich mir die Vorstellung den Magen umdreht, ist doch eine ganz andere Sache als ein Blumentöpfchen! Das Merkwürdige war aber, daß ich gerade in der Zeit, wo ich diese Wohnung besaß, ungewöhnlich oft an meine Eltern dachte. Du erinnerst dich, daß ich so gut wie jede

Beziehung zu ihnen verloren hatte; aber da gab es nun mit einem Male in meinem Kopf den Satz: Sie haben dir das Leben geschenkt; und dieser komische Satz kehrte von Zeit zu Zeit wieder wie eine Fliege, die sich nicht verscheuchen läßt. Es ist über diese scheinheilige Redensart, die man uns in der Kindheit einprägt, weiter nichts zu bemerken. Aber wenn ich meine Wohnung betrachtete, sagte ich nun ebenso: Siehst du, jetzt hast du dein Leben gekauft; für soundso viel Mark jährlicher Miete. Vielleicht sagte ich auch manchmal: Nun hast du ein Leben aus eigener Kraft geschaffen. Es lag so in der Mitte zwischen Warenhaus, Versicherung auf Ableben und Stolz. Und da erscheint es mir doch überaus merkwürdig, ja geradezu als ein Geheimnis, daß es etwas gab, das mir geschenkt worden war, ob ich wollte oder nicht, und noch dazu das Grundlegende von allem übrigen. Ich glaube, dieser Satz barg einen Schatz von Unregelmäßigkeit und Unberechenbarkeit, den ich vergraben hatte. Und dann kam eben die Geschichte mit der Nachtigall.

Sie begann mit einem Abend wie viele andere. Ich war zu Hause geblieben und hatte mich, nachdem meine Frau zu Bett gegangen war, ins Herrenzimmer gesetzt; der einzige Unterschied von ähnlichen Abenden bestand vielleicht darin, daß ich kein Buch und nichts anrührte; aber auch das war schon vorgekommen. Nach ein Uhr fängt die Straße an ruhiger zu werden; Gespräche beginnen als Seltenheit zu wirken; es ist hübsch, mit dem Ohr dem Vorschreiten der Nacht zu folgen. Um zwei Uhr ist Lärmen und Lachen unten schon deutlich Trunkenheit und Späte. Mir wurde bewußt, daß ich auf etwas wartete, aber ich ahnte nicht, worauf. Gegen drei Uhr, es war im Mai, fing der Himmel an, lichter zu werden; ich tastete mich durch die dunkle Wohnung bis ans Schlafzimmer und legte mich geräuschlos nieder. Ich erwartete nun nichts mehr als den Schlaf und am nächsten Morgen einen Tag wie den abgelaufenen. Ich wußte bald nicht mehr, ob ich wachte oder schlief. Zwischen den Vorhängen und den Spalten der Rolläden quoll dunkles Grün auf, dünne Bänder weißen Morgenschaums schlangen sich hindurch. Es kann mein letzter wacher Eindruck gewesen sein oder ein ruhendes Traumgesicht. Da wurde ich durch etwas Näherkommendes erweckt; Töne kamen näher. Ein-, zweimal stellte ich das schlaftrunken fest. Dann saßen sie auf dem First des Nachbarhauses und sprangen dort in die Luft wie Delphine. Ich hätte auch sagen können, wie Leuchtkugeln beim Feuerwerk; denn der Eindruck von Leuchtkugeln blieb; im Herabfallen zerplatzten sie sanft an den Fensterscheiben und sanken wie große Silbersterne in die Tiefe. Ich empfand jetzt einen zauberhaften Zustand; ich lag in meinem Bett wie eine Figur auf ihrer Grabplatte und wachte, aber ich wachte anders als bei Tage. Es ist sehr schwer zu beschreiben, aber wenn ich daran denke, ist mir, als ob mich etwas umgestülpt hätte; ich war keine Plastik mehr, sondern etwas Eingesenktes. Und das Zimmer war nicht hohl, sondern bestand aus einem Stoff, den es unter den Stoffen des Tages nicht gibt, einem schwarz durchsichtigen und schwarz zu durchfühlenden Stoff, aus dem auch ich bestand. Die Zeit rann in fieberkleinen schnellen Pulsschlägen. Weshalb sollte nicht jetzt geschehen, was sonst nie geschieht? – Es ist eine Nachtigall, was da singt! – sagte ich mir halblaut vor.

Nun gibt es ja in Berlin vielleicht mehr Nachtigallen, – fuhr Azwei fort – als ich dachte. Ich glaubte damals, es gäbe in diesem steinernen Gebirge keine, und diese sei weither zu mir geflogen. Zu mir!! – fühlte ich und richtete mich lächelnd auf. – Ein Himmelsvogel! Das gibt es also wirklich! – In einem solchen Augenblick, siehst du, ist man auf die natürlichste Weise bereit, an das Übernatürliche zu glauben; es ist, als ob man seine Kindheit in einer Zauberwelt verbracht hätte. Ich dachte unverzüglich: Ich werde der Nachtigall folgen. Leb wohl, Geliebte! – dachte ich – Lebt wohl, Geliebte, Haus, Stadt …! Aber ehe ich noch von meinem Lager gestiegen war, und ehe ich mir klar gemacht hatte, ob ich denn zu der Nachtigall auf die Dächer steigen oder ob ich ihr unten in den Straßen folgen wolle, war der Vogel verstummt und offenbar weitergeflogen.

Nun sang er auf einem andern Dach für einen andern Schlafenden – Azwei dachte nach. – Du wirst annehmen, daß die

Geschichte damit zu Ende ist? – Erst jetzt fing sie an, und ich weiß nicht, welches Ende sie finden soll!

Ich war verwaist und von schwerem Mißmut bedrückt zurückgeblieben. Es war gar keine Nachtigall, es war eine Amsel, sagte ich mir, genau so, wie du es sagen möchtest. Solche Amseln machen, das weiß man, andere Vögel nach. Ich war nun völlig wach, und die Stille langweilte mich. Ich zündete eine Kerze an und betrachtete die Frau, die neben mir lag. Ihr Körper sah blaß ziegelfarben aus. Über der Haut lag der weiße Rand der Bettdecke wie ein Schneestreifen. Breite Schattenlinien krümmten sich um den Körper, deren Herkunft nicht recht zu begreifen war, obgleich sie natürlich mit der Kerze und der Haltung meines Arms zusammenhängen mußten. – Was tut es, – dachte ich dabei – wenn es wirklich nur eine Amsel war! Oh, im Gegenteil; gerade daß es bloß eine ganz gewöhnliche Amsel gewesen ist, was mich so verrückt machen konnte: das bedeutet noch viel mehr! Du weißt doch, man weint nur bei einer einfachen Enttäuschung, bei einer doppelten bringt man schon wieder ein Lächeln zuwege. Und ich sah dazwischen immer wieder meine Frau an. Das alles hing ganz von selbst zusammen, aber ich weiß nicht wie. Seit Jahren habe ich dich geliebt – dachte ich – wie nichts auf dieser Welt, und nun liegst du da wie eine ausgebrannte Hülse der Liebe. Nun bist du mir ganz fremd geworden, nun bin ich herausgekommen am anderen Ende der Liebe. War das Überdruß? Ich erinnere mich nicht, je Überdruß empfunden zu haben. Und ich schildere es dir so, als ob ein Gefühl ein Herz durchbohren könnte wie einen Berg, auf dessen anderer Seite eine andere Welt mit dem gleichen Tal, den gleichen Häusern und kleinen Brücken liegt. Aber ich wußte ganz einfach nicht, was es war. Ich weiß das auch heute nicht. Vielleicht habe ich unrecht, dir diese Geschichte im Zusammenhang mit zwei anderen zu erzählen, die darauf gefolgt sind. Ich kann dir nur sagen, wofür ich es hielt, als ich es erlebte: Es hatte mich von irgendwo ein Signal getroffen – das war mein Eindruck davon.

Ich legte meinen Kopf neben ihren Körper, die ahnungslos und ohne Teilnahme schlief. Da schien sich ihre Brust in

Übermaßen zu heben und zu senken, und die Wände des Zimmers tauchten an diesem schlafenden Leib auf und ab wie hohe See um ein Schiff, das schon weit im Fahren ist. Ich hätte es wahrscheinlich nie über mich gebracht, Abschied zu nehmen; aber wenn ich mich jetzt fortstehle, kam mir vor, bleibe ich das kleine verlassene Boot in der Einsamkeit, und ein großes, sicheres Schiff ist achtlos über mich hinausgefahren. Ich küßte die Schlafende, sie fühlte es nicht. Ich flüsterte ihr etwas ins Ohr, und vielleicht tat ich es so vorsichtig, daß sie es nicht hörte. Da machte ich mich über mich lustig und spottete über die Nachtigall; aber ich zog mich heimlich an. Ich glaube, daß ich geschluchzt habe, aber ich ging wirklich fort. Mir war taumelnd leicht, obgleich ich mir zu sagen versuchte, daß kein anständiger Mensch so handeln dürfe; ich erinnere mich, ich war wie ein Betrunkener, der mit der Straße schilt, auf der er geht, um sich seiner Nüchternheit zu versichern.

Ich habe natürlich oft daran gedacht zurückzukehren; manchmal hätte ich durch die halbe Welt zurückkehren mögen; aber ich habe es nicht getan. Sie war unberührbar für mich geworden; kurz gesagt; ich weiß nicht, ob du mich verstehst: Wer ein Unrecht sehr tief empfindet, der ändert es nicht mehr. Ich will übrigens nicht deine Lossprechung. Ich will dir meine Geschichten erzählen, um zu erfahren, ob sie wahr sind; ich habe mich jahrelang mit keinem Menschen aussprechen können, und wenn ich mich darüber laut mit mir selbst sprechen hörte, wäre ich mir, offen gestanden, unheimlich.

Halte also daran fest, daß meine Vernunft deiner Aufgeklärtheit nichts nachgeben will.

Aber zwei Jahre später befand ich mich in einem Sack, dem toten Winkel einer Kampflinie in Südtirol, die sich von den blutigen Gräben der Cima di Vezzena an den Caldonazzo-See zurückbog. Dort lief sie tief im Tal wie eine sonnige Welle über zwei Hügel mit schönen Namen und stieg auf der andern Seite des Tals wieder empor, um sich in einem stillen Gebirge zu verlieren. Es war im Oktober; die schwach besetzten Kampfgräben versanken in Laub, der See brannte lautlos in Blau, die

Hügel lagen wie große welke Kränze da; wie Grabkränze, dachte ich oft, ohne mich vor ihnen zu fürchten. Zögernd und verteilt floß das Tal um sie; aber jenseits des Striches, den wir besetzt hielten, entfloh es solcher süßen Zerstreutheit und fuhr wie ein Posaunenstoß, braun, breit und heroisch, in die feindliche Weite.

In der Nacht bezogen wir mitten darin eine vorgeschobene Stellung. Sie lag so offen im Tal, daß man uns von oben mit Steinwürfen erschlagen konnte; aber man röstete uns bloß an langsamem Artilleriefeuer. Immerhin, am Morgen nach so einer Nacht hatten alle einen sonderbaren Ausdruck, der sich erst nach einigen Stunden verlor: die Augen waren vergrößert, und die Köpfe auf den vielen Schultern richteten sich unregelmäßig auf wie ein niedergetretener Rasen. Trotzdem habe ich in jeder solchen Nacht oftmals den Kopf über den Grabenrand gehoben und ihn vorsichtig über die Schulter zurückgedreht wie ein Verliebter: da sah ich dann die Brentagruppe hell himmelblau, wie aus Glas steif gefältelt, in der Nacht stehen. Und gerade in diesen Nächten waren die Sterne groß und wie aus Goldpapier gestanzt und flimmerten fett wie aus Teig gebacken, und der Himmel war noch in der Nacht blau, und die dünne, mädchenhafte Mondsichel, ganz silbern oder ganz golden, lag auf dem Rücken mitten darin und schwamm in Entzücken. Du mußt trachten, dir vorzustellen, wie schön das war; so schön ist nichts im gesicherten Leben. Dann hielt ich es manchmal nicht aus und kroch vor Glück und Sehnsucht in der Nacht spazieren; bis zu den goldgrünen schwarzen Bäumen, zwischen denen ich mich aufrichtete wie eine kleine braungrüne Feder im Gefieder des ruhig sitzenden, scharfschnäbeligen Vogels Tod, der so zauberisch bunt und schwarz ist, wie du es nicht gesehen hast.

Tagsüber, in der Hauptstellung, konnte man dagegen geradezu spazierenreiten. Auf solchen Plätzen, so man Zeit zum Nachdenken wie zum Erschrecken hat, lernt man die Gefahr erst kennen. Jeden Tag holt sie sich ihre Opfer, einen festen Wochendurchschnitt, soundsoviel vom Hundert, und schon die Generalstabsoffiziere der Division rechnen so unpersönlich damit wie eine Versicherungsgesellschaft. Übrigens man selbst auch. Man kennt instinktiv seine Chance und fühlt sich versichert, wenn auch nicht gerade unter günstigen Bedingungen. Das ist jene merkwürdige Ruhe, die man empfindet, wenn man dauernd im Feuerbereich lebt. Das muß ich vorausschicken, damit du dir nicht falsche Vorstellungen von meinem Zustand machst. Freilich kommt es vor, daß man sich plötzlich getrieben fühlt, nach einem bestimmten bekannten Gesicht zu suchen, das man noch vor einigen Tagen gesehen hat; aber es ist nicht mehr da. So ein Gesicht kann dann mehr erschüttern, als vernünftig ist, und lang in der Luft hängen wie ein Kerzenschimmer. Man hat also weniger Todesfurcht als sonst, aber ist allerhand Erregungen zugänglicher. Es ist so, als ob die Angst vor dem Ende, die offenbar immer wie ein Stein auf dem Menschen liegt, weggewälzt worden wäre, und nun blüht in der unbestimmten Nähe des Todes eine wunderbare innere Freiheit.

Über unsere ruhige Stellung kam einmal mitten in der Zeit ein feindlicher Flieger. Das geschah nicht oft, weil das Gebirge mit seinen schmalen Luftrinnen zwischen befestigten Kuppen hoch überflogen werden mußte. Wir standen gerade auf einem der Grabkränze, und im Nu war der Himmel mit den weißen Schrapnellwölkchen der Batterien betupft wie von einer behenden Puderquaste. Das sah lustig aus und fast lieblich. Dazu schien die Sonne durch die dreifarbigen Tragflächen des Flugzeugs, gerade als es hoch über unseren Köpfen fuhr, wie durch ein Kirchenfenster oder buntes Seidenpapier, und es hätte zu diesem Augenblick nur noch einer Musik von Mozart bedurft. Mir ging zwar der Gedanke durch den Kopf, daß wir wie eine Gruppe von Rennbesuchern beisammenstanden und ein gutes Ziel abgaben. Auch sagte einer von uns: Ihr solltet euch lieber decken! Aber es hatte offenbar keiner Lust, wie eine Feldmaus in ein Erdloch zu fahren. In diesem Augenblick hörte ich ein leises Klingen, das sich meinem hingerissen emporstarrenden Gesicht näherte. Natürlich kann es auch umgekehrt zugegangen sein, so daß ich zuerst das Klingen hörte und dann erst das Nahen einer Gefahr begriff; aber im gleichen Augenblick wußte ich auch schon: es ist ein Fliegerpfeil! Das waren spitze Eisenstäbe, nicht dicker als ein Zimmermannsblei, welche damals die Flugzeuge aus der Höhe abwarfen; und trafen sie den Schädel, so kamen sie wohl erst bei den Fußsohlen wieder heraus, aber sie trafen eben nicht oft, und man hat sie bald wieder aufgegeben. Darum war das mein erster Fliegerpfeil; aber Bomben und Maschinengewehrschüsse hört man ganz anders, und ich wußte sofort, womit ich es zu tun hätte. Ich war gespannt, und im nächsten Augenblick hatte ich auch schon das sonderbare, nicht im Wahrscheinlichen begründete Empfinden: er trifft!

Und weißt du, wie das war? Nicht wie eine schreckende Ahnung, sondern wie ein noch nie erwartetes Glück! Ich wunderte mich zuerst darüber, daß bloß ich das Klingen hören sollte. Dann dachte ich, daß der Laut wieder verschwinden werde. Aber er verschwand nicht. Er näherte sich mir, wenn auch sehr fern, und wurde perspektivisch größer. Ich sah vorsichtig die Gesichter an, aber niemand nahm ihn wahr. Und in diesem Augenblick, wo ich inne wurde, daß ich allein diesen feinen Gesang hörte, stieg ihm etwas aus mir entgegen: ein Lebensstrahl; ebenso unendlich wie der von oben kommende des Todes. Ich erfinde das nicht, ich suche es so einfach wie möglich zu beschreiben; ich habe die Überzeugung, daß ich mich physikalisch nüchtern ausgedrückt habe; freilich weiß ich, daß das bis zu einem Grad wie im Traum ist, wo man ganz klar zu sprechen wähnt, während die Worte außen wirr sind.

Das dauerte eine lange Zeit, während derer nur ich das Geschehen näher kommen hörte. Es war ein dünner, singender, einfacher hoher Laut, wie wenn der Rand eines Glases zum Tönen gebracht wird, aber es war etwas Unwirkliches daran; das hast du noch nie gehört, sagte ich mir. Und dieser Laut war auf mich gerichtet; ich war in Verbindung mit diesem Laut und zweifelte nicht im geringsten daran, daß etwas Entscheidendes mit mir vor sich gehen wolle. Kein einziger Gedanke in mir war von der Art, die sich in den Augenblicken des Lebensabschiedes einstellen soll, sondern alles, was ich empfand, war in die Zukunft gerichtet; und ich muß einfach sagen, ich war sicher, in der nächsten Minute Gottes Nähe in der Nähe meines Körpers zu fühlen. Das ist immerhin nicht wenig bei einem Menschen, der seit seinem achten Jahr nicht an Gott geglaubt hat.

Inzwischen war der Laut von oben körperlicher geworden, er schwoll an und drohte. Ich hatte mich einigemal gefragt, ob ich warnen solle; aber mochte ich oder ein anderer getroffen werden, ich wollte es nicht tun! Vielleicht steckte eine verdammte Eitelkeit in dieser Einbildung, daß da, hoch oben über einem Kampffeld, eine Stimme für mich singe. Vielleicht ist Gott überhaupt nichts, als daß wir armen Schnorrer in der Enge unseres Daseins uns eitel brüsten, einen reichen Verwandten im Himmel zu haben. Ich weiß es nicht. Aber ohne Zweifel hatte nun die Luft auch für die anderen zu klingen begonnen; ich bemerkte, daß Flecken von Unruhe über ihre Gesichter huschten, und siehst du – auch keiner von ihnen ließ sich ein Wort entschlüpfen! Ich sah noch einmal diese Gesichter an: Burschen, denen nichts ferner lag als solche Gedanken, standen, ohne es zu wissen, wie eine Gruppe von Jüngern da, die eine Botschaft erwarten. Und plötzlich war das Singen zu einem irdischen Ton geworden, zehn Fuß, hundert Fuß über uns, und erstarb. Er, es war da. Mitten zwischen uns, aber mir zunächst, war etwas verstummt und von der Erde verschluckt worden, war zu einer unwirklichen Lautlosigkeit zerplatzt. Mein Herz schlug breit und ruhig; ich kann auch nicht den Bruchteil einer Sekunde erschrocken gewesen sein; es fehlte nicht das kleinste Zeitteilchen in meinem Leben. Aber das erste, was ich wieder wahrnahm, war, daß mich alle ansahen. Ich stand am gleichen Fleck, mein Leib aber war wild zur Seite gerissen worden und hatte eine tiefe, halbkreisförmige Verbeugung ausgeführt. Ich fühlte, daß ich aus einem Rausch erwache, und wußte nicht, wie lange ich fort gewesen war. Niemand sprach mich an, endlich sagte einer: ein Fliegerpfeil! und alle wollten ihn suchen, aber er stak metertief in der Erde. In diesem Augenblick überströmte mich ein heißes Dankgefühl, und ich glaube, daß ich am ganzen Körper errötete. Wenn einer da gesagt hätte, Gott sei in meinen Leib gefahren, ich hätte nicht gelacht. Ich hätte es aber auch nicht geglaubt. Nicht einmal, daß ich einen Splitter von ihm davontrug, hätte ich geglaubt. Und trotzdem, jedesmal, wenn ich mich daran erinnere, möchte ich etwas von dieser Art noch einmal deutlicher erleben!

Ich habe es übrigens noch einmal erlebt, aber nicht deutlicher – begann Azwei seine letzte Geschichte. Er schien unsicherer geworden zu sein, aber man konnte ihm anmerken, daß er gerade deshalb darauf brannte, sich diese Geschichte erzählen zu hören.

Sie handelte von seiner Mutter, die nicht viel von Azweis Liebe besessen hatte; aber er behauptete, das sei nicht so gewesen. – Wir haben oberflächlich schlecht zu einander gepaßt, – sagte er – und das ist schließlich nur natürlich, wenn eine alte Frau seit Jahrzehnten in der gleichen Kleinstadt lebt, und ein Sohn es nach ihren Begriffen in der weiten Welt zu nichts gebracht hat. Sie machte mich so unruhig wie das Beisammensein mit einem Spiegel, der das Bild unmerklich in die Breite zieht; und ich kränkte sie, indem ich jahrelang nicht nach Hause kam. – Aber sie schrieb mir alle Monate einen besorgten Brief mit vielen Fragen, und wenn ich den auch gewöhnlich nicht beantwortete, so war doch etwas sehr Sonderbares dabei, und ich hing trotz allem tief mit ihr zusammen, wie sich schließlich gezeigt hat.

Vielleicht hatte sich ihr vor Jahrzehnten das Bild eines kleinen Knaben leidenschaftlich eingeprägt, in den sie weiß Gott welche Hoffnungen gesetzt haben mochte, die durch nichts ausgelöscht werden konnten; und da ich dieser längst verschwundene Knabe war, hing ihre Liebe an mir, wie wenn alle seither untergegangenen Sonnen noch irgendwo zwischen Licht und Finsternis schwebten. Da hättest du wieder diese geheimnisvolle Eitelkeit, die keine ist. Denn ich kann wohl sagen, ich verweile nicht gern bei mir, und was so viele Menschen tun, daß sie sich behaglich Photographien ansehen, die sie in früheren Zeiten darstellen, oder sich gern erinnern, was sie da und dann getan haben, dieses Ich-Sparkassen-System ist mir völlig unbegreiflich. Ich bin weder besonders launenhaft, noch lebe ich nur für den Augenblick; aber wenn etwas vorbei ist, dann bin ich auch an mir vorbei, und wenn ich mich in einer Straße erinnere, ehemals oft diesen Weg gegangen zu sein, oder wenn ich mein früheres Haus sehe, so empfinde ich ohne alle Gedanken einfach wie einen Schmerz eine heftige Abneigung gegen mich, als ob ich an eine Schändlichkeit erinnert würde. Das Gewesene entfließt, wenn man sich ändert; und mir scheint, wie immer man sich ändere, man täte es ja nicht, wenn der, den man verläßt, gar so einwandfrei wäre. Aber gerade weil ich gewöhnlich so fühle, war es wunderbar, als ich bemerkte, daß da ein Mensch, solange ich lebe, ein Bild von mir festgehalten hat; wahrscheinlich ein Bild, dem ich nie entsprach, das jedoch in gewissem Sinn mein Schöpfungsbefehl und meine Urkunde war. Verstehst du mich, wenn ich sage, daß meine Mutter in diesem bildlichen Sinn eine Löwennatur war, in das wirkliche Dasein einer mannigfach beschränkten Frau gebannt? Sie war nicht klug nach unseren Begriffen, sie konnte von nichts absehen und nichts weit herholen; sie war, wenn ich mich an meine Kindheit erinnere, auch nicht gut zu nennen, denn sie war heftig und von ihren Nerven abhängig; und du magst dir vorstellen, was aus der Verbindung von Leidenschaft mit engen Gesichtsgrenzen manchmal hervorgeht: Aber ich möchte behaupten, daß es eine Größe, einen Charakter gibt, die sich mit der Verkörperung, in der sich ein Mensch für unsere gewöhnliche Erfahrung darstellt, heute noch so unbegreiflich vereinen, wie in den Märchenzeiten Götter die Gestalt von Schlangen und Fischen angenommen haben.

Ich bin sehr bald nach der Geschichte mit dem Fliegerpfeil bei einem Gefecht in Rußland in Gefangenschaft geraten, machte später dort die große Umwandlung mit und kehrte nicht so rasch zurück, denn das neue Leben hat mir lange Zeit gefallen. Ich bewundere es heute noch; aber eines Tags entdeckte ich, daß ich einige für unentbehrlich geltende Glaubenssätze nicht mehr aussprechen konnte, ohne zu gähnen, und entzog mich der damit verbundenen Lebensgefahr, indem ich mich nach Deutschland rettete, wo der Individualismus gerade in der Inflationsblüte stand. Ich machte allerhand zweifelhafte Geschäfte, teils aus Not, teils nur aus Freude darüber, wieder in einem alten Land zu sein, wo man Unrecht tun kann, ohne sich schämen zu müssen. Es ist mir dabei nicht sehr gut gegangen, und manchmal war ich sogar ungemein übel daran. Auch meinen Eltern ging es nicht gerade gut. Da schrieb mir meine Mutter einigemal: Wir können dir nicht helfen; aber wenn ich dir mit dem wenigen helfen könnte, was du einst erben wirst, möchte ich mir zu sterben wünschen. Das schrieb sie, obgleich ich sie seit Jahren nicht besucht, noch ihr irgendein Zeichen der Neigung gegeben hatte. Ich muß gestehen, daß ich es nur für eine etwas übertriebene Redensart gehalten habe, der ich keine Bedeutung beimaß, wenn ich auch an der Echtheit des Gefühls, das sich sentimental ausdrückte, nicht zweifelte. Aber nun geschah eben das durchaus Sonderbare: meine Mutter erkrankte wirklich, und man könnte glauben, daß sie dann auch meinen Vater, der ihr sehr ergeben war, mitgenommen hat.

Azwei überlegte. – Sie starb an einer Krankheit, die sie in sich getragen haben mußte, ohne daß ein Mensch es ahnte. Man könnte dem Zusammentreffen vielerlei natürliche Erklärungen geben, und ich fürchte, du wirst es mir verübeln, wenn ich es nicht tue. Aber das Merkwürdige waren wieder die Nebenumstände. Sie wollte keineswegs sterben; ich weiß, daß sie sich gegen den frühen Tod gewehrt und heftig geklagt hat. Ihr Lebenswille, ihre Entschlüsse und Wünsche waren gegen das Ereignis gerichtet. Man kann auch nicht sagen, daß sich gegen ihren Augenblickswillen eine Charakterentscheidung vollzog; denn sonst hätte sie ja schon früher an Selbstmord oder freiwillige Armut denken können, was sie nicht im geringsten getan hat. Sie war selbst ganz und gar ein Opfer. Aber hast du nie bemerkt, daß dein Körper auch noch einen anderen Willen hat als den deinen? Ich glaube, daß alles, was uns als Wille oder als unsere Gefühle, Empfindungen und Gedanken vorkommt und scheinbar die Herrschaft über uns hat, das nur im Namen einer begrenzten Vollmacht darf, und daß es in schweren Krankheiten und Genesungen, in unsicheren Kämpfen und an allen Wendepunkten des Schicksals eine Art Urentscheidung des ganzen Körpers gibt, bei der die letzte Macht und Wahrheit ist. Aber möge dem sein wie immer; sicher war es, daß ich von der Erkrankung meiner Mutter sofort den Eindruck von etwas ganz und gar Freiwilligem hatte; und wenn du alles für Einbildung hieltest, so bliebe es bestehen, daß ich in dem Augenblick, wo ich die Nachricht von der Erkrankung meiner Mutter erhielt, obgleich gar kein Grund zur Besorgnis darin lag, in einer auffallenden Weise und völlig verändert worden bin: eine Härte, die mich umgeben hatte, schmolz augenblicklich weg, und ich kann nicht mehr sagen, als daß der Zustand, in dem ich mich von da an befand, viel Ähnlichkeit mit dem Erwachen in jener Nacht hatte, wo ich mein Haus verließ, und mit der Erwartung des singenden Pfeils aus der Höhe. Ich wollte gleich zu meiner Mutter reisen, aber sie hielt mich mit allerhand Vorwänden fern. Zuerst hieß es, sie freue sich, mich zu sehen, aber ich möge die bedeutungslose Erkrankung abwarten, damit sie mich gesund empfange; später ließ sie mir mitteilen, mein Besuch könnte sie im Augenblick zu sehr aufregen, zuletzt, als ich drängte: die entscheidende Wendung zum Guten stünde bevor, und ich möge mich nur noch etwas gedulden. Es sieht so aus, als ob sie gefürchtet hätte, durch ein Wiedersehen unsicher gemacht zu werden; und dann entschied sich alles so rasch, daß ich gerade noch zum Begräbnis zurecht kam.

Ich fand auch meinen Vater krank vor, und wie ich dir sagte, ich konnte ihm bald nur noch sterben helfen. Er war früher ein guter Mann gewesen, aber in diesen Wochen war er wunderlich eigensinnig und voll Launen, als ob er mir vieles nachtrüge und sich durch meine Anwesenheit geärgert fühlte. Nach seinem Begräbnis mußte ich den Haushalt auflösen, und das dauerte auch einige Wochen; ich hatte keine Eile. Die Leute aus der kleinen Stadt kamen hie und da zu mir aus alter Gewohnheit und erzählten mir, auf welchem Platz im Wohnzimmer mein Vater gesessen habe und wo meine Mutter und wo sie. Sie sahen sich alles genau an und erboten sich, mir dieses oder jenes Stück abzukaufen. Sie sind so gründlich, diese

Menschen in der Provinz, und einmal sagte einer zu mir, nachdem er alles eingehend untersucht hatte: Es ist doch schrecklich, wenn binnen wenigen Wochen eine ganze Familie ausgerottet wird! – mich selbst rechnete keiner hinzu. Wenn ich allein war, saß ich still und las Kinderbücher; ich hatte auf dem Dachboden eine große Kiste voll von ihnen gefunden. Sie waren verstaubt, verrußt, teils vertrocknet, teils von Feuchtigkeit beschlagen, und wenn man sie klopfte, schieden sie immerzu Wolken von sanfter Schwärze aus; von den Pappbänden war das gemaserte Papier geschwunden und hatte nur Gruppen von zackigen Inseln zurückgelassen. Aber wenn ich in die Seiten eindrang, eroberte ich den Inhalt wie ein Seefahrer zwischen diesen Fährnissen, und einmal machte ich eine seltsame Entdeckung. Ich bemerkte, daß die Schwärze oben, wo man die Blätter wendet, und unten am Rand in einer leise deutlichen Weise doch anders war, als der Moder sie verleiht, und dann fand ich allerhand unbezeichenbare Flecken und schließlich wilde, verblaßte Bleistiftspuren auf den Titelblättern; und mit einemmal überwältigte es mich, daß ich erkannte, diese leidenschaftliche Abgegriffenheit, diese Bleistiftritzer und eilig hinterlassenen Flecken seien die Spuren von Kinderfingern, meiner Kinderfinger, dreißig und mehr Jahre in einer Kiste unter dem Dach aufgehoben und wohl von aller Welt vergessen! – Nun, ich sagte dir, für andere Menschen mag es nichts Besonderes sein, wenn sie sich an sich selbst erinnern, aber für mich war es, als ob das Unterste zu oberst gekehrt würde. Ich hatte auch ein Zimmer wiedergefunden, das vor dreißig und mehr Jahren mein Kinderzimmer war; es diente später für Wäscheschränke und dergleichen, aber im Grunde hatte man es gelassen, wie es gewesen war, als ich dort am Fichtentisch unter der Petroleumlampe saß, deren Ketten drei Delphine im Maul trugen. Dort saß ich nun wieder viele Stunden des Tags und las wie ein Kind, das mit den Beinen nicht bis zur Erde reicht. Denn siehst du, daß unser Kopf haltlos ist oder in nichts ragt, daran sind wir gewöhnt, denn wir haben unter den Füßen etwas Festes; aber Kindheit, das heißt, an beiden Enden nicht ganz gesichert sein und statt der Greifzangen von später noch die weichen Flanellhände haben und vor einem Buch sitzen, als ob man auf einem kleinen Blatt über Abstürzen durch den Raum segelte. Ich sage dir, ich reichte wirklich nicht mehr unter dem Tisch zur Erde.

Ich hatte mir auch ein Bett in dieses Zimmer gestellt und schlief dort. Und da kam dann die Amsel wieder. Einmal nach Mitternacht weckte mich ein wunderbarer, herrlicher Gesang. Ich wachte nicht gleich auf, sondern hörte erst lange im Schlaf zu. Es war der Gesang einer Nachtigall; aber sie saß nicht in den Büschen des Gartens, sondern auf dem Dach eines Nebenhauses. Ich begann mit offenen Augen zu schlafen. Hier gibt es keine Nachtigallen – dachte ich dabei – es ist eine Amsel.

Du brauchst aber nicht zu glauben, daß ich das heute schon einmal erzählt habe! Sondern wie ich dachte: Hier gibt es keine Nachtigallen, es ist eine Amsel, erwachte ich; es war vier Uhr morgens, der Tag kehrte in meine Augen ein, der Schlaf versank so rasch, wie die Spur einer Welle in trockenem Ufersand aufgesaugt wird, und da saß vor dem Licht, das wie ein zartes weißes Wolltuch war, ein schwarzer Vogel im offenen Fenster! Er saß dort, so wahr ich hier sitze.

Ich bin deine Amsel, – sagte er – kennst du mich nicht?

Ich habe mich wirklich nicht gleich erinnert, aber ich fühlte mich überaus glücklich, wenn der Vogel zu mir sprach.

Auf diesem Fensterbrett bin ich schon einmal gesessen, erinnerst du dich nicht? – fuhr er fort, und nun erwiderte ich: Ja, eines Tags bist du dort gesessen, wo du jetzt sitzt, und ich habe rasch das Fenster geschlossen.

Ich bin deine Mutter – sagte sie.

Siehst du, das mag ich ja geträumt haben. Aber den Vogel habe ich nicht geträumt; er saß da, flog ins Zimmer herein, und ich schloß rasch das Fenster. Ich ging auf den Dachboden und suchte einen großen Holzkäfig, an den ich mich erinnerte, weil die Amsel schon einmal bei mir gewesen war; in meiner Kindheit, genau so, wie ich es eben sagte. Sie war im Fenster gesessen und dann ins Zimmer geflogen, und ich hatte einen Käfig gebraucht, aber sie wurde bald zahm, und ich habe sie nicht gefangengehalten, sie lebte frei in meinem Zimmer und flog aus und ein. Und eines Tags war sie nicht mehr wiedergekommen, und jetzt war sie also wieder da. Ich hatte keine Lust, mir Schwierigkeiten zu machen und nachzudenken, ob es die gleiche Amsel sei; ich fand den Käfig und eine neue Kiste Bücher dazu, und ich kann dir nur sagen: ich bin nie im Leben ein so guter Mensch gewesen wie von dem Tag an, wo ich die Amsel besaß; aber ich kann dir wahrscheinlich nicht beschreiben, was ein guter Mensch ist.

Hat sie noch oft gesprochen? – fragte Aeins listig.

Nein, – erwiderte Azwei – gesprochen hat sie nicht. Aber ich habe ihr Amselfutter beschaffen müssen und Würmer. Sieh wohl, das ist schon eine kleine Schwierigkeit, daß sie Würmer fraß, und ich sollte sie wie meine Mutter halten –; aber es geht, sage ich dir, das ist nur Gewohnheit, und woran muß man sich nicht auch bei alltäglicheren Dingen gewöhnen! Ich habe sie seither nicht mehr von mir gelassen, und mehr kann ich dir nicht sagen; das ist die dritte Geschichte, wie sie enden wird, weiß ich nicht.

Aber du deutest doch an, – suchte sich Aeins vorsichtig zu vergewissern – daß dies alles einen Sinn gemeinsam hat?

Du lieber Himmel, – widersprach Azwei – es hat sich eben alles so ereignet; und wenn ich den Sinn wüßte, so brauchte ich dir wohl nicht erst zu erzählen. Aber es ist, wie wenn du flüstern hörst oder bloß rauschen, ohne das unterscheiden zu können!

Vladimir Nabokov

Frühling in Fialta

Der Frühling in Fialta ist wolkig und trüb. Alles ist feucht: die scheckigen Stämme der Platanen, die Wacholdersträucher, die Geländer, der Kies. Weit entfernt erblickt man zwischen den gezackten Kanten bläulich-fahler Häuser, die sich wankend von den Knien erheben, um den Hang zu erklimmen (eine Zypresse weist ihnen den Weg), verschwommen den wässerig-verschleierten Mt. Sankt Georg, der seinem Abbild auf jenen Ansichtskarten unähnlicher denn je sieht, die seit etwa 1910 (diese Strohhüte, diese jugendlichen Droschkenkutscher!) den Touristen von ihrem traurigen Ständerkarussell aus umwerben, umgeben von Steinbrocken mit Amethystzähnen und den Konsolenträumen von Seemuscheln. Ein schwacher Geruch nach Verbranntem hängt in der Luft, die windstill ist und warm. Das Meer, dessen Salz von einer Regenlösung überspült wird, ist eher grau als bläulich-grün, und seine Wellen sind zu schwerfällig, um schäumend zu brechen.

An einem solchen Tag in den frühen dreißiger Jahren fand ich mich, alle meine Sinne weit geöffnet, in einer der steilen kleinen Straßen Fialtas und nahm alles gleichzeitig in mich auf – das maritime Rokoko in der Bude, die Korallenkruzifixe in einem Schaufenster, den verzagten Anschlag eines Wanderzirkus (eine Ecke des durchnäßten Papiers hatte sich von der Mauer gelöst) und ein gelbes Stück unreifer Apfelsinenschale auf dem alten, schieferblauen Gehsteig, der sich hier und da eine schwindende Erinnerung an ein uraltes Mosaikmuster bewahrt hatte. Ich liebe Fialta; ich liebe es, weil ich in der Höhlung dieser veilchenblauen Silben die süße, dunkle Feuchtigkeit der krumpeligsten aller kleinen Blumen spüre und weil seine Viola den Alt des Namens einer wunderschönen Stadt auf der Krim nachbildet; und auch darum liebe ich es, weil gerade in der Schlaftrunkenheit seiner feuchten Vorosterzeit etwas liegt, das der Seele besonders wohltut. So war ich denn glücklich, wieder dort zu sein, dem kleinen Bach im Rinnstein entgegen bergan zu steigen, ohne Hut, mit nassem Kopf, die Haut schon von Wärme durchtränkt, obwohl ich über dem Hemd nur einen leichten Regenmantel trug.

Ich war mit dem Capparabella-Expreß gekommen, der mit jenem leichtfertigen Schwung, welcher Eisenbahnzügen in gebirgiger Gegend eigen ist, sich donnernd Mühe gegeben hatte, während der Nacht so viele Tunnel wie möglich zu bewältigen. Einen oder zwei Tage, gerade so lange, wie es mir eine Atempause während einer Geschäftsreise erlaubte – länger gedachte ich nicht zu bleiben. Frau und Kinder hatte ich zu Hause gelassen, und sie bildeten eine Insel des Glücks, die im klaren Norden meines Wesens immerfort gegenwärtig war, die mich ständig begleitete, ja die, möchte ich sagen, durch mich hindurchtrieb, sich aber dennoch meist an der Außenseite meiner selbst hielt.

Ein Kind männlichen Geschlechts, ohne Hosen und mit einem prallen, schlammgrauen kleinen Bauch, trat unsicher von einer Türstufe und tappelte O-beinig davon; es versuchte, drei Apfelsinen auf einmal zu tragen, doch dauernd ließ es die jeweils andere dritte fallen, bis es selber hinfiel, worauf ein etwa zwölfjähriges Mädchen mit einer schweren Perlenkette um den dunklen Hals und einem Rock, der so lang war wie der einer Zigeunerin, prompt alle drei mit ihren geschickteren und zahlreicheren Händen fortnahm. In der Nähe, auf der nassen Terrasse eines Cafés, wischte ein Kellner die Tischplatten ab; ein melancholischer Brigant, der die Bonbon-Spezialitäten des Ortes feilbot, kunstvoll aussehende Dinger mit mondartigem Glanz, hatte einen hoffnungslos vollen Korb auf die geborstene Balustrade gestellt, über die hinweg sich die beiden unterhielten. Der Nieselregen hatte entweder aufgehört, oder Fialta hatte sich so daran gewöhnt, daß es selber nicht mehr wußte, ob es feuchte Luft oder warmen Regen atmete. Ein Engländer in Knickerbockern, einer von der soliden, exportfähigen Sorte, der sich im Gehen aus einem Gummibeutel mit dem Daumen die Pfeife stopfte, kam unter einem Bogen hervor und betrat eine Apotheke, wo große bleiche Schwämme in einem blauen Gefäß hinter dem Glas verdursteten. Wie köstlich das Wohlgefühl, das ich durch meine Adern rieseln spürte, wie dankbar antwortete alles in mir auf die Vibrationen und Emanationen dieses grauen Tages, der mit einer Frühlingsessenz gesättigt war, welcher er selber anscheinend nur langsam gewahr wurde! Meine Nerven waren nach einer schlaflosen Nacht ungewöhnlich empfänglich; ich sog alles in mich ein: den Gesang einer Drossel in den Mandelbäumen jenseits der Kapelle, den Frieden der verfallenden Häuser, den Puls der entfernten See, die im Nebel keuchte, all das und dazu das eifersüchtige Grün des Flaschenglases, welches eine Mauerkrone stachelig bewehrte, und die haltbaren Farben eines Zirkusplakats, auf dem ein federgeschmückter Indianer auf dem Rücken eines aufgebäumten Pferdes zu sehen war, der mit einem Lasso gerade ein kühnermaßen endemisches Zebra einfing, während einige gründlich genarrte Elefanten brütend auf ihren sternenübersäten Thronen saßen.

Nach kurzer Zeit überholte mich derselbe Engländer. Während ich ihn mit dem übrigen zusammen in mich aufnahm, bemerkte ich zufällig, wie sich sein großes blaues Auge plötzlich seitwärts bewegte, den geröteten Lidwinkel zu verziehen suchte und wie er schnell die Lippen befeuchtete – wegen der Trockenheit jener Schwämme, nahm ich an; doch dann folgte ich der Richtung seines Blickes und sah Nina.

Jedesmal, wenn ich ihr im Laufe der fünfzehn Jahre unserer – nun, das genaue Wort für unsere Art der Beziehung will mir nicht einfallen – begegnet war, hatte sie mich offenbar nicht sogleich erkannt; und auch dieses Mal verharrte sie auf dem Gehsteig gegenüber einen Augenblick lang ganz still, in sympathischer Ungewißheit, in die sich Neugier mischte, halb mir zugewandt, und nur ihr gelber Schal hatte sich schon in Bewegung gesetzt, wie jene Hunde, die einen noch vor ihren Herren erkennen – und dann stieß sie einen Schrei aus, ihre Hände flogen hoch, alle ihre zehn Finger vollführten einen Tanz, und mitten auf der Straße küßte sie mich dreimal mit mehr Mund als Gefühl, allein dank der freimütigen Impulsivität alter Freundschaft (genau wie sie jedesmal, wenn wir uns trennten, schnell ein Kreuz über mir schlug), und dann ging sie neben mir her, hängte sich ein, paßte ihren Schritt dem meinen an, von ihrem engen braunen, unten an der Seite sportlich geschlitzten Rock behindert.

«Aber ja, Ferdie ist auch hier», erwiderte sie und erkundigte sich ihrerseits sofort höflich nach Elena.

«Er muß mit Segur irgendwo herumbummeln», fuhr sie fort und meinte wieder ihren Mann. «Und ich muß noch etwas einkaufen; wir fahren nach dem Mittagessen. Warte mal, wo bringst du mich eigentlich hin, Victor, mein Guter?»

Zurück in die Vergangenheit, zurück in die Vergangenheit, wie jedesmal, wenn ich sie traf und alles wiederholte, was sich an Handlung angesammelt hatte, von den Anfängen an bis zu dem letzten Zuwachs – genau wie in russischen Märchen das bereits Erzählte bei jeder neuen Wendung der Geschichte noch einmal zusammengefaßt wird. Dieses Mal hatten wir uns im warmen und nebligen Fialta getroffen, und ich hätte die Gelegenheit nicht mit größerer Kunst feiern, hätte die Liste der früheren Dienste des Schicksals nicht mit leuchtenderen Vignetten ausschmücken können, selbst wenn ich gewußt hätte, daß dies sein letzter Dienst war; doch, der letzte – denn ich kann mir kein himmlisches Vermittlungsbüro vorstellen, das bereit wäre, dafür zu sorgen, daß ich ihr jenseits des Grabes noch einmal begegne.

Meine Eingangsszene mit Nina hatte sich vor ziemlich langer Zeit in Rußland abgespielt, um 1917, würde ich sagen, nach gewissem linken Theatergepolter hinter der Bühne zu urteilen. Es war während einer Geburtstagsfeier auf dem Landsitz meiner Tante bei Luga, in den tiefsten Falten des Winters (wie gut erinnere ich mich an das erste Anzeichen dafür, daß wir uns dem Ort näherten: eine rote Scheune in einer weißen Wildnis). Ich hatte soeben die Abschlußprüfung am Kaiserlichen Lyzeum bestanden; Nina war bereits verlobt: Obwohl sie genauso alt war wie ich und das Jahrhundert, sah sie mindestens wie zwanzig aus, und das trotz oder gerade wegen ihrer zierlichen, schlanken Figur, während sie dank eben dieser Zierlichkeit mit zweiunddreißig jünger wirkte. Ihr Verlobter war bei der Garde und hatte gerade Fronturlaub – ein gutaussehender, schwerer Mensch, unglaublich wohlerzogen und phlegmatisch, der jedes Wort auf die Waagschale des allergenauesten gesunden Menschenverstands legte und in einem samtenen Bariton sprach, der noch weicher wurde, wenn sich seine Worte an sie richteten; seine Anständigkeit und Ergebenheit gingen ihr schließlich wohl auf die Nerven; und heute ist er ein erfolgreicher, wenngleich etwas einsamer Ingenieur in einem weit entlegenen tropischen Land.

Fenster werden hell und strecken ihre leuchtende Länge über den dunklen, buckligen Schnee; zwischen ihnen bleibt Raum für den Widerschein des fächerartigen Lichtes über der Haustür. Jede der beiden Säulen zur Seite ist mit einem flaumigen Weiß überzogen, was die Linien des Bildes einigermaßen verdirbt, das sonst ein vollkommenes Exlibris für das Buch unserer beider Lebensläufe abgegeben hätte. Ich kann mich nicht entsinnen, warum wir alle aus dem hallenden Flur in die stille Dunkelheit hinausgetreten waren, die von Tannen bevölkert war, welche der Schnee zu ihrer doppelten Größe hatte anwachsen lassen; hatte der Wächter uns nahegelegt, einen düsteren roten Schein am Himmel zu besichtigen, ein schlimmes Vorzeichen kommender Brandstiftung? Möglich. Waren wir hinausgegangen, um einer Pferdestatue aus Eis Bewunderung zu zollen, die der Schweizer Hauslehrer meiner Cousins in der Nähe des Teiches geschaffen hatte? Auch das ist möglich. Mein Gedächtnis erwacht erst auf dem Rückweg zum symmetrisch erleuchteten Herrenhaus wieder zum Leben: Wir gingen im Gänsemarsch eine enge Furche zwischen Schneebänken entlang, und nur das Knirschen unserer Schritte war zu hören – der einzige Kommentar, den eine schweigsame Winternacht über menschliche Wesen abgibt. Ich war der letzte; drei knirschende Schritte vor mir ging eine kleine, gebeugte Gestalt; ernst wiesen die Tannen ihre beladenen Pfoten. Ich rutschte aus und ließ die tote Taschenlampe fallen, die mir jemand aufgezwungen hatte; sie wiederzufinden, erwies sich als verteufelt schwer; und von meinem Geschimpf sogleich angelockt, drehte sich Nina, eines Spaßes gewärtig, mit einem begierigen, tiefen Lachen undeutlich nach mir um. Ich nenne sie Nina, aber noch konnte ich ihren Namen kaum wissen, noch hatten wir beide keine Zeit für irgendwelche Präliminarien gehabt. «Wer ist denn das?» fragte sie interessiert – und schon küßte ich ihren Hals, der glatt war und brennend heiß von dem langen Fuchspelz ihres Mantelkragens, welcher mir in den Weg kam, bis sie mir die Hand auf die Schulter legte und mit der ihr eigenen Freimütigkeit sanft ihre großzügigen, pflichteifrigen Lippen auf die meinen preßte.

Doch als plötzlich wie mit einer Heiterkeitsexplosion im Dunkel das Thema «Schneeballschlacht» seinen Anfang nahm, trennten wir uns, und jemand klomm – fliehend, fallend, knirschend, lachend und keuchend – auf eine Schneewehe, versuchte zu rennen und stöhnte schrecklich auf: Tiefer Schnee hatte die Amputation eines Filzstiefels bewirkt. Und bald darauf trennten wir uns alle, und jeder fuhr nach Hause, ohne daß ich mit Nina gesprochen oder irgendwelche Zukunftspläne gemacht hätte, Pläne für jene fünfzehn Jahre der Wanderschaft, die bereits auf den trüben Horizont zu gezogen waren, beladen mit den Einzelteilen unserer niemals zusammengefügten Wiedersehen. Während ich sie in dem Durcheinander der Gebärden und der Schatten von Gebärden beobachtete, aus dem der Rest des Abends bestand (wahrscheinlich Gesellschaftsspiele – und Nina beharrlich auf der gegnerischen Seite), staunte ich, wie ich mich entsinne, nicht so sehr darüber, daß sie mir nach jener Wärme im Schnee keinerlei Aufmerksamkeit schenkte, sondern vielmehr über die naive Natürlichkeit dieser Unaufmerksamkeit, denn ich wußte noch nicht, daß es nur eines Wortes von mir bedurft hätte, und schon hätte sich ihre Gleichgültigkeit in eine wundervoll aufleuchtende Freundlichkeit verwandelt, wäre sie munter und anteilnehmend zu jeglicher Mitwirkung aufgelegt gewesen, ganz als wäre die Liebe einer Frau ein Quellwasser voller gesunder Salze, von dem sie jedermann auf den leisesten Wink bereitwilligst zu trinken gab.

«Warte, wo haben wir uns zuletzt gesehen?» begann ich (zu Ninas Fialta-Version gewandt), um auf ihr kleines Gesicht mit den vorstehenden Backenknochen und den dunkelroten Lippen einen bestimmten, wohlbekannten Ausdruck zurückkehren zu sehen; und wirklich, wie sie den Kopf schüttelte und die Stirn runzelte, das schien nicht so sehr auf Vergeßlichkeit zu deuten, wie die Plattheit eines alten Scherzes zu beklagen; oder um genauer zu sein, so war es, als seien all die Städte, in denen das Schicksal unsere verschiedenen Rendezvous arrangiert hatte, ohne ihnen jemals persönlich beizuwohnen, als seien all die Bahnsteige und Treppen und dreiwändigen Zimmer und dunklen Seitenstraßen banale Szenerien, Überbleibsel irgendwelcher anderen, längst abgeschlossenen Lebensläufe, und als hätten sie so wenig mit der weiteren Darstellung unseres eigenen, ziellosen Schicksals zu tun, daß es fast schlechter Geschmack war, sie überhaupt zu erwähnen.

Ich begleitete sie in einen Laden unter den Arkaden; dort, im Zwielicht hinter einem Perlenvorhang, betastete sie ein paar Geldbeutel aus rotem Leder, die mit Seidenpapier ausgestopft waren, und spähte auf die Preisschilder, als wolle sie ihre Museumsnamen lernen. Sie wünsche, sagte sie, genau diese Form, aber in rehbraun, und als der alte Dalmatiner nach zehn Minuten fieberhafter Raschelei durch ein Wunder, das mir immer noch ein Rätsel ist, eben solch eine Rarität ausfindig gemacht hatte, da besann sich Nina, die schon drauf und dran gewesen war, mir etwas Geld aus der Hand zu nehmen, eines anderen und verließ den Laden durch die wehenden Perlen, ohne etwas gekauft zu haben.

Draußen war es so milchig trübe wie zuvor; der gleiche Geruch nach Verbranntem, der tatarische Erinnerungen weckte, kam aus den bloßen Fenstern der bleichen Häuser; ein kleiner Mückenschwarm war damit beschäftigt, über einer Mimose, die lustlos blühte und ihre Ärmel bis auf den Boden sinken ließ, die Luft zu stopfen; zwei Arbeiter mit breitkrempigen Hüten aßen Käse und Knoblauch zu Mittag; ihre Rücken ruhten an einem Zirkusplakat, auf dem ein roter Husar und eine Art orangefarbener Tiger abgebildet waren; komisch – in der

Absicht, das Tier so wild wie möglich zu machen, war der Künstler so weit gegangen, daß er schließlich von der anderen Seite zurückkam, denn das Gesicht des Tigers hatte geradezu menschliche Züge.

«*Au fond* wollte ich einen Kamm», sagte Nina in verspäteter Reue.

Wie vertraut waren mir ihr Zögern, ihre Nachgedanken, ihre Nachgedanken zu den Nachgedanken, die die frühesten widerspiegelten, ihre kurzlebigen Kümmernisse zwischen zwei Zügen. Immer war sie gerade eingetroffen oder im Aufbruch, und es fällt mir schwer, daran zu denken, ohne daß mich die Vielzahl komplizierter Reiserouten demütigt, denen man fieberhaft folgt, nur um jene abschließende Verabredung einzuhalten, um deren Unvermeidbarkeit selbst der eingeschworenste Weltenbummler weiß. Wäre ich gezwungen, Richtern unseres irdischen Daseins ein Musterbeispiel ihrer durchschnittlichen Haltung zu unterbreiten, so würde ich sie sich vielleicht auf einen Ladentisch in Cook's Reisebüro lehnen lassen, die linke Wade über dem rechten Schienbein, während der linke Zeh auf den Fußboden trommelt, ihre spitz angewinkelten Ellbogen zusammen mit einer Handtasche, aus der die Geldstücke quellen, auf dem Ladentisch ruhen und der Angestellte, einen Bleistift in der Hand, mit ihr über den Plan eines ewigen Schlafwagens berät.

Nach dem Exodus aus Rußland sah ich sie – und das war das zweite Mal – im Haus einiger Bekannter in Berlin. Es war kurz vor meiner Hochzeit; sie hatte sich gerade von ihrem Verlobten getrennt. Als ich das Zimmer betrat, erblickte ich sie sofort, und nach einem Blick auf die anderen Gäste war mir instinktiv klar, welche der anwesenden Männer mehr von ihr wußten als ich. Sie saß in der Ecke einer Couch, die Füße angezogen, den kleinen Körper bequem zu einem Z gefaltet; neben ihren Absätzen stand schräg auf der Couch ein Aschenbecher; sie schielte zu mir herüber, hörte sich meinen Namen an, dann nahm sie ihre langstielige Zigarettenspitze aus dem Mund und sagte langsam und voller Freude: «Also daß ich gerade dich treffe ...» – und sofort wurde es allen klar, bei ihr angefangen, daß wir seit langem innig miteinander befreundet waren: Zweifellos hatte sie den tatsächlichen Kuß völlig vergessen, doch dank jenem trivialen Vorkommnis erinnerte sie sich undeutlich an ein Stück warmer, wohltuender Freundschaft, die es in Wahrheit zwischen uns niemals gegeben hatte. So beruhte die ganze Form unserer Beziehung fälschlich auf einer eingebildeten Freundschaft – die nichts mit ihrem blindlings bewiesenen guten Willen zu tun hatte. Was die Worte anbetraf, die wir einander sagten, so erwies sich unsere Wiederbegegnung als völlig bedeutungslos; aber es gab keine Schranken mehr zwischen uns; und als ich an jenem Abend beim Essen zufällig neben sie zu sitzen kam, erprobte ich schamlos das Ausmaß ihrer geheimen Geduld.

Dann verschwand sie wieder; und als meine Frau und ich ein Jahr darauf meinen Bruder an den Zug nach Posen gebracht hatten und auf der anderen Seite des Bahnsteigs dem Ausgang zustrebten, erblickte ich neben einem Wagen des D-Zugs nach Paris plötzlich Nina, das Gesicht in einen Blumenstrauß gesteckt, den sie in der Hand hielt; im Kreis um sie herum stand eine Gruppe von Menschen, mit denen sie sich ohne mein Wissen angefreundet hatte und die sie anstarrten wie müßige Passanten eine Rauferei auf der Straße, ein Kind, das sich verlaufen hat, oder das Opfer eines Verkehrsunfalls. Strahlend winkte sie mir mit ihren Blumen zu; ich stellte sie Elena vor, und in der belebenden Atmosphäre eines großen Bahnhofs, wo alles bebend am Rand einer Veränderung steht und daher festgehalten und mit Liebe umgeben werden muß, genügten ein paar Worte, um zwei völlig verschiedene Frauen dahin zu bringen, sich bei ihrem nächsten Zusammentreffen bei ihren Kosenamen zu nennen. An jenem Tage wurde im blauen Schatten des Wagens nach Paris Ferdinand zum erstenmal erwähnt: Es verursachte mir einen lächerlichen Schmerz, zu erfahren, daß sie im Begriff stand, ihn zu heiraten. Schon wurden die Türen zugeschlagen; hastig, aber andächtig küßte sie ihre Freunde, kletterte in den Gang, verschwand; und dann sah ich durch das Glas, wie sie sich in ihrem Abteil einrichtete – wir waren plötzlich vergessen, oder sie war in eine andere

Welt eingegangen –, und wir alle, die Hände in den Taschen, schienen ein völlig ahnungsloses Leben zu bespitzeln, das sich dort in jenem Aquariumsdämmer bewegte, bis sie unserer gewahr wurde, erst an die Fensterscheibe trommelte, dann die Augen hob und sich an dem Fensterrahmen zu schaffen machte, als wolle sie ein Bild aufhängen; doch nichts geschah; ein Mitreisender half ihr, und sie lehnte sich heraus, hörbar und wirklich, strahlend vor Freude; neben dem unmerklich anfahrenden Wagen einherlaufend, reichte ihr einer von uns eine Zeitschrift und einen Tauchnitz-Band (sie las nur auf Reisen englische Bücher); alles entglitt mit wunderschöner Leichtigkeit, und ich hielt eine bis zur Unkenntlichkeit zerknüllte Bahnsteigkarte in der Hand, während ein Lied aus dem vergangenen Jahrhundert (wie Gerüchte behaupten, hing es mit irgendeinem Pariser Liebesdrama zusammen) mir unablässig durch den Kopf ging, Gott weiß warum aus der Musikbox des Gedächtnisses aufgetaucht, eine rührselige Romanze, die eine alte, unverheiratete Tante von mir einstmals zu singen pflegte, eine Frau mit einem Gesicht so gelb wie russisches Kirchenwachs, der die Natur indessen eine so mächtige, so hinreißend volle Stimme gegeben hatte, daß sie in der Pracht einer feurigen Wolke aufzugehen schien, sobald sie anhob:

On dit que tu te maries,
tu sais que j'en vais mourir,

und diese Melodie, der Schmerz, das Unrecht, die vom Rhythmus hergestellte Verbindung zwischen Hymen und Tod und die Stimme der toten Sängerin selbst, welche als alleinige Eigentümerin des Liedes die Erinnerung begleitete, ließen mich für einige Stunden nach Ninas Abreise nicht zur Ruhe kommen und stiegen sogar später noch in immer größer werdenden Abständen in mir auf, wie die letzten niedrigen kleinen Wellen, die ein vorüberfahrendes Schiff an den Strand schickt und deren Anschlag immer seltener und verträumter wird, oder wie die bronzene Agonie eines vibrierenden Glockenstuhls, nachdem sich der Glöckner bereits wieder im frohen

Kreis seiner Familie niedergesetzt hat. Und wiederum nach ein oder zwei Jahren hielt ich mich geschäftlich in Paris auf; und eines Morgens, auf dem Treppenabsatz eines Hotels, in dem ich einen Filmschauspieler aufgesucht hatte, sah ich sie wieder – sie trug ein graues Kostüm, wartete auf den Fahrstuhl, der sie hinunterbringen sollte, ein Schlüssel hing an ihrer Hand. «Ferdinand ist fechten gegangen», sagte sie gesprächsweise; ihr Blick ruhte auf der unteren Hälfte meines Gesichts, als wollte sie mir etwas von den Lippen ablesen, und nach kurzem Nachdenken (ihr erotisches Verständnis hatte nicht seinesgleichen) drehte sie sich um und führte mich wiegenden Ganges auf schmalen Fußgelenken schnell den mit meerblauen Teppichen ausgelegten Flur entlang. Ein Stuhl an der Tür ihres Zimmers trug ein Tablett mit den Überresten des Frühstücks – ein honigbeschmiertes Messer, Krümel auf grauem Porzellan; doch das Zimmer war bereits aufgeräumt, und in dem plötzlichen Luftzug, den wir verursachten, wurde eine Welle mit weißen Dahlien bestickten Musselins flatternd und knatternd zwischen die empfindlichen Hälften eines französischen Fensters gesaugt, und erst, als die Tür verriegelt war, ließen sie mit einer Art wollüstigem Seufzer den Vorhang wieder los; eine Weile später trat ich auf den winzigen Gußeisenbalkon jenseits des Vorhangs hinaus und atmete einen aus welkem Ahornlaub und Benzin gemischten Geruch – der Abhub der dunstigen, blauen, morgendlichen Straße; und da ich von der wachsenden krankhaften Rührung, die meine folgenden Begegnungen mit Nina so vergällen sollte, noch nichts merkte, war ich wahrscheinlich ebenso gefaßt und unbekümmert wie sie, als ich sie vom Hotel zu irgendeinem Büro begleitete, um einen Koffer, der ihr abhanden gekommen war, wiederzufinden, und von dort aus zu dem Café, wo ihr Mann eine Sitzung mit seinem augenblicklichen Hofstaat abhielt.

Ich werde den Namen dieses Mannes, dieses französisch-ungarischen Schriftstellers nicht nennen (und die Bestandteile, die ich hier dennoch preisgebe, erscheinen in geziemender Verkleidung) ... Lieber wäre es mir, mich gar nicht mit ihm zu befassen, aber ich kann nicht anders – mit Gewalt bringt er sich unter meinem Federhalter zur Geltung. Heutzutage macht er nicht mehr viel von sich reden; und das ist gut so, denn es beweist, daß ich recht tat, seinem bösen Zauber zu widerstehen, ein Frösteln mein Rückgrat entlangkriechen zu spüren, wenn dieses oder jenes neue Buch von ihm meine Hand berührte. Der Ruhm von seinesgleichen breitet sich geschwind aus, doch bald wirkt er schwer und abgestanden; und was die Literaturhistorie angeht, so wird dieser Umstand seinen Lebenslauf auf den Bindestrich zwischen zwei Daten beschränken. Hager und arrogant, jederzeit bereit, mit einem giftigen Wortspiel nach einem zu züngeln, und einen seltsam erwartungsvollen Blick in seinen mattbraunen verschleierten Augen, hatte dieser falsche Witzbold allerdings eine unwiderstehliche Wirkung auf kleine Nagetiere. Da er es in der Kunst verbaler Erfindung zur Meisterschaft gebracht hatte, war es sein besonderer Stolz, ein Wörterdrechsler zu sein, ein Titel, der ihm mehr galt als der eines Schriftstellers; ich für mein Teil konnte niemals einsehen, wozu es gut sein sollte, sich Bücher auszudenken und Dinge niederzuschreiben, die sich nicht in der einen oder anderen Form tatsächlich ereignet haben; und ich entsinne mich, wie ich einmal dem Hohn seines ermutigenden Nickens die Stirn bot und ihm sagte, daß ich, wäre ich ein Schriftsteller, allein meinem Herzen Phantasie zubilligen und mich für alles übrige auf mein Gedächtnis verlassen würde, diesen langen Sonnenuntergangsschatten der ureigenen Wahrheit.

Ich kannte seine Bücher, bevor ich ihn selbst kennenlernte; ein leichter Ekel trat bereits an die Stelle des ästhetischen Vergnügens, das ich mir noch von seinem ersten Roman bereiten ließ. Zu Beginn seiner Laufbahn war es vielleicht noch möglich gewesen, durch die Glasfenster seiner erstaunlichen Prosa irgendeine menschliche Landschaft, einen alten Garten, eine wie aus einem Traum her vertraute Baumgruppe zu erkennen ... doch mit jedem neuen Buch wurden die Farben noch dichter, das Rot und das Purpur noch unheildrohender; heute kann man durch dieses heraldisch bemalte, gräßlich bunte Glas überhaupt nichts mehr sehen, und es hat den Anschein, als müßte sich die schaudernde Seele einer völligen schwarzen Leere gegenüber finden, wenn man es zerschlüge. Indessen, wie gefährlich war er in seinen besten Jahren, was verspritzte er für Gift, was für Peitschenschläge teilte er aus, sobald er provoziert wurde! Der Tornado seines vorüberziehenden Spottes ließ kahle Verwüstung zurück, eine Reihe gefällter Eichen – noch wirbelte der Staub, und der unglückselige Verfasser irgendeiner unfreundlichen Besprechung drehte sich brüllend vor Schmerz wie ein Kreisel im Sand.

Zu der Zeit, als wir uns kennenlernten, erregte sein «Passage à niveau» gerade in Paris Aufsehen; er hatte, wie man so sagt, ein Gefolge, und Nina (deren Anpassungsfähigkeit ein erstaunlicher Ersatz für die Bildung war, die ihr abging) hatte bereits die Rolle wenn nicht einer Muse, so doch wenigstens einer Seelengefährtin und klugen und feinfühligen Ratgeberin übernommen, die Ferdinands schöpferischen Konvolutionen folgte und seinen künstlerischen Geschmack getreulich teilte; denn obwohl es mehr als unwahrscheinlich ist, daß sie sich auch nur durch ein einziges seiner Bücher hindurchgequält hatte, so besaß sie doch ein übernatürliches Geschick dafür, sich die besten Stellen aus der Fachsimpelei seiner literarischen Freunde zusammenzustoppeln.

Eine Damenkapelle spielte, als wir das Café betraten; als erstes bemerkte ich in einer der Spiegelsäulen die Straußenkeule einer Harfe, dann sah ich den zusammengesetzten Tisch (bestehend aus mehreren kleinen Tischen, die man aneinandergeschoben hatte, um einen langen zu bilden), an dem, den Rükken zur Plüschwand, Ferdinand den Vorsitz führte; und seine ganze Haltung, die Stellung seiner ausgebreiteten Hände, die sämtlich ihm zugewandten Gesichter seiner Tischgenossen erinnerten mich einen Augenblick lang auf groteske, alptraumhafte Art an etwas, das mir nicht sogleich ganz klarwurde, aber als es mir nachträglich einfiel, schien mir der angedeutete Vergleich kaum weniger blasphemisch als das Wesen seiner Kunst. Er trug einen weißen Rollkragenpullover unter einer Tweedjacke; sein glänzendes Haar war von den Schläfen aus zurückgekämmt, und darüber hing Zigarettenrauch wie ein

Heiligenschein; sein knochiges, pharaohaftes Gesicht verzog sich nicht: Nur die Augen wanderten bald hier-, bald dorthin, voll von trüber Genugtuung. Die zwei oder drei wahrscheinlichsten Lokale, wo naive Liebhaber montparnassischen Lebens ihn anzutreffen erwartet hätten, hatte er aufgegeben und dafür dieses durch und durch bürgerliche Etablissement zu frequentieren begonnen, seinem eigenartigen Sinn für Humor zuliebe, auf Grund dessen er auch der erbärmlichen *spécialité de la maison* ein teuflisches Vergnügen abgewann – dieser Kapelle aus einem halben Dutzend müde wirkender, verlegener Damen, die auf einem überfüllten Podium milde Harmonien ineinander verwoben und (wie er sagte) nicht wußten, wohin mit ihren mütterlichen Busen, welche in der Welt der Musik durchaus überflüssig waren. Nach jeder Nummer schüttelte ihn ein Anfall von epileptischem Applaus, von dem die Damen keine Notiz mehr nahmen und der, glaubte ich, bereits einige Zweifel bei dem Inhaber und den Stammkunden des Cafés wachgerufen hatte, Ferdinands Freunden indessen höchst amüsant vorkam. Unter diesen erinnere ich mich an einen Maler mit einem makellos kahlen, obwohl leicht abgeplatzt aussehenden Schädel, den er unter den verschiedensten Vorwänden immer wieder in seine Augen-und-Gitarre-Bilder hineinmalte; an einen Dichter, dessen besonderer Gag in seiner Fähigkeit bestand, auf Verlangen mit Hilfe von fünf Streichhölzern Adams Sündenfall darzustellen; an einen bescheidenen Geschäftsmann, der surrealistische Veröffentlichungen finanzierte (und die Apéritifs bezahlte), wenn ihm gestattet wurde, in einer Ecke Elogen auf die von ihm ausgehaltene Schauspielerin anzubringen; an einen Pianisten, der, was sein Gesicht anging, ganz präsentabel war, dessen Finger jedoch einen gräßlichen Ausdruck hatten; an einen forschen, aber sprachlich impotenten sowjetischen Schriftsteller frisch aus Moskau mit einer alten Pfeife und einer neuen Armbanduhr, der lächerlicherweise nicht die mindeste Ahnung hatte, in was für einer Gesellschaft er sich da befand; es waren noch mehrere andere Herren anwesend, die in meiner Erinnerung durcheinandergeraten sind, und zwei oder drei aus der Schar hatten ohne Zweifel intime Beziehungen zu Nina gehabt. Sie war die einzige Frau am Tisch; gebückt saß sie da, saugte eifrig an einem Strohhalm, der Spiegel ihrer Limonade sank mit einer Art kindlicher Schnelligkeit, und erst, als der letzte Tropfen gurgelnd und glucksend verschwunden war und sie den Halm mit der Zunge fortgeschoben hatte, erst dann fing ich ihren Blick auf, den ich beharrlich gesucht hatte, immer noch dem Umstand nicht ganz gewachsen, daß sie Zeit gehabt hatte, zu vergessen, was am Morgen geschehen war – es so gründlich zu vergessen, daß sie meinen Blick mit einem ausdruckslosen, fragenden Lächeln erwiderte und sich erst nach genauerem Hinsehen plötzlich besann, was für ein Lächeln ich zur Antwort erwartete. Da die Damen ihre Instrumente wie gleichgültige Möbelstücke beiseite geschoben und das Podium zeitweise verlassen hatten, machte Ferdinand inzwischen seine Kumpane hämisch auf einen ältlichen Esser in einer entfernten Ecke des Lokals aufmerksam, der an seinem Revers wie viele Franzosen aus irgendeinem Grund ein kleines rotes Band oder etwas Ähnliches trug und dessen grauer Vollbart zusammen mit einem schmatzenden Mund ein gemütliches gelbliches Nest bildete. Die Attribute des Alters pflegten Ferdie zu erheitern.

Ich blieb nicht lange in Paris, doch diese eine Woche reichte, um zwischen ihm und mir jene falsche Vertraulichkeit einreißen zu lassen, die er einem mit soviel Talent aufzudrängen wußte. In der Folge erwies ich mich ihm sogar nützlich: Meine Firma erwarb die Filmrechte an einer seiner verständlicheren Geschichten, und er hatte seinen Spaß daran, mich mit Telegrammen zu behelligen. Die Jahre vergingen, und hin und wieder ergab es sich, daß wir uns irgendwo anstrahlten, doch ich fühlte mich nie wohl in seiner Gegenwart, und auch an jenem Tag in Fialta empfand ich dasselbe wohlbekannte Mißvergnügen, als ich erfuhr, daß er in der Nähe herumstrich; etwas jedoch heiterte mich beträchtlich auf: der Durchfall seines neuen Stückes.

Und da kam er uns auch schon entgegen, in einem absolut wasserdichten Mantel mit Gürtel und Taschenklappen, einen

Fotoapparat über der Schulter, doppelte Gummisohlen an seinen Schuhen, und mit einer Unerschütterlichkeit, die komisch wirken sollte, lutschte er an einer langen Stange zuckrigen Mondgesteins, dieser Spezialität von Fialta. Neben ihm ging der schmucke, puppenhafte, rosige Segur, ein Kunstfreund und ein Dummkopf obendrein; ich habe niemals herausbekommen, wozu Ferdinand ihn benötigte; und immer noch höre ich Nina mit einer stöhnenden Zärtlichkeit, die sie auf nichts festlegte, ausrufen: «Ach, Segur, der ist so ein lieber Kerl!» Sie kamen näher; Ferdinand und ich begrüßten uns herzlich, indem wir versuchten, in unser Händeschütteln und Auf-den-Rücken-Klopfen soviel Wärme wie möglich zu legen – aus Erfahrung wußten wir, daß dies alles war, doch wir taten, als sei es nur der Auftakt; und so war es jedesmal: Nach jeder Trennung wurden beim Wiedersehen in geschäftiger Herzlichkeit und einem Durcheinander Platz nehmender Gefühle aufgeregt die Saiten gestimmt; doch dann schlossen die Platzanweiser die Türen, und niemand wurde eingelassen.

Segur beklagte sich bei mir über das Wetter, und zuerst verstand ich gar nicht, wovon er eigentlich redete; selbst wenn das feuchte, graue Gewächshausklima Fialtas «Wetter» genannt werden konnte, so lag es allem, was uns als Gesprächsgegenstand dienen konnte, ebenso fern wie etwa Ninas schlanker Ellbogen, den ich zwischen Zeigefinger und Daumen hielt, oder ein Stückchen Stanniolpapier, das jemand fallengelassen hatte und das in einiger Entfernung in der Mitte der kopfsteingepflasterten Straße glitzerte.

Zu viert gingen wir weiter, vage Einkäufe vor uns. «Meine Güte, was für ein Indianer!» rief Ferdinand plötzlich mit stürmischer Befriedigung, indem er mir einen kräftigen Rippenstoß versetzte und auf ein Plakat deutete. Ein Stück weiter, an einem Brunnen, gab er seine Zuckerstange einem einheimischen Kind, einem dunkelhäutigen Mädchen mit Perlen um den hübschen Hals; wir blieben stehen, um auf ihn zu warten: Er hatte sich hingekauert und redete auf ihre rußschwarzen gesenkten Wimpern hinab, dann holte er uns grinsend ein und machte eine jener Bemerkungen, mit denen er seine Reden zu würzen liebte. Darauf zog ein unglückseliger Gegenstand in einem Andenkenladen seine Aufmerksamkeit auf sich: eine fürchterliche Marmorimitation des Mt. Sankt Georg mit einem schwarzen Tunnel in seinem Fuß, der sich als die Öffnung eines Tintenfasses erwies, und mit einer Rinne für Federhalter, die Geleise vorstellen sollte. Mit offenem Mund, bereit herauszuprusten und ganz aus dem Häuschen vor höhnischem Triumph wendete er das staubige, hinderliche und völlig schuldlose Ding in den Händen hin und her, bezahlte ohne zu feilschen und kam immer noch offenen Munds mit dem Monstrum in der Hand heraus. Wie ein Herrscher, der sich mit Buckligen und Zwergen umgibt, wandte er seine Zuneigung diesem oder jenem greulichen Gegenstand zu; seine Huld währte von fünf Minuten bis zu mehreren Tagen, oder sogar noch länger, wenn das Ding zufällig lebendig war.

Nina deutete sehnsüchtig an, daß es Mittagsessenszeit sei, und als Ferdinand und Segur in ein Postamt gingen, ergriff ich die Gelegenheit und führte sie eilig hinweg. Immer noch frage ich mich, was sie mir eigentlich bedeutete, diese kleine dunkle Frau mit den schmalen Schultern und den «lyrischen Gliedmaßen» (um den Ausdruck zu gebrauchen, den ein gezierter Emigrantendichter geprägt hatte, einer der wenigen Männer, die ihr platonisch nachgeseufzt hatten), und noch weniger verstehe ich, welchen Zweck das Schicksal damit verfolgte, daß es uns immer wieder zusammenführte. Nach meinem Aufenthalt in Paris hatte ich sie eine ganze Zeitlang nicht gesehen, und als ich eines Tages aus dem Büro nach Hause kam, saß sie da, trank Tee mit meiner Frau und prüfte auf ihrer seidenbespannten Hand – der Ehering glänzte durch die Seide hindurch – das Gewebe irgendwelcher auf der Tauentzienstraße billig erstandenen Strümpfe. Einmal zeigte man mir ihr Bild in einer Modezeitschrift voller Herbstblätter und Handschuhe und windiger Golfplätze. An einem bestimmten Weihnachtsfest schickte sie mir eine Ansichtskarte mit Schnee und Sternen. An einem Rivierastrand entging sie hinter ihrer Sonnenbrille und ihrem Terracotta-Teint beinahe meiner Aufmerksamkeit. Als mich ein andermal eine Besorgung zur

Unzeit in das Haus unbekannter Leute führte, wo gerade eine Gesellschaft gegeben wurde, erblickte ich ihren Schal und ihren Pelzmantel unter fremden Vogelscheuchen auf einem Garderobenständer. In einem Buchladen nickte sie mir aus einer Seite in einer der Geschichten ihres Mannes entgegen, aus einer Seite, auf der von einem episodischen Dienstmädchen die Rede ist und Nina gegen den Willen des Verfassers hereingeschmuggelt wird: «Ihr Gesicht», schrieb er, «war eher ein Schnappschuß der Natur als ein genaues Porträt, so daß er ... als er es sich vorzustellen versuchte, nur flüchtige Eindrücke zusammenhangloser Gesichtszüge vor Augen hatte: den flaumigen Umriß ihrer *pommettes* in der Sonne, die bernsteinbraune Dunkelheit munterer Augen, ihre Lippen, zu einem freundlichen Lächeln verzogen, das immer bereit war, sich in einen feurigen Kuß zu verwandeln.»

Immer wieder tauchte sie flüchtig am Rand meines Lebens auf, ohne seinen eigentlichen Text auch nur im mindesten zu beeinflussen. An einem Sommermorgen (einem Freitag – denn die Dienstmädchen klopften im sonnenstaubigen Hof Teppiche), meine Familie war auf dem Land, döste und rauchte ich im Bett, als es wie wild klingelte – und dann stand sie in der Diele, ein unerwarteter Besuch, der (nebenbei) eine Haarnadel und (hauptsächlich) einen großen, mit Hotelschildern illustrierten Reisekoffer zurückließ, den ein netter österreichischer Junge vierzehn Tage später für sie abholte – nach ungreifbaren, aber sicheren Symptomen zu schließen, gehörte er zu der gleichen, recht kosmopolitischen Genossenschaft wie ich. Gelegentlich fiel mitten in einer Unterhaltung ihr Name, und ohne den Kopf zu wenden, lief sie die Stufen eines zufälligen Satzes hinab. Auf einer Reise in die Pyrenäen verbrachte ich eine Woche in einem Château, das Leuten gehörte, bei denen sie und Ferdinand sich gerade aufhielten, und nie werde ich meine erste Nacht dort vergessen: wie ich wartete, wie ich sicher war, daß sie aus eigenem Antrieb in mein Zimmer schleichen würde, wie sie nicht kam, und den Lärm, den Tausende von Grillen in der delirierenden Tiefe des felsigen, von Mondschein triefenden Gartens vollführten, die tollen murmelnden Bäche und meinen Kampf zwischen wohltuender südlicher Müdigkeit nach einem langen Tag der Jagd auf den Geröllhängen und dem wilden Verlangen nach ihrem heimlichen Kommen, ihrem tiefen Lachen, ihren rosa Fußgelenken über dem Schwanendaunenbesatz hochhackiger Pantoffeln; die Nacht indessen tobte weiter, ohne daß sie kam, und als ich ihr am Tag darauf im Laufe einer gemeinschaftlichen Bergwanderung von meinem Warten erzählte, faltete sie bestürzt die Hände – und taxierte sofort mit schnellem Blick, ob die Rücken Ferdinands (er gestikulierte) und seines Freundes weit genug entfernt waren. Ich erinnere mich, über halb Europa hinweg (in einer geschäftlichen Angelegenheit ihres Mannes) mit ihr telefoniert und ihre eifrige, bellende Stimme anfangs gar nicht erkannt zu haben; und ich erinnere mich, wie ich einmal von ihr träumte: Ich träumte, meine älteste Tochter käme hereingelaufen, um mir zu sagen, daß der Hausmeister in arger Bedrängnis sei – und als ich zu ihm hinunterging, sah ich Nina in tiefem Schlaf auf einem Koffer liegen, eine Rolle grober Leinwand unter dem Kopf, mit bleichen Lippen und in ein wollenes Tuch gehüllt, so wie elende Flüchtlinge auf gottverlassenen Bahnhöfen schlafen. Und was mir oder ihr in der Zwischenzeit auch zustieß, es kam nie zu irgendwelchen Aussprachen zwischen uns, da wir in den Pausen unseres Schicksals niemals aneinander dachten, so daß sich bei jedem Wiedersehen das Tempo des Lebens auf der Stelle änderte, alle seine Atome neu kombiniert wurden und wir in einem anderen, leichteren Zeitmedium lebten, dessen Maß nicht die langwierigen Trennungen, sondern die wenigen Begegnungen waren, aus denen auf diese Weise künstlich ein kurzes, vermeintlich leichtfertiges Leben entstand. Und mit jeder neuen Begegnung wurde ich besorgter; nein, meine Gefühle wurden nicht aus der Bahn geworfen, nicht geisterte der Schatten der Tragödie durch unsere Freuden, meine Ehe wurde nicht in Mitleidenschaft gezogen, während auf der anderen Seite ihr in erotischer Hinsicht eklektischer Ehegatte ihre beiläufigen Affären übersah, obwohl er aus ihnen einigen Vorteil in Form angenehmer und nützlicher Beziehungen schlug. Ich wurde besorgt, weil etwas Wunderschönes, Zartes und Unwiederholbares vergeudet wurde: etwas, das ich mißbrauchte, wenn ich mir in großer Eile armselige helle Stückchen davon abbrach und dabei den bescheidenen, aber wahren Kern verschmähte, den es mir möglicherweise in einem Mitleid heischenden Wispern darbot. Ich war besorgt, weil ich schließlich Ninas Leben irgendwie doch akzeptierte, die Lügen, die Vergeblichkeit, das Kauderwelsch dieses Lebens. Obwohl es keinerlei Gefühlsdissonanz gab, fühlte ich mich verpflichtet, nach einer vernünftigen, wenn schon nicht moralischen Erklärung meines Daseins zu suchen, und das hieß, zwischen der Welt zu wählen, in der ich Modell saß für mein Porträt, mit meiner Frau, meinen kleinen Töchtern, dem Dobermannpinscher (idyllische Girlanden, ein Siegelring, ein dünner Spazierstock), zwischen dieser glücklichen, weisen und guten Welt ... und was? Bestand irgendeine praktische Chance, ein Leben gemeinsam mit Nina zu führen, ein Leben, das ich mir schwer auch nur vorzustellen vermochte, denn ich wußte, es wäre mit einer leidenschaftlichen, unerträglichen Bitterkeit durchtränkt und jeder seiner Augenblicke wäre sich einer Vergangenheit bewußt, in der es von proteischen Partnern wimmelte. Nein, das Ganze war absurd. Und war sie darüber hinaus nicht durch etwas Stärkeres als Liebe an ihren Gatten gekettet – die unerschütterliche Freundschaft zwischen zwei Strafgefangenen? Absurd! Doch was denn hätte ich mit dir anfangen sollen, Nina, wie hätte ich mich dieser aufgespeicherten Traurigkeit entledigen können, die sich als Ergebnis unserer scheinbar unbekümmerten, in Wahrheit jedoch hoffnungslosen Begegnungen angesammelt hatte?

Fialta besteht aus einer Alt- und einer Neustadt; hier und da sind Vergangenheit und Gegenwart miteinander verflochten und liegen im Kampf, um sich entweder voneinander freizumachen oder gegenseitig vollends auszustoßen; jede hat ihre eigenen Methoden: Die Neue liefert einen ehrlichen Kampf – sie importiert Palmen, richtet schmucke Reisebüros ein und bemalt die rote Fläche der Tennisplätze mit hellgelben Linien; wohingegen die heimtückische Stadt von dazumal hinter einer

Ecke in Gestalt einer auf Krücken gehenden Gasse hervorkommt oder in der von Treppenstufen, die nirgendwo hinführen. Auf unserem Weg zum Hotel kamen wir an einer halbfertigen, weißen, innen mit Abfällen übersäten Villa vorbei, an deren einer Wand wieder die gleichen Elefanten auf gewaltigen, buntbemalten Trommeln saßen, ihre ungetümen Babyknie weit gespreizt; eine (bereits mit einem Bleistiftschnurrbart versehene) Kunstreiterin in ätherischem Ballettröckchen ruhte auf der breiten Kruppe eines Pferdes; und ein Clown mit Tomatennase lief über ein Drahtseil, einen Schirm balancierend, der mit jenen immer wiederkehrenden Sternen geschmückt war – eine auf vage Weise sinnbildhafte Erinnerung an die himmlische Heimat der Zirkuskünstler. Hier, in Fialtas Rivierateil, knirschte der nasse Kies luxuriöser, deutlicher war das träge Aufseufzen der See zu vernehmen. Im Hinterhof des Hotels jagte ein mit einem Messer bewaffneter Küchenjunge hinter einem Huhn her, das wild gluckend um sein Leben lief. Ein Schuhputzer bot mir mit zahnlosem Lächeln seinen uralten Thron. Unter den Platanen standen ein Motorrad deutscher Herkunft, eine schlammbespritzte Limousine und ein gelber, langrumpfiger Icarus, der wie ein gigantischer Skarabäus aussah («Das ist unser – Segurs, meine ich», sagte Nina und fügte hinzu: «Warum kommst du nicht mit, Victor?» – obwohl sie sehr wohl wußte, daß ich nicht mitkommen konnte). In den Lack seiner Flügeldecken war ein Guaschbild mit Himmel und Gezweig versenkt; das Metall eines seiner bombenförmigen Scheinwerfer spiegelte einen Augenblick lang uns selbst, hagere Fußgänger aus dem Land des Films, die über die konvexe Oberfläche glitten; und dann, nach einigen Schritten, warf ich einen Blick zurück und sah sozusagen beinahe optisch voraus, was in Wirklichkeit erst etwa eine Stunde später geschah: wie die drei in Sturzhelmen einstiegen, lächelten und mir zuwinkten, durchsichtig für mich wie Gespenster, durch welche die Farbe der Welt hindurchleuchtet, und sich dann in Bewegung setzten, sich entfernten, kleiner wurden (Ninas letzter zehnfingriger Abschied); in Wirklichkeit jedoch rührte sich das Automobil, glatt und heil wie ein Ei, noch nicht von der Stelle, und Nina schritt unter meinem ausgestreckten Arm durch einen von Lorbeer flankierten Eingang, und als wir uns setzten, konnten wir durch das Fenster Ferdinand und Segur, die einen anderen Weg genommen hatten, langsam näher kommen sehen.

Auf der Veranda, wo wir unsere Mittagsmahlzeit einnahmen, befand sich niemand außer dem Engländer, der mir unlängst aufgefallen war; vor ihm warf ein hohes Glas mit einem knallroten Drink ein ovales Lichtmuster auf das Tischtuch. In seinen Augen nahm ich das gleiche blutunterlaufene Verlangen wahr, aber jetzt stand es mit Nina in keinem Zusammenhang; der gierige Blick galt nicht ihr, er war unverwandt auf die obere rechte Ecke des breiten Fensters gerichtet, neben dem er saß.

Nina hatte die Handschuhe von den kleinen, dünnen Händen gestreift und aß zum letztenmal in ihrem Leben jene Krustentiere, für die sie eine solche Vorliebe hatte. Auch Ferdinand beschäftigte sich mit dem Essen, und ich nutzte seinen Hunger aus, ein Gespräch anzufangen, das mir einen Anschein von Macht über ihn gab: Genauer gesagt, ich erwähnte den Mißerfolg seines neuen Stückes. Nach einer kurzen Periode religiösen Umgangs, wie er gerade in Mode war, in deren Verlauf er der Gnade teilhaftig wurde und mehrere reichlich zweideutige Pilgerfahrten unternahm, die in einem entschieden skandalösen Abenteuer endeten, hatte er seinen matten Blick gen Moskau gewandt, das barbarische Moskau. Nun habe ich mich, offen gesagt, immer über die selbstgefällige Überzeugung geärgert, daß ein kleines Wellchen Bewußtseinsstrom, ein paar gesunde Obszönitäten und eine Prise Kommunismus in irgendeinem alten Spüleimer auf alchimistische Weise und ganz von allein ultramoderne Literatur ergäben; und bis man mich erschießt, werde ich darauf beharren, daß Kunst, sobald sie mit Politik in Berührung gebracht wird, unvermeidlich auf das Niveau beliebigen ideologischen Plunders herabsinkt. In Ferdinands Fall allerdings war all dies unerheblich: Die Muskeln seiner Muse waren außergewöhnlich kräftig, ganz zu schweigen von dem Umstand, daß ihm das

Elend der Unterdrückten völlig egal war; doch wegen gewisser, auf dunkle Weise bösartiger Unterströmungen dieser Art war seine Kunst noch widerwärtiger geworden. Bis auf ein paar Snobs hatte kein Mensch das Stück verstanden; selber hatte ich es nicht gesehen, aber jene komplizierte kremleske Nacht, an deren unmöglichen Spiralen entlang er verschiedene Räder zerstückelter Symbole kreisen ließ, konnte ich mir gut vorstellen; und jetzt fragte ich ihn nicht ohne Schadenfreude, ob er kürzlich eine bestimmte kleine Kritik gelesen hätte.

«Kritik!» rief er. «Schöne Kritik! Jeder geleckte Affe hält es für angebracht, mir Lehren zu erteilen. Keine Ahnung zu haben von meinem Werk, ist ihr Stolz. Meine Bücher werden behutsam angefaßt, wie etwas, das in die Luft gehen könnte. Kritik! Man untersucht sie unter jedem Aspekt, nur unter dem wesentlichen nicht. Es ist, als ob ein Naturforscher, der das *genus equus* beschreiben will, anfinge, über Sättel oder Mme de V. zu quasseln (er nannte eine bekannte literarische Salondame, die in der Tat große Ähnlichkeit mit einem grinsenden Pferd hatte). Ich möchte auch etwas von diesem Taubenblut», fuhr er im gleichen scharfen Ton fort, jetzt an den Kellner gewandt, der seinen Wunsch erst begriff, als er in die Richtung des Fingers mit dem langen Nagel blickte, der unmanierlich auf das Glas des Engländers deutete. Aus irgendeinem Grund erwähnte Segur Ruby Rose, die Dame, die Blumen auf ihren Busen malte, und die Unterhaltung nahm einen weniger beleidigenden Charakter an. Inzwischen kam der große Engländer plötzlich zu einem Entschluß, stieg auf einen Stuhl, trat von da auf das Fensterbrett und reckte sich, bis er die erstrebte Ecke des Fensterrahmens erreichte, wo ein kompakter, pelziger Nachtfalter saß, den er behende in eine kleine Schachtel steckte.

«... etwa wie Wouwermans Schimmel», sagte Ferdinand in Zusammenhang mit dem, worüber er gerade mit Segur sprach.

«Tu es très hippique ce matin», bemerkte letzterer.

Bald gingen sie beide telefonieren. Ferdinand hatte eine besondere Vorliebe für Ferngespräche und dazu ein besonderes Geschick, sie – egal, über welche Entfernung hin – mit freundlicher Wärme auszustatten, wenn es galt, wie zum Beispiel jetzt, eine kostenlose Übernachtung zu ergattern.

Von weit her kamen Musikgeräusche – eine Trompete, eine Zither. Nina und ich begaben uns wieder nach draußen und bummelten durch die Straßen. Offenbar hatte der Zirkus auf seinem Weg nach Fialta eine Vorausabteilung vorgeschickt: Eine Reklameprozession zog vorüber. Ihr Anfang allerdings entging uns, da sie bergauf in eine Nebenallee abgebogen war: Die vergoldete Rückwand irgendeines Gefährts entschwand, ein Mann im Burnus führte ein Kamel, vier hintereinander gehende mittelmäßige Indianer trugen an Stangen Plakate, und hinter ihnen saß dank einer Sondererlaubnis der kleine Sohn eines Touristen im Matrosenanzug andächtig auf einem winzigen Pony.

Wir kamen an einem Café vorbei, wo die Tische jetzt fast trocken, aber immer noch leer waren; der Kellner begutachtete einen gräßlichen Findling (hoffentlich adoptierte er ihn später), das absurde Tintenfaßungeheuer, das Ferdinand im Vorübergehen auf der Balustrade ausgesetzt hatte. An der nächsten Ecke zog uns eine alte steinerne Treppe an, wir stiegen hinauf, und ich blickte unverwandt auf den spitzen Winkel, den Ninas Schritt beim Hinaufsteigen bildete – sie hob ihren Rock, und seine Enge erforderte die gleiche Geste wie früher die Rocklänge; eine mir vertraute Wärme ging von ihr aus, und während ich neben ihr hinaufstieg, kam mir unser letztes Wiedersehen in den Sinn. Es war in einem Haus in Paris gewesen, viele Leute waren anwesend, und mein guter Freund Jules Darboux, im Wunsch, mir einen erlesenen ästhetischen Gefallen zu erweisen, hatte mich am Ärmel berührt und gesagt: «Darf ich dich vorstellen ...» und mich dann zu Nina geführt, die in der Ecke einer Couch saß, ihre Gestalt zu einem Z gefaltet, einen Aschenbecher neben dem Schuhabsatz; sie hatte eine lange Türkiszigarettenspitze von den Lippen genommen und freudig und langsam gerufen: «Also daß ich gerade dich treffe ...» – und dann, den ganzen Abend lang, war mir, als wolle mir das Herz zerspringen, während ich mit einem klebrigen Glas in der Faust von Gruppe zu Gruppe ging, hin und wieder aus der Ferne nach ihr Ausschau hielt (ihre Augen suchten mich nicht), einzelne Gesprächsbrocken erhaschte und mithörte, wie ein Mann zu einem anderen sagte: «Komisch, daß sie alle gleich riechen, durch jedes Parfum hindurch nach verbranntem Laub, diese dunkelhaarigen Mädchen mit den scharfen Gelenken», und wie es oft geschieht, klammerte sich eine triviale Bemerkung über irgendeinen unbekannten Gegenstand an die eigene vertraute Erinnerung, hielt sich daran fest und krümmte sich, ein Parasit ihrer Traurigkeit.

Oben auf der Treppe angekommen, fanden wir uns auf einer Art Terrasse. Von hier aus war der zarte Umriß des taubengrauen Mt. Sankt Georg mit einem Haufen knochenweißer Flecken (irgendein kleines Dorf) auf einem seiner Hänge zu sehen; der Rauch eines unsichtbaren Zuges wellte sich um seinen runden Fuß – und verschwand plötzlich; noch weiter unten, über dem Dächergewirr, konnte man eine einsame Zypresse erkennen, die Ähnlichkeit hatte mit der feuchten, gezwirbelten schwarzen Spitze eines Tuschpinsels; zur Rechten sah man einen kleinen Teil des Meeres, das grau war und silbrige Falten warf. Zu unseren Füßen lag ein rostiger alter Schlüssel, und an der Wand des halbverfallenen Hauses neben der Terrasse hingen immer noch irgendwelche Drahtenden ... Es kam mir in den Sinn, daß es hier einst Leben gegeben, eine Familie die Kühle der Abenddämmerung genossen hätte, daß ungeschickte Kinder im Licht einer Lampe mit Malbüchern beschäftigt gewesen wären ... Wir verweilten dort oben, als horchten wir auf irgend etwas; Nina, die höher stand als ich, legte mir eine Hand auf die Schulter und lächelte, und mit Sorgfalt, auf daß ihr Lächeln nicht knitterte, küßte sie mich. Mit unerträglicher Heftigkeit erlebte ich noch einmal (so scheint es mir wenigstens) alles, was, angefangen mit einem ähnlichen Kuß, je zwischen uns gewesen war; und ich sagte (anstelle unseres billigen, förmlichen «Du» jenes seltsam volle und bedeutungsschwere «Sie» verwendend, zu dem der Weltumsegler in jeder Hinsicht bereichert zurückkehrt): «Schauen Sie – was wäre, wenn ich Sie liebe?» Nina sah mich kurz an, ich wiederholte die Worte, ich wollte hinzusetzen ... aber etwas wie eine Fledermaus strich kurz über ihr Gesicht, ein schneller, sonderbarer, fast häßlicher Ausdruck, und sie, die in völliger Unschuld grobe Worte in den Mund nehmen konnte, wurde verlegen; auch ich war verlegen ... «Keine Sorge, ich habe nur Spaß gemacht», sagte ich rasch und legte leicht den Arm um ihre Taille. Von irgendwoher erschien ein fester Strauß kleiner, dunkler, selbstlos duftender Veilchen in ihren Händen, und bevor sie zu ihrem Gatten und Auto zurückkehrte, standen wir noch eine kurze Weile an der Steinbrüstung, und unsere Affäre war hoffnungsloser denn je. Doch der Stein war warm wie Menschenhaut, und plötzlich verstand ich etwas, das ich gesehen hatte, ohne es zu begreifen – warum ein Stückchen Stanniolpapier auf dem Pflaster so geglitzert, warum auf einem Tischtuch der Abglanz eines Glases gezittert hatte, warum die See ein einziger Lichtschimmer war: Irgendwie hatte sich allmählich der weiße Himmel über Fialta unmerklich mit Sonnenschein gesättigt, und nun war er ganz und gar von Sonne durchdrungen, und das überströmende weiße Leuchten wurde weiter und weiter, alles löste sich darin auf, alles verschwand, alles verging, und ich stand auf dem Bahnsteig von Mlech, in der Hand eine soeben gekaufte Zeitung, aus der ich erfuhr, daß der gelbe Wagen, den ich unter den Platanen gesehen hatte, hinter Fialta einen Unfall gehabt hatte, als er in voller Geschwindigkeit in den Lastwagen eines Wanderzirkus auf dem Weg in die Stadt gerast war, einen Unfall, aus dem Ferdinand und sein Freund, diese unverwundbaren Schurken, diese Salamander des Schicksals, die glücklichen Basilisken, mit örtlichen und heilbaren Verletzungen ihrer Schuppenhaut hervorgegangen waren, während Nina trotz ihrer anhaltenden und getreulichen Versuche, es ihnen gleichzutun, sich am Ende doch als sterblich erwiesen hatte.

Péter Nádas

Minotauros

«Sollten wir ihm nicht lieber ein Zicklein geben, József?» Auch wenn es nicht klingelte, bei Vollmond schreckte József auf, als hätte es geklingelt. Auch wenn sie nicht fragte, József hörte ihre Frage selbst noch im Schlaf. Er wartete, ob es ein zweites Mal klingelte. War er seiner Sache nicht sicher, wartete er immer aufs zweite Mal. Obwohl ihn weder ihre Frage noch das Klingeln geweckt hatten. Leise atmete Mária im Schlaf, ein zweites Mal klingelte es nicht. Das Mondlicht. Er setzte sich auf im Bett. «Hast du das Hühnchen hinuntergebracht, József? Nimmt er es noch, das Hühnchen, József? Sollten wir ihm nicht lieber ein Zicklein bringen, József?» Vorsichtig, um sich keine Fragen anhören zu müssen, stahl er sich aus dem Bett. Im Zimmer der Schlafdunst Márias. Zum Fenster. Schleichend, damit der Fußboden nicht knarrte. Setzte sich hinter den Vorhang. Hier, unter dem Fenster, zwischen Wand und Vorhang, war ihm wohl. Aus der Höhe von sechs Stockwerken blickte der Vollmond in das blaue Rund des Innenhofes hinab. Es war, als säße József auf dem Grund eines Brunnenschachts. Er konnte dort beten. Und auf das Klingeln warten. Könnte es doch in jedem Augenblick klingeln; als wäre es möglich, das vorauszuberechnen. «Gütiger Gott, ich danke dir, daß du mich zu dieser nächtlichen Stunde geweckt hast. Allmächtiger, gib mir Ruhe und Frieden, gib sie allen, die in diesem Hause …, und gib mir die Kraft, mich zu erheben, wenn es klingelt. Und beschütze sie, die nach Hause zurückkehren und klingeln, und gib mir die Kraft, die heimgekehrten Lämmer liebevoll zu empfangen. Lamm Gottes, erbarme dich meiner. Mein Herr und Vater, erlöse mich von dem Bösen. Und vergib mir meine Schuld.» Wenn es jetzt klingelte, ob er dann aufstehen dürfte, obwohl er gerade mit Gott redete? *Ja*. Wenn es aber der Böse wäre, der Ja sagte? *Nein.* Und wenn ich es selber bin, der sich dieses Nein und Ja einredet, wie es mir gerade paßt? *Wie es geschrieben steht.* Er neigte den Kopf. Auf daß es erfüllt werde. Anstelle des Mondes war jetzt ein stechender Fleck im Dunkel hinter seinen Lidern. Und aus der Tiefe des von Márias Schlafdunst erfüllten Zimmers: «Hast du das Hühnchen hinuntergebracht, József?» «Natürlich hab ich's hinuntergebracht, natürlich!» antwortete József hastig und gequält hinter dem Vorhang. Márias leises Atmen im Schlaf. «Schläfst du?» fragte József hastig und gequält hinter dem Vorhang. Der Geruch des von Márias Schlafdunst erfüllten Zimmers und ihr sanftes Atmen im Schlaf. «Sie schläft», sagte József leise. Auch jetzt klingelte es nicht. Er wartete. Auch wenn es klingelte, bei Vollmond machte József kein Licht. Sobald die Zeit des Vollmonds gekommen war, schreckte er auf, als wäre er gefragt worden, als hätte es geklingelt. Er schreckte auf, auch wenn er nicht gefragt wurde, auch wenn es nicht klingelte. Anlässe aufzuschrecken. Er konnte sich unters Fenster setzen, in die Nische zwischen Vorhang und Wand. Konnte das blaue Licht in den sechs Außengalerien betrachten, seine scharfen Schatten. Konnte beten. Nach einem Weg suchen. Den sich mit Sicherheit einstellenden, schrillen Ton heraushören, der ihm unablässig in den Ohren klang. Die erste Schwingung des Tons. Die Gewißheit haben, daß er ihn hört. Den Hals recken, sein Ohr der Quelle nähern, wenn auch nur um wenige Zentimeter. Wenn er schlief, wartete er im Traum darauf. Wenn er schlief, schreckte er auf. Wenn er aufgeschreckt war, war die Klingel verstummt. Nur in seinen Ohren war ein Nachhall davon geblieben. Hatte jemand geklingelt? Klingelte es? Wenn er seiner Sache nicht sicher war, wartete er auf das zweite Klingeln. Sobald es ertönte, stand er auf. Er schlich nicht, stahl sich nicht davon vor den Fragen. Mária atmete nicht leise im Schlaf. Er schlurfte hinaus in die Küche, nahm den Schlüssel vom Brett. Bei Vollmond machte er kein Licht. Wenn Vollmond war, blieb er am Fenster stehen und blickte hinauf. Die schwarzen Schatten der Außengalerien, der blinde Glanz der Fenster. Als wäre er tief unten auf dem Grund eines Brunnenschachts. Der Vollmond zwischen den gedrungenen Blöcken der Schornsteine, hinter ihnen, über ihnen. Wenn es klingelte, achtete er nicht darauf, ob er Lärm machte. Sobald er zurück war, erwarteten ihn bereits die Fragen. Er wußte, daß er weder von den Fragen noch vom Klingeln geweckt worden war. «Hast du nach der Eisentür gesehen, József? Wer war es, József? Warum antwortest du nicht, wenn ich einmal danach frage?» Bei Vollmond, auch wenn es nicht klingelte, schreckte er auf, als hätte es geklingelt. «Sollten wir ihm nicht ein Zicklein geben, József?» Vorsichtig, um keine Fragen anhören zu müssen, stahl er sich aus dem Bett. Setzte sich hinter den Vorhang. Dort konnte er beten. Sich den Schatten vorstellen, wie er vor dem Tor haltmacht. Um die Ecke biegt. Das Geräusch der Schritte, ihr Aufklopfen, das Flattern der Mäntel. Das Aufklopfen der männlichen, das Trippeln weiblicher Schritte. Trippeln, Aufklopfen vor dem Schaufenster des Schirmmachers. Sich den Schatten vorstellen, wie er vor dem Tor haltmacht, wie er die Hand hebt, den Finger dem Klingelknopf nähert. Den Finger, wie er den Klingelknopf drückt. Er konnte sich auch vorstellen, wie er selber da sitzt. Den Stromkreis, der sich durch den Druck auf den Klingelknopf schließt. Von hier aus konnte er, ohne darauf achten zu müssen, ob er Lärm machte, in die Küche gehen. Vom Brett den Schlüssel abnehmen. Die Tür öffnen. Einen Blick auf die Eisentür werfen, ob sie geschlossen war. Bei Vollmond aber machte er kein Licht. Über die Holztreppe hinunterknarren, über das gelbe Pflaster des Hofs schlurfen. In seinem Rund, als schlurfe er über den Grund eines Brunnenschachts. Das große Tor öffnen, die Hand ausstrecken, seine Finger über dem Geldstück schließen. «Wer war das, József? Warum antwortest du nicht, wenn ich einmal danach frage, József? Hast du nach der Eisentür gesehen, József? Sag, József, warum quälst du mich mit deinem Schweigen? Sag, womit habe ich verdient, daß du mich so quälst, selbst nachts, zur Ruhezeit? Warum machst du das mit mir, József, lebst du überhaupt noch? Manchmal denke ich, daß du gar nicht mehr lebst, József. Daß ich mit einem Schatten zusammengesperrt bin.»

Er konnte antworten. Oder nicht. «Es war eine Frau vom sechsten Stock, eine Frau war es, Mária. Siehst du, ich antworte doch. Wenn ich die Antwort weiß, Mária, dann antworte ich auch. Ich habe nach der Eisentür gesehen, sie ist geschlossen. Beruhige dich, Mária, die Eisentür ist genauso geschlossen wie sonst. Es steht nicht in meiner Absicht, Mária, es liegt mir fern, ich will dich nicht quälen mit meinem Schweigen, Mária, keineswegs. Aber was soll ich mit meinem Schweigen machen, Mária, was? Was soll ich machen mit meinem Schweigen zur Schlafenszeit, Mária, was in der Nacht, wenn wir mit meinem Schweigen allein bleiben? Warum quälst du mich mit deinen Fragen, Mária? Sag mir, warum du überhaupt noch lebst? Da ich doch schon seit zwanzig Jahren nicht mehr lebe. Warum muß ich mit einer Lebenden zusammengesperrt sein, Mária, warum?» Es konnte eine Antwort kommen. Oder nicht. «Wieviel hast du von der Frau bekommen, József? Bist du sicher, daß die Frau oben im sechsten Stock wohnt und nicht eine Diebin ist, die sich eingeschlichen und sich deine schlechten Augen zunutze gemacht hat?» «Ich habe von der Frau zwei Forint bekommen, Mária.» «Gib sie her, József.» «Ich hab sie auf den Tisch gelegt.» «Das hätte ich hören müssen.» «Ich habe sie auf den Tisch gelegt, das heißt, nicht auf den Tisch. Ich habe sie in die Sparbüchse geworfen, Mária.» «Ich habe es nicht scheppern gehört. Du lügst, ich habe kein Scheppern gehört. Gott verzeihe mir, wenn ich so etwas sage, aber du lügst, ich habe kein Scheppern gehört, József. Gib sie her, die Büchse, József! Warum rührst du dich nicht, József? Wenn du sie in die Büchse geworfen hast, József, dann gib mir die Büchse. Los, József, rühr dich! Denkst du, du kannst mich hinters Licht führen? Denkst du, du kannst ihm auch noch diesen Happen wegnehmen? Ihm!» «Die Frau ist zum sechsten Stock hinaufgegangen, Mária, zur sechsten Galerie. Ich habe gehört, wie sie den Schlüssel aus ihrer Handtasche nahm. Ich habe gehört, wie sie die Tür aufmachte. Ich habe gehört, wie sie die Tür zumachte.» «Richtig! Sie hat ihren Schlüssel herausgeholt, sagst du: Ihren Nachschlüssel! Du hast dich in Widersprüche verwickelt, József, in Widersprüche, bist, wie immer, in die Falle getappt. Ich komme der Sache auf den Grund, József, diese Frau ist nichts anderes als eine verkappte Diebin! Darüber gibt es nicht den geringsten Zweifel. Wo lebst du eigentlich? Daß sie ihren Nachschlüssel hervorgeholt hat! Du hast es gehört, sagst du. Schön! Sie ist hinaufgegangen zum sechsten Stock, sagst du, na ja. Und inzwischen hat sie die zwei Forint wieder weggeklaut. Wo findest du heutzutage eine Frau, die dir zwei Forint gibt und nicht eine verkappte Diebin wäre, die das Geld sofort wieder wegstibitzt? Hast du einen Beweis, József? Nur das Geld wäre ein Beweis, József.» «Ich finde es nicht.» «Du findest es also nicht.» «Ich habe es hier auf den Tisch gelegt. Ich finde es nicht.» «Das ist ja schön. Vorher hast du gesagt, du hättest es in die Büchse getan, József. Davor hast du gesagt, du hättest es auf den Tisch gelegt, József. Weil du es verleugnen wolltest. Gestohlen hast du es. Es ist nie eine Frau gekommen, sie hat dir nie zwei Forint gegeben. Wenn sie dir das Geld aber gegeben hat, dann hat sie es auch wieder weggenommen. Wenn sie es dir gegeben hat, dann hast du es geklaut. Mein Gott, wovon sollen wir ihm denn Hühnchen, Zicklein kaufen, wenn du das Geld stiehlst, wenn du, ohne mit der Wimper zu zucken, abstreitest, daß du dir in deiner Einfalt das Geld hast aus der Hand stibitzen lassen? Mörder!» Er konnte schweigen. Oder nicht. Er konnte antworten: «Es war eine Frau, Mária. Sie hat mir ein Zwei-Forint-Stück gegeben. Diese Frau. Sie ging zum sechsten Stock hinauf. Ich konnte nicht sicher sein, ob sie mir zwei Forint gegeben hat, fühlte es aber in meiner Hand, ich fühlte es. Ich kann doch eine Zwei-Forint-Münze von einer anderen unterscheiden. Ich bin dazu in der Lage. Allenfalls, wenn wir Unfehlbarkeit ausschließen, hätte ich noch denken können, daß sie mir einen Fünfer gegeben hat, einen Fünfer. Aber das heutzutage von einer Frau, von dieser Frau, die sich zum sechsten Stock hinaufbegibt und ihren Schlüssel hervorholt, ich habe es doch gehört, Mária, ich habe das Klicken ihrer Handtasche gehört, du weißt doch, Mária, diese Art Frauen haben manchmal Handtaschen, die mit einem Metallschloß schließen. Aus so einer Tasche holte sie ihren Schlüssel hervor, ich habe es deutlich gehört. Auch jeden ihrer Schritte habe ich gehört, von Stufe zu Stufe, unverwechselbar mit meinen eigenen Schritten, Mária. Aber das ist unmöglich. Daß sie mir einen Fünfer gegeben hätte, Mária, das ist ganz unmöglich, Mária. Ich bin weggegangen, und während ich wegging, die Holztreppe knarrte, habe ich ihre Schritte gehört, jeden einzelnen ihrer Schritte, oben auf der Galerie im sechsten Stock, trotz meiner eigenen Schritte, Mária. Obwohl von da oben, von der sechsten Galerie, die Schritte kaum noch zu hören sind, es sei denn von Schuhen, wie diese Frau sie trägt. Sie sind kaum noch zu hören von dort oben, gleich unter dem Schornstein, und außerdem knarrt es ja auch unter mir, sosehr ich auch aufpasse, mich anstrenge, alle meine Energie aufbiete, Mária, unsere Holztreppe knarrt und poltert trotzdem bei jedem Schritt von mir, und auf die Eisentür habe ich auch noch zu achten, auf die Eisentür, Mária, aber ich habe es gehört, trotz des Treppenknarrens, so laut das alte Holz auch in seinen ausgetrockneten Fugen geknarrt hat, ich habe gehört, wie sie ihren Schlüssel, jenen bereits erwähnten Schlüssel, Mária, wie sie ihren aus der Handtasche hervorgeholten Schlüssel, den aus der bereits erwähnten Handtasche hervorgeholten Schlüssel, Mária, ins Schloß steckt, aufschließt, wie sie ihn abzieht, eintritt, zumacht, ihn wieder ins Schloß steckt, zuschließt, und da stand ich schon vor der Eisentür, tastete sie ab, sie war geschlossen, wie immer.» «Wenn du sie einmal nicht schließen würdest, József! Wenn du sie einmal offenließest, József! Warum antwortest du nicht, József, warum antwortest du nicht?» «Du hast nicht gefragt, Mária, es war mir, als habest du gar nicht gefragt, Mária.» «Was wäre, József, habe ich gefragt. Was wäre, habe ich gefragt, wenn du es einmal nicht vergessen würdest, wenn du einmal vergessen würdest, die Tür abzuschließen, habe ich gefragt. Wenn du den Schlüssel einmal nicht umdrehen würdest, so wie diese Frau, von der ich eben gesprochen habe. Wenn du einmal das machen würdest, was ich will. Nur einmal, ein einziges Mal. Wenn du das Geld hergäbest. Wenn du es in die Sparbüchse tätest. Wenn du es auf den Tisch legen, es herausgeben würdest, damit wir Hühnchen, Zicklein kaufen können. Hast du ihm das Hühnchen hinuntergebracht, József? Nimmt er es überhaupt noch, das Hühnchen, József?» Es klingelt. «Es hat geklingelt, József. Hast du's nicht gehört? Es hat geklingelt. Warum rührst du dich nicht? Wo bist du, József, warum quälst du mich, wo bist du, József? Es hat geklingelt. Hörst du nicht, daß es geklingelt hat? Los, József, rühr dich. Hörst du nicht?» «Ich kann nicht.» Es klingelt zum zweiten Mal. «Hörst du, József, es klingelt. Hörst du es nicht? Ich frage dich. Hörst du es?» «Ich höre es, Mária.» «Warum rührst du dich nicht? Willst du das Schicksal herausfordern? Geh schon! Hörst du nicht?» Er konnte sich auf den Weg machen. «Paß auf! Das Geld!» Den Schlüssel vom Brett nehmen. «Mörder!» Bei Vollmond machte er nie Licht. Nur einmal hatte er es angemacht. Er konnte die Tür öffnen, nach der Eisentür sehen: Hast du nach der Eisentür gesehen? Konnte über die in allen Fugen knarrende Holztreppe hinunterstolpern, über das gelbe Pflaster des Hofes schlurfen. Im Rund, als schlurfe er über den Grund eines Brunnenschachts. Konnte die Hand ausstrecken, die Finger um das Geldstück schließen. «Wer war es, József? Hast du nachgeschaut, wieviel? Warum antwortest du nicht? Warum quälst du mich mit deinem Schweigen? Sag, József, womit hab ich das verdient? Selbst noch nachts, zur Ruhezeit, József? Antwortest du nicht?» «Doch, du siehst, ich antworte, Mária.» «Wer war es, József? War es diese Frau? Wieviel hast du von dieser Frau gekriegt? Kannst du nicht antworten?» «Worauf ich antworten kann, darauf antworte ich auch, Mária.» «Hast du das Geld in die Sparbüchse getan?» «Nein.» «Auf den Tisch? Wieso auf den Tisch? Warum antwortest du nicht? Auf den Tisch? Gib mir das Geld, József. Los. Gib mir die Büchse, József. Hörst du nicht? Wo bist du? Antworte!» «Hinter dem Vorhang, unter dem Fenster, in der Nische, wo mir wohl ist. Wo man hinaufschauen kann, über die Schornsteine hinweg, wo man beten, wo man warten kann.» Noch ist der Mond nicht zu sehen. Fetzen grauer Schatten füllen den Grund des Hofes. Niemand klingelt. Márias Atmen im Schlaf. «Schläfst du?» Der Geruch des von

Márias Schlafdunst erfüllten Zimmers, ihr leises Atmen im Traum. «Sie schläft.» Ein violetter Strahl kriecht zwischen den Schornsteinen die Dachschräge hinab. Noch bevor er das Geländer der sechsten Galerie erreicht, wird er rot sein. Gelb. Dann das Licht. Trennt mit einem scharfen Schnitt, schneidet mit hartem Strich das gelbe Pflaster des Hofs in zwei Hälften. In zwei Hälften, Licht und Schatten, quer durch. Mária atmet im schlafdunstigen Zimmer leise im Traum. Im Rund des Hofes gleitet ein Kind auf dem Fahrrad dahin, immer rundherum. Taucht auf im Licht, taucht unter im Schatten. Manchmal klingt es. Taucht unter im Schatten, taucht wieder auf im Licht, im Rund, immer rundherum auf dem Fahrrad. Das weiche Gleiten der Gummireifen auf den glatten Fliesen. Es klingelt. Mária atmet nicht mehr leise im Schlaf. «Wo bist du?» fragt sie. «Hier, hinter dem Vorhang, unter dem Fenster, in der Nische, wo mir wohl ist.» «Na schön. Aber daß du mir dabei den Vorhang beschmierst, daran denkst du wohl nicht? Den gestärkten Vorhang. Das kümmert dich nicht. Wer geht da auf dem Hof?» «Niemand.» «Wer geht da auf dem Hof, habe ich gefragt. Warum antwortest du nicht? Wer geht da auf dem Hof? Glaubst du, daß du es abstreiten kannst? Ich seh es, sehe seinen Schatten an der Zimmerdecke, da ist jemand auf dem Hof. Er klingelt, hörst du's nicht? Es hat geklingelt. Ich höre es doch, daß jemand auf dem Hof ist. Wer ist es, der auf dem Hof herumstreicht? Wessen Schatten fährt da oben an der Zimmerdecke rundherum? Du antwortest nicht? Hörst du mich überhaupt? Wo bist du?» «Unter dem Fenster, zwischen Vorhang und Wand.» «Willst du immer noch, willst du auch jetzt noch behaupten, daß da niemand ist? Und daß du den gestärkten Vorhang beschmutzt, das kümmert dich nicht. Es hat geklingelt, hörst du? Begreifst du nicht, daß du es ganz umsonst abstreitest. Begreifst du das nicht? Sag, warum sollte ich, József. József, sag, warum sollte ich nicht, József.» Er konnte antworten. «Nein, Mária, warum sollte ich auch abstreiten, wenn jemand auf dem Hof wäre. Das sei fern von mir. Auf dem Hof ist niemand. Ich werde dir erzählen, was auf dem Hof vorgeht.» «Ein Märchen erzählen wirst du.» «Auf dem

Hof stehen drei Bäume. Ein Ahorn, eine Eiche und eine Platane.» «Was für Bäume, József? Auf dem Hof waren noch nie Bäume.» «Sie sind inzwischen gewachsen. Auf dem Hof sind ein Ahornbaum, eine Platane und eine Eiche gewachsen. Sie sind inzwischen herangewachsen.» «Gott, József, warum streitest du ab, daß jemand auf dem Hof zwischen den Bäumen herumstreicht, ich sehe doch seinen Schatten an der Decke, wie er sich rundherum zwischen den Bäumen bewegt.» «Warum sollte ich abstreiten, Mária, wenn sich jemand zwischen den Bäumen bewegt?» «Ja, warum?» «Niemand bewegt sich zwischen den Bäumen, Mária, zwischen den Bäumen streicht niemand herum, nur der Wind streicht durch die Kronen, durchs Laub, nur ein Hauch bewegt die Blätter der Bäume, das ist es, was du an der Decke siehst.» «Du lügst.» «Ich will dir erzählen, was zwischen den Bäumen vorgeht.» «Erzählen? Ja, ein Märchen!» «Auf dem Ahorn sitzen Spatzen. Sie zwitschern, so wie Spatzen eben zwitschern. Hörst du's?» «Ich werde dich überführen, József, ich werde deine Lügen aufdecken, József, hörst du, József?» «Auf der Platane sitzen Tauben, sie turteln, hörst du's? Aber jetzt geht gerade etwas oben in der Luft zwischen Platane und Ahorn vor.» «Und die Eiche, du hast die Eiche weggelassen, József.» «Jetzt passiert gerade etwas zwischen Ahorn und Platane droben in der reglosen Luft.» «Du hast von Wind gesprochen, József! Ich werde dich überführen.» «In der reglosen Luft erscheint ein winziger Vogel. Die Spatzen bemerken ihn und verstummen. Von einem der Zweige fliegt einer der Spatzen auf. Ach, könnte ich dir doch beschreiben, Mária, welcher Spatz und von welchem Zweig. Er verfolgt den winzigen Vogel. Jetzt erkenne ich es. Ja! Nein. Ich kann es nicht richtig erkennen. Es ist gar kein Vogel, es ist ein Maikäfer. Ein Maikäfer, wie ungeschickt er doch fliegt. Wie ein Flugzeug kommt er in der reglosen Luft zwischen den beiden Bäumen daher. Mária, dieser Spatz, dieser bestimmte Spatz, wenn ich dir nur genauer sagen könnte, welcher, er verfolgt ihn. Stürzt sich auf ihn. Verfehlt ihn. Der Maikäfer flieht. Wie ungeschickt. Mária! Er flieht. Der Spatz kommt jetzt von unten. Oh, Mária! Jetzt sind es schon zwei Spatzen, die ihn verfolgen, nein, sogar drei!» «Was geht da vor, mein Gott, was geht da zwischen den drei Bäumen vor, József? Warum antwortest du nicht, József, wenn ich gerade am meisten darauf angewiesen bin?» «Das ist alles.» «Großer Gott! Was ist da passiert, József? Was ist da vorgegangen, warum redest du nicht weiter, József?» «Ich kann nichts sehen.» «Schön, du kannst nichts sehen, sagst du, das ist alles, sagst du. Und das antwortest du, wenn ich so in Not um eine Antwort bin. Schön. Wenn du bis jetzt alles so deutlich gesehen hast, József, warum solltest du dann gerade das Ende nicht sehen können? Es ist genug, József. Schluß! Spar dir die Antwort. Besser, wir schweigen. Glaubst du, József, du könntest mich noch immer betäuben mit deinen Märchen? Du brauchst nicht zu antworten, József. Du kannst nicht weiter erzählen, sagst du, das sei alles, sagst du. Du verwickelst dich ganz schön in Widersprüche, József, in Widersprüche, József, so wie immer. Bist schön hineingetappt in die Falle. Ich werde dich der Lüge überführen. Nehmen wir diese drei Bäume, József! Du sagst, es seien eine Akazie, eine Pappel und ein Nußbaum, du sagst, diese drei Bäume seien inzwischen herangewachsen, du sagst, daß durch ihr Laub, ihre Kronen der Wind streiche, daß der Wind die Blätter dieser Bäume in der reglosen Luft bewege. Aber wie kann der Wind die Blätter bewegen, wenn die Luft doch unbewegt ist? Darauf wirst du wohl keine Antwort haben. Wenn der Wind weht oder sich auch nur ein Lüftchen regt, spar dir die Antwort, József, ist die Luft dann noch unbewegt? Genug. Besser, wir schweigen, József. Spürst du es? Ist es nicht besser, wenn wir schweigen, findest du nicht auch? Spürst du's? Antworte! Ich habe dich überführt. Antworte! Ich weiß, warum du schweigst. Das Kind. Rede ihn an, den Jungen. Den Jungen, József.» Er verschwindet im Licht, taucht auf aus dem Schatten, gleitet in dem Rund herum. «Was soll ich ihm sagen?» «Zuerst die Anrede, József, man beginnt immer mit der Anrede.» «Erinnerst du dich, Mária?» «Vergeude die Zeit nicht, József, woran soll ich mich erinnern, József? Mit der Anrede mußt du beginnen, so wie im Brief. Hörst du?» «Hallo, Junge!» «Nicht so,

József. Du mußt ihn anreden wie in einem Brief. Wenn du so beginnst, verscheuchst du ihn bloß. Hast du verstanden?» «Liebes Kind!» Der Junge dreht seine Runden, die Gummiräder gleiten weich über die glatten gelben Fliesen, manchmal quietscht es. «Antwortet er? Warum antwortet er nicht?» «Er antwortet nicht, Mária, der Junge antwortet nicht.» «Lauter! Du mußt die Anrede lauter wiederholen, József. Mein Kind, laß es uns lauter sagen. Mein lieber Junge, sag es lauter, hörst du?» «Mein Kind! Mein lieber Junge!» «Herrgott noch mal, József! Lauter!» «Mein kleiner Sohn, mein lieber Junge!» «Herrgott noch mal, József! Schweig endlich. Ich kann's nicht mehr hören!» «Mein Junge! Mein lieber Sohn!» «Nicht doch, József! O Gott! Warum quälst du mich, József?» «Mein Junge, mein lieber Sohn! – Umsonst rede ich ihn an, Mária! Ich habe mit der Anrede begonnen, Mária, so wie im Brief. Er will es nicht hören. Ich habe mit der Anrede begonnen, Mária, mit der Anrede, so wie es üblich ist!» «Nicht doch, warum quälst du mich, József. Was geht hier vor, József? Erzähl mir lieber, was passiert mit den Vögeln? József, warum antwortest du nicht?» «Er antwortet mir nicht, Mária, er antwortet nicht. Sonst geschieht nichts, Mária, aber der Junge antwortet nicht, mein kleiner Sohn, mein lieber Junge! Er gleitet im Rund auf dem Hof herum, sonst passiert nichts. Mal gleiten die Gummiräder lautlos dahin, mal quietschen sie. Hörst du's? Jetzt verschwindet er im Schatten. Jetzt taucht er auf im Licht. Er klingelt. Hörst du's?» «Genug! Hast du verstanden, József, ich will es nicht. Hörst du? Wir sollten schweigen von ihm. So ist es besser. Schweigen. Hörst du? Ich hasse ihn. Er hat uns verlassen. Besser, wir schweigen, József.» Er konnte antworten. Oder nicht. «Er hat uns nicht verlassen, Mária.» «Ist er gegangen? Ich sehe ihn nicht mehr an der Decke. Ist er fort?» «Er ist fort, Mária, er gleitet nicht mehr im Kreis herum.» «Zugrunde gegangen ist er, József. Kein Wunder. Warum antwortest du nicht? Ich habe dich überführt. Antwortest du deshalb nicht? Mit den Schächern hat er geendet. Was hast du dazu zu sagen, József? Wenn er doch nur nicht mit den Schächern geendet hätte! Du antwortest nicht, du kannst nicht antworten, weil du darauf nichts zu antworten hast, nicht wahr, József?» «Er ist fort, Mária. Er ist verschwunden. Er taucht nicht mehr auf im Licht und verschwindet nicht mehr im Schatten. Mich hat er nicht verlassen, Mária. Mit den Schächern hat er angefangen.» «Mit den Schächern hat er geendet, József. Was sagst du dazu? Nichts? Warum antwortest du nicht, wenn ich dich frage, József?» Fetzen grauer Schatten füllen den Grund des Hofes. Mária atmet leise im Schlaf. Der Mond. Zwischen den Schornsteinen kriecht ein violetter Strahl über die Dachschräge hinab. Ohne den Grund des Hofs zu erreichen. Dann das Licht. Trennt mit einem scharfen Schnitt das Pflaster in zwei Hälften, in Licht und Schatten, quer durch. Márias Stimme aus der Tiefe des schlafdunstigen Zimmers. «Hast du das Hühnchen hinuntergebracht, József?» Auch wenn es nicht klingelte, schreckte József auf, als hätte es geklingelt. Wenn er sich seiner Sache nicht sicher war, wartete er auf das zweite Mal. Leise atmete Mária im Schlaf. Ein zweites Mal klingelte es nicht. József setzte sich auf. Vorsichtig, um keine Fragen hören zu müssen, stahl er sich aus dem Bett. Schleichend, damit der Boden nicht knarrte. Blieb vor dem Fenster stehen, schaute hinauf. Aus der Höhe von sieben Stockwerken blickte der Vollmond in das Rund der Außengalerien herab. Als stünde József auf dem Grund eines Brunnenschachts. Von hier konnte er sich auf den Weg machen. Die eiserne Tür öffnen. Hinabsteigen. «Hast du die Eisentür geschmiert, József? Fürchtest du nicht, daß sich eines Tages irgend jemand, vielleicht ausgerechnet diese Frau, dafür interessierten könnte, welche Tür nachts, zur Ruhezeit, so laut quietscht?» Die Stiege. Zwei Stufen abwärts. Die Eisentür hinter sich zuziehen. «Hast du sie geschmiert, die Tür, József? Was tun wir nur, wie stellst du dir das vor, was sollen wir tun, wenn sich eines Tages jemand dafür interessiert, was sich hinter dieser Eisentür befindet, die mitten in der Nacht so aufdringlich quietscht? Selbst zur Ruhezeit, József? Warum antwortest du nicht?» Sechzehn Stufen hinab. Die ausgestreckte Hand stößt gegen die Wand. «Meine rechte Hand ist die, in der ich den Bleistift halte. Meine linke die, in der ich keinen

Bleistift halte. Also linker Hand.» Die Hand ertastet die Wand auf der linken Seite, tastet sich links voran. Drei Schritte. Er kannte den Weg. Die ausgestreckte Hand stößt gegen die Wand. «Die rechte Hand ist die, in der ich den Bleistift halte, also in Richtung der rechten vorwärts.» Die Hand tastet sich rechts voran. Vier Schritte. Trifft dort auf den Spalt. Mit Leichtigkeit preßt er sich hindurch. Die gähnende schwarze Leere. Deren Grenzen er noch niemals gesehen hat. Es hätte ein Saal sein können. Oder ein offener Platz. Ein Hof, gelb gepflastert, von dem die Mauern abgetragen waren. Er war sich nie sicher, ob er, wenn er den Rückzug antrat, den Spalt wiederfände, durch den er sich so leicht hindurchgezwängt hatte. Jetzt nichts als vorwärts, wohin auch immer. Nur keine Bewegung. Sobald er sich bewegt, verletzen Geräusche die Stille, und er kann ihn nicht hören. Er hört nur Atemzüge. Seine eigenen. In den kurzen Pausen zwischen den Atemzügen Stille. Bewegte er sich, so würde in den Atempausen die Stille aufbrausen. Es ist keine Finsternis, es ist, als wäre im Dunkel Licht. Nicht auszumachen, wo. In den kurzen Pausen zwischen den Atemzügen den Ton heraushören. In Richtung des Tons losgehen, dem nicht wahrnehmbaren Licht im Dunkel entgegen. Nur vorwärts. Wohin auch immer. Stille. In Richtung des Tons. Losgehen. Die Hände ausstrecken, gleichsam zur Abwehr. Nichts. Vorwärts, mit seinem schutzlosen, blinden Körper, wohin auch immer, nur voran. Noch immer nichts, lange nichts. Als spürten seine Hände die Nähe einer Wand, begrenzten Raum. Nichts. Als könnte ihm jederzeit etwas ins Gesicht klatschen. Eine lautlose Fledermaus, eine Spinne im Netz. Nichts davon. Schnaufen und Schlurfen. Seine eigenen Geräusche. Sonst nichts. «Ich kenne den Weg. Ich kann mich nicht verlieren.» Als könnte irgend jemand ihm das Messer, das er gerade so fest umklammert, in die Brust, in den Rücken stoßen. Als flattere sein Herz, aber es zappelt das Hühnchen im Sack. Als stünde er hier schon seit ewigen Zeiten mit flatterndem Herzen, das zappelnde Hühnchen im Sack. Als bewege sich sein verletzlicher blinder Körper in diesem Dunkel voran. Als wäre die aufbrausende schwarze Stille sein schutzloser Körper. Das Hühnchen zappelt im Sack. Als würde es irgendwo heller, aber nicht wahrnehmbar, wo. Wo auch immer, ob vor ihm oder hinter ihm. Auch das Licht ist nicht verläßlich, der Dämmer unbestimmt. Im zögernd aufdämmernden Dunkel ist alles in Bewegung. Die Schritte hören sich an, als träten sie stets auf derselben Stelle, das Keuchen, als käme es von derselben Stelle, aber es ist sein eigenes Keuchen. Minuten vergehen. Füllen Stunden. Monate, Jahre schwinden im Rhythmus von Sekunden. Weder Hunger noch Müdigkeit können ihn aufhalten. Nur das Dunkel. Das Undurchdringliche. Als bewege er sich durch eine schwarze Masse, und sobald er innehält, schlösse die dichte Schwärze ihn ein. Er schwitzt. Spürt deutlich den unbeirrten Weg der Schweißtropfen, die abwärts fließen. Von der Stirn zu den Jochbögen, von den Achselhöhlen über die Rippen zu den Lenden hinunter, von der Nasenwurzel auf die Oberlippe. Er spürt es. Genauso spürt er es. Die erweiterten Pupillen schmerzen bereits, aber die Richtung des Dämmerscheins ist immer noch ungewiß. «Du kennst doch den Weg.» Er kennt den Weg, aber jedesmal wieder blendet das Licht ihn plötzlich, obwohl die Birne am Ende des Ganges nur klein ist. Der Gang ist endlos. Er windet sich, trotzdem bleibt immer das Licht der kleinen elektrischen Birne am Ende des langen Ganges. Das Hühnchen zappelt im Sack, als hüpfe ihm das eigene Herz. Seine Pupillen sind außerstande, sich weiter zu verengen, ohne daß es schmerzt. «Ich lasse das Licht hinter mir. Ich kenne den Weg.» Er schwitzt. Er ist taub. Er weiß genau, er müßte Geräusche hören, die Geräusche seiner eigenen Bewegungen, aber er hört nur ein Brausen. Der Gang ist lang, grau, er windet sich, aber die kleine Birne blendet noch immer am Ende des langen grauen Gangs. Als brause die Stille so gleichmäßig, die Taubheit. Wie ein unendliches Meer, gnadenlos in eine Muschel eingeschlossen. «Den Weg kenne ich gut. Ich lasse das Licht hinter mir, ich muß auf den Ton horchen.» Es klingelt. Ihm scheint, als hörte er es klingeln. Er wartet auf das zweite Klingeln, aber das erste hört nicht auf, lange Zeit. Die Schweißtropfen streben hinab, unaufhaltsam. Stufen. Sechzehn Stufen hinab und der lange graue Gang mit der kleinen Lichtquelle an seinem unbestimmten Ende windet sich immer noch weiter. Er hat Durst. Spürt weder Hunger noch Müdigkeit, nur Durst, quälenden Durst. Die Trockenheit der Mundhöhle. «Ich kenne das, es geht vorüber.» Der Gang führt vom Licht weg. Als wäre nicht er es, der geht, als würde der Gang ihn führen, als würden seine Windungen ihn umfangen und mit sich nehmen, immer tiefer nach unten, so wie die salzigen Tropfen des Schweißes, abwärts. Die Lampe gerät hinter seinen Rücken, der sich in immer engeren Kurven abwärts windende Gang liegt im grauen Dämmerlicht. Die ferne Lichtquelle in seinem Rücken verheißt eine ewige Morgendämmerung. «Das kenne ich gut. Diese Zeit geht vorüber.» Als ginge er jetzt zurück. Als würden die Windungen des Ganges ihn umfangen und zurückführen zu der kleinen brennenden Lampe. Seine Pupillen weiten sich, es schmerzt. Zurück, nach vorn. «Das kenne ich. Ich muß dieselbe Strecke vorwärts zurücklegen, die ich zurückgegangen bin. Verlieren kann ich mich nicht.» Seine Pupillen verengen sich, erweitern sich wieder. Er spürt weder Hunger noch Müdigkeit, nicht einmal Durst. Er kämpft mit den Augenlidern, die ihm zufallen wollen. Er ist schläfrig. Seine Schritte werden länger, sein seltsames Schlurfen entfernt sich. Als würde es sich entfernen. Ein fernes, unsicheres Schlurfen. Er weiß, daß es sein eigenes ist. Als hörte er in dem fernen Schlurfen und Schnaufen auch das dumpfe Aufprallen von Rinderhufen und das weiche Einsetzen des Morgengeläuts. Er kämpft dagegen an. Er weiß, wenn der Schlaf ihm die Augen schlösse, könnte er einen falschen Schritt tun. Dann würde es von vorn losgehen, ganz von vorn. «Das ist die gefährlichste Zeit. Ich kenne das.» Die Schritte werden kürzer, jeder Schritt muß vorher ertastet werden. «Ich weiß, hier irgendwo müssen die Bodenlöcher sein.» Er muß jeden Schritt vorher abtasten, um nicht zu stürzen. Seine Fußsohlen spüren, der Boden ist eben. Weicher als Beton, härter als niedergestampfte Erde. Seine Sohlen müßten den Rand der Löcher spüren, spüren aber nichts. Fuß um Fuß. Als senke sich Nebel weich und dicht herab. Er scheidet sein

Herumsuchen von seinem Schlurfen, seinem Schnaufen. Sein Herz schlägt, als würde es zum letzten Mal das Blut durch die Adern stoßen. Stille. Ihm muß klar sein, daß er hinter den geschlossenen Lidern kein wirkliches Dunkel, kein wirkliches Licht sieht. Er horcht auf das Läuten von Kuhglocken. Es ist kein morgendliches, es ist ein abendliches Glockengeläut. Ihm muß klar sein, daß es keine wirklichen Töne sind, daß er die herrschende Stille vernehmen müßte, daß das Schlurfen und Schnaufen aufgehört hat. Die Stille. Aber er hört die Stille nicht. «Der Geruch! Ich kenne ihn. Ich erkenne den Geruch, ich kenne ihn.» Sein Herz steht still, das abendliche Läuten der Kuhglocken verliert sich im Nebel, das Hühnchen zappelt im Sack. «Ich bin da.» Stille. Als würde der Wind ihn tragen, steigt der Geruch in kurzen Wellen auf und nieder. Nähert sich, entfernt sich, als wäre er dahingehaucht. Da vor seinen Füßen liegt er. Schnarcht. In langsamem, menschlichem Rhythmus. Sein süßlicher, schwüler Geruch, als ob ein Luftzug ihn näherbrächte oder wegtrüge, ihn aufsteigen oder niedergehen ließe. «Ich bin József, fürchte dich nicht!» unterbricht József die Stille. «ich habe dir ein Hühnchen mitgebracht, hab keine Angst. Wir haben es gerupft, wie du es magst. Ein lebendiges, gerupftes Hühnchen, so wie du es liebst. Hörst du mich? Ich habe ein Hühnchen mitgebracht. Hörst du?» Er liegt vor seinen Füßen, der Geruch seines Körpers steigt auf und nieder, kommt näher und entfernt sich, wie vom Winde bewegt, er schnarcht in langsamem, menschlichem Rhythmus. «Ich bin József, aber nenne mich Vater, hörst du? Hebe den Kopf und sprich mir nach: Bist du gekommen, Vater? Hast du ein Hühnchen mitgebracht, Vater? Ein gerupftes, lebendiges Hühnchen, wie ich es mag? József, mein Vater. Hörst du mich?» Sein Schlaf ist tief, er schnarcht. «Wach auf, mein Sohn! Hörst du, mein Sohn? Wach auf! Fürchte dich nicht. Ich bin es, József, dein Vater. Deine Mutter schickt das Hühnchen gerupft und gebrüht, aber es lebt noch. Wie du es magst. Mária schickt es, deine Mutter. Hörst du?» Das Hühnchen im Sack rührt sich nicht. Er könnte den Sack von der Schulter nehmen, die Schnur mit dem Messer zerschneiden. Er fühlt das Messer in der Hand, wie er den Sack von der Schulter nimmt. Den Griff des Messers, die Schärfe der Klinge, ihre Länge. Fettig glänzt der Körper vor seinen Füßen. Er schnarcht in trägen Zügen. Zusammengerollt schwebt der fettig glänzende Körper im Fruchtwasser seines eigenen Geruchs. Die Rippen heben und senken den breiten Brustkorb. Wenn er das Messer zwischen die vierte und fünfte Rippe führte. *Nein.* Die Länge der Klinge reichte aus. Jetzt. «Los, József, beweg dich!» Der Körper vor seinen Füßen regt sich. Jetzt. *Nein.* «Wenn ich das Messer zwischen die vierte und fünfte Rippe stieße, reicht die Länge der Klinge gerade aus. Unverfehlbar das Herz!» Jetzt schnarcht er nicht mehr. Er regt sich vor seinen Füßen. *Wie es geschrieben steht.* Stille. «Fürchte dich nicht, mein Sohn! Ich bin es, József», unterbricht József die Stille. «Ich hab dir ein Hühnchen mitgebracht, fürchte dich nicht. Hörst du? Ein gerupftes, lebendiges Hühnchen, wie du es liebst. Deine Mutter hat es zubereitet, in heißem Wasser gerupft. Du kannst deine Hörner hineinstoßen, den Blutgeruch spüren, die spritzenden Blutstropfen mit deiner rauhen Zunge auflecken. Blut! Das du doch so liebst! Wach auf, mein Sohn. Hörst du? Ich bin's. Warum sagst du nichts?» Als würde sein Herz sich von neuem regen, neues Blut durch die Adern stoßen, das Hühnchen regt sich im Sack. Er spürt das Messer in der Faust, die Länge der Klinge. «Los, József, beweg dich! Hörst du nicht? Wenn du doch einmal, ein einziges Mal das machen würdest, was ich nicht will. Hörst du?» *Ja.* «Wenn du doch einmal das machen würdest, was ich will, József!» *Nein.* «Willst du das Schicksal herausfordern, József? Warum rührst du dich nicht? Los! Dieses eine, dieses einzige Mal, József. Beweg dich, hörst du? Zwischen die vierte und fünfte Rippe. Es ist nicht zu verfehlen, József, hörst du nicht? Es hat geklingelt. Warum rührst du dich nicht? Willst du das Schicksal herausfordern, József?» Der Körper, da, vor seinen Füßen. Der Griff des Messers, die Länge der Klinge, er spürt sie. Er könnte die Schnur aufschneiden, mit der der Sack zugebunden ist. Das Hühnchen aus dem Sack lassen. Der Körper vor seinen Füßen erhebt sich. Fettig glänzt er in der Hülle seines süßlichen, schwülen Geruchs. Die mächtigen Bögen seiner Rippen heben und senken den Brustkorb. Die aufgestellten Hörner, die baumelnden Stierhoden. Der fettig glänzende Körper erhebt sich zu seiner vollen Größe. *Wie es geschrieben steht.* Los geht's. Die Stierhörner hinter dem Hühnchen her. Die Füße wollen József nicht tragen. Wäre er bloß schon wieder in dem Gang, umfangen von seinen Windungen, die ihn vor und zurück voranbringen. Er könnte sich umdrehen und gehen. Mit dem süßlichen, schwülen Geruch in der Nase den Rückzug antreten, auf die Geräusche achtend, mit sich verengenden, sich erweiternden Pupillen das Licht suchen und meiden oder im Dunklen tasten. «Ich kenne das. Ich will es nicht. Hörst du? Ich will es nicht. Zuerst würde ich dir das Messer zwischen die vierte und fünfte Rippe bohren, dir die Haut aufreißen, das Fleisch, bevor ich mit meiner Klinge dein Herz erreichte. Hörst du, mein Sohn? Warum sagst du nichts? Ich will es ja nicht.» Es ist still. Nur das Flattern des Hühnchen ist zu hören, und irgendwo in dem unbestimmten Dunkel schlägt sein Herz in erregtem Rhythmus. Er spürt den Griff des Messers. Müdigkeit. Hunger und Durst. Stierhörner keilen sich mit dem in heißem Wasser gerupften Huhn. Er ist schläfrig. Er könnte vor und zurück vorangehen. Er weiß, wenn ihm der Schlaf die Augen schlösse, würde alles von vorn anfangen. «Ich kenne das.» Vorsichtig, damit der Fußboden nicht knarrt. Schleichend, damit er keine Fragen anhören muß. «József, hast du das Hühnchen hinuntergebracht? Nimmt er es noch, das Hühnchen, József?» Auch wenn sie nicht fragte, hörte József sie fragen. Zum Fenster. Mária atmet leise im Schlaf. Hinter den Vorhang. Aus der Höhe von sechs Stockwerken blickt der Vollmond in das blaue Rund der sechs Außengalerien herab. Als säße József auf dem Grund eines Brunnenschachts. Hier konnte er beten. Aufs Klingeln warten. «Gütiger Vater, ich danke dir!» Und aus der Tiefe des von Márias Schlafdunst erfüllten Zimmers: «József, bist du es? Es war mir, als hätte ich Schritte gehört, deine vorsichtigen, ängstlichen Schritte. Bist du zurück, József? Oder ist es nur meine Hoffnung? József, bist du's? Wo bist du? Hinter dem Vorhang, wo dir wohl ist? Schön. Wüßtest du nur, was alles passiert ist, seit du fortgewesen bist. Es hat geklingelt. Diese Frau war es, bestimmt war es diese Frau vom siebenten Stock, diese Nutte. Aber ich hab ihr nicht aufgemacht, József, ich war auf der Hut. Ich weiß, sie hätte mir zwei Forint gegeben, um sie mir dann wieder wegzustibitzen. Eine Diebin ist sie, die sich einschleicht, József, da gibt es gar keinen Zweifel. Ich bin ganz erschöpft, József. Ich habe alle meine Kräfte gebraucht, um das Klingeln nicht zu hören, nicht den Schlüssel aus der Küche zu holen, wenn ich es hörte. Nicht über den Hof zu schlurfen. Nicht das Tor zu öffnen. Nicht das Geld anzunehmen, das sie mir doch wieder abgeluchst hätte. Ich habe alle meine Kräfte gebraucht, sie sind aufgebraucht. Ich bin erschöpft. Es wäre nötig auszuruhen, wir sollten ausruhen, József, aber langsam nähert sich die Zeit des Saubermachens. József, warum antwortest du nicht? Du warst so lange fort, laß mich deine Stimme hören. Na gut, ich werde nichts verschweigen. Wenn ich schon einmal dabei bin, werde ich dir alles erzählen. Unser kleiner Sohn war da, József. Sein Schatten oben an der Decke, immer im Kreis, rundherum. Und deine Vögel. Auch deine Vögel waren da, hörst du? Auf den Bäumen, zwischen den Bäumen. Ich habe unseren Sohn angesprochen, aber er hat nicht geantwortet. Er ist gegangen. Er hat mich verlassen. Umsonst hoffst du, József, umsonst sitzt du dort hinter dem Vorhang, umsonst beschmutzt du mir die Vorhänge, er kommt nicht wieder. Zugrunde ist er gegangen. Mit den Schächern hat er geendet. Er hat uns verlassen. József, hast du das Hühnchen hinuntergebracht? József, ich habe Angst vor dir. Gott verzeihe mir, aber ich muß dich der Lüge bezichtigen. József, ich habe die Eisentür nicht quietschen gehört. Warum hast du sie nicht zugemacht, die Tür? Ich meine die Eisentür. Hast du sie geschmiert, die Eisentür? Ich habe kein Quietschen gehört, József, was denkst du denn, was sollen wir machen, wenn eines Tages jemand nachfragen sollte, was für eine Tür es ist, die so ärgerlich quietscht, mitten in der Nacht? Nur er ist uns noch geblieben, József, wir dürfen ihn nicht töten. Hast du sie geschmiert, oder hast du sie zugemacht, József?

Hast du sie zugemacht oder offengelassen? Oder gar nicht aufgemacht? Hast du das Hühnchen selber vertilgt? Ich habe Angst. Vor dir habe ich Angst, József. Ich bitte dich, zeig deine Hand. Ich möchte sichergehen. Warum rührst du dich nicht? József, ich bitte dich, dieses eine Mal. Wo bist du? Ich weiß, hinter dem Vorhang, zwischen Vorhang und Wand, wo dir wohl ist, wo du dich ausruhen kannst. Die Vorhänge werde ich, wenn's sein muß, täglich waschen und stärken. Dein Ziel wirst du nicht erreichen, József. Noch ist die Zeit nicht gekommen, auszuruhen, József, es ist Zeit, sauberzumachen. József, ich möchte deine Hand sehen. Deine blutige Hand. Ich möchte das Blut kosten, weil ich mich fürchte vor dir. Dies ist kein Hühnerblut an deiner Hand, József, das ist Menschenblut. Kannst du es leugnen? Oder hätte ich dich entlarvt? Sprich mir nach: Nein, Mária, das ist kein Menschenblut an meiner Hand, du irrst, Mária, das ist kein Menschenblut. Du verwechselst den Geschmack von Hühnerblut mit dem von Menschenblut: Sprich es mir nach, József, warum antwortest du nicht? Ich flehe dich an. Ich habe dir doch auch alles erzählt, was geschehen ist. József, ich möchte wissen, was passiert ist. Du schweigst? Ich möchte wissen, ob du ein Mörder bist. Möchte wissen, was nun werden soll. Du schweigst? Ich weiß, ich rede zuviel, aber das Schweigen hilft uns auch nicht weiter. Du antwortest nicht? O weh! Wie soll ich so weiterleben! József, es muß Schluß sein, laß uns jede Verbindung abbrechen. Nach dem Gesetz Gottes müssen wir uns trennen. Es ist genug. Wir sollten uns aufs Allernötigste beschränken. Hören Sie, was ich sage?» Ein schwarzer Strich teilt das Pflaster des Hofs in zwei Hälften, quer durch. «József, es ist Zeit, sauberzumachen. Oder wollen Sie, daß wir im Dreck ersticken? Da sind Sie bei mir an die Falsche geraten. Das wäre eine läppische Rache, József. Hören Sie, was ich sage? Los. Stehen Sie auf, da hinter dem Vorhang, auf, József! Beginnen wir mit dem Saubermachen. Zuallererst den Staubsauger. Holen Sie ihn her, József. Zunächst wird der Staub entfernt. Los, auf, hören Sie? Bringen Sie den Staubsauger her. Schalten Sie den Staubsauger ein. Auch unter den Möbeln, József. Unter den Möbeln verfilzt sich der Staub, zuerst müssen die Staubflusen entfernt werden, József. Bringen Sie den Staubsauger hinaus. Haben Sie ihn hinausgebracht? Bringen Sie den Besen herein. Los, beginnen wir mit dem Fegen, József! Auch unter den Möbeln, die Staubflusen. Rühren Sie sich, es muß schneller, gründlich und sorgfältig gearbeitet werden. Oder meinen Sie, ich will in Ihrem Dreck ersticken? Da sind Sie bei mir an die Falsche geraten. Bringen Sie den Besen hinaus. Haben Sie ihn hinausgebracht? Einen Scheuerlappen, holen Sie einen Scheuerlappen, József. Wischen Sie den Boden mit dem Scheuerlappen, damit auch die letzten Staubkörnchen entfernt werden. Etwas gründlicher, József, umsichtiger. Keuchen Sie nicht so. Atmen Sie mit Bedacht. Arbeiten Sie! Sie putzen schließlich Ihren eigenen Dreck weg. Ich habe Ihren Dreck lange genug weggeputzt. Bringen Sie den Scheuerlappen hinaus. Haben Sie ihn hinausgebracht? József, ich bin müde, sehr müde. Noch ist nicht Zeit, auszuruhen. Holen Sie einen Staublappen. Die Möbel. Die glatten Flächen. Überall sitzt dicker Staub. Öffnen Sie das Fenster, ich ersticke. Bringen Sie den Lappen hinaus, holen Sie einen anderen. Haben Sie ihn hinausgebracht? Bringen Sie einen anderen. Wo sind Sie? Warum rühren Sie sich nicht? Noch ist nicht Zeit auszuruhen. Wollen Sie das Schicksal herausfordern, József? Los! Warum antworten Sie nicht? Warum quälen Sie mich mit Ihrem Schweigen? In Ordnung. Alles in Ordnung. Wir haben gearbeitet. Jetzt können wir ausruhen. Die Zeit ist da, auszuruhen. Wir haben es verdient. Endlich können wir ausruhen. Lesen Sie mir aus der Zeitung vor, József. Was gibt es Neues? Das Wichtigste bitte, aber nur kurz. Was geht auf dem Hof vor, József? Ich will es wissen. Hören Sie? Verschweigen Sie mir nichts. Ich sehe doch den Schatten an der Decke, leugnen Sie nicht, József. Hören Sie, was ich sage? Ich sehe es doch, József, irgend etwas geht auf dem Hof vor. Leugnen Sie's nicht. Haben Sie es hinuntergebracht? Haben Sie sich umgeschaut? Wer ist da? Ich sehe seinen Schatten an der Decke. József, sagen Sie nicht, es sei das Kind, nein, das ist nicht das Kind, sprechen Sie es nicht an, Schluß mit dem Lügen, es gibt keine Bäume. Erzählen Sie,

József, würden Sie bitte erzählen? Das ist nicht das Schattenspiel der bewegten Blätter in der reglosen Luft. Jemand streicht auf dem Hof herum. Warum schweigen Sie? Antworten Sie. Dieses einzige Mal. Hat es geklingelt? József, antworten Sie, dieses letzte Mal. Hören Sie, was ich sage?» Der Vollmond zwischen den Schornsteinen. Sein helles Licht teilt das Pflaster des Hofs mit einem scharfen Strich in zwei Hälften. Schwarz, gelb. «Doch, Mária. Er steht im Schatten. Er ist da. Er sieht ins Licht, er blinzelt. Setzt sich in Bewegung. Taucht auf im Licht.» «Ich sehe seinen Schatten an der Decke: Sein Schatten, József! Was ist geschehen? Antworten Sie, József. Seine Stierhörner. Er hat sich in Bewegung gesetzt. Taucht er auf im Licht? Ich sehe seinen Schatten. An der Decke. József, Sie schweigen? Was ist passiert? Herrgott, József, warum fährst du nicht fort?»

Alfred Polgar

Der Mantel

I.

Der Krieg dauerte nun schon länger als ein halbes Jahr, und die Pariser hatten sich an ihn gewöhnt. Die Maginot-Linie hielt fest, da niemand an ihr rüttelte, das Gesicht des obersten Armeechefs, des Generals Gamelin, zeigte auf allen Bildern so beruhigte wie beruhigende Züge, und die Gasmasken verschwanden aus dem Straßenbild; man sah sie nur noch, aus silberfarbener Pappe nachgebildet, als Bonbonnieren in den Schaufenstern der Konditoreien.

Der Dr. Marcel Monnier machte wie in Friedenszeiten Dienst im Hospital des 14. Arrondissements. An jedem Morgen um 9 Uhr folgte er mit zwei anderen Kollegen und Schwester Claire (von der Congregation des Heiligen Vincent) dem Chefarzt Professor Bosselier auf dessen Rundgang durch die Krankenzimmer. Hernach machte er sich bei Operationen und in der Ambulanz nützlich. Um 6 Uhr abends kam er nach Hause, zog seinen alten, gemütlichen blauen Rock mit den großen Löchern in beiden Ellbogen an und schrieb, zu seinem Privatvergnügen, Geschichten, in denen durch die Hand des Schicksals bösen Menschen die Bosheit aus der Seele entfernt wurde. Die Hand des Schicksals operierte hierbei so kunstgerecht wie die Hand des Professors Bosselier. Dr. Monnier war ein schüchterner, verträumter Mann. Er hielt Schlechtigkeit für eine Krankheit und hatte großes Mitleid mit den Helden seiner Geschichten.

Ein Zimmer des zweistöckigen, in der Ecke eines schmalen Sackgäßchens versteckten Hauses der Monniers war an Herrn Rudolf Swetz vermietet, einen Flüchtling aus der Tschechoslowakei. Das Haus gehörte Madame Amélie, der Frau des

Dr. Monnier. In ihm waren ihre Ersparnisse investiert, gesammelt als Dame vom Ballett und als Freundin eines Kaufmanns aus der Türkei, der mit kandierten Früchten großhandelte. Durch zu reichlichen Konsum von kandierten Früchten nahm Amélie an Gewicht und Umfang ständig zu. Das gefiel dem Orientalen, machte aber ihrer Laufbahn als Tänzerin ein Ende. Und das wiederum mißfiel dem Türken, der aus Prestigegründen seinen Ehrgeiz dareinsetzte, eine Dame vom Ballett zur Freundin zu haben. Deshalb, als Amélie von diesem scheiden mußte, schied er von ihr. Die Menschen lachten über Amélies Mißgeschick in Kunst und Liebe, und sie vergalt ihnen dieses mit Haß. Sie brach alle Beziehungen ab zu der Welt der leichten Sitten und des leichten Sinns. Sie wurde einsam und ihr Herz sauer. Sie heiratete einen entfernten Verwandten, eben den Herrn Monnier, der sie unglücklich geliebt hatte, als sie noch im Tüllröckchen schwebte; und jetzt zufrieden war mit dem späten, nicht mehr allzu kostbaren Lohn seiner Liebe.

Die Ehe dauerte schon fünfzehn Jahre und war eine gute Ehe. Madame gebot, und Monsieur gehorchte. Sie mochte keinen Menschen leiden außer ihm. Sie sparte, wie nur eine französische Kleinbürgerin sparen kann, und immerzu gab es Krach mit Louise, dem Hausmädchen, die klagte, von dem bißchen Essen, das Madame ihr gäbe, könne sie nicht satt werden. Wurde Dr. Monnier Zeuge einer solchen Szene, dann machte er ein verängstigtes Gesicht, flatterte mit den Augendeckeln und sagte in bittendem Ton: «Ne t'échauffe pas, chérie!»

Die besondere Abneigung Amélies galt ihrem Mieter, Herrn Swetz. Herr Swetz war mit dem Zins stets im Rückstand, empfing verdächtig aussehende Besuche (er machte kein Hehl daraus, mit der Widerstandsbewegung in seiner Heimat in Verbindung zu stehen), steckte der hungernden Louise heimlich Eßsachen zu und besaß mehrere gute Anzüge, indes es mit Herrn Monniers Garderobe kläglich bestellt war. Madames Erbitterung wurde noch gesteigert durch die Sympathie, die Herr Monnier für den Mann empfand.

Diese äußerte sich in Gesprächen der beiden bei nächtlichen Zusammentreffen im Luftschutzkeller.

Der Keller, angefüllt mit altem Hausrat, Koffern der Monniers, Gartenwerkzeugen in einer Mauernische, war ein lächerlicher Schutz gegen Bomben. Er lag in halber Höhe noch über dem Niveau der Straße, mit der er außerdem durch ein kleines Fenster kommunizierte. Es war bitter kalt nachts im Keller, und man saß schlecht auf der Kohlenkiste und dem alten zerbrochenen Divan: Herr Monnier mit einer Bettdecke um die Schultern, Herr Swetz eingewickelt in einen weichen, dicken Mantel.

Die zwei Herren äußerten sich skeptisch über die Entschlossenheit Frankreichs, den Krieg zu führen oder gar ihn zu gewinnen, und Madame Monnier ärgerte sich über das vertrauliche Gespräch der beiden. Ganz besonders aber ärgerte sie sich über den Mantel des Herrn Swetz.

«Schöner Mantel!» sagte sie giftig.

«Ich habe ihn wenden lassen», entschuldigte Herr Swetz seinen Mantel, gleichsam auf Milderungsgründe für ihn plädierend, «und jetzt sieht er wieder wie neu aus ... Schade», fügte er hinzu, «daß man das nicht auch mit Menschen so machen kann.»

Dr. Monnier bemerkte: «Wenn Sie die Seele meinen ..., bei der ist es möglich, denke ich.»

Draußen kratzte etwas ans Kellerfenster. Madame Monnier öffnete es, ließ die Katze herein. Herr Swetz meinte, das Fenster gehöre eigentlich zugemauert. Madame geriet in Empörung. «Und wer soll das bezahlen? Ich vielleicht?» Dr. Monnier flatterte mit den Augendeckeln: «Ne t'échauffe pas, chérie!»

In der ersten Hälfte des Juni marschierten einige hunderttausend Paar deutsche Stiefel über französische Erde und französische Leichen. Und in diesen Tagen fuhr oder lief aus Paris davon, was fahren und laufen konnte. Aus der Stadt, als wäre sie leck geworden, rannen Ströme von Menschen aus, südwärts.

Madame Monnier verwarf die Idee, Haus und Besitz im

Stich zu lassen. Sie blieb mit Mann und Louise in der rue du Commandant Marchand No 31. Herr Swetz jedoch packte. Freunde hatten zur Flucht einen ausrangierten Milchwagen erstanden, da konnte er mit. Nachmittags 5 Uhr wollten sie ihn holen. Herr Swetz stopfte Kleider und Wäsche in seinen großen Schrankkoffer, Bücher und Schriften in ein paar andere kleinere Koffer. Um drei Uhr schon statt um fünf hielt der Wagen vor dem Tor, vollbeladen mit Menschen und Sachen. Er hatte noch Leute aus anderen Stadtbezirken mitzunehmen, mußte augenblicklich weiter, und es war kein Platz mehr auch nur für geringstes Gepäck. Nur rasch einsteigen und fort! Madame Monnier und Louise standen vor dem Tor, als Herr Swetz sich in den Wagen zwängte. Die Menschen darin hatten verschwitzte, verstörte Gesichter; Passanten blieben stehen, sahen böse und neidisch auf die Glücklichen da, die fortkonnten, und die Katze lief über den Weg. Es war ein elender Augenblick. «Gute Reise!» sagte Madame Monnier kühl. «Adieu, hoffentlich bin ich bald wieder da», rief er zurück. Louise, Nasses in den Augen, winkte mit dem Staubtuch Abschied.

Madame Monnier und das Mädchen gingen in das verlassene Zimmer des Herrn Swetz. Dort standen seine Koffer mit den Schlüsseln daran, der große Kleiderkoffer noch nicht fertig gepackt, offen. Und da hing auch der weiche, dicke Mantel. Madame Monnier nahm ihn vom Haken, ging ans Fenster, besah das schöne Stück genau. «Der arme Herr Swetz, wenn ihm nur nichts passiert!» sagte Louise. Eben kam Herr Monnier die Straße herauf, um den Arm gehängt sein dünnes, abgetragenes Mäntelchen. Madame Monnier legte Herrn Swetz' Mantel beiseite, schloß den Koffer. «Das Gepäck kommt in den Keller», ordnete sie an.

Zwei Tage später zogen Hitlers Maschinen in Paris ein, die aus Eisen und die aus Menschenfleisch.

Am äußeren Leben des Ehepaars Monnier änderte die Okkupation nicht viel. Der Doktor ging weiter in das Hospital. Bei kühlem Wetter trug er den Mantel des Herrn Swetz. Höchst widerwillig nur. Er hatte sich lange hartnäckig geweigert, es zu tun, aber eines Tages war sein alter geflickter Mantel, der einzige, den er besaß, fort. Madame Monnier hatte ein Quantum Kohle gegen ihn eingetauscht.

Von Herrn Swetz hörte man nichts.

Einmal fragte ein Beamter der französischen Polizei nach ihm. «Er ist schon anfangs Juni fort», erklärte Madame Monnier, «mit seinem ganzen Gepäck.» «Wenn Sie etwas von ihm hören, verständigen Sie uns sofort», schärfte der Polizist ihr ein. Kam zwischen ihr und dem Doktor das Gespräch auf Swetz, sagte sie, gleichsam ihrem Mann zum Trost: «Der ist längst in Amerika oder sonstwo weit weg.» Und mit jedem Tag fiel es ihr leichter, sich zu überreden, sie brauche kein schlechtes Gewissen zu haben, wenn sie des Mieters zurückgelassenes Zeug, das nun doch herrenloses Gut sei, in Besitz nehme.

Herr Swetz aber war nicht in Amerika, noch sonstwo weit weg. Er war in Paris.

II.

Ein paar Meilen hinter der Porte d'Orléans krachte der Milchwagen in einen Graben, Herr Swetz schlug sich dabei ein tiefes Loch in den Schädel, und seine linke Kniescheibe ging in Splitter. Die andern schafften ihn auf ein Feld neben der Landstraße, setzten zu Fuß ihren tristen Weg fort, der kein Ziel hatte, nur eine Richtung. Der Verletzte schleppte sich zur nächsten Häuserreihe. Sie gehörte zu einem Vorort am äußersten Südostrand von Paris, wo die Stadt schon langsam in freies Feld vertropft. Kleine Leute wohnten da, Leute, die nicht ans Weglaufen dachten vor der Not, die ihnen vertraut war, in eine, die sie nicht kannten, Leute, die auf die Barrikaden gegangen wären, wenn Paris welche gebaut hätte. Herr Ambroise Lecand, Flickschuster von Beruf und Protestler gegen die Weltordnung aus innerstem Bedürfnis, gab dem gestrandeten Flüchtling Quartier, fragte nicht viel nach woher und warum. Als Herr Swetz wieder humpeln konnte, wehte vom Eiffelturm das Kreuz mit Haken daran.

Er blieb die nächsten Monate bei dem Schuster versteckt, wagte sich nicht in die Nähe der rue du Commandant Marchand. Eines Tages las er in der Zeitung von Emigranten-Razzien, von Konfiskation der Wohnungen und des Eigentums derer, die geflohen waren. Er wußte, daß in seinem kleinen gelben Koffer eine Liste war von Namen und Adressen, die, fiel sie den Deutschen in die Hände, für Freunde in der Heimat sicheren Tod bedeutete. In der Hast seiner Abfahrt hatte er versäumt, das Papier an sich zu nehmen. Aber vielleicht war noch keine Gestapo im Hause Monnier erschienen, vielleicht konnte er noch heran an sein Gepäck. Er mußte es versuchen, auf jede Gefahr hin. Erwägungen, von einem Bezirk jenseits der Logik kommend, festigten seinen Entschluß: War es nicht klar, daß das Schicksal den Unfall im Straßengraben nur arrangiert hatte, um Herrn Swetz zu zwingen, in Paris zu bleiben und ihm so die Möglichkeit zu geben, die Gefahr von seinen Freunden abzuwenden?

Er machte sich auf den Weg in die rue du Commandant Marchand No 31.

Louise stand vor dem Tor, fegte die Straße vom Herbstlaub rein.

«Herr Swetz, um Gottes willen …»

Er ließ sie nicht weiter reden, fragte hastig: «Haben die Deutschen mich schon gesucht?»

Sie schüttelte den Kopf.

«Ist mein Gepäck noch da?»

Sie nickte. «Ja.»

«Wo?»

«Im Keller.»

Er lief zur Kellertür, besann sich, daß er die Schlüssel zu seinen Koffern nicht hatte.

«Die Kofferschlüssel?»

«Madame hat sie.»

«Ist sie zu Hause?»

«Ja.»

Er war voll Mißtrauen gegen Madame Monnier, kannte auch ihre Abneigung gegen ihn. Aber einfach den Koffer mit sich zu nehmen, wagte er nicht; im Paris jener Tage war ein Mann mit einem Koffer auf den Schultern gewiß, angehalten zu werden.

Er hatte keine Zeit zu Bedenken und Überlegungen. «Louise, ich muß etwas aus meinem Gepäck haben. Rasch! Die Schlüssel! Sagen Sie Madame, ich bin da! Ich flehe sie an um die Schlüssel!»

Louise wußte, daß Madame Monnier die Sachen des Herrn Swetz bereits als ihr Eigentum betrachtete. Sie wußte auch, daß der Polizist gesagt hatte: «Wenn Sie von ihm etwas hören, verständigen Sie uns sofort.»

Madame Monnier saß am Schreibtisch, prüfte, Verdruß in den Mienen, Rechnungen. Der Augenblick war entschieden ungünstig für Louises Mission.

«Was wollen Sie?» fragte Madame.

«Ich muß die leeren Flaschen zurücktragen.»

«Aber bleiben Sie nicht wieder stundenlang weg.»

Die Flaschen waren in der Küche, der Weg zur Küche führte durch das Schlafzimmer der Monniers. Und auf dem Toilettentisch dort stand der Strohkorb mit Madames Schlüsseln, darunter drei flache Kofferschlüssel, von einem Lederbändchen zusammengehalten.

Sie verschwanden in Louisens Schürzentasche, und eine Minute später waren sie in der Hand des Herrn Swetz.

Er lief die Kellerstufen hinunter. Sein Herz segnete die brave Madame Monnier.

Aus dem kleinen gelben Koffer nahm er das schicksalhafte Papier, steckte es in die Tasche, lief zur Kellertür.

Im Hausflur wurden Männerstimmen laut, dazwischen die Stimme Louises, die sagte: «Im zweiten Stock.»

Herr Swetz stolperte in den Keller zurück, stand still. Der Klang harter Schritte wurde vernehmbar, im Gleichtakt die Treppe hinauf. Schritte auch auf der Straße, die näher kamen, sich entfernten, wieder näher kamen. Durch das Kellerfensterchen konnte Herr Swetz den Menschen sehen, der draußen auf und ab ging. Ja, das war einer von ihnen! Die Visage mit dem hineingekniffenen stupiden Ausdruck von Überlegenheit, der Fischaugen-Blick, immerzu auf «durchbohrend» eingestellt, die starre, wie gepanzerte Fresse – unverkennbar: Herrenrasse.

Vielleicht suchten sie nicht ihn, vielleicht galt ihr Erscheinen andren Zwecken, Einquartierung oder etwas dergleichen, und sie zogen wieder ab. Herr Swetz wartete, horchte.

In der Wohnung der Monniers oben wollten die Gestapoleute von Madame allerlei über Herrn Swetz wissen. Sie fragten auch: «Hat er Gepäck zurückgelassen?» Die Courage zu lügen, die sie dem französischen Polizeimenschen gegenüber bewiesen hatte, verließ sie. So antwortete sie, Wut im Herzen: «Ja.»

«Wo ist es?»

«Im Keller.»

Herr Swetz hörte Männerschritte die Stiege heruntertrappen und mit ihnen die Stimme der Madame Monnier, die irgend etwas aufgeregt beteuerte.

Sie waren im Hausflur angelangt. «Rechts», sagte Madame Monnier, «rechts ist der Keller.»

Herr Swetz erkannte, daß seine schwarze Stunde geschlagen hatte. Aber noch ergab er sich nicht darein. Schräg vor der Mauernische, in der die Gartenwerkzeuge lagen, stand sein großer Kleiderkoffer. Er zwängte sich hinter den Koffer, in die Nische.

Die Kellertür wurde geöffnet, die paar Stufen hinunter kamen die Gestapoleute und Madame Monnier.

Sie deutete auf eine Kiste, die Herrn Swetz gehörte. «Das da.» Einer der Männer machte ein Kreidezeichen auf die Kiste, und ebenso ging es mit Swetz' kleinen Koffern und der großen Pappschachtel.

Sie standen vor dem Schrankkoffer, der vollgepackt war mit Herrn Swetz' kostbarer Garderobe: «Und der da?»

«Der da?» wiederholte Madame Monnier, um noch eine Sekunde Zeit zu gewinnen für ihre Antwort. Wütender Ärger, preisgeben zu sollen, was sie schon als eigensten Besitz anzusehen sich gewöhnt hatte, schnürte ihr das Herz zu, erstickte die Furcht, die darin saß.

«Der gehört meinem Mann!» sagte Madame Monnier.

Der Blick der zwei Gestapler ließ den Koffer, heftete sich an die Frau. Unmäßig lächerlich sah sie aus, wie sie dastand, den großblumigen Kattun-Schlafrock, dem die Schnur fehlte, um die Wölbung des Bauchs krampfhaft zusammenhaltend, ein kariertes Küchentuch, das ihr den Hinterkopf hinabgerutscht war, um die wirren grauen Haarsträhnen gewickelt, Mund und Wangen zu einer süß-bitteren Grimasse verzerrt. Sie sah aus wie der Wolf als Rotkäppchens Großmutter.

Die zwei Kerle lachten. Sie schleppten die Sachen mit den Kreidezeichen aus dem Keller. Den großen Koffer ließen sie da.

Madame Monnier schlotterten die Knie. Auf einer Stufe der Kellerstiege setzte sie sich nieder. Das Geräusch des davonfahrenden Wagens mit den Gestapomännern und Herrn Swetz' Gepäck verklang in der rue du Commandant Marchand.

Sie wollte nach Louise rufen, aber vor Entsetzen blieb ihr der Ruf im Halse stecken; aus der Mauernische hinter dem Schrankkoffer kam Herr Swetz hervor, wankte zu Madame Monnier hin, fiel in den Kohlenstaub auf die Knie, faßte und küßte ihre Hand und stammelte Worte des Danks. Madame erfuhr von ihm, daß sie Heldenmut und Seelenadel ohnegleichen bewiesen, daß sie nicht nur Herrn Swetz, sondern auch eine Reihe von Patrioten in seiner Heimat davor bewahrt hatte, in die Hände des Henkers zu fallen.

«Ich verstand augenblicklich», sagte Herr Swetz, «Sie wußten, ich bin noch im Keller … Ach, Madame, bis zu meinem letzten Atemzug werde ich den Ton nicht vergessen, in dem Sie sagten: Der gehört meinem Mann.»

Madame brachte noch die Kraft auf, «Louise» zu rufen.

Es war höchste Zeit für Herrn Swetz, fortzukommen, wollte er vor der Polizeistunde zu Hause sein. Noch einmal küßte er ihre Hand, murmelte «Danke, Danke.»

Beim Tor stand Louise: «Madame ruft nach Ihnen», sagte Herr Swetz. «Louise, Madame ist eine Heilige!»

Louise dachte: Er hat vor Schreck den Verstand verloren.

III.

Madame saß wieder am Schreibtisch, und Louise erzählte, was sie zu erzählen wußte, angefangen vom plötzlichen Erscheinen der Deutschen im Haus. Sie berichtete auch die Sache mit den Schlüsseln, bereit, den Sturm des Zorns über sich ergehen zu lassen. Aber der Sturm brach nicht los. Madame nickte nur ein paar Mal mit dem Kopf, als wollte sie anmerken: «Allerdings, allerdings», guckte Louise von der Seite an, sagte schließlich: «Schon gut» und ... nein, Louise irrte sich nicht ... und lächelte!

«Jetzt gehe ich also die Flaschen zurücktragen.»

«Gehen Sie, liebes Kind.»

Liebes Kind? Die ist auch verrückt geworden, dachte Louise.

Madame Monnier nahm ihre Rechnungen wieder zur Hand ... aber sie sah, über die Ziffern weg, durch das Fenster zu den Wolken hinauf, die in vielerlei gelb-rosa-blau Farben leuchteten, so feinen durchsichtigen Pastellfarben, wie sie kein anderer Herbstabend als ein Pariser Herbstabend an den Himmel malt. Madame Monnier hatte dieselbe Beleuchtung schon hundertmal gesehen, aber so hübsch wie heute nicht mehr seit den Tagen des Balletts. Das Geräusch der Straße, seit Monaten nur noch ein trübselig gedämpftes, wie mit Trauerflor umwickeltes Geräusch, drang in die Stube. Madame Monnier hatte Lust zu weinen; nicht nur als nervöse Reaktion auf die Spannung der letzten halben Stunde, sondern sozusagen überhaupt. Ein Gefühl des Mitleids überkam sie, Mitleid mit Paris, mit ihrem guten Marcel, mit den Leuten auf der Straße unten, mit sich selbst, mit Herrn Swetz. Welche Todesangst der Mensch hinter seinem Koffer ausgestanden haben mußte! Und sie hatte ihm das Leben gerettet, und mit ihm anderen braven Menschen auch. Ihr Puls ging rasch, aber das Tempo war nicht unangenehm. Sie wiederholte in der Erinnerung die Szene im Keller mit jeder winzigsten Einzelheit. «Der gehört meinem Mann», sagte sie laut. Und wie sie diesen Augenblick und die Gefahr, mit der er bis an den Rand geladen war, wiedererlebte, löste sich in Madame Monniers Bewußtsein ihre Tat von dem niedrigen Motiv, aus dem sie sie begangen hatte. Ein Verlangen, der Mensch zu sein, dem solche Tat gemäß wäre, griff ihr ans Herz; und weckte dort das Spielwerk der Güte aus dem Schlaf.

Am Abend erzählte sie ihrem Mann, daß die Deutschen dagewesen waren und Gepäck des ehemaligen Mieters mitgenommen hatten. Das Erscheinen des Herrn Swetz verschwieg sie, verbot auch Louise, davon zu sprechen.

Der Doktor meinte: «Ein Glück, daß Herr Swetz rechtzeitig aus Paris geflohen ist. Wenn sie ihn erwischt hätten, mein Gott! ...»

«Das sind ja so dumme Bestien», sagte Madame Monnier voll Verachtung.

Am anderen Morgen, als der Doktor nach Hut und Mantel griff, um in sein Hospital zu gehen, sagte sie: «Der Mantel ist dir viel zu weit.»

Herr Monnier war aufs äußerste überrascht. «Nicht wahr?!» rief er.

«Ich muß mich nach einem anderen für dich umsehen.» Ihre Stimme klang wie immer, keinen Widerspruch duldend.

«Das hat Zeit, das hat Zeit, ne t'échauffe pas, chérie! Die Tage sind jetzt so mild, vorderhand brauche ich gar keinen Überrock!»

Sie ließ ihn fortgehen ohne Mantel.

Nachmittags schlug das Wetter um. Wind und Regen. Vom Hospital in die rue du Commandant Marchand aber ging man dreiviertel Stunden, und Fahrgelegenheit gab es keine. Abends kam der Doktor nach Hause, klappernd vor Nässe und Kälte. Madame steckte ihn gleich ins Bett. Sie machte sich Vorwürfe, sentimentalisch-moralischen Regungen, Herrn Swetz' Mantel betreffend, nachgegeben zu haben.

Am nächsten Tag stellte Professor Bosselier Lungenentzündung fest.

Madame Monnier haderte mit Gott: das war nun der Lohn ihrer guten Tat!

Der Professor kam jeden Abend, auch nachdem Dr. Monnier bereits außer Gefahr war. Plötzlich, ohne daß er es vorher angekündigt hatte, stellte er seine Besuche ein.

Am Sonntag aber kam Schwester Claire. Dr. Monnier schlief. «Wecken Sie ihn nicht», sagte Schwester Claire, «er erfährt es noch früh genug!»

Donnerstag, erzählte sie der Madame Monnier, während Professor Bosselier mit seiner kleinen Suite von Ärzten – in der auch bis zu seiner Erkrankung Dr. Monnier nie gefehlt hatte – den gewohnten morgendlichen Rundgang durch den großen Krankensaal machte, erschienen dort Leute von der deutschen Militärpolizei und wollten einen Patienten aus dem Bett weg verhaften. An dem Mann war tags zuvor ein schwerer operativer Eingriff vorgenommen worden. Er war unfähig, aus dem Bett aufzustehen. So zerrten die Polizisten ihn hoch.

Lange Streifen seiner Verbände, losgelöst, schleiften auf dem Boden. Sie schleppten ihn in der Richtung zur Tür. Aus den Betten kamen «Pfui»-Rufe. «Lassen Sie uns den Verband erneuern», bat Professor Bosselier, «das ist in ein paar Minuten geschehen.»

«Vorwärts!» sagte der Unteroffizier.

Ein paar Kranke schrien hysterisch. Und plötzlich flog ein Glas durch die Luft, Spuckschalen, Wasserflaschen, Aschenbecher folgten. «Den einen der Polizisten», erzählte Schwester Claire, «traf eine Wasserflasche so unglücklich an der Schläfe, daß er zusammenfiel.»

«So unglücklich?» rief Madame Monnier, «so glücklich! ... Warum sehen Sie mich an ...?»

Schwester Claire überhörte die Frage, fuhr fort in ihrem Bericht. «Sie verhafteten Professor Bosselier und die zwei Ärzte, die mit ihm waren. Binnen 48 Stunden sollte der, der den fatalen Wurf getan, den Deutschen ausgeliefert sein, sonst ... Ein unmögliches Verlangen, denn das Gläserbombardement kam von vielen Seiten, und nicht einmal der Täter selbst hätte mit Sicherheit sagen können, er sei's gewesen.» Schwester Claire, die Hände im Schoß gefaltet, neigte den Kopf, schwieg eine Weile. Dann sagte sie: «Heute früh hat man sie erschossen.

Draußen in Vincennes. Professor Bosselier, Dr. Pinloche, Dr. Rabault.»

IV.

Madame Monnier begleitete den Besuch ins Vorzimmer. Am Rechen dort hing der Mantel des Herrn Swetz. Sie starrte auf den Mantel. «Danken Sie Gott», sagte Schwester Claire, «daß Ihr Mann krank wurde und nicht dabei war Donnerstag im Hospital ... und heute morgen in Vincennes.»

Madame Monnier ging mit ihr die Treppe hinunter bis vor das Tor. Es war schon Abend. Die Straßenlaternen brannten nicht, und aus den vorschriftsmäßig verhängten Häuserfenstern kam kein Lichtschein.

«Seien Sie nur vorsichtig, Schwester, auf dem Nachhauseweg. Es ist schon fast ganz dunkel.»

«Man gewöhnt sich an die Finsternis», sagte Schwester Claire mit einem Versuch zu lächeln.

Langsam ging sie die Straße hinab. Die Flügel ihrer Nonnenhaube schwebten wie zwei kleine weiße Segel durch die Dämmerung.

Peter Rühmkorf

Vom Stiefel

Habt Ihr so etwas schon einmal gehört? In Calcarterra herrschte ein Stiefel, dessen Anblick jeden, der ihm auf der Straße begegnete, einen Gulden Bußgeld kostete, und wer nicht auf der Stelle berappen konnte, der erhielt einen Tritt in den Arsch so mordsgewaltig wie einen Schlag von der Boultonschen Münzenpresse. Wer aber gerade nichts Bares bei sich hatte und dem üblen Tretmanzu zu entkommen trachtete, hinter dem lief er her auf seinen Siebenmeilensohlen und trampelte auf ihm herum bis für keinen Stoßseufzer Luft mehr in ihm war. Der Landrat, der auch noch ein bißchen mitzusagen hatte, obwohl er sich meist in seinem doppelt und dreifach verriegelten Rathaus verborgen hielt, hatte schließlich einen Preis ausgesetzt auf Ergreifung des gemeingefährlichen Bösewichts: egal ob von Kugeln durchsiebt oder über den Leisten gezogen, ob mit oder ohne Schaft, wer ihm den langen Lulatsch gefesselt und gebändigt vorführen würde, der sollte erstens seine schöne Tochter Candida zur Frau und zweitens einen Sack voll Gold zum Lohn erhalten.

Von diesem Angebot hatte Hans Dummann aus Nusse gehört, er wußte nur nicht so recht, was in Calcarterra Sitte und Wissenschaft war. Er dachte, daß einer, der den Stiefel fangen wollte, nur mit der nötigen Geschicklichkeit in ihn hineinfahren müsse, darauf war in Calcarterra noch niemand gekommen, denn die Furcht, von dem blöden Trampeltier in den Boden getreten zu werden, machte selbst den Tapfersten Beine. Die stoben schon auseinander, wenn sie irgendetwas Unbestimmtes aus der Ferne trapsen oder rumpeln hörten. Und sie flohen fort nur fort und waren durch nichts mehr zu halten, wenn sein markanter Langschäfterschatten unvermittelt um eine Ecke bog. Weil sich Hans aber gleich an die Spitze des ersten besten Flüchtlingshaufens gesetzt hatte und seine Gedanken einzig auf die doppelte Belohnung gerichtet waren, hätte er den Stiefel sicher niemals zu Gesicht bekommen, wenn die Erde im ganzen nicht rund und das Rathaus von Calcarterra nicht ein derart auffälliger Punkt auf der Landkarte gewesen wäre. Nach einigen Jahren, wie es bei Weltumwanderern denn so geht, kam er tatsächlich wieder bei seiner Ausgangsstelle an, und da sah er den lange Gesuchten plötzlich seelenruhig vor sich her marschieren. Ungeachtet jeder Bedrohung aus einem Hinterhalt, drehte der Stiefel seine witternde schnuppernde Spitze mal in die eine und mal in die andere Richtung. Ohne auch nur im Traum mit einem Verfolger zu rechnen, legte er bisweilen sogar eine kleine Verschnaufpause ein und verweilte im Schutze eines Mauervorsprungs, Schatten eines Hauseinganges. Als er an einer Straßenecke aber wieder einmal unternehmungslustig auf dem Ballen wippte – gerade so, als ob er sich nun endgültig aus dem Staub machen würde –, war Hans Dummann ihm mit drei flotten Sprüngen auf den Fersen und im Wuppdich in die schwarze blinde Röhre hineingefahren.

Nun, die zuckte und zappelte vielleicht an Hansens vorwitzigem Fuß und versuchte sogar mit allerlei Tricks, den Eindringling auszukippen. Als Hans Dummann aber erst ein paar ordentliche Schritte gegangen war und mit jedem Mal etwas energischer auftrat, verlor sich die Kraft des Stiefels mit jedem Meter um einige Kilogramm, und am Ende marschierte der ungehobelte Kerl sogar ganz folgsam unter seinem neuen Herren her. Es befanden sich allerdings noch ein paar scharfkantige Klimperlinge in seinem Inneren, die drückten den Hans an den Sohlen, so daß er stehenblieb und überlegte, wie er dem Übel abhelfen könne. «Zieh mich aus, mein Herr und Gebieter», sagte schmierig wie Yankeepolish der Stiefel, «damit wir uns erstmal dieses lästigen Bodensatzes entledigen. Du wirst sehn, wie zügig wir beiden Pilgersleute hernach vorankommen werden.» So dumm war Hans Dummann aus Nusse aber wieder nicht, sich den Lohn für sein jahrelanges Herumgewander einfach abschwätzen zu lassen, und er sprach mit der nötigen Vorgesetztenstrenge zu seinem Untergebenen herab: «Nichtsda! Jetzt geht's zunächst einmal aufs Rathaus, und wer weiß, vielleicht hat sich der Stiefelgrund dann schon von selber eingetreten.»

Als er allerdings in das Calcarterranische Rathaus kam und schon meinte, daß sie dort allmählich ihre Goldstücke abpackten und der schönen Landratstochter Heiratsunterricht erteilten, kriegte er eine erste Ahnung davon, was in Calcarterra Sitte und Wissenschaft war. Genauso hatte sich der Landrat seinen künftigen Schwiegersohn immer vorgestellt! Auf dem Kopf so ein Dingsda, das vor Jahren vielleicht einmal eine Schirm- oder Schiebermütze gewesen sein mochte: nun aber längst zu einem unansehnlichen Bezug geschrumpft, der an den Seiten Fusseln ließ und vorn in einen abgenagten Pappgriff auslief. An den Seiten hervorquellend wie die Füllung einer zerschlissenen Matratze ein paar Strähnen mistblonden Haars, die unmanierlich um die Ohren herumstanden oder schweißgetränkt an der Backe klebten. Dazwischen ein Gesicht, das – ja, wie sollen wir sagen – wohl eher durch den Umgang mit Wetter, Wind und Whisky als durch die Beschäftigung mit den schätzenswerten Verwaltungswissenschaften geprägt worden war. Und so ging es weiter bergab über ein verblichenes Hemd mit durchgestoßenen Kragenecken und eine kuhscheißgrüne Joppe mit einigen halbierten oder geviertelten Knöpfen daran bis zu den verbeulten Manchesterhosen in den beiden unegalen Stiefelschäften, und der verbaaste verbiesterte Landrat dachte bei sich selbst: «Den kriegen wir durch keinen Schneidertrick auf das von meinem Töchterlein erwartete Niveau.» Zu dem erwartungsvoll verharrenden Hans aber sprach er mit einer schon wieder verwaltungsmäßig gefaßten Volljuristenstimme: «Das ist ja alles recht verdienstvoll, junger Mann, nur kleben an dem Preisausschreiben noch zwei unabdingbare Auflagen.»

«Aller guten Dinge sind drei», dachte Hans, das war in Calcarterra gewiß nicht anders als irgendwo sonst auf der Welt und somit genau wie in Nusse, und er nickte dem Landrat zu, ihn in seine weiteren Arbeiten einzuweisen. «Ja», sagte der Landrat, «zum ersten mangelt es uns immer noch an der vereinbarten Fängerprämie, denn um in Besitz der nicht in unserem Haushalt ausgewiesenen Mittel zu kommen, müßten wir uns zuvörderst mit der geheimen Schatzkammer unseres Guldeneintreibers befassen. Und zum zweiten –» dabei fuhr sein abwehrender Blick wie eine gesträubte Wurzelbürste an dem ganzen langen Hans herunter und blieb dann an den kotigen Stiefelspitzen hängen – «müßten wir uns zu diesem zweifelhaften Angebinde wohl noch etwas Kluges einfallen lassen. Wie die Dinge so liegen, können wir in diesem Aufzug kaum vor einen einigermaßen standesbewußten Standesbeamten hintreten. Entfällt weiter der Gang zum Traualtar, der Hochzeitsball und der traditionelle Empfang für die Stadtverordneten. Aber selbst wenn wir das noch irgendwie hinbiegen und zurechtkriegen würden, wie stellt sich ein Hans Dummann aus Nusse unter so beschaffenen Umständen etwa die Hochzeitsnacht vor?» – «Nichts leichter als das», sagte Hans, und war bereits dabei, die linke Stiefelspitze unter die rechte Ferse zu schieben, aber ach, aber nein, aber oh, wie der Hammer einer Dampframme fuhr der Landrat aus dem Schnörkelwerk seines reichverzierten Amtssessels hoch und dann mit beiden Pranken auf den ungeniert an seinem Stiefel zerrenden Hans Dummann nieder: «Wer um Himmelswillen soll uns dann noch den Weg zu der verborgenen Schatzhöhle zeigen?!» Das schien Hans ein klärendes Wort, und um nur ja keine weitere Zeit zu verlieren und den zweiten Teil seiner Aufgabe so schnell wie möglich hinter sich zu bringen, ließ er sich dem verehrten Fräulein-Tochter-Unbekannterweise vorerst nur von ferne empfehlen und verfügte sich anderweitig, wo, wie er mit Gründen annahm, irgendwann sein Glücksfaden wieder anknüpfen mochte.

Wo ein Stiefel ist, da ist auch ein Weg, so sagt es das Sprichwort, aber wer in Calcarterra auf die Dauer zu seinem Recht kommen will, der muß schon sehr gut zu Fuß sein. Ja, zuerst mochte es wohl noch angehn und einen neuen frischen Zug erkennen lassen. «Seht, da läuft unser lederner Quälgeist», sagten beifällig grinsend die Leute, und sie steckten seinem Bezwinger schon gern einmal ein paar Heller oder ein belegtes Butterbrot zu. Und die Kinder, die den Hans für ein ganz großes militärisches As ansahen, watschelten im Gänsemarsch hinter ihrem ein wenig lahmenden Helden her, den einen Fuß im Rinnstein und den anderen oben auf der Bordsteinkante. Mit der Zeit verlor sich aber auch das, und nach einigen Jahren, die sich schneller an den Fingern abzählen als an den Schuhsohlen ablaufen lassen, war dem Hans kein treuerer Reisegefährte geblieben als sein knarzender Dienstmann, der Stiefel. «Sei kein Dämlack, Hans Dummann», sagte der, «denn du siehst ja, wie sie in Calcarterra ihre Champions und Sportskanonen behandeln, wie einen Dreck! Aber wenn du deinem ergebensten Diener nur ein paar Meter Auslauf gönntest, würde er dich im Fußumdrehen zum reichsten Mann von Calcarterra machen.» – «Aber nein, aber nix», sagte Hans, der diese Schelmenmusik schon auswendig kannte, «erst zeigst du mir hübsch den Weg zu deiner Tausendguldenkammer und hernach können wir uns sofort über deine Entlassung unterhalten.» So stritten sie hin und palaverten her, einer dem andern unentwegt in die Parade fahrend, darüber gingen die Jahre ins Land und die alten Sitten dahin, und gelegentlich konnte man schon mal einen knurren hören: «Sieh einer die Jugend, was da fehlt, ist nur so etwas wie der alte Stiefel!»

Ja, was meint ihr wohl, was die Calcarterraner ohne ihren forschen Tretmanzu getrieben hätten? Nachdem sie sich eine Weile ihrer wiedergewonnenen Freiheit erfreut und auch richtige lustige Feste gefeiert und einige tausend Paar Schuhe zertanzt hatten, merkten sie, die seit unvorstellbaren Zeiten vom Schuhhandel lebten, daß die Wohlfahrt des Landes irgendwo auf halber Höhe steckenblieb. «Ja, das waren noch Zeiten», sprachen sie mit grämlich gelängten Gesichtern, wenn das Leder wieder mal aufschlug und der Absatz stockte und die Auslandsnachfrage nachhing oder sonst irgendwas in ihrem kleinen Land danebenlief, und um zu zeigen, was sie meinten, stampften sie weit öfter als es nottat lautstark mit dem Hacken auf. «Mit ein bißchen Zunder von oben ließe sich das alles viel schneller regeln», meinten wichtig nickend die einen. «Nein, das hat wohl noch keinem geschadet», setzten schnell die andern hinzu, und sie zeigten sich etwas verschämt und bald immer unverschämter ihre längst vernarbten Stiefelschrunden: «Seht, da hat er mich einmal erwischt, aber bin ich deswegen schon ein unrechter Kerl geworden?» So gab ein dummes Wort das andere und eine Dreistigkeit die nächste, bis sich schließlich eine Anzahl besonders unzufriedener und selbstgerechter Bürger zu einer «Bruderschaft der Stiefelknechte» zusammenfand, allgemein die «Stiefler» geheißen, die traten auf als wäre jeder von ihnen der alte Stiefel persönlich. Selbst die Jungen, die gar nicht mehr wußten, was ein Leben unterm Absatz wirklich hieß, schlossen sich in wachsenden Scharen den zu allem entschlossenen Stieflern an: «Daß sich endlich mal etwas bewegt in diesem unserem Lande und die Geschichte nicht so tranig auf der Stelle tritt.»

Der Landrat, der immer noch Grau in Grau hinter doppelt und dreifach verriegelten Rathaustüren regierte, obwohl er schon gleich mit Beginn der neuen Zeitrechnung in den Schuhhandel eingestiegen war und nach Anbruch der allerneuesten auch ins Häute-Leder-Naturdarmgeschäft, kümmerte sich allerdings viel lieber um die wechselnden Moden als um die schmählich verfallenden Sitten. Nachdem er seinen Schnitt zunächst mit den spitzen durchbrochenen Italienern gemacht, dann mit den flachen weichen Franzosen und am Ende mit den rechteckigen klotzigen Skandinaviern, richtete sich sein Interesse bald ganz auf die heimischen Knobelbecher, denn wo die Stiefler so zügig marschierten, ging es umgehend auch mit dem calcarterranischen Schuhwerk voran. Die ganze darniederliegende Branche machte gleich einen tüchtigen Hupfer nach oben und die Lohgerberei und der Viehhandel setzten nach und der Klebstoff zog an und die nationale *Nagel-und-Draht* legte zu, da war schon Musik im

Betrieb, und obwohl das Verlangen nach Gleichschritt dem Landrat ein ganz klein bißchen zu sehr nach Gleichheit klang, war das Fiepen der Ladenkassen doch mit nichts zu übertönen. Als die Stiefler gar noch eine Strammstehsteuer und einen Paradezehnten erhoben und vor allem streng darauf sahen, daß jedermann im Lande ordentliches Schuhzeug trug, war der Landrat es gar nicht so unzufrieden, daß man ihn des lästig gewordenen Ehrenamtes enthob, denn wie er es sich gleich im stillen ausrechnete, würde die neue Ordnung bald zu einer allgemeinen Kleiderordnung führen und die allgemeine Kleiderordnung zu einem Aufschwung der gesamten calcarterranischen Textilindustrie, da konnte man sich als expandierender Fabrikant und Unternehmer wohl nicht einfach heraushalten.

Wie sie so das ganze Land in Trab und auf Vordermann brachten und am Ende sogar den Landrat a. D. und Gesamttextilpräsidenten in spe in ihre Schutzhaft nahmen, geschah es aber, daß den Stieflern eines Tages ein Mann in die Quere kam, der ihnen von keiner Seite her in die neue Ordnung paßte. «Stiiiiiistannnnn!» riefen sie. Und: «Die Hacken zusammen!» Und: «Hat da etwa ein Nachklapper noch nicht kapiert, was bei uns ‹im gleichen Schritt und Tritt› bedeutet?!» Hans Dummann, der gerade wieder einmal die halbe Welt umrundet hatte, seinem Glück auf den Grund und dem Stiefel hinter die Schliche zu kommen, sagte aber ganz ruhig zu ihnen, er wäre Hans Dummann aus Nusse, und ob sie ihm nicht den Weg zum Rathaus freigeben wollten. «Zum Rathaus? – haha! – und kommst hier altes Rübenschwein in diesem Aufzug angelatscht?!» Das schmeckte dem Hans nur wenig, und am liebsten hätte er dem Kujon sofort eins über die Ohren gezogen, weil es aber leider eins gegen fünf für ihn stand, wies er ihnen nur vorwurfsvoll seine beiden unegalen Stiefel vor, den abgelatschten und den anderen unverwüstlichen: was denn das für Zustände wären, wo man einen verdienstvollen Stiefelfänger und Volkshelden so herunterkommen lasse. «Der Stiefelfänger?» fragte der erste und blickte ihn an wie einen, den es in Calcarterra eigentlich nicht geben dürfte. Und der zweite sagte, das wäre ja gelacht und der Angeklagte sollte vor Gericht mal nicht so respektlose Possen reißen. Und der dritte: da könne ja jeder kommen oder besser lieber nicht. Und der vierte, er wisse wohl nicht, was in Calcarterra Sitte und Wissenschaft sei. Aber der fünfte, der gleichzeitig auch ihr Vormann und Obermacker war, sagte einfach nur «Schluß jetzt!» und «Her mit dem Stiefel!», und ehe Hans Dummann ihnen seine Geschichte richtig vortragen konnte, hatten sie ihn zu fünf Mann hoch in die Mangel genommen.

Nun hatte der Stiefel aber einen Zauber. Wer im rechten Moment damit zutrat und sich vielleicht noch etwas besonders Schönes dabei dachte, dessen Wünschen mußte er augenblicklich seinen Nachdruck verleihen. Das wußten zwar die Stiefelmänner nicht und das wußte auch sein derzeitiger Träger und Inhaber nicht, als Hans Dummann dann aber in seiner Bedrängnis ein Bein anwinkelte und – «Verrucht! und Verrat» und «Vorwärts auf den Abtritt!» – den Unterschenkel streckte und dem Oberstiefler kraftvoll gegens Schienbein trat, flog der gleich so hoch in die Luft, daß sich seine verratzten Genossen nur noch ahnungsvoll die Augen reiben konnten. «Hejeje!» dachte Hans und «Ideal kommt öfter mal» und was einer sonst noch so denkt, wenn er merkt, daß er Gaben hat, er weiß nur noch nicht, was für welche. Um seine stillen Talente mithin noch einmal auf die Probe zu stellen, tat er gleich noch einen zweiten Fußtritt gegen den vierten Stiefler und einen dritten gegen den dritten und einen vierten gegen den zweiten und einen fünften gegen den ersten, jedesmal ein klein bißchen mehr draufgebend, und die rüden Gesellen empfahlen sich einer nach dem anderen in ein Land, wo die Märchen zu Ende sind und die Gesetze von Calcarterra ihr Recht verloren haben. Da erst merkte Hans Dummann, daß eine gewisse Macht in dem Stiefel steckte, das hätte man ihm auch früher sagen können, und weil er meinte, daß das Glück und das richtige Auftreten irgendwie zusammenhingen, machte er sich umgehend auf den Weg zum Rathaus, um den Landrat noch einmal an sein Preisausschreiben zu erinnern.

Wie aber fand er doch die Hauptstadt so verwandelt und das winkelige Calcarterra derart um-und-um-gekrempelt vor. Der Marktplatz war nicht mehr Marktplatz, sondern Exerzierplatz, wo die Stiefelknechte ihre Beine schwangen, Fersen streckten, Hacken knallen ließen. Die krummen und schiefen Gassen waren keine schiefkrummen Gassen mehr, sondern schneidige Zubringerstraßen, Umgehungstangenten und Auf- und Abmarschachsen. Die Armeleuteviertel waren zu öden Kasernenkomplexen herunterpoliert und die Villenkolonien zu Verwaltungstrakten zusammengeschlossen. Selbst das Rathaus war nicht mehr das Rathaus, sondern ein Armeemuseum, und der Stadtwald kein Wald mehr, sondern ein zu Pulverstaub zermahlenes Manöverfeld, o Hans Dummann aus Nusse, wie soll einer wie du da noch seine Schulden eintreiben wollen, und weil Hans nicht als einziger gegen ein ganzes Land antreten mochte, lenkte er seine Schritte auf das nächste beste Stadttor zu. Nur dem Landrat hätte er schon noch gern einen deftigen Arschtritt verpaßt.

Wie er sich so zum Scheiden anschickte und in Gedanken schon wieder ganz bei seinen Stiefelgulden war, geschah es ihm aber, daß er einen weiten grünen Park durchqueren mußte, wo die Leute sich nicht wie gewöhnliche Leute aufführten. Da sah er einen sich selbst beim Kragen packen und sich wie einen Scheuerlappen über die Platten des Gehwegs schleifen. Ein anderer leckte mit einem derartigen Behagen an einem alten Stinkstiebel herum, daß es einem empfindlicheren Betrachter, als unser Hans es war, schon den Magen hätte umdrehen können. Ein dritter marschierte gar in offensichtlich viel zu kleinen Schuhen auf einem ausgesucht holprigen Geländestreifen herum – zehn Meter vor, zehn Meter wieder zurück –, wobei sein schmerzlich verzerrtes Gesicht nur wenig zu seinem schneidigen Stechschritt passen wollte. So schien alles in diesem Volks- und Vergnügungspark einen Stich ins Verrückte zu haben, ein wunderlicher Heiliger folgte auf den nächsten, ein komischer Kauz dem anderen, und um nicht dummer aus Calcarterra wieder abzuziehen als er hergekommen war, fragte Hans zuerst den Wischer, dann den Lecker und zuletzt noch den unseligen Parademann, was denn das für närrische Dinge wären.

«Oh, schweigt still, nur still, Kamerad», sagte ohne von seinem Plattenweg aufzublicken der erste, «denn wenn wir unsere Arbeit nur für fünf Minuten unterbrechen, kann sogleich die ganze Moral im Lande ins Wanken geraten.» – «Ja, so ist es», ergänzte der zweite, «um den neuen Gesetzen zur Anschaulichkeit zu verhelfen und die manchmal recht kunstvoll verschlungenen Paragraphen für jedermann deutlich zu machen, sind wir angehalten, die Abweichung von der Regel in kunstvollen Bildern nachzustellen.» Und der dritte setzte hinzu: «Was dem Landesfremden bei uns oft als töricht oder kurios erscheint, ist doch nur der Ausdruck einer wundersamen Gerechtigkeit. So hat jedermann in diesem Park auf seine eigene Weise gegen calcarterranisches Gesetz und calcarterranische Sitte verstoßen. Und wer weiß, vielleicht ist die gedankenlose Selbstüberhebung überhaupt die ärgste aller Sünden. Aber nennt uns ein zweites Land, guter Freund, wo der Missetäter zur Strafe mit gutem Beispiel vorangehen darf. Ist es nicht so, daß die Verrenkungen unseres Wischers ohne jeden Kommentar zu Herzen gehen und zehn dicke Bücher über den öffentlichen Anstand aufzuwiegen vermögen? Oder sieh dir den Stiefelputzer an, wie hingebungsvoll er seine Arbeit verrichtet, weist die eindrucksvolle Scharade nicht gleichzeitig auf die Strenge des Gesetzes und den süßen Lohn der Tugend hin? Möchte es nicht ein wenig eitel erscheinen, sich selbst in den Reigen der guten Beispiele einzufügen, könnte ich vielleicht auch auf meinen eigenen Beitrag zu sprechen kommen, denn sagt an, geht euch beim Anblick meines reichlich engen Schuhwerks nicht das alte Sprichwort auf: der hat auf zu großem Fuße gelebt?!» In diesem Augenblick schien dem Hans, als ob er solche verwundenen Sprüche schon einmal gehört habe. Und er sah sich den reuemütigen Rechtsverdreher an von unten bis oben. Und der also Gemusterte blickte mißtrauisch zurück von oben nach unten. Aber wie dessen Blick ruckweise wie ein Wassertropfen an dem langen Hans hinunterläuft und am Ende an der einen Stiefelspitze hängenbleibt, geht auf einmal ein heftiges Zittern durch ihn hindurch und: «Einziger Mann!» wie ein Dämon, wie ein Derwisch, wie ein Schratt saust der Landrat a. D. und Fabrikant i. R. aus den Marterschuhen heraus und reißt sich den Hans an die Brust: «Zieh ihn aus, laß ihn los, gib ihn frei! Auf der Stelle gibst du den Calcarterranern ihren guten alten Stiefel wieder!»

Oijoijoi, aujaujau, Hans Dummann! Hatte einen so einmalig tollen Stiefel am Fuß und wußte sich in der Eile weder nach links noch nach rechts zu entscheiden. Sollte er diesem ganzen Wahnsinn nicht lieber den Rücken kehren und das Land Calcarterra und mit ihm diesen schauerlichen Vergnügungspark auf der Stelle verlassen. Oder sollte er eines undurchsichtigen Landrats weit entrückter Tochter wegen noch ein letztes Mal eine Ausnahme machen und ein Ausrufezeichen mit dem Hacken unter die Geschichte setzen? Weil erlittenes Unrecht aber allemal schwerer wiegt als ein Studium der Rechtswissenschaften und genau in dieser Sekunde eine Schar von total verrückt gewordenen Stieflern durch die Büsche bricht, entschlossen, den Landrat, den Wischer und den Rutscher ohne weitere Diskussion in den Staub zu treten, stampft der Hans – rabumms! – so heftig mit dem Hacken auf den Boden, daß der Pflasterweg der Länge nach auseinanderreißt und die ganze schwerbewaffnete Kompanie mit ihren Gummiknüppeln, Trommelrevolvern und Schäferhunden in die Tiefe saust.

Ja, da sehen wir sie nun richtig gern im Boden verschwinden. Und am liebsten schickten wir gleich noch einen ganzen Haufen anderer Leute hinterher, die wir zwar nicht dem Namen nach kennen, die wir aber schon jahrelang auf dem Kieker haben und von denen wir ganz genau wissen, daß sie jeder Zeit genau solche dämlichen Stiefler abgeben würden. Aber am allerallerliebsten – sagen wir, wenn wir in diesem Märchen auch ein bißchen mitzuwünschen hätten – sähen wir unsern Helden und Hans natürlich in den Hafen der Ehe einlaufen, nur, da muß ich Euch leider enttäuschen. Um nicht ewig nur ein

Setzstein in dem Alten seiner Heiratspolitik zu sein, war die schöne Landratstochter – Unbekannterweise schon vor vielen Jahren unbekannt verzogen, dahin können selbst wir ihr keine Liebesbriefe nachstellen.

Aber auch von dem Landrat und Vater müssen wir uns wohl oder übel schnellstens verabschieden. Ja zu Anfang, da hätte es gerade noch mit ihm angehen können. Hakte Hans Dummann unter wie ein guter alter Freund und Kompanjung und behauptete keck «Zwei Mann – ein Wort» und was einer sonst noch so sagt, wenn er sich alleine nicht sicher glaubt. Aber wie sie das Land dann Stück für Stück in Augenschein nehmen und sich auch ans Gesetzgeben machen und dann bald zum Rechtsprechen übergehn, merkt der Hans, er ist nur des anderen Sturmgeschütz und Dampframme, und er soll ihm mit seinen übernatürlichen Kräften zu seinen unverschämten Gewinnspannen zurückverhelfen. Als der Einfaltspinsel das endlich kapiert, na, Ihr könnt Euch schon denken: Hans Dummann! Haut zuerst einmal einen Trennungsstrich zwischen sich und dem andern in den Boden so tief wie den Gran Canyon, so breit wie die Elbe bei York. Ruft mit aller Lungenmacht hinüber, so jetzt trennten sich aber ihrer beider Wege und die würden auch niemals wieder zusammenwachsen. Und als der Landrat dann noch groß herumräsonieren will, was sie beide zusammen doch für eine unschlagbare Einheit wären, ist der Hans mit zwei, drei Schritten hinter dem nächsten Berg verschwunden.

Von da an hat man in Calcarterra nicht mehr viel von Hans Dummann gehört, aber ein bleibendes Andenksel hat er den Bewohnern doch noch hinterlassen. Als er nämlich so suttschepiano in das öde Grenzgebiet kommt, wo das Land Calcarterra zu Ende geht und die Liegenschaft Nusse anfängt, beginnt es zu seinen Füßen auf einmal jämmerlich zu klagen und zu knarzen. «Halt den Rand», sagt der Hans zuerst ziemlich ungehalten, und: «Nun wollen wir fünf Minuten vor Schluß doch nicht noch ein neues Kapitel anfangen», aber da geht das mörderische Gezeter unten erst richtig los. Daß er doch ein calcarterranischer Stiefel wäre, der nicht einfach entführt werden könne, jedenfalls nicht für alle Ewigkeit. Daß sein Zauber jenseits der Grenze automatisch zu Ende gehe und er drüben dann nur noch irgendso ein Allerweltsmarschierer sei. Kurz, der Hans, mit dem er so viele schöne Sachen zusammen erlebt habe, möge sich nicht undankbar erweisen und ihm wie einem altgedienten Sklaven endlich die Freiheit schenken.

Denkt der Hans und sagt es denn auch: Besser einen ganz gemeinen Stiefel am Fuß als nach so vielen Jahren des Herumabenteuerns auf Strumpfsocken wieder nachhause, nein, so könne er sich beim besten Willen nicht bei den immer etwas schadenfrohen nusseraner Einwohnern sehen lassen. Und um den andern von seinem unbeugsamen eisernen Willen zu überzeugen, macht er gleich nochmal einen mächtigen Stechschritt auf die Grenze zu. «Oh, halt ein, halt ein!» pfeift es da auf einmal gottsjämmerlich zwischen Oberleder und Brandsohle heraus. «Haben uns auch manche Ideen getrennt, so sind wir uns doch mit jedem Schritt ein Stückchen nähergekommen, und wenn wir uns gegenseitig oft genug getriezt und geärgert haben, so ist doch das Vertrauen gewachsen – Stampf also bei der alten Eiche dort am Wegrand dreimal kräftig auf den Boden, du wirst sehn, daß der Diener den Herrn nicht ohne ein angemessenes Trinkgeld entläßt.» – Ein angemessenes Trinkgeld? Höh, das ließ sich der abgebrannte Hans nicht zweimal sagen. Hackte sofort mit dem Stiefel auf den Boden, aber so, daß gleich Wasser kam. Trat noch einmal zu, daß das Wasser wieder abfloß und den Eingang zu einem unterirdischen Stollen freigab. Hieb ein drittes Mal nach und legte tatsächlich eine mannshohe Höhle frei, und als er da sogar noch einen vielversprechenden Beutel an der Wand hängen sieht, dauert es gerade drei Minuten, bis der Stiefel abgestreift und die Rechnung beglichen ist.

Wie es weiterging, möchtet Ihr wissen? Mit einem mordsgewaltigen Wupps ist der Stiefel sofort aus dem Loch und dann direkten Wegs nach Calcarterra-Mitte zurückgehechtet, während Hans etwas unbeholfen durch den Nusseraner Grenzwald gehumpelt ist. Hintenrum zu der Werkstatt von dem alten Schuster Riemkasten ist er dort geschlichen, um sich erst einmal einen zweiten Stiefel anmessen zu lassen. Und er hat schon vorm Fenster seinen Goldsack geschwungen, um nur ja von seinem unkompletten Aufzug abzulenken. Wie er dann aber glücklich durch die Tür ist und sich zwischen den hundert Paar Schuhen durchzufinden sucht, sieht er mitten in dem Gemuse eine formvollendete junge Dame sitzen, die ihn ankuckt, als ob sie allein hier das Sagen hätte. Fragt der Hans etwas blöd, ob hier neuerdings nun die Mädels den dicken Hammer schwingen. Fragt sie spitz wie eine Ahle zurück, ob er wohl aus dem dämlichen Calcarterra kommt, wo die Männer so dummplumpe Sprüche klopfen.

Kurz und gut, wie die beiden dann noch ein bißchen sticheln und hecheln, kommt es plötzlich heraus, daß sie selbst ein Kind des Landes Calcarterra ist, genaugenommen sogar die einzige Tochter von dem Landrat persönlich, daß sie aber im Gegensatz zu ihrem Alten die Lederverarbeitung von Grund auf gelernt hat.

Ja, was Ihr Euch wohl denkt, wie die richtigen Märchen so ausgehen. Dies hier führt jedenfalls über beiderseitiges Erstaunen und Bekanntmachen ziemlich direkt aufs Maßnehmen und Zuschneiden und Anprobieren und Nachweiten zu und das Maßnehmen und Zuschneiden und so weiter auf eine richtige Liebe und eine ausgepichte Schuhmacherhochzeit, denn daß einer neben ein paar hundert wunderbunten Geschichten auch noch ein paar hundert runde Gulden mit in die Ehe bringt, ist unter Liebesleuten wohl noch nie ein Hindernis gewesen. Der alte Riemkasten, den wir bei dem ganzen Trubel bloß nicht vergessen wollen, hat das übrigens alles noch mit eigenen Händen abgesegnet. Richtig erlöst ist er gewesen, daß er vor dem letzten Ladenschluß die Werkstatt noch schuldenfrei kriegt. Und weil er die Candida schon immer wie sein eigen Kind betrachtet hat, ist ihm selbstverständlich ein

Stein vom Herzen gefallen, als da plötzlich so einer wie Hans und nicht irgendein Lackaffe in seiner guten Stube steht. So sind sie alle zu ihrem gerechten Lohn gekommen – der Hans zu seiner Landratstochter – die Landratstochter zu einem richtigen Hans – der alte Riemkasten zu einem sorgenfreien Altenteil und einer puppenlustigen Familie um ihn herum – und die Calcarterraner …

Ja, die Calcarterraner natürlich zu ihrem alten Stiefel, dessen Anblick jeden, der ihm auf der Straße begegnet, einen Gulden Bußgeld kostet, aber damit sind sie, nach allem was sie sich bisher geleistet haben, doch noch allerbestens bedient.

Jean-Paul Sartre

Die Wand

Wir wurden in einen großen weißen Raum gestoßen, und ich fing an zu blinzeln, weil mir das Licht in den Augen weh tat. Dann sah ich einen Tisch und vier Typen hinter dem Tisch, Zivilisten, die sich Papiere ansahen. Man hatte die anderen Gefangenen im Hintergrund zusammengedrängt, und wir mußten das ganze Zimmer durchqueren, um uns zu ihnen zu stellen. Es waren mehrere dabei, die ich kannte, und andere, die Ausländer sein mußten. Die beiden, die vor mir standen, waren blond mit runden Schädeln; sie sahen sich ähnlich: Franzosen, denke ich mir. Der Kleinere zog die ganze Zeit seine Hose hoch: das war ein nervöser Tick.

Das dauerte fast drei Stunden; ich war abgestumpft, und mein Kopf war leer, aber der Raum war gut geheizt, und ich fand das eher angenehm: vierundzwanzig Stunden lang hatten wir nur geschlottert. Die Wachposten führten die Gefangenen nacheinander vor den Tisch. Die vier Typen fragten sie dann nach ihrem Namen und ihrem Beruf. Meistens wollten sie nicht viel mehr wissen – oder aber sie stellten hin und wieder eine Frage: «Warst du an dem Sabotageakt gegen die Munition beteiligt?» Oder: «Wo warst du am Morgen des 9., und was tatest du?» Sie hörten nicht auf die Antworten, oder zumindest taten sie so: sie schwiegen einen Moment und sahen geradeaus vor sich hin, dann fingen sie an zu schreiben. Sie fragten Tom, ob es stimme, daß er in der Internationalen Brigade diente: Tom konnte nicht das Gegenteil behaupten wegen der Papiere, die man in seiner Jacke gefunden hatte. Juan fragten sie nichts, aber nachdem er seinen Namen genannt hatte, schrieben sie lange.

«Mein Bruder José, der ist Anarchist», sagte Juan. «Sie wissen ja, daß er nicht mehr hier ist. Ich gehöre zu keiner Partei, ich habe nie etwas mit Politik zu tun gehabt.»

Sie antworteten nicht. Juan sagte weiter: «Ich habe nichts getan. Ich will nicht für die anderen büßen.»

Seine Lippen bebten. Ein Wachposten sagte, er solle den Mund halten, und führte ihn ab. Ich war dran:

«Heißen Sie Pablo Ibbieta?»

Ich sagte ja.

Der Typ sah in seine Papiere und sagte zu mir:

«Wo ist Ramón Gris?»

«Ich weiß nicht.»

«Sie haben ihn vom 6. bis zum 19. in Ihrem Haus versteckt.»

«Nein.»

Sie schrieben eine Weile, und die Wachposten führten mich hinaus. Auf dem Flur warteten Tom und Juan zwischen zwei Posten. Wir setzten uns in Marsch. Tom fragte einen der Wachposten:

«Ja und?»

«Was?» sagte der Posten.

«Ist das ein Verhör oder ein Urteil?»

«Das war ein Urteil», sagte der Wachposten.

«Und jetzt? Was werden sie mit uns machen?»

Der Wachposten antwortete unfreundlich:

«Der Urteilsspruch wird euch in euren Zellen bekanntgegeben.»

Was uns als Zelle diente, war einer der Keller des Krankenhauses. Es war schrecklich kalt dort, weil es aus allen Ecken zog. Die ganze Nacht hatten wir geschlottert, und tagsüber war es nicht viel besser gewesen. Die fünf vorangegangenen Tage hatte ich in einem Kerker des Erzbischofspalais verbracht, einer Art Verlies, das aus dem Mittelalter stammen mußte: da es viele Gefangene und wenig Platz gab, wurden sie ganz gleich wo untergebracht. Ich trauerte meinem Kerker nicht nach: ich hatte dort nicht unter Kälte gelitten, aber ich war allein; auf die Dauer ist das zermürbend. Im Keller hatte ich Gesellschaft. Juan sprach kaum: er hatte Angst, und außerdem war er zu jung, um mitreden zu können. Aber Tom hatte ein flottes Mundwerk und sprach sehr gut Spanisch.

Im Keller waren eine Bank und vier Strohsäcke. Als sie uns zurückgebracht hatten, setzten wir uns hin und warteten schweigend. Tom sagte nach einer Weile:

«Wir sind erledigt.»

«Das denke ich auch», sagte ich, «aber ich glaube, dem Kleinen werden sie nichts tun.»

«Sie haben ihm nichts vorzuwerfen», sagte Tom. «Er ist der Bruder eines Kämpfers, das ist alles.»

Ich sah Juan an: er schien nicht hinzuhören. Tom fuhr fort:

«Weißt du, was sie in Saragossa machen? Sie legen die Jungs auf die Straße und fahren mit Lastwagen über sie weg. Ein marokkanischer Deserteur hat uns das gesagt. Sie sagen, das sei, um Munition zu sparen.»

«Damit spart man kein Benzin», sagte ich.

Ich ärgerte mich über Tom: er hätte das nicht sagen sollen.

«Offiziere spazieren auf der Straße herum», fuhr er fort, «und überwachen das, die Hände in den Taschen, Zigaretten rauchend. Glaubst du, sie würden den Typen den Rest geben? Denkst du. Sie lassen sie brüllen. Manchmal eine Stunde lang. Der Marokkaner sagte, daß er beim ersten Mal fast gekotzt hätte.»

«Ich glaube nicht, daß sie das hier machen», sagte ich. «Es sei denn, sie haben wirklich keine Munition.»

Das Tageslicht kam durch vier Kellerfenster und durch eine runde Öffnung, die man links in die Decke gemacht hatte und durch die man in den Himmel sah. Durch dieses runde Loch, das gewöhnlich mit einer Falltür verschlossen war, wurde Kohle in den Keller geschüttet. Genau unter dem Loch lag ein großer Haufen Feinkohle; damit hätte das Krankenhaus geheizt werden sollen, aber gleich bei Kriegsanfang waren die Kranken evakuiert worden, und die Kohle blieb ungenutzt liegen; es regnete sogar gelegentlich darauf, denn man hatte vergessen, die Falltür zu schließen.

Tom fing an zu schlottern.

«Gott verflucht, ich schlottere», sagte er, «jetzt geht das wieder los.»

Er stand auf und fing an, Gymnastik zu machen. Bei jeder

Bewegung öffnete sich sein Hemd über seiner weißen und dicht behaarten Brust. Er legte sich auf den Rücken, streckte die Beine in die Luft und machte die Schere: ich sah sein dickes Kreuz zittern. Tom war stämmig, hatte aber zuviel Fett. Ich dachte daran, daß sich bald Gewehrkugeln oder Bajonettspitzen in diese zarte Fleischmasse bohren würden wie in einen Klumpen Butter. Das wirkte anders auf mich, als wenn er dünn gewesen wäre.

Ich fror nicht gerade, aber ich fühlte meine Schultern und meine Arme nicht mehr. Ab und zu hatte ich den Eindruck, daß mir etwas fehlte, und ich fing an, um mich herum nach meiner Jacke zu suchen, und dann erinnerte ich mich plötzlich, daß sie mir keine Jacke gegeben hatten. Das war eher unangenehm. Sie hatten unsere Kleider genommen, um sie ihren Soldaten zu geben, und hatten uns nur unsere Hemden gelassen – und diese Leinenhosen, die die Krankenhausinsassen im Hochsommer trugen. Nach einer Weile stand Tom wieder auf und setzte sich schnaufend neben mich.

«Ist dir wärmer?»

«Gott verflucht, nein. Aber ich bin außer Atem.»

Gegen acht Uhr abends kam ein Major mit zwei Falangisten herein. Er hatte einen Zettel in der Hand. Er fragte den Wachposten:

«Wie heißen diese drei?»

«Steinbock, Ibbieta und Mirbal», sagte der Wachposten.

Der Major setzte seinen Kneifer auf und schaute in seine Liste:

«Steinbock ... Steinbock ... Hier. Sie sind zum Tode verurteilt. Sie werden morgen früh erschossen.»

Er schaute noch einmal nach:

«Die beiden anderen auch», sagte er.

«Das ist unmöglich», sagte Juan. «Ich nicht.»

Der Major sah ihn erstaunt an:

«Wie heißen Sie?»

«Juan Mirbal», sagte er.

«Tja, Ihr Name steht hier», sagte der Major, «Sie sind verurteilt.»

«Ich habe nichts getan», sagte Juan.

Der Major zuckte die Achseln und wandte sich Tom und mir zu.

«Sind Sie Basken?»

«Keiner von uns ist Baske.»

Er wirkte gereizt.

«Man hat mir gesagt, hier wären drei Basken. Ich werde doch meine Zeit nicht damit vergeuden, denen nachzulaufen. Dann wollen Sie natürlich keinen Priester?»

Wir antworteten nicht einmal. Er sagte:

«Gleich wird ein belgischer Arzt kommen. Er hat die Erlaubnis, die Nacht mit Ihnen zu verbringen.»

Er grüßte militärisch und ging hinaus.

«Was hab ich dir gesagt», sagte Tom. «Wir sind dran.»

«Ja», sagte ich, «das mit dem Kleinen ist eine Schweinerei.»

Ich sagte das, um gerecht zu sein, aber ich mochte den Kleinen nicht. Er hatte ein zu feines Gesicht, und die Angst, das Leid hatten es entstellt, sie hatten seine Züge verzerrt. Vor drei Tagen war er ein weichliches Jüngelchen gewesen, das kann einem gefallen; aber jetzt sah er aus wie eine alte Tunte, und ich dachte, daß er nie wieder jung würde, selbst wenn man ihn freiließe. Es wäre nicht schlecht gewesen, ihm ein bißchen Mitleid schenken zu können, aber Mitleid ekelt mich an, er war mir eher widerlich. Er hatte nichts mehr gesagt, aber er war grau geworden: sein Gesicht und seine Hände waren grau. Er setzte sich wieder hin und sah mit runden Augen zu Boden. Tom war eine gute Seele, er wollte ihn am Arm fassen, aber der Kleine verzog das Gesicht und machte sich heftig los.

«Laß ihn», sagte ich leise, «du siehst doch, daß er gleich anfängt zu heulen.»

Tom gehorchte widerstrebend; er hätte den Kleinen gerne getröstet; das hätte ihn beschäftigt, und er wäre nicht in Versuchung gekommen, an sich selbst zu denken. Aber das reizte mich; ich hatte nie an den Tod gedacht, weil die Gelegenheit dazu sich nicht geboten hatte, aber jetzt war die Gelegenheit da, und es gab nichts anderes zu tun, als daran zu denken.

Tom fing an zu reden:

«Hast du welche umgelegt?» fragte er mich.

Ich antwortete nicht. Er begann mir zu erklären, daß er seit Anfang August sechs umgelegt hatte; er machte sich die Situation nicht klar, und ich merkte genau, daß er sie sich nicht klarmachen *wollte*. Ich selbst war mir ihrer noch nicht voll und ganz bewußt, ich fragte mich, ob man viel litte, ich dachte an die Kugeln, ich stellte mir ihren durch meinen Körper brennenden Hagel vor. All das lag außerhalb der eigentlichen Frage; aber ich war ruhig: wir hatten die ganze Nacht, um zu begreifen. Nach einer Weile hörte Tom auf zu reden, und ich schaute ihn aus den Augenwinkeln an; ich sah, daß auch er grau geworden war und daß er elend aussah; ich sagte mir: «Es geht los.» Es war fast dunkel, ein matter Lichtschimmer drang durch die Kellerfenster, und der Kohlehaufen bildete einen dicken Fleck unterm Himmel; durch das Loch in der Decke sah ich schon einen Stern: die Nacht würde klar und eiskalt werden.

Die Tür ging auf und zwei Wachposten traten ein. Hinter ihnen kam ein blonder Mann herein, der eine hellbraune Uniform trug. Er grüßte uns:

«Ich bin Arzt», sagte er. «Ich habe die Erlaubnis, Ihnen in dieser schmerzlichen Lage beizustehen.»

Er hatte eine angenehme und vornehme Stimme. Ich sagte zu ihm:

«Was wollen Sie hier?»

«Ich stehe zu Ihrer Verfügung. Ich werde mein möglichstes tun, um Ihnen diese paar Stunden zu erleichtern.»

«Warum sind Sie zu uns gekommen? Es gibt andere, das Krankenhaus ist voll davon.»

«Man hat mich hierher geschickt», antwortete er unbestimmt.

«Oh, Sie würden gerne rauchen, was?» fügte er überstürzt hinzu. «Ich habe Zigaretten und sogar Zigarren.»

Er bot uns englische Zigaretten und *puros* an, aber wir lehnten ab. Ich sah ihm in die Augen, und er schien verlegen. Ich sagte:

«Sie kommen nicht aus Mitgefühl hierher. Übrigens kenne ich Sie. Ich habe Sie mit Faschisten auf dem Kasernenhof gesehen, an dem Tag, als ich verhaftet wurde.»

Ich wollte weiterreden, aber plötzlich passierte etwas mit mir, was mich überraschte: die Anwesenheit dieses Arztes hörte mit einem Schlag auf, mich zu interessieren. Gewöhnlich, wenn ich mit einem Mann aneinandergerate, lasse ich nicht locker. Und doch verging mir die Lust zu sprechen; ich zuckte die Achseln und wandte die Augen ab. Etwas später hob ich den Kopf: er beobachtete mich neugierig. Die Wachposten hatten sich auf einen Strohsack gesetzt. Pedro, der große Dünne, drehte Däumchen, der andere schüttelte hin und wieder den Kopf, um nicht einzuschlafen.

«Möchten Sie Licht?» sagte Pedro plötzlich zu dem Arzt. Der andere nickte bejahend: ich denke, er war ungefähr so intelligent wie ein Holzklotz, aber sicher war er nicht böse. Wenn ich seine großen blauen kalten Augen ansah, schien er mir vor allem aus Phantasielosigkeit zu sündigen. Pedro ging hinaus und kam mit einer Petroleumlampe zurück, die er auf die Ecke der Bank stellte. Sie gab wenig Licht, aber das war besser als nichts: am Abend zuvor hatte man uns im Dunkeln gelassen. Ich blickte eine ganze Weile auf den Lichtkreis, den die Lampe an die Decke warf. Ich war fasziniert. Und dann, plötzlich, war ich wieder ganz wach, der Lichtkreis verlosch, und ich fühlte mich von einem ungeheuren Gewicht niedergedrückt. Das war weder der Gedanke an den Tod noch Angst: es war anonym. Meine Backen glühten, und der Schädel tat mir weh.

Ich schüttelte mich und sah meine beiden Gefährten an. Tom hatte seinen Kopf in den Händen vergraben, ich sah nur seinen fetten weißen Nacken. Der kleine Juan war am allerschlechtesten dran, sein Mund stand offen, und seine Nasenflügel bebten. Der Arzt trat zu ihm und legte ihm die Hand auf die Schulter, als wollte er ihn trösten: aber seine Augen blieben kalt. Dann sah ich die Hand des Belgiers verstohlen an Juans Arm hinunterwandern bis zum Handgelenk. Juan ließ ihn gleichgültig gewähren. Der Belgier nahm sein Handgelenk mit zerstreuter Miene zwischen drei Finger, gleichzeitig trat er ein bißchen zurück, so daß er mir den Rücken zudrehte. Aber ich beugte mich nach hinten und sah, wie er seine Taschenuhr zog und einen Augenblick darauf blickte, ohne das Handgelenk des Kleinen loszulassen. Nach einer Weile ließ er die leblose Hand wieder fallen und wollte sich an die Wand lehnen, dann, als fiele ihm plötzlich etwas sehr Wichtiges ein, das er auf der Stelle notieren müßte, holte er ein Heft aus seiner Tasche und schrieb ein paar Zeilen hinein. «Das Schwein», dachte ich wütend, «der soll mir bloß nicht den Puls fühlen kommen, ich schlage ihm in seine dreckige Fresse.»

Er kam nicht, aber ich spürte, daß er mich ansah. Ich hob den Kopf und erwiderte seinen Blick. Er sagte mit unpersönlicher Stimme:

«Finden Sie nicht, daß es hier saukalt ist?»

Er sah verfroren aus; er war blaurot.

«Ich friere nicht», antwortete ich.

Er sah mich immer weiter mit hartem Blick an. Plötzlich begriff ich und faßte mit den Händen an mein Gesicht: ich war schweißgebadet. In diesem Keller, im tiefsten Winter, mitten im Zug, schwitzte ich. Ich fuhr mir mit den Fingern durch die Haare, die von Schweiß verfilzt waren; gleichzeitig merkte ich, daß mein Hemd feucht war und an meiner Haut klebte: ich triefte seit mindestens einer Stunde und hatte nichts gespürt. Aber dem Schwein von Belgier war das nicht entgangen; er hatte die Tropfen meine Backe hinunterrollen sehen und hatte gedacht: das sind Symptome eines quasi pathologischen Angstzustands; und er hatte sich normal gefühlt und stolz, es zu sein, weil er fror. Ich wollte aufstehen, um ihm in die Schnauze zu hauen, aber kaum hatte ich zu einer Bewegung angesetzt, da schwanden meine Scham und meine Wut; ich fiel gleichgültig auf die Bank zurück.

Ich begnügte mich damit, mir den Hals mit meinem Taschentuch abzureiben, weil ich jetzt spürte, wie der Schweiß aus meinen Haaren auf meinen Nacken tropfte, und das war unangenehm. Ich gab es allerdings bald auf, mich abzureiben, es war zwecklos: schon war mein Taschentuch klatschnaß, und ich schwitzte immer noch. Ich schwitzte auch am Hintern, und meine feuchte Hose klebte an der Bank.

Der kleine Juan sprach plötzlich:

«Sind Sie Arzt?»

«Ja», sagte der Belgier.

«Leidet man … lange?»

«Oh! Wann …? Aber nein», sagte der Belgier mit väterlicher Stimme, «es geht schnell vorbei.»

Er sah aus, als würde er einen zahlenden Kranken beruhigen.

«Aber ich … man hat mir gesagt …, daß oft zwei Salven nötig sind.»

«Manchmal», sagte der Belgier nickend. «Es kann vorkommen, daß die erste Salve keins der lebenswichtigen Organe trifft.»

«Dann müssen Sie also die Gewehre neu laden und noch einmal anlegen?»

Er dachte nach und fügte mit belegter Stimme hinzu:

«Das dauert!»

Er hatte gräßliche Angst zu leiden, er dachte nur daran: das lag an seinem Alter. Ich selbst dachte nicht mehr viel daran, und es war nicht die Angst zu leiden, weshalb ich schwitzte.

Ich stand auf und ging zu dem Haufen Feinkohle hinüber. Tom schreckte auf und warf mir einen haßerfüllten Blick zu: ich ging ihm auf die Nerven, weil meine Schuhe knarrten. Ich fragte mich, ob mein Gesicht genauso fahl war wie seins: ich sah, daß er ebenfalls schwitzte. Der Himmel war herrlich, kein Licht drang in diesen dunklen Winkel, und ich brauchte nur den Kopf zu heben, um den Großen Wagen zu sehen. Aber das war nicht mehr wie vorher: vorgestern, von meinem Kerker im Erzbischofspalais aus, konnte ich ein großes Stück Himmel sehen, und jede Tageszeit rief eine andere Erinnerung in mir wach. Am Morgen, wenn der Himmel von einem harten und leichten Blau war, dachte ich an Strände am Atlantik; mittags sah ich die Sonne und erinnerte mich an eine Bar in Sevilla, wo ich Manzanilla trank und Anschovis und Oliven aß; nachmittags war ich im Schatten und dachte an den tiefen

Schatten, der über der halben Arena liegt, während die andere Hälfte in der Sonne flimmert: es war wirklich quälend, so die ganze Erde im Himmel gespiegelt zu sehen. Aber jetzt konnte ich, solange ich wollte, hinaufsehen, der Himmel rief nichts mehr in mir wach. Das war mir lieber. Ich setzte mich wieder neben Tom. Eine lange Zeit verging.

Tom fing mit leiser Stimme an zu reden. Er mußte immer reden, sonst fand er sich nicht in seinen Gedanken zurecht. Ich denke, daß er mich anredete, aber er sah mich nicht an. Wahrscheinlich hatte er Angst, mich so zu sehen, wie ich war, grau und schwitzend: wir waren gleich und schlimmer als Spiegel füreinander. Er sah den Belgier an, den Lebenden.

«Begreifst du das?» sagte er. «Ich begreife das nicht.»

Ich fing auch leise an zu sprechen. Ich sah den Belgier an.

«Was denn, was ist los?»

«Es wird etwas mit uns geschehen, was ich nicht begreifen kann.»

Ein merkwürdiger Geruch war um Tom. Mir schien, daß ich geruchsempfindlicher war als sonst. Ich feixte:

«Du wirst bald begreifen.»

«Das ist nicht klar», sagte er eigensinnig. «Ich will gerne mutig sein, aber ich müßte zumindest wissen ... Hör zu, man führt uns in den Hof. Die Typen stellen sich in einer Reihe vor uns auf. Wie viele werden es sein?»

«Ich weiß nicht. Fünf oder acht. Mehr nicht.»

«Na schön. Also acht. Man wird ihnen zurufen: ‹Legt an!› und ich werde die acht Gewehre auf mich gerichtet sehen. Ich denke, ich werde mich in die Wand verziehen wollen, ich werde mit dem Rücken mit aller Kraft gegen die Wand drükken, und die Wand wird nicht nachgeben, wie im Alptraum. Das alles kann ich mir vorstellen. Ach, wenn du wüßtest, wie gut ich mir das vorstellen kann.»

«Na schön», sagte ich, «ich stell's mir auch vor.»

«Das muß saumäßig weh tun. Du weißt, daß sie auf die Augen und den Mund zielen, um einen zu entstellen», fügte er bösartig hinzu. «Ich fühle schon die Wunden; seit einer Stunde habe ich Schmerzen im Kopf und im Hals. Keine wirklichen Schmerzen; es ist schlimmer: das sind die Schmerzen, die ich morgen früh spüren werde. Aber danach?»

Ich verstand sehr wohl, was er meinte, aber ich wollte es mir nicht anmerken lassen. Was die Schmerzen anging, so trug auch ich sie an meinem Körper wie eine Vielzahl kleiner Schrammen. Ich konnte mich nicht daran gewöhnen, aber ich war wie er, ich nahm sie nicht wichtig.

«Danach», sagte ich grob, «wirst du ins Gras beißen.»

Er fing an, Selbstgespräche zu führen: er ließ den Belgier nicht aus den Augen. Der sah nicht so aus, als hörte er zu. Ich wußte, weshalb er hierhergekommen war; was wir dachten, interessierte ihn nicht; er war hier, um unsere Körper anzuschauen, Körper, die bei lebendigem Leibe starben.

«Es ist wie ein Alptraum», sagte Tom. «Man will an etwas denken, man hat immerzu den Eindruck, daß es soweit ist, daß man gleich begreifen wird, und dann wird es glitschig, entwischt einem und ist wieder weg. Ich sage mir: danach gibt es nichts mehr. Aber ich begreife nicht, was das heißt. In manchen Momenten bin ich fast soweit ... und dann ist es wieder weg, ich beginne wieder an die Schmerzen zu denken, an die Kugeln, an das Knallen. Ich bin Materialist, ich schwör's dir; ich werde nicht verrückt. Aber da ist etwas, was nicht hinhaut. Ich sehe meine Leiche: das ist nicht schwer, aber *ich* sehe sie mit *meinen* Augen. Ich müßte es schaffen, zu denken ... zu denken, daß ich nichts mehr sehen werde, daß ich nichts mehr hören werde und daß die Welt für die anderen weitergeht. Wir sind nicht dafür geschaffen, das zu denken, Pablo. Du kannst mir glauben: das ist schon vorgekommen, daß ich eine ganze Nacht gewacht und auf etwas gewartet habe. Aber das hier, das ist nicht dasselbe: das wird uns von hinten packen, Pablo, ohne daß wir uns darauf vorbereiten konnten.»

«Halt's Maul», sagte ich zu ihm, «willst du, daß ich einen Beichtvater rufe?»

Er antwortete nicht. Ich hatte schon gemerkt, daß er dazu neigte, den Propheten zu spielen und mich mit tonloser Stimme Pablo zu nennen. Ich mochte das nicht; aber anscheinend sind alle Iren so. Ich hatte den unbestimmten Eindruck, daß er nach

Urin roch. Im Grunde hatte ich nicht viel Sympathie für Tom, und ich sah nicht ein, warum ich, unter dem Vorwand, daß wir zusammen sterben würden, mehr für ihn hätte empfinden sollen. Es gibt Typen, mit denen das anders gewesen wäre. Mit Ramón Gris zum Beispiel. Aber zwischen Tom und Juan fühlte ich mich allein, übrigens war mir das lieber: mit Ramón wäre ich womöglich weich geworden. Aber ich war schrecklich hart in diesem Moment, und ich wollte hart bleiben.

Er murmelte weiter zerstreut irgendwelche Wörter. Er redete bestimmt, um sich vom Denken abzuhalten. Er roch durchdringend nach Urin wie alte Prostatakranke. Natürlich war ich seiner Meinung, alles, was er sagte, hätte ich auch sagen können: es ist nicht *natürlich* zu sterben. Und seitdem ich sterben sollte, erschien mir nichts mehr natürlich, weder dieser Haufen Feinkohle noch die Bank, noch Pedros miese Visage. Bloß, das gefiel mir nicht, daß ich dasselbe dachte wie Tom. Und ich wußte wohl, daß wir die ganze Nacht hindurch, fünf Minuten früher oder später, weiter dasselbe zur selben Zeit denken würden, zur selben Zeit schwitzen oder frösteln würden. Ich sah ihn von der Seite an, und zum erstenmal kam er mir merkwürdig vor: er trug seinen Tod auf dem Gesicht. Ich war in meinem Stolz gekränkt: vierundzwanzig Stunden hindurch hatte ich neben Tom gelebt, hatte ihm zugehört, hatte mit ihm gesprochen, und ich wußte, daß wir nichts gemeinsam hatten. Und jetzt glichen wir uns wie Zwillinge, bloß weil wir zusammen krepieren würden. Tom nahm meine Hand, ohne mich anzusehen:

«Pablo, ich frage mich … ich frage mich, ob es wirklich stimmt, daß man zu Nichts wird.»

Ich machte meine Hand los, ich sagte zu ihm:

«Schau zwischen deine Füße, du Schwein.»

Zwischen seinen Füßen war eine Pfütze, und aus seiner Hose tropfte es.

«Was ist denn das?» sagte er fassungslos.

«Du pißt in deine Unterhose», sagte ich.

«Das ist nicht wahr», sagte er wütend, «ich pisse nicht, ich fühle nichts.»

Der Belgier war näher gekommen. Er fragte mit unechter Besorgnis:

«Fühlen Sie sich nicht wohl?»

Tom antwortete nicht. Der Belgier sah die Pfütze an, ohne etwas zu sagen.

«Ich weiß nicht, was das ist», sagte Tom verstört, «aber ich habe keine Angst. Ich schwöre Ihnen, daß ich keine Angst habe.»

Der Belgier antwortete nicht. Tom stand auf und pißte in eine Ecke. Er kam seinen Hosenschlitz zuknöpfend zurück, setzte sich wieder hin und gab keinen Ton mehr von sich. Der Belgier machte sich Notizen.

Wir sahen ihn an; auch der kleine Juan sah ihn an: wir sahen ihn alle drei an, weil er lebendig war. Er hatte die Bewegungen eines Lebenden, die Sorgen eines Lebenden; er schlotterte in diesem Keller, wie Lebende schlottern sollten; er hatte einen gehorsamen und wohlgenährten Körper. Wir anderen fühlten unsere Körper kaum noch – nicht mehr in derselben Weise jedenfalls. Ich hatte Lust, meine Hose zwischen den Beinen zu befühlen, aber ich wagte es nicht; ich sah den Belgier an, durchgebogen auf seinen Beinen stehend, Herr seiner Muskeln – und der an morgen denken konnte. Da waren wir, drei blutleere Schatten; wir sahen ihn an und saugten sein Leben aus wie Vampire.

Er ging schließlich zum kleinen Juan hinüber. Wollte er aus irgendeinem beruflichen Motiv dessen Nacken befühlen, oder folgte er etwa einem barmherzigen Impuls? Falls er aus Barmherzigkeit handelte, dann war es das einzige Mal in der ganzen Nacht. Er streichelte den Schädel und den Hals des kleinen Juan. Der Kleine ließ es geschehen, ohne ihn aus den Augen zu lassen, dann, plötzlich, ergriff er seine Hand und schaute sie komisch an. Er hielt die Hand des Belgiers zwischen seinen beiden, und sie hatten nichts Lustiges an sich, die beiden grauen Flossen, die diese feiste und gerötete Hand drückten. Ich ahnte schon, was gleich passieren würde, und Tom mußte es auch ahnen: aber der Belgier sah nichts, er lächelte väterlich. Nach einem Moment hob der Kleine die dicke rote Pfote an seinen Mund und wollte hineinbeißen. Der Belgier machte sich heftig los und wich stolpernd bis an die Wand zurück. Eine Sekunde lang sah er uns voller Entsetzen an, er begriff wohl plötzlich, daß wir keine Menschen wie er waren. Ich fing an zu lachen, und einer der Wachposten schreckte hoch. Der andere war eingeschlafen, seine weit offenen Augen waren weiß.

Ich fühlte mich zugleich erschöpft und überreizt. Ich wollte nicht mehr an das, was im Morgengrauen geschehen würde, an den Tod denken. Das ergab keinen Sinn, ich stieß nur auf Wörter oder auf Leere. Aber sobald ich versuchte, an etwas anderes zu denken, sah ich Gewehrläufe auf mich gerichtet. Ich habe vielleicht zwanzigmal hintereinander meine Hinrichtung erlebt; einmal habe ich sogar geglaubt, daß es wirklich soweit wäre: Ich war wohl eine Minute eingeschlafen. Sie zerrten mich vor die Wand, und ich sträubte mich; ich bat sie um Gnade. Ich schreckte aus dem Schlaf auf und sah den Belgier an: ich hatte Angst, im Schlaf geschrien zu haben. Aber er strich seinen Schnurrbart glatt, er hatte nichts bemerkt. Wenn ich gewollt hätte, ich glaube, ich hätte eine Weile schlafen können: ich war seit achtundvierzig Stunden wach, ich war am Ende. Aber ich hatte keine Lust, zwei Stunden Leben zu verlieren: sie wären mich im Morgengrauen aufwecken gekommen, ich wäre ihnen schlaftrunken gefolgt und wäre abgekratzt, ohne «uff» zu sagen; das wollte ich nicht, ich wollte nicht wie ein Tier sterben, ich wollte verstehen. Und außerdem fürchtete ich, Alpträume zu haben. Ich stand auf, ich wanderte auf und ab, und um auf andere Gedanken zu kommen, begann ich, an mein vergangenes Leben zu denken. Eine Menge von Erinnerungen kamen mir, wüst durcheinander. Gute und schlechte – oder zumindest nannte ich sie *vorher* so. Da waren Gesichter und Geschichten. Ich sah das Gesicht eines kleinen *novillero* wieder vor mir, der in Valencia während der Feria vom Stier auf die Hörner genommen worden war, das Gesicht eines meiner Onkel, das von Ramón Gris. Ich erinnerte mich an Geschichten: wie ich 1926 drei Monate lang arbeitslos gewesen war, wie ich fast vor Hunger krepiert wäre.

Ich erinnerte mich an eine Nacht, die ich auf einer Bank in Granada verbracht hatte: ich hatte seit drei Tagen nichts gegessen, ich war rasend, ich wollte nicht krepieren. Darüber mußte ich lächeln. Mit welcher Gier ich dem Glück, den Frauen, der Freiheit nachlief. Wozu? Ich hatte Spanien befreien wollen, ich bewunderte Pi y Margall, ich hatte mich der anarchistischen Bewegung angeschlossen, ich hatte in öffentlichen Versammlungen gesprochen: ich nahm alles ernst, so als wäre ich unsterblich gewesen.

In diesem Moment hatte ich den Eindruck, als läge mein ganzes Leben ausgebreitet vor mir, und ich dachte: «Das ist eine verdammte Lüge.» Es war nichts mehr wert, denn es war zu Ende. Ich fragte mich, wie ich mit Mädchen hatte spazierengehen, lachen können: ich hätte keinen Finger gekrümmt, wenn ich geahnt hätte, daß ich *so* sterben würde. Mein Leben war vor mir, abgeschlossen, zugebunden wie ein Sack, und dabei war alles, was darin war, unfertig. Einen Augenblick versuchte ich es zu beurteilen. Ich hätte mir gerne gesagt: es ist ein schönes Leben. Aber man konnte kein Urteil darüber fällen, es war ein Rohentwurf; ich hatte meine Zeit damit verbracht, Wechsel auf die Ewigkeit auszustellen, ich hatte nichts begriffen. Es tat mir um nichts leid: es gab eine Menge Dinge, um die es mir hätte leid tun können, der Geschmack von Manzanilla oder das sommerliche Baden in einer kleinen Bucht in der Nähe von Cádiz; aber der Tod hatte allem seinen Reiz genommen.

Der Belgier hatte plötzlich eine großartige Idee.

«Freunde», sagte er zu uns, «ich kann es übernehmen – vorausgesetzt, die Militärverwaltung ist einverstanden –, den Menschen, die Sie lieben, eine Nachricht von Ihnen, ein Andenken zu überbringen ...»

Tom brummte:

«Ich habe niemand.»

Ich antwortete nichts. Tom wartete einen Augenblick, dann sah er mich neugierig an:

«Läßt du Concha nichts ausrichten?»

«Nein.»

Ich haßte diese Verständnisinnigkeit: es war meine Schuld, ich hatte in der vorangegangenen Nacht von Concha gesprochen, ich hätte mich zurückhalten sollen. Ich war seit einem Jahr mit ihr zusammen. Noch am Vortag hätte ich mir einen Arm mit der Axt abgehackt, wenn ich sie fünf Minuten hätte wiedersehen können. Deshalb hatte ich von ihr gesprochen, es war stärker als ich. Jetzt hatte ich keine Lust mehr, sie wiederzusehen, ich hatte ihr nichts mehr zu sagen. Ich hätte sie nicht einmal in meinen Armen halten mögen: mich ekelte vor meinem Körper, weil er grau geworden war und schwitzte – und ich war nicht sicher, ob es mich vor ihrem nicht auch ekeln würde. Concha würde weinen, wenn sie meinen Tod erführe; monatelang würde sie keine Lebensfreude mehr haben. Aber schließlich war ich es, der sterben würde. Ich dachte an ihre schönen sanften Augen. Wenn sie mich ansah, wanderte etwas von ihr zu mir. Aber ich dachte, daß das vorbei war: wenn sie mich *jetzt* ansähe, würde ihr Blick in ihren Augen bleiben, er ginge nicht bis zu mir. Ich war allein.

Auch Tom war allein, aber nicht auf dieselbe Weise. Er hatte sich rittlings hingesetzt und hatte angefangen, die Bank mit einer Art Lächeln anzusehen, er sah verwundert aus. Er streckte die Hand aus und berührte behutsam das Holz, als hätte er Angst, etwas zu zerbrechen, dann zog er seine Hand schnell zurück und erschauerte. Ich hätte mich nicht damit vergnügt, die Bank zu berühren, wenn ich Tom gewesen wäre; das war wieder so eine Irenkomödie, aber ich fand auch, daß die Gegenstände komisch aussahen: sie waren verwischter, weniger dicht als gewöhnlich. Ich brauchte nur die Bank, die Lampe, den Kohlenhaufen anzusehen und ich spürte, daß ich sterben würde. Natürlich konnte ich meinen Tod nicht klar denken, aber ich sah ihn überall, auf den Dingen, an der Art, wie die Dinge abgerückt waren und sich auf Distanz hielten, zurückhaltend, wie Leute, die am Bett eines Sterbenden leise sprechen. Es war *sein* Tod, den Tom gerade auf der Bank berührt hatte.

Wenn man mir in dem Zustand, in dem ich war, mitgeteilt hätte, daß ich getrost nach Hause gehen könnte, daß man mich am Leben ließe, hätte mich das kalt gelassen: ein paar Stunden oder ein paar Jahre warten, das ist alles gleich, wenn man die Illusion, ewig zu sein, verloren hat. Mir lag an nichts mehr, in gewisser Weise war ich ruhig. Aber das war eine fürchterliche Ruhe – wegen meines Körpers: mein Körper, ich sah mit seinen Augen, ich hörte mit seinen Ohren, aber das war nicht mehr ich; er schwitzte und zitterte ganz von selbst, und ich erkannte ihn nicht mehr wieder. Ich mußte ihn berühren und ansehen, um zu wissen, was mit ihm war, als wäre es der Körper eines anderen. Manchmal fühlte ich ihn noch, ich fühlte ein Rutschen, so etwas wie ein Absacken, wie wenn man in einem Flugzeug ist, das einen Sturzflug macht, oder ich fühlte mein Herz schlagen. Aber das beruhigte mich nicht: alles, was von meinem Körper kam, hatte etwas widerlich Unzuverlässiges an sich. Meistens sackte er zusammen, verhielt er sich still, und ich fühlte nichts mehr als eine Art Schwere, eine ekelhafte Gegenwart an mir; ich hatte den Eindruck, an ein riesiges Ungeziefer gebunden zu sein. Einen Moment lang tastete ich meine Hose ab und fühlte, daß sie feucht war; ich wußte nicht, ob sie von Schweiß oder von Urin naß war, aber ich ging vorsichtshalber auf den Kohlehaufen pissen.

Der Belgier zog seine Uhr heraus und schaute nach. Er sagte:

«Es ist halb vier.»

Das Schwein! Er hatte es bestimmt absichtlich getan: Tom sprang hoch: wir hatten noch nicht bemerkt, daß die Zeit verrann; die Nacht umgab uns wie eine formlose und dunkle Masse, ich erinnerte mich nicht einmal, daß sie angefangen hatte.

Der kleine Juan fing an zu schreien. Er rang die Hände, er flehte:

«Ich will nicht sterben, ich will nicht sterben.»

Er lief mit erhobenen Armen durch den ganzen Keller, dann warf er sich auf einen der Strohsäcke und schluchzte. Tom sah ihn mit stumpfen Augen an und hatte nicht einmal mehr Lust, ihn zu trösten. Tatsächlich lohnte es sich nicht: der

Kleine machte mehr Krach als wir, aber es ging ihm weniger schlecht: er war wie ein Kranker, der sich mit Fieber gegen seine Krankheit wehrt. Wenn einer nicht einmal mehr Fieber hat, ist es viel schlimmer.

Er weinte: ich sah genau, daß er Mitleid mit sich selbst hatte; er dachte nicht an den Tod. Eine Sekunde, eine einzige Sekunde lang hatte ich Lust, auch zu weinen, vor Selbstmitleid. Aber das Gegenteil trat ein: ich warf einen Blick auf den Kleinen, ich sah seine mageren, vom Schluchzen geschüttelten Schultern und fühlte mich unmenschlich: ich konnte weder mit den anderen noch mit mir Mitleid haben. Ich sagte mir: «Ich will anständig sterben.»

Tom war aufgestanden, er stellte sich genau unter die runde Öffnung und fing an, auf den Tag zu lauern. Ich war stur, ich wollte anständig sterben und dachte nur daran. Aber darunter fühlte ich, seit der Arzt uns die Uhrzeit gesagt hatte, die Zeit, die verrann, die Tropfen für Tropfen entwich.

Es war noch dunkel, als ich Toms Stimme hörte:

«Hörst du sie.»

«Ja.»

Es marschierten welche in den Hof.

«Was wollen die denn? Die können doch nicht im Dunkeln schießen.»

Nach einer Weile hörten wir nichts mehr. Ich sagte zu Tom:

«Es ist Tag.»

Pedro stand gähnend auf und blies die Lampe aus. Er sagte zu seinem Kameraden:

«Eine Saukälte.»

Der Keller war ganz grau geworden. Wir hörten in der Ferne Schüsse.

«Es geht los», sagte ich zu Tom, «die machen das bestimmt im Hinterhof.»

Tom bat den Arzt, ihm eine Zigarette zu geben. Ich wollte keine; ich wollte weder Zigaretten noch Alkohol. Von diesem Augenblick an hörten sie nicht auf zu schießen.

«Ist dir klar, was das bedeutet?» sagte Tom.

Er wollte etwas hinzufügen, aber er verstummte, er schaute

auf die Tür. Die Tür ging auf, und ein Leutnant kam mit vier Soldaten herein. Tom ließ seine Zigarette fallen.

«Steinbock?»

Tom antwortete nicht. Es war Pedro, der auf ihn zeigte.

«Juan Mirbal?»

«Das ist der auf dem Strohsack.»

«Stehen Sie auf», sagte der Leutnant.

Juan rührte sich nicht. Zwei Soldaten faßten ihn unter den Achseln und stellten ihn auf die Füße. Aber sobald sie ihn losgelassen hatten, fiel er wieder um.

Die Soldaten zögerten.

«Das ist nicht der erste, dem schlecht wird», sagte der Leutnant, «ihr müßt ihn schon tragen, ihr zwei; wir werden da hinten irgendwie zurechtkommen.»

Er wandte sich Tom zu:

«Vorwärts, kommen Sie.»

Tom ging zwischen zwei Soldaten hinaus. Zwei weitere Soldaten folgten, sie trugen den Kleinen unter den Achseln und in den Kniekehlen. Er war nicht ohnmächtig; seine Augen waren weit geöffnet, und Tränen liefen seine Backen hinunter. Als ich hinausgehen wollte, hielt der Leutnant mich an:

«Sind Sie Ibbieta?»

«Ja.»

«Sie warten hier: Sie werden nachher geholt.»

Sie gingen hinaus. Der Belgier und die beiden Gefangenenwärter gingen auch hinaus; ich blieb allein. Ich verstand nicht, was mir geschah, aber es wäre mir lieber gewesen, sie hätten sofort ein Ende gemacht. Ich hörte die Salven in beinah regelmäßigen Abständen; bei jeder einzelnen erschauerte ich. Ich hatte Lust zu heulen und mir die Haare zu raufen. Aber ich biß die Zähne zusammen und bohrte die Hände in die Taschen, denn ich wollte anständig bleiben.

Nach einer Stunde wurde ich geholt und in den ersten Stock gebracht, in einen kleinen Raum, der nach Zigarren roch und dessen Hitze mir erstickend vorkam. Dort waren zwei Offiziere, die rauchend im Sessel saßen mit Papieren auf ihren Knien.

«Du heißt Ibbieta?»

«Ja.»

«Wo ist Ramón Gris?»

«Ich weiß nicht.»

Der mich verhörte, war klein und dick. Er hatte harte Augen hinter seinem Kneifer. Er sagte:

«Tritt näher.»

Ich trat näher. Er stand auf und faßte mich bei den Armen, mit einem Blick, der mich in der Erde versinken lassen sollte. Gleichzeitig kniff er mich mit aller Kraft in die Oberarmmuskeln. Das geschah nicht, um mir weh zu tun, das war das große Spiel: er wollte mich beherrschen. Er hielt es auch für notwendig, mir seinen fauligen Atem mitten ins Gesicht zu blasen. Wir blieben einen Moment so stehen, mich reizte das eher zum Lachen. Es gehört viel mehr dazu, einen Mann einzuschüchtern, der bald sterben wird: das wirkte nicht. Er stieß mich heftig zurück und setzte sich wieder hin. Er sagte:

«Dein Leben gegen seines. Wir lassen dich am Leben, wenn du uns sagst, wo er ist.»

Diese beiden Typen in Kriegsbemalung mit ihren Peitschen und ihren Stiefeln, das waren schließlich Menschen, die sterben würden. Etwas später als ich, aber nicht viel. Und sie befaßten sich damit, Namen auf einem Papierwisch zu suchen, sie liefen hinter anderen Menschen her, um sie einzusperren oder zu beseitigen; sie hatten Ansichten über die Zukunft Spaniens und über andere Themen. Ihre belanglosen Tätigkeiten erschienen mir schockierend und burlesk: es gelang mir nicht mehr, mich an ihre Stelle zu versetzen, sie kamen mir verrückt vor.

Der kleine Dicke sah mich immer noch an, mit seiner Peitsche gegen seine Stiefel klatschend. Alle seine Gesten waren darauf angelegt, ihm die Ausstrahlung eines wilden und scharfen Tieres zu geben.

«Nun? Kapiert?»

«Ich weiß nicht, wo Gris ist», antwortete ich. «Ich dachte, er wäre in Madrid.»

Der andere Offizier hob träge seine blasse Hand. Auch

diese Trägheit war berechnet. Ich sah alle ihre kleinen Kniffe und war verblüfft, daß sich Menschen fanden, die sich mit so etwas vergnügten.

«Sie haben eine Viertelstunde, um nachzudenken», sagte er langsam. «Bringt ihn in die Wäschekammer, in einer Viertelstunde führt ihr ihn wieder vor. Wenn er sich weiterhin weigert, wird er auf der Stelle erschossen.»

Sie wußten, was sie taten: ich hatte die Nacht mit Warten verbracht; danach hatten sie mich noch eine Stunde im Keller warten lassen, während Tom und Juan erschossen wurden, und jetzt sperrten sie mich in der Wäschekammer ein; sie hatten ihren Trick bestimmt seit gestern vorbereitet. Sie sagten sich, daß die Nerven auf die Dauer schlappmachen, und hofften, mich so zu bekommen.

Sie täuschten sich sehr. In der Wäschekammer setzte ich mich auf einen Schemel, denn ich fühlte mich sehr schwach, und fing an nachzudenken. Aber nicht über ihren Vorschlag. Natürlich wußte ich, wo Gris war: er versteckte sich bei seinen Cousins, vier Kilometer von der Stadt entfernt. Ich wußte auch, daß ich sein Versteck nicht preisgeben würde, außer wenn sie mich folterten (aber sie sahen nicht so aus, als dächten sie daran). Das alles war ganz und gar erledigt, endgültig, und interessierte mich überhaupt nicht. Nur hätte ich die Gründe meines Verhaltens gern verstanden. Ich wollte lieber krepieren als Gris verraten. Warum? Ich liebte Ramón Gris nicht mehr. Meine Freundschaft für ihn war kurz vor dem Morgengrauen gestorben, zur gleichen Zeit wie meine Liebe zu Concha, zur gleichen Zeit wie mein Wunsch zu leben. Zweifellos schätzte ich ihn immer noch; er war ein ganzer Kerl. Aber das war nicht der Grund, weshalb ich bereit war, an seiner Stelle zu sterben; sein Leben war nicht mehr wert als meins; kein Leben war etwas wert. Man würde einen Mann an eine Wand stellen und auf ihn schießen, bis er krepierte: ob ich das war oder Gris oder ein anderer, das war gleich. Ich wußte wohl, daß er für die Sache Spaniens nützlicher war als ich, aber ich scherte mich einen Dreck um Spanien und um die Anarchie: nichts war mehr wichtig. Und doch war ich hier, ich konnte meine Haut retten, indem ich Gris verriet, und ich weigerte mich, es zu tun. Ich fand das eher komisch: das war Sturheit. Ich dachte:

«Dickköpfig, was ...!» Und eine merkwürdige Heiterkeit überkam mich.

Sie holten mich und führten mich wieder den beiden Offizieren vor. Eine Ratte rannte unter unseren Füßen weg, und das amüsierte mich. Ich wandte mich einem der Falangisten zu und sagte zu ihm:

«Haben Sie die Ratte gesehen?»

Er antwortete nicht. Er war düster, er nahm sich ernst. Ich hatte Lust zu lachen, aber ich hielt an mich, weil ich Angst hatte, wenn ich anfinge, nicht mehr aufhören zu können. Der Falangist trug einen Schnurrbart. Ich sagte ihm noch:

«Du mußt deinen Schnurrbart stutzen, Dummkopf.»

Ich fand es komisch, daß er die Haare zu seinen Lebzeiten sein Gesicht überwuchern ließ. Er gab mir ohne viel Überzeugung einen Fußtritt, und ich verstummte.

«Nun», sagte der dicke Offizier, «hast du nachgedacht?»

Ich sah sie neugierig an wie Insekten einer sehr seltenen Gattung. Ich sagte zu ihnen:

«Ich weiß, wo er ist. Er versteckt sich auf dem Friedhof. In einer Gruft oder in der Totengräberhütte.»

Ich sagte das, um ihnen einen Streich zu spielen. Ich wollte sehen, wie sie aufstanden, ihre Koppel umlegten und mit geschäftiger Miene Befehle gaben.

Sie sprangen auf die Füße.

«Los. Moles, bitten Sie Leutnant Lopez um fünfzehn Mann. Und du», sagte der kleine Dicke zu mir, «wenn du die Wahrheit gesagt hast, bleibe ich bei meinem Wort. Aber du wirst es mir büßen, wenn du uns an der Nase herumgeführt hast.»

Sie brachen mit Getöse auf, und ich wartete friedlich, von Falangisten bewacht. Von Zeit zu Zeit lächelte ich, denn ich dachte an das Gesicht, das sie machen würden. Ich fühlte mich abgestumpft und pfiffig. Ich stellte sie mir vor, wie sie die Grabsteine hochhoben, eine Grufttür nach der anderen öffneten. Ich stellte mir die Situation vor, als wäre ich ein anderer: dieser Gefangene, der sich darauf versteift, den Helden zu spielen, diese ernsten Falangisten mit ihren Schnurrbärten und diese Männer in Uniform, die zwischen den Gräbern herumliefen; das war von unwiderstehlicher Komik.

Nach einer halben Stunde kam der kleine Dicke allein zurück. Ich dachte, er würde den Befehl geben, mich zu erschießen. Die anderen waren wohl auf dem Friedhof geblieben.

Der Offizier sah mich an. Er sah überhaupt nicht belämmert aus.

«Bringt ihn in den großen Hof zu den anderen», sagte er. «Nach Beendigung der militärischen Operationen soll ein ordentliches Gericht über sein Schicksal entscheiden.»

Ich glaubte, nicht richtig verstanden zu haben. Ich fragte ihn:

«Dann werde ich ... werde ich nicht erschossen? ...»

«Nicht jetzt jedenfalls. Später, damit habe ich nichts mehr zu tun.»

Ich verstand immer noch nicht. Ich sagte zu ihm:

«Aber warum?»

Er zuckte die Achseln, ohne zu antworten, und die Soldaten brachten mich weg. Im großen Hof waren etwa hundert Gefangene, Frauen, Kinder, ein paar Alte. Ich fing an, um den Rasen in der Mitte zu kreisen, ich war wie vor den Kopf geschlagen. Mittags gab man uns im Speisesaal zu essen. Zwei oder drei Typen sprachen mich an. Ich mußte sie wohl kennen, aber ich antwortete ihnen nicht: ich wußte nicht einmal mehr, wo ich war.

Gegen Abend wurden etwa zehn neue Gefangene in den Hof gestoßen. Ich erkannte Garcia, den Bäcker. Er sagte zu mir:

«Verdammter Glückspilz! Ich hätte nicht gedacht, dich lebend wiederzusehen.»

«Sie hatten mich zum Tode verurteilt», sagte ich, «und dann haben sie ihre Meinung geändert. Ich weiß nicht, warum.»

«Sie haben mich um zwei Uhr verhaftet», sagte Garcia.

«Weshalb?»

Garcia betätigte sich nicht politisch.

«Ich weiß nicht», sagte er. «Sie verhaften alle, die nicht so denken wie sie.»

Er senkte die Stimme.

«Sie haben Gris geschnappt.»

Ich fing an zu zittern.

«Wann?»

«Heute morgen. Er hatte Mist gebaut. Er ist am Dienstag von seinem Cousin weggegangen, weil sie sich gestritten hatten. Es gab genug Typen, die ihn versteckt hätten, aber er wollte niemandem mehr verpflichtet sein. Er hat gesagt: ‹Ich hätte mich bei Ibbieta versteckt, aber da sie ihn ja erwischt haben, werde ich mich auf dem Friedhof verstecken.›»

«Auf dem Friedhof?»

«Ja. Das war Mist. Natürlich haben sie ihn heute morgen durchgekämmt, das mußte passieren. Sie haben ihn in der Totengräberhütte gefunden. Er hat auf sie geschossen, und sie haben ihn umgelegt.»

«Auf dem Friedhof!»

Alles fing an sich zu drehen, und ich fand mich auf der Erde sitzend wieder: ich lachte so sehr, daß mir Tränen in die Augen traten.

Isaac Bashevis Singer

Der Mann, der seine vier Frauen unter die Erde brachte

Eine alte Volkserzählung

I

Ich bin aus Turbin, und dort hatten wir einen Weibstöter. Pelte hieß er, Pelte der Weibstöter. Er hatte vier Frauen, und, möge es ihm später nicht zur Last gelegt werden, er beförderte sie alle ins Jenseits. Was die Frauen an ihm fanden, ahne ich nicht. Er war ein kleiner, untersetzter, grauhaariger Mann, der einen zottigen Bart und vorstehende blutunterlaufene Augen hatte. Schon sein bloßer Anblick hatte etwas Erschreckendes. Und was seine Knauserigkeit betraf – etwas Ähnliches gab es einfach nicht wieder. Zur Sommers- und Winterszeit lief er in dem gleichen geflickten Kaftan und in Stiefeln aus ungegerbtem Leder herum. Und doch war er reich. Er besaß ein ansehnliches Backsteinhaus, einen wohlgefüllten Getreidespeicher und außerdem noch Grundeigentum in der Stadt. An seine Eichentruhe kann ich mich bis zum heutigen Tage erinnern. Sie war mit Leder bezogen und zum Schutz gegen etwaiges Feuer von Kupferbändern umspannt. Um diese Truhe selbst gegen Diebstahl zu sichern, hatte er sie auf dem Boden festnageln lassen. Es hieß, er bewahre ein ganzes Vermögen darin auf. Trotzdem kann ich nicht recht verstehen, wie irgendeine Frau sich mit einem solchen Mann unter den Traubaldachin wagte. Seine ersten beiden Frauen hatten wenigstens die Entschuldigung, aus kümmerlichen Verhältnissen zu stammen. Die erste dieser Frauen – arme Seele, möge dir ein langes Leben beschieden sein – war eine Waise, und er heiratete sie einfach so, wie sie war, nämlich ohne jegliche Aussteuer. Die zweite dagegen – möge sie in Frieden ruhen – war eine Witwe, die keinen roten Heller besaß. Sie hatte nicht einmal, wenn ich das so sagen darf, ein Hemd auf dem Leibe. Heutzutage reden die Leute von Liebe. Sie glauben sogar, daß es einmal eine Zeit gab, in der alle Männer Engel waren. Unsinn. So schwerfällig Pelte auch war, er verliebte sich Hals über Kopf in jene Witwe, und ganz Turbin kicherte. Er war bereits in den Vierzigern und sie ein bloßes Kind, achtzehn Jahre alt oder sogar noch weniger. Kurz und gut, freundliche Seelen spielten eine Vermittlerrolle, auch Verwandte griffen mit ein, und schließlich kam es zu einem Ehebund.

Gleich nach der Hochzeit begann die junge Frau darüber zu klagen, daß er es an Lebensart fehlen ließ. Man hörte von seltsamen Dingen – möge Gott mich nicht für meine Worte bestrafen. Er war immerzu gehässig. Ehe er am Morgen ins Bethaus ging, pflegte sie ihn zu fragen: «Was möchtest du heute zum Mittagessen haben? Klare Brühe oder Gemüsesuppe?» – «Klare Brühe», mochte er antworten. Sie kochte also klare Brühe. Beim Nachhausekommen sagte er dann in gereiztem Ton: «Habe ich dich nicht gebeten, Gemüsesuppe zu machen?» – «Aber du hast doch selbst gesagt, daß du Brühe wolltest», wandte sie ein, worauf er erwiderte: «Dann wäre ich also ein Lügner!» Und noch ehe man sich dessen versah, war er bereits in heller Wut, nahm eine Scheibe Brot und eine Knoblauchknolle und lief in die Synagoge zurück, um beides dort zu verzehren. Sie rannte ihm nach und rief: «Ich werde dir eine Gemüsesuppe kochen! Blamier mich doch nicht vor den anderen!» Aber er drehte nicht einmal den Kopf. In der Synagoge saßen junge Männer über ihren Büchern. «Was ist denn passiert, daß du hier zu Mittag ißt?» wollten sie wissen. «Meine Frau hat mich aus dem Haus getrieben», antwortete er. Um mich kurz zu fassen: er brachte sie zuletzt mit seinen Wutanfällen ins Grab. Wenn sie auf anderer Leute Rat hin erklärte, sich von ihm scheiden lassen zu wollen, drohte er wegzulaufen und sie im Stich zu lassen. Einmal lief er tatsächlich weg und wurde erst auf der nach Janow führenden Straße, dicht beim Schlagbaum, wieder eingeholt. Die Frau erkannte, daß sie nichts mehr zu hoffen hatte. Sie legte sich also einfach ins Bett und starb. «Ich sterbe, und er ist daran schuld», erklärte sie. «Möge es ihm später nicht zur Last gelegt werden.» Die ganze Stadt geriet in Erregung. Ein paar Metzger und junge Heißsporne wollten ihm eine Lehre erteilen, denn die Frau stammte aus ihren Kreisen, aber das duldete die Gemeinde nicht – schließlich war er ein recht begüterter Mann. Die Toten sind, wie man zu sagen pflegt, begraben, und was die Erde einmal verschluckt hat, ist bald vergessen.

Mehrere Jahre verstrichen, ohne daß er sich wieder verheiratet hätte. Vielleicht fehlte es ihm dazu an innerem Antrieb, vielleicht auch nur an der rechten Gelegenheit. Jedenfalls blieb er Witwer. Die Frauen lachten sich darüber ins Fäustchen. Er wurde noch knauseriger, als er es schon gewesen war, und sah so ungepflegt aus, daß es geradezu abstoßend war. Nur am Samstag verzehrte er jeweils ein Stückchen Fleisch: Abfälle oder gefüllten Darm. Die Woche über aß er nur Hülsenfrüchte. Er buk selbst Brot aus Weizen und Kleie. Er kaufte auch kein Holz. Statt dessen zog er des Nachts mit einem Sack aus, um die Holzspäne in der Nähe der Bäckerei aufzulesen. Er hatte zwei tiefe Taschen, und alles, worauf sein Blick fiel, wurde darin verfrachtet: Knochen, Baumrinde, Schnüre und Tonscherben. Alles das versteckte er bei sich in der Bodenkammer. Es lag dort zu Haufen geschichtet, die fast bis ans Dach reichten. «Jede Kleinigkeit wird sich einmal als nützlich erweisen», pflegte er zu sagen. Er war zu allem anderen auch eine Art Gelehrter und konnte bei jedem Anlaß die Heilige Schrift zitieren, obwohl er in der Regel nicht allzuviel sprach.

Alle vermuteten, er würde für den Rest seines Lebens allein bleiben. Plötzlich verbreitete sich die schreckliche Nachricht, daß er sich mit Reb Faliks Finkl verlobt hatte. Wie sollte ich euch Finkl beschreiben! Sie war die Schönste im Städtchen und stammte aus bestem Hause. Ihr Vater, Reb Falik, war ein Großgrundbesitzer. Es hieß, er ließe seine Bücher in Seide binden. Jedesmal, wenn eine Braut zum Reinigungsbad geführt wurde, machten die Musikanten unter seinen Fenstern halt und spielten irgendeine Weise. Finkl war sein einziges Kind. Von sieben Kindern war sie allein am Leben geblieben.

Reb Falik verheiratete sie mit einem reichen jungen Mann aus Brod, wie es nur einen unter einer Million gab: gebildet und klug, ein richtiger Aristokrat. Ich habe ihn nur einmal im Vorübergehen gesehen. Er hatte gekräuselte Schläfenlocken und trug einen geblümten Kaftan, vornehme Schuhe und weiße Socken. Seine Hautfarbe: Milch und Blut. Aber das Schicksal wollte es anders. Gleich nach den sieben Tagen des Trausegens brach er zusammen. Man schickte nach Zische dem Bader, und der setzte Blutegel an und ließ ihn zur Ader, aber was kann man gegen das Schicksal ausrichten? Reb Falik ließ in höchster Eile mit seiner Kutsche einen Arzt aus Lublin holen, aber Lublin ist weit, und ehe man recht begriff, war alles bereits vorbei. Die ganze Stadt vergoß Tränen wie beim Kol-Nidre, dem feierlichen Beginn des Versöhnungsfestes. Der alte Rabbi – Friede seinem Gebein – hielt die Grabrede. Ich bin nur eine sündige Frau und verstehe nicht viel von Gelehrsamkeit, aber bis zum heutigen Tage sind mir die Worte des Rabbi im Gedächtnis geblieben. Alle haben sie sich eingeprägt. «Er bestellte Schwarzes und erhielt Weißes …», begann der Rabbi. So heißt es in der Gemara von einem Mann, der sich Tauben kommen ließ, aber der Rabbi – er ruhe in Frieden – meinte mit der Anspielung auf die Farben Hochzeitsgewänder und Leichentücher. Selbst Feinde der Familie trauerten. Wir jungen Mädchen benetzten des Nachts unsere Kopfkissen mit Tränen. Finkl, der zarten verwöhnten Finkl, verschlug es in ihrem bitteren Kummer die Sprache. Ihre Mutter war nicht mehr am Leben, und auch Reb Faliks Tage waren gezählt. Finkl erbte seinen ganzen Reichtum, aber was war das Geld jetzt nütze? Sie wollte von keinem anderen Freier mehr hören.

Plötzlich also vernahmen wir, daß Finkl Pelte heiraten werde. Die Nachricht machte an einem winterlichen Donnerstagabend die Runde, und alle durchfuhr ein Kälteschauer. «Dieser Mann ist des Teufels!» rief meine Mutter. «So einer sollte aus der Stadt gejagt werden.» Wir Kinder waren wie versteint. Ich pflegte damals allein zu schlafen, aber in jener Nacht kroch ich zu meiner Schwester ins Bett. Ich befand mich in einer Art Fieberzustand. Später erfuhren wir, daß die

Ehe durch einen Mann vermittelt worden war, der ein bißchen von diesem und ein bißchen von jenem und im ganzen ein Ekel war. Man sagte, er habe sich einmal von Pelte ein Exemplar der Gemara ausgeliehen und zwischen den Seiten einen Hundertrubelschein gefunden. Pelte hatte die Gewohnheit, Papiergeld in seinen Büchern zu verstecken. Was das eine mit dem anderen zu tun hatte, ahnte ich nicht – ich war damals noch ein Kind. Aber was macht es schon aus? Finkl gab ihre Zustimmung. Wenn Gott jemanden züchtigen möchte, schlägt Er ihn mit Blindheit. Viele liefen zu ihr, rauften sich das Haar, um sie von ihrem Entschluß abzubringen, aber sie blieb dabei. Die Hochzeit fand am Sabbat nach dem Wochenfest statt. Wie es bei der Heirat einer Jungfrau gebräuchlich ist, war der Traubaldachin vor der Synagoge aufgestellt, aber uns allen wollte es so vorkommen, als nähmen wir an einem Begräbnis teil. Ich stand in einer der beiden Reihen junger Mädchen, die Kerzen in der Hand hielten. Es war an einem Sommerabend, und es wehte kein Lüftchen, aber als der Bräutigam vorbeigeführt wurde, gerieten die Flammen ins Flackern. Ich zitterte vor Furcht. Die Geigen begannen mit einer Hochzeitsweise, aber es war wie ein Wehklagen, nicht wie Musik. Die Baßgeige trauerte. Ich würde keinem Menschen wünschen, so etwas jemals hören zu müssen. Offen gestanden würde ich auch lieber mit dieser Geschichte nicht fortfahren. Sie könnte euch Alpträume verursachen, und mir selber ist dabei nicht ganz geheuer zumute. Ihr wollt weiter hören? Nun schön. Dann müßt ihr mich aber später nach Hause begleiten. Heute nacht würde ich nicht allein heimzugehen wagen.

2

Wo war ich steckengeblieben? Ja, also Finkl wurde getraut. Sie glich eher einer Toten als einer Braut. Die Brautjungfern mußten sie stützen. Wer weiß – möglicherweise hatte sie doch ihren Sinn geändert. Aber war das ihre Schuld? Es war alles von oben verfügt. Ich habe einmal von einer Braut gehört, die schon unter dem Traubaldachin stand und trotzdem davonlief. Nicht aber Finkl. Sie hätte sich lieber bei lebendigem Leibe verbrennen lassen, als daß sie jemand anderen gedemütigt hätte.

Muß ich euch noch erzählen, wie alles ausging? Könnt ihr es nicht selber erraten? Möge allen Feinden Israels ein solches Ende beschieden sein. Immerhin muß ich sagen, daß Pelte diesmal mit seinen üblichen Kniffen zurückhielt. Im Gegenteil, er bemühte sich sogar, Finkl zu trösten. Aber was er bei ihr hervorrief, war eine finstere Schwermut. Sie versuchte, ganz in ihren häuslichen Pflichten aufzugehen. Und jüngere Frauen kamen auch stets zu ihr zu Besuch. Es war so viel Kommen und Gehen in ihrem Hause wie bei einer Niederkunft. Die Besucherinnen erzählten Geschichten, strickten, nähten und stellten Rätselfragen und taten alles, um Finkl abzulenken. Einige von ihnen begannen sogar anzudeuten, daß ihre, Finkls Ehe, doch keine so unmögliche Ehe sei. Pelte war reich und obendrein ein Gelehrter. Mochte er durch das Zusammenleben mit ihr nicht zuletzt noch ganz menschlich werden? Man rechnete damit, daß Finkl schwanger werden, ein Kind zur Welt bringen und sich zu guter Letzt noch an ihr Los gewöhnen werde. Gab es nicht auch sonst zahlreiche unstimmige Ehen in dieser Welt? Aber Finkl war ein anderes Schicksal zugedacht. Sie hatte eine Fehlgeburt und einen Blutsturz. Man mußte einen Arzt aus Zamosc holen. Er riet ihr, sich stets zu beschäftigen. Sie wurde kein zweites Mal schwanger, und nun begannen erst ihre eigentlichen Nöte. Pelte quälte sie, das wußten alle. Aber wenn man sie fragte: «Was tut er dir denn an?» erwiderte sie lediglich: «Nichts.» – «Wenn er dir nichts antut, warum hast du dann solche braunen und blauen Ringe um die Augen? Und warum schleichst du herum wie eine verirrte Seele?» Aber auch darauf wußte sie nur zu erwidern: «Ich weiß selbst nicht warum.»

Und wie lange ging das so weiter? Länger, als irgend jemand erwartet hatte. Wir alle glaubten, sie würde nicht länger durchhalten als ein Jahr, aber sie litt dreieinhalb Jahre lang. Sie brannte nieder wie eine Kerze. Verwandte suchten ihr zum

Besuch heißer Quellen zuzureden, aber sie wollte nicht fort. Zuletzt stand es so schlecht mit ihr, daß man für ihr Ende zu beten begann. Man sollte es eigentlich nicht sagen, aber einem Leben, wie es das ihre war, ist der Tod vorzuziehen. Sie verwünschte sich selbst. Unmittelbar vor ihrem Tod ließ sie den Rabbi kommen, um mit seiner Hilfe ihr Testament aufzusetzen. Wahrscheinlich hatte sie ihren Reichtum wohltätigen Stiftungen zukommen lassen wollen. Wem auch sonst? Etwa ihrem Mörder? Aber wieder machte ihr das Schicksal einen Strich durch die Rechnung. Eine ihrer jugendlichen Besucherinnen schrie plötzlich «Feuer», und alle sonst noch Anwesenden liefen hinaus, um ihr eigen Hab und Gut in Sicherheit zu bringen. Es stellte sich später heraus, daß es nirgends gebrannt hatte. «Warum hast du denn ‹Feuer› geschrien?» fragte man das Mädchen. Und sie erklärte, daß nicht sie es gewesen sei, die gerufen, sondern daß in ihrem Innern etwas laut aufgeschrien hätte. In der Zwischenzeit war Finkl verschieden, und Pelte erbte ihren gesamten Besitz. Nun war er der reichste Mann in der Stadt, und trotzdem feilschte er so lange um den Grabpreis, bis man auf die Hälfte herunterging. Bis zu diesem Tage war er noch nicht Weibstöter genannt worden. Daß jemand zweimal zum Witwer wird, ist schließlich nicht so ungewöhnlich. Aber nun hieß er allgemein: Pelte der Weibstöter. Die Jungen aus der Vorschule zeigten mit dem Finger auf ihn: «Hier kommt der Weibstöter.» Nach Ablauf der sieben Trauertage bestellte der Rabbi ihn zu sich. «Reb Pelte», sagte er, «Ihr seid jetzt der reichste Mann in Turbin. Die Hälfte aller Läden auf dem Marktplatz gehört Euch. Mit Gottes Hilfe habt Ihr es zu etwas gebracht. Es ist jetzt für Euch an der Zeit, Eure Lebensgewohnheiten zu wechseln. Wie lange wollt Ihr Euch noch von allen anderen abgesondert halten?» Aber Worte vermochten Pelte nicht zu beeindrukken. Man mochte irgendeine bestimmte Frage an ihn richten, und er sprach gleich von etwas völlig anderem; oder er nagte an seiner Lippe und sagte gar nichts – ebensogut hätte man die Wand anreden können. Als der Rabbi merkte, daß er nur seine Zeit vergeudete, ließ er ihn wieder gehen.

Eine Zeitlang hüllte sich Pelte in Schweigen. Wieder begann er sein eigenes Brot zu backen und Späne und Kiefernzapfen und Torf fürs Feuermachen zu sammeln. Er wurde gemieden wie die Pest. Selten fand er sich in der Synagoge ein. Jeder war froh, ihn nicht zu sehen. Jeweils am Donnerstag lief er mit seinem Rechnungsbuch herum, um Schulden oder Zinsen einzutreiben. Er hatte alles genau aufgeschrieben und vergaß auch nicht das Geringste. Wenn ein Ladenbesitzer erklärte, er habe jetzt nicht Geld genug für die Begleichung seiner Schulden, und ihn bat, ein andermal wiederzukommen, verließ er nicht etwa das Geschäft, sondern blieb einfach stehen und starrte aus seinen vorquellenden Augen den Ladenbesitzer an, bis dieser es satt hatte und mit seinem letzten Heller herausrückte. Den Rest der Woche verkroch er sich irgendwo in der Küche. Auf solche Weise vergingen mindestens zehn Jahre, vielleicht sogar elf; ich weiß es nicht mehr genau. Er mußte damals Ende Fünfzig oder möglicherweise schon über Sechzig gewesen sein. Niemand versuchte, ihm eine neue Ehe zu vermitteln.

Und dann trat tatsächlich eine Wendung ein, und gerade davon wollte ich euch erzählen. So wahr ich lebe: man könnte ein Buch darüber schreiben. Aber ich will mich kurz fassen. In Turbin lebte damals eine Frau, Slate das Rabenaas genannt. Einige nannten sie auch Slate der Kosak. Aus ihren Spitznamen könnt ihr bereits erraten, was für ein Mensch sie war. Es gehört sich nicht, über Tote zu schwatzen, aber die Wahrheit muß nun einmal heraus – sie war das niedrigste und niederträchtigste aller Frauenzimmer. Sie war ein Fischweib, und ihr Mann war ein Fischer gewesen. Man schämt sich zu berichten, was sie in ihrer Jugend tat. Sie war eine Schlampe – das wußten alle. Irgendwo hatte sie einen Bankert. Ihr Mann pflegte ursprünglich im Armenhaus zu arbeiten. Dort prügelte er die Kranken und raubte sie aus. Wieso er dann plötzlich Fischer wurde, weiß ich nicht, aber das spielt auch keine Rolle. Am Freitag standen beide gewöhnlich mit einem Korb voller Fische auf dem Markt und verwünschten jeden der Vorüberkommenden, gleichgültig ob er ihnen etwas abkaufte oder nicht. Flüche purzelten Slate auch sonst aus dem Munde wie aus einem rissigen Sack. Wenn jemand sich beklagte, daß sie beim Abwiegen betrog, packte sie einen Fisch am Schwanz und drosch damit auf den Kunden ein. Mehr als nur einer Frau riß sie die Perücke vom Kopf. Einmal war sie des Diebstahls bezichtigt worden. Sie lief zum Rabbi, beteuerte vor den schwarzen Kerzen und dem Brett, auf dem die Toten gewaschen wurden, mit einem falschen Eid ihre Unschuld. Ihr Mann hieß seltsamerweise Eber, er kam aus irgendeinem entlegenen Winkel Polens. Er starb, und sie blieb vorläufig Witwe. Sie war so verworfen, daß sie während der Bestattung unaufhörlich gellte: «Eber, vergiß nicht, alle unsere Nöte mit dir ins Grab zu nehmen.» Nach Ablauf der sieben Trauertage verkaufte sie wieder Fisch auf dem Markt. Da sie zänkisch war und alle beschimpfte, pflegten die Leute sie aufzuziehen. Eine Frau sagte zu ihr: «Wirst du nicht wieder heiraten, Slate?» Und sie erwiderte: «Warum nicht? Ich bin noch immer ganz schmackhaft.» Und doch war sie bereits eine alte Schachtel. «Wen willst du denn heiraten, Slate?» fragten die anderen sie, und sie dachte einen Augenblick nach und sagte dann: «Pelte.»

Die Frauen glaubten, sie scherze, und brachen in Lachen aus. Aber, wie ihr bald hören werdet, scherzte sie keineswegs.

3

Eine andere Frau sagte zu ihr: «Aber er ist ein Weibstöter!» und Slate entgegnete: «Wenn er ein Weibstöter ist, dann bin ich eine noch ärgere Mannstöterin. Eber war nicht mein erster Mann.» Wer hätte auch sagen können, wie viele sie schon vor ihm gehabt hatte! Sie stammte nicht aus Turbin – der Teufel hatte sie vom anderen Ufer der Weichsel herübergebracht. Niemand schenkte ihren Worten die geringste Beachtung, aber kaum eine Woche war verstrichen, da wußten alle bereits, daß Slate nicht ins Blaue hinein geredet hatte. Niemand wußte, ob sie Pelte einen Heiratsvermittler ins Haus geschickt oder die Ehe selbst zustande gebracht hatte – es kam jedenfalls zu einer Vermählung. Die ganze Stadt lachte – wie gut sie zusammenpaßten, Falschheit und Niedertracht. Und alle sagten das gleiche: «Wäre Finkl noch am Leben und müßte ansehen, wer ihre Nachfolgerin wird, dann würde sie jetzt vor Kummer sterben.» Schneidergesellen und Näherinnen begannen sogleich zu wetten, wer wen überleben werde. Die Gesellen erklärten, daß niemand es mit Pelte dem Weibstöter aufnehmen könne, und die Näherinnen behaupteten, Slate sei um einige Jahre jünger, und nicht einmal Pelte käme mehr zu Wort, sobald sie den Mund auftäte. Jedenfalls fand die Hochzeit statt. Ich war nicht mit dabei. Ihr wißt, daß es nicht sehr großartig hergeht, wenn ein Witwer eine Witwe heiratet. Aber andere, die mit dabei waren, hatten ihr Vergnügen. Die Braut war mächtig herausgeputzt. Am Sabbat erschien sie auf der Frauenestrade im Bethaus. Sie trug einen Hut mit einer wippenden Feder. Sie konnte nicht lesen. An jenem Sabbat begleitete ich zufällig eine junge Ehefrau in die Synagoge, und Slate stand ganz in meiner Nähe. Sie nahm jetzt Finkls Platz ein. Sie schwatzte und schnatterte die ganze Zeit, bis ich selbst fast vor Scham verging. Und wißt ihr, was sie sagte? Sie zog über ihren Mann her. «Jetzt, wo er mich hat, wird er nicht mehr lange mitmachen», sagte sie – genau mit diesen Worten. Ein richtiges Rabenaas – daran bestand kein Zweifel.

Eine Zeitlang sprach man nicht weiter von den beiden. Schließlich kann sich eine ganze Stadt nicht immer mit solchem Dreckszeug abgeben. Dann aber brach plötzlich wieder allgemeine Empörung aus. Slate hatte eine Magd gedingt, eine kleine Frau, die ihr Mann sitzengelassen hatte. Diese Magd erzählte schreckliche Geschichten. Pelte und Slate führten Krieg miteinander – das heißt, nicht nur sie beide, sondern auch die für sie zuständigen Sternbilder. Alles mögliche war passiert. Einmal hatte Slate mitten im Zimmer gestanden, und der Kronleuchter war herabgefallen. Er hatte sie um Zollbreite verfehlt. «Der Weibstöter ist wieder am Werke», sagte sie, «ich werde es ihm schon zeigen.» Am folgenden Tage spazierte Pelte auf dem Marktplatz umher. Er glitt aus, fiel in einen Graben und hätte sich um ein Haar das Genick gebrochen. Und jeden Tag geschah etwas Neues. Einmal entzündete sich der Ruß im Kamin, und das ganze Haus wurde fast zu Asche. Ein andermal fiel ein Sims vom Wandschrank herunter und hätte beinahe Pelte den Schädel zerschmettert. Für niemanden gab es mehr irgendwelchen Zweifel, daß der eine oder der andere von den beiden verschwinden mußte. Irgendwo steht geschrieben, daß jedermann eine ganze Schar von Teufeln hinter sich herzieht – tausend zur Linken und zehntausend zur Rechten. Wir hatten in der Stadt einen *malamed*, einen gewissen Reb Itsche der Geschlachtete – so war er zubenannt –, einen sehr vornehmen Mann, der über ‹jene› Fragen Bescheid wußte. Dieser ‹Medizinmann› behauptete, dies sei ein Fall von Kriegführung zwischen ‹ihnen›. Zuerst verlief alles noch einigermaßen ruhig. Das heißt, die Leute redeten zwar, aber das unselige Paar äußerte selbst kein Wort. Schließlich jedoch kam Slate über und über zitternd beim Rabbi angelaufen. «Rabbi», schrie sie, «ich kann es nicht mehr aushalten. Stellt Euch vor: ich hatte im Trog Teig geknetet und ihn mit einem Kissen zugedeckt. Ich wollte früh am Morgen aufstehen, um Brot zu backen. Mitten in der Nacht sehe ich den Teig auf meinem Bett liegen. Es ist sein Werk, Rabbi. Er ist entschlossen, mich umzubringen.» Zu jener Zeit war Reb Eisele Teumim, ein wahrer Heiliger, Rabbi in unserer Stadt. Er wollte seinen Ohren nicht trauen. «Warum sollte ein Mann solchen Unfug treiben?» fragte er. «Warum? Das solltet Ihr mir ja gerade erklären», erwiderte sie. «Bestellt ihn zu Euch, Rabbi – er soll Euch nur selber alles erzählen.» Der Gemeindediener holte Pelte herbei. Natürlich bestritt er alles. «Sie verdirbt mir den Ruf», stieß er hervor. «Sie will mich loswerden, um mein Geld zu haben. Sie hat durch einen Zauber bewirkt, daß in unserem Keller sich Wasser angesammelt hat. Ich stieg zufällig hinunter, um ein Stück Seil zu holen, und wäre um ein Haar ertrunken. Außerdem hat sie eine Unzahl von Mäusen ins Haus gelockt.» Pelte versicherte an Eides Statt, daß Slate nachts im Bett zu pfeifen beginne und daß dann sogleich in allen Löchern das Quieken und Rascheln von Mäusen vernehmlich werde. Er wies auf die

Narbe über einer der Augenbrauen und behauptete, eine Maus habe ihn dort gebissen. Als der Rabbi erkannte, mit wem er es hier zu tun hatte, sagte er: «Folgt meinem Rat und laßt Euch scheiden. Es ist besser für Euch beide.» – «Der Rabbi hat recht», sagte Slate. «Ich bin schon in diesem Augenblick dazu willens, aber er muß mir zur Abfindung die Hälfte seines Eigentums geben.» – «Ich werde dir nicht soviel wie den Gegenwert für eine Prise Schnupftabak geben!» schrie Pelte. «Und außerdem wirst du mir noch eine Bußzahlung leisten.» Er griff nach seinem Spazierstock und wollte sie schlagen. Nur mit Mühe war er zurückzuhalten. Als der Rabbi einsah, daß in diesem Falle Hopfen und Malz verloren waren, sagte er: «Geht Eurer Wege und laßt mich bei meinen Büchern.» Beide zogen also davon.

Von diesem Augenblick an hatte die Stadt keine Ruhe mehr. Es war richtig beängstigend, am Haus der beiden Streithähne vorbeizugehen. Stets waren die Fensterläden geschlossen, selbst zur Tageszeit. Slate verkaufte nicht länger Fische, und die beiden taten nichts anderes, als miteinander zu fechten. Slate war eine Riesin. Sie pflegte zu den Teichen der Grundbesitzer hinauszugehen und Netze ausspannen zu helfen. Im Winter stand sie mitten in der Nacht auf, und nicht einmal beim schlimmsten Frost machte sie von einer Heizpfanne Gebrauch. «Der Teufel wird nichts von mir wissen wollen», sagte sie. «Niemals friere ich.» Dafür begann sie nun plötzlich zu altern. Ihr Gesicht wurde grau und runzelig wie das einer Frau von siebzig. Sie rannte Fremden das Haus ein, um sich Rat zu holen. Einmal kam sie auch zu meiner Mutter – sie ruhe in Frieden – und bat, über Nacht bei ihr bleiben zu dürfen. Meine Mutter starrte sie an, als habe sie, Slate, den Verstand verloren. «Was ist denn passiert?» fragte sie. «Ich fürchte mich vor ihm», antwortete Slate. «Er möchte mich loswerden. Er entfacht jetzt Winde im Hause.» Obwohl die Fenster außen mit Lehm und innen mit Stroh abgedichtet wären, wehten stets starke Winde in ihrem Schlafzimmer. Sie schwor auch, ihr Bett hebe sich unter ihr in die Höhe und Pelte verbrächte halbe Nächte im Aborthäuschen – wenn ihr mir diesen Ausdruck gestattet. «Was tut er denn dort so lange?» fragte meine Mutter. «Er hat da draußen eine Freundin», erwiderte Slate. Ich selbst stand zufällig gerade im Alkoven und hörte alles mit an. Pelte mußte Umgang mit den Unreinen gehabt haben. Meine Mutter schauderte. «Höre, Slate», sagte sie, «gib ihm die *Dutzend Zeilen* und lauf ums liebe Leben. Wenn man mir mein eigenes Gewicht in Gold auszahlte, würde ich mit einem solchen Mann nicht unterm gleichen Dach leben wollen.» Aber ein Kosake ändert sich nicht. «So einfach wird er mich nicht loswerden», sagte Slate. «Erst will ich meine Abfindung haben.» Zu guter Letzt machte meine Mutter ihr auf der Sitzbank ein Schlaflager zurecht. In jener Nacht schlossen wir kein Auge. Noch vor Morgengrauen stand Slate auf und verschwand. Mutter konnte nicht wieder einschlafen und zündete in der Küche eine Kerze an. «Weißt du», sagte sie zu mir, «ich habe das Gefühl, sie wird aus seinen Klauen nicht lebend herausgelangen. Nun, es wäre immerhin kein großer Verlust.» Aber Slate war nicht Finkl. Wie ihr gleich hören werdet, gab sie so rasch nicht auf.

4

Was aber stellte sie nun an? Ich weiß es nicht. Man erzählt sich alle möglichen Geschichten, aber schließlich ist nicht alles zu glauben. Wir hatten in der Stadt eine alte Bauersfrau namens Kunigunde. Sie muß hundert Jahre alt oder sogar älter gewesen sein. Alle wußten, daß sie eine Hexe war. Ihr ganzes Gesicht war mit Warzen bedeckt, und sie ging beinahe auf allen vieren. Ihre Hütte befand sich am Rande der Stadt, wo es sandig ist, und wimmelte von allerhand Getier: Kaninchen und Meerschweinchen, Katzen und Hunden und sämtlichen Arten von Ungeziefer. Die Vögel flogen durchs Fenster herein und wieder hinaus. Es stank. Aber Slate stattete nun regelmäßig der Alten einen Besuch ab, ja verbrachte bei ihr ganze Tage. Die Alte verstand sich aufs Wachsgießen. Wurde ein Bauer krank, kam er zu ihr, und sie goß geschmolzenes Wachs, das zu allen möglichen seltsamen Figuren gerann und dadurch die Herkunft der Krankheit erklärte – auch wenn es dem Kranken nicht weiter half.

Was ich sagen wollte: man erzählte sich in der Stadt, diese Kunigunde hätte Slate einen bestimmten Zauber beigebracht. Jedenfalls war Pelte bald ein anderer Mann, war so weich wie Butter. Sie wollte von ihm das Haus auf ihren Namen überschrieben haben, und gleich heuerte er ein Pferdegespann an und begab sich aufs Rathaus, um die Überschreibung ins Grundbuch eintragen zu lassen. Dann begann sie auch, sich in die Verwaltung seiner Ladengeschäfte einzumischen. Nun war sie es, die jeweils am Donnerstag mit dem Zins- und Mietbuch die Runde machte. Sie verlangte unverzüglich höhere Summen. Die Ladenbesitzer schrien, sie würde ihnen noch das letzte Hemd ausziehen, worauf sie erwiderte: «Dann müßt ihr eben betteln gehen.» Man hielt eine Versammlung ab, und Pelte wurde herbeigerufen. Er war so schwach, daß er kaum gehen konnte. Er war vollständig taub. «Gar nichts kann ich tun», bemerkte er. «Alles gehört ihr. Wenn sie will, kann sie mich auf die Straße setzen.» Das würde sie auch getan haben, aber noch hatte er ihr nicht alles überschrieben. Er feilschte noch mit ihr. Die Nachbarn behaupteten, sie hungere ihn aus. Er pflegte zu ihnen ins Haus zu kommen und um ein Stück Brot zu betteln. Seine Hände zitterten. Alle konnten sehen, wie Slate ihren Willen durchsetzte. Einige waren froh – er mußte jetzt für das büßen, was er Finkl zugefügt hatte. Andere meinten, Slate werde die Stadt noch zugrunde richten. Es ist keine Kleinigkeit, wenn so viel Eigentum einem solchen Biest in die Hände fällt. Sie begann mit Bauen und Graben. Aus Janow ließ sie Handwerker kommen, die die Straßen vermaßen. Sie setzte sich eine Perücke mit Silberkämmchen auf und trug, wie eine richtige Freifrau, einen Beutel und einen Sonnenschirm. Schon früh am Morgen drang sie in verschiedene Häuser ein, und das, bevor die Betten gemacht waren, hämmerte dort auf den Tisch und schrie: «Ich werde euch mit eurem ganzen Gerümpel an die Luft setzen. Ich werde euch in das Gefängnis von Janow werfen lassen! Ich werde euch zu Bettlern machen!» Arme Leute versuchten, sich Liebkind bei ihr zu machen, aber sie hörte ihnen nicht einmal zu. Da begriffen endlich die anderen, daß man nicht klug daran tut, sich einen neuen König herbeizuwünschen.

Eines Nachmittags öffnete sich im Armenhaus die Tür, und herein trat, wie ein Bettler gekleidet, Pelte. Der Leiter des Armenhauses wurde von geisterhafter Blässe befallen. «Reb Pelte», rief er, «was tut Ihr denn hier?» – «Ich möchte jetzt hierbleiben», antwortete Pelte. «Meine Frau hat mich auf die Straße gesetzt.» Um mich kurz zu fassen: Pelte hatte seine gesamte Habe auf Slates Namen überschreiben lassen, bis auf das letzte Fädchen, schlechthin alles, und dann jagte sie ihn aus dem Hause. «Aber wie bringt man so etwas überhaupt fertig?» fragte man ihn. «Fragt mich nicht», antwortete er. «Sie hat mich erledigt! Ich bin kaum noch lebend herausgekommen.» Das Armenhaus geriet in Aufruhr. Einige verwünschten Pelte. «Als ob die Reichen nicht ohnehin genug hätten – nun kommen sie noch und wollen den Armen das Brot wegessen», riefen sie. Andere täuschten Mitgefühl vor. Kurz und gut – Pelte erhielt ein Bündel Stroh, das er in der Ecke auf dem Boden ausbreitete, und legte sich darauf nieder. Die ganze Stadt kam angelaufen, um sich das Schauspiel anzusehen. Auch ich war neugierig und rannte gleich mit. Wie ein Trauernder hockte er auf dem Boden und starrte jeden der Anwesenden mit seinen Glotzaugen an. «Warum sitzet Ihr denn hier, Reb Pelte, was ist denn aus Eurer ganzen Macht geworden?» wollten sie wissen. Zunächst blieb er, als bezöge er die Frage nicht auf sich selbst, ihnen die Antwort schuldig, und später sagte er: «Sie hat mich doch noch nicht ganz auf die Knie gezwungen.» – «Wie willst du denn gegen sie an?» fragten die Bettler höhnisch. Sie machten ihn zur Zielscheibe ihres Gespötts. Aber seid nicht zu vorschnell mit euren Schlußfolgerungen. Ihr kennt das alte Sprichwort: «Wer zuletzt lacht, lacht am besten.»

Mehrere Wochen lang wütete Slate wie ein richtiger Teufel. Die ganze Stadt stellte sie auf den Kopf. Genau in der Mitte des Marktes, dicht bei den Läden, ließ sie eine Grube ausheben, und von gedungenen Arbeitern ließ sie Kalk mischen. Dann wurden Holzklötze herbeigeschleppt und Backsteine aufeinandergetürmt, so daß niemand mehr vorbeigehen konnte. Dächer wurden abgerissen, und aus Janow kam ein Notar, um von dem Hab und Gut aller ihrer Mieter ein Inventar anzufertigen. Slate kaufte sich eine Kutsche und ein Gespann feuriger Pferde, und jeden Nachmittag fuhr sie spazieren. Sie trug jetzt spitz zulaufende Schuhe und ließ das Haar wieder wachsen. Sogar mit dem Gojim im Christenviertel begann sie anzubändeln. Sie kaufte zwei bösartige Hunde, richtige Bluthunde, damit niemand wagte, an ihrem Haus noch vorbeizugehen. Sie stellte jetzt auch den Verkauf von Fischen ein. Wozu hätte sie ihn noch nötig gehabt? Aber aus schierer Gewohnheit mußte sie Fische um sich haben, und darum füllte sie die Badewannen in ihrem Hause mit Wasser, und dieses mit Karpfen und Hechten. Sie hielt sich sogar in einer großen Wanne nichtkoschere Fische und Hummer und Frösche und Aale. Man munkelte in der Stadt, sie könne jeden Tag eine Christin werden. Einige behaupteten, am Passahfest sei der katholische Priester bei ihr im Hause gewesen und habe es mit Weihwasser besprengt. Man fürchtete sogar, sie könne die Gemeinde bei den polnischen Behörden denunzieren – ein Mensch wie sie war schlechthin zu allem fähig.

Plötzlich kam sie beim Rabbi angelaufen. «Rabbi», sagte sie, «laßt den Pelte holen. Ich möchte mich von ihm scheiden lassen.» – «Und warum wollt Ihr das?» fragte der Rabbi. «Möchtet Ihr einen anderen heiraten?» – «Ich weiß noch nicht», erwiderte sie. «Möglicherweise ja, möglicherweise nein. Aber ich möchte nicht mehr das Weib eines Weibstöters sein. Ich bin sogar willens, ihn auf irgendeine Weise zu entschädigen.» Der Rabbi bestellte Pelte zu sich, und er kam angekrochen. Alle Turbiner waren vor des Rabbi Hause zusammengekommen. Der arme Pelte, er war mit allem einverstanden. Seine Hände zitterten wie im Fieber. Reb Moische der Stadtschreiber setzte die Scheidungsurkunde auf. Ich sehe ihn noch vor mir, als wäre es gestern gewesen. Er war ein kleiner Mann und hatte eine komische Marotte. Er linierte das Papier mit Hilfe eines Federmessers und wischte dann den Gänsefederkiel an seinem Käppchen ab. Die Zeugen, die die Urkunde zu unterschreiben hatten, wurden über ihre Pflichten belehrt. Zu ihnen gehörte auch mein Mann – er ruhe in Frieden –, weil er eine so schöne Handschrift hatte. Slate räkelte sich in einem Sessel und lutschte Zuckerzeug. Ach ja, ich habe noch nicht erwähnt, daß sie zweihundert Rubel auf den Tisch gelegt hatte. Pelte erkannte die Münzen – er hatte früher die Angewohnheit gehabt, sein Geld zu markieren. Der Rabbi gebot Schweigen, aber Slate brüstete sich den anderen Frauen gegenüber, daß sie möglicherweise einen «Grundbesitzer» heiraten werde, daß sie aber, solange sie den Weibstöter zum Ehemann habe, ihres Lebens nicht sicher sei. Bei diesen Worten lachte sie selbst so laut auf, daß die Leute draußen es hören konnten.

Als alles bereit war, begann der Rabbi die beiden auszufragen. Ich erinnere mich noch heute an seine Worte: «Höre, Paltiel, Sohn des Schneur Salman» – das war der Name, mit dem Pelte ans Vorlesepult gerufen wurde – «möchtest du dich von deiner Frau scheiden lassen?» Er führte noch einiges aus der Gemara an, aber ich kann es nicht wörtlich wiedergeben. «Sag ja», wies er Pelte an. «Sag einmal ja, nicht zweimal.» Pelte sagte Ja. Wir konnten es kaum hören. «Höre, Slate Golde, Tochter des Jehuda Treitel. Willst du dich von deinem Ehemann Paltiel scheiden lassen?» – «Ja!» schrie Slate, und in diesem Augenblick schwankte sie und fiel ohnmächtig zu Boden. Ich habe es selbst mitangesehen, und ich sage euch die Wahrheit. Ich spürte, wie mir das Gehirn im Schädel fast barst. Ich glaubte auch, ich würde selber zusammenbrechen. Rings um mich her Geschrei und Getümmel. Alles stürzte zu Slate hin, sie wieder zur Besinnung bringen zu helfen. Man goß Wasser über sie, stach sie mit Nadeln, rieb sie mit Essig ab und zerrte an ihrem Haar. Auch Asriel der Heilkundige kam eilig herbei und machte hier und da kleine Schnitte. Noch immer atmete sie, aber sie war nicht mehr die gleiche. Möge Gott uns vor Ähnlichem schützen. Ihr Mund war verzogen, und Speichel kam daraus hervor. Ihre Augen hatten sich nach oben verdreht, und ihre Nase war so weiß wie die einer Toten. Die näher bei ihr stehenden Frauen hörten sie noch murmeln: «Der Weibstöter! Er ist mir doch über!» Und das waren ihre letzten Worte.

Beim Begräbnis kam es fast zu einem Krawall. Pelte saß wieder auf hohem Roß. Außer seinem eigenen Hab und Gut hatte er nun noch ihren Reichtum. Ihr Schmuck war allein ein Vermögen wert. Die Beerdigungsbruderschaft verlangte eine beträchtliche Summe, aber Pelte rührte sich nicht. Die anderen schrien, mahnten, beschimpften ihn. Sie bedrohten ihn mit Ausschluß aus der Gemeinde. Ebensogut hätten sie eine Wand anreden können! «Ich gebe keinen roten Heller her; mag sie nur verfaulen», sagte er. Man würde sie auch unbestattet gelassen haben, aber es war Sommer, und es herrschte gerade damals eine solche Hitze, daß man eine Seuche zu befürchten hatte. Kurz und gut, einige Frauen nahmen sich der Toten an – was hätte man sonst auch tun sollen? Die Leichenträger weigerten sich, sie fortzuschaffen, und darum mietete man einen Karren. Sie wurde ganz in der Nähe der Einzäunung beigesetzt, mitten unter den Totgeborenen. Trotzdem sprach Pelte über ihrem Grab das Totengebet – dazu wenigstens ließ er sich herbei.

Von diesem Augenblick an blieb der Weibstöter für immer allein. Die anderen hatten solche Furcht vor ihm, daß sie es vermieden, an seinem Haus vorbeizugehen. Die Mütter schwangerer junger Frauen duldeten in deren Gegenwart keine Erwähnung seines Namens, es sei denn, jene hätten zuvor zwei Schürzen angelegt, die eine vorn, die andere hinten. Die kleinen Abc-Schützen legten die Finger an die Fransen ihres Gebetstuchs, bevor sie seinen Namen aussprachen. Und nichts wurde aus all der Bauerei und Umbauerei. Die Backsteine wurden davongetragen, der Kalk wurde gestohlen. Die Kutsche mitsamt dem Pferdegespann verschwand – Pelte mußte beides verkauft haben. Das Wasser in den Badewannen verdunstete, und die Fische gingen ein. Im Hause befand sich ein Käfig mit einem Papagei. Er kreischte: «Ich bin hungrig» – er konnte Jiddisch reden –, bis er zuletzt tatsächlich verhungerte. Pelte ließ die Fensterläden fest zunageln und sie nie wieder öffnen. Er ging sogar nicht mehr aus, um die Groschen bei den Ladenbesitzern einzusammeln. Den ganzen Tag lag er auf seiner Bank und schnarchte oder döste auch nur vor sich hin. Lediglich bei Nacht ging er aus, um Späne aufzulesen. Einmal wöchentlich wurden ihm zwei Brotlaibe aus der Bäckerei zugestellt, und die Bäckersfrau kaufte für ihn Zwiebeln und Knoblauch und Radieschen und gelegentlich ein Stück trockenen Käse ein. Niemals aß er Fleisch. Niemals besuchte er am Sabbat die Synagoge. In seinem Haus gab es keinen Besen, und der Schmutz türmte sich. Selbst am Tag liefen Mäuse herum, und vom Gebälk hingen Spinnweben herab. Das Dach wurde durchlässig und nie wieder repariert. Die Wände moderten und knickten ein. Alle paar Wochen munkelte man, es stünde mit dem Weibstöter nicht zum besten, er sei krank oder liege bereits im Sterben. Die Mitglieder der Beerdigungsbruderschaft rieben sich bereits erwartungsvoll die Hände. Aber gar nichts geschah. Er lebte länger als alle anderen. Er lebte so lange, daß die Bewohner von Turbin bereits mit der Möglichkeit rechneten, er könnte für immer am Leben bleiben. Und warum auch nicht? Vielleicht lag eine besondere Art von Segen auf ihm, oder der Todesengel hatte ihn vergessen. Möglich ist alles.

Immerhin dürft ihr ganz beruhigt sein: der Todesengel hatte ihn nicht vergessen. Aber zu jener Zeit war ich selbst schon nicht mehr in Turbin. Er muß ungefähr hundert Jahre alt geworden sein, vielleicht sogar noch älter. Nach der Bestattung wurde in seinem Haus das Unterste zuoberst gekehrt, aber nichts Wertvolles ward mehr gefunden. Die Truhen waren verfault. Gold und Silber waren verschwunden. Geld und Banknoten zerfielen in dem Augenblick zu Staub, in dem ein Lufthauch sie streifte. Es war auch verlorene Liebesmüh, in den Kehrichthaufen zu wühlen. Der Weibstöter hatte alles und alle überlebt: seine Frauen, seine Feinde, sein Geld, seine Habe, die Gefährten seiner Jugend. Alles, was von seinem Leben übrigblieb – Gott möge mir diese Feststellung verzeihen –, war ein Häufchen Staub.

Italo Svevo

Feuriger Wein

Eine Nichte meiner Frau heiratete in dem Alter, in dem die jungen Mädchen aufhören, solche zu sein, und zu alten Jungfern verkümmern. Die Ärmste hatte noch bis vor kurzem versucht, sich dem Leben zu verweigern, war dann aber durch das Drängen der ganzen Familie dazu gebracht worden, sich ihm wieder zuzuwenden und ihren Wunsch nach Reinheit und Religion aufzugeben; sie hatte sich bereit gefunden, mit einem jungen Mann, den die Familie als gute Partie für sie ausgesucht hatte, zu sprechen. Und schon war es aus mit der Religion und den Träumen von tugendhafter Einsamkeit! Die Hochzeit wurde sogar früher angesetzt, als die Verwandten es gewünscht hatten. Und nun saßen wir also am Polterabend beim Essen.

Ich, als alter Fuchs, lachte. Was hatte der junge Mann gemacht, um sie so rasch umzustimmen? Wahrscheinlich hatte er sie in die Arme genommen, um sie die Lust am Leben spüren zu lassen, und er hatte sie wohl eher verführt als überzeugt. Deshalb mußte man ihnen auch sehr viel Glück wünschen. Alle, die heiraten, können Glückwünsche brauchen, aber dieses junge Mädchen mehr als alle anderen. Welches Unglück, wenn sie eines Tages bereuen müßte, daß sie sich auf diesen Weg hatte zurücklocken lassen, vor dem ihr Instinkt sie gewarnt hatte. Und auch ich begleitete manches Glas mit Glückwünschen, die selbst auf diesen Sonderfall paßten: «Seid ein oder zwei Jahre glücklich, dann werdet ihr die anderen langen Jahre im dankbaren Gedenken, genossen zu haben, leichter ertragen. Die Freude läßt Bedauern zurück, und wenn das auch ein Schmerz ist, so doch einer, der den tiefen, den wahren Schmerz des Lebens überdeckt.»

Es sah nicht so aus, als empfände die Braut ein Bedürfnis nach so vielen Glückwünschen. Mir schien vielmehr, als sei ihr

Gesicht geradezu erstarrt in einem Ausdruck vertrauensvoller Hingabe. Es war jedoch der gleiche Ausdruck wie damals, als sie ihren Willen verkündet hatte, sich in ein Kloster zurückzuziehen. Auch dieses Mal legte sie ein Gelübde ab, das Gelübde, ihr ganzes Leben lang froh zu sein. Es gibt Leute, die eben immerzu Gelübde ablegen. Würde sie dieses Gelübde besser halten als das vorige?

Alle anderen an der Tafel waren von heiterer Ungezwungenheit, wie Zuschauer es immer sind. Mir fehlte diese Ungezwungenheit völlig. Es war ein denkwürdiger Abend auch für mich. Meine Frau hatte bei Doktor Paoli erreicht, daß es mir an diesem Abend erlaubt sein sollte, zu essen und zu trinken wie alle anderen. Diese Freiheit war durch die Mahnung, daß sie mir schon am nächsten Tag wieder genommen würde, noch kostbarer geworden. Und ich benahm mich genauso wie die jungen Leute, denen man zum erstenmal den Hausschlüssel läßt. Ich aß und trank nicht aus Hunger oder Durst, sondern in der Gier nach Freiheit. Jeder Bissen, jeder Schluck sollte meine Unabhängigkeit demonstrieren. Ich öffnete den Mund weiter, als es nötig gewesen wäre, um die einzelnen Bissen hineinzuschieben, der Wein floß aus der Flasche in mein Glas, bis es überlief, und im nächsten Augenblick hatte ich es schon wieder geleert. Ich spürte einen Drang, mich zu bewegen, und obwohl ich wie festgenagelt auf meinem Stuhl saß, hatte ich das Gefühl, als liefe und spränge ich herum wie ein Hund, den man von der Kette gelassen hat.

Meine Frau verschlimmerte meinen Zustand noch, indem sie ihrer Nachbarin schilderte, welchen Diätvorschriften ich für gewöhnlich unterworfen war, während meine fünfzehnjährige Tochter Emma ihr zuhörte und sich wichtig machte, indem sie die Ausführungen ihrer Mutter noch hier und da ergänzte. Wollten sie mich unbedingt an die Kette erinnern, auch noch in dem Augenblick, in dem sie mir abgenommen worden war? Und alle meine Qualen wurden beschrieben: wie sie das bißchen Fleisch abwogen, das mir mittags erlaubt war, und ihm jeden Geschmack nahmen, und wie es abends nicht einmal mehr etwas abzuwiegen gab, da das Abendessen nur aus einem Brötchen mit einem Hauch von Schinken und einem Glas warmer Milch ohne Zucker bestand, von der mir fast übel wurde. Und während sie so sprachen, machte ich mir meine eigenen Gedanken über die Wissenschaft des Doktors und über ihre Liebe. Wenn mein Organismus wirklich so zerrüttet war, wie konnte man dann annehmen, daß er an diesem Abend – nur weil das Kunststück geglückt war, jemanden zu verheiraten, der es aus eigenem Antrieb nicht getan hätte – plötzlich soviel unverdauliches und schädliches Zeug vertragen würde? Beim Trinken bereitete ich mich auf die Rebellion des kommenden Tages vor. Die würden Augen machen!

Die anderen blieben beim Champagner, ich aber kehrte, nachdem ich einige Gläser getrunken hatte, um bei den verschiedenen Trinksprüchen Bescheid zu tun, zu dem einfachen Tischwein zurück, einem trockenen, sauberen istrischen Wein, den ein Freund des Hauses zu diesem Anlaß geschickt hatte. Ich liebte diesen Wein, wie man seine Erinnerungen liebt, und mißtraute ihm nicht, noch war ich überrascht, daß er, statt mir Heiterkeit und Vergessen zu schenken, den Zorn in meinem Herzen größer werden ließ.

Wie sollte ich auch nicht zornig sein? Man hatte mich eine scheußliche Zeit durchmachen lassen. Verängstigt und elend hatte ich jeden großzügigen Trieb in mir erstickt, um ihn durch Pillen, Tropfen und Pülverchen zu ersetzen. Kein Sozialismus mehr. Was ging es mich an, wenn Grund und Boden, entgegen jeder noch so einsichtigen Folgerung der Wissenschaft, weiterhin Gegenstand des Privatbesitzes blieben? Wenn deshalb so vielen das tägliche Brot und jenes Maß an Freiheit, das jeden Tag des Menschen verschönern sollte, versagt wurden? Hatte ich etwa das eine oder das andere?

An diesem seligen Abend versuchte ich der zu werden, der ich gewesen war. Als mein Neffe Giovanni, ein Riese, der gut zwei Zentner wiegt, mit seiner Stentorstimme gewisse Geschichtchen über seine Gerissenheit und die Einfältigkeit der anderen in geschäftlichen Dingen zu erzählen begann, fand ich in meinem Herzen den früheren Altruismus wieder. «Was wirst du tun», schrie ich ihn an, «wenn der Kampf unter den Menschen kein Kampf ums Geld mehr sein wird?»

Für einen Augenblick verschlug es Giovanni die Sprache bei meiner unerwarteten, rigorosen Frage, die seine ganze Welt zu erschüttern drohte. Er starrte mich mit seinen durch die Brille vergrößerten Augen an. Er suchte in meinem Gesicht nach Erklärungen. Alle schauten ihn an und hofften, über eine seiner Antworten lachen zu können, Antworten eines ungebildeten, intelligenten Geldsacks mit einem naiven, aber boshaften Witz, der immer überrascht, obwohl er auch schon vor Sancho Pansa bekannt war; er gewann indessen Zeit, indem er sagte, der Wein trübe zwar allen den Blick für die Gegenwart, mir aber verneble er die Zukunft. Das war schon nicht schlecht, aber dann glaubte er, noch etwas Besseres gefunden zu haben, und brüllte: «Wenn niemand mehr ums Geld kämpfen wird, werde ich es ohne Kampf kriegen – alles, alles.» Man lachte viel, besonders darüber, wie er mehrere Male seine kräftigen Arme ausbreitete und dann wieder schloß, wobei sich die offenen Hände zu Fäusten ballten, als raffe er bereits das Geld zusammen, das ihm von allen Seiten her zuströmen müsse.

Die Debatte ging weiter, und keiner bemerkte, daß ich, wenn ich nichts redete, trank. Und ich trank viel und sagte wenig, ganz darauf bedacht, mein Inneres zu erforschen, um zu sehen, ob es sich endlich wieder mit Wohlwollen und Altruismus fülle. Es brannte ein wenig, dieses Innere. Doch es war ein Brennen, das sich später in eine milde Wärme verwandeln würde, in das Gefühl, wieder jung zu sein, das der Wein einem gibt, wenn auch leider nur für kurze Zeit.

Und während ich darauf wartete, rief ich Giovanni zu: «Wenn du das Geld kassierst, das die anderen ablehnen, werden sie dich ins Loch stecken.»

Aber Giovanni rief sofort zurück: «Dann werde ich die Wärter bestechen und die einsperren lassen, die kein Geld haben, um sie zu bestechen.»

«Aber mit Geld wird man dann keinen mehr bestechen können.»

«Und warum sollte man es mir dann nicht lassen?»

Ich geriet in maßlosen Zorn: «Wir werden dich aufhängen», brüllte ich. «Du verdienst es nicht besser. Den Strick um den Hals und Gewichte an die Beine!»

Verblüfft brach ich ab. Mir schien, daß ich meinen Gedanken nicht richtig zum Ausdruck gebracht hatte. War ich denn wirklich so – ich? Nein, gewiß nicht. Ich überlegte: Wie konnte ich zu meiner Liebe zu allen lebenden Wesen zurückfinden, zu denen doch auch Giovanni gehören mußte? Ich lächelte ihm sofort zu, in einer ungeheuren Anstrengung, mich zu korrigieren, ihm zu verzeihen und ihn zu lieben. Aber er hinderte mich daran, denn er achtete überhaupt nicht auf mein wohlwollendes Lächeln und sagte, als resigniere er bei der Feststellung einer Ungeheuerlichkeit: «So ist es eben, alle Sozialisten enden in der Praxis als Henker.»

Er hatte mich besiegt, aber ich haßte ihn. Er zog mein ganzes Leben in den Schmutz, auch mein früheres, vor der Einmischung des Doktors, dem ich nachtrauerte, weil es in der Erinnerung so hell schien. Er hatte mich besiegt, weil er genau den Zweifel bloßlegte, der mich schon vor seinen Worten so geängstigt hatte.

Und gleich darauf traf mich eine neue Strafe.

«Wie gut er ausschaut», sagte meine Schwester, wobei sie mich mit Wohlgefallen betrachtete, und das war eine unglückliche Bemerkung, denn kaum hatte meine Frau sie gehört, witterte sie auch schon die Möglichkeit, dieses übertriebene Wohlbefinden, das mir das Gesicht rötete, könnte in um so schlimmere Krankheit umschlagen. Sie erschrak, als hätte sie in diesem Augenblick jemand vor einer unmittelbaren Gefahr gewarnt, und fiel heftig über mich her: «Schluß jetzt, Schluß!» schrie sie. «Weg mit dem Glas!» Sie rief meinen Nachbarn zu Hilfe, einen gewissen Alberi, einen der längsten Männer der Stadt, mager, dürr und gesund, aber bebrillt wie Giovanni. «Seien Sie doch so gut und nehmen Sie ihm das Glas aus der Hand!» Und als sie sah, daß Alberi zögerte, wurde sie ganz wild vor Sorge und Aufregung: «Herr Alberi, seien Sie doch so gut und nehmen Sie ihm das Glas weg!»

Ich wollte lachen, das heißt, ich sagte mir, daß ein gebildeter Mensch nun lachen müsse, aber es war mir unmöglich. Ich hatte die Rebellion erst für den nächsten Tag vorgehabt, es war nicht meine Schuld, wenn sie nun sofort ausbrach. Diese Zurechtweisung vor allen Leuten war wirklich beleidigend. Alberi, dem ich, meine Frau und all die Leute, die ihn mit Essen und Trinken traktierten, völlig gleichgültig waren, verschlimmerte meine Situation noch, indem er sie ins Lächerliche zog. Er schielte über die Brille hinweg auf das Glas, das ich fest umschlossen hielt, näherte sich ihm mit den Händen, als ob er es mir entreißen wolle, und zog sie dann schnell wieder zurück, als habe er Angst vor mir, der ich ihm ins Auge sah. Alle lachten auf meine Kosten, Giovanni wie üblich so laut, daß ihm die Luft wegblieb.

Meine Tochter Emma glaubte, die Mutter brauche ihre Hilfe. In einem Ton, der mir übertrieben flehend vorkam, sagte sie: «Papa, trink nicht mehr!»

Und auf diese Unschuldige entlud sich nun mein ganzer Zorn. Ich fuhr sie mit einem harten und drohenden Wort an, das mir vom Ressentiment des Alten und des Vaters diktiert wurde. Sofort standen ihr die Tränen in den Augen, und ihre Mutter kümmerte sich nicht mehr um mich, sondern wandte sich ganz ihr zu, um sie zu trösten.

Mein Sohn Ottavio, damals dreizehn, lief genau in dem Augenblick zu seiner Mutter. Er hatte nichts bemerkt, weder den Kummer der Schwester noch den Streit, der ihn hervorgerufen hatte. Er wollte um Erlaubnis bitten, am nächsten Abend mit einigen Freunden, die ihm das eben vorgeschlagen hatten, ins Kino zu gehen. Aber meine Frau, die ganz von ihrem Amt als Trösterin Emmas in Anspruch genommen war, hörte ihm nicht zu.

Ich wollte mich durch einen Akt der Autorität wieder aufrichten und schmetterte meine Erlaubnis: «Ja, natürlich, du gehst ins Kino. Das erlaube *ich* dir, und damit Schluß.» Ohne noch anderes hören zu wollen, kehrte Ottavio zu seinen Freunden zurück, nachdem er zu mir gesagt hatte: «Danke, Papa.» Schade, daß er gleich wieder fortlief. Wäre er bei uns geblieben, hätte mich der Anblick seiner Freude, die mein Machtwort bewirkt hatte, besänftigt.

Die gute Stimmung an unserem Tisch war für einige Augenblicke dahin, und ich hatte das Gefühl, auch der Braut gegenüber gefehlt zu haben, für die unsere ungetrübte Stimmung doch von guter Vorbedeutung sein sollte. Und dabei war sie die einzige, die meinen Kummer verstand, jedenfalls schien es mir so. Sie blickte mich geradezu mütterlich an, bereit, mir zu verzeihen und mich zu streicheln. Dieses Mädchen hatte immer den Anschein erweckt, als sei sie sich ihres Urteils völlig sicher. Wie damals, als sie nach dem Klosterleben strebte, glaubte sie sich auch jetzt allen überlegen, weil sie darauf verzichtet hatte. Nun erhob sie sich über mich, meine Frau und meine Tochter. Wir taten ihr leid, und ihre schönen grauen Augen richteten sich heiter gelassen auf uns, um zu ergründen, wo die Schuld liege, denn ihrer Meinung nach mußte, wo Schmerz war, auch eine Schuld zu finden sein.

Das erhöhte in mir noch den Groll gegen meine Frau, deren Verhalten uns diese Demütigung zugezogen hatte. Es machte uns allen, auch den Armseligsten an dieser Tafel, unterlegen. Dort unten, am Tischende, hatten sogar die Kinder meiner Schwägerin aufgehört zu schwatzen und kommentierten mit zusammengesteckten Köpfen den Vorfall. Ich packte mein Glas, im Zweifel, ob ich es leeren oder an die Wand oder gar gegen das Fenster auf der anderen Seite schleudern sollte. Schließlich leerte ich es in einem Zug. Das war der energischste Akt, weil er meine Unabhängigkeit demonstrierte. Mir schien es der beste Wein, den ich an diesem Abend getrunken hatte. Ich verlängerte den Akt, indem ich mir noch einmal einschenkte und noch einmal einen Schluck trank. Aber die Freude wollte sich nicht einstellen, und das ganze übersteigerte Leben, das inzwischen meinen Organismus durchströmte, war Groll. Mir kam eine merkwürdige Idee. Meine Rebellion allein genügte nicht, um all die Verworrenheit aufzulösen. Sollte ich nicht auch der Braut vorschlagen, mit mir zu rebellieren? Zum Glück lächelte sie gerade in diesem Augenblick zärtlich dem Mann zu, der vertrauensvoll neben ihr saß. Und ich dachte: Sie hat noch keine Ahnung und glaubt, sie wisse, worauf es ankommt.

Ich entsinne mich noch, daß Giovanni sagte: «Laßt ihn doch trinken, der Wein ist die Milch der Alten.» Ich blickte ihn an und verzog mein Gesicht zu einem Lächeln, aber es gelang mir nicht, ihn zu mögen. Ich wußte, daß es ihm nur um die gute Stimmung ging und daß er mich besänftigen wollte wie ein ungezogenes Kind, das eine Zusammenkunft von Erwachsenen stört.

Ich trank danach wenig und nur dann, wenn sie zu mir herschauten, und sagte kein Sterbenswörtchen mehr. Überall um mich herum war fröhliches Gekreische, und es ging mir auf die Nerven. Ich hörte nicht zu, aber es war schwierig, wegzuhören. Alberi und Giovanni waren sich in die Haare geraten, und es machte allen Spaß zu sehen, wie sich der Dicke mit dem Mageren herumschlug. Um was es ging, weiß ich nicht, aber ich hörte vom einen wie vom anderen ziemlich heftige Worte. Ich sah, wie Alberi dastand, sich zu Giovanni hinüberbeugte und seine Brille fast bis über die Tischmitte schob, ganz nahe an den Gegner heran; der streckte seine zwei Zentner zwanzig bequem in einem Liegestuhl aus, den man ihm nach dem Essen zum Spaß hingestellt hatte, und musterte Alberi mit dem Blick des guten Fechters, als überlege er, wohin er den Stoß richten solle. Aber auch Alberi machte keine üble Figur, so dürr und dennoch gesund, wie er war, beweglich und munter.

Und ich entsinne mich auch der Glückwünsche und des endlosen Abschiednehmens beim Aufbruch. Die Braut küßte mich mit einem Lächeln, das mir immer noch mütterlich erschien. Zerstreut nahm ich diesen Kuß entgegen. Ich überlegte, wann es mir vergönnt sein würde, ihr etwas von diesem Leben zu erklären.

Plötzlich wurde, von irgend jemandem, ein Name genannt, der Name einer Freundin meiner Frau und einer ehemaligen Freundin von mir: Anna. Ich weiß nicht von wem noch in welchem Zusammenhang, aber ich weiß, daß es der letzte Name war, den ich hörte, ehe ich von der Tischgesellschaft in Ruhe gelassen wurde. Seit Jahren pflegte ich Anna oft bei meiner Frau zu sehen und mit der Freundschaftlichkeit und Gleichgültigkeit von Leuten zu begrüßen, die keinen Grund haben, sich dagegen zu verwahren, daß sie in derselben Stadt und in derselben Epoche geboren wurden. Doch jetzt fiel mir ein, daß sie vor vielen Jahren Opfer meines einzigen Liebesdelikts gewesen war. Ich hatte ihr fast bis zu dem Tag, an dem ich meine Frau heiratete, den Hof gemacht. Aber dann hatte niemand mehr über meinen Verrat gesprochen, der so abrupt gewesen war, daß ich nicht einmal versucht hatte, ihn auch nur mit einem einzigen Wort zu beschönigen, denn bald darauf hatte auch sie sich verheiratet und war sehr glücklich geworden. Sie war nicht zu unserem Essen gekommen, weil sie wegen einer leichten Grippe das Bett hüten mußte. Nichts Ernstes. Seltsam und beängstigend war dagegen, daß ich mich jetzt an mein Liebesdelikt erinnerte, das nun mein ohnehin schon beunruhigtes Gewissen bedrückte. Ich hatte geradezu das Gefühl, daß in diesem Augenblick mein altes Delikt bestraft werden sollte. Von seinem Lager aus, das aller Wahrscheinlichkeit das einer Genesenden war, hörte ich mein Opfer beteuern: «Wenn es eine Gerechtigkeit gibt, darfst du nicht glücklich sein.» Tief bedrückt ging ich in mein Schlafzimmer. Ich war ein wenig verwirrt, denn es erschien mir nicht gerecht, daß nun meine Frau dazu ausersehen sein sollte, die zu rächen, die sie selbst verdrängt hatte.

Emma kam, mir gute Nacht zu sagen. Lächelnd, rosig, frisch. Die Tränen in ihren Augen waren der Lebensfreude gewichen, wie es bei allen gesunden und jungen Organismen der Fall ist. Seit einiger Zeit verstand ich mich auf die Seelen meiner Mitmenschen, und meine Tochter war durchsichtig wie klares Wasser. Mein Wutausbruch hatte ihr vor aller Augen Wichtigkeit verliehen, das genoß sie in voller Naivität. Ich gab ihr einen Kuß, und ich bin sicher, dabei gedacht zu haben, daß es ein Glück für mich sei, sie so heiter und zufrieden zu finden. Gewiß, um sie zu erziehen, wäre es meine Pflicht gewesen, ihr vorzuhalten, daß sie es mir gegenüber an Respekt habe fehlen lassen. Aber ich fand nicht die richtigen Worte und schwieg. Sie ging, und von meinem Versuch, diese Worte zu finden, blieb nichts als Beunruhigung, als Verwirrung und Anstrengung, die ich nicht gleich wieder loswurde. Um mich zu beruhigen, dachte ich: Ich werde morgen mit ihr sprechen. Ich werde ihr meine Gründe auseinandersetzen. Doch es nützte nichts. Ich hatte sie gekränkt, und sie hatte mich gekränkt. Aber es war eine neue Kränkung, daß sie nicht mehr daran dachte, während ich noch immer daran dachte.

Auch Ottavio kam zum Gutenachtsagen. Ein seltsamer Junge. Er sagte mir und seiner Mutter gute Nacht, als ob er uns kaum sähe. Er war schon wieder draußen, als ich hinter ihm herrief: «Freust du dich aufs Kino?» Er blieb stehen, versuchte sich zu erinnern, und ehe er weiterrannte, sagte er trokken: «Ja.» Er war sehr müde.

Meine Frau streckte mir die Pillenschachtel hin. «Sind es die?» fragte ich mit gespielter Kaltblütigkeit.

«Ja, gewiß», sagte sie freundlich. Sie blickte mich forschend an, und da sie nicht klug aus mir wurde, fügte sie zögernd hinzu: «Ist dir nicht wohl?»

«Doch, doch», beteuerte ich entschlossen, während ich mir einen Stiefel auszog. Und genau in diesem Augenblick fing mein Magen entsetzlich zu brennen an. «Das war es, was sie wollte», dachte ich mit einer Logik, die mir erst jetzt zweifelhaft erscheint.

Ich schluckte die Pille mit etwas Wasser und spürte eine leichte Linderung. Mechanisch küßte ich meine Frau auf die Wange. Es war ein Kuß, wie er zu den Pillen paßte. Ich konnte ihn mir nicht ersparen, wenn ich Diskussionen und Erklärungen vermeiden wollte. Aber ich konnte mich auch nicht dem Schlaf überlassen, ohne in dem Kampf, der für mich noch nicht zu Ende war, Stellung bezogen zu haben, und während ich mich im Bett ausstreckte, sagte ich: «Ich glaube, die Pillen würden besser wirken, wenn man sie mit Wein nähme.»

Sie löschte das Licht, und bald verkündete mir ihr regelmäßiger Atem, daß sie ein ruhiges Gewissen hatte, das heißt also, dachte ich sofort, daß ihr alles, was mich betraf, vollkommen gleichgültig war. Ich hatte sehnsüchtig auf diesen Augenblick gewartet, und sofort sagte ich mir, daß ich nun endlich die Freiheit hätte, so geräuschvoll zu atmen, wie es mein körperlicher Zustand zu erfordern schien, oder sogar zu schluchzen, wie ich es in meiner Niedergeschlagenheit gern getan hätte. Aber in dieser Freiheit wurde der Kummer erst zu einem richtigen Kummer. Überhaupt war das gar keine Freiheit. Wie sollte ich dem Zorn Luft machen, der in mir tobte? Ich konnte nichts weiter tun als darüber brüten, was ich am nächsten Tag zu meiner Frau und zu meiner Tochter sagen würde: «Seid ihr nur dann um meine Gesundheit besorgt, wenn es darum geht, mich vor allen bloßzustellen?» So war es doch auch. Ich quälte mich hier einsam in meinem Bett, und sie schliefen seelenruhig. Dieses Brennen! Es hatte einen großen Teil meines Organismus ergriffen, es brannte bis zur Kehle hinauf. Auf dem Tischchen neben dem Bett mußte die Wasserflasche stehen, und ich streckte die Hand danach aus. Aber ich stieß an das leere Glas, und das leichte Klirren genügte, um meine Frau zu wecken. Die schläft ja immer mit einem offenen Auge.

«Ist dir nicht wohl?» fragte sie mit leiser Stimme. Sie war nicht sicher, ob sie richtig gehört hatte, und wollte mich nicht wecken. Soviel erriet ich, aber ich unterstellte ihr die eigensinnige Absicht, sich über dieses Unwohlsein zu freuen, das natürlich nur wieder der Beweis war, daß sie recht gehabt hatte. Ich verzichtete auf das Wasser und legte mich ganz sachte wieder zurück. Sogleich fiel sie von neuem in ihren leichten Schlaf, der es ihr gestattete, mich zu überwachen.

Kurz und gut, wenn ich in dem Kampf mit meiner Frau nicht unterliegen wollte, mußte ich schlafen. Ich schloß die Augen und legte mich zusammengekrümmt auf die Seite. Sofort mußte ich diese Stellung wieder aufgeben. Ich blieb jedoch hartnäckig und öffnete die Augen nicht. Aber in jeder Stellung hatte ein Teil meines Körpers zu leiden. Ich dachte: Mit einem solchen Körper kann man nicht schlafen. Ich war ganz wach, ganz Bewegung. Wer läuft, kann nicht an Schlaf denken. Von diesem Laufen kam mein Keuchen und das Stampfen meiner Schritte im Ohr, wie schwere Stiefel. Ich dachte, daß ich mich vielleicht zu behutsam im Bett bewegte, um auf einen Schlag und mit allen Gliedern die richtige Lage finden zu können. Man durfte sie nicht suchen. Man mußte alles von selbst den seiner Form gemäßen Platz finden lassen. Ich warf mich heftig herum. Sofort hörte ich meine Frau murmeln: «Fühlst du dich nicht wohl?» Hätte sie andere Worte gebraucht, hätte ich geantwortet und sie um Hilfe gebeten. Aber auf diese Worte, die kränkend auf unseren Streit anspielten, wollte ich nicht antworten.

Sich ruhig zu halten konnte doch nicht so schwer sein. Warum sollte es schwierig sein zu liegen, wirklich im Bett zu liegen? Ich sah all die großen Schwierigkeiten vor mir, auf die wir in dieser Welt stoßen, und fand, daß es im Vergleich dazu wirklich ein Nichts sei, untätig dazuliegen. Jedes Luder kann doch stilliegen. In meiner Entschlossenheit erfand ich eine zwar komplizierte, aber unglaublich zweckmäßige Stellung. Ich schlug die Zähne in den oberen Teil des Kopfkissens und krümmte mich derart, daß auch die Brust auf dem Kissen lag, während das rechte Bein aus dem Bett hing und fast den Boden berührte, das linke aber auf dem Bett erstarrte und mich daran festnagelte. Ja. Ich hatte ein neues System entdeckt. Nicht ich hielt mich am Bett fest, sondern das Bett sich an mir. Und diese Überzeugung von meiner Untätigkeit bewirkte, daß ich nicht aufgab, auch als die Beklemmung zunahm. Als ich schließlich nachgeben mußte, tröstete mich der Gedanke, daß ein Teil dieser furchtbaren Nacht vorbei sei, und ich wurde auch dadurch belohnt, daß ich mich, nachdem ich mich vom Bett befreit hatte, erleichtert fühlte wie ein Ringer, der sich der Umklammerung des Gegners entwunden hat.

Ich weiß nicht, wie lange ich dann ruhig lag. Ich war müde. Verwundert bemerkte ich hinter meinen geschlossenen Lidern einen seltsamen Schein, lodernde Flammen, die mir von dem Brand herzurühren schienen, den ich in meinem Inneren fühlte. Es waren keine wirklichen Flammen, sondern Farben, die Flammen vortäuschten. Sie beruhigten sich dann und schlossen sich zu runden Formen zusammen, zu Tropfen einer zähen Flüssigkeit, die bald alle in sanftes Blau übergingen, aber noch von einer leuchtendroten Linie umrandet waren. Sie kamen von einem Punkt hoch oben, wurden länger, und nachdem sie sich losgelöst hatten, verschwanden sie in der Tiefe. Ich war es, der zuerst dachte, daß diese Tropfen mich sehen könnten. Und sofort verwandelten sie sich, um mich besser zu sehen, in lauter kleine Augen. Während sie sich beim Sturz in die Länge zogen, bildete sich in ihrem Zentrum ein kleiner Kreis, der, indem er den blauen Schleier verlor, ein wirkliches, boshaftes und übelwollendes Auge freilegte. Ich war geradezu verfolgt von einer Menge, die mir übelwollte. Ich wehrte mich in meinem Bett, stöhnend und ächzend: «Mein Gott!»

«Ist dir nicht wohl?» fragte meine Frau sofort.

Es muß einige Zeit vergangen sein, ehe ich antwortete. Aber dann merkte ich, daß ich nicht mehr in meinem Bett lag, sondern mich daran festklammerte, weil es sich in einen Abhang verwandelt hatte, den ich hinabrutschte. Ich schrie: «Mir ist gar nicht wohl, mir ist hundeelend!»

Meine Frau hatte eine Kerze angezündet und stand in ihrem rosa Nachthemd neben mir. Das Licht beruhigte mich, ja, ich hatte das deutliche Gefühl, geschlafen zu haben und erst jetzt aufgewacht zu sein. Das Bett hatte sich wieder geradegerichtet, und ich lag ohne Mühe darin. Ich sah meine Frau überrascht an, denn nun, da ich wußte, daß ich geschlafen hatte, war ich nicht mehr sicher, sie um Hilfe gerufen zu haben. «Was willst du?» fragte ich.

Sie sah mich verschlafen und müde an. Mein Ruf hatte genügt, sie aus dem Bett zu schrecken, aber nicht, ihr das Verlangen nach Schlaf zu nehmen, so daß sie nicht einmal mehr Wert darauf legte, recht zu haben. Um es kurz zu machen, fragte sie: «Willst du von den Tropfen, die der Doktor dir zum Schlafen verschrieben hat?»

Ich zögerte, sosehr es mich auch nach einer Erleichterung verlangte. «Wenn du willst», sagte ich und bemühte mich, nur resigniert zu erscheinen. Die Tropfen nehmen hieß ja noch nicht zugeben, daß einem nicht wohl war.

Dann kam ein Moment tiefen Friedens. Er dauerte so lange,

wie meine Frau in ihrem rosa Hemd beim schwachen Schein der Kerze neben mir stand, um die Tropfen abzuzählen. Das Bett war ein richtiges horizontales Bett, und es genügte, die Lider zu schließen, um jedes Licht auszulöschen. Aber von Zeit zu Zeit öffnete ich sie wieder, und dieses Licht und das Rosa des Hemds schenkten mir nicht weniger Trost als das völlige Dunkel. Doch sie wollte ihren Beistand auch nicht um eine Minute verlängern, und ich wurde in die Nacht zurückgeworfen, um allein um Frieden zu kämpfen.

Ich erinnerte mich, wie ich mich als junger Mann, um rascher einschlafen zu können, gezwungen hatte, an eine häßliche Alte zu denken, die mich jene schönen Gaukelbilder vergessen ließ, die mich bedrängten. Jetzt dagegen durfte ich gefahrlos die Schönheit beschwören, sie würde mir sicher helfen. Das war der Vorteil – der einzige – des Alters. Und ich dachte, indem ich ihre Namen aufzählte, an verschiedene schöne Frauen, Sehnsüchte meiner Jugend, aus einer Zeit, in der es unglaublich viele schöne Frauen gegeben hatte. Aber sie kamen nicht. Nicht einmal jetzt erhörten sie mich. Und ich ließ nicht ab von meinem Bemühen, sie heraufzubeschwören, bis aus der Nacht eine einzige schöne Gestalt aufstieg: Anna, Anna, genau wie sie vor so vielen Jahren gewesen war; aber das Gesicht, das schöne, rosige Gesicht trug einen Ausdruck von Schmerz und Vorwurf. Denn sie wollte mir nicht den Frieden bringen, sondern das schlechte Gewissen. Das war klar. Und da sie nun einmal da war, begann ich mit ihr zu debattieren. Ich hatte sie verlassen, aber sie hatte sofort einen anderen geheiratet, was nur recht und billig war. Doch dann hatte sie ein Mädchen zur Welt gebracht, das jetzt fünfzehn war und ihr in der zarten Tönung der Haut, im Gold des Haares und dem Blau der Augen glich, deren Gesicht jedoch durch die Einmischung des Vaters, den man ihr ausgesucht hatte, entstellt war: die sanften Wellen des Haars waren zu krausen Löckchen geworden, sie hatte breite Wangen, einen großen Mund und übermäßig dicke Lippen. Doch die Farben der Mutter waren in dieser Vermischung mit den Zügen des Vaters wie ein schamloser Kuß vor aller Welt. Was wollte sie jetzt von mir, nachdem sie sich mir so oft mit dem Gatten verbunden gezeigt hatte?

Und zum erstenmal an diesem Abend glaubte ich, gesiegt zu haben. Anna wurde milder, fast als sähe sie es ein. Und nun mißfiel mir ihre Gesellschaft auch nicht mehr. Sie konnte bleiben. Und beim Einschlafen bewunderte ich sie, die Schöne und Gute, die nun von mir Überzeugte. Bald war ich entschlummert.

Ein gräßlicher Traum. Ich befand mich in einem komplizierten Bau, den ich aber sofort durchschaute, als wäre ich ein Teil davon. Eine weite Grotte, roh, ohne jeden phantastischen Zierat, wie die Laune der Natur ihn in den Grotten hervorbringt, und daher sicher ein Werk von Menschenhand; eine dunkle Grotte, in der ich auf einem hölzernen Dreifuß neben einem Glasschrein saß, den schwach ein Licht erhellte, das mir von ihm auszugehen schien, das einzige Licht, das in dem weiten Raum war und ausreichte, mich, eine Wand aus rohen Steinblöcken und darunter einen betonierten Sockel zu beleuchten. Wie ausdrucksvoll sind doch die Bauwerke des Traums! Man wird sagen, sie sind es, weil sie der, der sie entworfen hat, mühelos durchschaut, und das stimmt. Aber das Überraschende ist, daß der Architekt nicht weiß, daß er sie geschaffen hat, und sich, wenn er wach ist, nicht einmal mehr daran erinnert; und wenn er an jene Welt zurückdenkt, aus der er aufgetaucht ist und in der die Bauwerke so leicht emporsteigen, mag er sich wundern, daß man dort alles ohne ein einziges Wort versteht.

Ich wußte sofort, daß diese Grotte von einigen Männern erbaut worden war, die sie für eine von ihnen erfundene Kur verwendeten, eine Kur, die für einen der Eingeschlossenen (viele mußten sich dort unten im Dunkel befinden) tödlich sein mußte, für alle anderen aber heilbringend. Genau so! Eine Art Religion, die ein Sühneopfer erforderte, und das überraschte mich natürlich nicht.

Noch leichter war zu erraten, daß ich, den man so nahe neben den Glasschrein gesetzt hatte, in dem das Opfer ersticken sollte, ausersehen war, zum Nutzen aller anderen zu sterben. Und ich fühlte bereits die Schmerzen des furchtbaren Todes, der mich erwartete. Ich atmete schwer, der Kopf tat mir weh und hatte ein solches Gewicht, daß ich ihn mit den Händen stützte, die Ellbogen auf den Knien.

Plötzlich sprachen einige Menschen, die sich in der Dunkelheit verborgen hielten, all das aus, was ich schon wußte. Meine Frau redete als erste: «Beeil dich, der Doktor hat gesagt, daß du es bist, der in den Schrein da muß.» Das erschien mir schmerzlich, aber ganz logisch. Daher widersprach ich nicht, sondern tat so, als ob ich nicht hörte. Und ich dachte: Die Liebe meiner Frau ist mir schon immer töricht vorgekommen. Viele andere Stimmen riefen gebieterisch: «Wollen Sie endlich gehorchen?» Unter diesen Stimmen hörte ich deutlich die von Doktor Paoli heraus. Ich konnte nicht widersprechen, aber ich dachte: Er tut es, weil er dafür bezahlt wird.

Ich hob den Kopf, um noch einmal den Glasschrein zu betrachten, der mich erwartete. Da entdeckte ich, daß die Braut auf dem Deckel saß. Auch an diesem Ort bewahrte sie ihre unveränderliche Miene ruhiger Sicherheit. Ehrlich gesagt, ich verachtete diese Gans, aber ich merkte sofort, daß sie für mich sehr wichtig war. Darauf wäre ich auch im realen Leben gekommen, wenn ich sie auf dem Instrument hätte sitzen sehen, das dazu dienen sollte, mich zu töten. Und nun schaute ich sie schwanzwedelnd an. Ich kam mir vor wie eines jener winzigen Hündchen, die sich schwanzwedelnd durchs Leben schlagen. Eine Schmach!

Aber die Braut sprach. Ohne jede Erregung, als wäre es die natürlichste Sache von der Welt, sagte sie: «Onkel, der Schrein ist für Euch.»

Ich mußte allein um mein Leben kämpfen. Auch das erriet ich. Ich hatte das Gefühl, eine gewaltige Anstrengung vollbringen zu können, ohne daß jemand es merkte. Genau wie ich vorher eine Kraft in mir gespürt hatte, die mich in die Lage versetzte, ohne zu sprechen meinen Richter für mich zu gewinnen, so entdeckte ich nun in mir eine Kraft, ich weiß nicht, was es war, zu kämpfen, ohne mich zu bewegen, und damit meine Gegner ohne Vorwarnung zu überfallen. Und die Anstrengung führte sofort zum Erfolg. Denn schon saß Giovanni, der dicke Giovanni, in dem leuchtenden Glasschrein, auf einem Holzschemel, ähnlich dem meinen, und in der gleichen Stellung wie ich. Er saß vornübergebeugt, da der Schrein zu niedrig war, und hielt die Brille in der Hand, damit sie ihm nicht von der Nase fiel. Aber so machte er ein wenig den Eindruck, als ob er dabei wäre, einen Handel abzuschließen, und die Brille nur abgenommen hätte, um, ohne etwas zu sehen, besser nachdenken zu können. Und tatsächlich dachte er, obwohl schweißgebadet und schon schwer atmend, nicht an den nahen Tod, sondern war voller Bosheit, wie seine Augen verrieten, in denen ich den Entschluß zur gleichen Anstrengung las, die ich kurz zuvor unternommen hatte. Deshalb konnte ich auch kein Mitleid mit ihm haben, sondern fürchtete mich vor ihm.

Auch Giovannis Anstrengung hatte Erfolg. Kurz darauf saß Alberi, der lange, magere, gesunde Alberi, statt seiner im Schrein, in der gleichen Stellung wie Giovanni, die für ihn wegen seiner Körpermaße aber noch schlimmer war. Er war regelrecht zusammengeklappt und hätte sicherlich mein Mitleid erregt, wenn nicht auch bei ihm außer der Atemnot eine große Bosheit zu erkennen gewesen wäre. Er sah mich mit einem tückischen Lächeln von unten herauf an, wissend, daß es nur von ihm abhing, ob er in diesem Schrein sterben mußte oder nicht.

Vom Schrein herunter fing die Braut wieder zu reden an: «Jetzt ist die Reihe sicher an Euch, Onkel.» Sie betonte die Worte mit großer Pedanterie. Und ihre Worte wurden von einem anderen Ton begleitet, weit weg, hoch oben. Aus diesem langgezogenen Ton, der von einer Person herrührte, die sich eilig entfernte, erkannte ich, daß die Grotte in einem steilen Gang endete, der an die Erdoberfläche führte. Es war nur ein Zischen, aber ein Zischen der Zustimmung, und es kam von Anna, die mir noch einmal ihren Haß kundtat. Sie hatte nicht den Mut, ihn in Worte zu kleiden, weil ich sie tatsächlich überzeugt hatte, daß sie mir gegenüber schuldiger war als ich ihr gegenüber. Aber die Überzeugung vermag nichts, wenn es sich um Haß handelt.

Ich war von allen verurteilt. Fern von mir, irgendwo in der Grotte, gingen inzwischen meine Frau und der Arzt auf und ab, und ich erriet, daß meine Frau gereizt aussah. Sie gestikulierte heftig mit den Händen und zählte alle meine Missetaten auf: der Wein, das Essen und meine grobe Art gegen sie und meine Tochter.

Ich fühlte mich durch Alberis triumphierend auf mich gerichteten Blick zum Schrein hingezogen. Ich rutschte langsam mit meinem Schemel näher, immer nur um wenige Millimeter, aber ich wußte, wenn ich bis auf einen Meter heran wäre (so wollte es das Gesetz), würde ich mich mit einem einzigen Satz darin eingeschlossen finden und nach Luft schnappen.

Aber es gab noch eine Hoffnung auf Rettung. Giovanni, der sich von der Anstrengung seines harten Kampfes völlig erholt hatte, war neben dem Schrein erschienen, den er nicht mehr zu fürchten brauchte, weil er schon drinnen gewesen war (auch das war dort unten Gesetz). Er stand aufrecht im vollen Licht und sah bald Alberi an, der nach Luft schnappte und drohte, bald mich, der ich mich langsam näherte.

Ich schrie: «Giovanni! Hilf mir, ihn drinzuhalten ... ich geb dir Geld!» Die ganze Grotte hallte wider von meinem Schrei, und es klang wie Hohngelächter. Ich begriff. Es war umsonst zu bitten. Im Schrein mußte nicht der sterben, der zuerst hineingesteckt worden war, auch nicht der zweite, sondern der dritte. Auch das war ein Gesetz der Grotte, das mich, wie alle anderen dieser Gesetze, zugrunde richtete. Außerdem war es hart, einsehen zu müssen, daß das Gesetz nicht erst in diesem Augenblick gemacht worden war, um ausgerechnet mir zu schaden. Auch es entstammte dieser Dunkelheit und diesem Licht. Giovanni antwortete nicht einmal, sondern zuckte die Achseln, um mir sein Bedauern anzudeuten, daß er mich nicht retten oder mir die Rettung verkaufen könne.

Und da schrie ich noch einmal: «Wenn es nicht anders geht, nehmt meine Tochter. Sie schläft hier nebenan. Es wird leicht sein.» Auch diese Schreie wurden von einem gewaltigen Echo zurückgeworfen. Ich war davon betäubt, aber ich schrie wieder, um meine Tochter zu rufen: «Emma, Emma, Emma!»

Und tatsächlich: aus der Tiefe der Grotte erreichte mich Emmas Antwort, der Klang ihrer noch so kindlichen Stimme: «Hier bin ich, Papa, hier bin ich.»

Mir schien, sie habe nicht sofort geantwortet. Dann gab es eine heftige Erschütterung, die ich meinem Sprung in den Schrein zuschreiben zu müssen glaubte. Ich dachte noch: Daß dieses Mädchen immer trödeln muß, wenn es ums Gehorchen geht! Diesmal wurde mir ihre Trödelei zum Verhängnis, und ich war voll Groll.

Ich wachte auf. Das war die Erschütterung gewesen. Der Sprung von einer Welt in die andere. Ich hing mit Kopf und Oberkörper über dem Bettrand und wäre aus dem Bett gefallen, wenn meine Frau nicht herbeigeeilt wäre, um mich zu halten. Sie fragte: «Hast du geträumt?» Und dann, gerührt: «Du hast nach deiner Tochter gerufen. Siehst du, wie lieb du sie hast!»

Ich war zuerst geblendet von dieser Wirklichkeit, in der mir alles entstellt und verfälscht erschien. Und ich sagte zu meiner Frau, die doch auch alles wissen sollte: «Wie werden unsere Kinder uns je verzeihen können, daß wir ihnen dieses Leben gegeben haben?»

Doch sie, in ihrer Einfalt, sagte: «Unsere Kinder sind glücklich, daß sie leben.»

Das Leben, das ich in diesem Augenblick als das wahre empfand, nämlich das Leben des Traums, hielt mich noch immer in seinem Bann, und davon wollte ich Zeugnis ablegen: «Weil sie noch nichts wissen.»

Aber dann verstummte ich und hing meinen Gedanken nach. Im Fenster neben meinem Bett wurde es hell, und in diesem Licht fühlte ich sofort, daß ich den Traum nicht erzählen durfte, weil ich seine Schmach verbergen mußte. Aber schon bald, während das Sonnenlicht kühl und sanft und doch gebieterisch weiter ins Zimmer drang, empfand ich diese Schmach überhaupt nicht mehr. Es war nicht mein Leben, das Leben des Traums, und ich war nicht derjenige, der mit dem Schwanz wedelte und, um sich selbst zu retten, bereit war, die eigene Tochter zu opfern.

Ich mußte jedoch die Rückkehr in jene schreckliche Grotte vermeiden. Und so kam es, daß ich fügsam wurde und mich bereitwillig der Diät des Doktors unterwarf. Aber sollte ich je – ohne meine Schuld, also nicht wegen übermäßigen Trinkens, sondern in den letzten Fieberschauern – in jene Grotte zurückkehren müssen, würde ich sofort in den Glasschrein springen, falls es ihn gibt, um nicht mit dem Schwanz zu wedeln und Verrat zu üben.

James Thurber

Walter Mittys Geheimleben

«*Wir* stoßen durch!» Die Stimme des Flugkapitäns klang wie das Brechen dünnen Eises. Er trug Paradeuniform und hatte die goldbetreßte weiße Mütze mit einem flotten Schwung nach links über das kalte graue Auge gedrückt.

«Nicht zu schaffen, Sir, wenn Sie mich fragen! Sieht verdammt nach einem Orkan aus.»

«Ich frage Sie aber nicht, Leutnant Berg», sagte der Kapitän. «Achtung, Maschinenraum! Rauf auf achttausendfünfhundert Fuß! Wir stoßen durch!»

Das Stampfen der Zylinder schwoll an: Tapocketa – pocketa – *pocketa* – *pocketa*. Der Kapitän starrte auf die Fensterscheibe, die sich mit einer Eisschicht überzog. Er betätigte eine Reihe komplizierter Schalter.

«Hilfsmaschine acht anwerfen!» rief er.

«Hilfsmaschine acht anwerfen!» wiederholte Leutnant Berg.

«Volle Kraft in Maschine drei!» rief der Kapitän.

«Volle Kraft in Maschine drei!»

Mit höchster Geschwindigkeit brauste das riesige achtmotorige Wasserflugzeug dahin. Während die Männer der Besatzung die Befehle des Kapitäns ausführten, flüsterten sie einander grinsend zu: «Der Alte wird's schon schaffen. Fürchtet weder Tod noch Teufel, der Alte ...

«Nicht so schnell! Du fährst wieder mal viel zu schnell», sagte Mrs. Mitty. «Warum fährst du bloß immer so schnell?»

«Hmm?» machte Walter Mitty und sah seine neben ihm sitzende Frau erstaunt, fast verstört an. Sie kam ihm so fremd vor – es war, als hätte ihm eine fremde Frau aus einer Menschenmenge etwas zugerufen.

«Fünfundfünfzig Meilen», sagte sie vorwurfsvoll. «Du weißt doch, daß ich mehr als vierzig nicht vertrage. Und du warst eben auf fünfundfünfzig.»

Walter Mitty fuhr schweigend auf Waterbury zu. Das Heulen der SN 202, die sich durch den schlimmsten Orkan in zwanzig Jahren Marinefliegerei kämpfte, verklang in den fernen Höhen seines Gedankenfluges.

«Ganz verkrampft bist du heute», begann Mrs. Mitty von neuem. «Du hast wieder einen schlechten Tag. Laß dich doch endlich mal von Renshaw untersuchen.»

Walter Mitty hielt vor dem Frisiersalon, in dem seine Frau angemeldet war.

«Vergiß nicht, dir die Überschuhe zu besorgen», mahnte sie.

«Ich brauche keine Überschuhe», versetzte Mitty.

Sie steckte den Spiegel in die Handtasche zurück. «Ich dachte, wir hätten das klargestellt», sagte sie und stieg aus dem Wagen. «Du bist schließlich kein Jüngling mehr.» Und als er anfahren wollte: «Warum trägst du deine Handschuhe nicht? Hast du deine Handschuhe verloren?»

Walter Mitty griff in die Tasche und nahm die Handschuhe heraus. Er zog sie an. Und er zog sie wieder aus, kaum daß seine Frau den Rücken gewandt hatte. Die Verkehrsampel stand ohnehin auf Rot.

«Los, los, weiterfahren!» bellte ein Polizist, als grünes Licht kam. Mitty streifte hastig die Handschuhe über und gab Gas. Er fuhr eine Weile ziellos durch die Straßen und dann, an der Klinik vorbei, zum Parkplatz ...

«Es handelt sich um den Bankier Wellington MacMillan», berichtete die hübsche Schwester.

«Aha», sagte Walter Mitty und zog langsam die Handschuhe aus. «Wer behandelt?»

«Dr. Renshaw und Dr. Benbow, aber es sind noch zwei Spezialisten da, Dr. Remington aus New York und Mr. Pritchard-Mitford, der mit dem Flugzeug aus London gekommen ist.»

Am Ende eines langen, kühlen Korridors öffnete sich eine

Tür, und Dr. Renshaw trat heraus, bleich, erschöpft, mit sorgenvoller Miene.

«Hallo, Mitty», sagte er. «MacMillan, der millionenschwere Bankier, Roosevelts vertrauter Freund, macht uns arg zu schaffen, Obstreose der Drüsenkanäle im Tertiärstadium. Wäre nett, wenn Sie ihn sich mal ansehen wollten.»

«Aber selbstverständlich», erwiderte Mitty.

Im Operationssaal stellte Renshaw flüsternd vor: «Dr. Remington – Dr. Mitty. Mr. Pritchard-Mitford – Dr. Mitty.»

Pritchard-Mitford schüttelte Mitty die Hand. «Ich habe Ihre Arbeit über Streptotrichosen gelesen. Eine hervorragende Leistung, Sir.»

«Sehr freundlich», sagte Walter Mitty.

«Wußte gar nicht, daß Sie in den Staaten sind, Mitty», brummte Remington. «Und da holt man Mitford und mich wegen eines Tertiärstadiums her? Das heißt denn doch Eulen nach Athen tragen.»

«Zuviel Ehre, zuviel Ehre», wehrte Mitty bescheiden ab.

Eine riesige, an den Operationstisch angeschlossene Apparatur mit vielen Röhren und Drähten begann in diesem Augenblick zu rattern: pocketa – pocketa – pocketa.

«Der neue Anästhesieapparat ist defekt!» rief ein Assistenzarzt aufgeregt. «In der ganzen Stadt gibt es keinen Fachmann, der den Schaden beheben könnte.»

«Nur ruhig, Mann!» sagte Mitty leise und kühl. Er eilte zu der Apparatur, die jetzt pocketa – pocketa – quiek – pocketa – quiek machte, und fingerte vorsichtig an den blitzenden Knöpfen herum.

«Geben Sie mir einen Füllfederhalter!» stieß er hervor. Im Handumdrehen hatte er einen schadhaften Kolben durch den Füllfederhalter ersetzt, den jemand ihm reichte.

«Das wird's zehn Minuten lang tun», sagte er. «Sie können weiteroperieren.»

Eine Schwester flüsterte Renshaw etwas zu. Mitty sah, daß er blaß wurde.

«Eine Coreopsis ist aufgetreten», wandte sich Renshaw erregt an Mitty. «Können Sie wohl den Fall übernehmen?»

Mitty blickte erst ihn an, dann den ratlosen Benbow und die beiden berühmten Spezialisten, deren Gesichter einen Ausdruck der Resignation zeigten.

«Wenn Sie meinen», sagte er.

Sie warfen ihm einen weißen Kittel über, er band sich die Maske um und zog die Gummihandschuhe an. Die Schwester reichte ihm die blitzenden Instrumente ...

«Halt, halt! Sehen Sie nicht den Buick?»

Walter Mitty trat auf die Bremse.

«Mann, wo wollen Sie denn hin?» Der Parkwächter sah Mitty scharf an. «Verdammt, ja», stotterte Mitty und fuhr langsam auf der mit ‹Ausfahrt› bezeichneten Fahrbahn rückwärts.

«Lassen Sie», sagte der Wächter, «ich mache das schon.»

Mitty stieg aus.

«He, den Schlüssel brauche ich aber.»

«Ach, ja.» Mitty gab dem Mann den Zündschlüssel.

Der Wächter schwang sich in den Wagen, fuhr mit unverschämter Eleganz rückwärts heraus und parkte den Wagen an der richtigen Stelle.

«Eingebildeter Affe», murmelte Walter Mitty, während er die Hauptstraße entlangging. «Auch einer von der Sorte, die alles besser weiß.»

Er hatte einmal hinter New Milford die Schneeketten abnehmen wollen und war damit einfach nicht zu Rande gekommen, so daß ihm keine andere Wahl blieb, als eine Garage in der Stadt zu alarmieren. Ein grinsender junger Autoschlosser hatte die Sache spielend erledigt. Seither bestand Mrs. Mitty darauf, daß die Ketten stets in einer Garage abgenommen wurden. Das nächste Mal, dachte Walter Mitty, werde ich den rechten Arm in der Schlinge tragen, damit sie mich nicht wieder so dämlich angrinsen. Wenn ich den rechten Arm in der Schlinge trage, dürfte wohl klar sein, daß ich die Ketten nicht selber abnehmen kann. Er trat ärgerlich in den Matsch. «Überschuhe», sagte er vor sich hin und hielt Ausschau nach einem Schuhgeschäft.

Als Walter Mitty mit dem Schuhkarton unter dem Arm aus dem Laden kam, überlegte er angestrengt, was er sonst noch besorgen sollte. Die Überschuhe waren das eine gewesen, und das andere ... Seine Frau hatte es ihm zweimal gesagt, bevor sie von zu Hause fortfuhren. Diese wöchentlichen Stadtfahrten waren gräßlich – immer machte er irgend etwas falsch. Kleenex, Fleckwasser, Rasierklingen? Nein. Zahnpasta, Zahnbürste, doppeltkohlensaures Natron, Borax? Er gab es auf. Seine Frau würde natürlich sofort fragen: «Wo hast du das Dingsda? Du willst doch nicht sagen, daß du das Dingsda vergessen hast?» Ein Zeitungsjunge lief vorbei und rief etwas über den Prozeß in Waterbury aus ...

«Vielleicht frischt das hier Ihr Gedächtnis auf.» Der Staatsanwalt hielt dem Angeklagten plötzlich eine schwere Pistole unter die Nase. «Kennen Sie das Ding?»

Walter Mitty nahm die Waffe in die Hand und untersuchte sie fachmännisch.

«Das ist meine Webley-Vickers», sagte er ruhig. Ein aufgeregtes Murmeln lief durch den Zuschauerraum. Der Richter pochte mit seinem Hammer auf den Tisch.

«Sie sind ein Meisterschütze und kennen sich mit Feuerwaffen aller Art aus, nicht wahr?» fragte der Staatsanwalt.

«Einspruch!» rief Mittys Verteidiger. «Wir haben nachgewiesen, daß es dem Angeklagten unmöglich war, den Schuß abzugeben. Wir haben nachgewiesen, daß er in der Nacht des vierzehnten Juli den rechten Arm in der Schlinge trug.»

Walter Mitty hob kurz die Hand, und die streitenden Anwälte verstummten.

«Ich wäre imstande gewesen, Gregory Fithurst mit jeder beliebigen Waffe auf eine Entfernung von dreihundert Fuß auch mit der linken Hand umzulegen», erklärte er gelassen.

Im Gerichtssaal brach ein Tumult los. Eine Frau schrie hysterisch auf, und plötzlich lag ein bezauberndes, dunkelhaariges Wesen in Walter Mittys Armen. Der Staatsanwalt wollte sie wütend zurückreißen. Ohne auch nur aufzusehen, versetzte Mitty ihm einen Kinnhaken. «Verfluchter Hund ...»

«Hundekuchen», sagte Walter Mitty. Er blieb stehen, und die Häuser von Waterbury wuchsen aus dem dunstigen Gerichtssaal hervor und umgaben ihn wieder.

Eine Frau lachte. «Hundekuchen hat er gesagt», wandte sie sich an ihren Begleiter. «Hast du gehört, er hat Hundekuchen vor sich hingesagt!»

Walter Mitty beschleunigte seine Schritte. Er ging in ein Warenhaus, nicht in das erste, an dem er vorbeikam, sondern in ein kleineres, etwas weiter die Straße hinauf. «Ich möchte Hundekuchen für junge Hunde», sagte er zu dem Verkäufer.

«Eine bestimmte Marke, Sir?»

Der berühmteste Pistolenschütze der Welt dachte einen Augenblick nach und antwortete dann: «Auf der Büchse steht ‹Hündchens Wunschtraum›.»

Ein Blick auf die Uhr zeigte Mitty, daß seine Frau in fünfzehn Minuten beim Friseur fertig sein würde, vorausgesetzt, daß es mit dem Trocknen klappte. Manchmal klappte es damit nämlich nicht. Da er wußte, daß sie ungern als erste im Hotel ankam, beschloß er, sie dort, wie gewöhnlich, zu erwarten. Er machte es sich in der Halle in einem großen Ledersessel am Fenster bequem, legte den Schuhkarton und den Hundekuchen neben sich auf den Boden und schlug eine alte Nummer der *Liberty* auf.

Kann Deutschland die Welt aus der Luft erobern? lautete die Überschrift eines Artikels. Walter Mitty betrachtete die Fotos von Bombenflugzeugen und Ruinenstraßen …

«Das Trommelfeuer ist dem jungen Raleigh an die Nieren gegangen, Sir», meldete der Sergeant. Captain Mitty, dem die Haare wirr in die Stirn hingen, blickte auf.

«Schicken Sie ihn zu Bett», sagte er müde. «Und die anderen auch. Ich fliege allein.»

«Unmöglich, Sir», widersprach der Sergeant besorgt. «Diesen Bomber kann einer allein nicht fliegen, und die Flak ist höllisch im Gange. Von Richtmanns Staffel macht die Gegend zwischen hier und Saulier unsicher.»

«Egal», erwiderte Mitty, «irgendwer muß das Munitionslager zudecken. Ich fliege rüber. Wir wär's mit 'nem Schluck?» Er goß sich und dem Sergeant einen Cognac ein. Draußen vor dem Unterstand heulte und tobte die Schlacht, donnerte gegen die Tür. Plötzlich krachte es, und Holz splitterte von den Wänden. «Die war nicht von Pappe», bemerkte Captain Mitty unbekümmert.

«Das Sperrfeuer rollt immer näher», sagte der Sergeant.

Mitty lächelte flüchtig. «Wir haben nur ein Leben zu verlieren, Sergeant. Stimmt's?» Er stürzte einen zweiten Cognac hinunter.

Der Sergeant sah ihn bewundernd an. «Wenn ich mir die Bemerkung gestatten darf, Sir, Sie können enorm viel Cognac vertragen.»

Captain Mitty stand auf und schnallte seine riesige Webley-Vickers um.

«Sie haben sechzig Meilen Hölle vor sich», sagte der Sergeant.

Mitty trank einen letzten Cognac. «Na, wennschon», meinte er kühl.

Der Kanonendonner verstärkte sich. Maschinengewehre ratterten, und von irgendwoher klang das drohende Pocketa – pocketa – pocketa der Flammenwerfer. Walter Mitty ging auf die Tür des Unterstandes zu und summte. *«Auprès de ma blonde»*. Er wandte sich noch einmal um und hob grüßend die Hand. «Servus!» rief er …

Ein Schlag traf seine Schulter.

«Ich habe das ganze Hotel nach dir abgesucht», sagte Mrs. Mitty. «Mußt du dich ausgerechnet in diesen alten Sessel verkriechen? Wie soll ich dich denn da finden?»

«Die Sache wird mulmig», murmelte Walter Mitty.

«Wie?» fragte Mrs. Mitty. «Hast du die Dingsda? Die Hundekuchen? Was ist in dem Karton?»

«Überschuhe», antwortete Mitty.

«Konntest du sie nicht gleich im Laden anziehen?»

«Ich war in Gedanken», sagte Walter Mitty. «Manchmal *denke* ich nämlich, so seltsam dir das vorkommen mag.»

Sie starrte ihn an. «Zu Hause muß ich sofort deine Temperatur messen», erklärte sie.

Die Drehtür gab einen schwachen höhnischen Pfeifton von sich, als sie hinausgingen. Der Parkplatz war zwei Blocks entfernt. An der Ecke beim Drugstore sagte Mrs. Mitty: «Ich muß hier noch etwas besorgen. Warte bitte, es dauert höchstens eine Minute.»

Es dauerte länger als eine Minute. Walter Mitty zündete sich eine Zigarette an. Regen setzte ein, mit Schnee vermischt. Mitty lehnte sich an die Hausmauer und rauchte ...

Sein Körper straffte sich. Er nahm die Schultern zurück und riß die Hacken zusammen.

«Zum Teufel mit der Augenbinde!» rief Walter Mitty verächtlich. Nach einem letzten tiefen Lungenzug schnippte er die Zigarette weg. Aufrecht, stolz, furchtlos, mit einem flüchtigen Lächeln um die Lippen, blickte er in die Läufe des Exekutionskommandos – Walter Mitty, der Niebesiegte, unergründlich bis zuletzt.

John Updike

Das Gepfeif des Jungen

Es konnte kaum besser sein: in drei Wochen war Weihnachten, Roy arbeitete jeden Tag bis in die Nacht und verdoppelte sein Gehalt durch Überstunden, und heute abend regnete es. Regen war Roys Lieblingsgeräusch, und er fühlte sich nie zufriedener, nie geborgener, als wenn er spät abends im dritten Stock des Herlihy-Gebäudes in seinem überheizten kleinen Zimmer saß und die Verkaufsräume dunkel und ausgestorben unter ihm ruhten, das Radio dudelte, Regen aufs schwarze Oberlicht trommelte und fünfzehnhundert Meter entfernt im Güterbahnhof an der Buchanan Street die Lokomotiven hin und her ruckten.

Das einzig Störende war das Gepfeif des Jungen. Zehn Monate im Jahr besorgte Roy die Dekorationsabteilung allein. Wenn er zu viele Verkaufsschilder auf einmal zu machen hatte, lieh Shipping ihm einen Lehrling zur Hilfe aus. Aber Anfang November stellte Simmons, der Geschäftsführer, regelmäßig einen Jungen von der High School an, der jeden Abend kam und sonnabends für den ganzen Tag. In diesem Jahr hieß der Helfer Jack, und er pfiff. Er pfiff unentwegt.

Jack stand an der Handpresse, druckte Verkaufsschilder und intonierte dabei *Summertime*. Er schien der Ansicht zu sein, daß diese Melodie eines kühlen, zurückhaltenden Vortrags bedürfe, und Roy war ihm dankbar dafür. Er wollte gerade mit dem großen Schild für die Spielwaren-Abteilung beginnen, und er wollte es gut machen. Obwohl die übliche Groteskschrift oder halbfette Antiqua es auch getan hätten, wollte er es diesmal mit altenglischen Versalien versuchen. Ausschließlich zu seinem Privatvergnügen wollte er das. Niemand würde diese Extraleistung zu würdigen wissen, am wenigsten Simmons. Auf einer Sperrholzplatte, die anderthalb

Zentimeter dick, fünfundvierzig Zentimeter hoch, drei Meter dreißig breit und mit gebrochenem Weiß grundiert war, zog er die Schreiblinien und skizzierte mit Bleistift die Buchstaben, um sich den Platz einzuteilen. Er zündete sich eine Zigarette an, tat ein paar paffende Züge, ohne zu inhalieren, und legte die Zigarette dann auf der Kante des Arbeitstischs ab. Sein Zeichenbrett war mit Scharnieren am zweiten von vier Borden befestigt; zum Arbeiten heruntergeklappt, ruhte es in einem Winkel von dreißig Grad auf der Tischkante und ragte ein Stückchen darüber hinaus; wenn es nicht gebraucht wurde, sollte es eigentlich in eine Ösenschraube am obersten Bord eingehakt werden, aber die Schraube hatte sich in dem weichen, billigen Fichtenholz nicht gehalten, und das Brett hing ständig herunter. Dadurch wurde das unterste Fach zur Hälfte verdeckt und war zum Schlupfwinkel für leere Farbtöpfe, vergessene Notizzettel, steinharte Pinsel und Abfälle von Holzfaserplatten geworden. Auf dem zweiten Bord standen, in Regenbogenfolge, die Töpfe mit den Plakatfarben. Im dritten Fach wurden Dosen mit Nägeln verwahrt, Schachteln mit Reißzwecken und Heftklammern, zwei Heftmaschinen (wovon eine nicht mehr funktionierte), farbige Tinten (eingetrocknet), Federhalter in einer Drahtschlaufe, Federn in einer Zigarrenkiste, drei Hämmer, zwei Metallstäbe, mit denen man die Arme von Schaufensterpuppen abstützen konnte, sowie eine Laubsäge ohne Sägeblatt: dies alles freilich nicht ganz so wohlgeordnet wie die Plakatfarben. Der weite Raum zwischen dem vierten Bord und der Zimmerdecke war kunterbunt vollgestopft mit verstaubten ausgedienten Requisiten: Papp-Indianern, Knallbonbons, Rentieren, Wolken, Dollarschildern. Auch an der Wand links von Roy zogen sich Regale voller Unordnung hoch, und rechts, ein Stückchen weiter entfernt, waren der Junge, die Handpresse und die Tür. Hinter ihm befanden sich die schweren Werkzeuge, etwas Holz zum Verarbeiten und, im dunkelsten Winkel des Raumes, der Wandschrank mit den Kleiderpuppen. Obwohl Roy einen hochbeinigen Schemel hatte, stand er lieber am Zeichenbrett. Er suchte sich einen abgeschrägten Neuner-Pinsel heraus und die Plakatfarbe Himmelblau. Warf einen Blick in das Schriftmusterbuch, das bei «Altenglisch» aufgeschlagen war, und vergewisserte sich, daß der Zerstäuber mit dem Silberstaub griffbereit stand.

Dann tauchte er, ohne noch länger zu zögern, den Pinsel ein und setzte ihn auf der Holzplatte an. Den großen Halbmond des T vollendete er ohne das leiseste Zittern.* Der breite Bogen, den er darüber legte, besaß genau den richtigen flotten, von links nach rechts führenden Abwärtsschwung. Mit einem Zweier-Pinsel fügte er die Haarstriche hinzu. Er sprühte Silberstaub auf die feuchten Buchstaben, blies die überflüssige Schicht weg und trat befriedigt einen Schritt zurück.

Im Geist knallte er eine Tür zu zwischen sich und Jacks unermüdlicher Interpretation von *Lady Be Good.* Er spülte den Pinsel in einem Wassertopf aus und machte sich mit sattem Gelb ans O. Er war nicht sicher, ob das Gelb sich genügend vom Weiß abheben würde, aber es tat's, besonders, als der Silberstaub darüber lag.

Jack wechselte zu *After You've Gone* über, laut und rhythmisch mit dem Fuß dazu klopfend. Er schwang sich zu solchen Trompetentönen empor, daß Roy, der eben im Begriff war, den Haarstrich beim Y zu ziehen, Angst bekam, seine Hand könnte zittern; er drehte sich um und starrte brennend auf Jacks Wirbelsäule. Der Effekt war gleich Null. Jack war groß, fünfzehn Zentimeter größer als Roy etwa, und dünn. Sein Hals, nicht dicker als ein Arm, verlor sich in einem Muff ungeschnittenen Haars. Er ließ zwei Matrizenteile auf den Tisch klappern, lehnte sich zurück und stieß vier mächtige jubilierende Triller aus.

«He Jack!» rief Roy.

Der Junge drehte sich um. «Ja?» Er sah erschreckt aus, wie ertappt. Eigentlich war er nett, keiner von diesen rüden Bengeln.

«Wie wär's mit 'ner Coca?»

«Toll. Wenn Sie eine spendieren –»

* Er will schreiben: *Toyland* – Spielzeugland. (Anm. d. Übers.)

Roy wollte gar nichts trinken, er wollte Ruhe. Aber er hatte sich in eine Situation gebracht, in der ihm nichts anderes übrigblieb, als in die dunkle Halle hinauszugehen, zwei Zehn-Cent-Stücke aus der Tasche zu graben, sie in den Automaten zu stecken, zwei nasse Flaschen herauszuziehen und mit ihnen in die Dekorationsabteilung zurückzugehen. Als er Jack die eine hinhielt, streckte der ihm ein Fünf-Cent-Stück und fünf einzelne Pennies entgegen. «Behalt dein Geld», sagte Roy. «Kauf dir ein Saxophon dafür.»

Jacks dankbarer Gesichtsausdruck besagte, daß die Anspielung zu subtil gewesen war. «Wollen Sie 'n paar Erdnüsse?» fragte er und zeigte auf eine tintenverschmierte Tüte mit dem Firmenaufdruck PLANTERS.

Roy fühlte das kühle Gewicht der Flasche in der Hand und fand, gesalzene Nüsse seien jetzt gerade das Richtige. Er griff sich eine gute Handvoll aus der Tüte, merkte dann, daß sie fast leer war, und tat ein paar Nüsse zurück. Der Junge sah zu, wie er eine nach der andern in den Mund schob und kaute, und hoffte sichtlich auf eine Unterhaltung. Roy wies mit locker geballter Hand auf das dicke Bündel von Bestellzetteln. «Wird 'ne lange Nacht werden.»

«Die schaff ich heut nacht aber nicht alle.»

Roy wußte, der Junge hatte recht, aber wenn er ihm recht *gab*, würde ihn das womöglich zum Trödeln verleiten. Ohne ein weiteres Wort wandte er sich wieder seinem Schild zu. Er führte die Feinstriche am Y zu Ende und zog mit einer ununterbrochenen, langsamen, genußvollen Bewegung seines Arms die Unterlänge.

Dann wusch er die beiden Pinsel aus, öffnete den Topf mit dem Etikett «Karmesin» und betrachtete dabei seine Hände. Sie waren kantig geformt und glatthäutig, mit sorgfältig gepflegten Nägeln, und von makelloser Reinheit, aber nicht etwa so weiß, daß sie im Kontrast zu den leuchtenden Manschetten nicht schmeichelhaft braun gewirkt hätten. Die Manschetten waren akkurat umgeschlagen, zweimal, und gestärkt, etwa so steif wie dünne Pappe, und kerbten sich leicht in seine Unterarme, was ihm ein angenehmes verpacktes Gefühl gab. Gut, daß er den Jungen nicht angeschnauzt hatte. So sah eben dessen Abendfriede aus: pfeifen, mit Matrizen spielen, die grobe Schürze um sich geschnürt fühlen, neben sich auf dem Tisch die Tüte mit den gesalzenen Erdnüssen und das Päckchen Old Golds, und im Kopf Gott weiß nicht was. Der Junge rauchte unablässig. Als Roy ihn einmal gefragt hatte, ob er nicht ein bißchen zuviel rauchte, hatte er erwidert, nein, er rauche sonst nie, nur hier, und genau darum ging es ja, aber Roy ließ es dabei bewenden. Schließlich war er nicht der Vater.

Roy begann mit dem L. Jack mit *If I Could Be With You One Hour Tonight* – auf eine enervierende schnulzig-schnodderige Art. Sollte sich wohl wie Coleman Hawkins anhören oder irgendein anderer von diesen dämlichen Hüftwacklern. In der Hoffnung, Jack damit zum Schweigen zu bringen, schaltete Roy das Radio an, das im Regal stand. Es war ein alter Philco; seine Röhren waren fast alle durchgebrannt. Roy drehte ihn auf höchste Lautstärke, aber trotzdem war er nicht laut genug, um das Gepfeif zu übertönen und an Jacks Ohr zu dringen. Der Junge pfiff weiter, er pfiff, als sei es seine ganze Seligkeit.

Roy war gerade mit dem L fertig. Da verstummte Jack plötzlich. Roy fürchtete schon, der Junge sei gekränkt, und stellte das Radio ab. In der jähen Stille hörte er dann, was den Jungen tatsächlich zum Schweigen gebracht hatte: das Zuschlagen der Fahrstuhltür und näherklappernde Absätze.

Mehr als eine Minute schien zu verstreichen, bis die Tür zur Dekorationsabteilung sich öffnete. Janet stand da, in einem durchsichtigen Regenmantel, der über und über mit Tropfen beperlt war, ebenso wie ihr kurzes rotes Haar. Irgend etwas Aggressives ging von diesem nassen Haarschopf aus. Janet blinzelte in dem hellen Licht. «Es ist so dunkel da draußen», sagte sie. «Ich habe mich verirrt.»

«Der Schalter ist direkt neben dem Fahrstuhl» – das war alles, was Roy einfiel.

Janet ging an der Handpresse vorbei, wo der Junge stand, und blieb neben Roy stehen. Sie warf einen Blick auf das Schild. «‹Todl›?» fragte sie.

«‹Toyl›. Das ist ein Ypsilon.»

«Aber es ist oben doch zu. Sieht aus wie ein D mit Wackelschwanz.»

«Das ist gotische Schrift.»

«Na schön, wir wollen nicht streiten. Sicher liegt es an mir.»

«Wieso kommst du her? Was ist los?»

«Der Regen hat mich so unruhig gemacht.»

«Du bist den Weg zu Fuß gegangen? Wer hat dich reingelassen?»

«Sind doch bloß ein paar hundert Meter. Es macht mir nichts, durch den Regen zu laufen. Ich hab's gern.» Janet hielt den Kopf schief und fingerte an ihrem einen Ohrring herum. «Der Nachtwächter hat mich reingelassen. Er hat gesagt: ‹Gehn Sie man ruhig rauf, Mrs. Mays. Er wird sich freuen, wenn Sie kommen. Er ist bestimmt furchtbar einsam, und Sie machen ihn jetzt glücklich.›»

«Orley hat dich reingelassen?»

«Ich hab nicht nach seinem Namen gefragt.» Sie nahm sich eine Zigarette aus seinem Päckchen.

«Zieh lieber den Regenmantel aus», sagte er. «Oder willst du dich erkälten?»

Sie ließ den Mantel an sich herunterrutschen, drapierte ihn über die elektrische Säge und blieb, die Beine so weit gespreizt, wie der enge Rock es zuließ, vor dem Regal stehen: sie rauchte und betrachtete das Gerümpel auf dem obersten Bord. Roy holte den Orange-Topf herunter und begann mit dem A.

«Orange neben Rot», sagte sie. «Huuuh!»

«Bääh», knurrte er, aber ganz vorsichtig, damit seine Hand nicht wackelte.

«Was ist in den Kästen da?»

«Kästen?» Roy war auf sein A konzentriert und hörte kaum, was sie sagte.

«*Da*, in den Kästen.»

Er setzte den Pinsel ab und wandte den Kopf, um zu sehen, worauf sie zeigte. «Rauschgold.»

«Rauschgold! Lieber Himmel, zwei, vier, sechs – *sechs* Riesenkisten voller Rauschgold! Was *machst* du damit? Schläfst du drauf? Verfütterst du's an Kühe?»

«Man kriegt Mengenrabatt.»

Sie stieß nachdenklich mit dem Fuß gegen eine der Kisten und setzte ihre Inspektion fort. Mehr als drei Monate war es her, daß Janet zum letztenmal hier gewesen war; sie hatte ihn zum Essen abholen und mit ihm ins Kino gehen wollen. Damals war sie ganz anderer Stimmung gewesen. «Schmeiß doch endlich mal diesen Plunder hier raus!» rief sie mit hallender Stimme aus der Tiefe des Wandschranks, wo die Kleiderpuppen lagerten.

«Paß auf. Die Dinger sind teuer.» Roy setzte zur kühnen, schwungvollen Serife am A an.

Sie kam zurück. «Wofür ist *das* da?»

Er sprühte erst Silberstaub auf den nassen Buchstaben, bevor er sich umdrehte, um zu sehen, was sie meinte. «Das sind Tannenzweige.»

«Das seh ich selber. Ich meine, was *machst* du damit?»

«Na was wohl! Ich leg sie ins Schaufenster, mach Kränze draus. Wir haben Weihnachten, Herrgott noch mal.»

Er wandte ihr den Rücken und starrte auf sein Schild. Sie trat neben ihn. Er fing mit dem N an. Als er den Abwärtsstrich zog, berührte er sie mit dem Ellbogen, so nah stand sie.

«Wann kommst du nach Hause?» fragte sie sanft; zum erstenmal benahm sie sich so, als sei ihr bewußt, daß ein Dritter im Zimmer war.

«Wie spät ist es jetzt?»

«Kurz nach neun.»

«Ich glaube nicht, daß ich vor elf hier wegkomme. Ich muß dies Schild noch fertig machen.»

«Es *ist* doch fast fertig.»

«Ich muß das Schild fertig machen. Anschließend können wir's dann gleich aufhängen, der Junge und ich. Und außerdem gibt es noch andere Sachen zu erledigen. Es leppert sich. Ich versuch, es bis elf zu schaffen –»

«Roy, *wirklich.*»

«Ich versuch's, aber ich kann's nicht garantieren. Tut mir

leid, Schatz, aber Simmons sitzt mir im Nacken. Donnerwetter, ich verlier schon viel zuviel Zeit.»

Sie schwieg, und er malte die Serifen am N. «Dann ist es ja wohl zwecklos, wenn ich weiter hier rumstehe und warte», sagte sie schließlich.

Das N sah fabelhaft aus. Das ganze Schild war überhaupt mehr als passabel. Er war ziemlich stolz auf sich, daß er sich von ihr nicht hatte aus dem Konzept bringen lassen.

«Dann also bis elf», sagte Janet. Sie zog ihren Regenmantel an.

«Warte, ich bring dich runter.»

«Oh, bewahre!» Sie hob eine schmale, blasse, spöttische Hand. «Laß dich durch *mich* nicht stören. Du verlierst doch sowieso schon viel zuviel Zeit. Ich stolpere mich schon allein zurecht.»

Roy hielt es angesichts ihrer Stimmung für besser, sie gewähren zu lassen; weiß der Himmel, worauf sie aus war.

Er schickte ihr begütigende Blicke nach, als sie zur Tür ging. Sie wußte, daß er ihr nachsah: er merkte es an ihrem kessen, wiegenden Gang. Als sie an Jacks Arbeitsplatz vorbeikam, blieb sie stehen und sagte: «Hallo! Was machen *Sie* denn hier noch so spät?»

Jack deutete mit den Augen auf die frisch gedruckten Verkaufsschilder. «Ich muß drucken.»

«So viele? Und alle mit diesem kleinen Ding?» Sie stippte gegen die Presse. «Ganz voll Farbe!»

Sie hielt dem Jungen Zeige- und Mittelfinger hin; auf beiden war je ein blutroter Fleck, wie zwei Konfettiplättchen. Jack stöberte verzweifelt nach einem sauberen Lappen. Das einzige, was er ihr bieten konnte, war ein Zipfel seiner Schürze. «Vielen Dank.» Langsam, sorgfältig wischte sie sich die Finger ab. An der Tür lächelte sie und sagte: «Wiedersehen allerseits.» Dabei fixierte sie einen Punkt irgendwo in der Mitte zwischen ihrem Mann und dem Jungen.

Roy beschloß, den letzten Buchstaben, das D, genauso himmelblau zu gestalten wie das Anfangs-T. Das würde dem Ganzen etwas Abgerundetes geben. Während er den Buchstaben zeichnete, erst mit dem Neuner-Pinsel, dann mit dem Zweier, hatte er plötzlich das Gefühl, daß irgend etwas in seinem Zimmer nicht mehr stimmte; irgend etwas war aus dem Lot geraten. Und einen Teil seiner Aufmerksamkeit verwandte er darauf, die Ursache zu ergründen. Das war ein Fehler. Als er den Silberstaub aufgetragen hatte, und einen Schritt zurücktrat, sah er, daß das D verpatzt war. Es war zu plump geraten, fiel aus der Reihe, stand zu nah am N. Niemand würde es merken, weder Simmons noch sonst irgend jemand – wer achtete schon auf Schilder –, aber Roy wußte, daß er sein Werk verpfuscht hatte, und er wußte jetzt auch, warum. Der Junge hatte zu pfeifen aufgehört.

Thomas Wolfe

Dunkel im Walde, fremd wie die Zeit

Es ist ein paar Jahre her, da standen im Hauptbahnhof München auf dem Bahnsteig neben einem Zug, der in wenigen Minuten in die Schweiz abgehen sollte, unter vielen anderen Leuten ein Mann und eine Frau – eine Frau, so schön, daß die Erinnerung an sie das Gedächtnis dessen, der sie sah, auf immer heimsuchen sollte, und ein Mann, der leserlich bereits im dunklen Antlitz die Künderschrift einer fremden, schicksalsverhängten Begegnung trug.

Die Frau, fehlerlos auf der Höhe reifer, strahlender Schönheit, durchdrungen von Leben und Gesundheit bis in die letzte Röte und Ründe der Lippe, war ein Wunder an Lieblichkeit, und die Elemente des Schönen verbanden sich in ihr zu einem Bild von so erlesenen Ebenmaßen und mit einer so rhythmischen Ausgewogenheit, daß man seinen Augen kaum traute, wenn man sie ansah. So wirkte sie, die nicht übergroß war, manchmal prangend und von königinnenhafter Gestalt, und dann, wenn sie sich im nächsten Augenblick innig-traut an ihren Begleiter anschmiegte, erschien sie einem wieder fast untersetzt und klein. Auch war es, als hätte ihre Figur nichts von der biegsamen Schlankheit der Jungmädchenjahre eingebüßt, und doch stand sie verschwenderisch hold und üppig reif in der Vollentfaltung ihres Frauentums, und jede ihrer Bewegungen war von berückender Anmut.

Die Frau war elegant angezogen. Ein kleiner, beffchenartiger, schmalrandiger Hut, vom Scheitel in die Stirn heruntergezogen, saß schmiegsam und festangepaßt auf dem kupfrig-rötlichen Haar und verschattete Augen, die eigentlich verhangen und rauchblau waren, sich aber bis ins beinah Schwarze verdunkeln und überhaupt im Ausdruck jeder, auch der schnellsten, übers Gesicht huschenden Regung verwandeln konnten.

Die Frau sprach leis und zärtlich auf den Mann ein, blickte ihn wollüstig und vage lächelnd an; sie redete ihm zu, begierig, ernsthaft und lustig, und von Zeit zu Zeit brach sie in ein kleines Lachen aus, das dunkel-üppig und sinnlich zart aus der Kehle aufwallte.

Die beiden gingen vor dem Wagen auf und ab, sie hängte sich bei ihm ein, schmiegte sich eng an ihn an und legte manchmal kuschelnd den schönen, blumenhaft stolzen, blumenhaft anmutigen Kopf an den Ärmel seines schweren Wintermantels. Dann blieben die beiden einen Augenblick stehn und sahen einander fest an. Sie tat im Scherz so, als mache sie ihm Vorwürfe und verwiese ihm etwas, sie packte ihn an den Ärmeln und schüttelte ihn zärtlich, zog dann den schweren Pelzbesatz seines Mantelkragens zusammen und drohte ihm verspielt mit dem Zeigefinger ihrer kleinen, behandschuhten Hand.

Der Mann sagte wenig, er sah die Frau einfach an. Seine großen dunklen Augen, die von den Feuergluten des Todes brannten, hingen an ihr mit Blicken, die sie mit unersättlich heißhungriger Liebeszärtlichkeit geradezu körperlich auffraßen. Er war Jude, ein langer, dürrer Mensch, leichenhaft und so ausgezehrt von einer Krankheit, daß seine Gestalt, verschlungen von einer Hülle teurer Kleidungsstücke, gleichsam verloren und vergessen wirkte.

Sein schmales, weißes Gesicht, fast vollkommen vom Fleisch gefallen, beinah nur noch Haut und Knochen, lief in eine ungeheuer große Hakennase aus. Es wirkte wie ein von zwei grellen, verzehrenden Augen erhellter, von zwei brennendroten Flammen beflankter, großer Totenschnabel und war trotz all der Häßlichkeit von Kränke und Auszehrung ein sonderbar denkwürdiges und ergreifendes Gesicht, ein irgendwie tragisch-edles, vom Tod gezeichnetes Antlitz.

Aber nun war es Zeit zum Abschiednehmen geworden. Über den ganzen Bahnsteig hin riefen die Beamten aus, die Fahrgäste sollten einsteigen, und sofort kam mehr Bewegung – schnelles Gedräng, eiliges Gestrudel – in die wartenden Freundesgruppen. Man sah Leute einander umarmen, sich küssen, sich innig die Hände drücken, weinen, lachen, sich schnell noch einmal zu einem letzten Kuß umdrehen und dann hastig in den Wagen klettern. Und der junge Ausländer hörte nun in der ihm fremden Sprache Ausrufe, Gelübde und Versprechungen, hörte Späße und flüchtige Anspielungen, wie sie überall einzelnen Menschengruppen geheim und teuer sind und hier lautes Gelächter hervorriefen, hörte Lebwohlworte, wie sie auf der ganzen Welt die gleichen sind.

«Otto! Otto! Hast du das, was ich dir mitgab? Fühl mal nach, ob du's noch hast!» Er betappte seine Tasche, er hatte es noch, die ganze Gruppe lachte schallend.

«Wirst du Else besuchen?»

«Wie bitte? Versteh nicht ...» rief er zurück, hielt die Hand als Schallbecher ans Ohr und wandte mit verlegnem Gesicht den Kopf seitwärts.

«Ob du Else besuchen wirst?!» schallte es laut über den Lärm der Menge hinweg durch das Sprachrohr zweier, an den Mund gelegter Hände.

«Ja. Ich hoffe doch. Wir wollen uns in Sankt Moritz treffen.»

«Sag ihr, sie soll mal schreiben!»

«Wie? Versteh nicht ...» Dieselbe Pantomime wie zuvor.

«Sag ihr, sie soll mal schreiben!!!» Wiederum schallendes Gelächter der Gruppe.

«O ja! Ja!» Er nickte schnell, lächelte: «Wird ausgerichtet!»

«Oder ich werde böse auf sie!»

«Wie? Versteh kein Wort bei diesem Radau.» Dasselbe Hin und Her wie zuvor.

«Sag ihr, ich werd bös auf sie, wenn sie nicht schreibt!!» Langsam, Wort für Wort mit aller Lungenkraft herausgeschrien.

Ein Mann aus der Gruppe, der einer Frau, die vor unterdrücktem Lachen bebte, etwas listig Lustiges zugeflüstert hatte, wandte sich nun grinsend an den Abreisenden, um diesem etwas zuzurufen, wurde aber von der Frau zurückgehalten, die ihn am Arm packte und ein hysterisches «Nein! Nein!» japste. Aber der grinsende Mann hielt die Hände an den Mund und brüllte: «Sag Onkel Walter, er soll seine –»

«Wie? Versteh nicht …» Wie zuvor wandte der Abreisende den Kopf seitwärts und hielt die Hand ans Ohr.

«Sag Onkel Walter –» begann der andre langsamer und lauter.

«Nein! Nein! Nein! Psst!» japste die Frau empört und zog ihn am Arm.

«– er soll seine wollenen –»

«Nein! Nein! Nein! Heinrich! Psst!» quietschte die Frau.

«– die dicken, in die ihm Tante Berta seine Anfangsbuchstaben gestickt hat!» fuhr der Mann unentwegt fort.

Die Männer aus der Gruppe brüllten, die Frauen aber kreischten vor Lachen und quietschten: «Aber nein! Nein!» und zischten laut: «Psst! Psst!»

«Ja! Wird bestimmt ausgerichtet!» rief der grinsende Fahrgast zurück, sobald sich die Aufregung ein wenig gelegt hatte. «Aber vielleicht hat er sie nicht mehr!» brüllte er, beglückt über den Einfall, nachträglich hintendrein. «Vielleicht hat ein Fräulein dort ihm sie –» Das Lachen erstickte ihm die Stimme, er rang nach Luft.

«Otto!» kreischten die Frauen. «Psst!»

«– weggenommen!» keuchte der Fahrgast lachend.

«O-o-o-otto! … Schäm dich! Psst!» kam es von den Frauen.

«Souvenir an München!» brüllte nun der Witzbold auf dem Bahnsteig dem Abreisenden zu, und die ganze Gruppe wurde wieder vom Lachen geschüttelt.

Als das Gelächter ein wenig nachließ, begann ein andrer Mann, schwerschnaufend, sich die tränenden Augen wischend, zu stammeln:

«Sag Else –» Die Stimme blieb ihm aus, er quiekte leis und wischte sich wieder die strömenden Augen.

«Was denn?» rief der Fahrgast zurück.

«Sag Else, daß Tante Berta –» begann der Mann mit starker Stimme und stöhnte dann: «Ach Gott!», als ihm die Luft abermals ausblieb. Das Lachen schüttelte ihn so, daß er nicht weitersprechen konnte. Er wischte sich die Augen und brachte kein Wort hervor.

«Was denn? Ei was denn? Was soll ich Else denn sagen?» rief der grinsende Fahrgast und legte die hohle Hand ans Ohr.

«Sag Else, daß Tante Berta ihr das Rezept für Schwarzwälder Torte schickt!» kreischte der Mann nun, ganz so, als gälte es, die Bemerkung unbedingt noch herauszubringen, ehe er vom Lachen bezwungen, ohnmächtig zusammenbräche. Die Wirkung, die diese scheinbar bedeutungslose Erwähnung von Tante Bertas Schwarzwälder Torte hervorbrachte, war erstaunlich. Keine der vorhergegangenen Bemerkungen hatte eine so heftig krampfhafte Heiterkeit bei diesem kleinen Freundeskreis ausgelöst. Es war einfach so, als müßten sich diese Leute lahm und krank lachen, es war, als wäre die Fallsucht mit Lachschaudern in sie gefahren. Sie taumelten wie Betrunkne, hielten sich aneinander fest, um nicht umzusinken, lachten Tränen, die ihnen in wahren Strömen aus den geschwollnen Augen quollen, und aus ihren aufgesperrten Mündern kamen gelegentlich matte, halberstickte Keuch-, Japp- und Röchellaute, die Frauen quietschten und schnappten nach Luft – es war ein allgemeiner Heiterkeitskrampf, der endlich in ein allgemeines hilfloses Schlucksern überging.

Jemand, der diesem Freundeskreis nicht angehörte, hätte zwar unmöglich schließen können, was es eigentlich mit diesem erwähnten Tortenrezept auf sich hatte, aber trotzdem wirkte das Gelächter der Gruppe ansteckend auf die Umstehenden, die nun ebenfalls grinsten oder lachten oder einander, erheitert die Köpfe schüttelnd, ansahen. Und allenthalben auf dem Bahnsteig war Leben, standen Leute, die gesetzt, heiter, traurig, ernst, jung, alt, gleichmütig oder erregt waren, Leute, die in Geschäften reisten und Leute, die zum Vergnügen fortfuhren, Leute, die mit jedem Wort, jeder Gebärde verrieten, daß das Reisen sie freudig bewegte und Hoffnungen in ihnen weckte, und Leute, die angemüdet und gleichgültig dreinblickten, es sich auf ihren Plätzen bequem machten und kein weiteres Interesse an den Ereignissen der Abfahrt nahmen. Das ist überall so. Die Menschen sprachen die Weltsprache des Abschieds – jene Sprache, die oft aus Gemeinplätzen besteht, nichtssagend ist und keinen Sinn hat, einen aber so eigenartig ergreift, weil sie dazu herhält, tiefere Regungen des Menschenherzens zu verbergen, die innere Leere, die beim Gedanken des Scheidens aufkommt, auszufüllen, weil sie zum Schild dient oder als Maske, die das wahre Empfinden verhehlt.

Aus diesem Grunde ward die Zeremonie des Abschieds für den jungen Mann – den ortsfremden, hergereisten Ausländer – zu einem erregenden und eindringlichen Erlebnis. Was er sah, war vertrautes Gebaren, was er hörte, vertrautes Wort – Gebaren, wie er es sein Lebtag zu Haus an Menschen beobachtet hatte, Wort, das hinter der Maske der Fremdsprache dem Wort gleichkam, das er von Kind auf kannte – und so empfand er plötzlich wie nie zuvor das Alleinsein vor Vertrautem, und spürte jene Wesensgleichheit, die alle Völker der Welt so eigenartig einigt und im Daseinsgefüge wurzelt mit Wurzeln, die tiefer hinabreichen als die der Sprache, die einer spricht, der Rasse, der einer angehört.

Die schöne Frau und der vom Tod gezeichnete Mann standen umschlungen, sie blickten sich mit seltsam verzehrender Zärtlichkeit an, und nun, in der Minute des Abschieds, sprachen sie nichts. Sie umarmten sich, ihre Arme umfingen ihn, ihr lebensvoller, wollüstiger Leib schmiegte sich eng an ihn an, ihre roten Lippen hingen an seinem Munde, als wolle sie ihn nie gehen lassen. Schließlich riß sie sich heftig von ihm los, schob ihn mit beiden Händen verzweifelt von sich fort und sagte: «Geh jetzt, geh! Höchste Zeit!»

Die Vogelscheuche wandte sich um und stieg schnell in den Wagen, ein vorbeikommender Beamter schmiß knallend die Tür zu, der Zug zockelte ab. Der Mann kam an ein Gangfenster, lehnte sich hinaus und blickte die Frau an, die neben dem Zug herging und den Mann, solang es ihr möglich war, im Auge behielt. Der Zug kam stärker in Fahrt, die Frau verlangsamte ihren Schritt, sie blieb stehn, Tränen traten ihr in die Augen, ihre Lippen murmelten etwas Unverständliches, und im letzten Augenblick rief sie laut: «Auf Wiedersehn!» und warf dem Mann eine Kußhand zu.

Der junge Ausländer, der ein Stück der Strecke mit dem gespenstischen Menschen zusammenreisen sollte, stand ebenfalls am Fenster. Er blickte am Zug entlang auf die hochgewölbte Stationshalle zu, ganz so, als sähe er den Leuten auf dem Bahnsteig nach, obschon er in Wirklichkeit nichts sah außer der holden, hohen Gestalt der Frau. Die Frau ging langsam, den Kopf gesenkt, mit einem langen, behutsamen Schritt von unvergleichlicher Anmut, wogender Üppigkeit. Einmal blieb sie stehen und blickte zurück, dann drehte sie sich um und ging weiter, langsam wie zuvor.

Plötzlich hielt sie inne. Aus der Menge auf dem Bahnsteig hatte sich ihr jemand genaht. Es war ein junger Mann. Die Frau blieb überrascht stehn, hob abweisend eine behandschuhte Hand und wollte weitergehn. Im nächsten Augenblick aber hielten die beiden sich heftig umschlungen und küßten sich leidenschaftlich.

Als der junge Ausländer seinen Platz im Abteil aufsuchte, war der vom Tod gezeichnete Mensch bereits vom Gang hereingekommen und hatte sich leise atmend ins Polster fallen lassen. Nun sah er etwas beruhigter und weniger erschöpft aus. Der junge Mann blickte gespannt in das schnabelartige Gesicht mit den müden, geschlossenen Lidern und fragte sich, ob dieser Sterbende jene Begegnung auf dem Bahnsteig mitangesehn habe, und was ihm wohl das Wissen um diesen Vorfall bedeuten könne. Aber diese Totenmaske war rätselhaft und unerschließlich, und der junge Mensch fand nichts, was er lesen und deuten konnte. Ein mattes, seltsam lichtes Lächeln spielte um die Ecken des dünnlippigen Mundes. Dann schlug der Mann die tiefeingesunkenen Augen auf, und sein brennender Blick schien nun aus unsäglichen Tiefen auf etwas Fernes gerichtet. Eine kleine Weile später sagte er mit tiefer, zärtlicher Stimme – auf englisch mit deutschem Akzent: «Das war meine Frau. Nun im Winter muß ich allein fortfahren, denn so ist es am besten. Aber im Frühling, wenn's mir besser geht, kommt sie zu mir.»

Den ganzen Winternachmittag über brauste der Zug durch Bayern. Er kam schnell und mächtig in Fahrt, ließ die verstreut umherliegenden Außenposten der Stadt hinter sich und sauste über die Hochebene, auf der München liegt. Der Tag war grau unter einem undurchdringlich verhangenen Himmel, etwas schwer zwar, aber doch herb, scharf und kräftig von der freudigen Frische reiner, kalter Hochgebirgsluft. Nach einer Stunde schon hatte der Zug die alpine Landschaft erreicht – da waren Berge und Täler und die Sensation vom unvermittelten Nahesein ragender Hochgebirgsketten – und da war die dunkle Verwunschenheit der Wälder Deutschlands, jener Wälder, die etwas mehr bedeuten als baren Baumbestand, nämlich Bann, Zauber und Berückung, wie sie den Menschen (besonders aber Fremden, die diesem Land blutmäßig verbunden sind) zu Herzen dringen mit dunkler Musik und heimsucherischen Erinnerungen, die sich nie ganz einfangen lassen.

Es ist dies ein überwältigendes Gefühl unmittelbarer, nahe bevorstehender Entdeckung, etwa dem zu vergleichen, was ein Mann empfinden mag, wenn er zum erstenmal in die Heimat seines Vaters kommt. Es ist so, als kämen wir in das unbekannte Land, nach dem sich unsre Seele in der Jugend so leidenschaftlich sehnte, in das Bruderland und Ergänzungsland zu dem, das wir in der Kindheit erlebten. Und dies offenbart sich uns inständig im Augenblick, in dem wir das Land sehn, mit einer mächtigen Regung des vollkommenen Erkennens und Nichtglaubenkönnens in jener Traumwirklichkeit, die Gesichten und allen Bezauberungen eignet.

Was ist es, dies Wildheftige aus Lust und Weh, das uns die Herzen schwellt? Diese Erinnerung, die wir nicht in Sätzen ausdrücken können? Dieses augenblicklich-inständige Erkennen, für das uns Worte fehlen? Wir können es nicht sagen, haben keine Möglichkeit, es zu äußern, keinen ordentlichen Beweis, es zu belegen, und spöttischer Stolz kann uns abergläubischer Albernheit zeihen. Und doch: wir kennen das dunkle Land im ersten Augenblick der Ankunft, und obschon uns Zunge, Beweis und Äußerung fehlen, wir haben, was wir haben, wissen, was wir wissen, sind, was wir sind.

Und was sind wir? Wir sind die nackten Menschen, die verlornen Amerikaner. Ungeheure und einsame Himmel wölben sich über uns, und zehntausend Menschen gehn uns im Blut um. Wo kommt es her, dieses eigne Gefühl augenblicklicher Erkenntnis, traumhaft heimsucherischer, beinah eingefangener Erinnerung? Woher kommen sie, dieser ständige Hunger, diese reißende Gier und diese Musik, dunkel, feierlich und zaubrisch, die durch den Wald erschallt? Woher kommt es, daß dieser junge Amerikaner dieses Land beim ersten Anblick sofort gekannt hat?

Woher kam es, daß er seit seinem ersten Abend in einer deutschen Stadt die nie zuvor gehörte Sprache verstand, daß er selber sofort sprach und alles, was er zu sagen begehrte, in einer fremden Sprache, die er gar nicht sprechen konnte, sagte – sich in einem wunderlichen Kauderwelsch, das weder seine Sprache, noch die Sprache des Landes war, ausdrückte, und zwar so, daß er sich dessen gar nicht bewußt wurde, so sehr vermochte er es augenblicklich aus dem Geist, nicht dem Wortstand der Sprache heraus, zu reden – und daß er auf diese Weise sofort von jedem, mit dem er sprach, verstanden wurde?

Nein, beweisen konnte er es nicht, und doch wußte er, diese selbstverständliche Bekanntschaft mit diesem Land und dem Volk seines Vaters war da und lag ihm tief im Blute. Er spürte die tragische und unauflösliche Beimischung der Rasse, er wußte um die furchtbare Verbindung von Bestie und Geist, er kannte die namenlose Angst vor dem alten barbarischen Wald, kannte den Kreis barbarischer Gestalten, deren düstre, geisterhafte Runde ihn einschloß, kannte dieses Gefühl des Ertrinkens im blinden Urwaldentsetzen barbarischer Zeit. Er trug das alles in sich selbst herum, die träge Freßsucht und Gier des unersättlichen Schweins sowohl, als auch die seltsame mächtige Musik der Seele.

Er kannte den Haß und Abscheu vor der nimmersatten Bestie, der Bestie mit dem Schweinsgesicht und dem unstillbaren Durst, dem unaufhörlichen Hunger, der dicken, trägen, reißenden Hand, die mit glosend-unersättlicher Gier tappt. Und er haßte diese große Bestie mit dem Haß auf Hölle und Mord, weil er sie in sich selber spürte und wußte und selber das Opfer ihrer reißenden, unstillbaren, geilen Gierden war. Ströme trinkbaren Weins, ganze Ochsen, die am Bratspieß gedreht werden, und durch den düstern Wald, den brüllenden Wall aus riesigen Bestienleibern und barbarischen Lauten ringsum – das üppige Fleisch großer, blonder Weiber zu der rohen Orgie des allverschlingenden, nimmersatten Schoßschlunds, der Orgie, die nie endet und keinen Überdruß bringt ... das alles war ihm ins Blut, in den Geist, ins Leben gemischt. Es war aus dem dunklen Zeitschauder des uralten Walds irgendwie auf ihn gekommen zusammen mit all dem, was magisch, glorreich, seltsam und schön war: den heiseren Hornklängen, die leis und elfenhaft durch die Wälder hallen, der unendlich sonderbaren Versponnenheit und der drängerisch dichten Wandelbarkeit im Weben der altgermanischen Seele. Wie grausam, verworren, eigenartig und schmerzlich das Rätsel der Rasse war! Diese Kraft und Stärke des unverderblichen, hochfliegenden Geists, der aus der mächtigen, verderbten Bestie in so strahlender Reinheit aufstieg, und die Zaubergewalt großer Musik und edler Dichtung, so schmerzlich unabänderlich verwoben und durchzogen mit all dem blinden, rohen Hunger des Bauchs und der Bestie Mensch!

Das alles war sein eigen, das alles war in seinem eignen Wesen enthalten und konnte, das wußte er, ihm nie entnommen werden, sowenig wie einer aus seinem Leib und Leben das Blut seines Vaters, das uralte, unwandelbare Gewebe der dunklen Zeit heraussondern kann. Und aus diesem Grund spürte er nun, als er zum Zugfenster hinaus auf das einsame, verschneite Alpenland mit seinen dunklen verwunschnen Wäldern hinausblickte, sofort das unbändige Gefühl vertrauten Wiedererkennens, und deswegen war ihm zumute, als hätte er diese Gegend schon immer gekannt und sei hier zu Hause. Und etwas Dunkles, Wildes, Jubelhaftes und Seltsames schwellte ihm im Gemüt und durchwallte ihn wie eine große, heimsucherische, wie in Träumen gehörte Musik.

Nun, nachdem eine freundliche Bekanntschaft angebahnt war, begann das Gespenst mit der unersättlichen, besitzerischen Neugier seiner Rasse, den Mitreisenden mit Fragen zu zwikken, Fragen, die sich auf das Leben, die Heimat, und die Europareise des jungen Amerikaners und auf den Grund zu dieser Europareise bezogen. Der junge Mensch antwortete bereitwillig, er empfand es nicht belästigend. Er war sich zwar bewußt, daß er mitleidlos ausgepumpt wurde, aber die spukhafte Flüsterstimme war so verführerisch, freundlich und liebenswürdig, die Art zu fragen so höflich, gütig und eingängig, das matte, angenehm resignierte Lächeln so licht und gewinnend, daß die Fragen sich schier von selber beantworteten.

Der junge Mann war Amerikaner, nicht wahr? Ja. Und wie lange schon in Europa? Zwei Monate? Ein Vierteljahr? Nein? Fast ein volles Jahr! So lange! Nun, dann gefiele ihm wohl Europa, ja? War dies seine erste Reise? Nein? Schon die vierte? Das Gespenst rückte ausdrücklich staunend die Augenbrauen hoch und lächelte das feine zynisch-müde Lächeln, das die ganze Zeit um den dünnlippigen, sensitiven Mund spielte.

Schließlich war der junge Mann trocken gepumpt, das Gespenst wußte Bescheid, blickte ihn eine Weile matt-, licht-, spöttisch-fein und doch gütig-lächelnd an und sagte schließlich müd und geduldig mit jener ruhigen Endgültigkeit, die Lebenserfahrung und Todeswissen einem Menschen verleihen können: «Sie sind sehr jung. Ja. Nun möchten Sie alles haben, alles sehen ... und Sie haben nichts. Stimmt das, ja?» fragte der Mann und lächelte bestrickend. «Das wird sich alles ändern. Eines Tages werden Sie nur wenig begehren, aber dann werden Sie vielleicht auch ein wenig haben.» Wieder spielte das lichte, gewinnende Lächeln. «Und das ist besser. Glauben Sie nicht auch?» Er lächelte wieder und sagte müde: «Ich weiß, ich weiß. Ich bin überall hingefahren, ganz wie Sie, hab alles haben wollen und hab nichts gehabt. Nun geh ich nirgends mehr hin. Es ist überall dasselbe», sagte er müde, blickte zum Fenster hinaus und machte eine entlassende Gebärde mit der schmalen, weißen Hand. «Felder, Hügel, Berge, Flüsse, Städte, Menschen ... Sie möchten sie alle kennen. *Ein* Feld, *ein* Fluß aber, das ist genug», flüsterte er.

Er schloß auf eine kleine Weile die Augen. Als er wieder sprach, war es ein fast unhörbares Flüstern: «... *Ein* Leben, *ein* Ort, *eine* Zeit.»

Es wurde dunkel, in den Abteilen ging das Licht an. Und wieder drang das Wispern des schwindenden Lebens angelegentlich liebenswürdig zu dem jungen Mann mit einer unabweislichen Bitte. Der Schwerkranke fragte, ob es recht sei, wenn er das Licht lösche und sich, um auszuruhn, auf dem Polster ausstrecke. Der junge Mensch war bereitwillig einverstanden, er löschte sogar sehr gern das Licht. Sein eignes Reiseziel war nicht mehr weit, und draußen leuchtete der frühaufgegangene Mond mit seltsam strahlendem Zauberglanz auf Alpenwälder und Schnee, so daß ein Schein des geheimnisvollen Geisterlichts ins nun verdunkelte Abteil hereinfiel.

Das Gespenst hatte die Augen geschlossen und lag ruhig ausgestreckt auf dem Sitzpolster. Das ausgezehrte Gesicht, auf dem – hochrot nun – die Wangenflecken brannten, wirkte in diesem magischen Licht wie der Schnabel eines fremden, gräßlichen Riesenvogels. Der Mann rührte sich nicht und schien kaum zu atmen, und im Abteil war kein Laut zu vernehmen, außer dem rhythmischen Räderstoß auf den Schienen, dem ledrigen Ächzen und Knirschen des Wagens und der ganzen fremdvertrauten Symphonie des fahrenden Zugs, jenem hohen, symphonischen Monoton, das der Laut der Stille und des Immerdar ist.

Vom Bann des magischen Lichts und der Zeit festgehalten, saß der junge Mensch eine Weile still da und blickte zum Fenster hinaus auf die verwunschene Schwarzweißwelt, die großartig und eigen im phantomischen Mondglast vorüberfegte. Schließlich aber stand er auf, trat, die Tür vorsichtig schließend, hinaus in den Korridor und ging durch die schmale Passage rückwärts, Wagen um Wagen, durch den schlingernden Zug, bis er in den Speisewagen kam.

Dort war alles Glanz, Bewegung, Luxus, Sinnenwärme und Heiterkeit, und das ganze Leben des Zugs schien sich nun auf diesen Raum konzentriert zu haben. Die Kellner, sicheren Fußes und gewandt, gingen flink hin und her auf dem Mittelgang des ruckelnden Wagens und brachten große Platten und Auftragbretter mit wohlzubereiteten Speisen an jeden Tisch. Hinter ihnen drein kam der ‹Sommelier› und entkorkte hohe, beschlagne Rheinweinflaschen; er nahm die Flasche zwischen die Knie, zog an, und mit einem ergötzlichen Plopplaut kam der Korken heraus, den er dann in ein kleines Körbchen fallen ließ.

Eine verführerisch schöne Frau speiste an einem Tische mit einem verlebt aussehenden, alten Mann. An einem andern saß stattlich und stämmig ein Deutscher – kahlgeschorner Kopf, Stehkragen mit Flügelecken, großes Schweinsgesicht mit einer edlen, einsamen Denkerstirn –, starrte mit einem konzentrierten Blick bestialischer Gefräßigkeit auf die Fleischplatte, von der ihm der Kellner vorlegte, und sagte, die Worte in der Kehle lautend, in einem gelüstigen Ton: «Ja! ... Gut! ... Und etwas von diesem hier auch!»

Das Bild, das sich hier bot, war ein Bild von Reichtum, Macht und Luxus und löste jene Empfindungen aus, die das Reisen auf erstklassigen europäischen Zügen auslöst, Empfindungen, die anders sind als jene, die man auf amerikanischen Zügen hat. In Amerika spürt man im Zug ein Gefühl wilder und einsamer Freude, eine Sensation, die einen andringt aus der ungebändigten, uneingezäunten, unendlichen Wildnis, durch die der Zug dahinbraust, und dazu eine wortlose, nicht auszusagende Hoffnung, die in einem aufkommt bei dem Gedanken an die verzauberte Weltstadt, der man entgegeneilt, und an die ungekannten, fabelhaften Verheißungen des Lebens, das man dort finden wird. In Europa ist das Gefühl von Freude und Vergnügen wirklicher und stets gegenwärtig. Die luxuriösen Züge, die gediegen-vornehme Einrichtung, das tiefe Kastanienbraun und das Dunkelblau, die frischen, lebhaften Farben im Wageninnern, das gute Essen, der funkelnde, zu Kopf steigende Wein und das weltmännische, wohlbehäbige, kosmopolitische Aussehen der Reisenden – das alles erfüllt einen mit mächtiger Sinnenfreude und dem Gefühl soeben wahr werdender Erwartung. In ein paar Stunden fährt man von einem Land ins andre, durch Jahrhunderte der Geschichte, durch eine von Menschen beschwärmte Welt gedrängter Kultur und volkreicher Nationen, von einer namhaften, viel Vergnügen bietenden Stadt zur andern.

Und statt der wilden Freude und namenlosen Hoffnung, die man empfindet, wenn man in Amerika zum Zugfenster hinausblickt, empfindet man hier in Europa eine unglaubliche Freude am Verwirklichten, eine unmittelbare Befriedigung der Sinne, ein Gefühl, so als gäbe es auf Erden nichts außer Wohlstand, Macht, Luxus und Liebe – ein Leben, das man mit all seinen unendlich abwechslungsvollen Vergnügungen immer leben und genießen könnte.

Als der junge Mann fertig gespeist und seine Rechnung beglichen hatte, ging er einen Korridor nach dem andern die ganze Länge durch den schlingernden Zug zu seinem Wagen zurück. Als er in sein Abteil eintrat, sah er die Spukgestalt ganz wie zuvor auf dem Polster ausgestreckt daliegen, und das schimmernde Mondlicht schien noch immer auf das große Schnabelgesicht.

Zwar lag der Mann um keinen Zoll anders da, aber dem jungen Menschen wurde sofort bewußt, daß hier eine feine, verhängnisvolle, ihm unerklärliche Verwandlung vorgegangen war. Was war es? Der junge Mann nahm seinen Platz gegenüber wieder ein und musterte prüfenden Blicks die stille gespenstische Erscheinung. Atmete der Mann nicht? Der junge Mensch glaubte, er sähe, wie die ausgezehrte Brust sich im Atemgang hob und senkte, er war beinah gewiß, aber ganz gewiß war er nicht. Was er aber deutlich sah, war eine hochrote, im Mondlicht dunkel abgeschattete Laufspur aus einer Ecke des festgeschloßnen Mundes und einen großen, roten Flecken auf dem Fußboden.

Was sollte er tun? Was überhaupt ließ sich da tun? Das Geisterlicht des fatalen Monds schien seine Seele dunkel eingetaucht zu haben in eine Verhextheit, in dem Bann einer maßlosen, stumpfen Ruhe. Zudem verlangsamte der Zug bereits seine Fahrgeschwindigkeit, die ersten Lichter der Stadt erschienen, der junge Mann war am Ziel seiner Reise.

Und nun bremste der Zug. Draußen blitzten Schienen, grellten scharf in der Dunkelheit kleine, helle, harte Signallichter, grün, gelb und rot, und auf Nebengeleisen standen die Wagenreihen kleiner Güterzüge und verdunkelter Personenzüge, leer, unerleuchtet und in sonderbarer Bereitschaft des Lebens gewärtig, dem sie vor kurzem noch gedient hatten.

Dann begannen die langen Bahnsteige langsam unterm Fenster in Sicht zu gleiten, stämmige Gepäckträger, wie Ziegenböcke aussehend, kamen gesprungen, grüßten begierig, riefen, sprachen mit Leuten im Zug, die sich bereits anschickten, ihnen Koffer durchs Fenster herauszureichen.

Der junge Mann nahm leis Mantel und Handtasche aus dem Gepäcknetz und trat hinaus in den engen Gang. Ruhig schloß er die Schiebetür des Abteils hinter sich. Dann, auf einen Augenblick noch, noch immer ungewiß, blieb er stehen und blickte zurück. Im Halbdunkel auf dem Polster lag die spukhafte Leichengestalt und rührte sich nicht.

War es am Ende nicht wohlgetan, alles so im Stillschweigen zu belassen, wie er es vorgefunden hatte? Mochte es nicht so sein, daß es in diesem großen Traum von der Zeit, in dem wir leben und dessen bewegende Gestalten wir selber sind, wohlgetan ist, wenn wir, nachdem wir uns getroffen, miteinander gesprochen und einander eine kleine Weile gekannt haben, während wir irgendwo auf dieser Erde zwischen zwei Zeitpunkten durchs Dunkel vorwärtsgeschleudert wurden, uns damit zufriedengeben, so voneinander zu scheiden, wie wir uns trafen, und jeden seinem gesetzten Ziel entgegengehen lassen – nur dieser einen Sache gewiß, nur dieser einen Sache bedürftig, daß dort für uns alle Stillschweigen sein wird, nur Stillschweigen, nichts als Stillschweigen am Ende?

Der Zug stand. Der junge Mensch ging durch den Korridor zum Ende des Wagens, und einen Augenblick später, erschreckt und erfrischt von der Kälte, die lebhafte, schneekühle Luft einatmend, schritt er den Bahnsteig hinunter, einer unter hundert andern Leuten, die alle in gleicher Richtung gingen, die einen auf eine Gewißheit und ein Heim zu, die andren einem Neuland entgegen, der Hoffnung und dem Hunger, den schwallhaften Freudenahnungen und den Verheißungen einer strahlenden Stadt. Er wußte, daß er wieder heimkehren würde.

Quellenverzeichnis

Heinrich Maria Ledig-Rowohlt, *Thomas Wolfe in Berlin*
Erstveröffentlichung in *Der Monat,* Berlin, 1/1948, Copyright © by Rowohlt Verlag GmbH, Hamburg 1948

James Baldwin, *Der Erbe*
Deutsch von Gisela Steege, aus: *Sonnys Blues,* Gesammelte Erzählungen © Rowohlt Verlag GmbH, Reinbek bei Hamburg 1968, Originaltitel *The Man Child,* aus: *Going to Meet the Man*, The Dial Press, New York 1965, Copyright © by James Baldwin 1965

Ulrich Becher, *Zwei im Frack*
Aus: *Männer machen Fehler*, Geschichten der Windrose, Rowohlt Verlag, Berlin 1931 und Hamburg 1958, © 1931 und 1958 by Rowohlt Verlag, Berlin und Hamburg

Wolfgang Borchert, *Schischyphusch oder der Kellner meines Onkels*
Aus: *Das Gesamtwerk,* Rowohlt Verlag, Hamburg 1949, Copyright © 1949 by Rowohlt Verlag GmbH, Hamburg

Nicolas Born, *Dunkelheit mit Lichtern*
Aus: *Täterskizzen,* Erzählungen, das neue buch, Rowohlt Verlag, Reinbek bei Hamburg, Copyright © 1983 by Rowohlt Verlag GmbH, Reinbek bei Hamburg. Zuerst veröffentlicht in: Drucksachen. Junge deutsche Autoren. Hg. von Uwe Herms. Christian Wegner Verlag, Hamburg 1965

Harold Brodkey, *Unschuld*
Aus: *Unschuld, Nahezu klassische Stories*. Deutsch von Hans Wollschläger (I–III) und Dirk van Gunsteren (IV). Copyright © 1990 by Rowohlt Verlag GmbH, Reinbek bei Hamburg. Originaltitel *Innocence*. Copyright © 1973 by Harold Brodkey

Albert Camus, *Die Stummen*
Deutsch von Guido G. Meister. Aus: *Jonas oder Der Künstler bei der Arbeit,* Gesammelte Erzählungen, Copyright © 1966 by Rowohlt Verlag

GmbH, Reinbek bei Hamburg, Originaltitel *Les Muets,* aus *L'Exil et le Royaume,* Gallimard, Paris 1957, Copyright © Librairie Gallimard, Paris 1957

John Cheever, *Das Wiedersehen*
Deutsch von Jürgen Manthey. Aus: *Marcy Flints Schwierigkeiten.* Copyright © 1997 by Rowohlt Taschenbuch Verlag GmbH, Reinbek bei Hamburg. Originaltitel *Reunion,* aus: *The Stories of John Cheever,* Alfred A. Knopf, New York, Copyright © 1942/1978 by John Cheever.

John Collier, *Der indische Seiltrick*
Deutsch von Susanna Rademacher. Aus: *Mitternachtsblaue Geschichten,* © Rowohlt Verlag GmbH, Reinbek bei Hamburg 1967, Originaltitel *Enough Rope*, aus: *Presenting Moonshine*, Rupert Hart-Davis, London 1941, Copyright © 1941 by John Collier.

Roald Dahl, *Die Wirtin*
Deutsch von Wolfheinrich von der Mülbe. Aus: *Küßchen, Küßchen!* Elf ungewöhnliche Geschichten, Copyright © 1962 by Rowohlt Verlag GmbH, Reinbek bei Hamburg, Originaltitel *The Landlady,* aus: *Kiss, Kiss,* Alfred A. Knopf Inc., New York 1959, Copyright © by Roald Dahl

Irene Dische, *Die intimen Geständnisse des Oliver Weinstock*
Deutsch von Reinhard Kaiser. Aus: *Die intimen Geständnisse des Oliver Weinstock.* Copyright © 1994 by Rowohlt · Berlin Verlag GmbH, Berlin, Copyright © 1994 by Irene Dische.

Hugo Dittberner, *Der Hammer*
Aus: *Draußen im Dorf,* Erzählungen, das neue buch 105, Copyright © 1978 by Rowohlt Taschenbuch Verlag GmbH, Reinbek bei Hamburg.

André Dubus, *Schmerzhafte Geheimnisse*
Deutsch von Benjamin Schwarz. Aus: *Sie leben jetzt in Texas,* short stories, Copyright © 1991 by Rowohlt Verlag GmbH, Reinbek bei Hamburg. Originaltitel *Sorrowful Mysteries,* aus: *The Times Are Never so Bad,* David R. Godine, Boston, Copyright © 1983 by André Dubus.

Deborah Eisenberg, *Rafes Mantel*
Deutsch von Nikolaus Hansen. Aus: *Reisen mit leichtem Gepäck,* Stories. Copyright © 1989 by Rowohlt Verlag GmbH, Reinbek bei Hamburg. Originaltitel *Rafe's Coat,* aus: *Transactions in a Foreign Currency,* Alfred A. Knopf, New York, Copyright © 1985 by Deborah Eisenberg.

Hans Fallada, *Lieber Hoppelpoppel – wo bist du?*
Aus: *Gesammelte Erzählungen,* Rowohlt Verlag, Reinbek bei Hamburg 1967, © Emma D. Hey, Braunschweig 1967

Ernest Hemingway, *Drei Tage Sturm*
Deutsch von Annemarie Horschitz-Horst. Aus: *In Unserer Zeit.* Erzählungen, Rowohlt Verlag, Berlin 1932, Copyright © 1966 by Rowohlt Verlag GmbH, Reinbek bei Hamburg, Originaltitel *The Three-day Blow,* aus: *The Fifth Column and the First Forty-Nine,* Scribner's Sons, New York 1927, Copyright © 1938 by Ernest Hemingway, renewal © 1966 by Mary Hemingway

Rolf Hochhuth, *Die Berliner Antigone*
Novelle. Zuerst veröffentlicht als Privatdruck mit Zeichnungen von Werner Klemke, Rowohlt Verlag GmbH, Reinbek bei Hamburg 1964

Kurt Kusenberg, *Ordnung muß sein*
Aus: *La Botella und andere seltsame Geschichten,* Rowohlt Verlag, Stuttgart – Berlin 1940, Copyright © 1940 by Rowohlt Verlag, Stuttgart

D. H. Lawrence, *Die blauen Mokassins*
Deutsch von Martin Beheim-Schwarzbach. Aus: *Verliebt,* Gesammelte Erzählungen, Copyright © 1968 by Rowohlt Verlag GmbH, Reinbek bei Hamburg, Originaltitel *The Blue Mocassins,* erste Veröffentlichung 1930

Sinclair Lewis, *Der Mietwagenfahrer*
Deutsch von Hermann Stiehl. Aus: *Spielen wir König,* Gesammelte Erzählungen, Copyright © 1974 by Rowohlt Verlag GmbH, Reinbek bei Hamburg, Originaltitel *The Hack Driver,* aus: *Selected Short Stories,* Doubleday, Doran & Company, Inc. Garden City, New York 1935, Copyright © 1923 by Sinclair Lewis, Copyright renewed © 1958 by Michael Lewis

Malcolm Lowry, *Das tapferste Boot*
Deutsch von Susanna Rademacher. Aus: *Hör uns, o Herr, der Du im Himmel wohnst,* Copyright © 1965 by Rowohlt Verlag GmbH, Reinbek bei Hamburg, Originaltitel *The Bravest Boat,* aus: *Hear Us O Lord From Heaven Thy Dwelling Place,* J. B. Lippincott Company, Philadelphia und New York 1961, Copyright © by Margerie Bonner Lowry

Colum McCann, *Ein Korb voller Tapeten*
Deutsch von Matthias Müller. Aus: *Fischen im tiefschwarzen Fluß*, Copyright © 1998 by Rowohlt Verlag GmbH, Originaltitel *A Basket Full Of Wallpaper*, aus: *Fishing the Shoe-Black River*, Phoenix House, London, Copyright © 1994 by Colum McCann

Henry Miller, *Der dritte oder vierte Frühlingstag*
Deutsch von Kurt Wagenseil. Aus: *Schwarzer Frühling*. Erzählungen. In einer einmaligen, beschränkten und numerierten Auflage von 1500 Exemplaren erschienen im Rowohlt Verlag, Hamburg 1954, Copyright © 1954 by Rowohlt Verlag, Hamburg, Originaltitel *Third or Fourth Day of Spring*, aus: *Black Spring*, erschienen bei Obelisk Press, Paris 1936, Copyright Henry Miller, Big Sur, Cal. 1960

Robert Musil, *Die Amsel*
Aus: *Nachlaß zu Lebzeiten*, zuerst veröffentlicht in *Die Neue Rundschau*, Januar 1928

Vladimir Nabokov, *Frühling in Fialta*
Deutsch von Dieter E. Zimmer. Aus: *Frühling in Fialta, Dreiundzwanzig Erzählungen*, Copyright © Rowohlt Verlag GmbH, Reinbek bei Hamburg 1966. Geschrieben 1936 (?) in Paris. Titel des russischen Originals *Wesna w Fialte*. Erstveröffentlichung in *Sowremennyja Sapiski* (Paris) 61 / 1936. Aufgenommen in *Wesna w Fialte i drugije rasskasy*. Englische Übersetzung von Vladimir Nabokov und Peter Pertzov unter dem Titel *Spring in Fialta* in Harper's Bazaar, New York, Mai 1947. Aufgenommen in *Nine Stories*, Norfolk, Conn. 1947, und *Nabokov's Dozen* New York 1958. *Wesna w Fialte*, Copyright © by Vladimir Nabokov, 1936; *Spring in Fialta*, Copyright by The Hearst Corporation, 1947; © Vladimir Nabokov 1958; Copyright © 1983 by the Article Third B Trust Under the Will of Vladimir Nabokov

Péter Nádas, *Minotauros*
Deutsch von Hildegard Grosche. Aus: *Minotauros*. Erzählungen, Copyright © 1997 by Rowohlt · Berlin Verlag GmbH, Berlin, Originaltitel *Minotaurus*, aus: *Leírás*, Szépirodalmi Könyvkiadó, Budapest, Copyright © 1979 by Péter Nádas

Alfred Polgar, *Der Mantel*
Aus: *Kleine Schriften Band III ‹Irrlicht›.* Copyright © 1984 by Rowohlt Verlag GmbH, Reinbek bei Hamburg

Peter Rühmkorf, *Vom Stiefel*
Aus: *Der Hüter des Misthaufens, Aufgeklärte Märchen,* Copyright © 1983 by Rowohlt Verlag GmbH, Reinbek bei Hamburg

Jean-Paul Sartre, *Die Wand*
Deutsch von Uli Aumüller. Aus: *Die Kindheit eines Chefs*, Gesammelte Erzählungen; Copyright © 1950, 1970, 1983 by Rowohlt Verlag GmbH, Reinbek bei Hamburg, Originaltitel *Le Mur*, zuerst veröffentlicht in *La Nouvelle Revue française* Nr. 286, Juli 1937. Aufgenommen in den Band *Le Mur*, Librairie Gallimard, Paris 1939, Copyright © by Librairie Gallimard, Paris 1939. *Le Mur* erschien unter dem Titel *Die Mauer* zum erstenmal in der deutschen Übersetzung von -mm (Rudolf Jakob Humm) in *Mass und Wert,* Bd. 2, Heft 1, September/Oktober 1938. Der gesamte Erzählungsband erschien unter dem Titel *Die Mauer* in der deutschen Übersetzung von Hans Reisiger und Heinrich Wahlfisch im Rowohlt Verlag, Stuttgart 1950. Neuausgabe unter dem Titel *Gesammelte Erzählungen,* Rowohlt Verlag, Reinbek bei Hamburg 1970. Neuübersetzung von Uli Aumüller unter dem Titel *Kindheit eines Chefs,* Rowohlt Verlag, Reinbek bei Hamburg 1983

Isaac Bashevis Singer, *Der Mann, der seine vier Frauen unter die Erde brachte*
Deutsch von Wolfgang von Einsiedel. Aus: *Gimpel der Narr, Ausgewählte Erzählungen,* © Rowohlt Verlag GmbH, Reinbek bei Hamburg 1968. Originaltitel *The Wife Killer*, aus: *Gimpel the Fool,* The Noonday Press, New York 1957, Copyright © by Isaac Bashevis Singer 1957

Italo Svevo, *Feuriger Wein*
Deutsch von Ragni Maria Gschwend unter Verwendung der Übersetzung von Karl Hellwig. Aus: Italo Svevo, *Werkausgabe in Einzelbänden,* hg. von Claudio Magris, Band 1 Erzählungen, Rowohlt Verlag, Reinbek bei Hamburg 1984. Zuerst in deutscher Übersetzung veröffentlicht in *Kurze Sentimentale Reise.* Erzählungen und Fragmente aus dem Nachlaß, hg. von Piero Rismondo, Copyright © Rowohlt Verlag GmbH, Reinbek bei Hamburg, 1967, 1983, Originaltitel *Vino generoso*, aus: *Opere di Italo Svevo,* dall' Oglio editore, Milano 1954, Copyright © by dall'oglio editore milano und Letizia Fonda Savio, Trieste 1949 und 1954

James Thurber, *Walter Mittys Geheimleben*
Deutsch von Peter Düllberg. Aus: *Was ist daran so komisch*, Gesammelte Erzählungen, Copyright © Rowohlt Verlag 1950. Originaltitel *The Secret Life of Walter Mitty,* aus: *My World and Welcome To It*, Harcourt, Brace & Co, New York 1942, Copyright © by James Thurber 1942

John Updike, *Das Gepfeif des Jungen*
Deutsch von Maria Carlsson. Aus: *Werben um die eigene Frau*, Gesammelte Erzählungen, Copyright © Rowohlt Verlag GmbH, Reinbek bei Hamburg 1971. Originaltitel *The Kid's Whistling,* aus: *The Same Door.* Short Stories, Alfred A. Knopf Inc., New York 1959, © John Updike 1959

Thomas Wolfe, *Dunkel im Walde, fremd wie die Zeit*
Deutsch von Hans Schiebelhuth. Aus: *Vom Tod zum Morgen*, Erzählungen, Rowohlt Verlag, Berlin 1937, Copyright © Rowohlt Verlag GmbH, Reinbek bei Hamburg 1967, Originaltitel *Dark in the Forest, Strange as Time*, aus: *From Death to Morning,* Charles Scribner's Sons, New York 1934, Copyright © by Charles Scribner's Sons, New York 1934 und 1960, 1961